Friedrich Sarre

Denkmäler Persischer Baukunst

EHV
HISTORY

Friedrich Sarre

Denkmäler Persischer Baukunst

ISBN/EAN: 9783955640729

Auflage: 1

Erscheinungsjahr: 2013

Erscheinungsort: Bremen, Deutschland

EHV
HISTORY

DENKMÄLER
PERSISCHER BAUKUNST

GESCHICHTLICHE UNTERSUCHUNG UND AUFNAHME

MUHAMMEDANISCHER BACKSTEINBAUTEN IN VORDERASIEN

UND PERSIEN

VON

FRIEDRICH SARRE

UNTER MITWIRKUNG

VON

BRUNO SCHULZ, PROFESSOR UND GEORG KRECKER, KREISBAUINSPEKTOR

TEXTBAND

BERLIN

VERLAG VON ERNST WASMUTH A.-G.

35 — MARKGRAFENSTRASSE — 35

1910

INHALT

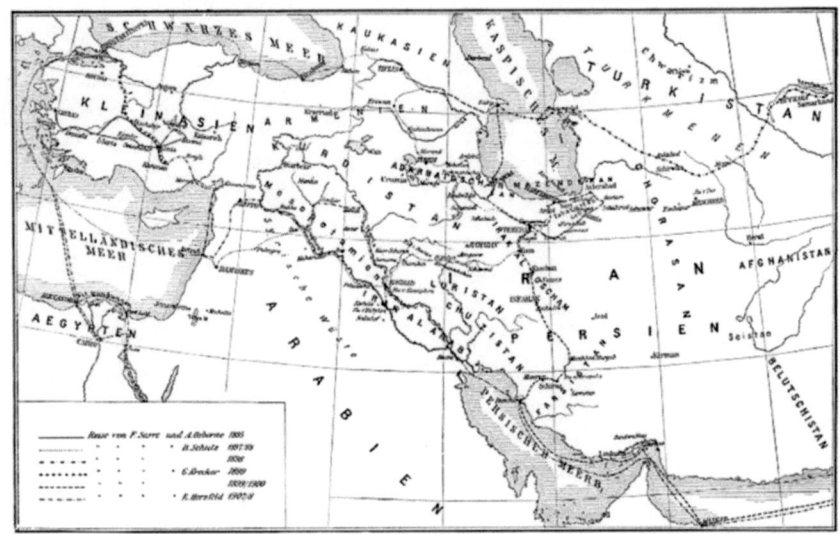

Übersichtskarte

VERZEICHNIS DER TAFELN*)

*) Die den einzelnen Lieferungen beim Erscheinen beigefügten Erläuterungen der Tafeln sind in den Tafelband zu binden. Ein Verweis auf die betreffenden Lieferungen ist im obigen Verzeichnis der Tafeln in Klammern zugesetzt. Die Merkzeichen geben Erzeugnisse der islamischen Kunst aus der Sammlung des Verfassers wieder.

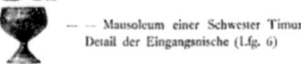

VERZEICHNIS DER ABBILDUNGEN

EINLEITUNG

Über sieben Jahre sind dahingegangen, seitdem die erste Lieferung des nunmehr mit der siebenten und dem Textbande abgeschlossenen Werkes erschienen ist. In diesen den Text einleitenden Worten mag an erster Stelle das erwähnt werden, was von den Ankündigungen des ersten Vorwortes abweicht und mit ihnen nicht übereinstimmt. So sind bei der formalen Gruppierung der Tafeln und der Beschreibung schließlich andere Gesichtspunkte maßgebend geworden; der geographischen Lage der Monumente mußte mehr, wie beabsichtigt war, Rechnung getragen werden. Abgesehen von Herrn Professor Martin Hartmann, hat zu öfteren Malen auch Herr Dr. Eugen Mittwoch die Güte gehabt, sich mit der Entzifferung der Bauinschriften zu beschäftigen, und es übernommen, die Rechtschreibung der orientalischen Namen während der Drucklegung zu überwachen. Von einer genauen Wiedergabe und philologischen Behandlung des inschriftlichen Materials ist in diesem Zusammenhange Abstand genommen worden, und die Inschriften haben nur so weit Berücksichtigung gefunden, als sich durch sie ein Anhalt für die Datierung der Monumente gewinnen ließ.[1] Bei der Durcharbeitung des gesamten Materials ist mir Herr Dr. Max Deri behilflich gewesen. Eine zusammenfassende kunstgeschichtliche Würdigung der ornamentalen Entwickelung, wie sie die seldschukischen Bauten von Konia zeigen, darf als selbständiger Beitrag von Dr. Deri angesehen werden; ich möchte ihm sowie den Herren Professor Bruno Schulz, Reg.-Baumeister Georg Krecker, Professor Martin Hartmann und Dr. Eugen Mittwoch an dieser Stelle noch einmal für ihre Mitarbeit meinen besten Dank aussprechen. Auf den Tafeln sowohl wie im Text ist jedesmal die Autorschaft des betreffenden Herrn angegeben. Während die farbigen Tafeln, Grundrisse und Detailskizzen des Abbildungsmaterials Bruno Schulz und Georg Krecker lieferten, gehen die Lichtdrucktafeln und die meisten der Textillustrationen auf meine eigenen photographischen Aufnahmen zurück; einige der letzteren verdanke ich jedoch auch Herrn Hermann Burchardt. Nur in wenigen Fällen sind schon publizierte Pläne und Ansichten wiedergegeben worden. Eduard Jacobsthals, der noch bei Lebzeiten das Entstehen dieses Werkes mit lebhaftem Interesse verfolgte

und die Veröffentlichung einiger seiner farbigen Darstellungen aus Nachtschewan gütigst gestattete, sei an dieser Stelle in dankbarer Verehrung gedacht.

Den preußischen Staats- und deutschen Reichs-Behörden im In- und Auslande, die durch weitgehende Empfehlungen meine Reisen im Orient ermöglichten, fühle ich mich zu besonderem Dank verpflichtet; ebenso auch den persischen und türkischen Behörden und Beamten. Auf türkischem Gebiete haben sich meine wissenschaftlichen Unternehmungen besonderer Förderung durch Seine Excellenz Hamdy Bey, Generaldirektor des Ottomanischen Museums, zu erfreuen gehabt.

Wenn mir auch eine jüngst vollendete Reise nach Nordsyrien und Mesopotamien den Beweis lieferte, daß persische Kunst auch am Ufer des Euphrat und am Tigris, in Mosul und Bagdad, zu Hause war und seit der Abbasidenzeit in Blüte stand, so muß doch hier darauf verzichtet werden, dieses neu gewonnene Material zur Darstellung zu bringen. Es mag einer späteren ergänzenden Veröffentlichung aufgespart bleiben.

Ein paar Worte über die allgemeine künstlerische Entwickelung auf iranischem Boden seien der darstellenden Textbeschreibung voraufgeschickt.

Einer der tiefsten Kenner iranischen Wesens, Gobineau, hebt als eine besonders charakteristische Eigentümlichkeit der Perser ihr Anpassungsvermögen hervor, ihre Fähigkeit, fremde Elemente, mögen sie noch so heterogen sein, glücklich mit einander zu verschmelzen.[1] Ein Beweis hierfür ist die achämenidische Kunst, die erste auf iranischem Boden, deren genaue Kenntnis uns zahlreiche Denkmäler übermittelt haben. Sie knüpft an altorientalische Vorbilder an, indem sie den Terrassenbau der Babylonier und Assyrer, ihre Treppenanlagen, ihr Mauerwerk aus Lehmziegeln übernimmt, indem sie die Wände mit figurenreichen Reliefs bekleidet, die in Stein gehauen oder in emaillierten Ziegeln ausgeführt sind. Auch der Darstellungskreis dieser Reliefs ist der orientalischen Kunst entlehnt. In den Kapitellen der Säulen dagegen, deren hohe, schlanke Form auf hölzerne Stützen als Vorbilder hinweist, sind ägyptische Motive unverkennbar.

Alexanders Siegeszug bringt griechische Kultur nach dem Orient und vermittelt sie über Baktrien und Indien hinaus

---

[1] Völlige Genauigkeit der Transkription ließ sich in Rücksicht auf die bereits früher erschienenen Tafeln nicht ermöglichen.

[1] Le Cte. A. de Gobineau: Trois ans en Asie. Paris 1859. S. 213.

sogar dem fernen Osten, ohne daß auf dem alten Kulturboden von Mesopotamien und Persien die künstlerische Tradition vernichtet wird. Diese bleibt hier bestehen und bringt in Verbindung mit der eindringenden hellenistischen Kunst in den reichen Städten Syriens und Nord-Mesopotamiens eine eigentümliche Kunstblüte hervor, deren Einfluß das ganze östliche Mittelmeergebiet empfinden sollte.

Geringer als für das mesopotamische Tiefland scheint die Bedeutung griechischer Kultur für das iranische Hochland gewesen zu sein. Schon in der Mitte des 3. Jahrhunderts schüttelt dieses unter den Arsakiden die Fremdherrschaft ab. Gering an Zahl sind die Denkmäler der parthischen Epoche, zu denen das Felsrelief des Königs Gotarzes am Berge Bisutun und der noch nicht genauer untersuchte Säulentempel von Kengawer gehören, die allerdings griechischen Geist verraten. Auch im mesopotamischen Tieflande, das in parthischen Besitz überging, sind bisher wenige Spuren ihrer Bautätigkeit festgestellt worden. In Assur hat sich die parthische „in gewisser Weise der assyrischen Bauperiode angepaßt".[1] Die originelle Ziegelpfeilerstellung mit vorgelegten Halbsäulen am dortigen Festhause findet ihr Analogon am Schloß von Hatra, wo gleichfalls halbrunde Wandpfeiler zwischen den Tonnengewölbenischen aus der Fassade hervorragen.[2]

Mit den Sassaniden bricht eine neue Epoche für Vorderasien und Persien an. Das iranische Hochland sowohl wie das mesopotamische Tiefland beherrschend, fühlen sich die aus der Persis, dem Stammlande der Achämeniden, herkommenden Fürsten als die Erben der Großkönige, als die Hüter der nationalen Tradition und des nationalen Kultus, der Religion des Zoroaster. Waren schon die Parther mehr als einmal dem Römerreich verhängnisvoll gewesen, so erstanden ihm in den Sassaniden noch gefährlichere Feinde. Sapor I. sieht den besiegten und gedemütigten Valerian als Bittflehenden zu seinen Füßen. Das Perserreich rivalisiert politisch und kulturell mit Rom; beide Staaten fühlen sich als die gleichberechtigten Herren der Welt.[3] Auch die künstlerischen Schöpfungen der Sassaniden knüpfen an die altpersischen Denkmäler an. Sie finden ihren bedeutendsten Ausdruck in gewaltigen Reliefs, die wohl nicht ohne Absicht an den gleichen Felswänden angebracht werden, die die skulpturenreichen, stolzen Grabfassaden der achämenidischen Großkönige tragen. Einzelnen der sassanidischen Felsreliefs, die das Königtum von Gottes Gnaden, die Belehnung des Königs durch den Gott Ormuzd, oder den Sieg über Feinde veranschaulichen, vermag die gleichzeitige Kunst des

Westens nichts an die Seite zu setzen, weder in bezug auf Monumentalität noch auf künstlerischen Wert. Erst der italienischen Renaissance sind wieder so lebensvolle Reiterfiguren gelungen, wie sie die sich aus starrer, altorientalischer Befangenheit bald zu lebensvoller Freiheit emporringende Reliefplastik der Sassaniden hervorgebracht hat.[1]

Auch die sassanidische Architektur knüpft an altorientalische Vorbilder an. Der Grundriß der Paläste erinnert an babylonische und assyrische Schloßanlagen, wie sie die Ausgrabungen im Zweistromlande aufgedeckt haben. Um einen Binnenhof gruppieren sich symmetrische Raumgruppen, die sich aus rechteckigen, im Tonnengewölbe geschlossenen Sälen und aus quadratischen Kuppelräumen zusammensetzen. Hohe Portale und tiefe Nischen öffnen sich an der Fassadenwand und im Hofe; sie dienten wohl als Empfangsräume für den im Hintergrund thronenden Herrscher.

Die schon für die Partherbauten charakteristischen, vortretenden Halbsäulen und Pfeiler werden hier gehäuft und durch reich gegliederte Blendarkaden verbunden. Merkwürdig ist es, daß im Gegensatz zum sonstigen Zurückgreifen auf altorientalische Kunstformen, die Verwendung glasierter Ziegel zur Wandbekleidung in dieser Zeit nicht nachweisbar ist. Man bedeckte die Wände mit Putz und Stuck und bildete aus diesem Material allerhand Schmuckformen, so die Profile und Umrahmungen der Türen und die krönenden Hohlkehlen, bei deren Gestaltung, z. B. am Palast von Sarvistan, die achämenidischen Paläste als Vorbilder gedient haben. Jene reich in Stuck verzierten Wände, die wahrscheinlich farbig bemalt waren und so als gewollter Ersatz für die verloren gegangene Fayencebekleidung angesehen werden können, kennen wir aus den Ruinen von sassanidischen Privatbauten, die de Morgan in Luristan gefunden hat; auch die Fassade des Tak-i-Kesra, des Palastes von Ktesiphon, war mit Stuck bekleidet. Von den Wandmalereien, den figurenreichen Jagddarstellungen, von denen die Überlieferung erzählt, ist in den zerstörten Jagdschlössern der Sassanidenkönige nichts mehr zu finden; wir können uns einen Begriff von diesen Kunstschöpfungen machen im Hinblick auf die malerisch komponierten Reliefs der Felsgrotte von Tak-i-Bostan, in denen das Waidwerk Chosros II. in anschaulicher Weise geschildert ist. Der unerhörte Prunk des persischen Hofes, der in kostbaren Teppichen und Gewändern, oder in Geräten aus Edelmetall zum Ausdruck kommt, hat die Phantasie der westlichen, römischen und byzantinischen Welt stark erregt und stand in schroffem Gegensatz zu der Armut und Anspruchslosigkeit des Volkes, das dem Sassanidenreich ein Ende bereiten sollte.

Die Forschung der letzten Zeit hat über die kulturellen Verhältnisse der ersten Jahrhunderte des Islams überraschenden

---

[1] Mitteilungen der Deutschen Orient-Gesellschaft. Nr. 33. S. 17.

[2] Diese westlich von Assur, in der Wüste gelegene Palastruine verdient als die bedeutendste bisher bekannte Bauschöpfung der Partherzeit eine eingehendere Untersuchung, als ihr bisher zuteil geworden ist. Der Gewölbearchitektur ist an diesem Quadersteindenkmal vor allem die dekorative Schmuck, der neben antikisierenden eigentümliche figürliche Elemente enthält, bemerkenswert.

[3] „Das byzantinische Reich erkannte das persische durchaus als seinesgleichen an wie auch umgekehrt; Kaiser und Schahanschah bezeichneten sich gegenseitig als „Bruder"." Th. Nöldeke: Geschichte der Perser und Araber zur Zeit der Sassaniden. Leyden 1879. S. 454.

[1] Unter dem Titel „Iranische Felsreliefs" wird der Verfasser binnen kurzem nach seinen Originalaufnahmen diese sassanidischen Denkmäler in Zusammenhang mit älteren und jüngeren persischen Felssculpturen im Verlag von Ernst Wasmuth A.-G. veröffentlichen. Die achämenidischen Denkmäler wird Ernst Herzfeld behandeln.

Aufschluß gebracht, hat viele früher herrschenden Ansichten als unrichtig erwiesen. Gestützt auf die übertriebenen Aussagen islamischer Schriftsteller, die alles Heil und den Anfang alles Guten einzig im Islam sahen, war man mehr als billig geneigt gewesen anzunehmen, daß mit der neuen Herrschaft auch eine durchgreifende Neu-Organisation stattgefunden, daß diese alle staatlichen und gesellschaftlichen Verhältnisse der eroberten Länder umfaßt hätte. Man übersah, daß die Araber nach ihren geistigen Fähigkeiten dazu garnicht imstande waren, daß ihre Einheit viel zu jung, daß der Parteigeist der verschiedenen Stämme viel zu groß war, um auf uraltem Kulturboden zusammenfassend und kolonisatorisch wirken zu können. Die faktische Gewalt ging wohl in ihre Hände über; das in seiner Heimat räumlich und wirtschaftlich beengte Arabertum nahm den fruchtbaren und reichen Ackerboden, der ihnen zufiel, in Besitz, und richtete sich, eine dünne Oberschicht bildend, hier ein, ohne daß die wirtschaftlichen und kulturellen Verhältnisse sich im großen und ganzen änderten und von Grund aus umgeformt wurden. Die gesamte innere Verwaltung blieb dieselbe, man ließ z. B. die Zollschranken an den ehemaligen Landesgrenzen bestehen, behielt das Münzwesen bei und „lebte die vorgefundene Kultur der ausgehenden Antike einfach weiter".[1] Nicht so im Abendlande die Germanen, die die antike Welt in Trümmer schlugen und nur in geringem Maße die vorhandenen Kulturelemente übernahmen.

Dementsprechend gestaltet sich auch das Verhältnis der Araber zur Kunst. Auch hier sind sie in den ersten Jahrhunderten der Hedschra lediglich rezeptiv und benutzen die künstlerischen Kräfte, die in den eroberten Ländern vorhanden waren. Daß der Chalif Walid zum Ausbau der Moschee von Damaskus byzantinische Künstler berief, ist hierfür ein bekanntes Beispiel. Allen Künsten, so auch der Baukunst, stand der orthodoxe Islam nicht eben freundlich gegenüber,[2] vermochte jedoch, so lange die weltliche Gewalt der Fürsten sich nicht vollständig vor ihm beugte, seine rigorosen Ansichten nicht in die Tat umzusetzen; auch das von ihm erfundene Bilderverbot fand meist keine Beachtung.

Man hat in der letzten Zeit zur Überzeugung nachgewiesen, daß die ausgehende Antike in ganz Vorderasien ebenso wie die Kunst von Byzanz stark östlich beeinflußt sind, daß hier nicht „Rom" sondern der „Orient", vor allem Mesopotamien und das sassanidische Persien formbildend gewirkt haben.[3]

Die orientalisierte Kunst von Syrien bleibt in den ersten anderthalb Jahrhunderten des Islams, wo Damaskus unter den Omaijaden sein Zentrum ist, ausschlaggebend; es gibt zu dieser Zeit noch keine rein islamische Kunst. Dies lehren die Wandmalereien von Kuseir Amra, einem zwischen 711 und 740 entstandenen Lustschloß der Omaijaden im Ostjordanlande am Rande der syrischen Wüste;[1] dies lehrt auch die Prachtfassade von Mschatta. Sie zeigt „eine Kunstsphäre, in der antike und orientalische Kunst gleich stark nebeneinander blühten", wie ihr Bearbeiter, Josef Strzygowski, überzeugend nachgewiesen hat.[2] Aber wenn von ihm als Entstehungszeit das 4. bis 6. Jahrhundert angenommen wird, so sprechen doch im Gegensatz zu dieser Datierung andere gewichtige Momente, auf die hier nicht näher eingegangen werden kann, dafür, daß Mschatta jüngeren Datums ist, daß es sich auch hier um ein Denkmal der omaijadischen Chalifenzeit handelt.[3] Wie stark diese letztere selbst die Abhängigkeit von östlicher, persisch-sassanidischer Kultur empfand, wird durch eine angebliche Äußerung des Chalifen Sulaiman (715—717 n. Chr.) beleuchtet. „Für diese Perser", sagte er, „hege ich Bewunderung. Tausend Jahre haben sie geherrscht, ohne uns auch nur einen Augenblick nötig zu haben; wir aber haben hundert Jahre geherrscht, ohne ihrer auch nur einen Augenblick entbehren zu können."[1]

Mit dem Sturz der Omaijaden wird der Mittelpunkt der islamischen Welt nach dem Osten verlegt. An die Stelle von Damaskus tritt Bagdad. Mit dem Wechsel der Dynastie verändert sich jetzt auch die innere Art der Regierung.[2] Sie wird persisch, indem sie sich die Sassaniden zum Vorbilde nimmt. Bagdad liegt nicht umsonst unweit vom sassanidischen Ktesiphon. Während sich im Westen in Damaskus occidentale Kultur- und Kunsteinflüsse neben den östlichen, persischen, geltend gemacht hatten, werden diese hier die allein maßgebenden. Der Hof der Chalifen mit seinem Zeremoniell, der Harems- und Eunuchenwirtschaft, den Trinkgelagen und musikalischen Unterhaltungen gleicht dem der ehemaligen Großkönige; die Staats- und Hofämter, z. B. die Großwezirats, werden nach persischem Muster eingerichtet[3]; die Besteuerung erfolgt nach altiranischem Vorbilde; Perser dringen schon in die höchsten Ämter und Stellen ein.[4] Die Garde bestand schon

[1] C. H. Becker: Christentum und Islam, Tübingen 1907.
[2] Dies beweisen folgende Sprüche aus den großen Traditionssammlungen: „Die schlechteste Verwendung des Geldes eines Gläubigen ist: es zu verbauen." „Jedes Bauwerk ist eine Schädigung für seinen Erbauer am Tage der Auferstehung, außer einer Moschee." „Baut ein Mann neun Ellen hoch, so ruft ihm eine Stimme vom Himmel an: Wohin willst du damit, Gottlosester der Gottlosen?" „Kein Prophet betritt ein solches geschmücktes Haus." Zusammengestellt bei C. H. Becker a. a. O. S. 28.
[3] Es ist ein Verdienst Josef Strzygowskis, diese Ansicht zuerst ausgesprochen und in seinen Schriften bewiesen zu haben.

[1] Kaiserliche Akademie der Wissenschaften. Kuseir Amra. Wien 1907. J. v. Karabacek vertritt hier die Ansicht, daß es sich um ein Lustschloß des Abbasidenprinzen Achmed handelt, der im Jahre 80? den Chalifenthron in Bagdad bestieg. Im Gegensatz hierzu steht die Deutung von Becker, Littmann und Nöldeke, die Kuseir Amra auf Grund der Inschriften und Darstellungen für eine Schöpfung der Omaijaden von Damaskus halten und zwar aus den Jahren zwischen 711 und 740. Vgl. C. H. Becker: Das Wiener Kuseir Amra-Werk. Zeitschr. f. Assyriologie. 1906. S. 355 ff.
[2] Jahrbuch der Kgl. Preuß. Kunstsammlungen. 1904. S. 225—373.
[3] Diese jetzt mehr und mehr Anhänger gewinnende Datierung hat zuerst C. H. Becker verfochten in seiner Besprechung der Strzygowskischen Arbeit. Zeitschr. f. Assyriologie 1905. S. 419 ff.
[1] G. Jacob: Geschichte des Schattentheaters. Berlin 1907. S. 25.
[2] J. Wellhausen: Das arabische Reich und sein Sturz. S. 348.
[3] N. Rhodokanakis: Mschatta. Wiener Zeitschr. f. d. Kunde des Morgenlandes. Bd. 19. S. 289 ff.
[1] Ibn Khaldoun: Les Prolégomènes, traduits par M. de Slane. Paris 1865. II. p. 30 „Lorsque le khalifat se fut changé en royauté, les khalifes recherchèrent les pompes du monde et ses plaisirs. S'étant entourés d'affranchis persans et grecs, naïfs d'empires qui existaient déjà avant l'islamisme, ils se firent raconter par les divers usages que le passé et le luxe avaient introduits dans ces pays."

unter Mansur (754—775 n. Chr.) aus Chorasanern, die unter Muntasir (861 n. Chr.) von Türken abgelöst wurden. Persischen Ursprungs ist das höfische Polospiel, persisch sind die Gartenanlagen, die feierlichen Aufzüge der Chalifen, bei denen lautlose Stille herrschte und die durch die Vorführung wilder Tiere ein besonderes Gepräge erhielten. Durch Achmed ibn Tulun wird diese persische Gestaltung des Chalifenhofes auch nach dem Westen, nach Ägypten gebracht und dort eingeführt. Eine weitere Förderung des Persertums im Chalifenstaat fand im 10. Jahrhundert durch die Bujiden statt, die sich zu Schützern des Chalifenthrones aufwarfen und in dieser „Würde" von den Seldschuken abgelöst wurden.

Wie sich in jener Zeit, um die Wende des Jahrtausends, das iranische Geistesleben, dessen Flamme unter der Herrschaft des Islams nie erloschen war, und dessen Einfluß auch in der altarabischen Poesie zu merken ist, neu belebte, wie in Firdusis Schahname das iranische Nationalepos entstehen konnte, wie die der strengen Orthodoxie feindlichen mystischen Ideen des persischen Islams in der Schia und im Assassinentum mehr und mehr zum Ausdruck und zur Geltung kamen und die iranische Sonderkirche vorbereiteten, kann hier nur angedeutet werden.

Wie steht es nun mit der Kunst im Abbasidenreiche? Noch gab es unzweifelhaft zahllose Denkmäler der Sassanidenzeit, deren gewaltigstes, der Tak-i-Kesra, die mächtige Halle des Chosro-Palast von Ktesiphon, sich bis auf die Gegenwart erhalten hat. Man ließ sie verfallen, wenn man sie nicht zu zerstören[1]) versuchte; denn, abgesehen von dem Widerwillen gegen eine Schöpfung der Ungläubigen, widerstrebte es von jeher dem Orientalen, den Untergang und allmählichen Verfall eines Bauwerks aufhalten zu wollen. Was die Abbasiden bauten, Städteanlagen und in ihnen Moscheen und Profanbauten, waren Neuschöpfungen, die vor allem an den Ufern des Euphrat und Tigris entstanden, aber auch auf die Provinzen erstreckten. Mit märchenhafter Geschwindigkeit wuchsen diese abbasidischen Schloßbauten, insbesondere seit dem 9. Jahrhundert, aus dem Boden.[2]) Die Chalifen wetteiferten in dieser Baulust mit den byzantinischen Kaisern. Wenige Reste der abbasidischen Moschee- und Profanarchitektur sind bisher bekannt und untersucht worden.

Meine in Begleitung von Dr. Ernst Herzfeld im Winter 1907/08 unternommene Reise im Euphrat- und Tigrisgebiet hat die Kenntnis dieser abbasidischen Denkmäler zu erweitern vermocht. Am Euphrat sowohl wie am Tigris fanden wir eine Reihe von Bauten abbasidischer Zeit, deren Bearbeitung noch nicht so weit fortgeschritten ist, um hier Berücksichtigung zu finden. Die schon von Herzfeld früher[3]) teilweis unter-

suchten Ruinen von Samarra (836 bis 876 n. Chr.) mit ihren Moschee-, Palast- und Befestigungsbauten geben den Beweis, daß sich die Grundrisse, Bautypen, die konstruktiven Hauptformen und technischen Einzelheiten aus der Kunstübung der sassanidischen Epoche entwickelt haben. In der künstlerischen Auffassung ist ein klassischer, d. h. hellenistischer Einschlag nicht zu verkennen, der sich noch deutlicher bei den geringen Resten aus der Omaijadenzeit, die wir in Babylonien sahen, bemerkbar macht.

Man hat sich daran gewöhnt, den Orient, d. h. die islamischen Länder Vorderasiens als kulturell minderwertig und hinter dem christlichen Abendland zurückstehend zu betrachten; der jetzige teilweis traurige Zustand dieser Gebiete entspricht jener Auffassung, ist aber im Grunde genommen nur die Folge der mongolischen Invasionen und moderner Mißwirtschaft. Das Mittelalter, auch im Abendlande, empfand anders und gerade entgegengesetzt; es erkannte den Vorrang des Ostens in kultureller und künstlerischer Hinsicht an. Das Zeugnis eines arabischen Schriftstellers des 14. Jahrhunderts, des Ibn Chaldun[1]), ist deshalb von besonderem Interesse, weil den in Nordafrika (Tunis) geborenen und auch dort, in Marokko und Ägypten vor allem lebenden Gelehrten kein Heimatsgefühl und keine Voreingenommenheit bewogen haben können, die östliche gegen die westliche Kulturwelt auszusagen. Er spricht dem Orient eine höhere Zivilisation als dem Occident zu. Dort sei diese nie zurückgegangen, und an Stelle von zerstörten Städten seien hier stets neue entstanden. „Im Orient", so urteilt er, „hatten die Künste Zeit, tiefe Wurzeln zu schlagen, während einer langen Folge von Jahrhunderten unter der Herrschaft der Perser, Nabateer, Kopten, Israeliten, Griechen, Römer und anderer alten Völker. Alle Gewohnheiten des seßhaften Lebens, Gewohnheiten, von denen die Künste nur einen Teil bilden, richteten sich in diesen Ländern so ein, daß sie unauslöschliche Spuren hinterließen."

Nach dem heutigen Stand unserer Kenntnis wäre es ein vergebliches Bemühen, eine Geschichte der islamischen Baukunst von Persien schreiben zu wollen. Fürs erste gilt es noch, Bausteine herbeizuschaffen und das Material durch Bekanntmachung bisher unerforschter oder mangelhaft untersuchter Denkmäler zu vermehren. Wir stehen deshalb im Gegensatz zu dem vor sieben Jahren im Vorwort Gesagten davon ab, im vorliegenden Werke eine systematische Entwickelungsgeschichte der persisch-islamischen Architektur zu geben, und beschränken uns darauf, die aufgenommenen Bauten, so weit es ihr verfallener Zustand gestattete, im Bilde wiederzugeben und kunstgeschichtlich zu untersuchen. Da wir naturgemäß nicht alle auf iranischem Boden vorhandenen Monumente, wenn auch einen sehr großen Teil und darunter die bedeutendsten Reste islamischer Zeit, kennen gelernt haben, so empfahl es sich, nicht chronologisch vorzugehen, sondern die einzelnen Landschaften und in ihnen die bemerkenswerten Orte, so weit wir sie besucht haben, für sich zu

---

[1]) Eine islamische Sage erzählt, daß Harun ar-Raschid sich vergeblich bemüht habe, das Bauwerk zu zerstören Auf den Rat des Barmakiden Yahia hätte er von seinem Vorhaben dann abgelassen, damit man nicht sage, der Chalif könne ein Bauwerk der Perser nicht zerstören. (Ibn Chaldoun a. a. O. II. p. 246.)

[2]) J. v. Karabacek im zitierten Amra-Werk, S. 233.

[3]) Samarra, Aufnahmen und Untersuchungen zur islamischen Archäologie. Berlin 1907.

[1]) a. a. O. II, S. 366.

behandeln. Bei dieser Anordnung des Stoffes war auch die Möglichkeit vorhanden, den verschiedenen Landschaften und Städten zusammenfassende Bemerkungen historischer und kulturgeschichtlicher Art voraufzuschicken und in ihnen den notwendigen Rahmen für die kunstgeschichtliche Betrachtung zu geben.

Die persisch-islamische Kunst beschränkt sich nicht auf das Hochland von Iran, auf das eigentliche Persien, und wenn auch hier ihr Zentrum und der Ausgangspunkt ihrer weiteren Ausläufer ist, so umfaßt sie doch ein ungleich größeres Gebiet und hat westlich in Mesopotamien, Syrien und Kleinasien, nordöstlich und östlich in Transkaspien und Indien Denkmäler hinterlassen. Zwei Hauptgebiete dieser außeriranischen, persisch-islamischen Architektur, die seldschukischen Bauten von Konia und die timuridische Architektur von Samarkand haben wir deshalb gleichfalls in den Bereich unserer Untersuchungen gezogen.

Im ersten Kapitel lernen wir die Denkmäler von Adarbaidschan kennen, der nordwestlichen Provinz von Persien, die mehr wie jede andere persische Landschaft während des ganzen Mittelalters bedeutungsvoll für die Gestaltung der persischen Geschichte und Kultur gewesen ist. Die seldschukischen Bauten von Nachtschewan aus der zweiten Hälfte des 12. Jahrhunderts sind als charakteristische Beispiele der frühen Backsteinarchitektur von Interesse und zeigen in ihrer keramischen Dekoration das Wiederaufleben der farbigen Glasur, der altorientalischen Schmucktechnik. Die Weiterentwicklung dieser Dekorationsweise veranschaulichen die Grabtürme von Maraga, nach der ersten Mongoleninvasion in der Mitte des 13. Jahrhunderts entstanden, die Ruinen der Bauten Gazan Chans in Tebriz und das Mausoleum des Chodabende Chan in Sultanieh, letzteres aus dem Beginn des 14. Jahrhunderts. Hier, ebenso wie in der Moscheeruine von Asbistan bereitet sich in stetigem Fortschreiten der Höhepunkt der persischen Fliesendekoration vor, der seinen vollendetsten Ausdruck in der von dem Turkmenen Dschehan Schah errichteten Blauen Moschee von Tebriz findet (Anfang des 14. Jahrhunderts). Die auf altorientalische Tradition zurückgehende Dekoration in geschnittenem Stuck, die schon in der Außenarchitektur der Nachtschewaner Denkmäler neben der Glasur eine Rolle spielt, bringt in der Innendekoration in der Folge imposante Wirkungen hervor, was die aus der Mitte des 14. Jahrhunderts stammende Gebetsnische von Marand beweist. Die weitere Ausbildung und schließlich auch den Verfall, der sich in dem Aufgeben des kunstvollen Mosaiks und in der Rückkehr zur Fliese dokumentiert, erläutert die sich durch Jahrhunderte erstreckende Bauperiode der prachtvollen Safiden-Moschee von Ardebil. Diesem von uns zum ersten Male untersuchten, auch kulturhistorisch bedeutungsvollen Denkmal ist eine eingehende Betrachtung gewidmet.

Im zweiten Kapitel, das Mittelpersien, die Landschaft Irak umfaßt, handelt es sich in erster Linie um die Ruinen von Rhages und Veramin. Nach der Zerstörung des ersteren

Ortes durch die Mongolen im Jahre 1221 tritt der letztere an seine Stelle, um später auch zu verfallen und dem modernen Teheran Platz zu machen. Von ganz besonderem Interesse ist die Bekleidung der Innenwände mit lüstrierten Fliesen. Die im 13. und 14. Jahrhundert in Persien, vor allem in Rhages und Veramin blühende Technik der Lüsterdekoration wird eingehend behandelt; ebenso die Hauptmoschee von Veramin, die im Jahre 1322 errichtet, unter dem Timuriden Schah Ruch (1404—1447) restauriert wurde; sie ist sowohl wegen ihrer Anlage als auch wegen ihrer Schmuckformen beachtenswert. Diesem Bauwerk schließen sich die prachtvoll in geschnittenem Stuck dekorierten Grabtürme von Kum an. In ganz Mittelpersien beansprucht Isfahan die größte Beachtung. Abgesehen von mehreren wichtigen mittelalterlichen Ruinen, sind hier vor allem die Denkmäler aus der Zeit der Safiden, deren Hauptstadt der Ort unter Schah Abbas um 1600 wurde, von Wichtigkeit. Dieser bedeutendste Herrscher des modernen Persiens machte Isfahan zu einer der imposantesten und prächtigsten Städte der damaligen Welt. Sowohl die religiösen wie die Profanbauten von Isfahan aus der Safidenzeit werden, besonders in Rücksicht auf ihren keramischen Dekorationsschmuck abgebildet und behandelt werden, so weit hier nicht brauchbare frühere Untersuchungen vorliegen.

Das dritte Kapitel führt uns in das nördliche und nordöstliche Persien, nach Tabaristan, in die Küstenlandschaft Mazenderan und die ihr südlich vorgelegene Provinz Kumis. Hier sind die aus früher Zeit, dem 11. bis 12. Jahrhundert stammenden Bauten von Damgan und mehrerer mehr östlich gelegener Orte als Beispiele früher Ziegelornamentik von besonderem Interesse. Vom Beginn des 14. Jahrhunderts, dem Grabmal von Sultanieh gleichzeitig, ist die Bajezid-Moschee von Bostam nicht weniger bemerkenswert wie dieses. In dem vom übrigen Persien in vieler Hinsicht grundverschiedenen Mazenderan erinnern die mittelalterlichen Grabtürme von Amol, Sari und anderer Orte an armenische Bauten. Diese durchgängig mit Putz verkleideten Backsteinbauten zeigen nur geringe Verwendung von schmückenden glasierten Fliesen. Unter Abbas dem Großen (1587—1629) wird Mazenderan endgültig dem übrigen Persien politisch angegliedert. Dies macht sich auch in der Architektur bemerkbar, in den von diesem Herrscher hier errichteten Lustschlössern. Die Palastanlage von Aschraf zeigt trotz vieler Berührungspunkte mit den gleichzeitigen Isfahaner Bauten in ihren von Ziergärten umgebenen, mit Fliesen und Wandgemälden geschmückten Pavillons eine sonst nicht vorkommende Abart der Safiden-Architektur.

Das vierte Kapitel ist der persisch-islamischen Baukunst Kleinasiens gewidmet. Vor dem Ansturm der mongolischen Barbaren fliehend, hatten persische Kultur, Wissenschaft und Kunst am Hofe der seldschukischen Fürsten von Ikonium eine Zuflucht gefunden. Die prachtvollen Denkmäler des Sultans Ala eddin Kai Kobad I. (1219—1236) und seiner Nachfolger bezeugen in ihren Ruinen dies noch heute und übertreffen teilweis ihre persischen Vorbilder. In Iran selbst haben sich gleich hervorragende, künstlerisch und technisch ebenso bedeutende Denkmäler der Zeit nicht erhalten.

Ebenso wie in der kleinasiatischen Seldschuken-Hauptstadt sind anderthalb Jahrhunderte später persische Künstler in Samarkand, in der Residenz Timurs tätig gewesen. Auf Geheiß des Welteroberers erhoben sich hier nach persischem Muster errichtete Moscheen, Medressen und Grabbauten. Trotz ihrer Abhängigkeit von westlichen Vorbildern bildeten sich doch in diesen imposanten Bauten besondere Eigentümlichkeiten im Grundriß, Aufbau und in der Dekoration heraus, die ein Eingehen auf diese Timuriden-Architektur rechtfertigen (fünftes Kapitel).

Unbeachtet sind in diesem Zusammenhange zwei Architekturkreise geblieben, die gleichfalls persisch genannt werden müssen; im Osten die indisch-islamische Baukunst, im Westen die Architektur der Osmanen in Kleinasien vor der Eroberung Konstantinopels. Zeigte die ältere, mittelalterliche Architektur des muhammedanischen Indiens noch Elemente, die sich aus der einheimischen früheren Baukunst erklären lassen, wie die Übernahme und Nachahmung der Säulenhallen der Jainatempel und ferner die Minarets in Form von gewaltigen Rundtürmen, die ihren Zusammenhang mit den altindischen Stambhas, den Siegeszeichen, nicht verleugnen können, so schließt sich die spätere muhammedanische Architektur Indiens, die der Mogulzeit, eng an persische Vorbilder an. Die osmanische Baukunst des 14. und 15. Jahrhunderts auf kleinasiatischem Boden ist eine Fortsetzung der dortigen seldschukischen Architektur. Auch auf diesen Zweig der persisch-islamischen Baukunst einzugehen, haben wir Abstand genommen; sind doch die hervorragendsten Beispiele dieses Architekturstiles, die Bauten von Brussa[1]) ebenso wie die Denkmäler indisch-islamischer Architektur durch vortreffliche Publikationen allgemein bekannt und uns außerdem so nahegerückt, daß sie in diesem Zusammenhange nicht behandelt zu werden brauchten.

[1]) Cornelius Gurlitt beabsichtigt, nachdem „die Baukunst Konstantinopels" in mustergültigen Lichtdrucktafeln im Verlage von Ernst Wasmuth A.-G. erschienen ist, diesem Werke die Baudenkmäler von Brussa folgen zu lassen.

Neubabelsberg, im Juni 1908

Friedrich Sarre

I. KAPITEL

DIE BAUWERKE DER LANDSCHAFT ADARBAIDSCHAN

VORWORT

Die nordwestliche Provinz des heutigen persischen Reiches ist Adarbaidschan, eine Landschaft, die zeitweise mehr oder weniger über die jetzige politische Begrenzung hinausgehend, in der Geschichte Irans stets eine bedeutende Rolle gespielt hat. Das ein unregelmäßiges Viereck bildende, von Gebirgsketten umschlossene Hochland wird im Norden vom Tal des Araxes, im Osten von dem schmalen Uferstreifen des Kaspischen Meeres begrenzt; im Süden und Westen trennen es Gebirgszüge von dem eigentlichen persischen Hochlande, vom Kurdengebiete und der jetzigen Türkei. „Das Gebiet schließt zugleich die wildesten Gebirgsklüfte und rauhesten Bergketten, wie dazwischen sporadisch die lieblichsten Talebenen mit dem reichsten Anbau ein; es ist das Land der größten Tiefen und Höhen, der wildesten Roheit wie der reizendsten Ansiedlung in den See- und Flußtälern, der strengsten Winterkälte, und doch auch des erquicklichsten Frühlings, wie selbst der heißesten Sommer in den Taltiefen. Es ist das Land der Kontraste, das pittoreskeste von ganz Iran, das Land der Städteansiedlungen, wie des nomadischen Hirtenlebens."[1]) An der nordwestlichen Grenze ragt die gewaltige Pyramide des Ararat empor, und auf der Hochebene bilden zwei gleichfalls vulkanische Gebirgsformationen, der Savellan und der Sahend, bedeutende Erhebungen. Westlich von ihnen, am Fuß des Randgebirges lagert sich die umfangreiche Fläche des Sees von Urumia. Sein flaches, salzreiches Becken sammelt die zu ihm herabfließenden Wasserläufe, und nur zwei größere Flußläufe, der vom Savellan zum Araxes herabfließende Kara Su und der vom Sahend kommende Kizil Üzen vermögen, jener im Norden, dieser im Südosten die einschließende Gebirgskette zu durchbrechen und den Abfluß zum Kaspischen Meer zu finden.

Eine Provinz des medischen, dann des persischen Reiches bildend, wird das Land als angebliche Heimat des Religionsstifters Zoroaster, der hier an den Ufern des Urumiasees gepredigt und seine Visionen empfangen haben soll, von besonderer Bedeutung für die iranische Kulturwelt.[2]) Hier waren berühmte Feuertempel, deren Hüter den Ehrennamen Aderbad führten, aus dem dann die Bezeichnung der Provinz entstanden sein soll.

Auch der Name des Statthalters Alexanders des Großen, Atropates, und in der Folge die von den Griechen und Römern gebrauchte Bezeichnung Atropatene wird mit der späteren Bezeichnung in Zusammenhang gebracht. Unter den Arsakiden bildet Adarbaidschan eine der fünf Provinzen des armenischen Reiches, unter den Sassaniden fiel es zeitweilig wieder an Iran zurück, die hier bei Salmas am Urumia - See in einem gewaltigen Felsrelief ein Denkmal ihrer Herrschaft hinterlassen haben.[1])

Nach den bedeutungsvollen Schlachten von Kadesia (637) und Nihawend (642), die dem sassanidischen Reiche ein Ende machten, fiel im Jahre 643 auch Adarbaidschan in die Hände der arabischen Eroberer. Aber die neue Religion und die Herrschaft der Chalifen fanden hier nicht leicht Eingang und unbedingte Anerkennung; noch im 8. und 9. Jahrhundert bewahrte man in den schwer zugänglichen Hochtälern des Landes die alte Lehre des Zoroaster und unterhielt das Feuer in den Tempeln, den Tag der Befreiung und der Rückkehr zum angestammten Glauben herbeisehnend.[2]) Im 10. Jahrhundert fällt das Land in die Gewalt der aus Tabaristan stammenden Bujiden (932—1055), der Hausmaier der Chalifen in Bagdad, und wird dann wie ganz Iran in die durch den Einfall der Seldschuken hervorgerufenen Unruhen hineingezogen. Der „Schutz" des Chalifen und auch die Herrschaft über Adarbaidschan geht von den Bujiden auf die Seldschuken über, unter denen dann vor allem durch die sog. Atabeke Land eine hohe Blüte erlebt. Unter diesen seldschukischen Offizieren, die die faktische Gewalt in dem Gebiete ihrer Herren ausüben und teilweise sich selbst an ihre Stelle setzen und eigene Dynastien begründen, ist als Herr von Adarbaidschan der Atabek Ildegis (1136-1172) zu nennen. Prächtige Bauwerke, die sich besonders in Nachtschewan am Araxes befinden, zeugen von der hohen Kultur, deren sich Adarbaidschan zur Zeit der Atabeke am Ende des 12. und im Beginn des 13. Jahrhunderts erfreute. Nach einer kurzen Herrschaft des Schah von Khwarizm (1225—1228) fällt das Land in die Gewalt der Mongolen. Nachdem der erste verheerende Sturm vorüber ist, wiederholt sich unter den Mongolen dieselbe Erscheinung wie zweihundert Jahre früher unter den Seldschuken. Die Nachkommen eines Dschingiz Chan werden vortreffliche Fürsten. Die Sieger eignen sich die Kultur der Be-

---

[1]) C. Ritter: Erdkunde. Bd. VI. 2, Abt. 3. S. 763 ff.

[2]) A. V. William Jackson: Persia past and present. New York 1906, S. 58 ff. — Zoroaster soll nach ihm um 660 v. Chr. in Urumia geboren sein. Eduard Meyer ist der Ansicht, daß die Zeit des Religionsstifters mindestens um rund 1000 v. Chr., vielleicht sogar ein paar Jahrhunderte früher, anzusetzen sei (Zeitschrift für vergleichende Sprachforschung, 42. Band, 1). Auch Baktrien gilt als Heimat des Zoroaster.

[1]) Das Denkmal stellt die ersten sassanidischen Herrscher Ardeschir und seinen Sohn Sapor dar, die um das Jahr 230 n. Chr. die Armenier unterwarfen. Vgl. Jackson a. a. O. S. 81.

[2]) H. Müller: Der Islam im Morgen- und Abendland. Berlin 1885. I. S. 493.

siegten an und werden Förderer jeder wissenschaftlichen und künstlerischen Tätigkeit. Hulagu, Dschingiz Chans Enkel, zieht sich, nachdem er dem Chalifat von Bagdad ein Ende bereitet hat, nach Adarbaidschan zurück, wo er in Maraga Hof hält und die bedeutendsten Männer seiner Zeit um sich versammelt (1256—1265). Unter seinen Nachkommen, den Ilchanen, sind es vor allem Gazan (1295—1304), sein Bruder Chodabende (—1316) und dessen Sohn Abu Said (—1335), die im nördlichen Persien, in Tebriz, Marand, Sultanieh und Veramin prächtige Baudenkmäler als Zeugen ihrer friedlichen Betätigung hinterlassen haben. Es folgt eine kurze Herrschaft der Mongolenfürsten der goldenen Horde, die von den Jalairiden, selbständig gewordenen mongolischen Gouverneuren, in dem Besitz von Adarbaidschan abgelöst werden, als Schech Owais, der Sohn des Hassan Buzurg, 1356 Tebriz in Besitz nimmt und zu seiner prächtigen Residenz ausgestaltet. Sein Sohn Achmed muß im Jahre 1382 fliehen, als Timur erscheint und mit ihm eine zweite mongolische Invasion über das nördliche Persien hereinbricht. Nach dem Tode des Eroberers (1405) kommt ein Turkmanen-Stamm im nordwestlichen Persien zur Macht, der sich nach seinem Standartenzeichen „Schwarzschafe" nennt. Im Jahre 1411 nimmt Kara Jusuf Besitz von ganz Adarbaidschan, und sein Enkel Dschehan Schah (1437—1467) ist es, dem wir eins der prachtvollsten Monumente des muhammedanischen Persiens, die Blaue Moschee von Tebriz, verdanken. Die Schwarzschafe werden bald von den Weißschafen, deren bedeutendster Fürst Uzun Hassan (1466—1478) ist, abgelöst, und im Beginn des 16. Jahrhunderts entsteht in dem aus Ardebil gebürtigen Safiden Ismail seiner Heimatprovinz Adarbaidschan, und dann dem gesamten persischen Hochlande ein Herrscher, dessen nationale Dynastie (1502—1736) die altpersische Macht der Achämeniden und

Sassaniden zeitweise zurückzubringen vermag. Schah Ismail (1502—1524) verlegt von Ardebil aus, wo die Grabmoschee des Königs-Geschlechts noch jahrhundertelang verehrt und als nationales Heiligtum ausgestaltet und geschmückt wird, nach dem entscheidenden Siege über die Turkmanen seine Residenz nach Tebriz, in die alte Hauptstadt des nordwestlichen Persiens. Seine Nachfolger Tahmasp (1524—1576) und Abbas I (1587—1629) machen dann Kazwin und Isfahan zu ihrer Residenz; der Schwerpunkt des Landes wird vom Nordwesten in das Zentrum verlegt. Adarbaidschan hat seitdem nicht mehr die Rolle gespielt, die die Landschaft im Mittelalter in kultureller und künstlerischer Hinsicht gehabt hatte. Im 17. Jahrhundert war hier oftmals der Schauplatz der Kämpfe zwischen den Safiden und ihren politischen und religiösen Widersachern, den osmanischen Türken; dann fanden hier im 18. und 19. Jahrhundert Zusammenstöße mit den von Norden vordringenden Russen statt. Nach dem letzten persisch-russischen Kriege im Friedensschluß von Turkmantschai 1828 verlor Persien den jenseits des Araxes liegenden Teil von Adarbaidschan mit den Städten Eriwan und Nachtschewan. Die Provinz und Tebriz sind seit dem Bestehen der jetzt regierenden Dynastie der Kadscharen stets der Sitz des Thronerben; hier hat Abbas Mirza, der europäerfreundliche Sohn des Feth Ali Schah (1797—1834) residiert, hier haben Muzaffer eddin (1895—1907) und Muhammed Ali (1907) vor ihrer Thronbesteigung Hof gehalten. Bemerkenswerte Denkmäler der Baukunst haben die letzten zweihundert Jahre hier ebensowenig wie im übrigen Persien hervorzubringen vermocht.

Unter den Denkmälern Adarbaidschans werden die von Nachtschewan, Maraga, Sultanieh, Asbistan, Marand, Tebriz und Ardebil im folgenden behandelt werden.

NACHTSCHEWAN

Geschichtliches

Die Stadt Nachtschewan ist halbwegs auf der großen, von Eriwan nach Tebriz führenden Straße gelegen, am Ufer eines kleinen Flüßchens, das sich wenige Kilometer südlich in den Aras (Araxes) ergießt. Dieser letztere Fluß bildet heute die Grenze zwischen russischem und persischem Gebiet, zwischen Transkaukasien und der persischen Provinz Adarbaidschan. Von den Armeniern wird Nachtschewan für die älteste Stadt der Welt und für den Ort gehalten, wo Noah die Arche verließ, sich ansiedelte und begraben wurde.

Unter dem Namen Naxouana finden wir den Ort bei Ptolemaeus (V c. 13) erwähnt. Die bedeutende armenische Stadt erleidet im Mittelalter ein wechselvolles Schicksal und ist im 12. Jahrhundert einer der Hauptplätze der seldschukischen Provinz Adarbaidschan. Mit dieser Provinz war Ildegis, ein aus Kipschak gebürtiger ehemaliger türkischer Sklave und Offizier des Sultans Masud von Irak, im Jahre 1136 n. Chr. belehnt worden. Der Atabek — so lautet der Titel der allerorts innerhalb des seldschukischen Herrschaftsgebietes aufkommenden türkischen Gouverneure — verschwägerte sich durch Heirat mit der Witwe des Prinzen Togrul mit der Herrscherfamilie und leitete dann die Regierung seiner Stiefsöhne, der

Sultane Sulaiman (1159—1161) und Arslan (1161—1177) fast selbständig. Über den letzteren heißt es bei Mirchond:[1] „Die Welt erhielt durch den Glanz der Regierung des Sultans und durch die Herrschaft des Schwertes, sowie durch die klugen Ratschläge des großen Atabek neue Zierde und Schmuck, und die Angelegenheiten des Reiches wurden in Ordnung gebracht." Ildegis starb im Jahre 1172 und wurde in einer Medresse von Hamadan, die er gegründet hatte, begraben. Kurz vor ihm war seine Gemahlin gestorben, von der Mirchond schreibt, daß „sie sich durch Sittsamkeit, Treue, Religiosität, Liebe zu den Untertanen, Aufrechterhaltung ihrer Würde und Festigkeit im Entschlusse vor ihregleichen besonders auszeichnete, und daß sie die gelehrten Männer ihrer Zeit mit vielen Gnaden und Wohltaten überhäufte."[2] Ihr prächtiges, erst nach ihrem Tode, im Jahre 1186 vollendetes Grabmal, befindet sich in Nachtschewan. Es ist eins der wenigen hier noch erhaltenen Monumente aus der Zeit der Atabeke und wird im folgenden eingehend behandelt werden. Daß es von einem eingeborenen Baumeister errichtet wurde, zeugt von der Be-

---

[1] Mirchonds Geschichte der Seldschuken, übersetzt von J. A. Vollers. Gießen 1837. S. 206.

[2] Mirchond a. a. O. S. 213.

deutung der Stadt zu jener Zeit. Die Söhne des Ildegis, die Atabeke Muhammed (1172—1185) und Kizil Arslan (1185—1191) errangen durch die faktische Oberherrschaft über das gesamte seldschukische Sultanat von Irak eine noch gesteigerte politische Macht.

Unter der mongolischen Invasion scheint auch Nachtschewan stark gelitten zu haben; denn im Jahre 1253 fand Guillaume de Rubruquis, der Gesandte Louis IX., die Stadt vollständig zerstört; von 800 armenischen Kirchen standen nur noch zwei aufrecht.[1] In den folgenden Jahrhunderten mit den besonders im Grenzgebiet von Adarbaidschan nicht aufhörenden Unruhen und kriegerischen Verwicklungen wird die Stadt zu keiner Blüte mehr gekommen sein. In den persisch-türkischen Kämpfen des 16. und 17. Jahrhunderts war hier mehrmals der Kriegsschauplatz. Unter Schah Abbas I. wurde das ganze Gebiet zwischen Eriwan und Tebriz absichtlich von den Persern verwüstet, um den Unterhalt der feindlichen Heere zu erschweren, und die armenische Bevölkerung teilweise an anderen Stellen, z. B. in Mazenderan und in Dschulfa bei Isfahan, angesiedelt. Sultan Murad IV. (1623—1640) zerstörte die Stadt von Grund aus. Tavernier[2] fand im Jahre 1664 eine ziemlich große, in Ruinen liegende Stadt und beschreibt einige der bemerkenswertesten unter den zerstörten Denkmälern. Chardin[3] spricht von einem gewaltigen Ruinenhaufen, dessen Mitte allein bewohnt sei. An diesem Eindruck, den die Stadt auf die Reisenden des 17. Jahrhunderts machte, scheint sich nach den Berichten bis zum Jahre 1828, bis zum Frieden von Turkmantschai, nichts geändert zu haben. Erst die russische Besitznahme hat das Bild der Stadt gewandelt und mit den Ruinen endgültig aufgeräumt. Nur einige, allerdings bedeutende Denkmäler haben sich erhalten; sie sind mit der Glanzzeit Nachtschewans, mit der Herrschaft der Atabeke von Adarbaidschan und mit Ildegis, dem bedeutendsten unter ihnen, eng verknüpft.

Das Mausoleum des Jusuf Ibn Kutaijir (Taf. I. Abb. 1—3)

Literatur

Im Gegensatz zu dem zweiten bedeutenderen Bauwerk, dem Grabturm der Mumine Chatun, ist dieses Bauwerk in der älteren Literatur nicht behandelt worden. Mme. Jane Dieulafoy[1]

fügt einer kurzen Beschreibung des Bauwerks, das sie „Atabeg Koumbaz" nennt, eine ungenaue Abbildung bei.[1] Eine erschöpfende Behandlung fand das Monument erst durch Eduard Jacobsthal.[2] Einige Wochen vor meiner und Professor Schulz's Anwesenheit hatte Jacobsthal im September 1897 Nachtschewan besucht und auch dieses Bauwerk aufgenommen. Das von uns gewonnene Material, die Detailphotographien usw. stellte ich nach meiner Rückkehr Jacobsthal zur Verfügung, der dann in Gemeinschaft mit einigen jüngeren Architekten, unter denen sich Georg Krecker befand, auf Grund seiner Messungen und meiner photographischen Aufnahmen eine Reihe von farbigen Detailaufnahmen im Maßstabe von 1 : 5 anfertigte, denen er eine Rekonstruktion des ganzen Bauwerks hinzufügte. In gleicher Weise verfuhr Jacobsthal mit dem anderen Denkmal von Nachtschewan, dem Grabmal der Mumine Chatun. In liebenswürdiger Weise erteilte mir Jacobsthal die Erlaubnis, seine farbigen Aufnahmen, die in seiner Publikation nicht als solche und nur als Textbilder gebracht werden konnten, in den „Denkmälern Persischer Baukunst" farbig wiederzugeben. Nach dem Ableben des hochverdienten Mannes gingen seine sämtlichen Aufnahmen der Bauwerke von Nachtschewan, mit Ausnahme von zwei bildartigen Rekonstruktionen, in meinen Besitz über.

Baubeschreibung

Der auf achteckigem Grundriß aus Backsteinen errichtete Grabturm (Taf. I, Abb. 1) hat einen Durchmesser von ungefähr 7,5 m und eine Höhe von etwa 8,5 m. Den Abschluß bildet

Abb. 1. Nachtschewan, Mausoleum des Jusuf Ibn Kutaijir

ein achtseitiges Pyramidendach. An den acht Ecken des Baues springen flache, lisenenartige Streifen vor, die, oben durch ein gleiches horizontales Band verbunden, die Flächen rahmenartig umgeben. Im Innern dieser Rahmen spinnen sich Muster über die ganze Fläche, die mit Ausnahme der Portalwand die Felder nicht durchbrochen waren. Eine der acht Seiten enthält dann das niedrige, im Kielbogen geschlossene Portal, das, von kleinen Säulchen flankiert, sich innerhalb einer von einer Hohlkehle umrahmten Flachnische öffnet. Der obere Teil dieser Flachnische nimmt ein rechteckiges Zierfeld ein, innerhalb der Hohlkehle selber zieht sich eine Mäanderborte hin (Abb. 2). Über der Flachnische sind in rechteckigen Feldern die Widmungsinschrift und ein geometrisches Bandmuster angebracht.

[1] Voyage de Rubruquis en Tartarie, ed. de Bergeron. La Haye 1735. II. p. 142; erwähnt bei W. Ouseley: Travels in Persia. London 1823. III. p. 438.
[2] J. B. Tavernier: Les six voyages. La Haye 1718. I. p. 43 ff.
[3] Chevalier Chardin: Journal du voyage. Londres 1686. p. 281.

[1] Jane Dieulafoy: La Perse, la Chaldée et la Susiane. Paris 1887. p. 24.
[2] Mittelalterliche Backsteinbauten zu Nachtschewan im Araxesthale. Mit einer Bearbeitung der Inschriften von Martin Hartmann. Berlin 1899.

Abb. 2. Nachtschewan, Mausoleum des Jusuf Ibn Kutaijir, Detail des Portals (nach Jakobsthal)

Unter dem Ansatz des Pyramidendaches zieht sich ein hoher Schriftfries um das Gebäude, in dem kufische Buchstaben, aus gewöhnlichen Ziegeln zusammengesetzt, über die vertiefte Mauerfläche vorstehen.

Die Ziegel des Mauerwerkes haben quadratische Form; die Lagerfugen sind viermal kleiner als die Stoßfugen (8,5 mm × 35 mm). Bemerkenswert ist die vertikale Schichtung der Ziegel in dem oberen Abschluß der Flachnischen-Umrahmung. Da keine Eckformsteine verwendet wurden, entsteht an den Ecken der Dachflächen durch das abwechselnde Überragen der Steine von links und rechts ein gezackter Grad. Für die Buchstaben hat man gleichfalls keine Formsteine, sondern gleichmäßig starke, behauene Ziegel genommen.

Kunstwissenschaftliche Untersuchung

Am wichtigsten für die technische und künstlerische Würdigung des Bauwerkes sind die Dekorationen der acht Flachnischen. Die hier angewandte Technik des Ziegelmosaiks zeigt einen hohen Grad von Vollkommenheit. Das Muster wurde nicht dadurch hergestellt, daß man im Aufrichten des Bauwerkes die Ziegel nach und nach derart vermauerte, daß sich schließlich die gewünschte Zeichnung ergab, sondern auf den fertigen Mauerkern wurden stückweise die in vorbereiteten Formen hergestellten Musterplatten angeheftet. Jacobsthal hat (a. a. O. S. 25) das

Verfahren beschrieben. Je nach der Musterzeichnung, die beabsichtigt war, sind die 9 cm dicken Platten rechteckig, quadratisch oder dreieckig gestaltet. In Formkasten (Abb. 3), die wahrscheinlich aus Holz bestanden, wurden dünne Brettchen so an den Grund angenagelt, daß ihre Zwischenräume Kanäle für das Hineinstellen der Ziegel bildeten. Hatte man die Ziegelsteine hochkantig in diese Leeren hineingestellt, so goß man die zellenartigen Zwischenräume mit Stuck (einer mit Ziegelmehl versetzten Mörtelmasse) aus. Dabei lag die Rückseite der ganzen Schmuckplatte nach oben. Nach dem Erhärten des Stuckes stürzte man die Platten aus der Form und bekam nun eine Art des Ziegelmosaiks, bei dem die einzelnen ziegelroten Musterstreifen um die Dicke der in die Form eingenagelten Brettchen über die Grundfläche des Stucks vorstanden. Durch diese zellenartige Vertiefung der Grundflächen trat dann die Musterung reliefartig deutlich hervor. Die Fugen zwischen den einzelnen Tafeln wurden nach dem Versetzen verstrichen, markieren sich aber heute noch so stark, daß man selbst auf der Photographie deutlich die Platten unterscheiden kann. Einmal im Besitze dieser Technik konnte man bei einiger Erfahrung leicht durch Aufnageln von Brettchen verschiedener Dicke Muster in Doppelschichten herstellen, bei denen gleichsam ein erstes Muster auf einem zweiten und dieses erst auf dem Ornamentgrunde auflag. Die rechteckige Schmuckfläche über dem Portal des Mausoleums zeigt bereits diese Bereicherung der Technik (Abb. 2).

— 11 —

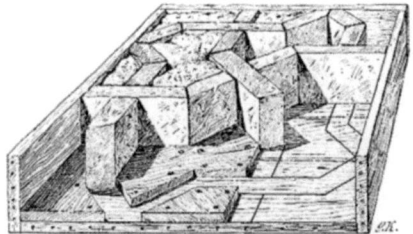

Abb. 3. Nachtschewan, Mausoleum des Jusuf Ibn Kutaijir, Ziegelstuckmosaik in der Herstellung (nach Jacobsthal)

Der künstlerische Charakter des Ornamentes ist schon so reich, daß eine längere bodenständige Entwicklung vorausgesetzt werden muß. Auch steht ein ziemlicher Reichtum von Motiven zu Gebote; denn jede Seite des Baues trägt ein anderes Muster. Immer aber sind es eckig geführte Polygonal- und Sternformen, die in unendlichem Rapport aneinanderschließen und sich durch den Schlagschatten der leicht plastischen Motive deutlich vom Grunde abheben. Von Einzelformen sei der die Portalöffnung begleitende Perlstab erwähnt, der geschickt in derber Form umgebildet sich dem übrigen Schmuck gut einordnet; auch sei noch darauf hingewiesen, wie das vervielfachte Mäanderband der Hohlkehle sich bereits langsam in jenes Muster der laufenden Vierecke aufzulösen beginnt, das im rechteckigen Felde über der Portal-Inschrift seine bessere Verwendung zum breiten Überspinnen einer Fläche erweist.

Inschriften

Die Inschriften des Denkmals sind von Martin Hartmann[1] gelesen und eingehend behandelt worden. Die über dem Portal angebrachte Widmungsinschrift besagt, daß es sich um das Grabmal des Jusuf Ibn Kutaijir handelt; sie nennt das Jahr 557 d. H. (— 1162/63 n. Chr.). Die geistlichen und weltlichen Ehrentitel, die die Inschrift aufzählt, und der Umstand, daß Ildegis in dem genannten Jahre bereits Herr von Nachtschewan war, legen die Vermutung nahe, daß Jusuf Ibn Kutaijir einer der Großen der Atabeks, vielleicht sein „erster Minister" war. Die Inschrift des Frieses enthält Koran-Suren.

Mausoleum der Mumine Chatun, der Gemahlin des Ildegis (Taf. II—XI; Abb. 4—8)

Literatur

Die früheste Beschreibung des Bauwerks finden wir bei Tavernier (a. a. O. p. 44): „En sortant de la ville on voit .... une tour dont l'architecture est des plus belles. Ce sont comme quatre dômes joints ensemble, qui supportent une espèce de pyramide qui semble estre composée de douze petites tours; mais vers le milieu elle change de figure et montre quatre faces, qui vont en diminuant et finissent en aiguille. Tout l'édifice est de brique, et tout le dehors que le dedans est un beau vernis avec plusieurs fleurs en relief." Diese etwas phantastische Schilderung hebt die allgemeine Schönheit des Bauwerks und

[1] Jacobsthal a. a. O. S. 20 ff.

seine reiche Backsteindekoration hervor. Die Beschreibung des Daches ist schwer erklärlich, doch scheint ein Pyramidendach gemeint zu sein, was für die Rekonstruktion des jetzt fehlenden Daches von Bedeutung ist.

James Morier[1] erwähnt unter den muhammedanischen Ruinen Nachtschewans als das am meisten hervorragende Monument unser Grabmal („an exceeding fine piece of brickwork; called the tomb of Atta Beg, the vizier of the celebrated Ussun Hassan").

Auch William Ouseley[2] hebt das Gebäude besonders hervor und beschreibt es folgendermaßen: „The gumbed comprised a spacious voulted chamber, the brick-walls of which were perfectly bare inside; but it exhibited, on the outside, a Cûfi inscription, of blue glazed tile-work, much defaced." Eine kleine Zeichnung (Pl. LXXVI) gibt nur den allgemeinen Eindruck wieder.

Robert Ker Porter[3] hebt die Ruinen von zwei prachtvollen Moscheen hervor. Es ist nicht ausgeschlossen, daß er bei der einen, die mit glasierten Ziegeln bedeckt wäre, an unser Grabmonument gedacht hat.

Am ausführlichsten hat Frédéric Dubois de Montpéreux[4] über die Bauten von Nachtschewan und speziell über das Grabmal gehandelt. Abgesehen von einer Beschreibung veröffentlicht er eine Übersetzung der Bauinschrift und gibt eine Abbildung des Monuments, das er „Tour des Khans" oder „Tour d'Atabek Kombési (dôme des Atabeks)" nennt. Mme. Dieulafoy (a. a. O. p. 24/25) fügt einer kurzen Erwähnung eine Abbildung bei.

Baubeschreibung

Im Aufbau dem Mausoleum des Jusuf Ibn Kutaijir verwandt (Abb. 1), zeigt dieser Grabturm (Taf. II) bedeutendere Dimen-

[1] A Second Journey through Persia. London 1818. S. 312.
[2] Travels in various countries of the East, more particularly Persia. London 1823. IV. S. 436.
[3] Travels in Georgia, Persia etc. London 1821. Vol. I. S. 212.
[4] Voyage autour du Caucase. Paris 1840. Tome IV. S. 10 ff. Abbildung: Atlas III. série, pl. 22.

Abb. 4. Nachtschewan, Mausoleum der Mumine Chatun, Grundriss (nach Jacobsthal)

3*

Abb. 5. Nachtschewan, Mausoleum der Mumine Chatun, oberer Teil

sionen, mannigfachere Gliederung und reichere Zierformen. Es ist ein Zehneck (Abb. 4); der Durchmesser beträgt 10 m, die Höhe ungefähr 21 m. Der jetzt unter der Erde verborgene Sockel besteht aus drei Schichten von je 42 cm hohen Hausteinen, während das Fundament aus denselben quadratischen Ziegeln errichtet ist, die auch für das Kernmauerwerk verwendet wurden. Hier wie bei dem vorhergehenden Bau umgibt eine hervortretende Umrahmung die Wandflächen, die sich aber wieder, von säulenartigen Profilen mit Rautenkapitellen flankiert, zum zweiten Male in Flachnischen vertiefen und oben durch Stalaktiten geschlossen sind. Während sich bei dem erst beschriebenen Bauwerk das Ziegelstuckmosaik auf die Dekoration der Wandflächen beschränkt, greift es hier auf die Umrahmungen über und bedeckt mit seinen Zierformen die gesamte Oberfläche. Auch die Verwendung von blau glasierten Fliesen ist hier hinzugekommen. So setzt sich der krönende Inschriftfries aus blau glasierten Buchstaben auf Ziegelgrund zusammen. Über dem ein wenig vorkragenden Stalaktitengesims stieg ursprünglich eine zehnseitige Dachpyramide empor, von der nur noch geringe Reste vorhanden sind. Die kleine Kuppel, die jetzt aus der Mitte der eingestürzten Turmbekrönung hervorragt, ist die äußere Schale der Wölbung des Innenraums. Auch von der keramischen Flächendekoration sind viele Teile abgefallen. Die Anlage des niedrigen Portals (Taf. III) zeigt wiederum große Ähnlichkeit mit dem des älteren Bauwerks, das hierfür vorbildlich gewesen zu sein scheint. Die im Spitzbogen geschlossene und von Säulen getragene Türnische ist jedoch hier im oberen Teile durch ein Flächenmuster ausgefüllt. Die Wandflächen (Taf. IV—XI) zeigen wiederum ein stets wechselndes geometrisches Muster, das sich in seinen

verschiedenen Kompositionen jedesmal auf ein bestimmtes Vieleck als Grundform zurückführen läßt. Die Umrahmungen sind mit Flechtbändern und Inschriften angefüllt, die nebeneinander herlaufen und miteinander verknüpft ein zusammenhängendes Band bilden. Abgesehen von der großen umlaufenden Friesinschrift, finden sich Inschriftenfelder als Bekrönungen jeder Flächennische (Abb. 5). Die Verwendung von Glasuren, deren Färbung sich auf Türkisblau beschränkt, ist eine maßvolle. Aus glasierten Ziegeln sind die Inschriftfries zusammengesetzt und ferner die Umrahmungen der Stalaktitennischen am Hauptgesims und in den Nischenabschlüssen. Glasuren finden sich auch in dem Flächenschmuck aus Ziegelstuckmosaik, wo dann einzelne, sich wiederholende geometrische Formen, Sterne oder Vielecke, aus blauen Fliesen bestehen und dadurch besonders zur Geltung kommen.

Kunstgeschichtliche Untersuchung

Das Ziegelstuckmosaik ist im Vergleich zu dem beim Grabmal des Jusuf Ibn Kutaijir verwendeten reicher, es verrät eine technische und künstlerische Weiterbildung und Vervollkommnung (Abb. 6). Die wichtigste technische Neuerung ist eine Kombination des oben beschriebenen Ziegelstuckmosaiks mit einem Fayencegipsmosaik (Abb. 7).[1] Nachdem die Ornamentplatte aus dem Kasten gestürzt war, wurde in die Räume zwischen die vorstehenden Ziegel eine etwa zentimeterstarke Gipsschicht eingestrichen, in die wieder blau glasierte Ziegel eingebettet wurden, die sich zu Vielecken zusammenschlossen (Taf. VIII—XI). All das wurde vor dem Versetzen der Platte

[1] Vgl. Jacobsthal, a. a. O. S. 26.

Abb. 6. Nachtschewan, Mausoleum der Mumine Chatun, Ausschnitt aus einer der Seitenflächen

erledigt; nur die Randzellen verstrich man erst nach dem Befestigen der Platte an der Wand, so daß sich jetzt die einzelnen Teile fugenlos zu einem Ganzen verbanden. In den größeren Zwischenflächen sind dann, so lange der Gips noch bildsam war, Ornamente aus freier Hand hineinmodelliert, in die kleineren Linien eingezogen und mit einem spitzen Instrument dreieckige Punkte eingedrückt —

Abb. 7. Nachtschewan, Mausoleum der Mumine Chatun, Mosaiktafel vor der gänzlichen Herstellung (nach Jacobsthal)

ein Verfahren, das auch Ibn Chaldun andeutet.[1])

Auf die in jeder der zehn Seiten des Bauwerks verschieden komponierten Flächenmuster haben wir schon hingewiesen; die aus der Zusammenstellung von bestimmten geometrischen Formen sich entwickelnden Muster gehören zu dem in der gesamten islamischen Kunst am häufigsten angewandten Flächenschmuck. J. Bourgoin[2]) unterscheidet verschiedene Gruppen, auf die sich alle jene auf den ersten Blick oft unentwirrbaren Kombinationen zurückführen lassen.[2]) Jene Grundmuster sind nach ihm das Sechs-, Acht- und Zwölfeck, Sterne und Rosetten von verschiedener Seitenzahl, Oktogon und Quadrat, Siebeneck, Fünfeck. Von reicher Abwechslung ist die Verwendung der blauglasierten Fliesen in den Flächenmustern. Stets treten die glasierten Ziegel vor den unglasierten zurück; aus ihnen werden zwischen dem Gesamtmuster nur ein paar stark betonte Grundformen z. B. auf Taf. VIII—IX. die Zwölf- und Sechsecke gebildet. So wachsen gleichsam zwei Mustersysteme durcheinander, die in Verbindung mit den kleinen reliefierten Zwischenflächen einen weit reicheren und prächtigeren Eindruck zustande bringen, als ihn die Flächen des vorigen jüngeren Baues zeigten. Manchmal wieder besteht die Flächenmusterung, einem Gitterwerk vergleichbar, nur aus unglasierten Steinen; in diesem Fall tritt die Glasur innerhalb des Grundes auf, wo sie, z. B. bei Taf. X—XI, sechseckige Füllsterne bildet, deren Mitte dann wiederum von gemustertem Gips eingenommen ist. Daß die türkisblauen Ziegel in äußerst wirkungsvoller Weise für die große umlaufende Inschrift verwandt sind, ist schon erwähnt worden; weniger in die Augen fallend, aber von fein berechneter Wirkung sind die dünnen blauglasierten Streifen, die wie eine Konturlinie die Stalaktitennischen im Abschluß der Flächennischen und am Hauptgesims umrahmen (Taf. IV—VII). Auch die kleinen Rauten, die innerhalb der die flankierenden Rundstäbe mehrmals unterbrechen, sind mit Einlagen von blauen Fliesenstückchen geziert.

---

[1]) Ibn Chaldun (1332 — 1406) beschreibt (a. a. O. II, p. 393) die in Spanien und Nordafrika übliche Stuckdekoration folgendermaßen: „L'ornementation et l'embellissement des maisons font encore une branche de l'architecture. Ils consistent à appliquer sur les murs des figures en relief faites avec du plâtre que l'on fait prendre avec de l'eau. On retire le plâtre sous la forme d'une masse solide dans laquelle il y a encore un reste d'humidité. On façonne cette masse sur un modèle donné, en l'entamant avec des poinçons de fer, et l'on finit par lui donner un beau poli et un aspect agréable. Quelquefois aussi, on revêt les murs de morceaux de marbre ou de tuiles, ou de carreaux de faïence, ou de coquilles et de porcelaines. Le morceau de chaque espèce s'emploient séparément, ou bien on les combine avec les autres. Ils s'appliquent sur le revêtement de chaux, dans les proportions et d'après des patrons que les gens de l'art ont adoptés. Cela donne au mur l'aspect d'un parterre orné de fleurs."

[2]) Les Éléments de l'art arabe. Le Trait des Entrelacs. Paris 1879.

[3]) M. Gayet: L'art arabe. Paris 1893. p. 96/97 gibt eine phantastische Beschreibung der ästhetischen Wirkung dieser Dekorationsart.

4

— 14 —

Abb. 8. Nachtschewan, Mausoleum der Mumine Chatun, Teil der Inschrift (nach Jacobsthal)

Die Verzierung der Gipsfüllungen ist von großer Mannigfaltigkeit. Neben Punkten und Linien kommen geschickt in den kleinen, zur Verfügung stehenden Raum komponierte Ornamente, Palmetten und Arabeskenranken vor (Taf. VIII–XI); auch Buchstaben finden sich in einigen Füllungen modelliert, die, schwer erkennbar, wahrscheinlich die Namen Allah oder Muhammed bezeichnen sollen.

Inschriften

Hartmann hat die nicht ganz erhaltene Bauinschrift folgendermaßen gelesen: „Im Namen Gottes, des Allerbarmers! Es befahl den Bau dieses Grabmals der kundige, gerechte, sicher thronende, siegreiche, große König Schems eddin, der Hort des Islams und der Muslims . . . . . . die Erhabenheit der Welt und der Religion, der Trutz des Islams und der Muslims, Mu'mine Châtûn, Gott der Höchste sei ihr gnädig! Wir drehen uns, die Welt steht fest; wir sterben, dies bleibt als Andenken; o Herr, den bösen Blick halt fern!" Hartmann nimmt an, daß Mumine Chatun mit der berühmten Gemahlin des Ildegis (3. /) identisch ist, und daß das fehlende Stück der Inschrift etwa so zu ergänzen ist: Atabek Ildegis zum Andenken seiner Gattin, der usw. — Die Frau ist kurz vor ihrem Gemahl in demselben Jahre wie dieser gestorben, 1173 n. Chr. Das Grabmal ist, wie eine zweite Inschrift, über der Portalnische, meldet, im Jahre 582 d. H. — 1186 n. Chr. vollendet worden, nach Hartmann im letzten Regierungsjahre des Atabeks Muhammed Pahlawan, nach Lane-Poole im ersten Regierungsjahre des Atabeks Kizil Arslan; beides Söhne des Ildegis und vermutlich auch der Mumine Chatun, die als solche besondere Veranlassung hatten, pietätvoll über die Fertigstellung des prächtigen Mausoleums ihrer Mutter zu wachen.

Eine Inschrift in der Portalnische nennt den Schöpfer des Denkmals: „Gearbeitet von 'Aǧemî Ibn Abî Bekr, dem Baumeister aus Nachtschewân."

Die Inschriften, welche neben ornamentalen Mustern herlaufend die zehn Seitenflächen umrahmen, enthalten verschiedene Koransuren, während sich hier über dem Stalaktitenabschluß der Nischen jedesmal derselbe Vers wiederholt: „Die Herrschaft gehört Gott, dem Einzigen, dem Bezwinger." An einer Stelle finden wir die Worte (Abb. 8): „Wir drehen uns, die Welt steht fest; wir sterben, dies bleibt als Andenken."

Nicht mehr erhaltenes Portal in Nachtschewan (Abb. 9)

In unmittelbarer Nähe des Grabdenkmals der Mumine Chatun befand sich noch vor ungefähr 15 Jahren — wo es angeblich wegen Baufälligkeit von der russischen Regierung abgerissen wurde — ein bedeutendes Monument, das Dubois de Montpéreux (a. a. O.) und Mme. Dieulafoy (a. a. O. p. 25) abbilden und beschreiben. Abb. 9 ist nach einer Photographie hergestellt, die auch Jacobsthal (Abb. 3) vorgelegen hat. Man sieht ein von zwei runden Minarets flankiertes Portal, das sich im Spitzbogen öffnete und von Inschriftbändern und vertikalen Flachnischen eingefaßt war. Dubois beschreibt das Bauwerk folgendermaßen: „Le portail est encadré par deux minarets en briques, avec une mosaïque en briques vernissées. Une inscription en grandes lettres bleues remplit le champ de frise audessus de la porte". Mme. Dieulafoy berichtet: „Cette construction est précédée de deux minarets flanquant une porte ogivale d'un bon style; les frises qui entourent la baie sont décorées d'une large inscription coufique dont les lettres en émail bleu se détachent sur le fond rosé de la maçonnerie". Vermutlich handelte es sich hier um eine gleiche Backstein-Dekoration mit türkisblauen Fliesen wie bei dem benachbarten Grabturm. Und auch zeitlich gehörte das Gebäude mit diesem Turm zusammen, denn die von Dubois angeführte und von Hartmann nach der Photographie gelesene Inschrift (Jacobsthal a. a. O. S. 21, Anm. 27) nennt den Atabek Muhammed, den Sohn des Ildegis und wahrscheinlich auch die Mumine Chatun

Abb. 9. Nachtschewan, nicht mehr erhaltenes Portal vor dem Mausoleum der Mumine Chatun

(1172—1185 n. Chr.) als Erbauer. Dubois glaubt in diesem Portal den Eingang zum Schloß der Atabeke zu erkennen; die Vermutung liegt näher, daß es in unmittelbaren Beziehungen zu dem dahinter liegenden Grabbau der Mumine Chatun zu setzen ist, also gleichsam den Eingang zu dem heiligen Bezirk des Grabturmes bildete. Ähnlich führt bei der Grabanlage des Schech Safi in Ardebil (Taf. XXXI) oder beim Mausoleum des Timur in Samarkand ein reich geschmücktes Portal in den abgegrenzten Grabbezirk. Der Eingang des Grabturmes liegt freilich nicht in einer Achse mit dem Portal, doch mögen für diese Abweichung örtliche Gründe maßgebend gewesen sein. Wie wir oben sahen, ist der Grabturm während der Regierungszeit des Atabeks Muhammed errichtet worden, und derselbe Fürst ist es auch, der sich auf dem Eingangsportal als Erbauer nennt.

Die Ruinen einer Moschee, eines sehr zerstörten Kuppelgebäudes in der Nähe des Grabmals des Jusuf Ibn Kutaijir, sind von uns nicht näher untersucht worden. Dieulafoy (a. a. O. p. 28) und Jacobsthal (a. a. O. Abb. 1) geben Ansichten davon wieder. Dubois schreibt: „La mosquée était en briques et richement décorée d'inscriptions et d'arabesques en relief." Von den Spuren eines solchen reichen Fayenceschmuckes war in den Ruinen nichts mehr sichtbar.

MARAGA

Geschichtliches

Im Anschluß an die Bauten von Nachtschewan mögen ein paar in Maraga befindliche Denkmäler erwähnt werden, die mir nicht durch Augenschein bekannt sind.

Am Südfuß des Sahend, in einem fruchtbaren, sich westlich zum nahen Urumia-See öffnenden Tal gelegen, ist der Ort, der den Persern als eine der ältesten Städte des Landes gilt, im 11. und 12. Jahrhundert der Sitz seldschukischer Emire; im Jahre 1221 wird Maraga von Dschingiz Chan erobert und erlebt seine Glanzzeit unter seinem Enkel Hulagu Chan. Nachdem dieser Mongolenfürst im Jahre 1255 die Macht der persischen Assassinen gebrochen und ihre Bergfestungen allenthalben geschleift, nachdem er 1258 Bagdad erobert und den letzten Abbasiden-Chalifen hingerichtet hatte, wählte er zum ständigen Aufenthalt (1258—1265) Tebriz und Maraga, deren gemäßigtes Klima ihm zusagte, und verlebte nur die kurzen Wintermonate in der ehemaligen Chalifenstadt am Tigris.[1] An seinen Hof nach Maraga berief der Fürst eine Reihe von Gelehrten und erbaute hier für seinen Hofastrologen, den aus Tus in Chorasan gebürtigen Hodscha Nasir eddin ein Observatorium und eine Bibliothek, die Bücher aus allen von Hulagu eroberten und beherrschten Ländern aufnahm. Er hatte diesen universell gebildeten Mann, der zu gleicher Zeit Astronom, Rhetoriker und Geschichtsschreiber war, in dem eroberten Alamut, dem Hauptsitze der Assassinen, gefunden und zu seinem Vertrauten erhoben. In der Sternwarte von Maraga verfaßte Nasir eddin seine astronomischen Tafeln, die berühmten Tabulae Ilchanicae; ein Schatzhaus nahm den ungeheueren, in Bagdad erbeuteten Hausschatz der abbasidischen Chalifen auf. Letzteres Gebäude soll im See versunken sein; auch auf dem Hügel, der das Observatorium trug, haben sich keine Spuren dieses Baues mehr erhalten.

Mit Hulagu und der Glanzzeit Maragas — man nannte die Stadt damals Klein-Damaskus[2] — bringt die Tradition wohl mit Recht ein paar Grabbauten in Verbindung, die de Morgan erwähnt und abgebildet hat, und von denen mir photographische Aufnahmen durch die Güte von Mr. A. V. Williams Jackson in New York vorliegen. Zwei von ihnen seien hier ausführlich besprochen.

[1] Vgl. Ritter a. a. O. II, S. 828—839. — J. Morier a. a. O. S. 271 ff. — Ker Porter a, a. O. II. S. 404. 493. — George N. Curzon, Persia. London 1892. I. S. 535. — J. de Morgan. Mission en Perse. Etudes géographiques. I. S. 336.
[2] Ibn Batuta, Voyages; ed. Defrémery et Sanguinetti. I. S. 171. Der Reisende lebte von 1303—1377.

Zwei Grabtürme (Abb. 10 u. 11)

Kunstwissenschaftliche Untersuchung

Das bedeutendere der beiden Bauwerke ist ein achtseitiger Grabturm (Abb. 10), den de Morgan im Text seines Buches als Grab der Mutter des Hulagu; auf Taf. 37, wo er ihn abbildet, als Grab der Tochter Hulagus bezeichnet. Der Bau zeigt in seiner Anlage große Ähnlichkeit mit dem Grabmonument der Mumine Chatun in Nachtschewan (Taf. II). Auf einem etwa 2 m hohen, in regelmäßiger Schichtung aufgeführten Quadersockel, der das einfache Spitzbogenportal enthält, erhebt sich der achteckige Backsteinbau zu etwa 10 m Höhe. Vor die Ecken der Gebäude legen sich bis zu Dreiviertel ihrer Vollgestalt vorspringende runde Mauerpfeiler, die auch über das Sockelgeschoß hin bis zum Erdboden durchgeführt sind. Oben durch Spitzbogen miteinander verbunden, schließen sie hohe,

Abb. 10. Maraga, sog. Grab der Töchter des Hulagu

über die ganze Mauerfläche reichende Nischen ein, die sich in einer Stalaktitenwölbung schließen. Während sich aber nun bei dem in der Anlage ganz ähnlichen Denkmal von Nachtschewan der ornamentale Schmuck dieser rahmenförmigen Anlage der Seitenflächen unterordnet, ja sie durch den Wechsel des Musters von Feld zu Feld noch betont, ist hier jede Rücksicht auf den architektonischen Nischenaufbau fallen gelassen worden. Vom Steinsockel bis zum Ansatz der Stalaktiten umgibt gleichsam ein breites Musterband den ganzen Bau, sich ohne Unterbrechung über die Flächen und Rundpfeiler fortspinnend. Diese Negierung des Tektonischen im Aufbau, die vielfach zum vollständigen Außerachtlassen jeder tektonischen Gliederung und zum glatten Mauerzylinder geführt hat, geht hier mit einer Bereicherung des Flächenmusters Hand in Hand. In derselben Technik, die auch in Nachtschewan angewandt worden war, im erhabenen Ziegelmosaik, sind die Flächen geschmückt. In zweifacher Hinsicht läßt sich dabei eine Weiterentwicklung beobachten. Einmal ist das Hauptmuster zu einer solchen Auflösung gelangt, daß man nur sehr schwer irgendeine geometrische Grundfigur zu erkennen vermag, auf Grund deren das Muster komponiert ist; Fünfecke und unregelmäßige Sechsecke scheinen die Hauptformen zu sein. Und dann ist durchweg jene Verdoppelung der Schichten angewandt worden, die wir über dem Portal des älteren Baues in Nachtschewan, dem Grabmal des Ibn Kutaijir, zum erstenmal gefunden haben. In der unteren Grundfläche bilden hier jene regelmäßigen Sternfiguren, die aus Vielecken gebildet sind, ein dichtes Geflecht, von dem sich das lockere, spinnwebartige Obermuster in Licht und Schatten reizvoll abhebt. In gleicher Weise, bloß mit engerer Maschenführung, sind auch die Stalaktitenflächen und die Zwickel zu seiten der Spitzbogen gefüllt; die Helligkeitsunterschiede der photographischen Aufnahmen lassen dabei vermuten, daß hier, wie beim Grabmal der Mumine Chatun in Nachtschewan, einfarbige, blau glasierte Ziegel mit verwendet wurden. Die Ziegel der großen Musterflächen an den Seiten scheinen dagegen durchaus unglasiert gewesen zu sein. Über den Nischen zieht sich auch hier ein heute sehr zerstörtes Inschriftband mit kufischen Buchstaben um das Gebäude, während das ziemlich stark darüber vorspringende Gesims durch einen Stalaktitenkranz gebildet wird. Die Bedachung ist heute zum großen Teil zerstört, doch läßt sich der Ansatz eines achtseitigen spitzen Kegeldaches noch deutlich erkennen.

Das zweite bemerkenswerte Gebäude ist ein Mauerviereck (Abb. 11), das ursprünglich wohl auch zu Grabzwecken gedient hat, heute aber, bereits ohne Dach, dem völligen Verfall entgegengeht. Auch hier ruht der Bau auf einem mächtigen und

Abb. 11. Maraga, Ruine eines Grabturmes

aus großen Quadern sorgsam geschichteten Steinsockel, an dessen Ecken sich vier große Dreiviertel-Rundsäulen mit steinernen Basen und interessanten, einfachen Steinkapitellen erheben. Zwischen diesen vier Ecksäulen spannen sich die Ziegelwände, ihrerseits wieder durch drei vorspringende Pilaster auf jeder Seite in zwei vertiefte Nischen gegliedert; Blindfenster, die in der Mitte dieser Nischen sitzen, vollenden die spärliche architektonische Gliederung dieses Bauwerkes. Auch an ornamentalem Schmuck ist der Bau nicht reich. Die Blindfenster der Seiten sind durch einheitliche Sternmuster in dem bekannten Ziegel-Stuckmosaik gefüllt, über die Ecksäulen ziehen sich große Rautenbänder, unter den Dachansatz und in die Bogenzwickel legt sich ein Ornamentmuster, im übrigen bleiben die großen, aber sorgfältig gefügten Mauerflächen leer.

Es unterliegt wohl kaum einem Zweifel, daß diese beiden Bauten aus der Zeit Hulagus stammen. Interessant sind sie namentlich als Beispiele einer reiferen Entwicklungsstufe jener Typen, die wir ein halbes Jahrhundert früher in Nachtschewan beobachtet haben. Die weitere Fortführung dieser Linie zeigen dann die Bauten in Bostam und Sultanieh, die aus dem Anfange des 14. Jahrhunderts stammen.

Die Ruine eines von de Morgan „Ghoï-bourdj" genannten und in Abb. 189 abgebildeten Grabturmes gehört zu einer Klasse von Denkmälern, die in einer späteren Zeit, frühestens in der 2. Hälfte des 14. Jahrhunderts entstanden sind. Wir werden auf diesen Typus später zurückkommen.

SULTANIEH

Geschichtliches

Der Reisende auf der großen, von Tebriz nach Teheran führenden Straße erreicht eine Tagereise hinter Zendschan den Ort Sultanieh. In dem weiten Hochtale fällt schon Stunden vorher eine gewaltige blaue Kuppel auf, das Grabmal des Chodabende Chan, das das heutige erbärmliche Dorf und die

umliegenden Trümmer überragt. Dies Gebäude allein macht es glaublich, daß hier eine bedeutende Stadt gestanden hat, eine der Hauptstädte der mongolischen Ilchane, der Nachkommen des Hulagu. Im Jahre 1290 von Argun gegründet, von Gazan, dem tüchtigsten Herrscher dieser Dynastie, erweitert, wurde der Ort unter seinem Bruder und Nachfolger Chodabende

(1304—1316) zur Erinnerung an die Geburt des Thronerben Abu Said im Jahre 1305 zur Residenz erhoben und Sultanieh (die Majestätische) genannt. Dieser prachtliebende Herrscher[1] siedelte hier von allen Seiten seines weiten Ländergebietes Handwerker und Kaufleute an, und die Großen seines Reiches wurden angehalten, Wohnhäuser und öffentliche Gebäude aufzuführen. Der Wezir Reschid eddin soll allein ein Quartier von 1000 Häusern und mehreren Moscheen und Medressen gegründet haben. In 40 Tagen, so fabelte man, ist Sultanieh erbaut worden. Dichter feierten die Schönheit der Stadt:

„Sultaniehs Lage stößt am höchsten Himmel an;
Sie ist das Paradies, geformt auf Erdenplan.
Die Weltvernunft entwarf als Architekt den Plan
Und stellte Gabriel zum Bau als Meister an."[2]

Chodabende feierte die Vollendung der Stadt durch ein Festmahl, bei dem er selbst zwischen den beiden berühmtesten persischen Gottesgelehrten Platz nahm, zwischen dem Schech Safi von Ardebil und dem Schech Ala ed daule von Semnan, und sich an ihren Disputen ergötzte. Der Sohn einer christlichen Mutter, heiratete der Fürst wiederum eine Christin, Maria, die Schwester des Kaisers Andronikos, und bekannte sich „als der erste König Gesamtpersiens" zum Schiitismus, nachdem er den in Mesopotamien gelegenen heiligen Grabstätten Alis und Husains seine Devotion bezeugt hatte. Mit diesem Bekenntnis, das er übrigens vor seinem Tode wiederum durch Rücktritt zum Sunnismus verleugnete, wird die Gründung des Bauwerks zusammengebracht, das auch heute noch von dem einstigen Glanze Sultaniehs zeugt. Es heißt, daß Chodabende das gewaltige Mausoleum, in dem er dann selbst beigesetzt worden ist, und das seinen Namen trägt, ursprünglich als Grabmoschee für die Schutzheiligen der Schia, für Ali und Husain erbaut habe; er wollte die Gebeine der Heiligen von Meschhed Ali und Kerbela hierher bringen.[3] Es war ein weitblickender und staatsmännisch bedeutender Gedanke, die schiitischen Wallfahrtsstätten aus einem stets fremden Einfällen ausgesetzten Gebiete in das eigentliche Persien zu verlegen. Für die Entwickelung der persischen Geschichte wäre die Ausführung dieses Planes sicher von der größten Bedeutung gewesen.

Schon nach Chodabendes Tode 1316 soll Sultanieh teilweise von seinen Einwohnern verlassen worden sein; Timur zerstörte dann im Jahre 1385 den Ort, schonte jedoch die Grabmoschee.[4] Zwanzig Jahre später wird die Stadt von Clavijo[5] als außerordentlich blühend geschildert. Freilich, die Wälle waren geschleift worden; aber Sultanieh übertraf, wenn auch von geringerer Einwohnerzahl wie Tebriz, als Handelsstadt diesen Ort. Hier hatten venetianische und genuesische Kaufleute Faktoreien; hier war vor allem in den Monaten Juni bis August der Hauptstapelplatz für die in Gilan gewonnene Seide, für die indischen Waren, für die vom persischen Golf

Abb. 12. Sultanieh im Jahre 1637, nach Olearius

kommenden Edelsteine und Perlen. Clavijo erwähnt die Zitadelle, deren Mauern mit Fliesen geschmückt wären,[1] und dann vor allem außerhalb der Stadt ein großes Gebäude, „muy grandes como Alcazar", ehemals das Grabmal eines mächtigen Ritters. Clavijo erzählt dann, wie der älteste Sohn des Welteroberers, Miran Schah († 1407), in Adarbaidschan und Irak als Statthalter saß, das Grabmal zerstört und den Leichnam des Beigesetzten geschändet habe. Er hätte dies getan, damit man von ihm sagen könne: „Mirassa Miacha non fizo obra ninguna, mas mando deshazer las mejores obras del mundo". Timur habe ihn dann abgesetzt und die Verwaltung von Adarbaidschan einem Sohn von ihm, seinem Enkel, übergeben.

Im Laufe des 15. und 16. Jahrhunderts scheint dann Sultanieh mehr und mehr verfallen zu sein; der Handel hatte sich vollständig nach Tebriz gewandt. Im 16. Jahrhundert, unter Schah Tahmasp I. (1524—1576) wurde das Grabmal restauriert und das Innere mit Stuckdekorationen bedeckt. Die Reisenden des 17. Jahrhunderts fanden nur noch Ruinen vor, aus denen die gewaltige Kuppel des Grabmals emporragte. Olearius und della Valle[2] haben uns vor allem Beschreibungen des Gebäudes hinterlassen; ersterer veröffentlicht eine etwas phantastische Abbildung des Ortes (Abb. 12). Chardin (a. a. O. S. 310), der im Jahre 1671 dort war, meint, daß das Gebäude bei näherer Betrachtung verliere: „elle parait de loin fort jolie et bien construite et fait naître l'envie de le voir près: mais quand on en approche ce n'est plus la même chose et elle parait encore moins belle quand on est dedans." Le Brun[3] (1703) findet den äußeren Eindruck sehr prächtig, hat aber das Innere nicht betreten.

Im Beginn des 19. Jahrhunderts ließ Feth Ali Schah in der Ebene von Sultanieh seine Truppen manövrieren und erbaute sich 1809 dort ein Sommerhaus, zu dem man die Bausteine, wie Morier (a. a. O. p. 257) erzählt, von dem Mausoleum nahm. Nach dem russisch-persischen Kriege (1827/1828) ist Sultanieh als zeitweilige königliche Residenz aufgegeben worden, der moderne Palast verfällt mehr und mehr, und ein erbärmliches Dorf nimmt die Stelle der ehemaligen Weltstadt ein, von der sich glänzende Zeugen in dem Grabmahl des Gründers der

[1] Müller a. a. O. S. 256.
[2] v. Hammer: Geschichte der Ilchane. Darmstadt 1842 II. p. 244
[3] v. Ker Porter a. a. O. II. 275—276.
[4] Adam Olearius (Muskowitische und Persische Reyse. Schleswig 1654. S. 479) erzählt: „daß der grausame Wüterich Tamerlanes, ob er zwar alles, was er angetroffen, wie auch diese schöne Stadt, verwüstet, dennoch aus sonderlicher Andacht der mohammedanischen Potentaten Begräbnisse und Kirchen darinnen sie gestanden, unangetastet gelassen."
[5] Historia del Gran Tamorlan. Ruy Gonçalez de Clavijo. Sevilla. 1582.

[1] „E todas las torres a cercas eran vandadas de azulejos hechos a muchos lazos" (a. a. O. S. 32).
[2] Pietro della Valle: Viaggi. Brighton 1843.
[3] Cornelis de Bruins Reizen. Amsterdam 1711. S 125.

3

Stadt und in einigen anderen Bauten erhalten haben. Zum Schluß dieser kurzen historischen Übersicht mag erwähnt werden, daß sich der bedeutendste moderne Herrscher Persiens, Nasir eddin Schah (1848—1895) mit dem Gedanken getragen hat, das Gebäude wieder herzustellen, und daß er, eine Seltenheit für einen islamischen Herrscher, nicht unempfindlich für die künstlerische Schönheit dieses Denkmals gewesen ist.[1]

Grabmoschee des Chodabende Chan (Taf. XII—XIV; Abb. 13—19)

Literatur

Das Mausoleum hat in jüngerer Zeit vielfache Beachtung gefunden. Abgesehen von den oben erwähnten Notizen bei älteren Autoren haben es die bekannten Reiseschriftsteller des 19. Jahrhunderts mehrfach publiziert. Texier widmet ihm eine Reihe von Tafeln, die vor allem im Detail, in der Ornamentik ungenau sind.[2] Coste[3] gibt auf einem Blatte den Grundriß, Ansicht und Restauration wieder, und Marcel Dieulafoy[4] hat das Denkmal zum Vorwurf für eine eingehende Studie gemacht, die vor allem die technischen Fragen behandelt, aber das Künstlerische nur streift. Von weiteren, mehr landschaftlich aufgefaßten Abbildungen des Bauwerks, sind die bei James Morier,[5] Flandin et Coste,[6] und Mme. Jane Dieulafoy[7] zu nennen.

Baubeschreibung

Der Grundriß (Abb. 13) zeigt ein Achteck von 17 m Seitenlänge bis auf die Eingangsseite, die geradlinig abgeschlossen 31 m beträgt. Während hier die Anbauten nur bis zum 2. Stockwerke (20 m) fortgeführt sind, erhebt sich der achteckige Hauptbau 31 m hoch und trägt eine Kuppel von 20 m Höhe bei 25,5 m Durchmesser im Lichten.[8] (Taf. XII). Während die beiden unteren Stockwerke flächig und geschlossen gehalten, nur durch hohe schmale Flachnischen und in der Mitte der Seitenflächen durch Portale und darüber angebrachte Fenster belebt sind, öffnet sich das dritte Stockwerk in umlaufenden Arkaden, immer eine breitere zwischen zwei schmäleren Spitzbogenöffnungen zeigend. Den Abschluß des Baues bildet ein kräftiges Stalaktitengesims. (Dieulafoy Fig. 3). Auf der Terrasse erhoben sich in den Ecken acht säulenartige Minarets, die bis auf eins nur noch in niedrigen Stümpfen erhalten sind. Ein Reisender (della Valle) vergleicht sie mit der Trajanssäule in Rom. Die gewaltige bienenkorbartige[9] Kuppel dazwischen besteht aus zwei Schalen. Die äußere Schale ist teilweis verschwunden und zeigt die innere, zellenförmige Verbindung zwischen beiden.

Im Innern ist der achteckige Raum, dessen gegenüberliegende Seiten 26,50 m von einander entfernt sind; zweigeschossig gestaltet. (Abb. 13). Eine hohe, rechteckig umrahmte

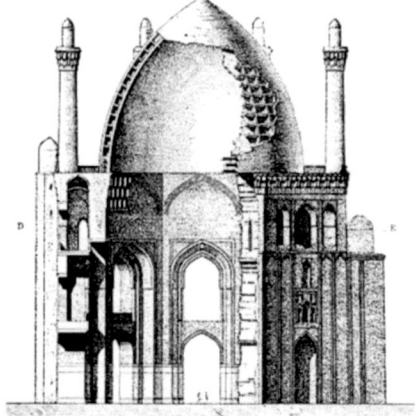

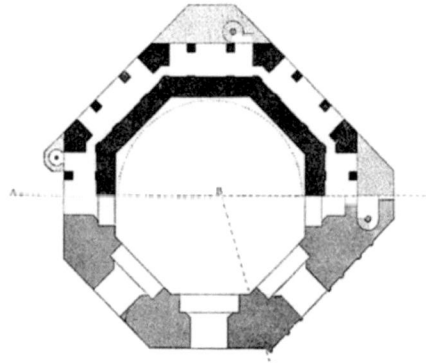

Abb. 13. Sultanieh, Grabmoschee des Chodabende Chan, Aufriß und Grundriß (nach M. Dieulafoy)

---

[1] Dr. Feuvrier: Trois ans à la cour de Perse. Paris 1906. S. 96.
[2] Charles Texier: L'Arménie, la Perse et la Mésopotamie. Paris 1842. I. Pt. 53—58.
[3] Pascal Coste: Les Monuments modernes de la Perse. Paris 1867. Pl. 67.
[4] Revue générale de l'Architecture. Paris 1883. S. 98, 194, 242. Pl. 23—26.
[5] Journey through Persia. London 1812 S. 257—259.
[6] Voyage en Perse. Perse Moderne. Pl. 11 u. 12.
[7] A. a. O. S. 89.
[8] Maße nach Dieulafoy.
[9] Nach Dieulafoy „une coupole engendrée par la rotation, autour d'un axe vertical, d'une courbe brisée à son sommet."

Spitzbogenische öffnet sich in zwei Geschossen übereinander, unten zu einem Portal oben zu einer Tribüne, die durch eine Balustrade abgeschlossen ist und von außen durch die erwähnten kleinen Fenster Licht empfangt. Die offene Galerie des dritten Stocks hat keine Verbindung mit dem Innern; zu ihr gelangt man durch Treppen, die in den Anbauten der Eingangsseite untergebracht sind. Kleine Kuppelbauten überdachen auf den Anbauten den Austritt der Treppen. Über einem imposanten Inschriftfries wandelt sich durch Stalaktiten in den Ecken (Dieulafoy Fig. 2) das Achteck zum Kreis, auf dem dann die Kuppel emporsteigt.

Dem Eingang gegenüber bildete ein jetzt in Trümmern liegender rechteckiger Anbau die eigentliche Grabkapelle; auch diesen Bau überdeckte eine Kuppel. Dieulafoys Untersuchungen haben ergeben, daß dieser Anbau im Anfang des 16. Jahrhunderts hinzugefügt worden ist. Ein breiter, in Stuck tief eingeschnittener Schriftfries auf reichem Blatt- und Rankengrunde hat sich noch erhalten. Die quadratischen Ziegel, aus

Abb. 14. Sultanieh, Grabmoschee des Chodabende Chan, eins der Außenportale mit Blick in das Innere

denen der Bau errichtet ist, sind von graurosa Farbe und haben folgende Größenverhältnisse: 0,22 m breit, 0,054 m hoch. Die Mörtelschicht beträgt 0,012 m.

Kunstgeschichtliche Untersuchung

Außerordentlichen Reichtum und Mannigfaltigkeit zeigt der in farbig glasierten Ziegeln ausgeführte Außenschmuck des Gebäudes. Hellblaue Fliesen bedecken die Kuppel, am Tambur durch ein mehrfarbiges breites Band mit geometrischem Muster belebt. Die Minarets, die Pfeiler der Arkadengalerie zeigen Rautenmusterung in hell- und dunkelblauen und in weißen Ziegeln. Geometrische Muster füllen die Flachnischen und Pilaster; Mäanderborten die Hohlkehlen, die erstere umrahmen. (Abb. 14 bis 18.) Diese von unglasierten Ziegeln eingefaßten Muster werden aus farbig glasierten geradlinigen Stückchen ge-

bildet und treten in geringem Relief aus dem Stuckgrunde hervor. Dieser ist in rechteckigen Platten dem Mauerwerk vorgeblendet, wie wir es in Nachtschewan gesehen haben. Besonders in den Zwickeln der Portale und in der Wölbung der oberen Galerie kommen hier sehr reiche und mit Wasserfarben grau, braun, weinrot wechselvoll ausgeführte Mosaikmuster vor, wo reliefiertes, verschieden getöntes Stuckornament mit Einlagen von farbigen Fayencen versehen und belebt ist (Abb. 19). „Il serait difficile", sagt Dieulafoy, „de donner une idée de la richesse de cette chaude décoration, rappelant par sa tonalité générale, les vieux châles des Indes." Auch hier sind die Farben der Fayencen hell- und dunkelblau und weiß.

Im Innern ist die Fayencedekoration noch reicher. Hier sind die Wandflächen und Felder von helleren, weißlich gebrannten Ziegeln eingefaßt. Wir geben als Probe eine der achteckigen Säulen mit Würfelkapitell, die die Nischenecken innerhalb des hohen Sockels flankieren (Taf. XIII—XIV). Vom dunkelblauen Grunde hebt sich hier ein Muster von verschlungenen, weißen und hellblauen stilisierten Ranken ab. Die Dekoration ist in Schnittmosaik hergestellt, d. h. die aus größeren Platten ausgeschnittenen Tonplättchen sind mosaikartig mit engschließenden Fugen zusammengesetzt. Der hohe Sockel wird aus achteckigen, einfarbig dunkelblau glasierten Fliesen gebildet. Darüber zieht sich ein in Stuck geschnittener Schriftfries hin mit weißen Buchstaben auf gemaltem blauem Grunde. Es folgt eine schmale Borte, gleichfalls in Stuck geschnitten und rot und blau gemalt. Die Wanddekoration darüber zeigt in blau auf weißem Grunde Flächen mit geometrischen Mustern.

Eine zweite Darstellung der Tafel gibt ein Bortenmuster wieder. Das Ganze ist von schmalen, hellblauen Glasurstreifen eingefaßt und das in Schnittmosaik hergestellte Muster hier in den weißen Putzgrund eingelassen. Auch die Technik, einen glasierten Ziegel dadurch zu ornamentieren, daß man Teile der Glasur fortkratzt und den Ziegelton zum Vorschein bringt, findet hier Verwendung, wenn sie auch durch den später hinzugefügten Gipsüberzug nur noch in einzelnen Teilen sichtbar ist (vgl. Taf. XV—XVI).

Abb. 15. Sultanieh, Grabmoschee des Chodabende Chan, Flachnischen an der Außenwand

3*

Abb. 16. Sultanieh, Grabmoschee des Chodabende Chan,
Pilaster an der Außenwand

Es möchte fast den Anschein haben, als wenn die Stuckdekoration nicht unter Tahmasp I., sondern erst im 17. Jahrhundert hinzugefügt worden ist;[1] denn Pietro della Valle, der
im Mai 1619 Sultanieh besuchte, scheint die Fayencedekoration
des Inneren noch vollständig gesehen zu haben. Er schreibt
darüber: „Le dedans de la voute du dôme, de même que toutes
les murailles d'alentour, sont enrichies d'or, embellies de ces
embauchûres de porcelaine fine, marquetées de grands
feuillages d'or et de couleurs fines ou de caractères et de
lettres, si fort en usage par tout l'orient: ornements très
agréables à la vérité, mais de peu de durée, comme on le
peut savoir dans la Mosquée de Soultanieh, où ils commen-
cent déjà à se gâter."

Wenn in diesem Bericht von goldfarbigen Fayencen die
Rede ist, so kann man wohl mit Sicherheit annehmen, daß
in der Wanddekoration hier auch Lüsterfayencen Verwendung gefunden haben. Für den Beginn des 14. Jahrhunderts wäre das ganz zeitgemäß. Wahrscheinlich war
der Mihrab aus Lüsterfayencen zusammengesetzt. Wir er-
warben von Einwohnern des Ortes lüstrierte Scherben (Teile
von figürlichen Sternfliesen), die angeblich aus der Moschee
stammten und sehr wohl der Erbauungszeit angehören könnten.
Pietro della Valle (1619) und Olearius (1637) haben beide
das Gebäude noch in verhältnismäßig gutem Zustande gesehen.
Ersterer tut vor allem der Grabkapelle Erwähnung, die von
dem Kuppelbau durch ein kostbares eisernes Gitter (grille de
fer, damasquinée et enrichie de marquetterie d'or et d'argent)

abgetrennt war. Hier sah er das mit kostbaren Brokaten
bedeckte Grab, dessen Form er mit der der christlichen
Altäre vergleicht. Bei Olearius rufen die hohen Portale die
Erinnerung an den Dom von S. Marco in Venedig wach;
er bewundert dann die aus poliertem Stahl und aus Eisen
gefertigten Türen; von einer dieser schweren Türen gehe die
Sage, daß sie sich bei einer Anrufung Alis ohne Mühe
auftuen lasse. Oben auf den Emporen sah er mehrere
Korane, „arabische Bücher, deren etliche fünfviertel Ellen
lang und fast eine Elle breit, die Buchstaben waren fingers-
lang und eine Zeile um die andere mit Gold und Schwarz
sehr fleißig geschrieben".[2] Auch er erwähnt das prächtige,
„aus einem Stück, aus indianischem Stahl gefertigte Gitter vor
dem Sanktuarium und die Dekoration mit weiß und blau
glasierten Steinen, in welche große Schrift und allerhand zierliche Schrift gebrannt".

Das Grabmal des Chodabende Chan ist einer der
imposantesten Bauten Persiens und im weiteren Sinne der
islamischen Baukunst. Wie Dieulafoy in seiner Studie hervorgehoben hat, ist hier zum ersten Male die Kuppel über den
Unterbau mächtig emporgehoben; sie wird zur weithin sichtbaren Krönung des Bauwerkes. Um dies zu erreichen, sah
der Architekt von den sonst üblichen Strebepfeilern und Stützen
ab; er setzte die Kuppel aus zwei dünnen Schalen[3] zusammen,
sie durch vertikale und horizontale Rippen miteinander ver-
bindend (Taf. XII). Hierdurch wurde die Festigkeit der Kuppel
vermehrt, ohne ihr Gewicht und die Stärke des Druckes nach
außen bedeutend zu vergrößern.[3]

Dieser Architekturtypus eines Mausoleums, ein achteckiger,
von Arkaden durchbrochener Unterbau mit Kuppel, die von
acht Minarets in den Ecken umgeben ist, findet sich sonst
nicht auf iranischem Boden. Wir begegnen ihm wieder in
Indien, wo die Grabmäler aus der Zeit der Sultane von Delhi
im 13.—14. Jahrhundert ähnlicher Gestaltung sind.[4]

Sehr reich ist die in Fayence ausgeführte Schmuckdekoration. Neben der gleichmäßigen einfarbigen Bekleidung der
Kuppel finden sich aus verschiedenfarbigen Ziegeln gebildete
Flächenmuster an den Minarets und an dem die Kuppel umgebenden
Bande. Die Verblendziegel sind verschiedenfarbig behandelt,
außen zeigen sie eine dunklere Färbung wie im Innern. Von
außerordentlicher Mannigfaltigkeit ist die Verwendung von
farbigen Glasuren in Verbindung mit reliefartig geschnittenem
und verschieden getöntem Stuck. Durch Auskratzen der Glasur
wurden einfarbig glasierte Fliesen gemustert. Endlich finden
auch das Fliesenmosaik, sowie lüstrierte und bemalte Fliesen
Verwendung. Neben geometrischen Mustern kommen Arabeskenranken in einfacher übersichtlicher Zeichnung vor, wobei die
Nebeneinanderstellung oder Durchdringung zwei gleicher, aber
verschieden gefärbter Motive besonders charakteristisch ist.

Die dem 16. oder wahrscheinlich erst im 17. Jahrhundert
angehörenden Stuckornamente, die die reiche Innendekoration

---

[1] Wie auch Texier annimmt, der sie dem Molla Hassan in der Mitte des
17. Jahrhunderts zuschreibt.

[1] Olearius bekam einige Blätter davon in seinen Besitz, die dann in die
Bibliothek seines Herrn, des Herzogs Friedrich von Schleswig-Holstein, nach
Gottorp gekommen wären.

[2] Jede hat 1½ Ziegel Stärke.

[3] „Nothing however intersects the beautiful symmetry of the dome"
(Morier a. a. O.).

[4] Vgl. History of Indian and eastern architecture. By James Fergusson,
London, 1891. S. 513 ff.

Abb. 17.
Sultanieh, Grabmoschee des
Chodabende Chan, Ziegel-
stuckmosaik
(aufgen. von B. Schulz)

Abb. 18.
Sultanieh, Grabmoschee des
Chodabende Chan, Mäander-
borte aus hell- (c) und dunkel-
blau (b) glasierten Ziegeln auf
Putzgrund (a); Detail von
Abb. 16 (aufgenommen von
B. Schulz)

Abb. 19. Sultanieh, Grabmoschee des Chodabende Chan, Flächendekoration
aus geschnittenem und bemaltem Stuck (nach M. Dieulafoy)

teilweis bedecken, verdienen keine nähere Behandlung; der
allgemeine Eindruck ist aus der Taf. 57 bei Texier ersichtlich;
der gleichen späten Zeit gehört auch die ebenfalls in geschnittenem
Stuck ausgeführte Umrahmung des Hauptportals an.

6

Medresse und Mausoleum des Sultans Tschelebi Oglu
(Abb. 20—22)

Tavernier berichtet, daß zu seiner Zeit sich noch die Ruinen von mehreren schönen Moscheen in Sultanieh befunden hätten, die aber von Tag zu Tag mehr verfielen. Morier sagt, daß sie alle von demselben Material seien und hebt ein Gebäude besonders hervor, das auch uns innerhalb des ausgedehnten Ruinenfeldes von besonderem Interesse schien. Die Anlage besteht aus einer sehr zerstörten Moschee oder Medresse und aus einem danebenliegenden Grabmonument, das als das Mausoleum eines Heiligen (Tschelebi O.) bezeichnet wurde (Abb. 20). Der achteckige Turm weist auf seinen Seiten große, im Spitzbogen geschlossene Flachnischen

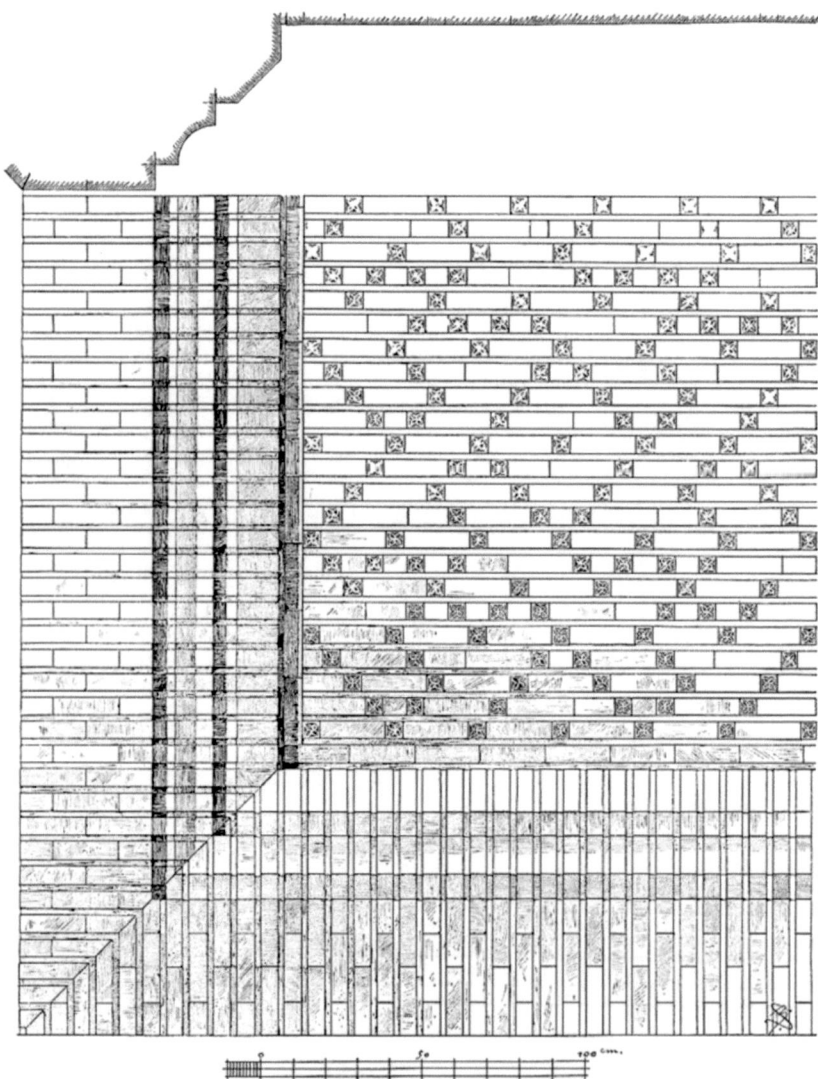

Abb. 21. Sultanieh, Mausoleum des Sultans Tschelebi Oglu, untere Ecke einer der Außenwände (gez. von B. Schulz)

Abb. 20. Sultanieh, Mausoleum und Medresse des Sultans Tschelebi Oglu (aufgen. von B. Schulz)

auf, deren Rand reich profiliert ist. Die Zeichnung der linken unteren Ecke einer der Nischen (Abb. 21) gibt die Schichtung der Ziegel des Sockels und der Pilaster wieder und läßt die originelle Musterung des Wandmusters der Flachnischen erkennen. Hier sind zwischen die horizontal geschichteten, rechteckigen Ziegel quadratische, mit einem eingeschnittenen Muster versehene Ziegel (Abb. 22) eingeschoben. Die letzteren ergeben sich wiederholende Gebilde, die wahrscheinlich in kufischer Schrift einen Namen wiedergeben sollen. Ein vortretendes Gesims umgibt den Bau, der von einer Kuppel gekrönt ist. Es ist wohl kein Zweifel, daß auch dieses Gebäude der Glanzzeit Sultaniehs, dem Beginn des 14. Jahrhunderts, angehört.

Abb. 22. Geschnittener Ziegel, Detail von Abb. 21

Morier erwähnt noch Überreste der äußeren, teilweis noch gut erhaltenen Stadtmauer. An einem Turme sah er eine arabische Inschrift, die Sultan Chodabende Chan als Bauherrn nennt, ferner eine kleine rohe Skulptur mit dem Kampf von zwei Reitern, und endlich glaubte er, oben auf dem Wall Löwen- oder Sphinxköpfe erkennen zu können. Ker Porter bildet in einem schlechten Holzschnitt den Turm ab, an dem ein mit bildlicher Darstellung versehener Stein sichtbar ist.[1]

Mausoleum des Molla Hassan Schirazi

Einer weit späteren Zeit, dem Beginn des 16. Jahrhunderts, gehört das Grabmal des aus Schiraz gebürtigen Molla Hassan an, der ein berühmter Gottesgelehrter zur Zeit Schah Ismaïls I. war. Ein verfallenes Torgebäude führt in einen weiten umfriedeten Bezirk, der heut unbebaut, noch zu Texiers Zeiten ein wohlgepflegter Garten war.[2] Hier erhebt sich der Grabbau, wiederum ein achtseitiger Sockel, den in der Mitte eine auf hohem Tambur ruhende Spitzbogenkuppel überragt. Die Seitenflächen öffnen sich in tiefen Nischen. Sehr reich ist die Verwendung von Fayence-Schmuck, der vor allem am hohen Tambur in vielfarbigem Ziegelmosaik zutage tritt, eine Schriftborte zwischen ornamentalen Borten aufweisend. Die spitzbogige Kuppel ist mit hellblauen und in ihrem unteren Teile mit grünen Fliesen belegt; in den Zwickeln über den Spitzbogennischen der Seiten finden sich gleichfalls Fayencen. Sehr reich und mannigfaltig ist auch der Schmuck des Torgebäudes. Im Vergleich mit den mittelalterlichen Ruinen von Sultanieh verlieren diese späteren Gebäude trotz ihres prächtigen aber nicht mehr sorgfältig ausgeführten Fayenceschmuckes an Interesse. Olearius hat eine etwas konfuse Beschreibung dieser „anderen großen Kirche" gegeben, „welche Schah Ismaïl soll haben setzen lassen".

[1] A. a. O. Taf. 53.
[2] A. a. O. I. p. 278.

ASBISTAN

Moscheeruine (Taf. XV—XVI und XVIII—XIX c)

Das kleine Dorf Asbistan[1] liegt östlich der Ortschaft Serab am Südfuß des Savellan. Wir berührten es auf dem Wege von Tebriz nach Ardebil, drei Tage ehe wir letztere Stadt erreichten und fanden hier die Ruine einer Moschee, deren verfallenes Portal eine reiche und interessante Fayencedekoration aufweist.

Die Tafel XV—XVI gibt den Ausschnitt der rechtsseitigen Portalumrahmung wieder: Eine breite Borte mit geometrischem Muster wird von schmalen Borten eingefaßt; es folgt eine weitere schmale Borte und endlich eine achteckige Säule als Abschluß. Bei den glasierten Fayencen, aus denen das Muster gebildet wird, sind nur drei Farben zur Verwendung gekommen: türkisblau, schwarz und weiß. Dadurch, daß man in den schwarzglasierten Stücken der breiten Borte die Glasurschicht teilweis ausgekratzt hat, ist eine vierte, gelblich-rosa Farbe,

[1] Asbistan verzeichnet in „Map of Aderbeijan by N. Khanikof, drawn of H. Kiepert, Berlin 1862."

die des gebrannten Ziegels, hinzugekommen; ein weiterer Effekt wird dadurch erzielt, daß in den schmalen, umrahmenden Borten die weißen Füllteile vertieft angebracht sind. Durch den Schlagschatten wird gleichfalls eine Belebung des Musters hervorgerufen.

Die ornamentalen Formen, aus denen die Dekoration des Portals von Asbistan besteht, sind äußerst einfache. Die schmalen Borten zeigen aneinander gereihte schwarze Trapeze mit vertieften weißen Dreiecken. In der breiten Mittelborte läßt ein fast zum Streumuster versprengtes Ornamentband dennoch das ursprüngliche Vielecksmuster erkennen. Der Grund besteht hier aus blauen Fliesen, von dem sich das streng komponierte Muster in schwarzen Fliesen abhebt. Große achteckige Sterne bilden die Mitte; sie sowie die umgebenden Musterteile werden durch teilweises Entfernen der glasierten Oberfläche ihrerseits wiederum gemustert. In den vieleckigen Gebilden kommt ein strahlenförmiges Sternmuster, in den übrigen ein einfaches, wirksames Streifenmuster zur Geltung. Bei der achteckigen Säule ist man von geradlinig konturierten Formen zu einem reicheren Muster mit geschweiften Linien übergegangen. Auf schwarzem Grunde sind bei diesem Mosaik zwischen Wellenbändern symmetrisch verteilte Dreiblätter in hellblauer Farbe aneinander gereiht. Auf Taf. XVIII—XIXc ist ein Originalbruchstück der Fayencedekoration von Asbistan wiedergegeben, das einem anderen Teil des Portalschmuckes angehört. Es zeigt zwischen zwei blauen Streifen blaue Rauten auf schwarzem Grunde. Dieses Mosaikfragment sowie zwei aus der Moscheeruine Gazan

Chan in Tebriz stammende Fliesen mit ausgekratzter Glasur, die sich auf der gleichen Tafel befinden (a u. b) und nach Originalen reproduziert sind, mögen als Ergänzung der zeichnerischen Wiedergabe von Taf. XV—XVI dienen.

Die außerordentlich einfach komponierte und dennoch wirksame Dekoration von Asbistan schließt sich technisch und ornamental dem Innenschmuck des Mausoleums von Sultanieh so eng an, daß man eine ungefähr gleiche Entstehungszeit, die erste Hälfte des 14. Jahrhunderts, voraussetzen darf.

MARAND

Gebetnische in der Moschee (Taf. XVII)

Der Ort Marand, in der Mitte zwischen Nachtschewan und Tebriz gelegen, ist durch die Tradition mit ersterem Orte verbunden; denn während man hier das Grab Noahs verehrt, zeigt man dort die Grabstätte seines Weibes. Wahrscheinlich auf der Stelle des von Ptolemäus (II. p. 314) erwähnten Morunda erbaut, war der in einem außerordentlich fruchtbaren Tale gelegene Ort im Mittelalter von gewisser Bedeutung, besaß aber im 14. Jahrhundert nach dem Bericht Hamdallahs[1] nur noch die Hälfte seiner früheren Ausdehnung. Im Jahre 1507 sieht ein italischer Kaufmann hier alte Gebäude, die ihn auf eine ehemalige Bedeutung der Stadt schließen lassen.[2] Tavernier (a. a. O. I. p. 54) findet hier im Jahre 1664 einen Ort, dem er kaum den Namen Stadt zuerkennen will, Chardin (a. a. O. p. 287) dagegen hält ihn wenige Jahre später für schöner und bevölkerter als Nachtschewan. Die Reisenden der neueren Zeit berichten nichts Erwähnenswertes von dem unbedeutenden Orte, in dem der von Tebriz Kommende das zweite Nachtquartier aufschlägt. Eine Ausnahme macht J. Morier (a. a. O. S. 802), der von einem Kuppelgebäude erzählt, in dem man ihm eine ornamentierte Wand zeigte, die einem christlichen Altarwerk glich. Er hält das Gebäude für eine ehemalige armenische Kultstätte. Morier hat sich gründlich geirrt; es handelt sich um eine muhammedanische Anlage, um eine Moschee. Leider wurde es uns nicht gestattet, das Gebäude eingehend zu untersuchen. Der rechteckige Raum zeigt sechs quadratische Teile, die, von mächtigen Pfeilern gestützt, mit Kuppeln überwölbt sind. Unter den Kuppeln lassen niedrige Fenster nur wenig Licht in den Raum. Trotzdem war es möglich, eine photographische Aufnahme der Gebetsnische — denn als solche stellte sich das „ornamentierte Altarwerk" heraus — herzustellen (Taf. XVII).

Der ungefähr 5 m hohe Mihrab liegt in der Mitte der nach SSW., nach Mekka, orientierten Hauptwand und ist aus geschnittenem Stuck gefertigt. Er zeigt die für Persien typische Form, der wir später bei den aus Fliesen zusammengesetzten Gebetsnischen noch öfter begegnen werden: Schmälere und breitere Borten mit Inschriften und Ornamenten umrahmen an drei Seiten eine rechteckige Nische, die durch einen überhöhten, von Säulen mit Kelchkapitellen getragenen Kielbogen geschlossen ist. Innerhalb der Nische befindet sich noch eine

zweite kleinere Nische mit halbkreisförmigem Durchschnitt; auch diese inneren Teile des Mihrabs sind ornamental verziert und mit Inschriften versehen.

Betrachten wir den Aufbau näher, so sehen wir als äußeren Abschluß eine ornamentale Borte. Das Muster, das letzten Endes auf eine intermittierende Wellenranke zurückgeht, setzt sich aus zwei Halbpalmetten oder Gabelranken zusammen, die eine kleine Palmettenblüte oder Flügelpalmette einfassen; die übrig bleibenden Zwickel werden, der eine zweite, sich von unten her entwickelnde Flügelpalmette eingenommen, die mit dünnem Schaft zwischen den erstgenannten Halbpalmetten emporsteigt. Es ist eine Weiterbildung jener einfachen fortlaufenden Bortenmotive, die uns aus viel früherer Zeit von den Stuckdekorationen der Moschee Ibn Tulun in Kairo (876—78) bekannt sind. Wie diese Moschee in den Formenkreis von Bagdad und Samarra, woher ihr Baumeister stammte, zurückführt, so haben wir auch hier Weiterbildungen früherer mesopotamischer Formen vor uns. Dadurch aber, daß der Künstler des Mihrabs eine Scheu vor jeder glatten Fläche zu haben scheint, daß er in die einzelnen Motive neue kleinere hineinkomponiert und die Flächen durch Punktierung belebt, verliert das Muster an Übersichtlichkeit und Klarheit. Auf das einem Eierstab ähnliche Palmettenband folgt nach Innen zu eine breite, mit einer Schriftborte belegte Hohlkehle, in der die Buchstaben in Relief deutlich vom Grunde abheben. In dieser ist durch ein Gewirr von dünnen Ranken belebt, die in Voluten und Spiralen gewunden sind und mit reich gezeichneten Blättern in Halbpalmettenform besetzt sind. Eine schräg abfallende, schmale Borte mit kufischer Schrift leitet zum Innenfelde über. Die Formgebung der den überhöhten Kielbogen tragenden Säulen ist nicht allzu streng gebildet. Die Basis wird nur durch ein Schriftband markiert. Schaft und Kapital sind mit einem in unendlichem Rapport sich wiederholenden, Rauten bildenden Palmettenmuster bedeckt. Über einem niedrigen kämpferartigen Zwischenstück erhebt sich das ungeschickt wirkende Kelchkapital; es besteht aus einem kugelförmigen Unterteil und einem massigen, zylindrischen Oberteil, die durch eine enge Einschnürung von einander getrennt sind. Den Kielbogen füllt ein Schriftband, während die vertiefte Nischenwand dazwischen von einem Muster bedeckt ist, deren Formen sehr reich und kompliziert sind. Von der Mittelachse gehen symmetrische dünne Ranken aus, an denen dicht gedrängt, durcheinander und übereinander geschoben, gezackte Blätter von Halbpalmettenbildung sitzen; auch sie haben wiederum eine reiche Innenzeichnung.

[1] Erwähnt bei Ouseley (a. a. O. III. p. 411).

[2] The travels of a merchant in Persia. Hakluyt Society. London 1873. p. 164.

Die Mitte nehmen kelch- und blütenartige Gebilde ein, deren Zentrum einem Pinienzapfen ähnelt, und aus denen wiederum Ranken emporwachsen. Hervorzuheben ist das starke Relief der Arbeit. Ähnliche Formen füllen die Zwickel des Kielbogens und ein achteckiges Feld über demselben. Wesentlich einfacher ist die innere Nische dekoriert, deren oberen Abschluß ein doppelt gebrochener Giebel bildet. Auch hier wird die äußere Umrahmung durch ein Schriftband gebildet, während die innere halbrunde Wandung mit symmetrisch geordneten Bandverschlingungen bedeckt ist, zwischen die sich ornamental behandelte Buchstaben schieben.

Über der Gebetsnische ist ein achteckiges Feld mit dem gleichen dichtgedrängten Muster bedeckt, das wir im Felde der Kielbogennische gesehen haben. Daneben sind Reste eines gleichfalls aus Stuck geschnittenen Schriftfrieses zu erkennen, der ehemals wohl den Moscheeraum in seiner ganzen Ausdehnung umgab.

Der auf den Kontrast von Licht und Schatten berechnete Aufbau der Gebetsnische ist von bedeutender Wirkung, die durch künstliche Beleuchtung jedenfalls noch eine Steigerung erfuhr. Meisterhaft ist die technische Behandlung des Stuckschnitts, die Schärfe und Feinheit der Formen, die sich im Laufe der Zeit kaum irgendwie vermindert hat. Freihändig, aus weichem, nachgiebigem Material geschnitten, stehen diese persischen Stuckverzierungen technisch und künstlerisch bedeutend über den Stuckdekorationen, die der islamische Westen, z. B. in der Alhambra von Granada, benützt hat, wo nicht die Schnittechnik, sondern das Formverfahren angewandt wurde, das freilich eine bequeme und schnelle Vervielfältigung der Muster gestattete[1].

[1] R. Borrmann: Die Alhambra zu Granada. Die Baukunst 3. Heft. II. Serie. S. 16.

Die Inschriften der Gebetnische, untersucht von Martin Hartmann

In dem äußeren umlaufenden Schriftfries ist der Anfang zerstört, und gegen das Ende findet sich eine Lücke. Die Übersetzung lautet: [Es befahl] die Restaurierung (den Bau) dieser Moschee, so bezeugt ihm nun, daß er gläubig ist, weil Gott gesagt hat [K. 9, 18]: Es baut etc." Danach noch ein Hadit (Tradition). An den untersten Enden der Seitenleisten der Umrahmung befinden sich horizontal laufende Inschriften in sehr kleiner Schrift (nur schwer lesbar) allgemeinen Inhalts, fromme Sprüche etc.

Die innere, schräg abfallende schmale Umrahmung neben obigem Schriftfries scheint nur Koransprüche und Hadite zu enthalten.

Auf dem Kielbogen: „Erneuert durch die Gnade des erhabenen Sultans, des Herrn der Nacken der Völker, Abu Said Behadur Chan, Gott schenke seiner Regierung Dauer! i. J. 731."

An den Säulenschäften, oben und unten, nicht mit Sicherheit zu lesende Schrift.

Auf dem Balken über der kleineren Nische: [„Gearbeitet von] dem gottesfürchtigen Knecht Tahir Bendege aus Tebriz (die Namen nicht sicher)."

Die Umrahmung der kleineren Nische enthält ein Hadit.

Auf der gewölbten Rückwand der Nische kreisförmig geordnete Inschrift (frommer Spruch?), wobei es nicht sicher ist, ob die unteren zwei Streifen Legenden enthalten.

Abu Said Behadur Chan (1316—1335), der im Jahre 731 d. H. — 1330/31 die Moschee von Marand erneuern und die Gebetsnische durch einen Künstler aus Tebriz anfertigen ließ, ist der Sohn und Nachfolger des berühmten Chodabende Chan, dessen Grabmal wir in Sultanieh kennen gelernt haben. Daß die Technik des kunstvollen Stuckschnitts bei der Innendekoration den von den mongolischen Ilchanen errichteten Bauten eine große Rolle spielt, werden wir später bei der Betrachtung der Moschee von Veramin noch näher zu beleuchten Gelegenheit haben.

TEBRIZ

Geschichtliches

Die Hauptstadt von Adarbaidschan ist Tebriz. In einer fruchtbaren Ebene gelegen, die im Norden durch den westlichen Ausläufer des Savellan, im Süden durch das Massiv des Sahend begrenzt wird, hat der Ort seit seiner Gründung am Ende des 8. Jahrhunderts — die der berühmten Zobeide, der Gemahlin Harun ar Raschids (786—809 n. Chr.) zugeschrieben wird — eine bedeutende Rolle in der persischen Geschichte gespielt; besonders auch auf handelspolitischem Gebiete. Trotz wiederholter Erdbeben, von denen die verheerendsten in die Jahre 1042, 1721 und 1780 fallen, trotz der furchtbaren Zerstörung unter Timur im Jahre 1392, und trotz mehrfacher anderer Belagerungen und kriegerischer Verwüstungen, hat sich die Stadt stets wieder erholt. Einer der bedeutendsten Orte des Herrschaftsgebietes der abbasidischen Chalifen von Bagdad, dann der Seldschuken, wurde Tebriz nacheinander die Hauptstadt der Atabeke von Adarbaidschan, der mongolischen Ilchane, der turkmenischen Fürstenfamilien, der Weiß- und Schwarz-Schafe, und endlich der ersten Schahs der Safiden-Dynastie. Noch heute gilt Tebriz für die zweite Stadt des

Reiches und ist schon seit langem die Residenz des jeweiligen Thronerben.

Tebriz ist an einem Knotenpunkt von vier Straßen gelegen, die aus Trapezunt und Kleinasien von Westen, aus Eriwan und dem Kaukasusgebiet von Norden, aus Kazwin und Mittelpersien von Osten und aus Bagdad und Mesopotamien von Süden kommen und hier zusammenstoßen. Dies erklärt die merkantile Bedeutung der Stadt. Zu Beginn des 14. Jahrhunderts hatten die Venetianer hier eine ständige Handelsniederlassung, ebenso die Genuesen.[1] Schon ein Jahrhundert früher erwähnt Marco Polo bei seiner Durchreise den bedeutenden Handel, auch mit lateinischen, speziell genuesischen Kaufleuten.[2] Eine eingehende Schilderung des Handels und der Stadt selbst mit ihren Bazaren, prächtigen öffentlichen Gebäuden, Moscheen und Bädern verdanken wir dem Spanier Clavijo (a. a. O. p. 30 ff.), der sich auf der Hin- und Rückreise zum Hofe Timurs in Samarkand in den Jahren 1404 und 1405 hier

[1] W. Heyd: Geschichte des Levantehandels im Mittelalter. Stuttgart 1879. II. 82.

[2] H. Yule: The Book of Ser Marco Polo. London 1871. I. p. 70.

aufhielt. Die Venetianer Josafa Barbaro und Ambrogio Contarini haben ihre Reisen zum Turkmenenfürsten Uzun Hassan (1466—1478)] erzählt. Diese und spätere Reisenden unterrichten uns über die Bedeutung von Tebriz zu den verschiedensten Zeiten. Tebriz blieb bis heute persisch; denn trotzdem die Stadt im Jahre 1827 von den Russen unter Paskievitsch ohne Schwertstreich genommen worden war, fiel sie doch beim Friedensschluß im folgenden Jahre wiederum an Persien zurück.

Es ist von besonderem Interesse, auf die Beschreibung der Bauten, die wir bei den früheren Reisenden finden, näher einzugehen.

Der arabische Reisende Jakut (1178—1229) berichtet in seinem Ortslexion über Tebriz: „Es ist die schönste unter den Städten Adarbaidschans, eine bewohnte, schöne Stadt mit festen Mauern aus Ziegeln und Gips . . . . . . Ihre Gebäude sind aus roten behauenen Ziegeln und Gips, äußerst fest . . . . .‟ Der Geograph erwähnt dann noch verschiedene Kleiderstoffe, die in Tebriz gefertigt und von dort nach dem Westen und Osten exportiert würden.[2]

Clavijo fand im Jahre 1405 eine reiche, wohlgebaute Handelsstadt vor, mit großen Bazaren, Kaufhäusern und Magazinen für die Waren.[3] Hier entwickelte sich nach seiner Beschreibung dasselbe Leben und Treiben, wie man es noch heut in den Bazaren von Tebriz beobachten kann; die verschleierten Frauen, die in den Läden ihre Einkäufe machen, erregen seine besondere Aufmerksamkeit. Dann kommt Clavijo auf die öffentlichen Gebäude, besonders auf die Moscheen und Bäder, die die schönsten in der Welt wären, so zu sprechen, und erwähnt die prachtvolle Verzierung der Wände mit Fayencen.[4] Diese Gebäude seien von reichen Leuten errichtet, die sich gegenseitig in derartigen Stiftungen zu übertreffen suchten. Einen großen festungsartigen Palast „Tolbatgana d. h. casa de la ventura genannt,‟ hebt der Spanier besonders hervor; er sei von dem Sultan Schech Owais (1356—1374) errichtet worden, dem zweiten Fürsten aus der Dynastie der über Irak herrschenden Jalairiden (Lane-Poole p. 246), der im Jahre 1358 Tebriz erobert hatte.

Unter der Regierung des Uzun Hassan kommt 70 Jahre später, im Jahre 1474, der Venetianer Josafa Barbaro nach Tebriz und gibt eine eingehende Beschreibung der prachtvollen Residenz des Fürsten. Bei der Audienz saß der Fürst in einem nischenartigen Saal (Loggia) seines Palastes neben einer Fontäne, gelehnt auf Brokatkissen. Der Boden war mit Teppichen bedeckt und die Wände mit farbiger Mosaikfayence bekleidet, dessen einzelne Stückchen dem Italiener größer zu sein schienen als bei der ihm bekannten einheimischen Mosaikfabrikation.[5]

Noch reicher ist die Auskunft, die wir aus dem Jahre 1507 von einem anonymen venetianischen Kaufmann über Tebriz

erhalten, das damals die Residenz von Schah Ismail, dem ersten Herrscher der Safiden-Dynastie war.[1] „Viele Paläste der früheren Könige sind wunderbar gearbeitet; außen und innen mit Gold und vielen Farben emailliert (dentro e fuori smaltati d'oro e diversi colori); jeder Palast hat seine eigene Moschee und sein Bad, die alle in Email mit kleinem und hübschem Laubwerk verschiedenartig verziert sind (che parimenti sono lavorati di smalto diversamente à minuti e gentili fogliami) und jeder Einwohner von Tebriz hat sein Haus im Innern gleichfalls in dieser Art verziert. (Ma sua stanza di dentro tutta lavorata di smalto e azzurro oltramarino à minuti fogliami).‟ Unter den Moscheen erregt besonders eine, die nicht vollendet ist, wegen ihrer Größe und Pracht seine Bewunderung. Die Gewölbe sind von Marmorsäulen getragen und mit Mosaikfayence bekleidet (il resto del volto è tutto di fogliami di smalto lavorato). In dem Kastell außerhalb der Stadt sieht der Reisende einen gewaltigen Palast und einen Saal, dessen Wände und Decken in gleicher Weise verziert sind (dignissimamente lavorati à fogliami di smalto e d'altri diversi colori, lavorati e dipinti à fogliami d'oro e d'azzurro oltramarino). Von nicht zu beschreibender Schönheit erscheint ihm ein Gartenpavillon, der den Namen Hescht Behescht (die acht Paradiese) trägt (tutto di smalto e d'oro à diversi fogliami lavorato e con tanta bellezza que io non mi sento bastante à poterlo esprimere con parole); in einem Saal findet er dort Malereien, die Schlachten, Jagden und Audienz-Szenen mit bewundernswerter Naturtreue wiedergeben (le figure sono si ben fatte qui paiono naturalissime creature humane), sowie einen herrlichen Teppich (un finissimo tapeto, que par di seta, lavorato all'uso Persiano coll'bellissimi fogliami). Es schließen sich Beschreibungen des Harems, der Stallungen, eines Krankenhauses und einer Moschee an.

Alle diese Schilderungen europäischer Reisender geben ein außerordentlich glänzendes Bild von den persischen Bauten des 15. und 16. Jahrhunderts, besonders von den fürstlichen Schlössern in Tebriz. Sie sind von besonderem Wert, weil sie nicht von zu Übertreibungen neigenden Orientalen herrühren, sondern von Italienern, die doch von ihrer Heimat her an imposante und vollendete Architektur- und Kunstdenkmäler gewöhnt waren.

M. d'Aramon,[2] der Tebriz im Jahre 1547 besuchte, fand die Stadt zum größten Teil durch die Türken zerstört, erwähnt einige Moscheen als bemerkenswert und besonders den eben beschriebenen königlichen Palast, „une des plus belles maisons de plaisance que j'aye gueres vues, où y avoit autant de choses exquises‟.

Im folgenden Jahrhundert berichtet Chardin (a. a. O. S. 289 ff.) ausführlich über Tebriz und fügt eine große Ansicht der Stadt im Kupferstich bei, auf der die bemerkenswertesten Bauwerke angegeben sind. Unter den 250 Moscheen der bedeutenden Stadt nennt er besonders die zerstörte Moschee Ali Schah, die unter dem Mongolen Gazan (1295—1304) erbaut wäre. Auch das Mausoleum dieses Fürsten habe sich in der Ruine eines gewaltigen Turmes erhalten. Dann hebt er als besonders

[1] Travels to Tana and Persia by J. B. and A. L.; Hakluyt Society. London 1873.
[2] Bd. I. S. 822. Übersetzung von Eugen Mittwoch.
[3] Historia a. a. O. p. 30: „ça etre estas calles y ruas ay unas muy grandes casas con muchas puertas que sono com alcacerias e dentro llas ha muchas casas e boticas en que estan officiales de muchas maneras muy bien ordenados etc.‟
[4] Historia a. a. O. p. 31. E en esta ciudad muy grandes hedificios de casas e de mezquitas fechas a maravillosa obra de azules e de losas, e de azul, e oro de obra de Grecia, e de vedrierzs muy formosas e muchas.‟
[5] Ramusio a. a. O. p. 102: „La loggia era tutta lavorata di mosaico non minuto, come usamo noi, ma grosso e bellissimo di diversi colori.‟

[1] Ramusio, II. p. 78ff. Viaggio d'un mercante que fu nella Persia.
[2] Le Voyage de Monsieur d'Aramon, escript par Jean Chesneau, publié par Ch. Schefer. Paris 1887, p. 83ff.

bemerkenswert die von Dschehan Schah (1437 — 1467) erbaute, auch in Trümmern liegende Moschee hervor, die im Innern mit transparentem Marmor und außen mit Mosaikfayence geschmückt sei (le dedans est incrusté de marbre transparent, et tout le dehors est fait de parquetterie à la Mosaique). Es ist die berühmte Blaue Moschee, die auch von Tavernier (a. a. O. S. 58) genau beschrieben wird, und auf die wir später noch ausführlich zu sprechen kommen werden.

Die Berichte neuerer Reisender über die Bauwerke von Tebriz decken sich mit unseren Beobachtungen. Es sind vor allem die allgemeinen Beschreibungen von Mme. Dieulafoy (a. a. O. 41 — 66), G. Curzon (a. a. O. S. 518 — 523) und J. de Morgan (Etud. Géogr. I, p. 230 bis 335), die hier zu nennen sind.

Grabmoschee des Gazan Chan (Taf. XVIII—XIX a, b)

In einer Entfernung von mehreren Kilometern südwestlich von dem heutigen Tebriz liegt ein Ruinenhügel, der die Stelle bezeichnet, wo eins der bedeutendsten Denkmäler des muhammedanischen Persiens, die Grabmoschee des Gazan Chan (1295—1304), gestanden hat. Durch Erdbeben zerstört, haben die Trümmer jahrhundertelang als Steinbruch gedient, aus dem sich noch heut die Einwohner des modernen Tebriz Baumaterial beschaffen. Irgendwelche architektonischen Formen sind nicht mehr zu erkennen. Wir fanden in dem Schutt des ausgedehnten Ruinenfeldes ein paar glasierte Fliesen, die auf Taf. XVIII—XIX abgebildet sind. Sie zeigen die Technik der ausgekratzten Glasur, wie sie uns von den oben behandelten Denkmälern von Sultanieh und Asbistan bekannt ist. Beide Fliesenfragmente, das eine hellblau, das andere schwarz glasiert, gehörten zu gradlinig konturierten Platten. Der durch Fortkratzen der Glasur zum Vorschein gekommene Ziegelton, bei der blauen Fliese rosa, bei der schwarzen grau erscheinend, bildet den Grund für das in der Glasur stehen gebliebene Muster. Beidemal zeigt das Muster Flechtbänder, die vom Rande ausgehen und im Innern Schleifen und Sterne bilden. Durch eingeritzte Linien sind die Verflechtungen des musterbildenden Bandes klar zum Ausdruck gebracht. Es wurden uns ferner von den Bewohnern gefundene Bruchstücke von lüstrierten Fliesen gebracht, die wohl aus der Innendekoration stammen. Wir werden auf die im 13. und 14. Jahrhundert gebräuchlichen persischen Lüsterfliesen in anderem Zusammenhange noch zu sprechen kommen. v. Hammer hat in seiner Geschichte der Ilchane[1] einiges Material über die Grabmoschee aus gleichzeitigen Quellen zusammengetragen, dem wir entnehmen können, daß es sich auch hier wie bei dem Grabmal des Chodabende Chan um einen gewaltigen Kuppelbau handelte, der sich über einem als Zwölfeck gestalteten Unterbau erhob. Die während vieler Jahre beschäftigten Arbeiter waren zahllos; zur Herstellung der dunkelblauen Glasurfliesen verwandte man Lapislazuli, der verrieben wurde; unter den goldenen Gerätschaften wird vor allem eine große Lampe hervorgehoben. Der Hofdichter Wasaf besang das Werk folgendermaßen:

„O hoher Dom! Dich staunen an die Tag, die Nacht;
Zu Bettlern hast die Pyramiden du gemacht.

[1] Darmstadt 1843, S. 153 ff.

O Scham! Das ist Damaskus, und dies Scham Gazan,
Euch staunen Edens Zinnen eifersüchtig an".

Eine Reihe anderer Bauten Gazan Chans, Medressen, Krankenhäuser, Bibliotheken, Paläste usw. werden erwähnt, ohne daß sich von diesen gleichfalls mächtigen und prachtvoll ausgestatteten Denkmälern irgendwelche Reste erhalten hatten.

Die Blaue Moschee (Taf. XX—XXVIII; Abb. 23—29)

Literatur

Wie schon gesagt, ist das imposanteste und künstlerisch bedeutendste Monument von Tebriz die in Trümmer liegende Blaue Moschee. Sie wurde von Dschehan Schah in der Mitte des 15. Jahrhunderts gebaut und, wie Chardin (a. a. O. S. 291) berichtet, seit der Annahme der Schia im Beginn des 16. Jahrhunderts als ein von Sunniten ausgeführtes Monument vernachlässigt; doch stand die Moschee mit ihren beiden Kuppeln und Minarets noch aufrecht bis zum Erdbeben von 1780. Tavernier hat sie noch so gesehen und folgendermaßen beschrieben (a. a. O. I., S. 58): „La plus superbe de toutes et la plus belle qui soit à Tauris est en sortant de la ville sur le chemin d'Ispahan. Les Persans l'abandonnent et la tiennent immonde comme une Mosquée d'hérétiques, ayant esté bâtie par les Sounnis sectateurs d'Omar. C'est un grand bâtiment d'une très-belle structure, et dont la face qui est de 50 pas est relevée de 8 marches de l'assiette du chemin. Il est revêtu par dehors de briques vernissées de différentes couleurs; et par dedans orné de belles peintures à la Moresque, et d'une infinité de chifres et lettres Arabes en or et azur. Des deux côtes de la façade il y a deux Minarets ou tours fort hautes, mais qui ont peu de grosseur et dans lesquelles toutefois on a pratiqué un escalier. Elles sont aussi revêtues de ces briques vernissées, ce qui est l'ornement qu'on donne en Perse à la pluspart de beaux bâtiments, et chacune est terminée par une boule taillée en turban de la manière que le portent les Persans. La porte de la Mosquée n'a que quatre pieds de large, et est taillée dans une grande pierre blanche et transparente, de 24 pieds de haut de 12 de large, ce qui paroît beaucoup au milieu de cette grande façade. Du vestibule de la Mosquée on entre dans le grand dôme de 36 pas diametre, élevé sur 12 piliers qui l'appuyent par dedans. Seize autres le soutenans par dehors, et ces piliers sont fort hauts et de six pieds en quarré. Il y a en bas une balustrade qui regne au tour, avec des portes pour passer d'un costé à l'autre, et le pied de chaque pilier de la balustrade qui est de marbre blanc est cresé en petites niches à rez du pavé de la Mosquée, pour y mettre les souliers qu'on oste toujours pour y entrer. Ce dôme est revêtu par dedans de carreaux d'un beau vernis de plusieurs couleurs, avec quantité de fleurons, de chifres et lettres, et d'autres moresques en relief, le tout si bien pient et si bien doré et ajusté avec tant d'art, qu'il semble que ce ne soit qu'une piece et un pur ouvrage du cizeau. De ce dôme on passe dans un autre plus petit, mais qui est plus beau en son espece. Il y a au fond une grande pierre de la nature de celle da la façade, blanche et transparente, et taillée comme une maniere de porte qui ne s'ouvre point. Ce dôme n'a point de piliers, mais à la hauteur de huit pieds il est tout de marbre blanc, et on y voit des pierres d'une longueur et d'une largeur prodigieuse: toute la coupe est un émail violet où sont pientes toutes sortes de fleurs plates. Mais le dehors des deux dômes est couvert de ces briques vernissées avec des fleurons en relief. Sur le premier ce sont des fleurons blancs à fond vert, et sur le second des étoiles blanches à fond noir, et ces diverses couleurs frapent agreablement la veüe.

Proche de la porte par où l'on va du grand dôme à l'autre, on voit à gauche une chaise de bois de noyer peu curieusement travaillée, et qui est appuyée contre le mur. Elle est élevée de six marches, et n'est point couverte, il y a à main droite une autre chaise de mesme bois et d'un assez bel ouvrage, couverte d'un petit daix de mesme étofe, et appuyée aussi contre le mur. Il y a un petit balustre autour, et on y monte par quatorze marches. Du costé du midi de la Mosquée il y a deux grandes pierres blanches et transparentes, que le Soleil quand il donne dessus fait paroitre rouges, et mesme quelque temps après qu'il est couché on peut lire au travers par sa reverberation. Cette sorte de pierre est une espece d'Albâtre, et elle se trouve dans le voisinage de Tauris, comme je diray plus bas.

Vis à vis de la Mosquée de l'autre côté du chemin on voit une grande façade, qui reste seule d'un bastiment qu'on a laisse ruiner. C'estoit la demeure du Schec-Iman ou du grand Prestre. Il y avoit de grands bains qui sont aussi tout détruits, et il y en reste quelques-uns qui estoient les moins beaux qu'on a encore poin d'entretenir."

Ch. Texier (a. a. O. I. Taf. 42—52 u. Texte II. p. 43 ff.) veröffentlicht einen Plan (Pl. 41), eine Ansicht des gegenwärtigen Zustandes (Pl. 43), einen Durchschnitt (Pl. 44 u. 45) und einen Aufriß (Pl. 46) des rekonstruierten Bauwerkes und endlich eine große Anzahl von farbigen Tafeln (Pl. 47—52), in denen verschiedene Teile der Fayence-Dekorationen, doch sehr ungenau in Zeichnung und Farbentönung, wiedergegeben sind.

P. Coste (a. a. O. Pl. 68) beschränkt sich auf die Darstellung des Grundrisses, auf kleine Zeichnungen der Ruine und eine Rekonstruktion.

E. Flandin (Voyage en Perse, Paris, Gide et Baudry) gibt in Taf. V seines Werkes eine höchst malerische Winteransicht der von Schnee bedeckten Ruine wieder.

Dieulafoy (a. a. O. p. 48 ff.) zeigt neben einer kurzen Beschreibung ein paar Ansichten des Bauwerkes (a. a. O. p. 49 u. 51), die aber ebenso wie einige nach Photographien gezeichnete Ansichten bei J. de Morgan (a. a. O. Fig. 178—183) auch nur einen oberflächlichen Begriff von dem Monument und seinem reichen keramischen Schmuck zu geben vermögen.

Baubeschreibung

Die heutige Ruine ist nur ein Teil der ursprünglichen größeren Anlage. Vor der Fassade befand sich ein weiter, von Arkaden umgebener und mit Bassins versehener Hof. Die Fassade hat eine Länge von 52 m; von gleicher Größe ist auch die Tiefe des Bauwerkes. Der Grundriß (Abb. 23) zeigt in der Mitte einen quadratischen Raum von 16 m Durchmesser, dessen vier Seiten sich in drei im Spitzbogen geschlossenen Nischen oder Toren, einem großen und zwei

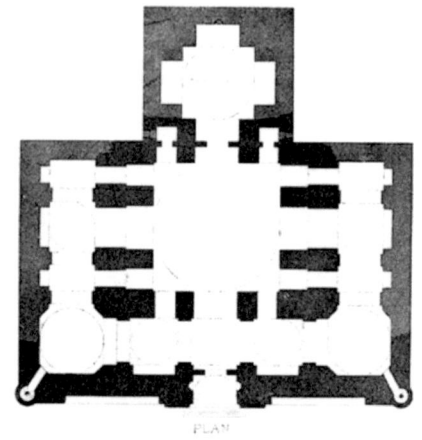

Abb. 23. Tebriz, Blaue Moschee, Grundriß, nach P. Coste

flankierenden kleineren öffnen. In den Ecken überspannte dann jedesmal die beiden aneinanderstoßenden kleinen Liwane ein den großen gleicher Spitzbogen, so daß nunmehr ein Achteck entstand, das auf den die Mitteltore flankierenden Pfeilern ruhte und über dessen acht Spitzbogen dann die Kuppel emporstieg. Eine Eingangs- und zwei Seitengalerien, die sich aus größeren und kleineren quadratischen, kuppelüberdeckten, durch Gurtbogen voneinander getrennten Räumen zusammensetzten, umgaben an drei Seiten diesen Kuppelraum und Hauptsaal. Hinter ihm lag ein zweiter kleinerer Saal von quadratischer Form und 9 m Durchmesser, dessen Seitenwände sich in vier großen Nischen öffneten, und der wie der Hauptsaal von einer Kuppel überdeckt war. Hier war in der dem Eingang gegenüberliegenden Nische der Mihrab angebracht.

Aus der jetzt in Trümmern liegenden Fassadenwand steigt in der Mitte das gewaltige Portal empor (Taf. XX, Abb. 24). Die rechteckige, oben zerstörte Umrahmung öffnet sich in einer tiefen Spitzbogennische, zu der man auf Stufen emporsteigt, und deren Hinterwand den Eingang enthält, während in den Seitenwänden kleine halbrunde Nischen angebracht sind. Die Eingangstür war, wie Tavernier erzählt, aus einer einzigen großen Marmorplatte von 24' Höhe und 12' Breite gebildet. Dieser alabasterartige, bei dünnem Schnitt durchsichtige Marmor wird nicht weit von Tebriz an mehreren Stellen der Provinz Adarbaidschan gebrochen, bei Urumia, bei Salmas und zwischen Maraga und Tebriz.[1] An den Ecken der Fassade befanden sich die jetzt verschwundenen Minarets, die nach Tavernier sehr hoch und dünn waren und im Inneren Treppen enthielten. Die Bekrönungen waren durch Kuppeln in Turbanform gebildet (Abb. 25).

Über einem zirka 2½ m hohen, außen aus regelmäßigen Steinquadern geschichteten und innen mit Bruchsteinen und Mörtel gefüllten Sockel steigt das Ziegelmauerwerk empor;

[1] de Morgan a. a. O. I. p. 307.

Abb. 25. Tebriz, Blaue Moschee, Portal

die Größe, Form und Schichtung der einzelnen Ziegel ist beim Mauerwerk und auch bei der Wölbung der Kielbogen aus den Abbildungen ersichtlich (Abb. 27). Das Ziegelmauerwerk selber ist nun vollständig mit einer starken Schicht von zementartigem Mörtel bedeckt, in die aus Fayencemosaik gebildete Platten eingelassen sind. Diese Fayencedekoration nimmt an einzelnen Gebäudeteilen, z. B. am Portal, die gesamte Oberfläche ein; wo dies nicht der Fall ist, hat man der sichtbaren Mörtelverkleidung dadurch den Anschein von Ziegelmauerwerk gegeben, daß man in Nachahmung der Fugen Riefelungen anbrachte und dem ganzen durch Bemalung den rötlichen Ziegelton gab. Da aber nur die Längs- und nicht die Querfugen eingezeichnet sind, ist die Täuschung keine vollständige; sie wird am besten dort erreicht, wo man nur eine vertikal laufende Steinschicht, z. B. an den Eckleisten der Nischen und Kielbogen nachzuahmen hatte. Auch die dicken Wülste, die den Kielbogen des Portals

umrahmen, sind ohne Mauerkern aus diesem harten Mörtel gebildet und mit Mosaikfayence bekleidet. Und dieselbe Ausbildung mit Fayence in Mörtel zeigt auch der Wandsockel im Hauptsaale, während der Sockel des kleineren Kuppelraumes mit hohen Platten des vorhin erwähnten Marmors verkleidet ist.

Der keramische Schmuck des Bauwerks läßt zwei Gruppen unterscheiden. Am Sockel des Mittelsaales sind aus meist achteckigen Fliesenstücken geometrische Muster gebildet (Taf. XXIV; Abb. 28), in den übrigen Teilen des Bauwerks ist das sogenannte Fayencemosaik in reichstem Maße verwendet. Bei dieser Technik werden aus einfarbig glasierten Fayenceplatten vorgezeichnete Stückchen herausgeschnitten und dann bei haarscharfem Randschluß und engem Fugenschnitt mit andersfarbigen geschnittenen Fayencestücken zu einem Muster zusammengesetzt. Man begießt nun die auf der Glasurseite zu einem Muster aneinandergelegten Fayenceplättchen mit Mörtel, der von rückwärts in die Zwischenräume der hinten spitz zugeschnittenen Stücke eindringt und nach dem Erhärten das Ganze zusammenhält. Die so gebildeten Platten werden als Verblendung in die Mörtelbekleidung des Kernmauerwerks gebettet. Taf. XXIX—XXX zeigt ein Bruchstück derartigen Fayencemosaiks, das angeblich aus der Moschee des Imam Riza in Meschhed stammt.

Der aus Tanger gebürtige Ibn Batuta (1303—1377), der Tebriz besucht hat, bemerkt von den Qâšânî (der Fayencebekleidung), die er hier an den Wänden gesehen hat, daß sie den Zuléǧ glichen.[1] Damit meint er das Fayencemosaik seiner Heimat; noch deutlicher spricht er dies bei der Beschreibung der Schulen von Meschhed Ali bei Bagdad aus. „Die Mauern

[1] Ed. Defrémery et Sanguineti. II. S. 130.

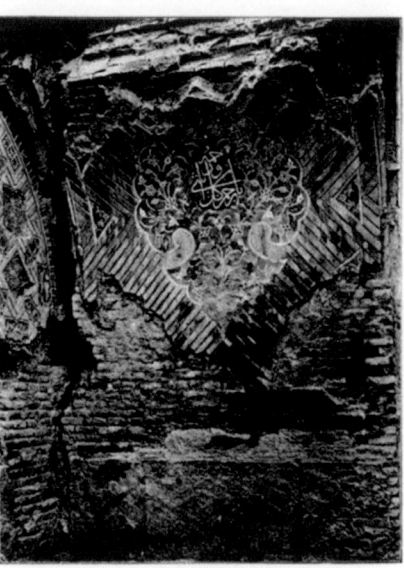

Abb. 27. Tebriz, Blaue Moschee, Mauerwerk und Putzbekleidung mit Fayencemosaik

RESTAURATION

Abb. 26. Tebriz, Blaue Moschee, Rekonstruktion, nach P. Coste

sind mit Qâšânî belegt. Diese gleichen unseren Zuléǧ. Doch ihre Farbe ist glänzender und ihre Malerei ist schöner[1]). Er stellt also das persische über das andalusische und nordafrikanische Fayencemosaik.[2])

Kunstwissenschaftliche Untersuchung

Betrachten wir zuerst den Hauptsaal, den quadratischen Kuppelraum mit seinen acht großen Spitzbogennischen (Taf. XXIV u. Abb. 28), von denen vier die Ecken abschrägen und hier über zwei kleineren Nischen emporsteigen. Die Kielbogen sind eher gedrungen und niedrig, als hoch und spitz gebildet. Während in den kleinen Nischen und in der Mehrzahl der großen die Decke im einfachen Spitzgewölbe hergestellt ist und die Hinterwand gerade emporsteigt, ist die Nische des zum kleinen Kuppelraum führenden Portals ebenso wie die des Hauptportals der Moschee, oben halbkugelartig geschlossen und in den Ecken mit Stalaktiten versehen.

Den Raum umgibt ein Sockel von zirka 2 m Höhe, dessen geometrisches Muster, aus geradlinig geschnittenen Fliesen zusammengesetzt, dunkelblaue doppelte Bänder auf hellblauem Grunde bildet. Den oberen Abschluß des Sockels geben zwei Borten, eine schmälere mit zwei durcheinandergeschobenen Wellenranken von hellblau und weißer Farbe auf dunkelblauem Grunde, und eine breitere, auf der sich weiße Neschi-Schrift mit leicht und frei in lockeren Wellenbändern, nicht mehr in strengem Kreisgeflecht geführten hellblauen Ranken von dem gleichen dunkelblauen Fond wie in der unteren Borte abheben.

[1]) Ebendort. I. S. 415.
[2]) Vgl. darüber Sarre und Mittwoch: Die spanisch-maurischen Lüster fayencen. Jahrb. der Kgl. Preuß. Kunstsammlungen. 1903. Separatdruck S. 6.

Abb. 28. Tebriz, Blaue Moschee, Spitzbogennische im Kuppelraum

Abb. 29. Tebriz, Blaue Moschee, Seitenwand in einer Spitzbogennische

In Höhe der kleinen Nischen sind die Wände in quadratische und achteckige, von Borten umgebene Felder geteilt. Sie zeigen Muster mit unendlichem Rapport: kleinere und größere, ovale und sternförmige Medaillons, symmetrisch zusammengestellt, erstere meist mit Inschriften und letztere mit ornamentalem Muster versehen (Abb. 29). Die Farbengebung ist aus den Tafeln XXV—XXVIII ersichtlich.

Die Zwickel der Portale (Taf. XXII) zeigen meist durchgehende Blumenranken, deren Mitte dann gewöhnlich von einem Inschriftenmedaillon eingenommen wird. Ein weiteres Dekorationsmotiv sind rechteckige Felder, Gebetsteppichen vergleichbar, die unter einer gezackten Kielbogennische stilisierte Vasen und Zypressen oder auch Arabesken-Werk auf reich gemustertem Grunde zeigen. Diese Musterung findet sich vor allem in dem oberen Teile der Nischen, auf dem Gurtbogen usw. (Taf. XXIII u. XXIV), während die Kielbogen selbst von großen Schriftborten umrahmt werden, die wiederum weiße Buchstaben auf dunkelblauem Grunde geben. Die Kuppel ist eingestürzt; nach Tavernier war auch sie im Innern mit Fayenceschmuck bekleidet.

Die gleiche Dekoration wie im Kuppelraum herrscht in der Eingangs- und den Seitenhallen. Das Hauptportal dagegen zeigt im Gegensatz zu dem übrigen Gebäude einen reicheren Schmuck; hier bedeckt unter Fortfall der Stuckbekleidung die Fayence die ganze Oberfläche.

Die rechteckige Umrahmung des Portals wird von einem auf Sockeln ruhenden Wulst begrenzt, und setzt sich aus einer breiteren äußeren und einer schmaleren inneren Borte zusammen (Taf. XX; Abb. 25). Beide Borten zeigen als untere Abschlüsse wiederum zwei teppichartige rechteckige Felder. Das Grund-

- 31 -

schema der breiteren Borte ist eine fortlaufende Aneinanderreihung von runden, rechteckigen und spitzovalen Feldern, ein Muster, das bei der Fülle der hineinkomponierten Motive im Bilde schwer zu erkennen ist; die innere schmälere Borte enthält eine Inschrift. Für die Dekoration der Nische selbst verweisen wir auf die Abbildungen. Trotz der Zerstörung, trotz der weitklaffenden Risse und Öffnungen, trotz des Verlustes des unteren Teiles der Fayencedekoration vermag man sich das Fehlende zu ergänzen und einen großen Eindruck von dieser überreichen Schmucknische zu gewinnen.

Die Eingangstür in der Mitte, die rechteckig gewesen zu sein scheint, war, wie erwähnt, mit Marmorplatten als Türflügeln geschlossen. Von der oben umlaufenden Inschrift mit ihren langgezogenen weißen Buchstaben sind nur noch geringe Reste erhalten. Von großem Reiz sind die Seitenwangen mit ihren kleinen halbkreisförmigen Spitzbogennischen (Taf. XXI). Hier wiederholt sich die Anordnung der Dekoration des großen Portals im kleinen wieder. Auch hier in der Umrahmung unten zwei teppichartige, rechteckige Felder, dann zwei kleine Schrifttafeln und darauf eine umlaufende Borte mit runden und ovalen ornamentalen Medaillons auf einem mit Blumenranken gefülltem Grunde; über der Nische eine Tafel mit kufischen Buchstaben; die Zwickel darunter mit zarten Palmetten- und Blütenranken gefüllt, die sich aus zwei längs der Nische aufsteigenden Borten entwickeln, die ihrerseits wiederum aus diesen beiden Elementen symmetrisch zusammengesetzt sind. Die Nische selbst, umgeben von einem mit Bandmustern bedeckten Wulst enthält zwei verschiedene Muster: in der Wölbung ein geometrisches Sterngeflecht, in der halbkreisförmigen Wandung wiederum Palmetten- und Blumenranken, durch eingestreute kleine Schriftmedaillons belebt.

Die Dekoration der nicht mehr vorhandenen Gebäudeteile kann man sich nach den Resten und der Beschreibung bei Tavernier vermutungsweise ergänzen.

Von dem kleinen Kuppelraum, dessen Gebetnische dem Eingang gegenüber lag, sind nur noch die die Wand sockelartig umgebenden großen Marmorplatten erhalten, die ihrem oberen Saum entlang ein Schriftband tragen (Taf. XXIV). Die Wände waren wahrscheinlich mit Fayencemosaik verkleidet; die Kuppel soll im Innern ein Blumenmuster auf violettem, wahrscheinlich dunkelblauem Grunde, und außen weiße Sterne auf schwarzem Grunde gezeigt haben, während die große Kuppel mit weißen Blumen auf grünem Grunde bedeckt war. Im kleinen Kuppelraum befand sich über der Gebetsnische eine Fensteröffnung, die man durch eine transparente Marmorplatte geschlossen hatte. Zwei weitere, gleichgearbeitete Fenster befanden sich nach Tavernier in der Südwand, also in der Hinterwand der Moschee; es ist nicht mehr zu erkennen, wo diese Fenster gesessen haben.

In der Farbengebung der Fayencedekoration (Taf. XXV bis XXVIII) herrscht die dunkele, kobaltblaue Farbe vor, die der Moschee ihren Namen gegeben hat. In ihr ist durchgehend der Grund gehalten, während die Musterung türkisblaue, hellgrüne, weiße, schwarze, manganviolette und gelbe Farbe zeigt. Die gelben Ornamente waren mit Blattgold bedeckt, von dem sich nur mehr Spuren erhalten haben. Blattgold hatte man auch für die feinere Verzierung des grünen geometrischen Musters

am Sockel des Hauptkuppelraumes verwendet. Da man rote Glasur nicht herzustellen vermochte, half man sich damit, bei den Stellen, die man in dieser Farbe haben wollte, überhaupt keine Glasur zu verwenden, sondern den Mörtel rot zu färben; auch diese nur spärlich vorkommenden, rot gefärbten Details, sind heute meist verblaßt.

Betrachten wir die Formen der Fayencedekoration (Taf. XXI—XXIII, Abb. 27 bis 30), so fällt bei den Blumenranken die Schlichtheit und Einfachheit auf. Es sind symmetrisch angeordnete Ranken, an denen lanzettförmige Blätter, Knospen und Blüten sitzen. In der Aufsicht und

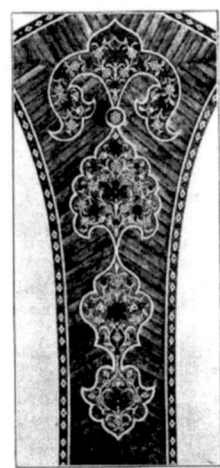

Abb. 30. Tebriz, Blaue Moschee, Pfeiler im Kuppelraum (aufgen. von B. Schulz)

in der Seitenansicht gezeichnet, kommen runde narzissenartige Sternblumen und päonienartige Blüten vor, die in der Seitenansicht einen von 5—10 spitzovalen Blättern umgebenen Kelch bilden. Die Ranken sind meist hellblau, die Blätter, Blumen und Blüten meist mit dunklen Kelchen und Füllungen gestaltet. Neben diesen einfachen vegetabilischen Formen sind die komplizierten Muster bemerkenswert. Vor allem sind hier spitzovale, im innern anderweitig dekorierte Felder charakteristisch, die von zwei sich erst trennenden und oben wieder vereinigenden Halbpalmetten begrenzt und gebildet werden (Taf. XXV—XXVI). Diese Palmettenmedaillons werden oft mit Blütenranken und anderen Arabeskenmotiven vereinigt, und dann das ganze sternförmig konturiert. Es entstehen auf diese Weise jene geschweiften oder eckig begrenzten Medaillons und Füllungen, die in den Putzgrund mit anders geformten Einlagerungen zusammengestellt ein fortlaufendes Muster bilden. Die Umrahmung dieser Medaillons und Sterne ist hellblau, der Grund meist dunkelblau mit schwarzem innerem Kern, die Ranken hellblau mit weißen Blüten, die Palmetten gelb, ursprünglich gold mit hellgrünen Einlagen. Sehr reizvoll ist die Zusammenstellung von Ranken mit Sternblumen und Palmettenranken, die symmetrisch durcheinander laufen und Borten bilden, oder auch größere Flächen mit ihrem Gespinst überziehen.

Die Schrift findet verschiedene Verwendung, einmal als fortlaufende Schriftborte, dann aber auch von einem Medaillon umschlossen. Die Schriftmedaillons bilden eine oft vorkommende Dekoration in Zusammenstellung mit ornamentalen Medaillons, wobei zu bemerken ist, daß die Kufischrift meist in übereck gestellte quadratische Felder, die Neschischrift in oval gebildete Medaillons eingelassen vorkommt. Auch diese sind hellblau umrandet und zeigen weiße Buchstaben auf dunkelblauem Grunde, wobei einzelne Charaktere gelb resp. gold gefärbt sind. Die meisten Schriftzüge der umlaufenden Schriftborten werden von hellblauen Blumenranken durch-

8*

zogen und heben sich gleichfalls von dunkelblauem Grunde ab. Über die rechteckigen Felder, die mit ihren Nischen Gebetsteppichen ähneln, haben wir schon oben gesprochen, und es mag hier erwähnt werden, daß auch die sonstige Dekoration, vor allem die Anordnung der symmetrisch verteilten Medaillons im Stuckgrunde, an textile Muster erinnert. Merkwürdig, aber von großer dekorativer Wirkung ist der gewundene Wulst, der tauartig über einem Sockel emporsteigt und die Spitzbogennische des Portals umrahmt. Halbrunde Wulste schrägen außen und innen die Ecken des vorstehenden rechteckigen Portalrahmens ab und sind gleichfalls mit reichen Mustern bedeckt. Dabei ist die Erinnerung an die Säule noch so lebendig, daß jedesmal eine kleine sockelartige Basis den unteren Abschluß der Rundform bildet.

Die Inschriften

Die Inschriften der Blauen Moschee sind, so weit sie aus den Aufnahmen ersichtlich sind, von Dr. Mittwoch entziffert worden.

Am Portal (Taf. XX, Abb. 25) enthält das große Schriftband, das sich in der Nische unterhalb der Wölbung hinzieht, Angaben über den Erbauer; es ist die sogenannte Bauinschrift. Leider sind nur noch einige Teile dieser Inschrift erhalten: „. . . . der Gebieter, der Chakan, der Gelehrte . . . . Sohn des Schah Jusuf . . . . Gott der Erhabene, der Hohe erhöhe . . . .“ Das Ende in der linken Nischenseite enthält einen allgemeinen Schluß, der mit der Bauinschrift als solcher nicht zusammenhängt, da er weder einen Namen noch ein Datum enthält.

Der nicht mehr erhaltene Name des Erbauers nannte den Turkmanenfürsten aus dem Hause der Schwarz-Lämmer Dschehan Schah (1437—1467), den zweiten Sohn des hier genannten Kara Jusuf (1388—1420) und Bruder des Iskender (1420—1437). In welchen Jahren Dschehan Schah die Moschee erbaut hat, ist leider nicht mehr aus der Inschrift ersichtlich.

Innerhalb der Portalnische (Taf. XXI) befindet sich über der linken kleinen Seitennische der Koranvers: „Friede über Euch. Ihr seid gut gewesen. Tretet ein für ewig“ (Sure 39, 73); und in einem Medaillon auf der linken Seite der Ausruf: „O bester Helfer“ (nach Koran 8, 41). Über der rechten Seitennische ist ebenfalls ein religiöser Spruch angebracht.

Innerhalb der Fayencedekoration auf Taf. XXII kommen folgende Legenden vor: „Wer Gottes ist, dessen ist Gott“ (rechts oben in je zwei Medaillons). „O Ewiger“, „O Einziger“ (in den Mittel-Medaillons).

Taf. XXIII enthält dieselben Anrufungen in den Medaillons und Koranstellen in dem Schriftbande, das sich über dem Sockel hinzieht. Auch Taf. XXIV zeigt Koranstellen und sonstige religiöse Sprüche sowie Anrufungen Gottes, die teilweis in „quadratischem Kufi“ geschrieben sind.

Auf Taf. XXV—XXVI wiederholt sich in den ovalen Medaillons der Spruch: „Der Sieg ist Gottes“, während auf Taf. XXVII—XXVIII im oberen Felde an den gleichen Stellen „O Erhabener der Stufen (nach Sure 40, 15)“ und im unteren Felde „O Gabenspender“ geschrieben steht.

ARDEBIL

Geschichtliches

Die Stadt Ardebil, zwischen Tebriz und dem Kaspischen Meere, inmitten einer fruchtbaren Hochebene gelegen, die nordwestlich vom Massiv des Savellan, östlich vom Randgebirge des Elburs begrenzt wird,[1] soll in mythischer Zeit von Firuz gegründet worden sein und wird schon im Schahname erwähnt. Im Handelsverkehr hat die Stadt zeitweise eine bedeutende Rolle gepielt, da sich hier die vom nahen Meere nach Tebriz und von Derbend und Astrachan nach Mittelpersien, nach Zendschan-Teheran und Hamadan-Isfahan führenden Straßen kreuzen. Eine größere Bedeutung erlangte der Ort jedoch als Wohnsitz und Grabstätte des frommen Schechs Safi eddin („des von lauterem Glauben“), des Ahnherrn der Safiden-Dynastie († 1334). Dieser in der ersten Hälfte des 14. Jahrhunderts lebende und von seinen schiitischen Glaubensgenossen fast als heilig verehrte Mann — er gehörte zum Derwischorden der Sufi — führte seinen Stammbaum auf den siebenten Imam, Musa el Kazim († 183 d. H.) zurück, was ihm und seinen Nachkommen den Weg zu weltlicher Macht erleichterte.[2] Schon sein Sohn, Sadr eddin („der Vorderste des Glaubens“) machte sich neben seiner religiösen Tätigkeit auch politisch bemerkbar. Er bewirkte bei dem Welteroberer Timur die Freilassung von türkischen, aus Kleinasien (Rum) fortgeführten Gefangenen und siedelte sie nach Ardebil an. Aus ihnen gingen sieben, der

Familie ihres Befreiers unbedingt ergebene Stämme hervor, die Kyzyl Basch (Rotköpfe),[1] Mannschaften, auf die sich die Enkel und Urenkel des Sadr eddin in den politischen Wirren des 15. Jahrhunderts stützten. Hodscha Ali, Sadr eddins Sohn, starb auf der Rückkehr von einer Mekka-Fahrt in Jerusalem; sein Enkel Dschunayd wird von Dschehan Schah, dem Fürsten der Schwarzlämmer, verbannt und tritt nun in verwandtschaftliche Beziehungen zu dessen Feinden, den Weißlämmern, indem er sich mit der Schwester des Uzun Hassan vermählt. Noch enger werden diese Beziehungen und noch bedeutender wird die Stellung der Safiden durch die Vermählung einer Tochter dieses mächtigen Fürsten, der Asem Schah Begam[2] mit Dschunayds Sohn Heider. Heider kehrt fast als weltlicher Fürst nach Ardebil zurück und erregt durch seine wachsende Macht bald die Eifersucht seiner ehemaligen Beschützer; er fällt 1488 im Kampf gegen seinen Schwager Jakub, Hassans Sohn, und die Fürsten von Schirwan und wird in Ardebil begraben, wo sein Mausoleum wie das eines Heiligen verehrt wurde. Nach Jakubs Tode (1490—91) waren Heiders Söhne Ali, Ibrahim und Ismail kaum aus der Gefangenschaft nach Ardebil zurückgekehrt, als sie bald in den allgemein ausbrechenden Bürgerkrieg hineingerissen wurden. Der älteste verlor sein Leben, die beiden jüngeren Brüder fanden bei den frommen Fürsten von Gilan, die in ihnen die Nachkommen des Imam

---

[1] Über die Lage, Bodenbeschaffenheit usw.: Ritter. a. a. O. 798 ff.; ferner de Morgan a. a. O. I. 338 ff.
[2] Müller a. a. O. p. 347 ff. Die Genealogie Safi eddins bei J. Malcolm: The history of Persia. London 1815. I. p. 495.

[1] Sie trugen Turbane mit roten Kappen.
[2] Auch Martha genannt, Tochter Uzun Hassans aus seiner Ehe mit Despina, der Tochter des christlichen Kaisers Johannes von Trebizonde.

ehrten, freundliche Aufnahme. Ibrahim tritt nicht weiter hervor und stirbt bald; dagegen entfaltet Ismaïl als Schech der Sufi eine rege religiöse und politische Wirksamkeit. Er stellt sich an die Spitze seiner Anhänger, vor allem der sieben um Ardebil sitzenden Turkstämme, der ihm auf Tod und Leben ergebenen Kyzyl Basch. Mit ihnen besiegte er den Schah von Schirwan (1499) und wandte sich dann, durch einzelne Stämme der Weißlämmer unterstützt, gegen Uzun Hassans Enkel, die er bei Nachtschewan (1501) und bei Hamadan (1502) vollständig besiegte. Als Herr des gesamten nordwestlichen Persiens schlug nun „Schah" Ismaïl, der erste Herrscher der bis 1736 herrschenden Dynastie, seine Residenz in Tebriz auf. In den folgenden Jahren eroberte er im Süden und Westen Kirman, Diarbekr, Bagdad (1508); im Osten Chorasan (1510) und kam jetzt als Haupt seiner schiitischen Weltmacht in Konflikt mit den Beschützern der Sunna, den Osmanen-Sultanen; der Beginn eines Kampfes, der in der Gegenwart noch nicht beendigt ist. Hier fand er in Selim I. einen ebenbürtigen Gegner. Ismaïl, der in Kleinasien eingefallen war, mußte sich zurückziehen und wurde in der Nähe des Urumia-Sees vor den Toren seiner Hauptstadt Tebriz geschlagen (1515), in die nun der siegreiche Selim als Triumphator einzog.[1] Doch politische Schwierigkeiten im Westen seines Reichs veranlaßten Selim, nach dauernder Besetzung von Mesopotamien und Westarmenien, sich zurückzuziehen. Als Herrscher des gesamten iranischen Hochlandes, das seit dem Untergang des Sassaniden-Reiches zum ersten Male wieder geeinigt war, starb Ismaïl, von seinen Untertanen wie ein Heiliger verehrt, im Jahre 1524 und wurde neben dem Grab des Ahnherrn, des Schech Safi, in Ardebil beigesetzt.

Der Besitz von Bagdad mit Nedschef und Kerbela, wo Ali und Husain begraben sind, war den schiitischen Persern durch die Eroberungen Selims verloren gegangen. An die Stelle dieser hochheiligen Stätten tritt nun neben Meschhed, wo sich das Grab des Imam Riza, und Kum, wo sich das des Imam Musa und das seiner Tochter Fatme befindet, jetzt auch Ardebil mit den Mausoleen der Safiden. In noch höherem Maße wie Meschhed und Kum, die beiden anderen einheimischen Wallfahrtsorte, wird aber Ardebil unter den Safiden-Herrschern das eigentliche National-Heiligtum, weil hier dem rein religiösen auch ein politisches Moment zugesellt ist. Aus Ardebil ist die herrschende Dynastie hervorgegangen, und wenn der Königshof auch nicht hier, sondern in Tebriz, Kazwin und Jsfahan residiert, so bleibt doch während des ganzen 16. und 17. Jahrhunderts Ardebil die religiöse und eigentliche nationale Hauptstadt des Perserreiches. Nach Ardebil an das Grab des Ahnherrn begibt sich im Jahre 1531 Schah Tahmasp I. auf der Flucht vor dem Sultan Sulaiman, der schon Tebriz genommen hat. Er erzählt in seinen Denkwürdigkeiten, wie er dort 12 Kerzen gestiftet habe, und wie ihm dann im Schlaf Schech Safi erschienen sei.[2] Mitglieder der regierenden Familie residieren in Ardebil, z. B. Prinz Sam, der Bruder des eben erwähnten Schahs. Die vier

ersten Fürsten aus dem Hause des Schech Safi sind neben ihrem Ahnherrn dort beigesetzt worden, und wenn auch seit Abbas dem Großen (1587—1629) die Grabmoschee der Fatme in Kum als Fürstengruft in Aufnahme kam, so haben doch auch dieser Fürst und seine Nachfolger das Nationalheiligtum als solches weiter anerkannt, ausgebaut, vergrößert und mit reichen Geschenken bedacht. Auch die jetzt regierende Dynastie der Kadscharen hat die Mausoleen von Ardebil nicht verfallen lassen, sondern durch mehrfaches Restaurieren ihren Bestand zu erhalten gesucht.

Moschee des Schech Safi (Taf. XXXI—LII; Abb. 30—52)

Literatur

Die ersten kurzen Nachrichten über die heiligen Gräber von Ardebil verdanken wir dem englischen Kaufmann Anthony Jenkinson, der sich am 16. Oktober 1562 auf der Reise nach Kazwin an den Hof des Schah Tahmasp I. (1524—1576) in Ardebil aufhält. Jenkinson, der einen Brief der Königin Elisabeth überbringen und Handelsbeziehungen zu England anknüpfen sollte, erwähnt ein geräumiges, von Ismaïl erbautes Karawanserai und eine schöne Moschee mit dem prächtigen Grabmal des Fürsten, das dieser sich bei Lebzeiten erbaut hätte.[1] Dann finden wir ein paar Jahre später „the sepulchres of the Emperors of Persia" als Platz abergläubiger Verehrung von zwei anderen Engländern[2] erwähnt, die die weitere interessante Bemerkung machen, daß Ardebil mehr von Herren und Edelleuten als von Kaufleuten bewohnt und aufgesucht würde.

Ausführlichere Schilderungen haben wir aus dem folgenden 17. Jahrhundert und verdanken sie dem Umstande, daß sowohl die von Norden über Schirwan wie die von Westen, von Tebriz, kommenden Reisenden auf dem Wege nach Kazwin und Isfahan meist den Weg über Ardebil nehmen. In die Zeit Schah Abbas des Großen (1587—1629) fallen die Reisen des schon mehrfach erwähnten italienischen Abenteurers Pietro della Valle[3], der im Jahre 1616 mit seiner Frau, der aus Mardin gebürtigen Christin Sitti Maani, nach Persien kommt und dem Schah seine Dienste anbietet. Von ganz besonderem Interesse sind die Berichte de la Valles vom August und September 1619, wo er im Gefolge des Schahs von Zendschan aus das persische Heer auf dem Kriegszuge gegen die Türken nach Ardebil begleitet. Zum Schutz der Heiligtümer bricht Abbas dorthin auf (denn der türkische Feldherr, der mit einem großen Heere nach Tebriz marschierte, hatte den Befehl gegeben, das Grab des Schech Safi zu zerstören) und geht mit dem Gedanken um, die Gebeine seiner Vorfahren nach Kazwin überführen zu lassen. Ohne besondere Einzugsfeierlichkeiten, nur von seinem Harem umgeben, betritt der König die Stadt und begibt sich um die Mittagszeit, wo alles in den Häusern ist, in das Heiligtum. Hier verharrt er auf dem Grabe seines Ahnherrn ausgestreckt unter Tränen lange Zeit im Gebet. Verhandlungen mit einem türkischen Gesandten zerschlagen sich, und die Türken nehmen

---

[1] Ein Gedicht des Sultans Selim aus dieser Zeit, das mir Herr Dr. Graf E. von Mülinen mitteilt, lautet:
Auf! Perserschah von Ardebil,
Sieh den Sohn eines Mannes und wisse:
Da kommt der wilde Selim;
Wisse, daß du selbst verreckt bist.
[2] Die Denkwürdigkeiten Schah Tahmasp' I. von Persien (1524—1576), übersetzt von Paul Horn. Straßburg 1891, p. 58.

---

[1] Early voyages and travels to Russia and Persia by Anthony Jenkinson and other Englishmen. Hakluyt society. 1886. I. p. 139 ff.
[2] Thomas Banister und Jeffrey Ducket. Ebendort II. p. 425.
[3] Vgl. die meisterhafte Charakteristik des Italieners durch Goethe im „West-östlichen Divan" 1819. S. 466—497.

34

Abb. 30. Ardebil im Jahre 1637, nach Olearius

Tebriz. Schon will der König gegen den Wunsch des Volkes, das den Frieden um jeden Preis ersehnt, Ardebil räumen, da erringt sein Heer einen kleinen Vorteil, und die Grabmoschee wird unter Teilnahme des Fürsten der Schauplatz einer gewaltigen Siegesfeier. Bald darauf kommt der Frieden zustande, da der Sultan, der von Polen und Ungarn bedrängt wird, sein Heer aus Asien zurückziehen muß. Im Mittelpunkt dieser Kriegs-Schilderungen de la Valles stehen die heiligen Mausoleen von Ardebil, von denen der Italiener eine eingehende Schilderung entwirft. Da er die beim Besuch der innersten Räume von ihm geforderten Verbeugungen nicht mitmachen will, muß er sich bei der Schilderung dieser Räumlichkeiten auf den Bericht seiner Frau stützen, die unerkannt Zutritt gefunden hat. Unter der Regierung Safi I. (1629 bis 1642) im Jahre 1637, besucht Adam Olearius im Gefolge des holsteinischen Gesandten Ardebil; ihm verdanken wir (a. a. O. S. 452—470) eine eingehende Schilderung des Grabmals des Schech Safi. Den Bazar der Stadt findet er reich ausgestattet; man verkauft dort Edelsteine, Seiden und andere kostbare Waren, in den Karawanserails wohnen türkische, tatarische und indische Händler, ja sogar zwei Chinesen, die Porzellan feilhalten.

Auch J. B. Tavernier ebenso wie Corneille Le Brun, der im Jahre 1703 Ardebil besuchte, haben eingehende Schilderungen der Grabmoschee in ihren oben angeführten Reisewerken hinterlassen. Aus allen diesen der Safidenzeit angehörenden Beschreibungen des 17. und beginnenden 18. Jahrhunderts gewinnen wir immerhin eine Vorstellung von der Bedeutung und prächtigen Ausstattung des damaligen Nationalheiligtums, wenn es auch oft schwer ist, die einzelnen Räume und Gebäudeteile zu identifizieren. Im Jahre 1703 (Le Brun a. a. O. S. 118 ff.) prosperiert der Handel nicht mehr so wie früher. Die Inder haben nur noch drei, die Chinesen kein Karawanserail mehr im Besitz. In den Bazaren fehlen jederart kostbare Stoffe und Edelsteine.

Nach dem Untergang der Safidendynastie (1736) werden die Berichte spärlicher. Ardebil hat jetzt aufgehört, für die jeweiligen persischen Machthaber, die Fürsten aus dem Stamme der Afghanen, Afscharen und Kadscharen, irgendwelche näheren Beziehungen zu haben. In der Ebene von Maghan bei Ardebil ist es, wo im Jahre 1736 Nadir, der Sieger über die Afghanen, Türken und Russen, die Großen des Reiches um sich versammelt und sich zum Fürsten erwählen läßt. Jaubert[1] berichtet, daß Nadir in Ardebil gekrönt worden ist. Im Beginn des 19. Jahrhunderts ließ Abbas Mirza, der tatkräftige Sohn des Feth Ali Schah, durch den französischen Ingenieur, General Gardanne ein Fort errichten, das heut noch als Staatsgefängnis benutzt wird. Als Fraser[2] im Jahre 1821 Ardebil besuchte, hatte es nicht mehr als 5—600 Häuser. Auch die Moschee war, infolge von Erdbeben, verfallen. Abbas Mirza hätte einmal eine kleine Summe für die Restaurierung und die Wiederherstellung der Moschee hingegeben, die dann aber gestohlen worden wäre, und die Priester klagten dem Engländer, daß die Kadscharen kein Interesse für die Moschee hätten: „The Kadjares are more quiet to take from than give to an establishment of any kind." Durch Krieg, Erdbeben und die dadurch bedingte Abnahme des Nationalwohlstandes, hat Ardebil weiter im Laufe des 19. Jahrhunderts an Bedeutung und Ansehen verloren, sind seine Schätze teilweise verstreut worden. Aber trotzdem bleibt die Moschee neben denen von Meschhed und Kum noch heut eins der Heiligtümer, zu denen die Gläubigen wallfahren, wo Verbrecher und Feinde der jeweiligen Regierung ein Asyl finden. Im Jahre 1828, im letzten persisch-russischen Kriege, wird die Moschee von den Russen unter Paskievitsch geplündert und ihrer wertvollen Bibliothek, die nach Petersburg überführt wurde, beraubt. Der russische Kaiser soll nach dem Friedensschluß 800 Dukaten als Sühnegeld an die Moschee gesandt haben. Im Jahre 1832 fand Colon. Monteith[3] das Mausoleum in verwahrlostem Zustande, den er vor allem dem Erdbeben zuschreibt. Eine lebendige Schilderung vom Jahre 1843[4] gibt ein trauriges Bild von dem infolge der Russenkriege eingetretenen Verfall der Heiligtümer. Schließlich sind dann noch die anschaulichen Beschreibungen von v. Thielmann[5] aus dem Jahre 1872 sowie ein kurzer Passus bei Curzon (a. a. O. I. S. 531) und endlich die Seiten zu erwähnen, die de Morgan der Stadt und den Denkmälern Ardebils widmet (a. a. O. S. 338—44). Für die Kürze der Behandlung der Denkmäler, die de Morgan seiner Beschreibung der Stadt hinzufügt, entschädigt eine Reihe von gut gelungenen Abbildungen, die besonders deshalb von Interesse sind, weil sie das Heiligtum vor einer im Jahre 1891 vorgenommenen Restauration wiedergeben.

Von sonstigen Abbildungen sind vor allem ein Plan der Stadt bei Olearius (Fol. 332, Abb. 30) erwähnenswert, auf dem ein Gebäudekomplex als „Schich Sefi et Regum Sepulturae" verzeichnet ist; die Höfe und Gebäude sind jedoch in ihrer Lage zueinander unrichtig wiedergegeben, so daß das Blatt diesbezüglich von keiner Bedeutung für uns sein kann. Le Brun gibt in einem Stich (Nr. 48) eine Ansicht der Stadt, aus weiter Entfernung aufgenommen; ein paar Kuppeln zeigen hier die Lage

---

[1] Amédée Joubert: Voyage en Arménie et en Perse. Paris 1821.
[2] James B. Fraser: Travels and adventures. London 1826.
[3] Journ. of the roy. society. III. p. 27.
[4] W. R. Holmes: Sketches on the shores of the Caspian. London 1845. „A strange feeling of awe creeps over one on visiting these silent chambres of the dead; the dim light, the faded decorations, and the air of a departed grandeur, awaken melancholy and serious reflections; and the unbroken stillness of the place, the dust and cobwebs, give the idea that one is profanely intruding on a hallowed spot, where the sound of man's voice, an the echo of his foot steps, have cessed to be heard for ages."
[5] Frhr. Max v. Thielmann: Streifzüge im Kaukasus etc. Leipzig 1875. S. 269 ff.

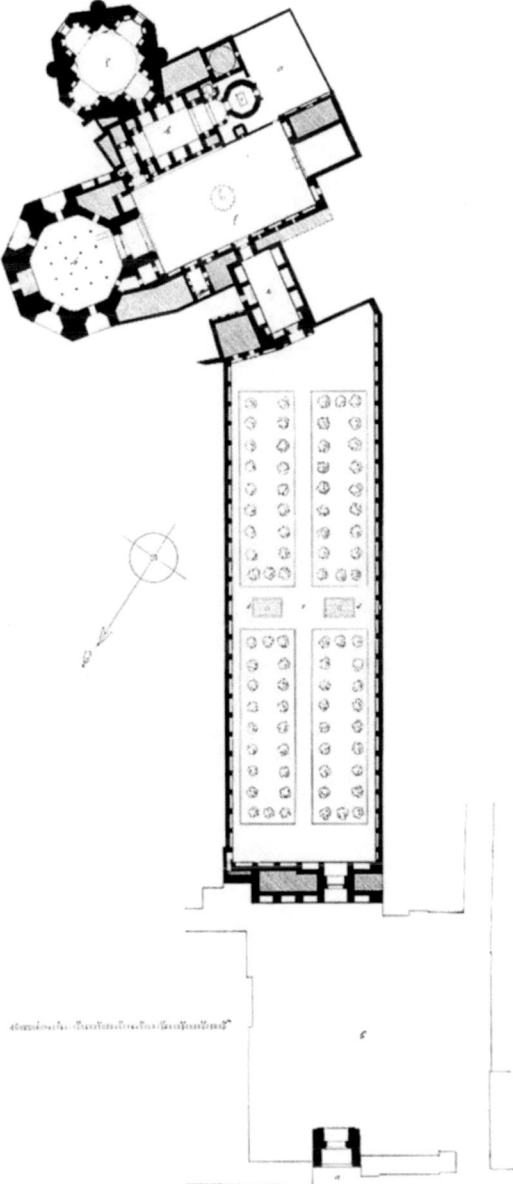

der Grabmäler an. Auch die Abbildung bei Morier (a. a. O. S. 252) vermag nur einen undeutlichen Begriff von dem Heiligtum zu geben.

Baubeschreibung

Im obigen haben wir einen Überblick über die literarischen Berichte gegeben, die sich mit der Moschee des Schech Safi in Ardebil befassen; wir wollen nun das Denkmal selbst auf Grund des von uns aufgenommenen Materials in Verbindung mit den erwähnten früheren Schilderungen beschreiben.

Es handelt sich in diesem Falle nicht um ein einzelnes Gebäude, sondern um einen Komplex von verschiedenen, sich um Höfe gruppierenden Baulichkeiten, die als Mausoleen, Moscheen, als Bibliothek, Porzellansammlung, Wirtschafts- und Wohnräume für die Priesterschaft und für Pilger, Arme und Flüchtlinge bestimmt waren. Wir lassen bei dieser Beschreibung die Baugeschichte fürs erste beiseite, indem wir uns an die Reihenfolge halten, in der man nach dem heutigen Zustande die Gebäudeteile durchschreitet (Abb. 31).

Der Meidan mit dem Hauptportal
(Abb. 31a, b)

Vor dem eigentlichen Moscheebezirk liegt ein quadratischer Platz (Abb. 31b), Meidan d. h. Marktplatz genannt, von ungefähr 50 m Seitenlänge. Noch heute dient dieser Platz Handelszwecken, und die ihn umgebenden verfallenen Mauern sind mit jämmerlichen Kaufbuden besetzt. Inmitten der nach Nordwest gerichteten Seite befindet sich ein ehemals imposantes Portal, dessen äußere, der Stadt zugekehrte Seite reich geschmückt ist (Taf. XXXI—XXXIV). Es bildet den eigentlichen Zugang zu der Moschee, zu deren Bereich der Meidan gerechnet werden muß. Dieses heute sehr verfallene Portal, dessen Schönheit und reiche farbige Fayencedekoration von Le Brun besonders hervorgehoben wird, zeigt den üblichen Aufbau: eine tiefe, mit Stalaktiten geschlossene Spitzbogennische, die von einem tauähnlich gewundenen Wulst, wie wir ihn von der Blauen Moschee in Tebriz kennen, umsäumt wird. Die ganze Oberfläche dieser Nische mit Einschluß der Stalaktiten ist mit farbigem Fayence-Mosaik bedeckt, das sich aus einzelnen größeren und kleineren, in sich abgeschlossenen rechteckigen Musterplatten zusammensetzt. Auf die Ornamente dieser teppichartigen Muster werden wir später noch zu sprechen kommen. Eine umlaufende Inschrift besagt, daß das Portal im Jahre 1057 d. H. 1647/48 n. Chr. unter der Regierung Schah Abbas II. von dem aus Ardebil gebürtigen

Abb. 32. Ardebil, Moschee des Schech Safi, kleiner Vorhof

Steinmetzen Ismaïl vollendet worden ist. Es ist also eine verhältnismäßig späte Anlage innerhalb des Moscheebezirks. Auf der gegenüberliegenden Seite des Meidans, in der Achse des Portals, befindet sich der eigentliche Zugang, das in den ersten großen Vorhof, den „Gartenhof" (c), führende Portal. Hier bildet in imposanter Anlage eine hohe Fassadenwand mit 5 tiefen Kielbogennischen, von denen eine die Toröffnung enthält, den Abschluß des Meidans, wahrscheinlich hat eine gleiche Architektur ursprünglich den ganzen Platz umsäumt. Das Portal, ein zum Teil getünchter Backsteinbau (Taf. XXXI, Hintergrund), ist im Gegensatz zu dem gegenüberliegenden Prachtportal schmucklos. Nach den Berichten der Reisenden war dieses Tor durch zwei horizontal und vertikal angebrachte Ketten gesperrt; Olearius erzählt, daß sie — ein Geschenk des Chans von Maraga — von Silber; Tavernier, daß sie von Eisen gewesen seien. Hier begann das Asyl; wer diese Ketten berührt hatte, befand sich in Sicherheit und konnte von der weltlichen Obrigkeit nicht mehr ergriffen werden.

Der Gartenhof und die ehemalige Küche (Abb. 31c)

Innerhalb des Torgebäudes führen mehrere Stufen zu dem tiefer liegenden Gartenhof hinab, einer weitläufigen, nicht ganz symmetrischen Anlage, deren Eingangsseite 27 m beträgt, während die Längsseiten 89 und 100 m Ausdehnung haben. Das Torgebäude öffnet sich auch nach innen in gleichen Nischen wie nach dem Meidan zu, und durch „hohen Schwibbogen (Olearius)" ähnliche Flachnischen sind die beiden Längsseiten des Hofes gegliedert. Die östliche Schmalseite enthält in der Mitte wiederum eine Portalanlage, die aber in neuerer Zeit restauriert worden ist, wie aus der noch vor der Restauration angefertigten Abbildung bei de Morgan (Taf. LI) hervorgeht. Der Hof zeigt jetzt die typisch persische Gartenanlage mit gradlinigen Wegen, Beeten und zwei Bassins in der Mitte (d). Ob diese Bepflanzung ursprünglich ist, darüber geben die Berichte keine Auskunft; sie erzählen nur, daß sich auf diesem Hofe „Kramläden" und Butiken befanden, in denen

Lebensmittel für die im „Bast" (Asyl) befindlichen Bewohner der Moschee feilgehalten wurden. Aller Wahrscheinlichkeit nach war dieser Gartenhof ursprünglich in eine größere nördliche und kleinere südliche Hälfte geteilt; denn nur wenn wir einen solchen Doppelhof annehmen, gewinnen wir Platz für eine Hofanlage, die bei mehreren Reisenden ausführlich geschildert wird, und die wir mit keiner anderen jetzt vorhandenen Raumanlage identifizieren können. Das trennende Torgebäude, dessen auf der linken Seite gelegene Pforte wiederum durch eine Kette gesperrt war, enthielt in einem oberen Stockwerke einige Zimmer für Offiziere und Gefangene (della Valle). Dieser „Küchenhof", wie wir ihn nennen wollen, wurde auf Befehl Schah Abbas' I. mit großen, platten Steinen gepflastert; in der Mitte befand sich ein Wasserreservoir, rechts mit messingenen Wasserhähnen versehene Becken, die für die religiösen Waschungen benutzt wurden. Linker Hand, in der Südost-Ecke des Hofes, wo heute zwei Pforten in einen von uns nicht besichtigten Raum führen, lag der Eingang zu der „General-Hofküche": eine mit silbernen Platten belegte Tür, eine Stiftung von Schah Abbas I. Diese Küchenanlage, die sich zwischen dem kleinen Vorhof (e) und dem runden Gebetsraum (h) befand, ist nicht mehr erhalten. Sie spielte innerhalb des Heiligtums eine besondere Rolle; denn aus ihr wurden die Bewohner der Moschee, die Geistlichen und Beamten, Arme und alle im „Bast" befindlichen Leute dreimal am Tage, um 6, 10 und 3 Uhr mit Reis gespeist, der in 35 großen Kesseln zubereitet wurde. Die Küche wurde durch einen von Schah Abbas I. gestifteten Fond unterhalten und ernährte bei Anwesenheit des Olearius über 1000 Menschen, „eine Menge von Faulenzern, die sich unter dem Vorwand der Demut, des Gebets und der Kontemplation" hier zusammengefunden hatten. Die unter dem großen Schah dreimal vorgenommenen Speisungen (die zweimal Schech Safi, einmal dem König zu Ehren stattfanden), spielten sich in einem bestimmten Zeremoniell ab. Zwei große Heerpauken, die Schech Sadr eddin aus Medina mitgebracht, und die Muhammed gehört hatten, riefen die Hungrigen herbei. Der Küchenchef überwachte von einem silbernen Stuhl aus die Verteilung und hatte darauf zu achten, daß gleiche Portionen verteilt wurden. Was übrig blieb, wurde an die verkauft, die sich schämten, Almosen anzunehmen; es wurden täglich 50 Reichstaler für diese Speisungen ausgegeben. Mit besonderen Feierlichkeiten war diese Zeremonie verknüpft, wenn hochstehende Persönlichkeiten, z. B. fremde Gesandte, bewirtet wurden. Besonders große kupferne Gefäße wurden dann genommen, und selbst die kostbaren Schüsseln aus chinesischem Porzellan wurden herbeigeholt, die Schah Abbas in einem besonderen Gebäude (I) aufgestellt hatte. Während des einwöchigen Aufenthaltes der holsteinischen Gesandtschaft in Ardebil wurde sie, wie Olearius erzählt, zweimal aus der Moschee mit Reis, Fleisch und Konfekt bewirtet; der Gesandte ließ seinerseits bei diesem Mahle Trompeten blasen und Kanonen abfeuern. Diese Küche soll es auch gewesen sein, wo sich aus Respekt vor seiner geheiligten Person der Deckel des Reistopfes zweimal vor Schah Abbas dem Großen emporhob; und dieses Wunder hat, wie Malcolm erzählt, viel dazu beigetragen, daß die Moschee in der ganzen schiitisch-muhammedanischen Welt berühmt wurde.

Der kleine Vorhof (Abb. 31 e)

Von dem Garten- bzw. dem Küchenhof führt ein in der Mitte der Südost-Seite gelegenes Portal zu einem korridorartigen, rechteckigen und unbedeckten Hof. Wir haben diese Anlage den

Abb. 33. Ardebil, Moschee des Schech Safi, kleiner Vorhof

„kleinen Vorhof" genannt, da er schon unmittelbar zu dem Heiligtume gehört. Die marmorne Schwelle unter der silberbeschlagenen Tür wurde von den Andächtigen geküßt und durfte nur mit dem rechten Fuße überschritten werden; hier nahm ein Priester den Besuchern Waffen und Stöcke ab; wer nicht darauf achtete und mit einem Dolch innerhalb der Moschee getroffen wurde, lief, wie Olearius erzählt, Gefahr, sein Leben zu verlieren. Der 14 m lange und 6 m breite Raum öffnet sich an jeder Längsseite in einer kleinen und drei größeren, ungefähr 1½ m tiefen Kielbogennischen; die Schmalseiten zeigen je zwei Flachnischen, von denen die zwei nicht in der gleichen Achse liegenden, die Türpforten enthalten. Die mittleren Nischen der Seitenwände enthielten je eine jetzt vermauerte Pforte, die links zur Küche, rechts in einen jetzt verschwundenen kleinen Moscheeraum führte, in dem sich Gräber „de seigneurs Persans" befanden (Tavernier und de Brun). Ein etwa ½ m hoher Sockel füllt die übrigen Nischen, deren heut meist eingestürzte oder vermauerte Wölbung sich wohl in Stalaktiten schloß (Abb. 32, 33). Außerordentlich reich war die in Mosaik-Fayence ausgeführte Dekoration, die ursprünglich die gesamte Oberfläche bedeckte, heut aber nur noch in Resten erhalten ist. „Les Niches sont peintes de bleu et de plusieurs autres couleurs, ornées de fleurs et de feuillages ciselés." Die zwischen den Nischen etwas hervortretenden, von einem Rundstab eingefaßten Pfeiler zeigen ein aufsteigendes Bortenmuster. Die Zwickel sind mit reichem Rankenwerk belegt, während sich unter ihnen auf den Schmalseiten vier Felder anschließen, die mit einem von einer Borte umgebenen, besonders prächtigen Ranken- und Blumenmuster gefüllt sind, das sich aus einer Vase entwickelt. Reste von horizontalen Schrift- und Ornamentborten haben sich in den Nischen erhalten. Das ganze gehört in seiner harmonischen Anlage und Dekoration zu einem der 'am reichsten gestalteten und dekorierten Gebäudeteile.

Der große Vorhof und die Moschee (Abb. 31 f—h)

Aus dem kleinen Vorhof (e) führt eine ehemals wiederum mit Silber beschlagene Pforte in den großen rechteckigen Vorhof (f,

dessen Seiten 31 und 16 m lang sind. Die Mitte des mit steinernen Grabplatten gepflasterten Hofes nimmt ein Bassin mit gezacktem Rand (g) ein. Die Eingangswand zeigt eine gleichmäßig hohe, sich in neun Flachnischen öffnende Mauer (Taf. LI), deren Mittelnische das Eingangstor enthält (Abb. 34); die gegenüberliegende Längswand des Hofes wird von dem Mausoleum des Schech Safi begrenzt, das aus einem palastähnlichen Gebetsraum (h, Taf. XXXVI) und aus dem runden Grab-

Abb. 34. Ardebil, Moschee des Schech Safi, Portal in der Eingangswand des großen Vorhofs

gebäude selbst (i, Taf. XLVII) besteht; die beiden Schmalseiten zeigen in gleicher Anlage eine hohe, rechteckig umrahmte Kielbogennische, die von je zwei niedrigen, gleichartigen Nischen eingeschlossen wird (Abb. 35, Taf. L). Dieser, dem heiligen Grabe des Schech vorliegende Hof ist in seiner allgemeinen Anlage, in den Größenabmessungen der begrenzenden Baulichkeiten und vor allem in dem reichen Schmuck der in farbiger Fayence ausgeführten Dekorationen, die die gesamte Oberfläche bedecken, von ganz außergewöhnlicher Schönheit und stiller Feierlichkeit, der würdige Eingang zu dem Grabe des heiligen Mannes.

Die zweigeschossige Eingangswand (Taf. LI) ist in ihrem unteren Teile aus Quadern errichtet; die im Kielbogen geschlossenen Flachnischen zeigen eine niedrige Sockelbank und öffnen sich meist in zwei übereinander liegenden Fenstern. Über der tiefer gestalteten Nische des Eingangsportals ist das Gewölbe mit Stalaktiten geschlossen (Abb. 34). Die farbige Flächendekoration bedeckte ursprünglich wohl die gesamte Oberfläche bis zu der steinernen Sockelbank herab, ist jedoch heute in ihrer ganzen unteren Hälfte zerstört und durch Stuck ersetzt. Sehr reizvoll sind die nur noch in Resten erhaltenen, durchbrochen gearbeiteten Fenster. Wie hier jede Fensteröffnung eigenartig gestaltet ist, so wiederholen sich auch die ornamentalen Muster der Pfeiler, Zwickel und Nischenflächen an keiner Stelle.

Auf der linken Schmalseite ist der große Mittelliwan, zu dem einige Stufen emporführen, durch ein geometrisch gemustertes Holzgitter nach dem Hofe zu geschlossen (Abb. 35). Die Nische bildet den Eingang zu einer Moschee (h), einem Gebetsraum, der von eigenartiger Gestaltung ist: Ein achtseitiges Gebäude, das von einer jetzt verschwundenen Kuppel bedeckt war. Darauf deuten das starke Mauerwerk und der Ansatz zu einem Tambur hin.[1]) Die Außenseiten öffnen sich in fünfseitigen tiefen Fensternischen, auch sie wiederum im Kielbogen geschlossen (Abb. 36 rechts). Die flache

[1]) De Brun scheint den Bau noch intakt gesehen zu haben; er vergleicht ihn mit dem Pantheon in Rom („une grande salle couverte d'un dôme sans colonnes pour le soutenir, semblable à celui de la Rotonde à Rome, mais plus petit").

Decke des achtseitigen Innenraumes wird heute von 16 Holzsäulen getragen; dem Eingang gegenüber enthält eine rechteckige Wandnische aufsteigende Holzsitze; rechts vom Eingange steht ein schmuckloser hölzerner Mimbar. Die Stellung dieser Kanzel und das Fehlen einer Gebetsnische deuten an, daß die Betenden sich der Türseite zuwandten, die nach SW., nach Mekka, orientiert ist. Dieses Gebäude ist die eigentliche Moschee der gesamten Anlage. Hier stand, wie Olearius berichtet, neben dem Mimbar eine von Fatme, der Tochter des Propheten, gefertigte Fahne, die Schech Sadr eddin aus Medina mitgebracht hatte. Die hochheilige Reliquie trug an ihrer Spitze ein Hufeisen vom Pferde des Abbas und bewegte sich, wenn die Tragödie von Hassans und Husaïns Verwundung und Tod verlesen wurde. „Ich war zwar nicht dabei; die Priester haben es mir aber als eine wahrscheinliche Historie erzählt", fügt Olearius etwas skeptisch hinzu. Diese Moschee scheint das älteste Gebäude innerhalb der ganzen Anlage zu sein und mag noch in das 14. Jahrhundert zurückgehen, so daß die von dem Reisenden berichtete Anekdote, daß in diesem Gebäude Schech Safi jährlich vierzig Fastentage im Gebet verbracht habe, nicht unwahrscheinlich ist. In der Mitte des mit Teppichen bedeckten Raumes sah Olearius zwei große Leuchter aus Messing und „an den Wänden rings Pfaffen in weißen Kleidern. Im Singen bewegten und neigten sie sich alle zugleich von einer zur anderen Seite, als wenn sie, an eine Schnur geknüpft, gezogen würden. Hiermit wollen sie sonderlich Demut und Devotion zeigen." Daß dieser altertümliche Moscheebau von den meisten sonstigen Reisenden nicht erwähnt wird, findet seine Erklärung darin, daß er an Bedeutung hinter dem Grabbau selbst zurücktritt, und daß er wahrscheinlich von vielen Besuchern gar nicht betreten wurde.

Die der Moschee gegenüber liegende rechte Schmalseite enthält einen 10 m tiefen Liwan in der Mitte. Auf der rechteckig geschlossenen Umrahmung dieser Nische haben sich nur geringe Reste der prächtigen Flächendekoration erhalten, die jedoch in der kleinen, links gelegenen Nische in besonders gutem Zustande und großer Frische sichtbar ist (Taf. L). Die Pforte, die hier ins Freie oder in einen anderen Raum führte, ist vermauert.

Das Mausoleum des Schech Safi
(Taf. XXXV d—h)[1])

Wir kommen zu dem Mausoleum des Heiligen (h) und zu dem ihm vorliegenden Gebetsraum (f), der den größten Teil der einen Längswand des großen Vorhofes begrenzt. Diese Grabanlage gehört zu den merkwürdigsten und prächtigsten Denkmälern der persischen, ja der gesamten islamischen Architektur und beansprucht die größte Beachtung. Als Raumanlage stehen die Baulichkeiten einzig da und haben innerhalb der ganzen islamischen Kulturwelt nicht ihresgleichen. Dies betrifft weniger das bienenkorbartige Mausoleum (h) als den

[1]) Es ist zu bemerken, daß von nun an nicht mehr auf den Gesamtplan (Abb. 31), sondern auf den Grundriß der Hauptgebäude (Taf. XXXV) hingewiesen wird.

Abb. 35. Ardebil, Moschee des Schech Safi, nördliche Schmalseite im großen Vorhof

vor ihm liegenden Gebetsraum (f), dessen nach dem Vorhof gewandte Längswand als Palastfassade ausgebildet ist (Tafel XXXVI – XL.; Abb. 37). Eine mehrstöckige, sich in einem hohen Portal und in zwei Reihen von Fenstern öffnende und oben mit einem vorkragenden Gesims abgeschlossene Fassade ist dem Geiste der orientalischen und speziell der islamischen Architektur fremd. Man möchte an abendländischen, an den Einfluß italienischer Renaissance-Architektur denken. Doch sind die Details wiederum rein orientalisch; vor allem die reich verwendeten farbigen Fayencen, deren Muster das gesamte Portal, die Einrahmung der Fenster und das Stalaktitengesims bedecken, und zwischen denen das mit breiten Fugen aufgeführte Ziegelmauerwerk nur als Folie für den in die Augen fallenden Schmuck zur Geltung kommt. Gehen wir zu einer eingehenden Beschreibung der Vorhalle über. An der linken, nördlichen Seite der Fassade springt die rechteckige Umrahmung der Portalnische vor und ist durch beide Stockwerke bis zum First fortgeführt. Als Gegenstück zu diesem Vorbau ragt auf der rechten Seite ein Pfeiler in gleicher Ausdehnung über die Vertikalfläche der Fassade vor, die somit rahmenartig an allen vier Seiten gleichmäßig eingefaßt ist; denn unten zieht sich ein Sockel aus Quadern entlang, und oben vermittelt ein Stalaktitengesims den Übergang zum Dachfirste. Die Portalnische (Taf. XLI, Abb. 38) ist im Kielbogen geschlossen, Stalaktiten vermitteln in der Wölbung den Übergang aus dem Rechteck zum Kuppelrund, kleine Nischen öffnen sich in den Seitenwangen und ein rechteckiges Fenster sitzt hoch über der verhältnismäßig niedrigen Eingangstür. Der reiche Aufbau des Portals und seine Dekoration mit farbiger Fayence sind im einzelnen aus den Tafeln und Abbildungen ersichtlich. Die mit Silber beschlagene Tür und die silberne Schwelle, von der die Reisenden erzählen, daß man sie beim Überschreiten nicht berühren dürfe, sind noch vorhanden, aber die massiv silberne Ballustrade davor, die de Brun noch gesehen hatte, ist jetzt verschwunden und hat einem niedrigen hölzernen Gitter Platz gemacht. Wie in früheren Zeiten muß man hier die Schuhe ausziehen. Olearius erzählt, daß sein Gesandter sich anfänglich weigerte, sich aber dann doch „der Perser Willen ergab", auch in Rücksicht darauf, daß ihm von dem Oberpriester erzählt wurde, der fromme Schah Abbas habe schon eine halbe Stunde vor der Stadt die Schuhe ausgezogen und hatte nur in bloßen Strümpfen das Heiligtum betreten.

Durch die Portalnische gelangt man in einen hallenartigen Flur, der durch Gurtbogen in zwei kleine Einzelräume geteilt ist (d). Dahinter liegt, um eine kleine Stufe erhöht, ein dritter Raum, der von uns nicht betreten wurde. Diese Räume waren früher mit kostbaren Teppichen belegt, und eine ehemals mit Goldplatten, jetzt mit Silber beschlagene Tür führt aus dem zweiten Raum in die eigentliche Gebetshalle (f; Taf. XLVI). Diese bildet einen rechteckigen Raum, an dessen beiden Längsseiten je drei rechteckige Nischen in zwei Geschossen angeordnet sind (g). An der

einen Längsseite, dem Hofe zugekehrt, befinden sich in den beiden Nischenreihen je drei Fenster, außen mit Bronzegittern und Ziegel-Maßwerk geschlossen. Die gleiche Anlage zeigt die gegenüberliegende Wand, wo im Untergeschoß Türen in die dahinterliegenden Räume führen. Die Überdeckung des Raumes wird über einer Auskragung aus Stalaktiten durch ein flaches Muldengewölbe gebildet; zwei Holzanker verbinden die gegenüberliegenden Nischenpfeiler. Diese Überdachung ist neueren Datums; Holmes fand schon im Jahre 1843 den Raum offen, das Dach eingefallen und nur die vier Wände erhalten. Auch de Morgan sah noch, wie seine Taf. 54 lehrt, den Raum ohne Decke. Die beiden Schmalseiten des Raumes öffnen sich in achteckigen großen Kielbogennischen, die mit Stalaktiten eingewölbt sind, und von denen eine die Eingangstür enthält, während auf der anderen Seite, zwei Stufen erhöht und mit einem silbernen Gitter abgeschlossen, sich der Raum in einer zweiten, etwas kleineren Nische fortsetzt, die apsidenartig fünfseitig (oder rechteckig mit abgestumpften Ecken) gestaltet ist. Die Wölbung dieser zweiten, gleichfalls spitzbogigen Nische ist faltenförmig. Die Mitte der Seiten nehmen Türen, Fensteröffnungen und darüber liegende kleine Spitzbogenfenster ein. In der Achse öffnet sich eine größere, mit einem goldenen Gitter abgeschlossene Türöffnung zum Allerheiligsten, dem achteckigen Mausoleum des Schech Safi (h). Tavernier hat richtig beobachtet, wenn er den Gebetsraum mit dem dahinterliegenden Mausoleum mit dem Schiff und dem Chor einer christlichen Kirche vergleicht; auch die Lichtwirkung erinnert wegen der versteckten Fensteröffnung an abendländische Kirchen.

Die Dekoration der Gebetshalle ist in ihrem oberen Teile in Lackmalerei ausgeführt; sie zeigt in blau, gold und schwarz gehaltene Arabeskenmuster. „La voute de la Mosquée est ornée au dedans d'une peinture à la Mauresque d'or et d'azur (Tavernier)". Unten sind die Nischenecken durch kleine Alabastersäulen betont. Zu der Pracht dieses Raumes bilden ein paar von der Decke herabhängende Straußeneier und moderne europäische Lampen einen scharfen Kontrast, und man muß die Schilderungen

Abb. 36. Ardebil, Moschee des Schech Safi, die Hauptgebäude von Osten gesehen

Abb. 37. Ardebil, Moschee des Schech Safi, Teil der Fassade des Gebetsraumes

der Reisenden des 17. Jahrhunderts lesen, um sich die zu dem prächtigen Rahmen stimmende Innenausschmückung zurückzurufen. Der Boden war mit kostbaren Teppichen bedeckt. Längs der Wände standen 24 auf Ständern ruhende gewaltige Korane, aus denen stets eine Menge Priester vorlasen und vorsangen. Unzählige silberne und goldene Leuchter und Lampen erhellten den Raum. Eine silbervergoldete Lampe wird besonders hervorgehoben, die nach Olearius dreiviertel Ellen im Durchmesser, nach de Brun eine Elle im Umfang hatte. Dieses Stück muß auch künstlerisch bedeutend gewesen sein; denn Tavernier, der sich als Goldschmied darauf verstand, hebt hier „la belle ciselure" hervor. Sehr hohe, mit Silber beschlagene Holzleuchter brannten nur an hohen Festen. Holmes sah noch eine Menge kleiner Lampen, von denen man ihm gegenüber hervorhob, daß sie von Edelmetall wären; sie waren aber so verstaubt, daß sich die Wahrheit dieser Behauptung nicht prüfen ließ. Von allen diesen Herrlichkeiten der inneren Ausstattung haben sich im Gebetsraum nur die aus Edelmetall gefertigten Gitter erhalten.

Das goldene Gitter, das das Mausoleum (h) von dem Gebetsraum abschließt, entspricht in seiner Form den eisernen Gittern an den Fenstern der Fassade: einander durchdringende Rundstäbe mit Würfeln an den Schnittpunkten („ein dickes Staket, dessen Traljen von klarem Golde gedreht sind", nennt es Olearius). Der Eintritt in dieses Allerheiligste (Taf. II.) wurde uns nicht gestattet; wir trösteten uns mit der Erwägung, daß es auch allen früheren Reisenden ebenso gegangen ist. Olearius wurde mit dem Bemerken abgewiesen, daß keine weltlichen Leute, nicht einmal der König, hinein dürften. Das durchbrochene Gitter gestattet den Einblick, und wir konnten

beobachten, daß die Kapelle die Form eines regulären Achtecks mit flachen Wandnischen hat. Den oberen Abschluß bildet wahrscheinlich eine Kuppel. Fliesen bedecken den Boden, über einem hölzernen Paneel läuft ein gemalter Schriftfries. In der Hauptachse befindet sich eine Fensteröffnung. Die Mitte nimmt ein würfelförmiges Holzkenotaphion ein (nach Le Brun 9' lang, 4' breit, 3' hoch), reich mit geschnitzten geometrischen Flächen-Mustern, Ornament- und Inschriftborten verziert und mit Elfenbein-Einlagen geschmückt. Die oberen vier Ecken sind mit birnförmigen Spitzen versehen. Dieser prächtige Sarkophag ist indischer Herkunft, ein Gastgeschenk des Mogul-Kaisers Humajun (1530—1556), der eine Zeitlang (1543) mit großen Ehren aufgenommen, am Hof von Schah Tahmasp I. Zuflucht gefunden hatte.[1]) Eine prächtige Brokatdecke mit Inschriften bedeckt den Schrein und wurde liebenswürdigerweise von den uns begleitenden Priestern von der Vorderwand entfernt. Zwei niedrige und schmucklose Holzschreine davor sind mit bronzenen Leuchtern bedeckt, von denen nur ein Stück, eine mit reichen Silbereinlagen geschmückte, ältere und künstlerisch wertvolle Arbeit (sogen. Mosulbronze[2]) aus dem 13.—14. Jahrh.) Beachtung verdient. Zwei weitere Gräber befanden sich hinter dem Sarkophag des Heiligen; neben dem Ahnherrn sind hier von seinen Nachkommen: Sadr eddin, Dschunayd, Heider und ein im Kindesalter verstorbenes Mitglied der Safidenfamilie beigesetzt.

Prächtiger als gegenwärtig war zur Safidenzeit die Ausstattung des auch heute noch würdig geschmückten Raumes: „rempli de vases d'argent, parmi lesquils il s'en trouve d'or (de Brun)"; „un tombeau éminent et richement couvert de précieux draps de soie, qui contient aparemment ce qu'ils estiment davantage et ce qu'ils ont de plus riche et de plus précieux (della Valle)." Schnüre, die ehemals gewiß kostbare Lampen[3]) getragen haben, hängen jetzt leer von der Decke herab, und die beiden massivgoldenen Kandelaber, in denen nach de Brun allabendlich Kerzen angezündet wurden, sind nicht mehr vorhanden.

Die äußere Erscheinung des Grabmals zeigt einen auf niedrigem Steinsockel ruhenden runden Turm, der mit einer kielbogenförmigen Kuppel bedeckt ist (Taf. XLVII). Rechteckig umrahmte Nischen umgeben das zur Gebetshalle führende Portal und auf der anderen Seite die vertiefte Fensternische (Taf. XLVIII). Außerordentlich reich ist der farbige Flächenschmuck, der die gesamte Oberfläche des Mausoleums bedeckt. Er besteht aus einem sich wiederholenden Muster, das aus schräggestellten, hellblau glasierten Ziegeln gebildet, das Wort Allah in kufischer Schrift wiedergibt. Den Grund bilden die rötlich gebrannten Ziegelsteine. Streifenartig, von ornamentalen Borten eingerahmt, umzieht als Abschluß des Flächenmusters ein breiter Schriftfries, in dem sich weiße Buchstaben von dunkelblauem Grunde abheben, in ziemlicher Höhe das Grabmal. Nun folgt, den oberen Teil des Zylinders und die Kuppel bedeckend, ein geometrisches Muster mit hellblauen ineinandergeschobenen kleinen und großen Quadraten auf Ziegelgrund. Da, wo die Wölbung beginnt, umzieht das Ge-

[1]) James Morier's Second Journey, London 1818, p. 253 ff.
[2]) Vgl. F. Sarre: Erzeugnisse islamischer Kunst. Teil I. Metall, Berlin 1906 S. 12—21.
[3]) Eine prächtige, goldemaillierte Glasampel befindet sich noch heute im Porzellanraum.

bäude ein schmaleres Band von einfach geometrischem Muster.
Ohne jedes vorspringende Profil, allein durch die Musterung
der Fläche und bandförmige Friese ist bei diesem bienenkorb-
artigen Gebäude ein geschlossener architektonischer Aufbau
von gefälligen Formen erreicht worden. Sehr reich ist die
Gliederung und der Schmuck des Fensters, das die Abbildung
besser als eine Beschreibung verdeutlicht (Taf. XLVIII).

Innerhalb der Abschlußnische des Gebetsraumes führt die
erste Tür linker Hand durch eine silberbeschlagene Pforte in
ein kleines dunkles Gemach, das Mausoleum des Schah
Ismaïl (j). Es ist ein äußerst reizvoll dekorierter Raum, dessen
Bedachung eine ehemals vergoldete Kuppel (de Brun) bildet
(Abb. 40 rechts). Ringsum zieht sich ein ungefähr 1,80 m hoher
Sockel, der sich aus dunkelen quadratischen Fliesen mit in Blattgold aufgemaltem Muster zusammensetzt; es folgt ein buntes
Schriftband, von dem aus Stichkappen zum Plafond, einem achteckigen Stern, überführen. Die ornamentale, in Lackfarbe
ausgeführte Dekoration ist in Schwarz und Gold gehalten.
Auch hier bezeichnet ein rechteckiger, mit kostbarem Stoff
bedeckter Holzschrein die Grabstätte des Beigesetzten; er soll
wiederum eine Gabe Humajuns sein. Morier beschreibt dies
größere Kenotaphion folgendermaßen: „A very beautiful
casement of fine work like mosaic, composed of ivory, tortoise
shell, and turquoises, inlaid with passages from the Koran,
and which, in our estimation, was the most valuable, as well
as the most curious object that we had yet seen in this place."
In einer der Wände sahen wir eine Platte aus schwarzem
Stein mit der überlebensgroßen vertieften Darstellung einer
Hand. Es soll der Abdruck von Alis rechter Hand sein, und
Ismaïl diese Reliquie aus „Arabistan" hergebracht haben.

Südöstlich von dem Grabmal des Schech Safi liegen ein rechteckiger Hof (l) und ein quadratisches Gebäude (k), das von uns
nicht besichtigt werden konnte (Abb. 39). Besondere Aufmerksamkeit verdient dieses Gebäude, angeblich das Mausoleum
einer Frau; es ist über einem quadratischen Unterbau von einer
ähnlich gestalteten Kuppel wie der des Schech-Grabes bedeckt.
Der Bau erreicht nicht die Höhe des letzteren und zeigt mehr ge-
drungenere Form (Abb. 40). Den Übergang vom quadratischen
Unterbau zur Kuppel vermittelt ein schräg ansteigendes, gekantetes
Zwischenglied, das aus kunstvolles geometrisches Muster zeigt,
durch Ziegel gebildet, die nur wenig aus dem Mörtelgrund
vorstehen. Zwei farb- und schmucklos aus Ziegeln gebildete
Reifen legen sich um die Kuppel, die eine ähnliche Musterung
wie die Schech-Kuppel aufweist.

Das Porzellanhaus (Taf. XXXV n)

Von ganz besonderem Interesse ist ein Kuppelbau (Tschini
Hane) der die östliche Ecke der Moscheeanlage bildet und sich
im Winkel an den Gebetsraum anlegt (n). Der Grundriß ist
quadratisch mit abgestumpften Ecken: den Seiten sind in
der Mitte halbrunde Turmpfeiler vorgelagert (Abb. 36). Das
Innere (Taf. LII) zeigt einen quadratischen Raum mit
vier Nischen, die je ein halbes Achteck bilden; der Übergang
zum Kreis wird über den halbkugelförmig gewölbten Nischen
durch netzgewölbeartige Formen, übereckgestellte Vierecke,
bewirkt; über einem niedrigen Tambur beginnt dann die
kielbogenförmig gestaltete Kuppel (Abb. 41 u. 42). Unmittelbar über

Abb. 38. Ardebil, Moschee des Schech Safi, Eingangsportal zum Gebetsraum

dem Fries ist sie durch acht halbkreisförmig geschlossene, mit
Maßwerk versehene Fenster durchbrochen, die teilweis bunte
Verglasung zeigen. Den Raum umzieht in einer Höhe von 2½ m
ein aus quadratischen Fliesen gebildeter Sockel, der rechteckige,
von Borten eingefaßte Felder zeigt (Abb. 43). In den Mustern
kommen phantastische Vasen mit Blumenrankenwerk, dazwischen
auch Kartouchen mit Fabeltieren (Drache und Phönix) in
lebhaften Formen zur Darstellung. Es sind in Emailfarben
mit toten Rändern über der Glasur gemalte Fliesen. Über dem
Sockel leitete eine Auskragung mit flacher Hohlkehle zu einer
eigenartigen Wandbekleidung über, die den gesamten Raum
bis zur Kuppel bedeckt und aus durchbrochenem Holzwerk
besteht. Dieses bildet verschiedenartig geformte Nischen, die
zur Aufnahme von chinesischen Porzellangefäßen dienen und
sich in ihrer Form diesen Gefäßen vollkommen anpassen
(Abb. 41). Das Holzwerk sowie die in Stalaktiten sich wölbende
Kuppel sind mit Lackfarben in blau und gold bemalt.

Die Porzellangefäße, die ursprünglich in den Wandnischen
aufgestellt waren, stehen jetzt, ungefähr 500 an der Zahl, auf
dem Boden (Abb. 44). Es sind blau-weiße chinesische Porzellane
aus der Mingperiode von mancherlei Formen. Vor allem fallen
darunter große, fast meterhohe, bauchige Vasen auf; daneben gibt
es Teller, Schüsseln, Kannen; die letzteren auch öfter in rein
persischen Formen gebildet. Zwischen der Menge blau-
weißen Porzellans kommen einige wenige in bunten Emailfarben dekorierte Gefäße, ferner mehrere Jadearbeiten (Schalen
und Rauchergefäße in Form von Tierfiguren[1]) und Blumen)
und endlich eine prachtvolle goldemaillierte Glaslampe vor.
Der größte Teil der Gefäße ist wohlerhalten.

[1] „Several curious wrought cups of jad and agate (Morier)."

Abb. 39. Ardebil, Moschee des Schech Safi, Grabbau neben dem Mausoleum des Heiligen

Abb. 40. Ardebil, Moschee des Schech Safi, die drei Mausoleen

Abb. 41. Ardebil, Moschee des Schech Safi, Innenansicht des Porzellanhauses

Abb. 42. Ardebil, Moschee des Schech Safi, Kuppel des Porzellanhauses

Über den Zweck dieses „großen gewölbeten und mit Gold gemalten Gemaches, so einer Kirche nicht unähnlich", belehrt uns Olearius. „Das erste", so erzählt er, „so uns in demselben verwunderlich fürkam, war das künstlich geschlossene Gewölbe, wie nämblich dasselbe, weil es sehr weit einbegriffen und keine Pfeiler hatte, mit so viel hangenden Absätzen zusammen halten und bestehen konnte. . . . Man sahe in den Schwibbogen des Gemaches etliche hundert Porzellanengeschirre, deren etliche zehn Kannen Wasser fassen konnten. Aus denselben wird der König und andere Herren, wie sie da angelangen, gespeiset. Denn weil dies ein heiliger Ort und heilige Stiftungen, müssen weder silberne noch güldene Geschirre daselbst gebrauchet werden. Daher bei den „Taberik" die Speisen und Getränke aus lauter Porzellanschalen mit langen hölzernen Löffeln vorgesetzt werden. Schech Sefi soll aus lauter Demut nur von Holz gegessen haben." Dieser Raum ähnelt auf den ersten Anblick einem nach künstlerischen Motiven eingerichteten Sammlungssaal und ist einem europäischen Porzellankabinett des 18. Jahrhunderts vergleichbar. Die Aufstellung in dem den Objekten angepaßten Nischenwerk macht es unverkennbar, daß bei diesem Bau künstlerische Gesichtspunkte, die Freude an den edlen chinesischen Porzellangefäßen mitgesprochen hat; andererseits dienten die Gefäße auch rein praktischen Zwecken, sie wurden für die Mahlzeiten des Hofes und für feierliche Speisungen (z. B. zu Ehren fremder Gesandten) benutzt. Wir wissen, daß die Safidenschahs unerhörten Luxus trieben, und daß ihr Eßgeschirr aus Edelmetall bestand. Dies verstieß gegen ein Gebot des Korans, der von dem Gläubigen verlangt, daß sein Trinkgeschirr aus Holz oder Ton bestehe, da es am nächsten zur Demut führe.[1] Im Bereich der heiligen Moschee, wo der Ahnherr nur hölzernes Eßgerat benutzt hatte, war das übliche goldene und silberne Geschirr verpönt, und man ersetzte es durch chinesisches Porzellan. Dem Gesetz war hierdurch äußerlich Genüge getan, wenn man auch mit diesem prachtvollen ostasiatischen Gefäßen gleich wertvolle Geräte benutzte und ihnen in dem glänzenden Kuppelsaal einen würdigen Aufbewahrungsort schuf. Dieser Porzellanraum gehört eng zusammen mit der großen Moscheeküche; beides sind Stiftungen Schah Abbas des Großen, der sich durch diese Zuwendungen für die Moschee seines Hauses außerordentlich populär machte. „Cette fondation suffira seule pour immortaliser le nom du roi Abbas dans la Perse et le faire passer parmi eux pour saint," urteilt sein Zeitgenosse Pietro della Valle.

Ein weiterer Schatz der Moschee von Ardebil war in diesem Raume untergebracht: die berühmte, von Abbas d. Gr. gestiftete Bibliothek, die zum größten Teil (160 Bücher) bei

Abb. 43. Ardebil, Moschee des Schech Safi, Fliesenfeld im Porzellanhause

der Plünderung Ardebils durch die Russen unter Paskievitsch im Jahre 1828 geraubt und dann der Kaiserlichen Bibliothek in St. Petersburg einverleibt wurde.[1] Als Aufbewahrungsräume dienten durch Holztüren verschlossene kleine Nischen, die je vier in den Wänden der vier größeren Nischen angebracht sind. Olearius hat die Bücher besichtigt; er verzeichnet „mit Figuren gemalte Historienbücher" und andere, „die in arabischer, persischer und türkischer Sprache auf Pergament und Papier sauber geschrieben waren"; er bewundert ferner „die mit rotem Saffian überzogenen Einbände, die mit gegossenen hochgetriebenen güldenen Blumen und Laubwerk verziert waren". Auch Morier (a. a. O. p. 255 ff.) hat die Bibliothek noch an Ort und Stelle gesehen; er hebt als besonders kostbar einen angeblich von der Hand Alis sieben Jahre nach der Hedschra geschriebenen Koran hervor, und erzählt uns von einem anderen, aus dem Beginn des 13. Jahrhunderts stammenden, gewaltigen Koran, den zwei Männer kaum heben könnten. Alle Bücher trügen auf der ersten Seite den Stempel des Schahs und

---

[1] J. Karabacek: Zur muslimischen Keramik. Separatabdruck aus der Österreichischen Monatsschrift für den Orient. S. 7. Daselbst sind die arabischen Quellen angegeben.

[1] Frähn hat die Liste der Manuskripte aus der Moschee von Ardebil im Petersb. Journal 1829, Nr. 138 und im Asiat. Jour. Nouv.-Ser. Vol. II. 1836. p. 78 veröffentlicht.

Abb. 44. Ardebil, Moschee des Schech Safi, chinesische Porzellangefäße im Porzellanhause

Abb. 45. Teil eines angeblich aus der Moschee des Schech Safi in Ardebil stammenden Knüpfteppichs, im Besitz von F. Sarre in Berlin

eine Verwünschung desjenigen, der sich unterfangen würde, die Bücher von ihrem Platz zu entfernen. Morier führt auf die Furcht vor diesem Fluch die Erhaltung der Bibliothek zurück und erzählt, daß sich die Priester durch keinen noch so hohen Preis bestimmen ließen, die Bücher zu verkaufen. Vielleicht hat in den politischen Unglücksfällen, die Rußland in den letzten Jahren getroffen hat, mancher fromme Schiite eine gerechte Vergeltung für jenen Raub erblickt. Bei unserer Anwesenheit fanden wir in den Schränken noch ungefähr 50 Bücher, Korane und mit Miniaturen geschmückte Manuskripte weltlichen Inhalts, Exemplare des Schahname und anderer historischer und belletristischer Werke, vor. Es waren prachtvolle Manuskripte des 16.—17. Jahrhunderts, mit schönen goldgepreßten Ledereinbänden, von denen uns besonders einer auffiel, der mit massiv goldenen Beschlägen versehen war. Diese Bücher bilden den Teil der Bibliothek, der, wie Morier erzählt, bei Annäherung der Russen in Sicherheit gebracht worden war. Morier sah im Jahre 1843 auch noch einen prachtvollen Teppich, der an einer Seite ein Datum trug. Es ist der herrliche Teppich, den später durch Bemühungen der Firma Ziegler & Co. in Manchester erst in den Besitz von Vincent Robinson und dann in das Victoria- and Albert-Museum in London gekommen ist. Dieser größte uns erhaltene Teppich der Safidenzeit mit seinem reichen Muster aus Arabesken und Blumenranken, mit der Wiedergabe von Gebetslampen, die an Ketten hängen, trägt ein kleines Schriftschild mit der Angabe, daß er im Jahre 946 d. H. = 1539/40 n. Chr. von einem aus Kaschan gebürtigen Manne verfertigt wurde. Er ist mehrfach publiziert[1])

[1]) E. Stebbing: The holy carpet of Ardebil. London 1893. Taf. I—III. Orientalische Teppiche. Wien 1892. Taf. XCI, XCII. — Bei Stebbing ist das Datum 942 statt 946 gelesen; diese falsche Datierung ist in die gesamte Teppichliteratur übergegangen.

worden. Ein zweiter, kleinerer, angeblich auch aus Ardebil stammender und zusammen mit dem erstgenannten von dort entführter Teppich befindet sich im Besitz des Verfassers (Abb. 45); es ist ein sogenannter Tierteppich von äußerst feiner Knüpfung.[1])

Wie bei allen anderen heiligen Stätten des Islam, gilt es auch in Ardebil für den frommen Schiiten als etwas Erstrebenswertes, in der unmittelbaren Nähe der heiligen Gräber beigesetzt zu werden. Die ganze Umgebung der Moschee gleicht einem Friedhofe; in wirrem Durcheinander bezeichnen rechteckig behauene große Steine die Grabstätten (Abb. 36—40); es ist derselbe Anblick, den der Umkreis der heiligen Moscheen der Fatme in Kum und des Imam Riza in Meschhed bietet.

Baugeschichte

Olearius berichtet über den Bau der Grabmoschee von Ardebil folgendes: „Schech Sedredin (Sadr eddin) hat nach seines Vaters (Schech Safi) Tode dies Begräbnis durch einen Werkmeister, welchen er von Medina mit sich gebracht, also köstlich gebauet. Sie geben vor, daß die Entwerfung und Muster solches Gebäudes von Schech Sedredin selbst durch ein Wunderwerk, deren sie ihm so viel, als seinem Vater zuschreiben, soll gegeben worden sein. Denn indem er dem Werkmeister befohlen, die Augen zuzutun, habe er ihm gleichsam in einer Entzückung und Gesichte ein Gebäude vorgestellet, wonach er dieses hat anlegen und machen müssen. Schech Tzinid (Dschunayd) aber hat den Hof erweitert, die Vorhöfe und noch etliche Häuser daran gesetzet, daß es itzo als ein groß, weit, umbfangenes Schloß und in demselben täglich so viel wandeln, als in einer fürnehmen Hofstadt sein mag." Den Persern in der Mitte des 17. Jahrhunderts erschien, wie dieser Bericht erzählt, die Grabmoschee der regierenden Dynastie als ein Wunderwerk, durch überirdische Eingebung dem ausführenden Architekten übermittelt. Abgesehen davon enthält der Bericht einige Angaben, an deren Richtigkeit nicht gezweifelt zu werden braucht, nämlich daß Schech Sadr eddin das Grabmal seines Vaters errichtet hat, und daß unter Dschunayd und seinen Nachkommen dann andere Gebäude hinzugefügt worden sind. Die Errichtung eines Gebäudes muß unbedingt in frühe Zeit verlegt werden, nämlich die des achtseitigen Moscheebaues (Abb. 31 h). Wir haben oben erwähnt, daß der Bau als Moschee des Schech Safi galt. Der achteckige Grundriß mit den tiefen Nischen, ferner die (jetzt nicht mehr vorhandene) Kuppel zeigen eine Anlage, wie sie auch sonst in Persien vorkommt, und deren prägnantestes Beispiel das Mausoleum des Chodabende Chan (1304—1316) in Sultanieh ist (Taf. XII). Die gedrungene Form weist jedoch auf eine frühere Zeit hin und zeigt eine Anlage, als deren Weiterbildung jenes prächtige Denkmal mit seiner hohen Kuppel bezeichnet werden muß. Wir gehen wohl nicht fehl, wenn wir unseren Bau der zweiten Hälfte des 13. Jahrhunderts zuschreiben. Ob er, wofür die Anlage spricht, ursprünglich als Mausoleum geplant war, wissen wir nicht; jedenfalls diente er später, wo die Südseite, wie wir

[1]) Stebbing a. a. O.: Taf. IV. und Altorientalische Teppiche. Wien 1907. Taf. VII.

sehen werden, umgestaltet wurde, als Moschee. Abgesehen von dem auch erst später hinzugefügten Eingang, fehlt an dieser ältesten Anlage jeder farbige Fayenceschmuck; das Äußere und Innere zeigen keinerlei Zierformen.

Als zweitältester Bau hat das Grab des Schech Safi selbst zu gelten (Abb. 31 i; Taf. XLVII); es ist ein zylindrisches Bauwerk mit Kielbogenkuppel. Die Form schließt sich einem Typus von Grabbauten an, den wir schon in der ersten Hälfte des 11. Jahrhunderts in Persien nachweisen können (Mausoleum des Pir i Alamdar in Damgan d. d. 1026/27; Taf. LXXXIV), und der sich jahrhundertelang erhalten hat. Die Tradition wird recht berichten, wenn sie den Bau von Schech Safis Sohn Sadr eddin, also in der Mitte des 14. Jahrhunderts errichtet sein läßt. Das Gebäude hat ursprünglich frei gestanden. An der Nord- und Süd-Seite traten zwei rechteckig umrahmte, vertiefte Nischen hervor, die das Portal und ihm gegenüber ein Fenster enthielten. Während das die Oberfläche des ganzen Baukörpers überziehende Muster mit den stilisierten kufischen Buchstaben auf der Rundung und dem geometrischen Flächenmuster an der Kuppel der Erbauungszeit anzugehören scheint, stimmt die reiche in Fayencemosaik ausgeführte Dekoration der Fensterumrahmung und der umlaufende Fries so stark mit den späteren Dekoration überein, daß wir hier eine dem 15.–16. Jahrhundert angehörende Verzierung annehmen müssen, die angebracht wurde, als man dem Mausoleum den Gebetssaal vorlegte. Dem unseren sehr ähnlich sind zwei mir nicht von Augenschein bekannte weitere Mausoleen, die sich nach de Morgan in Kiaw nahe bei Ardebil befinden und als die Gräber von Sultan Akhmed Siahpouch (a. a. O. Fig. 190, p. 341) und von Sultan Häidär (Pl. XLIV) bezeichnet werden. Ein dritter ähnlicher Grabturm befindet sich in Maraga („Gholbourdji" genannt, Fig. 189). Vor allem das sogenannte Grab des Sultans Heider zeigt die gleiche Dekoration der Wandung mit dekorativen kufischen Buchstaben und die gleiche Anlage der vortretenden Eingangsnische, sowie des umgebenden Frieses. Heider stirbt 1488; schon im Beginn des 17. Jahrhunderts wird sein Grab als im Mausoleum des Schech Safi befindlich erwähnt; es ist anzunehmen, daß das Mausoleum von Kiaw bald nach seiner Errichtung in Verfall geriet, und daß die Gebeine des Sultans in die Hauptmoschee überführt wurden, wo sie neben denen seines Großvaters und Vaters (Safi und Dschunayd) noch jetzt ruhen.

Ungefähr gleichzeitig mit dem Mausoleum des Schech Safi scheint die Erbauung des neben ihm liegenden, als Frauengrab bezeichneten Kuppelgrabes (Abb. 39) zu sein; dafür spricht vor allem die Gleichartigkeit der Kuppelarchitektur. Die Grabkammer des ersten Herrschers aus dem Hause Safi, Ismail I. (Abb. 31 k), die jetzt in die Architektur des Gebetsraums hineingezogen ist, war ursprünglich zweifellos gleichfalls ein selbständiges Gebäude, ist wahrscheinlich von Ismail selbst errichtet worden und gehört demnach spätestens dem zweiten Jahrzehnt des 16. Jahrhunderts an.

In die lange Regierungszeit des Schah Tahmasp I. (1524 bis 1576) haben wir die eingreifendste Umgestaltung der ganzen Anlage zu verlegen. Die einzelnen getrennten Grabtürme (i, k) und die Moschee (h), die ja auch einem Mausoleum glich, wurden durch Anbauten und einen dazwischengelegten Hof (f) zu einem Ganzen vereinigt und der Gesamtanlage jene Form gegeben, die wir noch heute sehen. Dem Haupttheiligtum, dem Mausoleum des Heiligen, wurde die Gebetshalle (h) vorgelegt, die in ihrem Grundriß an eine christliche Kirche erinnert; die Abschlußwand der niedrigen apsisartigen Nische fügt sich der rechteckigen Umrahmung ein, die das ehemalige Portal des Gebetsraums umschlossen hat. Bildet die Fassade des Gebetsraums und in ihrer Verlängerung eine den Grabturm verdeckende Mauer die eine Längsseite des nunmehr in rechteckiger Form dem Heiligtum vorgelegten Hofes, so wird als linke rundliche Schmalseite der Zugang zu der Moschee in der Weise ausgebildet, daß man ihn als hohe rechteckig umrahmte Kielbogennische mit zwei niedrigen Nischen zu beiden Seiten gestaltet (Taf. XXXV). Nur eine geringe Abweichung im Eingangstor zur Moschee selbst zeigt, daß diese Seite des Hofes mit der vorderen Seite der achteckigen Moschee nicht parallel läuft (Abb. 31). Symmetrisch mit dieser nördlichen wird dann die südliche Schmalseite des Hofes ausgebildet, wiederum einen mittleren tiefen Liwan und zwei kleinere seitliche zeigend; schließlich wird die westliche Längswand einheitlich durch neun im Kielbogen geschlossene Flächennischen gegliedert, von denen die tiefere mittlere als Eingangstor ausgestaltet wird.

So schloß man die einzelnen Gebäude zu einer einheitlichen Anlage zusammen, die sich um einen rechteckigen Vorhof gruppierte. Auch der Fayenceschmuck zeigt, wie wir später sehen werden, in diesen Teilen der Moschee fast durchaus einheitliche Formengebung. Wenn sich auch leider in dem jetzt noch erhaltenen Fayenceschmuck dieser Bauteile kein Datum und kein Name eines Bauherrn findet, so hat sich doch eine auf Schah

Abb. 46. Ardebil, Moschee des Schech Safi, Steinplatte mit religiösen Vorschriften im großen Vorhofe

Tahmasp zurückgehende Urkunde in einer großen Steinplatte erhalten, die in der Fassade des Gebetsraums eingemauert, religiöse Vorschriften des Herrschers enthält (Abb. 46.

Den zusammen nur elf Jahre regierenden Herrschern Ismaîl II. (1576—1578) und Muhammed Chodabende (1578 bis 1587) folgte in langer Regierungsperiode Abbas der Große (1587—1629), der, wie wir schon mehrfach erwähnt haben, der Grabmoschee seines Hauses besondere Aufmerksamkeit widmete und sie mit reichen Schenkungen bedachte. Auf diesen Herrscher geht die Anlage des sogenannten Porzellanhauses (I zurück, des Gebäudes, in dem die Bibliothek und die prachtvollen chinesischen Porzellangeräte Aufstellung fanden. Es ist jedoch nicht ausgeschlossen, daß dieser gedrungene Kuppelbau mit seinen acht Außenseiten, denen halbrunde Entlastungspfeiler vorgelagert sind, früheren Datums ist, und daß nur der prächtige Innenraum vom Schah Abbas für die erwähnten Zwecke hergerichtet wurde. Dafür spricht sowohl das altertümliche Äußere (Abb. 36), das an den achteckigen Moscheeraum erinnert, wie auch der Umstand, daß sich das Gebäude unsymmetrisch in die Gesamtlage einfügt. Im engsten Zusammenhange mit diesem Porzellanhaus steht die Küchenanlage, gleichfalls, wie wir saben, eine Stiftung Abbas I.; und ihm schrieben wir wohl mit Recht auch die bedeutende Vergrößerung der Moschee zu, die in der Hinzufügung von weiteren Hofanlagen mit Wohnungen für die Priester und Flüchtlinge bestand (c—e). Vollendet wurden diese von Abbas I. begonnenen, von Safi I. (1629 bis 1642) fortgesetzten Bauten und ihre reiche Ausschmückung erst unter Abbas II. (1642—1667), von dem uns eine Inschrift am äußeren Hauptportal (a), das den Abschluß der sich durch Jahrhunderte hinziehenden Bautätigkeit gebildet haben mag, Nachricht gibt. Im Jahre 1057 d. H., — 1647/48 n. Chr., also fünf Jahre nach der Thronbesteigung des Schahs, ist dieses Portal vollendet worden. Als Verfertiger, d. h. wohl als ausführender Handwerker wird Jusuf Ibn Aka aus Isfahan, und als der, welcher geschrieben hat, d. h. wohl der den Entwurf, die Zeichnung für die Dekoration und Inschrift entworfen hat, wird Ismaîl, der Steinmetz aus Ardebil, erwähnt.

Nach dem Sturz der Safidendynastie (1736) begann der Verfall des weitläufigen Bauwerkes, der durch die russische Plünderung im Jahre 1828 weiter beschleunigt wurde. Daneben richteten Erdbeben Zerstörungen an, und einem solchen ist wohl auch der Einsturz der Decke des Gebetsaales zuzuschreiben. Erst unter Schah Nasr eddin wurden Renovierungsarbeiten vorgenommen, die im Jahre 1891/92 ihren Abschluß fanden. Man erneuerte den eingestürzten Dachstuhl des Gebetraumes, besserte das verfallene Mauerwerk und füllte die durch das Abfallen der Fayencedekoration entstandenen Löcher mit Mörtel aus, um einem weiteren Abbröckeln Einhalt zu tun. Auch wurde an einzelnen Stellen, z. B. an dem vom großen zum kleinen Vorhof führenden Portal, die Fayencemosaik in außerordentlich geschickter Weise ausgebessert.

Eine weitere am Portal des Gartenhofes befindliche Inschrift trägt das Datum 1307 d. H. = 1889/90 n. Chr.

Kunstwissenschaftliche Untersuchung

Es erübrigt noch, ein paar Worte über die in Fayence ausgeführte Dekoration der Wandflächen zu sagen, die von jeher die Bewunderung der Reisenden erregt hat. Olearius spricht von den „bunten, grün- und blauglasurten Steinen", della Valle erwähnt „les murailles revêtues de faiences fines, de diverses couleurs, enrichies et relevées d'or" und de Brun spricht von den Wänden „peints de bleu et de plusieurs autres couleurs, ornés de fleurs et de feuillages ciselés". Auch heute noch kann die Moschee von Ardebil trotz der weitreichenden Zerstörung ihres Fayenceschmuckes als das vollendetste Beispiel dieser Dekorationsart gelten.

Für das Ziegelmosaik, die älteste der verwendeten Dekorationsweisen, gibt das Grabmal des Schech Safi (i) ein gutes Beispiel (14. Jahrh.). Am Mauerrund hebt (Taf. XLVII) sich das aus hellblau glasierten Steinen zusammengesetzte Wort Allah, zu Vieren in Kreuzform gruppiert und an- und ineinandergeschoben, wirkungsvoll von dem rötlichen Ziegelgrunde ab. Seinem Charakter nach einem flächenfüllenden Mäanderbande vergleichbar schließt es sich ohne Schwierigkeit an das Rautenband an, das die Kuppel überzieht. Der architektonisch völlig ungegliederte Bau läßt doch durch seine ornamentale Einteilung im unteren wagerechten Rautenband für den Eindruck eine Art Kuppeltambur entstehen, und markiert den Grundkreis der Kuppel durch ein schmales Band von einfachstem Ziegelmosaik.

Im Innern der Grabkammer Schah Ismaîls (k), die aus dem Beginn des 16. Jahrhunderts stammt, wurden zur Wandbekleidung dunkelblau glasierte, quadratische Fliesen verwendet, die mit einem in Blattgold aufgebrachten Muster verziert sind; ähnliche Fliesen kommen in Konia in Kleinasien schon in Bauten vor, die noch dem 13. Jahrhundert angehören (Taf. CVIII—CIX).

In die Zeit um 1500 und in das 16. Jahrhundert sind von der Fayencedekoration der Moschee Schech Safi die Tür- und Fensterumrahmung des Mausoleums (Tafel XLVIII) und Teile der Wandbekleidung des großen Vorhofes zu setzen. Die Umfassungsborten am Mausoleum zeigen dabei eine Besonderheit, die sich an den übrigen Gebäuden nicht findet: die Konturen des geometrischen Grundmusters, das mit Arabeskenformen gefüllt ist, sind durch stabförmig im Relief vorspringende, unglasierte Stege betont. In der äußeren Borte bilden diese Halbstäbe durch Aneinanderreihung abwechselnd langgezogener und regulärer Sechsecke eine Art Kettenband; in der schmaleren Innenborte legen sich in alters her üblicher Weise Fünfecke zu Sternmustern zusammen. Innerhalb der erhabenen Konturen füllen dann teils Arabesken und Ranken, teils verschlungene Buchstaben, teils geometrische Muster die Fläche.

Diese in ihren Formen noch etwas strengen Kompositionen leiten zu den Mustern der westlichen Wandfläche des großen Vorhofes über. Charakteristisch für diese früheren, der ersten Hälfte und der Mitte des 16. Jahrhunderts angehörenden Teile des Hofes ist der Umstand, daß die Fayencedekoration nicht die ganze Wandfläche überzieht, sondern sich auf die Betonung der wichtigsten Bauglieder beschränkt (Taf. XXXVII bis XL). In diesem Bestreben wird an der Fassade des Gebetsraumes wohl das Portal völlig mit Fayence bekleidet, im übrigen aber nur das Hauptgesims und die Fensterumrahmungen durch diesen Schmuck hervorgehoben. Zwischen den Fenstern und an den seitlichen Rahmenpfeilern bleibt das nackte Mauerwerk stehen und verstärkt durch diese Zurückhaltung im ornamentalen Schmuck noch mehr den abendländischen Charakter dieser Fassade, da die geschlossen und flach vortretenden Pfeiler wie tektonische Stützen des darüber gelegten Gesimses wirken. Im einzelnen nehmen den breitesten Raum Schriftborten ein, in denen sich weiße Buchstaben von dunkelblauem Grunde abheben. Zwischen ihnen schwingen sich dünne hellblaue Ranken mit dünn verteilten Blättern in leichtester Führung über die Grundfläche, oder es füllt ein anderfarbenes zweites Inschriftband mit kleineren kufischen Buchstaben die Zwischenräume der langen Aufstriche der Hauptschrift. Ein derartiges breites Schriftband umzieht den Rundkörper des Mausoleums, legt sich als wagerechter Fries unter das Stalaktitengesims der Fassade sowie über jedes Fenster, umrahmt an drei Seiten das Portal der Fassade und das Fenster des Mausoleums, und legt sich schließlich noch in einzelnen Streifenstücken über die Türöffnung. Die übrigen Flächen zeigen die üblichen Motive des ausgebildeten Fayencemosaiks: zarte hellblaue Ranken, an denen päonienartige oder sternförmige Blüten sitzen, neben Knospen und Blättern mit grüner oder gelber Einlage (Taf. XLII—XLV). In den Arabesken öffnen sich Palmetten und Halbpalmetten, mit verschiedenfarbigen Einlagen belebt. Dabei wechseln bei den Rahmenbändern leicht durcheinandergeschlungene Mauresken- und Blütenranken im Wellenschema mit anderen Blütenranken, die eine in die Mittelachse in Vollansicht gestellte Blüte so stark betonen, daß die Wellenlinie gegenüber der geradlinigen Anordnung der Blütensterne zurücktritt. Daneben wird auch der Randstreifen in eine Folge von ovalen, runden oder vielpaßartigen Feldern geteilt, die, mit den Spitzen aneinanderhängend und mit abgepaßten Blütenformen gefüllt, wie Kettenbänder wirken, deren einzelne Felder sich voneinander abschnüren, um zu selbständigen Gebilden zu werden. Und dieses Auseinanderfallen der zusammenhängenden Saummuster ist stellenweise, so in einigen Portalborten, auch schon zur Auflösung in eine getrennte Folge neben- und aufeinander gestellter Blütensterne, Dreiblätter und Rosetten geführt. Schon am Mosaikfayence der blauen Moschee in Tebriz läßt sich dieses Bestreben, das flächenspinnende Muster in flächenbetonende Einzelformen aufzulösen, klar beobachten. Schon dort findet man auch die Stalaktitenflächen mit abgepaßten Palmetten gefüllt und größere Flächenstücke in kleinere, rechteckige Teilflächen zerlegt, die nach Art der Gebetteppiche in nischenförmiger Umrahmung eine große Palmette mit begleitenden Ranken zeigen.

Zu alledem tritt nun bei den Bauteilen, die dem Ende des 16. und der ersten Hälfte des 17. Jahrhunderts angehören, deutlich chinesischer Einfluß. Es kommt hier der Schmuck der übrigen drei Seiten des großen Vorhofes (f), ein Korridor oder kleine Vorhof (e) und das äußere Portal (a) in Betracht (Taf. L, LI, XXXI—XXIV, Abb. 32—34, 47). Die Dekoration überzieht hier die ganze Oberfläche der Wände, ohne das Ziegelmauerwerk sichtbar werden zu lassen. Dabei wird alles weitflächiger; sogar die Felder der Stalaktiten verlieren ihre hohe schmale Form, und werden zu breit ausladenden niedrigen Bildungen. Diese Bereicherung bringt Kompositionen zustande,

Abb. 47. Ardebil, Moschee des Schech Safi, Fayencedekoration an der linken Schmalseite des großen Vorhofs

die nur in den gleichzeitigen Teppichen der Safidenzeit Gegenstücke haben. Die Inschriftborten bewahren dabei ihren alten Charakter; in vielen von den Schmuckborten aber kann man neben aller Bereicherung vielfach die Fortschritte jener Tendenz beobachten, die sich im klaren Auseinanderlegen der einzelnen kleinen Muster-Elemente zeigt. In der Ranke tritt jetzt die Vollblüte stärker hervor, und im symmetrischen Verteilen dieser Blütensterne wird der Fläche ein sicherer Halt gegeben, der ihre früher mehr wogende Lebendigkeit zu ruhigerer Erscheinung bindet. Am besten läßt sich diese Kleinteilung bei gegenseitigem Aneinanderbinden der zerstückten Formen wohl an der rechten (südlichen) Seitenwand des großen Vorhofs im geometrischen Muster beobachten (Taf. L). Die einander durchdringenden Vielecke, die sich in lebendiger Bewegung zu Sternformen zusammenschließen, sind ein schon früh in der muhammedanischen Kunst vorkommendes Muster. Hier ist der Eindruck der Durchdringung verschiedener Vielecke geschwunden, und lauter einzelne gleichgestaltete Sechsecke hängen zellenartig Ecke an Ecke, wie aneinandergelegte Fliesensteine. Nicht anders ist es bei dem Sechseck- und Rankenmuster um die linke jetzt vermauerte Türe: auch hier der Eindruck eines Plattenmosaiks, das mit der Tendenz auf das Sondernde bereits seit dem 15. Jahrhundert eine geometrische Form neben die andere setzt.

Die chinesischen Einflüsse an diesen spätesten Bauteilen zeigen sich in einem Zweifachen: vorerst in der direkten Herübernahme von ostasiatischen Motiven; dann in der Umgestaltung von Linie und Geist der Rankenführung. Als chinesische Motive heben sich sofort das Wolkenband und die Vase heraus. Dort, wo in der blauen Moschee von Tebriz sich in die Mitte der rechteckigen Felder große Palmetten mit auslaufenden Ranken gelegt hatten, tritt jetzt die bauchige chinesische Vase auf. An der linken Seitenwand des großen Vorhofes erst vereinzelt (Abb. 47) neben dem Palmettenbukett vorkommend, noch naturgemäß gestaltet und auf einen festen Untersatz gestellt, wird sie am Außenportal schon ganz frei als schwebende Flächendekoration verwendet (Taf. XXXII). Hier bildet sie in den Stalaktiten und in den Rechtecksfeldern den Ursprungspunkt für mannigfach verzweigte und gegabelte Ranken, die sich unter der darüber gespannten Nische symmetrisch über die Fläche legen. Das Wolkenband schiebt sich durch die Ranken, belegt Zwickelflächen, hält schleifenartig zuweilen sogar die Mitte oder schlingt sich in vielfacher Wiederholung überall dort über den Grund, wo die führenden Ranken einen Raum dafür lassen. Die Westwand des großen Vorhofes gibt hierfür die reichsten Beispiele (Taf. LI).

Das Charakteristische in der linearen Führung des Wolkenbandes ist der überhöhte Halbkreis. Während sich die fortlaufende Pflanzenranke in der muhammedanisch-persischen Kunst entweder im vollen Kreis oder in der Kreiswelle anordnet, in dieser Kreiswelle aber vom ganz flachen Schwunge bis zum Halbkreis alle Stadien durchlaufen kann, benützt sie nie die Kurven, die zwischen dem halben und ganzen Kreis liegen. Gerade in dieser Zone aber liegt die charakteristische Linienführung des Wolkenbandes. Die Bildung hat etwas Lebendiges, denn der überhöhte und im Schwunge nach außen eingezogene Halbkreis hat im Zusammenziehen und Auseinandertreten die Tendenz der Fortbewegung, und so bekommt die Form jenen wurmartigen Charakter, der für das chinesische Wolkenband so bezeichnend ist. Nun überträgt sich dieser Linienschwung aber auch auf die Rankenführung, und so ist denn, besonders deutlich wieder an den Bogen- und Zwickelfüllungen der westlichen Vorhofwand (wo auch das Wolkenband am reichsten auftritt), jene kriechend-lebendige Führung der Arabeskenranken zu beobachten, die ihre Erklärung in der Aufnahme des überhöhten eingezogenen Halbkreises in die Wellenranke findet.[1]) Dunkel gefärbt heben sich stark in die Länge gezogene und durch ganz dünne und feine Stiele verbundene Arabesken von hellerem Grunde ab und machen in den Zwickelfeldern die ersten und dritten Bogens sowie im Nischenbande des zweiten und vierten Feldes der Tafel LI, wo sarazenische Zweiblätter ihren freien Arm polypenartig einrollen, durchaus jenen wurmartigen, lebendigen Eindruck, der für die chinesische Ornamentik in so weitem Umfange charakteristisch ist. Dort, wo die päonienartigen Vollblüten an den Rankenstielen sitzen, wie im Nischenfelde des ersten und dritten Bogens, kommt diese Erscheinung nicht so stark zum Ausdruck; aber auch hier hat sich die Führung der Ranken von der rein vegetabilischen Bewegung einigermaßen entfernt.

Im ornamentalen Schmuck der Bauteile dieser Periode kommen auch figürliche Motive vor. Als Beispiel geben wir eines jener breiten Felder des Außentores wieder, die sich rechts

und links unter den Stalaktiten finden (Taf. XXXIII—XXXIV). Auf tiefblauem Grund steht in der Mittelachse der Fläche eine Vase, aus der eine reich gefüllte päonienartige Blüte emporwächst. Gelbe und hellblaue Ranken legen sich in schönem Schwunge über den Grund, von vielfarbig gefüllten Blüten und Rosetten durchsetzt. Von rechts und links schreiten nun mit zurückgelegtem Kopfe zwei Pfaue auf die Vase zu, prächtig in Zeichnung und Farbe, dabei in Umriß und Tönung so gehalten, daß sie völlig mit dem vegetabilen Muster in eine Schmuckfläche zusammengehen. Es ist ein Werk, das allein für sich schon den höchsten Begriff von der künstlerischen Kultur und dem auserlesenen Geschmack der damaligen Zeiten gibt.

Zum Technischen wäre zu bemerken, daß am Außenportal zu der üblichen Farbenskala ein diskret verwendetes Rot hinzukommt. Da man aber eine rote Glasur nicht herzustellen wußte, ließ man an den Stellen, die rötliche Farbentöne bekommen sollten, den Mörtelgrund stehen und färbte ihn direkt ein. Auch die Verwendung von gelb, das ursprünglich wahrscheinlich vielfach noch Vergoldung trug, hat an den späteren Teilen des Baukomplexes bedeutend zugenommen. Die Farbentafel mit den beiden Pfauen (Taf. XXXIII—XXXIV) mag dazu beitragen, sich den außerordentlich reichen und prächtigen Eindruck zu vergegenwärtigen, den diese persischen Bauten in unversehrtem Zustande gemacht haben müssen, und den zum Teil auch heute noch ihre Trümmer vermitteln.

Zum Schluß müssen wir noch einen Blick auf die Innendekoration des Porzellanhauses werfen (Taf. LII). Hier finden wir kein Fayencemosaik mehr, sondern einfache Fliesenbekleidung. Der 2,5 m hohe Sockel wird aus quadratischen Fliesen gebildet, zu deren Schmuck Malerei über der Glasur verwendet wurde (Abb. 43). Seit dem Beginn des 17. Jahrhunderts wird die kunstvolle Schnittechnik des Mosaiks von diesem leichteren und beweglicheren Verfahren mehr und mehr verdrängt. Anfangs nur für Innenräume, später auch beim Fassadenschmuck verwendet, setzt sich diese freie Malerei über der Glasur um so leichter durch, als sie neben der Ersparnis an Zeit, Mühe und Kosten auch die Möglichkeit brachte, der längst vorhandenen Tendenz zum Neutralisieren der Blütenformen noch weiter nachzuziehen. An den Sockelmustern im Porzellanhaus ist diese Weiterbildung deutlich zu beobachten. Breite, rechteckige Felder, von schmäleren Randborten eingefaßt, zeigen teils die gebetteppichartige Füllung, teils freiere Kompositionen einzelner Blüten, Rankenstücke und Wolkenbänder oder Blumenvasen, dann Kartuschen mit kämpfenden Fabeltieren und religiösen Sprüchen. Und die Liebe zu naturalistischer Vielfältigkeit schafft hier selbst den Arabeskenranken kleine knollenartige Knospen und Ansätze, die die abstrakte Form der sarazenischen Zweiblätter und ihrer Ranken langsam zu zersetzen beginnen. Dabei führt die Komposition geschlossener Vorgänge in den Kartuschen zu bildartiger Wiedergabe des Vorwurfes. Unter den Farben herrschen kobalt- und türkisblau, hellgrün und zinnoberrot sowie gelb und weiß, diese als Farben des Grundes, vor.

Über dem Sockel führt eine Hohlkehle zum Holzwerk der Oberteile über (Abb. 41, 42). In die Wandbekleidung und in die Stalaktiten sind die Nischen für die Porzellangefäße geschnitten, die meist genau die Form des Gefäßes zeigen, zu

---

[1]) Bezeichnenderweise findet sich gerade in der mykenischen Ornamentik, die ja sogar Polypenarme ornamental zu verwerten liebte, die überhöhte, kriechende Ranke, um dann in der rein hellenischen Ornamentik bald vor der ebenmäßig im flachen oder Halbkreisbogen geführten Wellenranke zu verschwinden.

dessen Aufnahme sie dienen sollten. Heute sind die Porzellane aus diesen Kästerchen genommen und stehen zusammengerückt auf dem Boden des Pavillons (Abb. 44). Der ganze obere Teil des Baues und die Kuppel selbst zeigen eine zum Sockel stimmende Lackmalerei in blauen und goldenen Tönen. Symmetrische Blumenranken mit vollen, reichen Blüten und langen, akanthusartig gefiederten Blättern füllen in Verbindung mit Vasen und Palmetten die Flächen der Stalaktiten und die Felder der vielfach geteilten Kuppel.

So kann man an diesem Bau die Verbindung mit der blauen Moschee in Tebriz die Entwicklung der persischen Flächendekoration ablesen. Was das Fayencemosaik betrifft, so wird dabei ein äußerst konservativer Charakter deutlich. Nachdem es bereits im 15. Jahrhundert größte künstlerische Freiheit und Selbstverständlichkeit erreicht hatte, und man sich auch in der Technik des Ineinanderarbeitens verschiedener Muster und Farben einen Stand des Könnens erarbeitet hatte, der kaum mehr zu überbieten war, verharrte das Fayencemosaik bis an die Wende des 17. Jahrhunderts auf seiner Höhe. Dann erst, mit dem Eindringen chinesischen Einflusses setzt eine Veränderung der Motive, und eine Umbildung des Geistes der Rankenführung ein. Und als endlich die Technik aufkommt, an Stelle des hundertfältigen Zusammensetzens kleinster Teilchen zu größeren Platten, viereckige Kacheln über der Glasur freihändig zu bemalen, da mußte das heimische Verfahren des Fayencemosaiks langsam seinem Untergange entgegengehen. Manches Dekorationsfeld des Porzellanhauses läßt den Weg schon ahnen, der diese keramische Ornamentik auf den Stand der heutigen persischen Fliesendekorationen herabführen sollte.

Die Inschriften, untersucht von Martin Hartmann

A. Fassade des Gebetsraumes:

a) Friesinschrift, zwei Reihen; die untere Neschi größer, die obere archaisierend kleiner (Taf. XXXVI). Gegen Schluß eine Lücke von 3 bis 4 Worten. Den Anfang der unteren Reihe bildet Koran 2, 122, darauf folgen fromme Sprüche „O Gott laß uns leben um des Koran willen, laß uns sterben um des Koran willen usw." Die obere Reihe zeigt Koran 67, 17 bis 22.

b) Unter dem Fries zehn Fenster in zwei Reihen, jedes am Kopf mit einem frommen Spruch, zum Teil aus dem Koran, z. B. 6, 127 5, 119. 37, 59. 46, 30. (Taf. XLII—XLV; Abb. 37, 38).

c) Die linke Seite der Fassade nimmt ein hohes Portal ein (Taf. XLI; Abb. 38); seine äußere Umrahmung bildet eine laufende Inschrift; am Anfang und am Ende Lücke; die obere horizontale Leiste ist fast ganz zerstört, ebenso von der linken das oberste Fünftel. Inhalt der Inschrift ist die Bezeichnung der Person, deren Mausoleum der Bau ist; der Name nicht sicher (Musa? der Musa, nach welchem sich z. B. Schah Abbas II. „al Musawi" nennt?); es scheint nicht einer der Safewidensultane zu sein, vielmehr ein als Heiliger verehrter Sufi.[1]) Über dem etwas vertieften Portal befindet sich

eine Inschrift, von der nur das erste Drittel erhalten ist; sie bezieht sich auf dieselbe Person wie die Umrahmung. Etwa in der halben Höhe des innersten Teils zwei Inschriften, die untere ein Teil von Koran 13, 23, die obere wahrscheinlich wiederum auf den hier begrabenen Schech beziehend. Über die rechts von der Hauptfassade liegende Turbe des Schech Safi s. E.

B. Hauptportal (Taf. XXXI, XXXII). Die am Fries der hufeisenförmigen Torhalle laufende Inschrift besagt folgendes: „Es traf sich die Beendigung dieses erhabenen Baus unter der Regierung des erhabensten Sultans .... Schah Abbas II. al Safawi (des Safawiden) al Musawi (des von Musa Abstammenden) al Husaini Behadur Chan . . . . durch die Eifer des großen Emirs Nazar Ali Chan al Mutawalli[1].“ — Am äußersten Ende von unten nach oben laufend in viel kleinerer Schrift: „geschrieben von dem gottesbedürftigen Ismail, Steinmetz aus Ardebil, 1057."[2)]

Schah Abbas II. regierte 1052 (1642) bis 1077 (1666); das Jahr 1057 begann den 6. Februar 1647.

C. Portal der Eingangswand des Großen Vorhofs (Abb. 34)

a) Äußere Umrahmung. Die obere horizontale Leiste ist bis auf einen kleinen Rest zerstört. Die Inschrift zeigt eine Reihe von Koranstellen, die ohne Vermittlung einander gefügt sind: 3, 89—91 und Anfang von 92; 24, 61?; 3, 127/8; 28, 30. Das Ganze ist abgeschlossen durch die Worte: „Wahr hat gesprochen der gewaltige Gott, und wahr hat gesprochen sein ehrwürdiger Gesandter." Etwa den elften, untersten Teil der linken Leiste nimmt eine horizontal laufende Inschrift in viel kleinerer Schrift ein, welche besagt: „Es bemühte sich um die Erneuerung dieses erhabenen Gebäudes der Nachkomme des Heiligen und Wandler .... der mit dem Dienst der heiligen Pole betraute Schech Scherif al Zahidi al Mutawalli; geschrieben von Ismaili i. J. 1309“ (= 1891/92).

b) Im vertieften Teile des Portals Architrav über der Tür; die erste Hälfte zerstört, die zweite in zwei Zeilen geordnet (die untere Neschi, die obere kleinere Neschi): „al Safawi Husaini Behadur Chan . . . ."

D. Große persische Inschrift des Schah Tahmasp I. (regierte von 930 (1524) — 984 (1576)). Der große Inschriftstein (Abb. 46) ist im großen Vorhof in die rechts neben dem Gebetsraum befindliche Mauer eingelassen. Er zeigt zehn Reihen Schrift; die obere ist durch ein Stalaktitengesims von den übrigen getrennt. Darüber befindet sich ein Schriftfries aus Fayencemosaik. Leider ist das Datum der Inschrift zerstört, sie beschäftigt sich hauptsächlich mit Verboten des höchst fanatischen Herrschers: es wird geeifert gegen Bartscheren, Glücksspiele spielen, Schachspielen, Musik, Weinhäuser u. dgl. Die arabische Inschrift, welche das Ganze krönt, ist ein Ausspruch des Propheten, welcher sich auf die Arche Noah bezieht. Die Inschrift ist vorzüglich ausgeführt und eine höchst merkwürdige Urkunde.

E. Turbe des Schech Safi (Taf. XLVII)

a) Den Hauptteil des runden Turms bedeckt das Wort Allah, in sehr geschickter Weise stilisiert zusammengestellt.

---

[1]) Es handelt sich aller Wahrscheinlichkeit nach um den in der daneben befindlichen Turbe beigesetzten Ahnherrn der Safiden, um den Schech Safi, und um den Imam Musa el Kazim, von dem jener seine Abstammung herleitete (S).

[1]) Des Aufsehers dieses Hauses.

[2]) Eugen Mittwoch hat rechts oben noch die kleine Inschrift entdeckt: „Es hat es gemacht der Arme, des Erbarmens Gottes Bedürftige Juh(?) ibn Isfahani.'

13

b) Inschrift am Fries ein mixtum compositum aus Koransprüchen: 3, 16. 17; 40, 67 (68?). Die Aufnahme zeigt knapp die Hälfte des Frieses.

c) Torartige Fensternische der Turbe (Taf. XLVIII).

1. Äußerste Umrahmung: Ornamente, nur oben zwei Fünfecke mit rosettenartig geordneter Schrift.

2. Innere Umrahmung: zweireihige Inschrift, unten Neschi, oben archaisierend, Koranverse. Diese Umrahmung ist stellenweise zerstört.

3. Über dem Kielbogen der Nische Architrav mit Koran 47, 21.

4. Über dem untersten Gitterfenster frommer Spruch.

Nachtrag

A. Gelesen von Eugen Mittwoch:

I. Rechte Schmalseite des großen Vorhofs (Taf. L). Über dem vermauerten Portal der linken Seitennische: In der Wissenschaft besteht die Belebung der Herzen der Kundigen, und in ihr die Heilung der Brust der Frommen. Ferner Koran 3, 16. 17.

II. Fliesenornament im Porzellanhaus (Abb. 43). Vier Medaillons mit folgenden Inschriften: „O du Heiliger. O du Gnadenbringender. O du Glückbringender. O du Glückspendender."

B. Inschriften der Moschee, die von einem dortigen Molla aufgeschrieben sind, und über die sich Prof. M. Hartmann folgendermaßen äußert: „Es sind mehr oder minder gelungene Kopien der im vorstehenden aufgeführten Inschriften. Dagegen sind folgende neu:

I. „Gearbeitet von dem des Erbarmens Gottes bedürftigen Jusuf ibn Aka aus Isfahan."

II. „Er ist Gott . . . Ibrahim, der Baumeister aus Tebriz, arbeitete die Erneuerung dieses erhabenen Fleckens auf Befehl seiner Hoheit Muhammed Takichan Muizz al Mulk; durch den Eifer und die Fürsorge des Oberbaumeisters Sadik Bey kam's zu Ende 1307 (= 1889/90.)"

Die Masdschid Dschuma (Abb. 48)

Im Vergleich zu der prachtvollen Grabmoschee des Schech Safi beanspruchen ein paar weitere Monumente älterer Zeit in Ardebil nur geringeres Interesse.

Abb. 48. Ardebil, Masdschid Dschuma (gez. von B. Schulz)

Die Ruine der Dschuma Masdschid d. h. der Freitags-Moschee (Abb. 48) liegt auf einer Anhöhe inmitten der Stadt, umgeben von einem Friedhofe und zerstörten Gebäuden. Über sie schreibt Olearius: „Die größte und schönste Kirche ist Mestzid

Adinè, auf einem kleinen Hügel gelegen, hat einen ziemlich hohen runden Turm; selbige wird des Feyer- oder Freytags, davon sie auch den Namen hat, besuchet. Vor der Kirchen ist ein Brunn, welchen des Königs gewesener Canceler Saru Chotze (sonst Mahumed Riza genandt) machen, und das Wasser von einem über eine Meile von der Stadt nach SW. gelegenen Berge durch Canalen unter der Erden hinein leiten lassen. Aus diesem Brunn waschen sich die, so in die Kirche gehen und beten wollen." Der Stadt-Prospekt bei Olearius (Abb. 3o) zeigt neben dem Gebäude ein jetzt verschwundenes hohes Minaret und gibt auch den Bau selbst vor der Zerstörung, die wahrscheinlich wohl durch Erdbeben erfolgte, richtig und den jetzigen Zustand ergänzend wieder. Der schmucklose, würfelförmige Unterbau trägt in der Mitte eine Kuppel, die auf einem hohen Tambur ruht. Die Wandung dieses Tamburs, von dem nur noch die eine Seite steht, ist erst achteckig gestaltet, dann durch vortretende Rippen gegliedert, die schließlich in den glatten runden Mantel übergehen. Die Kuppel scheint im Spitzbogen gewölbt gewesen zu sein. Reste von Fayencemosaikschmuck haben sich hier erhalten. Die charakteristischen Rippen, die den Tambur umgeben,[1] machen es wahrscheinlich, daß der Bau spätestens der zweiten Hälfte des 14. Jahrhunderts angehört, und daß sowohl in bezug auf den Zweck des Baues wie auf seine Datierung bei de Morgan ein Irrtum vorliegt, wenn er in seiner Abbildung der Ruine (a a O.Pl.XXXVIII) die Unterschrift gibt: „Ruines de palais d'Osman Khân Sultân, construit en 942 de l'hégire (1535 ap. J.-C.)." Es handelt sich vielmehr um eine Moschee des 14. Jahrhunderts.

De Morgan bildet dann ferner noch zwei mir nicht bekannte Monumente ab, die sich in Kiâw bei Ardebil befinden: Le Tombeau du sultan Akhmed Siâhpouch (Fig. 190) und Le Tombeau du Sultan Haidâr (Pl. XLIV). In beiden Fällen handelt es sich um zylindrische Türme, wie wir sie im Grabturm des Schech Safi kennen gelernt haben. Die nach einer Zeichnung wiedergegebene Ansicht des ersten der beiden Denkmäler gibt kein genügend genaues Bild, um es danach beschreiben und klassifizieren zu können. Das angebliche Grabmal des Sultans Heider († 1488), der nach meinen Informationen in der Grabmoschee des Schech Safi selbst beigesetzt ist, zeigt eine ähnliche, wahrscheinlich in glasierten Fliesen ausgeführte Musterung des zylinderförmigen Mantels (das Wort Allah in kufischer Schrift), wie wir sie am Grabturm dieses Heiligen kennen gelernt haben; man erkennt ferner eine hohe Portalanlage mit Stalaktitennische und einen breiten bandartigen Schmuck als Abschluß unter dem Gesims. Der Fayenceschmuck an diesen Teilen des Gebäudes, ebenso ein Gesims und die Kuppel sind nicht mehr vorhanden. Das Denkmal dürfte der zweiten Hälfte des 15. Jahrhunderts angehören.

Das Mausoleum des Schech Gabriel (Abb. 49—52)

Einige Kilometer nördlich von Ardebil liegt im Dorfe Sulkordad[2] inmitten einer Gartenanlage das Mausoleum des Schech Gabriel, des Vaters des Schech Safi (Abb. 49). Es wird von Olearius, Tavernier und Le Brun erwähnt und be-

---

[1] Wir werden auf die so gestalteten Türme später eingehender zu sprechen kommen.

[2] Gülkhuran nach der erwähnten Karte von Khanikof.

Abb. 49. Ardebil, Mausoleum des Schech Gabriel (gez. von B. Schulz)

schrieben. Bei letzterem Reisenden findet sich eine Abbildung (I. S. 173) und bei de Morgan zwei vortreffliche Ansichten des Baues (Pl. XLII und XLIII), den er einmal Tombeau de Seïd-Daniel, das andere Mal Tombeau de Seïd-Djébrail nennt. Im Texte wird bei de Morgan das Denkmal nicht weiter erwähnt.

Wie der Grundriß (Abb. 50) zeigt, handelt es sich um einen unregelmäßig gestalteten Bau, der sich aus zwei Teilen zusammensetzt: einem quadratischen Centralbau und einem apsisartigen fünfseitigen Vorbau. Über einem Steinsockel öffnen sich in den Seiten Spitzbogennischen. Über dem acht-

Abb. 51. Ardebil, Mausoleum des Schech Gabriel, Fensterdekoration aus Fayencemosaik (aufgen. von B. Schulz)

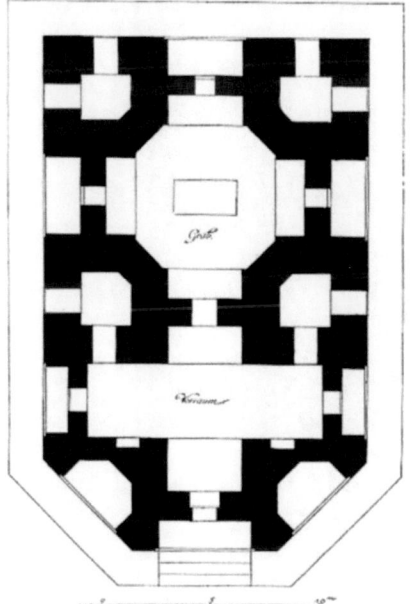

Abb. 50. Ardebil, Mausoleum des Schech Gabriel, Grundriß (aufgen. von B. Schulz)

Abb. 52. Ardebil, Mausoleum des Schech Gabriel, Sockeldekoration aus Fayencemosaik (aufgen. von B. Schulz)

seitigen Mittelraum, der das Grab des Schechs enthält, erhebt sich auf hohem Tambur eine Kuppel; beide sind bis auf geringe Reste eingestürzt. Die Wandung des Tamburs zeigt das in Ziegelmosaik aus dunkelblauen Steinen zusammengesetzte Wort Allah in kufischer Schrift. Auch sonst ist am Äußern Ziegelmosaik zur Anwendung gekommen. Sehr schön sind die in vielfarbigem Fayencemosaik ausgeführten Sockel- und Fenster-Dekorationen der Innenräume, von denen die Abbildungen 51 und 52 Beispiele wiedergeben. Es zeigen sich hier in dem Muster gewisse Übereinstimmungen mit der Fensterdekoration an der Fassade des Gebetsraumes im großen Vorhof der Grabmoschee (Taf. XXXVI—XLV; Abb. 37); so wiederholt sich z. B. in der Mittelfüllung das kettenbandartige Muster, das wir dort in der Gestaltung der durchbrochenen Fensteröffnungen kennen gelernt haben. Wir dürften daher nicht fehlgehen, wenn wir für die Entstehung dieser Dekorationen ungefähr dieselbe Zeit, etwa die erste Hälfte des 16. Jahrhunderts annehmen, wie für jene der Grabmoschee. Olearius erzählt, daß Schech Sadr eddin für seinen Großvater Schech Gabriel und andere seiner Vorfahren das Mausoleum erbaut habe. Jene Ahnen wären aber gewöhnliche Bauern gewesen und nach ihrem Tode ohne viele Umstände begraben worden. So fügt Olearius denn auch zweifelnd hinzu: „Vielleicht liegt keiner von allen diesen Scheichs darinnen, dann es mislich gewesen, daß man die Gebeine, welche so lange Zeit unter anderen in der Erde gelegen und gefaulet, wird haben kennen können." Es ist daher wahrscheinlich, daß das Mausoleum, wie es heute steht, kein einheitlicher Bau ist, sondern lange nach seiner Gründung umgebaut und vergrößert wurde. Der Turm, der dem Grabturm des Schech Safi ähnelt, dürfte aus dem 14. Jahrhundert, aus der Zeit des Schech Sadr eddin, stammen, während der umgebende Sockelbau erst viel später, konform mit der Ausbildung der Grabmoschee Schech Safis, in der ersten Hälfte des 16. Jahrhunderts hinzugefügt wurde. Olearius und Le Brun heben den farbigen Fayenceschmuck des Äußeren hervor, erwähnen im Innern kostbare Teppiche auf dem Fußboden, einen mit eingelegter Arbeit verzierten Holzschrein über dem Grabe, grüne Sammetdecken und silberne und goldene Lampen. Von diesen Kostbarkeiten ist in dem verfallenen Gebäude jetzt nichts mehr vorhanden; dagegen stammen zwei gemalte Löwen, die in der Eingangsnische das Fenster flankieren, sicher aus neuester Zeit.

ERIWAN

Zwei Moscheen (Taf. LIII; Abb. 53—56)

Auch die Stadt Eriwan, die nördlich vom Araxes gelegen, seit dem letzten russisch-persischen Kriege (1827) zu Rußland gehört, enthält ein paar interessante Beispiele persischer Architektur. Sie stammen jedoch aus verhältnismäßig später Zeit, aus dem 18. Jahrhundert, und sollen hier nur kurz erwähnt werden.

Innerhalb der Stadt ist eine große Moscheeanlage bemerkenswert, die sich um einen rechteckigen, mit Bäumen besetzten Hof gruppiert (Abb.53), nach der vorherrschenden Farbe des Fayenceschmuckes „Gjök Dschami", d. h. die „gelbe Moschee" genannt. Während die Längsseiten von niedrigen Arkaden begrenzt werden, erheben sich an den Schmalseiten hinter hohen, rechteckig umrahmten Liwanen die quadratischen Gebeträume, über denen sich Kuppeln wölben. Diese sind mit einem aus glasierten Ziegelsteinen zusammengesetzten geometrischen Muster bedeckt. Am Tambur laufen Zickzackborten hin, während die Kuppelfläche von einem Rhombenmuster eingenommen wird. Die Flächen der Liwan-Umrahmung

Abb. 53. Eriwan, Gjök Dschami, Hofansicht

schmücken Schriftfriese und Blumenmuster. Hier kommen quadratische, über der Glasur gemalte Fliesen zur Geltung.

Origineller ist eine andere Moschee, die sich auf dem Burgberge neben dem Sirdar-Palaste befindet, einem aus dem Ende des 18. Jahrhunderts stammenden hübschen Lustschlosse.[1]

Zu beiden Seiten des rechteckig umrahmten hohen Liwans (Abb. 54), hinter dem der kuppelüberdachte Gebetsraum liegt, ist die Fassadenwand bei dieser Moschee in gleicher Höhe durchgeführt und enthält auf jeder Seite in zwei Geschossen übereinander je zwei breite Nischen (Taf. LIII). Die ganze Fassadenwand ist mit Fliesen bekleidet, während sich an der Kuppel und an zwei den Liwan flankierenden vorspringenden Rundpfeilern wiederum Ziegelmosaik und zwar Rautenmuster in hellblau und schwarz angeordnet vorfinden.

Dieses reiche Fliesenmuster besteht aus umrahmenden

[1] Chardin a. a. O. sagt darüber: „Le palais du Gouverneur est dans la forteresse sur le bord du précipice; il est beau et fort grand et tout-à-fait délicieux en été." Noch heut ist der mit Gemälden und Glasdekoration geschmückte Hauptsaal vorhanden.

Abb. 54. Eriwan, Moschee auf dem Burgberge, Eingang zum Gebetsraum

Abb. 55. Eriwan, Moschee auf dem Burgberge, Kuppel im Gebetsraum

Schriftborten oder aus aneinandergereihten Schriftmedaillons, während die Flächen, vor allem die Pfeiler zwischen den Nischen, mit großen rechteckigen Panneaus bedeckt sind. Hier kommt, von einer Nische umschlossen, ein reiches Blumenmuster zur Darstellung, das sich aus einer hohen Vase in der Mitte entwickelt. Der Fond in diesen Feldern ist dunkelblau, die Vase gelb, die Blumenranken gelb, grün und rosa. Trotz dieser bunten Farben ist der Gesamteindruck dieser prächtigen Fassade ein ruhiger und harmonischer.

Auch die Innenräume, vor allem der mittlere Kuppelraum, sind äußerst reich dekoriert. Die Innendekoration der Kuppel und ihre in rot, grün und rosa ausgeführte Farbengebung veranschaulicht Abb. 55. Bemerkenswert ist hier die spiralförmige Musterung, wo von einem Rautenkranze aus sich Bänder nach oben drehen, um sich an der Spitze zu vereinigen.

Die Inschriften enthalten keine historischen Daten. Es sind Koransuren und persische Verse (Abb. 56, 57).

Abb. 56 und 57. Eriwan, Moschee auf dem Burgberge, über der Glasur bemalte Fliesen (Sammlung F. Sarre, Berlin)

II. KAPITEL

DIE BAUWERKE DER LANDSCHAFT IRAK

VORWORT

Irak al Adscham*) (d. h. das persische Irak) bezeichnet zum Unterschied von Mesopotamien, dem eigentlichen arabischen Irak (Irak al Arab), die auf dem persischen Hochlande gelegene Landschaft, die im Norden von den Provinzen Adarbaidschan, Gilan und Mazenderan, im Süden von Kuhistan und Fars, im Osten von Chorasan und Jezd und im Westen von Kurdistan begrenzt wird. Geographisch bilden im Norden der Taurus, im Westen und Südwesten die Gebirgszüge des Zagros, im Südosten und Osten die mittelpersischen Steppen und Salzwüsten die Grenze.

In den ersten Jahrhunderten des Islams wurden die beiden Irak von einem in Kufa sitzenden Gouverneur des Chalifen verwaltet, bis sich seit dem 9. Jahrhundert der östliche Teil, Irak al Adscham, mehr und mehr von dem westlichen trennte und als rein persische Landschaft zu dem arabisierten Tieflande in Gegensatz tretend, seinen eigenen politischen Weg ging. Das iranische Volkstum erstarkte in der Erinnerung an die große nationale Vergangenheit, religiöse Sonderbestrebungen und Sekten machten sich geltend, genährt durch die noch nicht verloschenen Flammen des alten national-iranischen Feuerkultus; und nie vermochte man hier, sich der festgefügten Lehre des starren Arabertums, der Sunna, zu beugen und sie unbedingt anzuerkennen.

So wurde der Boden vorbereitet für die vollständige geistige und politische Lostrennung von dem Westen, für die wechselvolle Geschichte, die Mittelpersien während des Mittelalters haben sollte. Während die Tahiriden (820—827), die sich in der östlichen Grenzprovinz, in Chorasan selbständig gemacht hatten, stets die Oberherrschaft der Chalifen anerkannten, traten die Saffariden (867—903) von Seistan her schon selbstherrischer auf; Jakub, der Gründer dieser kurz regierenden Dynastie, wollte schon den Abbasidenthron in Bagdad stürzen, als er starb (878), und es dem Chalifen gelang, den Sohn des Empörers, Amr, zur formellen Unterwerfung zu zwingen. Es folgten die Samaniden (874—999), deren Schwerpunkt im Osten, in Turkestan lag; auch sie wurden mehr als einmal dem Chalifen gefährlich, und die politische Lostrennung des Hochlandes vom Tieflande, von Bagdad, machte in ihrer Zeit weitere Fortschritte. Noch mehr aber trat dieser Prozeß zutage, als die ursprünglich aus Tabaristan stammenden Bujiden (932—1055) den Schwer-

punkt ihrer Herrschaft nach dem Süden verlegten und hier, in Fars, Kirman, Irak, Schiraz, Rhages, Hamadan und Isfahan kleinere Dynastien gründeten. In jene Zeit, in das Ende des 10. Jahrhunderts, fällt das Auftreten einer der in jeder Hinsicht bedeutendsten Persönlichkeiten der persischen Geschichte. Machmud von Gazna (998—1030) bemächtigt sich nach und nach von Afghanistan aus Chorasans und Iraks; im Jahre 1029 nimmt er Isfahan ein und setzt den letzten dortigen Bujiden-Fürsten ab. Sein Sohn Masud erfreut sich aber nur kurze Zeit dieses Besitzes. Der türkische Stamm der Seldschuken macht unter den kraftvollen ersten Herrschern Togrul Bey (1037—1063) und Alp Arslan (1063—1072) der Herrschaft der Bujiden und Gaznawiden ein Ende und übernimmt von jenen den „Schutz" der Fürsten der Gläubigen. Irak spielt unter diesen ersten Seldschuken eine große Rolle; die Hauptstadt des bis nach Syrien und Kleinasien reichenden Gebietes wird Isfahan, das im Jahre 1051 nach langer Belagerung in die Hände der Seldschuken fällt und vor allem unter dem hochgebildeten Malik Schah (1072—1092) seine Blütezeit erlebte. Später wird jedoch durch die politischen Verhältnisse der Schwerpunkt des Reiches der „großen" Seldschuken mehr nach dem Osten, nach Turkestan, verlegt; und in Irak und Kurdistan kommt, ebenso wie in Kirman, Syrien, Kleinasien, ein besonderer Zweig der seldschukischen Herrscherfamilie zur Gewalt, die er im ersteren Ländergebiet bis zum Ende des 12. Jahrhunderts behält. Die Macht der seldschukischen Offiziere, der Atabeke von Adarbaidschan (1136 — 1225), erstreckte sich jedoch teilweise auch über Irak; und schließlich werden Ildegis (1136—1172) und seine nächsten Nachfolger auch hier, als Beschützer der ohnmächtigen Seldschukenfürsten, die eigentlichen Herrscher (vgl. S. 8 ff.).

Auch die Schahs von Khwarizm griffen nach Mittelpersien über; Tukusch eroberte in den Jahren 1193/94 Chorasan, Rhages und Isfahan. Die Herrscher ließen diesen westlichsten Teil ihres Gebietes durch Gouverneure und Prinzen verwalten, während sie selbst im Osten dem drohenden Ansturm der Mongolen zu wehren suchten. Aber vergebens. Ganz Persien fällt in die Hände der Mongolen. Auch Irak teilt dieses Schicksal und bildet in der Folge einen Teil des Herrschergebiets des Hulagu und seiner Nachfolger (1256—1336); der Schwerpunkt der Mongolenmacht lag damals im Norden, in Maraga, Tebriz und Sultanieh. Es folgten die Jalairiden (1336—1411), deren Oberherrschaft in Irak häufig von den Muzaffariden

---

*) Adscham heißt eigentlich das außerhalb von Arabien liegende Gebiet; die Bezeichnung wurde von den Arabern Persien gegeben, als dem ersten Lande, mit dem sie in Berührung kamen.

von Fars und Kirman (1313—1393), sowie von den turkmanischen Schwarzlämmern aus Adarbaidschan (1378—1469) erschüttert wurde; bis dann mit der zweiten Mongoleninvasion Timur allen diesen Streitigkeiten ein Ende machte. Im Jahre 1387 fiel Isfahan und mit dieser Stadt ganz Mittelpersien in die Gewalt des Weltherrschers. Nach seinem Tode vermochte sein Sohn Schah Ruch (1404—1447) die Herrschaft zu behaupten und die Ordnung in Persien einigermaßen aufrecht zu erhalten; als er aber gestorben war, begannen die Unruhen von neuem, und Mittelpersien wurde der Schauplatz der Kämpfe zwischen den Timuriden und den beiden rivalisierenden Turkmanenstämmen, den Schwarz- und Weißlämmern. Da erstand in der Person des Safiden Ismaïl (1502—1524) dem Lande ein Retter. Er brach in wenigen Jahren die Macht der Turkmanen und timuridischen Gouverneure und machte sich zum alleinigen Herrn eines Ländergebietes, das über das eigentliche Hochland weit hinausging und sich vom Indus zum Euphrat, vom Oxus zum persischen Golf erstreckte.

Während Ismaïl noch in Tebriz regierte, im Norden, wo seine Dynastie zu Hause war, verlegte der zweite Safide seine Residenz nach Kazwin, und Abbas der Große (1587—1629) dann nach Irak, nach Isfahan, das von nun an bis zur Mitte des 18. Jahrhunderts die bedeutendste Stadt des Landes blieb. Unter der Herrschaft der Zend-Dynastie (1750—1794) trat dann an die Stelle von Irak und Isfahan die südliche Provinz Fars mit Schiras; aber die noch heute regierenden Kadscharen haben wiederum dem Norden den Vorzug gegeben und machten Teheran, nicht weit vom alten Rhages, zur Hauptstadt des Landes.

Diese historische Übersicht der wechselvollen Ereignisse, die sich seit dem Einfall der Araber auf dem Boden des persischen Irak abgespielt haben, hat die Bedeutung des Gebietes für die Geschichte Persiens während seiner islamischen Periode kurz zu beleuchten versucht. Hier liegen Orte und Städte, die als Residenzen machtvoller Fürsten und als Handelsmärkte weit über die Grenzen Persiens hinaus von Bedeutung gewesen sind. Die uralte medische Weltstadt Rhages wird einer der Hauptplätze des Chalifenreichs, dann die Residenz der Bujiden-Sultane; auf der Stelle von Ekbatana gelegen, ist Hamadan zeitweilig die Hauptstadt der Seldschuken; Sultanieh

ist die glänzende Residenz der mongolischen Ilchane; und Isfahan endlich hat zu den verschiedensten Zeiten, unter den Gaznawiden, Seldschuken, Mongolen und vor allem unter den Safiden als bedeutendste Stadt des Hochlandes eine Rolle gespielt.

Im Vergleich zu der Bedeutung aber, die alle diese Orte zeitweilig gehabt haben, ist die Zahl der erhaltenen Denkmäler sehr gering. So hat sich z. B. auf dem Boden von Rhages aus der Zeit seiner Hauptblüte unter den Chalifen gar nichts mehr erhalten, und auch aus dem späteren Mittelalter sind nur wenige Ruinen vorhanden. Die politischen Umwälzungen haben in Irak eine so eingreifende Zerstörung der Bauten mit sich gebracht, wie sie wohl in keiner anderen Landschaft Vorderasiens in dem Maße beobachtet werden kann. Auf die Kriege der Saffariden, Samaniden und Bujiden folgten in wechselnder Reihe die verheerenden Einfälle der Gaznawiden, Seldschuken, Mongolen, Turkmanen, Türken und Afghanen, deren Barbarei beim ersten Ansturm stets schonungslos wütete, wenn sie in der Folge auch milderen Sitten Platz machte und die Kultur der Besiegten nie völlig zugrunde gehen ließ.

So sind wir, für das Mittelalter wenigstens, nur auf geringe Reste, auf eine kleine Zahl von Baudenkmälern angewiesen, die sich außerdem meist in sehr zerstörtem oder später verändertem Zustande befinden. Aus den ersten Jahrhunderten des Islams hat sich nichts mehr erhalten, und erst die Seldschukenzeit, sowie dann in etwas reicherem Maße die Epoche der Mongolen ist auf dem Boden von Irak durch Ruinen vertreten. Naturgemäß sind die verhältnismäßig jüngsten Baudenkmäler, die der Safidenzeit, der letzten Blüte der persischen Kunst und Kultur, am häufigsten und auch am meisten bekannt. Isfahan und die dortigen Prachtbauten Schah Abbas' des Großen und seiner nächsten Nachfolger haben seit ihrer Entstehung bei europäischen Reisenden das größte Interesse erregt. Sie sind vor allem durch die vorzüglichen Aufnahmen von P. Coste, die er in seinem schon oft erwähntem Tafelwerk „Monuments modernes de la Perse" veröffentlicht hat, festgehalten und allgemein zugänglich gemacht worden, die in den letzten fünfzig Jahren immer weiter verfallen oder zugrunde gegangen sind. Wir konnten uns deshalb darauf beschränken, nur einige charakteristische Denkmäler festzuhalten und von einer eingehenderen Behandlung der Isfahaner Prachtbauten absehen.

RHAGES

Geschichtliches

Etwas über neun Kilometer südöstlich von Teheran, der modernen Hauptstadt Persiens, liegt das ausgedehnte Ruinenfeld von Rai, dem alten Rhaga, der uralten, berühmten Hauptstadt Mediens, deren Gründung die Tradition dem Patriarchen Seth oder dem ersten iranischen Könige Hoschang zuschreibt. Nach den Worten der Bibel (Tobias, Judith) im 8. u. 7. Jahrhundert v. Chr. eine blühende Stadt, die Heimat der Mutter Zoroasters, wird Rhaga unter den Achämeniden und z. Z. Alexanders, der hier auf dem Eilmarsche nach Ekbatana fünf Tage rastet, und unter den Diadochen als bedeutende Stadt erwähnt. Unter den Parthern nach Athenaeus (XII.8. p.514)

Frühlingsresidenz der Fürsten, die den Winter in Babylon, den Sommer und Herbst in Hekatompylon zubrachten, wird Rhaga z. Z. der Sassaniden nicht weiter erwähnt, um dann von neuem unter den Arabern eine Rolle zu spielen. Der Zerstörung vom Jahre 642 n. Chr. (Abulfeda, Ann. Mosl. I. 248) folgt eine Neugründung unter Abulfarhan. In Rhages erblickte dann 763 Harun ar Raschid das Licht der Welt und erwählte die Stadt später zu seiner Lieblingsresidenz. Al Mahdi, der Sohn des Chalifen Mansur, erweiterte die Stadt, legte Mauern und eine Zitadelle an und gründete im Jahre 775 die Moschee. Ein Erdbeben suchte im Jahre 863 den Ort heim, der sich aber wieder glanzvoll erhob, so daß ihn im 10. Jahrh.

Ibn Haukal neben Bagdad, Istachr und Nischapur als bedeutendsten der islamischen Welt erwähnen und beschreiben kann. Im Jahr 984 wurde Rhages von den Samaniden, 1027 von Machmud von Gazna erobert und kam 1044 in die Gewalt der Seldschuken. Togrul Bey (1037—63) und Alp Arslan (1063—1072) residierten in Rhages; der erstere wurde auch hier begraben. Zu dieser Zeit soll hier der Sohn des siebenten Imams (Musa el Kazim) Abdul Azim beigesetzt worden sein, dessen Grabstätte sich am Rande des Ruinenfeldes, wenn auch in baulich veränderter Form, bis heute erhalten hat und zu einem der bekanntesten Wallfahrtsorte und Asyle des schiitischen Persiens geworden ist. Bei dem Mongoleneinfall unter Dschingiz Chan wurde Rhages im Jahre 1220/21 zerstört, wobei 70000 Männer umgekommen sein sollen.

Im gleichen Jahre berührte Jakut den Ort und berichtet über ihn folgendes (II, 893, übersetzt von Eugen Mittwoch): „Die berühmte Stadt Rajj habe ich gesehen. Sie ist eine Stadt von wunderbarer Schönheit, gebaut aus Agurrziegeln, die verziert, regelmäßig und in Blau schillernd sind. Das Blau ist bemalt (glasiert), wie die Tonwaren glasiert werden. Die Stadt liegt in einer weiten Ebene. Neben ihr liegt ein Berg, der sie beherrscht und der kahl ist, so daß auf. ihm nichts wächst. Es war eine große Stadt, deren größter Teil zerstört ist. Ich passierte ihre Ruinen im Jahre 617 (= 1220/21), als ich auf der Flucht vor den Tataren war. Da sah ich die Mauern der Ruinen aufrecht, ihre Mimbars (Moscheen) erhalten und die Verzierungen (tazawiq) an den Mauern in ihrem (ursprünglichem) Zustande, da sie erst jüngst zerstört waren."

Gazan Chan (1295—1304) soll dann die Stadt wieder aufgebaut haben, deren Blüte aber am Ende des Jahrhunderts unter dem zweiten mongolischen Zerstörer Timur wiederum vernichtet wurde. Als Clavijo im Jahre 1404 hier vorbeizog, sah er „eine große Stadt mit Türmen und Moscheen von Grund aus verwüstet". Timurs Sohn, Schah Ruch (1405 bis 1447) und sein Enkel Halil Sultan (1404—1409) kehrten trotzdem hierhin wieder zurück und schlugen in Rhages ihre Residenz auf. Es ist dabei nicht anzunehmen, daß der Ort stets auf seiner alten Stelle wieder erneuert wurde, sondern der Wiederaufbau wird in näherer oder weiterer Entfernung der zerstörten Ansiedlung stattgefunden haben. Man hat diese Gepflogenheit bei anderen Weltstädten des Orients vielfach beobachtet. So werden uns erst systematische Ausgrabungen über die Entwicklung von Rhages völlige Aufklärung geben und erweisen, wo die Ansiedlungen in den verschiedenen Zeitperioden gestanden haben. Daß im späteren Mittelalter das südlich von Rhages gelegene Veramin neben dem ersten Orte von hoher Bedeutung war, lehren die dortigen Ruinen. In moderner Zeit ist an die Stelle dieser beiden Städte Teheran getreten.

Baudenkmäler (Abb. 58—60)

Bisher der einzige Forscher, der sich selbständig und etwas eingehender mit dem Ruinenfelde von Rhages beschäftigt hat, ist Ker Porter.[1] Ihm verdanken wir einen Plan (Abb. 58), der allerdings jetzt nicht mehr völlige Geltung beanspruchen

kann; denn in den 90 Jahren seit seiner Aufnahme ist manches von dem, was damals noch aufrecht stand und erkennbar war, verschwunden, während andererseits früher unsichtbare Ruinen zum Vorschein gekommen sind. Das Ruinenfeld zeigt zum größten Teile Überreste von Lehmziegel-Bauten, deren Umriß und Form der Regen zu undeutlichen Hügeln und Kuppen verwaschen und verwandelt hat. Die auf Ker Porters Plan eingezeichnete Umfassungsmauer (c) ist nur noch an einzelnen Stellen mit voller Deutlichkeit zu erkennen; Ker Porter nimmt dabei an, daß die drei in ihrem Zuge befindlichen turmartigen Bastionen (D)[1] Stadttore flankiert haben. Im NO., auf einem Vorsprung der vom Elburs kommenden Hügelkette, lag die Citadelle (A), und auch die niedrigeren Hügel im SW. und SO. zeigen Spuren von Befestigungen (B, G). Ein sassanidisches Reiterrelief an einer Felswand, das Ouseley[2] noch intakt sah, ist von Feth Ali Schah, der das Bild seines Vorgängers in sein eigenes umändern ließ, geschädigt worden; es gibt jetzt den König auf der Löwenjagd wieder. Ein zweites Felsrelief, das auf dieselbe moderne Zeit zurückgeht, zeigt ihn inmitten seines Hofstaates.[3] Doch sind dies nicht die einzigen Zeugen einer früheren Kultur. Aus islamischer Zeit hatten sich drei Türme bis in die neunziger Jahre erhalten, wo der eine abgebrochen, ein zweiter restauriert wurde, und nur der dritte unversehrt geblieben ist. So sind diese zwei Türme die einzigen Bauwerke, die sich aus dem muhammedanischen Mittelalter in Rhages erhalten haben.

Den einen, bei unserer Ankunft bereits abgetragenen Turm geben P. Coste (a. a. O. Taf. 64) und A. Curzon (a. a. O. I. S. 351) wieder. Aus Bruchsteinen errichtet, trug er den schmucklose Turmzylinder als Abschluß eine kufische Inschrift, „aus gebrannten Steinen zusammengesetzt, die man in die Ziegelschicht eingelassen hatte." Die französischen Autoren hätten es sicher bemerkt, wenn es sich dabei um farbig glasierte Ziegel gehandelt hätte. Der altertümliche Turm dürfte ein Bauwerk des 11. bis 12. Jahrhunderts gewesen sein (Abb. 58 F).

Von größerem Interesse ist der zweite Turm (E). Auch er ging schon stark dem Untergang entgegen, da die Ziegel des Sockelteiles zum größten Teil fortgenommen worden waren; ein Raub der modernen Teheraner, die wohl auch den anderen Turm zu Fall gebracht hatten. Die Restaurierung, die man zur Rettung des Baues in neuerer Zeit vornahm, hat ihn zwar erhalten, ist aber so eingreifend gewesen, daß dabei wichtige Teile, wie die Reste der umlaufenden kufischen Inschrift, zugrunde gegangen sind. Eine Photographie (Abb. 59) zeigt den Turm ohne die moderne Wiederherstellung des oberen Teiles und gibt in Gemeinschaft mit der Taf. 63 bei P. Coste ein besseres Bild von dem Bauwerk, als es unsere Aufnahme vermochte. Das bis zum Inschriftfries 20 m Höhe messende Gebäude veranschaulicht einen Typus von Grabbauten, wie er im nördlichen Persien häufig vorkommt (Demawend, Veramin, Bostam[4]), und auf den wir später näher eingehen werden. Der kreisförmige Grundriß (Abb. 60)

[1] Sir Robert Ker Porter: Travels in Georgia, Persia usw. London 1821. I. S. 357—364.

[1] Nach Jackson a. a. O. p. 435 erinnern Form und Größe der Lehmziegel (44 × 18 cm) an jene, die er am alten Zoroaster-Feuertempel nahe bei Isfahan gefunden hatte.
[2] Ouseley a. a. O. III. pl. 65.
[3] F. Sarre: Iranische Felsreliefs. Berlin 1909. Taf. I.
[4] Nach Jackson auch in Hamadan.

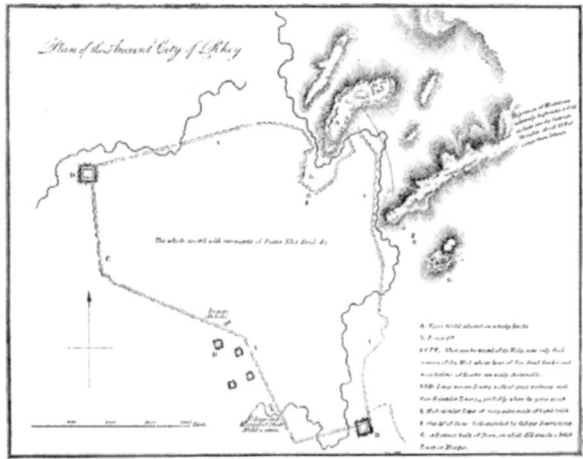

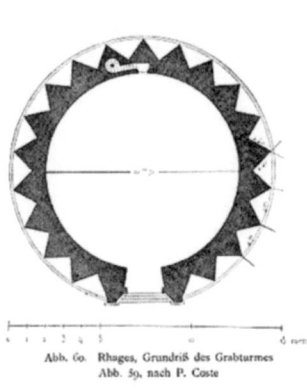

Abb. 58. Rhages, Plan der Ruinen,
nach Ker Porter

Abb. 60. Rhages, Grundriß des Grabturmes
Abb. 59, nach P. Coste

zeigt nach außen 22 in spitzem Winkel hervortretende Pfeiler oder Zacken, die sich oben in einem dreireihigen Stalaktitensims totlaufen. Darüber zog sich eine kufische Inschrift hin. Wahrscheinlich war das Gebäude nicht, wie P. Coste annahm, mit einer Kuppel, sondern mit einem Spitzdach bekrönt. Ein rechteckig umschlossenes Portal hat in der Flachnische über dem spitzbogigen Eingang gleichfalls Stalaktitenmotive. Auch hier scheinen keine glasierten

Fliesen Verwendung gefunden zu haben. Was auch Jackson hervorhebt und Coste in einer Detailabbildung wiedergibt, ist die sorgfältige Behandlung des Ziegelmauerwerkes, die wir noch mehrfach zu erwähnen Gelegenheit haben werden. Der Mörtel in den 3 cm breiten Vertikalfugen ist mit besonderer Sorgfalt eingestrichen und durch Einschnitte belebt und gemustert. Die einen haben diesen Turm für die Grabstätte Togrul Beys († 1063) gehalten, andere ihn mit Halil Sultan († 1409) und seiner Gemahlin Schad al Malik in Zusammenhang gebracht. Unserer Ansicht nach dürfte das Bauwerk in der Zwischenzeit, im 12. bis 13. Jahrhundert, erbaut worden sein; hierfür sprechen besonders die erwähnte Behandlung des Mauerwerks, das Fehlen von Glasuren und endlich die Formgebung der Inschrift.

Der dritte kleinere und gleichfalls sehr zerstörte Turm befindet sich innerhalb von anderen Ruinen auf dem felsigen Hügel östlich vom Ruinenfelde (G). Er ist achteckig, zeigt auf den Seiten Flachnischen und ein Stalaktitengesims als Krönung. Abgebildet ist er bei Jackson (a. a. O. S. 435). Über die Datierung dieses kleinen Bauwerks möchte ich mich, da ich es nicht untersucht habe, eines Urteils enthalten.

Keramische Funde (Abb. 61—64)

Innerhalb des Ruinenfeldes fanden die Einwohner von Schah Abdul Azim, wenn sie zur Bewässerung ihrer Felder Kanäle anlegten, Scherben und in seltenen Fällen intakte keramische Objekte, die bald die Aufmerksamkeit von Kunstkennern auf sich zogen. Die Schätzung, die diese Rhages-Ware in den letzten Jahren auf dem Kunstmarkt gewonnen hat, brachte es mit sich, daß jetzt der Boden der ehemaligen Stadt danach durchwühlt wird. Es ist zu hoffen, daß eine systematisch vorgenommene Untersuchung des Ruinenfeldes in nicht allzu langer Zeit diesem Raubwesen ein Ende macht.

Es handelt sich um zwei Arten von Tonwaren. Die eine Sorte zeigt auf gelblichgrauem Scherben mit deckendem

Abb. 59. Rhages, Grabturm, aufgen. vor der modernen Restaurierung

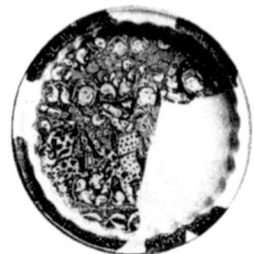

Abb. 64. Lüstrierter Teller, vermutlich aus Rhages, (Kaiser Friedrich-Museum, Berlin)

Abb. 62. Lüstriertes Fayencegefäß, gefunden in Rhages (Sammlung F. Sarre, Berlin)

weißem Anguß eine Bemalung mit stumpfen Farben (in schwarz, grau, hell- und dunkelblau, eisenrot und weiß), zu der manchmal eine nur leicht aufgebrannte Vergoldung hinzugefügt ist. Die Umrisse der Muster sind in roter Farbe vorgezeichnet. Die Gefäße selber sind meist kleine tiefe Schüsseln (Abb. 61), gezackte Teller, Schalen usw.; die Muster zeigen neben figürlichen (Reiter-, Thron- und Jagdszenen) auch ornamentale Motive, meist geometrischer Art. Vor allen anderen sind die Gefäße mit türkisblauem Hintergrund bemerkenswert. Auch Fliesen, die zu dieser Gruppe gehören, kommen vor, bei denen der türkisblaue Grund durch rote und weiße Tupfen belebt ist.

Häufiger als diese verhältnismäßig seltene Gattung der Rhages - Fayencen sind die mit Goldlüster bemalten Gefäße, bei denen auch wiederum das Figürliche eine große Rolle spielt. Hier bildet statt des Angusses die weiße, fertig gebrannte Zinnglasur den Malgrund, auf den die Lüsterfarbe gebracht und in einem schwächeren Feuer eingebrannt wird. Bei dieser Gruppe der im Schutt von Rhages gefundenen Lüsterfayencen handelt es sich in erster Linie um Gefäße, unter denen wiederum hohe Vasen, die in der Form den italienischen Albarellos gleichen, besonders geschätzt sind. Sie zeigen, meist aus dem Lüstergrunde ausgespart, Figuren, sitzende Frauen oder Tierfriese, die von flüchtig gemalten Arabeskenranken eingefaßt werden (Abb. 62).

Dann kommen bei der lüstrierten Rhages-Ware eine große Menge anders gestalteter und mannigfaltig dekorierter Gefäße vor, unter denen kleine tiefe Schalen, die im Spiegel flüchtig gezeichnete Reiterfiguren aufweisen, hervorzuheben sind (Abb. 63, 64).

Schließlich finden sich natürlich auch in Lüsterfarben gemalte Fliesen in Rhages, auf die wir an anderer Stelle eingehen werden. Überall ist die wahrhaft künstlerisch, impressionistisch ausgeführte Zeichnung bemerkenswert.

Abb. 63. Scherben lüstrierter Fayencegefäße, gefunden in Rhages (Sammlung F. Sarre, Berlin)

VERAMIN

Historisches

Südöstlich von Teheran und dem Ruinenfelde von Rhages liegt Veramin, 12 Farsak von der Hauptstadt entfernt. Das außerordentlich fruchtbare Gebiet umfaßt eine Reihe von Ortschaften, deren bedeutendste den Namen Veramin (eine Plural-bildung) trägt. Veramin, dessen Gründung die Tradition dem Helden Feridun zuschreibt, scheint unter den Seldschuken im 12. Jahrhundert und dann besonders nach der Zerstörung von Rhages durch Dschingiz Chan vom 13. bis zum 15. Jahrhundert, wie die Ruinen zeigen, eine Rolle gespielt zu haben. Noch

Schah Tahmasp I. soll die Stadt durch glänzende Bauten verschönt haben, bis sie dann infolge des Wachstums und der Bedeutung von Teheran mehr und mehr zurückging und verfiel.

Zitadelle

Der inmitten von Bäumen gelegene Ort Veramin macht sich schon von weitem durch eine gewaltige Zitadelle bemerkbar, eine quadratische aus Lehmziegeln errichtete Anlage, deren hohen Wänden halbrunde Türme vorgelagert sind, und die in weitem Umkreise von kleineren Türmen umgeben ist; ein niedriger Torweg führt in das Innere. Vielleicht ist dies Kastell identisch mit der Festung Tabarik, die im 11. Jahrhundert gegründet und nach Jakut von dem Seldschuken Togrul II. im Jahre 1192 zerstört worden ist.[1]) Derartige festungsartige Anlagen finden sich im ganzen nordöstlichen Gebiete Persiens; sie dienten bei den plötzlichen räuberischen Einfällen der Turkmenen, die bis zum Beginn des 19. Jahrhunderts die Bewohner der Hochebene in steter Angst hielten, als Zufluchtsstätten. An der ganzen von Teheran nach Chorasan führenden Heerstraße sind die Dörfer häufig festungsartig angelegt, oft wie hier hohe Kastelle bildend. Mme. Dieulafoy[2]), die in ihrem Buche Veramin eine eingehende Beschreibung widmet, möchte hier eine ältere, noch aus sassanidischer Zeit stammende Anlage erblicken, wofür ihr die Bauart ein Beweis ist. Die Lehmziegel des Kastells seien hier, was bei muhammedanischen Bauten nicht vorkäme, in feuchtem Zustande aufeinandergetürmt worden und bildeten deshalb eine kompakte Masse.

Imamzadeh Jahja und Grabtürme (Abb. 65, 66)

Von größerem Interesse als jene festungsartige Anlage sind für den Kunstfreund ein paar mittelalterliche Bauwerke Veramins, von denen eins, das Imamzadeh Jahja[3]), leider von uns nicht eingehend untersucht werden konnte, da man uns den Eintritt verwehrte. Der Bau (Abb. 65) besteht aus mehreren Teilen, vor allem einem verfallenen Eingangsportal und einem achteckigen Kuppelbau. Die Außenschale der niedrigen Kuppel ist in merkwürdiger Weise treppenartig abgestuft. Innerhalb der Umfassungsmauern sieht man dann noch ein achteckiges Gebäude mit hohem achtseitigen Spitzdach, das bei Mme. Dieulafoy mit Recht die Erinnerung an das kleine Mausoleum des Jusuf Ibn Kutaijir in Nachtschewan vom Jahre 1162 wachruft. Ohne Verwendung von farbigglasierten Fliesen besteht die Außendekoration des

[1]) G. Le Strange: The Lands of the eastern Caliphate. Cambridge 1905. p. 217.
[2]) a. a. O. p. 140 ff. Abbildung p. 143 und X. Hommaire de Hell: Voyage en Turquie et en Perse. Paris 1859. Pl. 93.
[3]) Abb. J. Dieulafoy a. a. O. p. 147.

Abb. 65. Veramin, Imamzadeh Jahja

Grabturmes, soweit wir sehen konnten, aus einer Flächenmusterung, die durch die Zusammenstellung von mehr oder weniger stark hervortretenden Ziegeln erreicht wird, und die für die Bauten seldschukischer Zeit des 12. Jahrhunderts charakteristisch ist. Mehr noch wie das Äußere erregte die Innendekoration bei der französischen Forscherin lebhaftes Interesse. Hier sah sie die Wände, die Gebetsnische und das Grab des Heiligen in prächtiger Weise mit kostbaren Lüsterfayencen bedeckt. Dieser reiche Schmuck ist dem Heiligtum erst in späterer Zeit, im Jahre 661 d. H. (= 1262 n. Chr.) zur Zeit des Hulagu (1256—65) hinzugefügt worden. Wir werden weiter unten auf diese Fliesen zu sprechen kommen.

Wohl dem Ende des 12. oder dem Beginn des 13. Jahrhunderts gehört ein von uns nicht gesehener und vielleicht schon verschwundener, achteckiger Turm an, dessen Seitenflächen Flachnischen zeigen, und dessen Mihrab von einer Inschriftborte aus blauen, in den Stuck gebetteten Buchstaben umgeben gewesen sein soll.[1])

Ein zweiter Grabturm, „Minare" genannt (Abb. 66), erinnert an den noch erhaltenen Turm von Rai (Abb. 59). Achtundzwanzig vorspringende Kanten umgeben hier den Zylinder, dessen Dach kegelförmig aufsteigt, und, wie man an der Spitze noch erkennen kann, durch zackige Bänder gemustert war. In den Stalaktiten, die der Kanten oben abschließen, finden sich Einlagen von hellblauen Fayenceziegeln. Der Eingang, dem in einiger Entfernung ein in Trümmern liegendes besonderes Portalgebäude vorgelagert ist, zeigt eine rechteckig umrahmte Portalnische mit Spitzbogentor. Das Bauwerk dürfte ebenso wie der Turm von Rai im 12.—13. Jahrhundert errichtet worden sein.

Masdschid Dschuma (Taf. XVIII—XIX, LIV—LVI; Abb. 67—73)

Außerhalb des Ortes, inmitten von Feldern, liegt die Ruine der Masdschid Dschuma von Veramin (Abb. 67). Ihre Untersuchung bereitet keine Schwierigkeiten, da die Moschee nicht mehr benutzt wird. Fast die Hälfte der Anlage ist vollständig zerstört, und die Ziegel der eingestürzten Mauern sind von den Einwohnern fortgeschleppt worden.

Es ist ein bedeutendes Bauwerk von 66 m Tiefe und 43 m Breite, dessen Mitte ein quadratischer Hof (24,75 qm) einnimmt (Abb. 68). An den Grundriß der Moschee Ibn Tulun in Kairo erinnernd, umgeben den Hof Pfeilerarkaden, die sich in kielbogenförmigen Tonnengewölben öffnen (Abb. 69). Dadurch, daß die mittleren

[1]) Abb. bei J. Dieulafoy a. a. O. p. 148, 149.

Abb. 66. Veramin, Grabturm

der fünf Kielbogenöffnungen an Breite und Höhe die vier seitlichen überragen, erhält die Anlage eine kreuzförmige Gestaltung.

In der 20 m tiefen Eingangsseite springt aus der durch Flachnischen belebten Fassade ein massiger Portalbau vor, dessen hohe Nische im Kielbogen geschlossen ist (Abb. 70, 71). Ein niedriger Torweg führt weiter in einen rechteckigen Raum, zu dessen Seiten, wie man aus zwei noch erhaltenen runden Räumen schließen kann, früher wohl zwei jetzt verschwundene Minarets gestanden haben. Hierauf öffnet sich nach dem Hof zu ein tiefer Liwan, dem zwei gleich große Liwane an den anschließenden Hofseiten entsprechen. Auf der gegenüberliegenden Seite aber weitet sich die Nische zu einem höheren und breiteren Portal, von dem drei Eingänge in den quadratischen Gebetsraum führen (Taf. LIV). Durch Stalaktiten in den Ecken, die auch die äußere Nischenwölbung bilden, wird hier der Übergang vom Quadrat zum Achteck vermittelt; im Achteck steigt ein hoher Tambur, mit schmalen Fensteröffnungen auf jeder Seite, empor und wird von einer Kuppel gekrönt. Alle Bogen haben die Form des gestelzten persischen Kielbogens, der bei seinem Ansatz um

Abb. 67. Veramin, Masdschid Dschuma, Außenansicht

die Breite eines Ziegelsteines über die Fläche der Pfeiler hervortritt. Während die Außen- und Hoffassaden Verblendmauerwerk oder reiche Dekoration mit glasierten Ziegeln aufweisen, zeigt das Innere der Arkaden einen Überzug von Putz und unterhalb der Kielbogen in Kämpferhöhe eine in Stuck geschnittene durchgehende ornamentale Borte. Im einzelnen mögen dann hier noch die Dekoration des Portals und des Gebetsraums besprochen werden.

Bei dem Eingangsportal, das Abb. 70, 71 wiedergeben, bilden schmale Ziegelstreifen die Umrahmung für einen reichen Flächenschmuck, der die Zwickel über den Kielbögen, die Nischen und ihre Stalaktitenwölbung, die Pfeiler, das Rund des Wulstbandes usw. bedeckt. Hier sind in den Stuckgrund hell- und dunkelblau glasierte Fliesen eingebettet, die in schmalen Streifen netzartige geometrische Muster bilden. Auch die Inschrift über dem Toreingang setzt sich aus hellblau glasierten, in den Stuckgrund gebetteten Buchstaben zusammen.

Noch reicher ist das Hofportal (Taf. LIV, LV a) gestaltet. Im Gegensatz zu den oberen Teilen der Portalnische, deren von kräftigen Stalaktiten eingefaßtes Mittelfeld ein geometrisches Muster in unglasierten Ziegeln aufweist, ist der untere Teil

der Nische vollständig mit Putz bekleidet. Auch die umrahmenden Pfeiler und Einfassungen imitieren Ziegelwerk mit breiten, ornamentierten Fugen. Eine prachtvolle, in Stuck geschnittene Inschrift läuft horizontal über die Durchgangsöffnungen weg, zwischen zwei zierlichen Borten, die wieder von verschieden gestalteten Stuck-Füllungen mit Einlagen von glasierten Fliesen umgeben sind. Die Seitenwangen zeigen ein Muster, das die bekannte Zusammenstellung von achteckigen Sternen und Kreuzen imitiert. Der Schaft der Ecksäulen ist mit einem geometrischen Muster aus hellblau glasierten und aus einfach gebrannten Ziegeln bedeckt und trägt ein zierliches Kelchkapital.

Von außerordentlichem Reichtum ist die Innen-Dekoration des quadratischen Gebetsaales (Taf. LV b, LVI, Abb. 72, 73). Wir folgen in der Beschreibung Hommaire de Hell, der seinen Zeichnungen des Bauwerks eingehende Erläuterungen hinzugefügt hat (IV. p. 407/8). In der Höhe des Haupteingangs umgeben den Raum über die niedrigen Seiteneingänge fortgeführte Flachnischen, die rechteckig umrahmt, im Kielbogen geschlossen und mit Fayencen gemustert sind. Darüber läuft um den ganzen Raum eine 80 cm hohe, in Stuck geschnittene Inschrift, die von Ranken durchsetzt und von Borten eingefaßt ist. Darüber wird durch Stalaktitenwerk in den Ecken der Übergang vom Quadrat zum Achteck und dann zum Sechzehneck hergestellt. Der ganze untere Teil des Raumes bis zur Höhe der Inschrift ist mit geschnittenem Stuckwerk bedeckt. Über der Inschrift ist das Ziegelmauerwerk überall sichtbar. Die Mitte der Kuppel nimmt eine prachtvolle, in Mosaik ausgeführte Rosette ein. Gegenüber dem Eingang bezeichnet eine Kielbogennische innerhalb einer rechteckigen Umrahmung die Richtung nach Mekka, den zierlich ausgeführten Mihrab. Hier sind die mannigfaltigsten und zierlichsten, in Stuck kunstvoll geschnittenen Dekorationen vereinigt. Die innere umrahmende Hohlkehle enthält auf prachtvollem Arabeskengrunde eine große kufische Inschrift, der am äußeren Rande eine zweite kleinere hinzugefügt ist. Umrahmt wird diese rechteckige Nischendekoration von einem breiten Streifen, der von schmalen Ornamenten und Schriftborten eingefaßt, phantastisches Arabeskenwerk in hohem Relief enthält. Diese Palmettenranken, deren Mittelglieder an Pinienzapfen erinnern, deren Blüten- und Blattformen durch ein minutiöses Muster für sich noch einmal dekoriert sind, haben wir am Mihrab von Marand schon einmal kennen

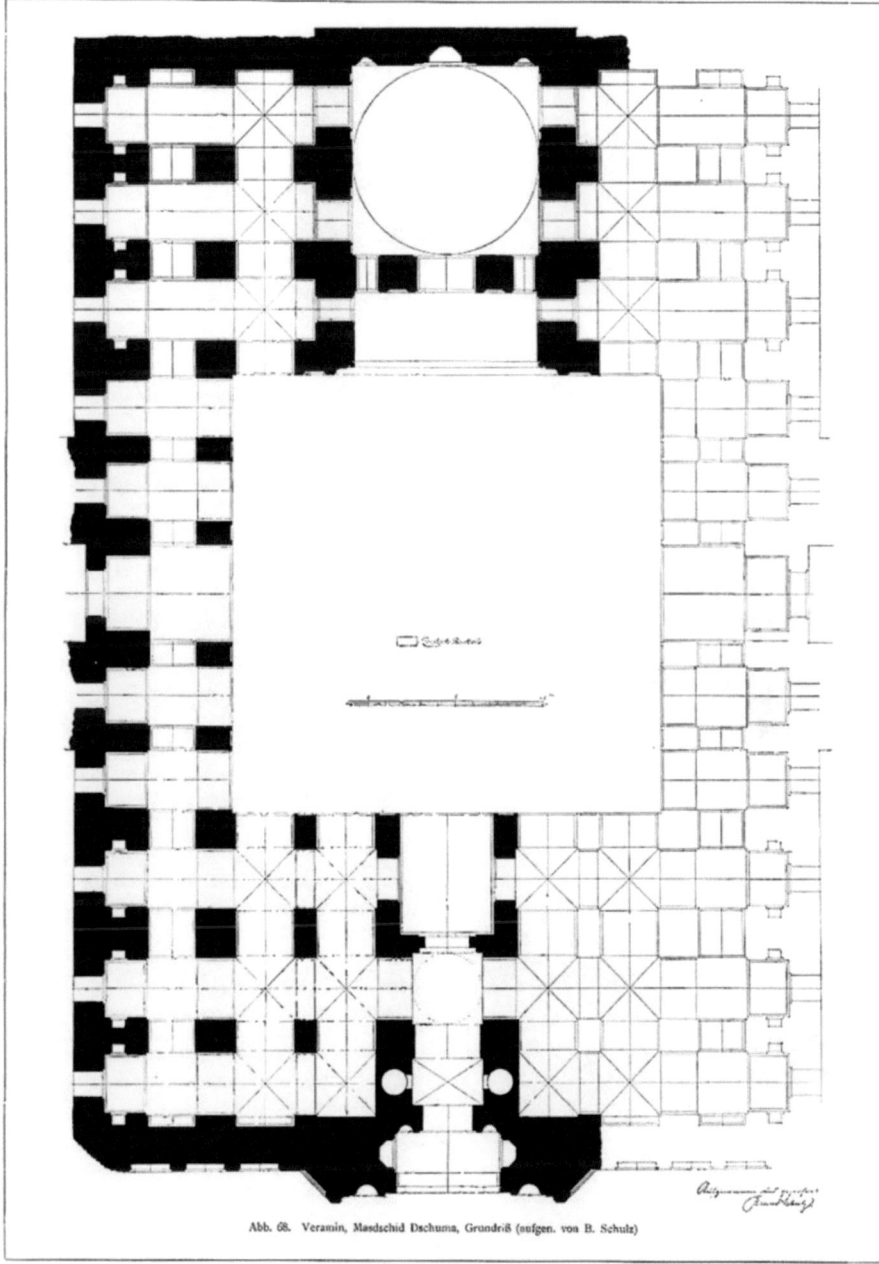

Abb. 68. Veramin, Masdschid Dschuma, Grundriß (aufgen. von B. Schulz)

Abb. 69. Veramin, Masdschid Dschuma, Hof mit der Innenseite des Hauptportals

gelernt. Noch reicher als diese ist eine zweite, gleich breite Umrahmung, die aber nicht durchgehend verlauft, sondern durch schmale Borten in verschiedene Felder geteilt ist. Hier finden wir nun zum Teil auch Felder mit ganz naturalistisch gebildeten Blumen: vollaufgeblühten Rosen oder Paonien, die sich von einem Gitterwerk von Zweigen und Blüten abheben. Die ganze Dekoration ist im starken Relief auf Licht- und Schattenwirkung hin komponiert und in ihrer Schönheit bei künstlicher Beleuchtung ehemals wohl noch mehr zur Geltung gekommen, als heute. Ein ostasiatischer, chinesischer Einfluß ist in dieser Blumendekoration unverkennbar.

Entsprechend den beiden kleineren Toreingängen enthält die Mihrabwand noch zwei weitere halbkreisförmige Nischen, deren Stuckbekleidung Ziegelmauerwerk mit ornamentierten Fugenzwischenräumen imitiert. Die Wandfläche über diesen

Nischen zeigt in Flachnischen noch reichere Dekoration. Blaue sechseckige Fliesensterne sind derart aneinandergelegt, daß vertiefte dreieckige Zwischenfelder frei bleiben (Taf. XVIII bis XIX d). In den aus dreieckigen Fliesenstückchen am Rande gebildeten Sternen ist dann die Mitte in Form eines inneren sechsstrahligen Sternes kerbschnittartig gebildet, und dessen Mitte wiederum mit einem rötlichen Stuckpfropfen gefüllt. Ähnlich kompliziert ist eine kufische Schriftborte gestaltet, die die Toröffnung an den beiden Seitenwänden rechteckig umrahmt. Die Buchstaben sind aus behauenen, unglasierten Ziegeln zusammengesetzt und heben sich in Relief von einem Hintergrunde ab, der wiederum ein komplizierteres Fliesenmuster zeigt (Taf. XVIII—XIX e, Abb. 73). Kleine hellblaue sechseckige Fliesen sind hier wieder derart mit den Ecken aneinandergereiht, daß dreieckige Zwischenfelder übrig bleiben; diese Zwickel aber sind hier nicht leer und vertieft gelassen, sondern mit dunklen, kobaltblauen Fliesenstückchen gefüllt. Die hellblauen Sechsecke sind dann wieder durch Auskratzen der Glasur gemustert, teils durch Sterne im kleineren Sechseck, teils durch einen graziösen Dreistrahl, der sich von der Mitte aus in die Ecken streckt, oder durch andere polygonale Formen geometrischer Natur.

Wir haben in der Stuckdekoration des Mihrab eine große Verwandtschaft mit dem Mihrab von Marand konstatieren können, der laut einer Inschrift von dem mongolischen Ilchan Abu Said (1316—1335) errichtet worden ist. Denselben Fürsten und das Datum der Vollendung 722 d. H. = 1322 n. Chr. nennt die Torinschrift am Hauptportal unserer Moschee. Der Inhalt zweier Inschrifttafeln am Hofportal scheint hiermit im Widerspruch zu stehen. Diese Inschriften besagen, daß die Moschee unter der Regierung des Timuriden Schah Ruch (1404—1447) durch seinen mächtigen Minister Jusuf Chadscha im Jahre 815 d. H. = 1412 n. Chr. gebaut worden sei. Wahrscheinlich handelt es sich hier nur um eine Wiederherstellung; denn die ganze Dekoration des Bauwerkes trägt unzweideutig den Charakter des beginnenden 14. Jahrhunderts, der Zeit Abu Saids. Hommaire de Hell berichtet, daß die Moschee nach einer Inschrift, die man entfernt und in einem Imamzadeh untergebracht hätte, aus dem Jahre 1366 oder 1368 stamme. Wahrscheinlich handelt es sich hierbei um die Erbauung dieses Imamzadehs selbst und nicht um eine aus der Moschee verschleppte Inschrift.

Abb. 70. Veramin, Masdschid Dschuma, Hauptportal

Abb. 71. Veramin, Masdschid Dschuma, Detail vom Hauptportal

Die Inschriften, untersucht von Martin Hartmann

A. Hofportal. Die am Fries der hufeisenförmigen Torhalle laufende Inschrift besteht aus zwei Reihen, die untere
in gewöhnlicher größerer Neschischrift, die obere in kleinerer
archaisierender Schrift; sie beginnt rechts; die untere Reihe
zeigt Koran 62, 9 und 10; die obere enthält wahrscheinlich
auch eine Koranstelle.

Außerdem sind zu beiden Seiten der
Tür dicht unter dem mittleren Stück des
Frieses zwei viereckige Inschrifttafeln an-
gebracht:

a) rechts: „Gebaut wurde die Kathe-
drale unter der Regierung des erhabenen
Sultans . . . . Schah Ruch, Gott schenke seiner
Regierung Dauer!"

b) links: „Durch den Eifer des erhabenen
Emirs . . . . Gijat addaule waddin Jusuf
Chadscha (Chawadscha) . . . . . im Monat
Muharram des Jahres 815."

Unter jeder der zwei Inschrifttafeln befindet sich eine andere viereckige Tafel mit
Spitzbogenverzierung; in dem Spitzbogen ist
das schiitische Glaubensbekenntnis (d. h. das
gewöhnliche mit dem Zusatz: „Ali ist der
Heilige Gottes") in stark stilisierter Weise,
reihenweise geordnet, angebracht.

Die Jahreszahl 815 ist nicht durchaus
sicher. Schah Ruch regierte 807 (1404) bis 850 (1447). Quatremère hat in Notices et Extraits Bd. 14 über Schah Ruch
gehandelt, dort ist auch sein gewaltiger Minister Jusuf Chadscha erwähnt.

B. Hauptportal. Inschrift des Architravs über der Tür:
„Die Erwähnung des Alten steht höher und hat vorzugehen!
Es befahl den Bau dieser gesegneten Moschee unter der Re-
gierung des erhabenen Sultans . . . . . Abu Said Behadur

Abb. 72. Veramin, Masdschid Dschuma, der Mihrab und andere Details aus dem Gebetraum (nach X. Hommaire de Hell)

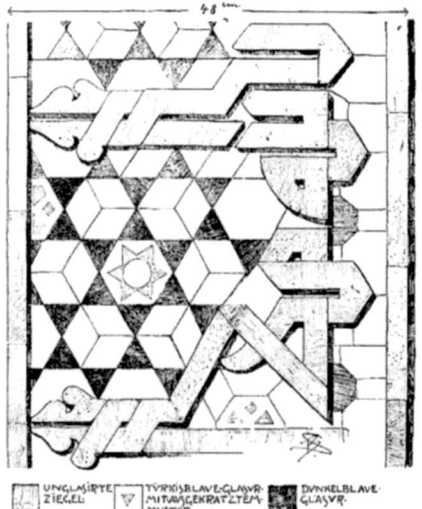

Abb. 73. Veramin, Masdschid Dschuma, Schriftborte im Gebetraum
(aufgen. von B. Schulz)

<table>
</table>

UNGLASIRTE ZIEGEL · TVRKISBLAVE·GLAVR· MIT AVSGEKRATZTEM MVSTER· DVNKELBLAVE· GLASVR·

Chan, ... der geringe Knecht Muhammed ibn Muhammed ibn Mansur al Kuharni (dieser Name sehr zweifelhaft), schenke Gott ihm seine Gnade! durch den Eifer seines Sohnes und Nachfolgers al Hasan ibn Muhammed, Gott lohne ihm den Eifer! in den Monaten des Jahres 722 (begonnen 20. Januar 1322)".

Anhang

Die persischen Lüsterfliesen des Mittelalters
(Taf. LVII—LVIII; Abb. 78—88)

In der altorientalischen Kunst, bei den Babyloniern, Assyrern und Persern spielt die Keramik in der Baukunst eine bedeutende Rolle; vor allem in den aus glasierten Ziegeln zusammengesetzten Wandbekleidungen, die sowohl ornamentale wie figürliche Muster wiedergeben. Die farbigen Glasuren liegen hier zwischen Schutzrändern. Auch Gefäße wurden in dieser Weise mit mehrfarbigen Glasuren verziert. Für die babylonisch-assyrische Epoche haben die von der Deutschen Orient-Gesellschaft in Babylon und Assur unternommenen Ausgrabungen, für die persische Epoche die älteren und jüngeren französischen Unternehmungen in Susa wertvolles Material zu Tage gefördert.

Für die folgende parthische Epoche (3. Jahrh. v. Chr. bis 3. Jahrh. n. Chr.) ist bisher nur die einfarbige Glasur und zwar nur für Gefäße, Sarkophage usw. nicht für die Architektur nachweisbar; über die keramischen Erzeugnisse der Sassanidenzeit (3.—7. Jahrh.) sind wir bisher noch weniger orientiert. [1]

[1] Die Resultate meiner im Winter 1907/8 vorgenommenen Untersuchungen auf den mesopotamischen Ruinenstätten sassanidischer und frühislamischer Zeit können an dieser Stelle nicht mehr Berücksichtigung finden und bleiben einer späteren Veröffentlichung vorbehalten.

Die gewaltigen Gewölbebauten der Sassaniden, aus Bruch- und Ziegelsteinen errichtet, sollten als Raumschöpfungen für die islamische Architektur vorbildlich werden; ihr Schmuck bestand in einer reichen, plastischen, wahrscheinlich farbig bemalten Stuck- und Gipsdekoration. Daß hier auch, wie in den älteren Epochen, für die Bekleidung der Wände glasierte Fliesen verwandt worden sind, dafür fehlt bisher jede Spur.

Wie in der persisch-islamischen Backstein-Architektur anfangs die Ziegel-Ornamentik mit ihrer nur auf Licht und Schatten beruhenden Wirkung auftritt, wie dann seit dem 12. Jahrhundert die farbig-glasierten Ziegel aufkommen, wie sie erst in einer Farbe und beschränkt verwandt werden (z. B. bei den Bauten von Nachtschewan), wie sich dann nach und nach dieser Schmuck ausdehnt und an Umfang zunimmt, bis schließlich die Bauwerke vollständig mit einem Mosaikmuster aus mehrfarbig glasierten Fliesen bekleidet werden, wird in den hier behandelten Denkmälern gezeigt werden. „Wie in so vielen Dingen, welche die Künste und Wissenschaften des Orients betreffen, müssen wir auch hier den Islam selbst als den Schöpfer, vielleicht richtiger als den Regenerator betrachten." Dieses Wort Karabaceks[1]) trifft in seinem letzten Teile auch in diesem Falle zu. In der islamischen Epoche Mesopotamiens und Persiens lebt die uralte orientalische Kunst des farbig-glasierten Wandschmuckes, die Jahrhunderte lang geruht hatte, von neuem auf und erlebt, sich stetig vervollkommnend und bereichernd, eine ungeahnte Blüte. Techniken, die die altorientalische Kunst noch nicht gekannt hatte, und die bis zum heutigen Tage in der Keramik eine Rolle spielen sollten, verdanken erst der islamischen Zeit ihre Entstehung, so die Verzierung von Tongeräten und Ziegeln mit metallisch schillernden Farben (reflet métallique, metallic lustre).

Das religiöse Moment, das es ja allein vermochte, aus allen verschiedenen, dem Islam unterworfenen Ländern in vielen Beziehungen ein Ganzes zu schaffen, spielt bei dieser Erfindung unseres Erachtens eine nicht zu unterschätzende Rolle. Gold- und Silbergeräte waren nach den Vorschriften des Islams verpönt; denn sie sind, wie Muhammed verkündete, der Lohn der Seligen, und wer sich ihrer auf Erden bedient, kommt nicht in das Paradies; während das beste Trinkgefäß aus Holz oder Ton besteht, da es am nächsten zur Demut führt.[2]) Es ist begreiflich, daß man sich bemühte, einen Ersatz für die verbotenen Kostbarkeiten zu schaffen, die im vorislamischen Orient, z. B. am Hofe der Sassaniden-Fürsten, eine so große Rolle gespielt hatten, und in denen das Kunstvermögen der Zeit wohl am besten zum Ausdruck gekommen war. Die lüstrierten Fayencegefäße, ebenso wie die emaillierten und goldgemalten Gläser, die silber- und goldtauschierten Metallgeräte, sind eine Folge jenes religiösen Verbotes; in diesen kunstvollen Techniken, die den einfachen Tongefäße, dem Glase und dem unedlen Metallgeräte den Schimmer und den Glanz des verpönten echten Materials zu verleihen, es zu ersetzen vermochten, hat der muhammedanische Orient Unübertreffliches geleistet.

Während für die tauschierten Metallgeräte mit ziemlicher Sicherheit Nordmesopotamien als erstes und vornehmlichstes

[1] Zur vorislamischen Keramik. Separat-Abdruck aus der „Österr. Monatsschrift für den Orient". S. 1.

[2] Karabacek in der eben angeführten Schrift. S. 7.

Herstellungsgebiet in Frage kommt, während die emaillierten Gläser syrischer Herkunft sind, liegt die Frage nach dem Ursprung der Technik bei den Lüsterfayencen schwieriger. Sie waren nachweislich schon im 12. Jahrhundert über die gesamte islamische Welt, von Persien bis nach Spanien verbreitet. Als kostbare fremdländische Erzeugnisse finden wir Schalen mit Goldlüster in italienischen und französischen frühromanischen Bauwerken eingemauert; im Orient selbst haben die Schutthaufen von Fostat (zerstört 1168) in Ägypten und die Ruinenstätte von Rhages in Persien (zerstört 1212) lüstrierte Fayencen in großer Menge zutage gefördert. Ist der Ursprung dieser Technik in Ägypten oder in Persien zu suchen, oder kommt auch hier wieder das Zweistromland mit seiner von babylonischer und assyrischer Kunst stammenden Tradition in Betracht?

Mit Lüster dekorierte Tongefäße, die in der letzten Zeit (1905) zum Vorschein gekommen sind und nachweislich aus Syrien oder Mesopotamien stammen, zeigen in der Dekoration und in der Form der Schriftzeichen Eigenheiten, denen zufolge man sie dem 10.—11. Jahrhundert zuschreiben muß.[1] Sie sind ein weiterer Beweis für die von mir schon früher[2] ausgeführte Annahme, daß die Technik der Lüstrierung im dritten bis vierten Jahrhundert der Hedschra in Syrien-Mesopotamien entstanden ist, um sich dann von hier aus nach dem Osten, nach Persien, und nach dem Westen, nach Ägypten und Spanien, zu verbreiten.

Die größte Verwandtschaft mit diesen Lüstergefäßen und mit anderen, die in Rakka am Euphrat gefunden werden,[3] zeigen die lüstrierten Fliesen der Moschee Sidi Okba in Kairuan (im heutigen Tunis). Sie schmücken die den Mihrab umgebende Wand und sollen im Jahre 894 n. Chr. auf Befehl des Fürsten Ibrahim ibn el Aglab teils von Bagdad importiert, teils durch einen Bagdader Töpfer, den sich der Fürst kommen ließ, in Kairuan selbst hergestellt worden sein.[4]

Diesen Kairuaner Fliesen ist jüngst[5] ihr hohes Alter abgesprochen worden; aber es läßt sich nicht leugnen, daß sie in der Dekoration mit den erwähnten lüstrierten Gefäßen und mit anderen nicht viel später entstandenen Denkmälern Mesopotamiens übereinstimmen. Sie zeigen mit breitem Pinselstrich angelegte einfache geometrische Muster. Den Hintergrund bilden meist zarte, mit der Feder gezeichnete Füll- und Streuornamente, von denen sich Felder mit Arabesken-Mustern abheben, die im Charakter mit den Ornamenten der oben erwähnten Gefäße und mit mesopotamischen Stuckdekorationen die größte Verwandtschaft haben. Wir erinnern vor allem an die in der Zeichnung übereinstimmenden Palmetten in den Fliesen und in den Stuckpanneaus von Makam Ali, das nicht jünger wie aus dem 10.—11. Jahrhundert sein kann.[6]

Auf dem persischen Hochlande finden wir die lüstrierte Fliese erst seit dem 12. Jahrhundert. Bei ihrer Herstellung

kommt ein zweimaliger Brand des Scherbens zur Anwendung. Nachdem im ersten Brand die weiße Zinnglasur eingebrannt worden ist, wird der Goldlüster aufgetragen und in einem zweiten, schwächeren Brande (Muffelbrand) fixiert. Der Lüster besteht, nach Davillier[1] und Borrmann[2], „aus einer einem Anhauch gleichenden, feinen Schicht von Kupferoxyd, das durch Beimischung von Silber den goldigen bis chamoisfarbenen Ton erhält und ohne diesen Zusatz rötlich kupfern erscheint; doch mögen die verschiedenen Farbennuancen auch auf zufällige Einwirkungen des Brandes zurückzuführen sein". So kommt es manchmal vor, daß bei einer zur gleichen Zeit hergestellten Fliesenkomposition die einzelnen Stücke in der Färbung des Lüsters nicht übereinstimmen. Bei der Datierung der Lüsterfliesen muß deshalb weniger auf die Farbennuancen, als auf das Ornament und seine Zeichnung geachtet werden.

Die lüstrierten Fliesen wurden nur als Wandbekleidung in der Innendekoration verwandt; vor allem in den Moscheen, Medressen und Grabtürmen. Es ist wohl nicht daran zu zweifeln, daß man sie auch in der Profan-Architektur benutzte, daß man auch die Empfangsräume der Paläste mit ihnen ausgeschmückt hat, doch haben sich Beispiele in mittelalterlichen Palastbauten auf persischem Boden nicht erhalten, und wir sind hier auf die Wiedergabe derartiger Bauten in der Miniaturmalerei angewiesen.

Unter den Wandfliesen unterscheidet man die polygonal und die rechteckig gebildeten Fliesen. Unter ersteren sind die Kreuz- und Stern-Fliesen die häufigsten; es sind achteckige, aus der Durchdringung zweier Quadrate entstandene Sterne, die mit ihren Ecken aneinandergereiht, liegende kreuzförmige Zwischenräume freilassen, die für die Gestaltung der dazugehörigen, die Flächenfüllung vervollständigenden Kreuzfliesen maßgebend geworden sind. Seltener sind dreistrahlige oder sechsstrahlige Sterne, deren Zwischenglieder im ersteren Falle unregelmäßige geometrische Formen, im letzteren Falle reguläre Sechsecke bilden; aber derartig komplizierte geometrische Muster sind den Kreuz- und Sternfliesen gegenüber von größter Seltenheit. Aus den üblichen aneinandergereihten achtstrahligen Sternen und liegenden Kreuzen wird nun der Innenraum sockelartig in einer Höhe von ungefähr 2—3 m bekleidet; den oberen Abschluß bildet dabei meist ein aus rechteckigen Fliesen zusammengesetzter Schriftfries. Die Abb. 74, einer Miniaturhandschrift des 16. Jahrhunderts entnommen, zeigt eine Palastarchitektur, mit verschiedenartigen Fliesenmustern. Die den Kielbogeneingang flankierenden Pfeiler sind mit einem geometrischen Muster aus quadratischen und länglichen sechsseitigen Fliesen, bedeckt; in den Zwickeln des Bogens sieht man sechsstrahlige Sterne und regelmäßige Sechsecke aneinandergereiht; der Sockel des Innenraumes besteht aus den üblichen Stern- und Kreuzfliesen, und die Kuppel endlich zeigt ein Muster aus Sechsecken, zwischen die rhombenförmige Fliesen eingeschoben sind.

Jede der strahlen- oder kreuzförmigen Lüsterfliesen ist mit einem abgeschlossenen Muster bedeckt, das in derselben Wanddekoration sich nicht notwendig auf jeder Fliese zu

[1] Diese im Kaiser Friedrich-Museum zu Berlin, im Louvre und in einer Privatsammlung zu Paris befindlichen drei Schalen sind behandelt und teilweise publiziert von Gaston Migeon: Trois faiences orientales lustrées. Fondation E. Piot 1906 und Manuel d'art oriental. II. Paris 1907. Fig. 230—232.
[2] Jahrbuch der Kgl. Preuß. Kunstsammlungen. 1903, S. 103 ff.
[3] Über die von mir an einem Ort und Stelle untersuchte Keramik von Rakka bereite ich eine Veröffentlichung vor.
[4] H. Saladin, Les Monuments de la Tunisie. I. Paris 1899. La Mosquée de Sidi Oqba à Kairouan.
[5] A. J. Butler im Burlington Magazine. October 1907. p. 48 ff.
[6] F. Sarre: Makam Ali am Euphrat. Jahrbuch der Kgl. Preuß. Kunstsammlungen. 1908. S. 63 ff.

[1] G. Davillier: Histoire des Faiences Hispano-Moresques à reflets métalliques. Paris 1861.
[2] R. Borrmann: Die Keramik in der Baukunst. Stuttgart 1897. S. 59.

Abb. 74. Architektur mit Fliesendekoration; Miniatur aus einer persischen Handschrift des XVI. Jahrh. (Sammlung F. Sarre, Berlin)

wiederholen braucht, wenn auch die allgemeine Anordnung des Musters stets dieselbe bleibt.

Bei den Moscheeräumen, in denen sich ein derartiger Fliesensockel findet, ist dann auch regelmäßig die Gebetsnische aus Lüsterfayencen gebildet. Die Kostbarkeit dieser Fliesen hat es mit sich gebracht, daß wohl die meisten Lüstermihrabs zerstört und, leider zumeist in einzelnen Stücken, ins Ausland verkauft worden sind. Die noch auf persischem Boden vorhandenen Lüstermihrabs befinden sich in besonders heiligen Moscheen, die für den Ungläubigen unzugänglich sind. Ganz anders wie in der hauptsächlich für den Sockel verwendeten Flächendekoration mit ihrem sich in unendlichem Rapport wiederholendem Kreuz- und Sternmuster ist dabei die formale Ausbildung der in sich geschlossenen, die Richtung nach Mekka angebenden Gebetsnische. Hier verwendete man neben rechteckigen Platten Halbsäulen und Profilstücke. Für die Gestaltung der Gebetsnischen verweisen wir auf die oben behandelte Gebetsnische von Marand (Taf. XVII). Der nur in den Details variierende Aufbau zeigt stets eine mehr oder minder vertieft gestaltete kleine rechteckige Nische in der Mitte, in der eine an Ketten hängende Moscheelampe der typischen Form wiedergegeben ist. Die Umrahmung dieser Nische bildet eine Ädikula mit flankierenden Halbsäulen und giebelförmiger Bekrönung, die wiederum innerhalb einer größeren gleichgestalteten Ädikula angebracht ist. Das Ganze wird von einem karniesförmigen Schriftbande umschlossen (Taf. LVII—LVIII).

Mit den persischen Lüsterfliesen hat sich vor allem Henry Wallis beschäftigt; er hat in mustergültigen, mit vorzüglichen farbigen Abbildungen ausgestatteten Publikationen einen großen Teil des in den europäischen Sammlungen vorhandenen Materials veröffentlicht[1]. Mr. F. Ducane Godman in Horsham besitzt die reichhaltigste Sammlung persischer Lüsterfliesen; es folgen, abgesehen von dem mehr oder minder reichhaltigen Bestand in den meisten größeren europäischen Museen, die beiden Museen in London, das Musée des Arts décoratifs und der Louvre in Paris. Auch die von dem Verfasser aus Persien mitgebrachten und im Kaiser Friedrich-Museum ausgestellten Beispiele vermögen eine gewisse Übersicht über die Entwicklung dieses persischen Kunstzweiges zu geben.

Die frühesten Lüsterfliesen, die der Zeichnung wegen wohl noch in das 12. Jahrhundert zurückgehen, zeigen braungoldenen Lüsterton auf crèmefarbenem Grunde. Die Zeichnung ist aus dem lüstrierten Grunde ausgespart, und der Lüsterfond durch eingeritzte Spiralranken belebt. Als Beispiel mag ein sechsstrahliger Stern mit einem lebensvoll gezeichneten Jagdleoparden abgebildet werden[2] (Abb. 75).

Die früheste datierte Lüsterfliese, ein achtstrahliger Stern (Godman Coll. I. Pl. 1), trägt das Datum 614 d. H. (= 1217 n. Chr.) und zeigt, umgeben von einem Schriftbande, symmetrisch angeordnet, zwei Hasen und Ornamente, deren flotte Zeichnung an die der lüstrierten Vasen von Rhages erinnert. Der matte Lüsterton ist durch blaue Retouchen und eine Umrandung in der gleichen Farbe aufgehellt.

Eine weitere, durch Inschriften datierte Gruppe von Lüsterfliesen stammt nachweislich aus dem oben erwähnten Imamzadeh Jahja bei Veramin (Abb. 76). Es sind in ihren Abmessungen besonders große Kreuze und Sterne, bei deren Dekoration man von der Wiedergabe von Tier- oder Menschenfiguren abgesehen hat. Das von einer Schriftborte umgebene Muster zeigt aus dem Lüsterton ausgesparte, symmetrisch gezeichnete, sternförmig angeordnete Arabesken und Blattranken zwischen kleinen Streuornamenten. Mehrfach zwischen den frommen Sprüchen und Koranstellen des Randes mit dem Datum 661 d. H.

Abb. 75.
Lüsterfliese mit dem Bilde eines Jagdleoparden, um 1200 n. Chr.
(Sammlung F. Sarre, Berlin)

(= 1262/3 n. Chr.) versehen, sind diese Veraminfliesen anscheinend sämtlich von ihrem Standorte entfernt worden; wofür ihr häufiges Vorkommen in Sammlungen und im Kunsthandel spricht.

---

[1] Persian ceramic Art. The Godman Collection. I, 1891; II, 1894. — Notes on some early persian lustre Vases. I—III, 1885—89. — Typical Examples of persian ceramic Art. I—II, 1893. — The oriental Influence on the ceramic Art of the italian Renaissance, 1900.
[2] Ähnliche Stücke in der Sammlung H. Wallis, im Victoria- und Albert-Museum und im Louvre (The oriental Influence Fig. 35; Godman Coll. II. Fig. 12—14.)

Zu den wenigen, intakt nach Europa gebrachten Lüster-Mihrabs gehörte der in Abb. 77 wiedergegebene. Eine breite Hohlkehle mit einer Schriftborte in hellblauen Buchstaben schließt in rechteckigem Aufbau zwei ineinandergeschobene Säulennischen ein. Inschriften (Koransprüche) wechseln auch hier mit Arabeskenmustern ab. Die innere Nische zeigt eine Gebetslampe und darunter eine Inschrifttafel mit den (von E. Mittwoch übersetzten) Worten:

„Dieser Mihrab wurde verfertigt und mit Inschriften versehen von Ali ibn Muhammed ibn Abi Tahir im geehrten Monat Schaban des Jahres 661."

Die Gleichheit des Herstellungs-Jahres (1262 n. Chr) bei den soeben erwähnten Fliesen von Veramin und bei diesem Mihrab muß auffallen. Geht man der Verwandtschaft der Muster nach, so ist es wohl nicht angängig, die plastischen Arabeskenbildungen der Lünetten und Zwickelfelder des Mihrabs ohne weiteres mit den Flachformen der Fliesen zu vergleichen. Doch zeigen die Säulen mit ihren Kapitälen die weitgehendste Übereinstimmung mit den Mustern der Fliesen. Die gleichen hellen sarazenischen Zweiblätter und Palmetten heben sich hier wie dort von dunklem Grunde in feiner Umrißzeichnung ab, in gleicher Weise teils mit feinen Spirallinien gefüllt, teils leer gehalten. Und bei beiden Denkmälern ist der dunkle Grund mit feinsten hellen Punkten und Schnörkellinien belebt. Diese Übereinstimmung ist dann weiterhin auch im Grundmuster der Inschriftbänder zu erkennen; und von hier aus wird man auch in dem kleinen modellierten Füllsel der Miniatur-Dreiblätter und Palmetten, die sich zwischen die plastischen Arabesken der Lünetten legen, dieselben grundfüllenden Motive erkennen, wie bei den Fliesen.

Diese Übereinstimmung macht es wahrscheinlich, daß die ins Ausland gebrachte Gebetsnische auch aus dem Imamzadeh Jahja von Veramin stammt. Man wird bei der Entfernung der Fliesen nicht Halt gemacht und auch das Hauptstück dieser prächtigen Lüster-Dekoration aus dem Gebäude entfernt haben. Und vielleicht ist diese Beraubung des Grabmals der Grund gewesen, weswegen die Mollas unseren Eintritt in die Moschee ängstlich zu verhindern suchten. Man wollte die Fremden nicht wissen lassen, daß die Schändung des heiligen Ortes nicht einmal vor dem Mihrab halt gemacht hat.

Eine etwas später, vom Jahre 665 d. H. (1266/67), datierte Gruppe von Lüsterfliesen stammt wahrscheinlich aus dem von uns weiter unten erwähnten Imamzadeh Dschafar in Damgan (Abb. 78). Ein modernes persisches geographisches Buch, Matla el schems d. h. „Ort wo die Sonne aufgeht", (III. 273) berichtet:

„In dem Hofe, an dem Eingange, durch welchen man in das Innere des Mausoleums gelangt, befinden sich Inschriften aus einem Palast (Reste eines Palastes?), von welchen zwei Reihen Fayencen erhalten sind. Die südliche enthält grüne und antimonfarbige Fayencen; die im Norden, ungefähr ein Tulut hoch, hat außerordentlich schöne Fayencen nach Art der chinesischen und die Fayencen vom heiligen Grabe des Riza, der Frieden Gottes sei über ihm. Sie zerfallen in zwei Arten: von der einen, deren Steine (Ziegel) größer sind, sind acht Stellen da, von der

Abb. 77. Aus Lüsterfliesen zusammengesetzte Gebetsnische, dat. 1262/63 n. Chr., wahrscheinlich aus dem Imamzadeh Jahja in Veramin

Abb. 76. Lüsterfliesen aus dem Imamzadeh Jahja in Veramin, dat. 1262/63 n. Chr.
(Sammlung F. Sarre, Berlin)

kleineren Gattung zwölf Stellen. Diese Fayencen sind in Neschischrift mit einer deutlichen Feder mit persischen und arabischen Versen und Sätzen beschrieben und bemalt. Manche andere tragen farbige Bilder. Zu diesen Bildern gehören ein Bild des Löwen und der Sonne, des Elephanten und eines Reiters auf einer Kuh, das Bild eines Mannes und einer Frau zusammen, das Bild zweier Frauen, das Bild

Abb. 78. Lüsterfliesen mit Tierdarstellungen, dat. 1266/67 n. Chr.; wahrscheinlich aus dem Imamzadeh Dschafar in Damgan (Sammlung F. Sarre, Berlin)

eines Löwen, eines Wasservogels, eines Rhinoceros, von Fischen und Fischern, eines Wolfs, Kaninchens und zweier Tiger, die in der Mitte einen Kopf haben, einer Rose und das Bild von vier Frauen zusammen, einer Frau und eines Tigers getrennt, und Vögeln und Füchsen. Der Maler und Verfertiger dieser Fayencen war ein Chinese oder ein Inder. Auf einer Fayenceplatte, auf der das Bild des Löwen und der Sonne dargestellt ist, steht folgender Vierzeiler:

„Der Kummer wird durch Deine Güte eine Freude werden,

Das Leben wird durch Deinen Anblick ewig werden.

Sollte der Wind den Staub Deiner Straße nach der Hölle tragen,

So würde das Feuer (der Hölle) völlig das Wasser des Lebens werden.“

Ferner findet sich folgende Aufschrift:

„Halte Deine beiden Augen zusammen, damit Dein Herz gesehen werden könne,

Aus Deinem Blick wird die andere Welt gesehen werden;

Wenn Du aus Deinem eigenen Willen aufstehen möchtest,

Würde Dein Zustand gänzlich wahrgenommen (oder: angenehm sein).“

Geschrieben im Monat (es steht falschlich: in den Monaten) Schawwal des Jahres 665. (Dieses Datum wurde als Nachschrift geschrieben). Und acht Fayenceplatten (Fliesen) einer ganzen Reihe tragen eine Inschrift, das heißt auf einigen von ihnen ist ein Vierzeiler am Rande geschrieben und in der Mitte der Platte sind die

oben erwähnten Bilder; und auf jeder Platte, die einen vollständigen Vierzeiler hat, ist der übrige Raum beschrieben: „Genieße, was du hast, und wenn du kannst, noch mehr; und sei nicht über jeden Feind betrübt“. Der Vierzeiler, der wiederholt vorkommt, ist folgender:

„Du, meine Erwählte, weißt du, warum meine beiden unterdrückten Augen voll von Tränen sind?

Der Wunsch nach deinen Lippen bringt das Wasser aus dem Munde der Lider meines Auges hervor.“

Und du mußt wissen, daß diese Fayencen nicht von diesem Orte stammen; und es ist offenbar, daß sie von einem anderen Orte an diesen Ort gebracht wurden und hier aufgestellt (befestigt) worden sind“.[1])

Eine Gruppe von achteckigen lüstrierten Sternfliesen, von denen sich einige Exemplare in meiner Sammlung befinden, zeigt nun nicht nur die vom Matla el schems angeführten Zierdarstellungen, sondern auch das Datum (665 d. H.) und endlich auch die erwähnten Verse. Es unterliegt wohl keinem Zweifel, daß es sich bei dieser Gruppe um dieselben Fliesen handelt, die das Imamzadeh Dschafar in Damgan geschmückt haben. Auf den in Fig. 78 abgebildeten Fliesen kommen, abgesehen von den Versen und vom Datum, die Bilder von Wasservögeln, Fischen, Kaninchen und Füchsen vor; eine zu der gleichen Serie gehörende, nur halb erhaltene Fliese zeigt die phantastische Darstellung einer Moschee mit hohem Liwan; sie enthält einen Teil eines der erwähnten Verse und das Datum: „im gesegneten Monat Radschab des Jahres 665.“ Zur selben Gattung gehört ferner eine Fliese der Sammlung Godman mit Wasservögeln und demselben Datum 665 d. H. (Godman Coll. II, Pl, 18).

Diese Gruppe vom Jahre 665 d. H. ist nähe verwandt einer in der Zeichnung sehr ähnlichen, aber etwas freier komponierten vom Jahre 688 d. H. (= 1289 n. Chr.). Sie ist in meiner Sammlung durch zwei Stücke vertreten. Die nicht datierte Fliese (Abb. 79) zeigt im Bildfelde vor Rankenhintergrund ein liegendes Kamel; bei der datierten (Godman's Collection II, Pl. XVIII) finden sich dieselben Ranken, zwischen denen zwei Tauben angebracht sind. Auch hier kommen türkisblaue Retouchen vor. Die in Abb. 80 wiedergegebene große Fliese mit figürlicher Darstellung dürfte einer etwas früheren Zeit angehören.

Wohl dem Ende des 13. Jahrhunderts ist eine Gruppe von Sternfliesen zuzuschreibn, bei der statt des Schriftrandes ein dunkelblau gemalter, ornamentaler Rand das Bild umgibt. Eine mehrfach in Sammlungen vorkommende Serie von kleinen Fliesen, bei denen sitzende Figuren in den verschiedenen Stellungen des Gebets wiedergegeben sind, ist besonders interessant (Abb. 81). Die dazwischen liegende Füllung wird hier aus einfarbig glasierten, dunkelblauen Kreuzen gebildet. Es folgt diese Gruppe dem schon dem Beginn des 14. Jahrhunderts angehören muß, da Bruchstücke von ihr von mir in den Ruinen der Grabmoschee des Chodabende-Chan (1304 bis 1316; vgl. S. 18 ff.) in Sultanieh gefunden wurden.

Diese achteckigen Sternfliesen sind von einer ornamental behandelten Schriftborte[2]) umgeben, die sich aus Buchstaben

---

[1]) Übersetzt von Eugen Mittwoch.

[2]) Einige Male konnten Koran-Suren identifiziert werden.

Abb. 79. Lüsterfliesen mit liegendem
Kamel. dat. 1289 n. Chr. (Sammlung
F. Sarre, Berlin)

Abb. 82. Lüsterfliesen mit Figuren und Tierdarstellungen,
Anfang des 14. Jahrhunderts (Sammlung F. Sarre, Berlin)

Abb. 80. Lüsterfliese mit Figuren, Mitte
des 13. Jahrhunderts (Kaiser Friedrich-
Museum, Berlin)

zusammensetzt, die in blauem Grunde ausgespart und mit Lüster konturiert sind (Abb. 82). In der Mitte kommen teils ornamentale und pflanzliche Sternbildungen, teils figürliche Darstellungen vor, die wiederum aus dem Lüstergrunde ausgespart sind. Neben menschlichen Figuren sind für diese Gattung besonders Tiere charakteristisch, die oft zu Gruppen vereinigt sind und häufig den durch die Mongolen vermittelten chinesischen Einfluß verraten (Phönix, Drache usw.).

Eine sehr ähnliche, immerhin aber besonders zu nennende Abart dieser Gruppe ist jene, bei der der Rand der gleiche geblieben, das Mittelfeld aber zur Erhöhung der Leuchtwirkung leicht wellig gestaltet ist (Abb. 83). Charakteristisch sind hier Pflanzenstauden mit lappigen Blättern und päonienartigen Blüten, neben denen auch Sternblumen vorkommen; oft bildet ein fliegender Phönix die Mitte. Die dazugehörigen Kreuze sind gleichfalls in Relief gebildet und mit einer einfarbigen, hellblauen Glasur

eine genaue Darlegung kann in diesem Zusammenhange nicht gegeben werden. Die Feinheit und Akkuratesse der Zeichnung nimmt nach und nach ab; statt der Arabesken spielt die Blattranke in der angeführten Art als Hintergrund eine immer größere Rolle; das Relief tritt besonders häufig an Stelle der einfachen Flächenmalerei. Das kleine Innenfeld einer Gebetnische mit undeutlichen blauen Reliefbuchstaben auf hellem Lüstergrunde dürfte schon dem 14. Jahrhundert angehören (Abb. 84); ebenso ein paar in Relief gebildeter Friese mit schreitenden Tieren auf Rankenhintergrund (Abb. 85). Der charakteristisch aufgefaßte schleichende Tiger erinnert noch an altorientalische, assyrische Vorbilder, während das naturalistische Blattwerk schon in die Mitte des 14. Jahrhunderts weist. Eine Reliefplatte

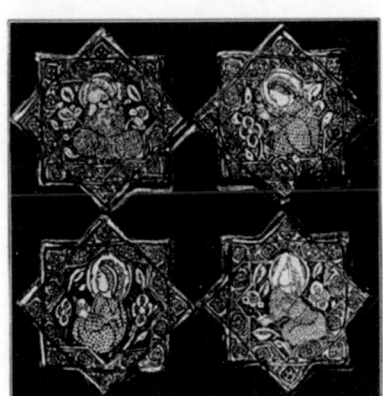

Abb. 81. Lüsterfliesen mit Figuren in Gebetsstellung, Ende des 13. Jahrhunderts (Sammlung F. Sarre, Berlin)

Abb. 83. Lüsterfliesen mit Tierfiguren und Pflanzen auf welliger Oberfläche.
1. Hälfte des 14. Jahrhunderts (Sammlung F. Sarre, Berlin)

überzogen; je eine sitzende oder laufende Tierfigur nimmt hier auf leichtem Rankenhintergrund die vier Kreuzarme ein.

Die spätere Entwickelung der Lüsterfliesen seit dem Beginn des 14. Jahrhunderts ist sehr schwer näher zu charakterisieren;

mit der Darstellung des auf die Jagd reitenden sassanidischen Königs Bahram Gur, ist mir in zwei Exemplaren bekannt.[1]

[1] Im Victoria and Albert-Museum und in meiner Sammlung. Abgeb. in Godman's Collection II. Pl. XXVI. Die Londoner Fliese soll von einem Schloß in Mazenderan stammen (Wallis); die andere wurde in Teheran erworben.

Abb. 86. Lüstertliese, Bruchstück eines Schriftfrieses

Abb. 84. Lüsterfliese, Mittelstück eines
Mihrabs, gefunden bei Sultanabad
(Sammlung F. Sarre, Berlin)

Abb. 85. Lüsterfliese mit schreitendem Tiger, 1. Hälfte des 14. Jahrhunderts (Sammlung F. Sarre, Berlin)

Außerordentlich fein in der Zeichnung ist das Bruchstück einer zu einer Gebetsnische gehörenden Schriftplatte (Abb. 86). Der Hintergrund der blauen erhabenen Buchstaben zeigt ein im Lüstergrunde ausgespartes Muster von Ranken, die in figürliche Gebilde auslaufen; man sieht Hasen-, Löwen-, Esel- und Drachenköpfe; auch ein Menschenfigürchen findet sich darunter. Der Hintergrund ist durch Schnörkel belebt.

Die Tafel LVII–LVIII bringt im unteren Teile eine besonders charakteristische Mihrabplatte des 14. Jahrhunderts. Die Schrift zeigt hierbei nicht mehr die geraden und strengen Formen der frühen Zeit, aber um so wirkungsvoller ist hier die Lüstermalerei. Im Grunde sind zarte Rollranken ausgespart mit federartigen, runden Blüten. Der erhabene Rand zeigt eine reiche in Relief ausgeführte Palmettenborte, die im Gegensatz zu dem Fond der Schrift in Lüster auf cremefarbigem Grunde gemalt ist.

Das Victoria und Albert-Museum bewahrt eine große und mannigfache Sammlung von lüstrierten Fliesen, deren Provenienz einige Male angegeben ist; so findet man Teile eines Mihrabs von Natenz, dessen braunroter Lüster mit

blauen Reliefornamenten bemerkenswert ist, und Teile eines anderen Mihrabs von Kum. Hier handelt es sich um einen Buchstabenfries, dessen Borte mit wappenartig zwischen Pflanzen angeordneten Vögeln besetzt ist (vgl. Godman Collect. II. Pl. VII). Mme. Dieulafoy gibt die Abbildung des mächtigen Lüster-Mihrabs der Meidan-Moschee von Kaschan (S. 206), der im Aufbau und Ornament mit dem Mihrab von Veramin große Ähnlichkeit hat. Wir selbst haben nirgends mehr in den persischen Moscheen Wanddekorationen und Gebetsnischen aus lüstrierten Fliesen vorgefunden; es scheint, daß die meisten derartigen Dekorationen, vielleicht mit Ausnahme besonders heiliger Stätten, abgebrochen und nach Europa verkauft worden sind.[1]

Zum Schluß mag nach dieser kurzen Übersicht über die in Lüsterfarben bemalten persischen Wandfliesen noch eine Gruppe erwähnt werden, bei der an die Stelle des Goldlüsters Blattgold getreten ist. Der Grund dieser Fliesen ist kobalt- oder türkisblau mit im Muffelfeuer eingebrannter Malerei von weißen Ranken und leichten Streuornamenten, während vor allem in Relief ausgeführte Teile, z. B. Schriftfriese, zinnoberrot umrandet und in der angegebenen Weise vergoldet werden. Auf Taf. LVII—XVIII ist das Bruchstück eines zu einem Mihrab gehörenden Schriftfrieses abgebildet. Den oberen Teil eines derartig dekorierten dunkelblauen Mihrabs zeigt Abb. 87. In engem Zusammenhange mit diesen Bruchstücken einer Gebetsnische steht eine Gattung von Stern- und Kreuzfliesen, bei denen sich das Muster aus dunkelblauen achteckigen Sternen und hellblauen Kreuzen zusammensetzt, und die wahrscheinlich den Sockel des Gebetsraumes bekleidet haben (Abb. 88). Die leicht gewellte Oberfläche enthält als Muster Rispenzweige mit zackigen Blättern, die Mitte der Kreuze markiert

Abb. 87. Oberteil eines Mihrabs, Relieffliese mit Goldmalerei auf
dunkelblauem Grunde, Mitte des 14. Jahrhunderts (Sammlung F. Sarre,
Berlin)

[1] Drei datierte kleine Lüster Mihrabs waren auf der orientalischen Ausstellung des Burlington Fine Arts Club im Jahre 1907 ausgestellt, aus dem Besitz von Mr. Preece (dat. 1264), Mr. Salting (dat. 1308) und Mr. Read (dat. 1310). Ein sehr schöner kleiner Mihrab befindet sich im Besitz von Mr. Arthur in Algier.

Abb. 88. Wandbekleidung
aus hell und dunkelblauen
Fliesen mit Goldmalerei
(Sammlung F. Sarre, Berlin)

ein fliegender Vogel. Derartige Fliesen kommen häufig im nord-westlichen Persien vor; wir fanden Bruchstücke z. B. im Schutt von Sultanieh, Tebriz und Kazwin, wo eine jetzt in Trümmern liegende Moschee eine solche Ausschmückung besessen hat.

Vielleicht stammt von hier der größte Teil der in europäischen Museen und Sammlungen vorhandenen blauen Fliesen mit Blattgoldmalerei, die künstlerisch von ganz besonderem Reiz sind und in der Wirkung die Lüsterfliesen wohl noch übertreffen.

KUM

Die Grabmoschee der Fatme (Abb. 89, 90)

Die Stadt Kum, auf der großen, vom Norden Persiens nach dem Süden, von Teheran nach Isfahan führenden Straße gelegen, war schon seit frühmuhammedanischer Zeit der Sitz schiitischer Araber, der Ali anhängenden Askaris. So wurde Kum ein Hauptort der Schiah.[1] 444 Nachkommen Alis und der Imame sollen hier begraben sein. Das be-rühmteste Grab und eins der Hauptheiligtümer des Landes ist das Mausoleum der Tochter des Imam Musa, der Fatme, die auf dem Wege zu ihrem in Tus weilenden Bruder, dem Imam Riza, hier im Jahre 818 starb. Diese weitläufige, auch als Bast (Asyl) berühmte, mit vielen Höfen versehene Moscheeanlage ist dem Fremden unzugänglich. Chardin, Tavernier und Le Brun haben sie beschrieben, ebenso Coste, der einen Grundriß der Moschee veröffentlicht. Die ältere Anlage wurde von Timur zerstört; was jetzt vorhanden ist, geht frühestens auf die Safidenzeit zurück, wo die Moschee zur Grabstätte der Fürsten wurde. Safi I., Abbas II., Sulaiman, Husain, Feth Ali Schah und Muhammed Schah sind hier beigesetzt, und die Safidenherrscher sowohl wie auch die der folgenden Dynastien haben es sich angelegen sein lassen,

[1] Houtum-Schindler; Eastern Persian Irak. London 1789 p. 56.

die heilige Grabstätte auszubauen und zu verzieren. Auf Feth Ali Schah geht die gewaltige vergoldete Kuppel zurück, die weithin leuchtet; und die merkwürdigen profilierten

Abb. 89. Kum und die Grabmoschee der Fatme, der Tochter des Imam Riza

Minarets sind noch jüngeren Datums; denn zur Zeit von Coste sind sie noch nicht vorhanden gewesen (Abb. 23). Dem eigent-lichen Gebetsraum, den jene Goldkuppel überdacht, ist eine hohe, auf Holzsäulen ruhende Halle vor-gebaut, auf die sich ein Spitzbogenliwan öffnet, der nach modern-persischer Dekorationsart mit einem Stalaktitenwerk aus Glasspiegeln verziert ist (Abb. 90).

Grabtürme vor dem Kaschaner Tor (Tafel LIX—LX; Abb. 91)

Kunsthistorisch von größerem Interesse sind einige ältere Denkmäler, die aus den Schutt-haufen des einst bedeutenden Ortes hervor-ragen, vor allem vier vor dem Kaschaner Tore gelegene Imamzadehs, Grabmäler von Heiligen. Sie haben die gleiche Form: Auf einem achteckigen, mit Flachnischen versehenen Unterbau erhebt sich ein sechzehneckiger, gleichfalls mit Flachnischen verzierter Tambur, über dem das Spitzdach polygonal emporsteigt. Das mit breiten Fugen errichtete Verblendmauer-werk entbehrt jeder weiteren Dekoration und Glasierung; dagegen sind die Spitzdächer

Abb. 90. Kum, Grabmoschee der Fatme, Hofansicht

ursprünglich mit hellblau glasierten Ziegeln bedeckt gewesen; hie und da haben sich von diesem Schmuck noch Reste erhalten.

Das Spitzdach von einem dieser Grabtürme ist eingestürzt, und so war es hier möglich, eine Aufnahme des sonst nur durch einige Fensteröffnungen erhellten Innern herzustellen. Die acht im Spitzbogen geschlossenen Flachnischen der Innenwand zeigen eine reiche Dekoration in geschnittenem Stuck; wir haben ähnliche, aus dem 13.—14. Jahrhundert stammende Beispiele derartiger Stuckdekoration kennen gelernt. Bemerkenswert sind die Schrift-

friese und Medaillons, auf denen sich blaue und grüne Farbspuren finden.

Wir gehen wohl nicht fehl, wenn wir die Errichtung dieses Grabturmes spätestens in die erste Hälfte des 14. Jahrhunderts[1] setzen. Die große historische Inschrift, die sich über den Flachnischen hinzieht, hat gerade dort sehr stark gelitten, wo der Name eines Herrschers zu vermuten ist (van Berchem und Hartmann). „Die kufischen Borten sind koranisch (namentlich in der mittleren Nische: Anfang von Sure 76). In den Medaillons stehen die Namen der zwölf Imame.“

[1] Der Stil würde in Ägypten noch van Berchem auf das 12.—13. Jahrhundert schließen lassen.

Abb. 91. Kum, Grabtürme vor dem Kaschaner Tor

KASCHAN

Die Hauptmoschee (Taf. LXI)

Die heutige Stadt zeigt in ihrem weiten Mauerkranze, in den weitläufigen, kuppelüberdachten Bazaren die Spuren einstiger Größe, während große, in Trümmern liegende Häuserquartiere von dem jetzigen Verfall erzählen. Im Mittelalter einer der bedeutendsten Orte Persiens, der seine Gründung auf Zobeide, die Gemahlin Harun ar Raschids, zurückführt, zeichnete er sich besonders durch seine gewerbliche Tätigkeit aus; die hier gewirkten Stoffe, die getriebenen Metallarbeiten und vor allem die irdenen Gefäße und die glasierten Fliesen von Kaschan waren durch die ganze orientalische Welt berühmt.

Beide Produkte, sowohl die glasierten Gefäße wie die Fliesen, wurden Kâschâni genannt, und dieser Name, in der vulgären Verkürzung Kâschî, übertrug sich von hier auch auf die Erzeugnisse anderer Orte. Die glasierten Fliesen hießen im orientalischen Mittelalter allgemein Kâschâni oder Kâschî.[1]

Von älteren Denkmälern sind ein hohes, sonst schmuckloses Minaret[2] und einige Moscheen zu nennen, unter denen die Hauptmoschee, die Masdschid i Meidan die bemerkenswerteste ist. Es ist eine aus dem 13.—14. Jahrhundert stammende Anlage. Die Mitte nimmt ein quadratischer Hof ein, auf der Nordseite von einem Liwan, auf der Südseite

[1] Vgl. Karabaçek: Zur muslimischen Keramik. Jakut IV p. 15.
[2] Abg. bei Dieulafoy S. 198. Die oben in Stalaktiten auslodende Krönung der hohen Säule macht den Eindruck eines Kapitells; der Pavillon, den sie trug, ist verschwunden.

von dem offenen, von Pfeilern getragenen Gebetsraum begrenzt. Hier befand sich bis vor wenigen Jahren eine prachtvolle, aus Lüsterfliesen zusammengesetzte Gebetsnische, die Mme. Dieulafoy noch gesehen und abgebildet hat (S. 206). Auch Houtum-Schindler (a. a. O. p. 111) erwähnt „the mihrab with beautiful old tiles“. Bei meiner Anwesenheit im Jahre 1900 war der Mihrab nicht mehr vorhanden, und einige Stücke davon wurden mir bei einem in Kaschan wohnenden Telegraphenbeamten, einem Armenier, gezeigt. Einige wenige Reste sehr schöner, in Fayencemosaik ausgeführter Inschriftenfriese haben sich an den Wänden der Moschee erhalten und zeugen von der einstigen Kunstfertigkeit der Stadt auf diesem Gebiete.

Die Tafel LXI zeigt den hohen, in edlen Raumverhältnissen errichteten Liwan. Von der ursprünglichen Dekoration, die zum größten Teil ein moderner Putz bedeckt, sind hier ein breiter Schriftfries aus Stuck und ein Fliesensockel zu nennen. Das einfache Sternmuster setzt sich aus dunkelblauen, hellblauen und weißen Fliesen zusammen und ist koloristisch von besonders schöner Wirkung, ein bemerkenswertes Denkmal der heimischen Kunstindustrie.

Die imposante Medresse i Schah mit ihrem reichen Fliesenschmuck ist von Feth Ali Schah gegründet, und die Masdschid i Aka ein noch späteres Bauwerk. Beide Gebäude zeichnen sich durch reichen Fliesenschmuck aus, der jedoch ein näheres Eingehen nicht erfordert. Wir verweisen auf das oben, bei der Festungs-Moschee von Eriwan, Gesagte zurück (S. 53).

ISFAHAN

Geschichtliches

Isfahan, im weiten, fruchtbaren Tal des Zendeh Rud gelegen, der sich östlich in der nahen Salzsteppe verliert, bezeichnet ungefähr die Mitte des persischen Hochlandes. Die Lage des Ortes an der Abzweigung des Weges nach Hamadan von einer der großen Heerstraßen des Landes, der nordsüdlichen, hat ihm schon in alter Zeit Bedeutung verschafft.

nacheinander Bujiden, Gaznawiden und Seldschuken gesessen, von denen die letzteren Isfahan besonders bevorzugten. Aus dieser Zeit, vom Jahre 1052, besitzen wir in dem Reisebericht des Nasiri Chosro eine Beschreibung, die die Stadt als größte des persischen Sprachgebiets schildert und die Bedeutung und Pracht ihrer Bauwerke, Moscheen, Medressen und Karawanserails hervorhebt. Kurz darauf ist hier der Sitz des

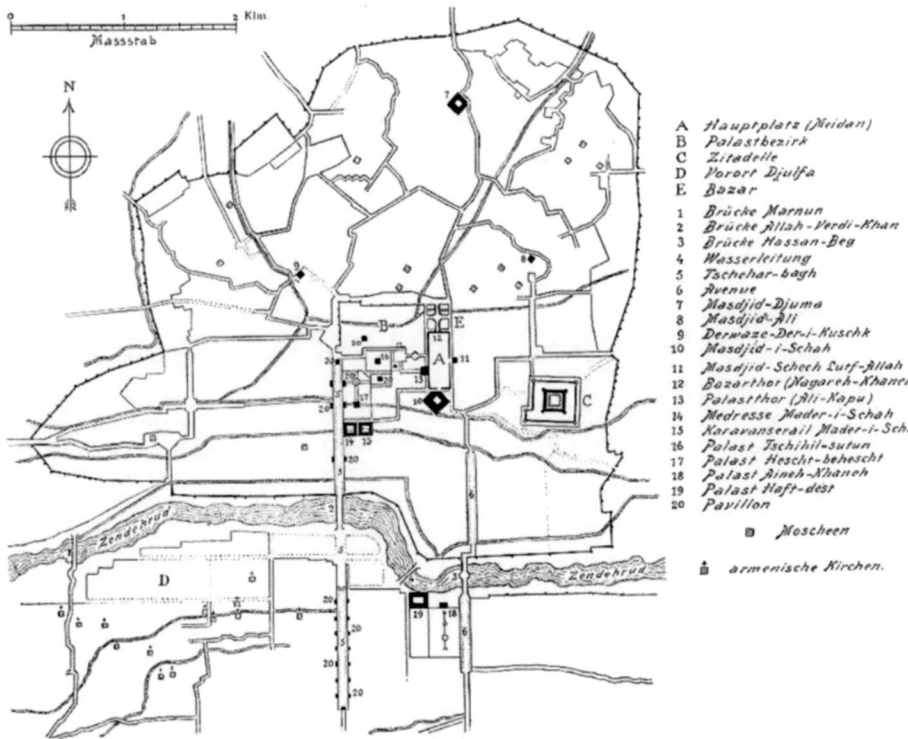

Abb, 92. Isfahan (nach der Aufnahme von P. Coste)

Wahrscheinlich das Aspadana des Ptolemaeus (VI. c. 4), zur Zeit der Achämeniden und Sassaniden erwähnt und als Wohnsitz einer unter Nebukadnezar eingewanderten zahlreichen Judenkolonie bekannt, wird die Stadt im Jahre 641 von dem Chalifen Omar nach der Schlacht von Nihawend erobert.

Die Geschichte Isfahans zu muhammedanischer Zeit deckt sich mit der der Landschaft Irak, deren Hauptort es ist, und die wir oben (S. 54) kurz geschildert haben.[1] Hier haben

[1] Vgl. Le Strange a. a. O., S. 202—207. Curzon a. a. O. II., S. 20 ff. Jackson a. a. O., S. 262 ff.

glänzenden Hofes Melek Schahs (1072—1092), dieses Kunst und Wissenschaft in weitestem Sinne fördernden Seldschukenfürsten. Es folgt die Herrschaft der seldschukischen Ilchane und der Sultane von Khwarizm; dann die Mongoleninvasion unter Dschingiz Chan; die Zerstörung der Stadt im Jahre 1239/40 und ihr Niedergang in der Periode, wo sie als Sitz mongolischer Gouverneure eine unbedeutende Rolle spielte. In den Kämpfen der Jalairiden und Muzaffariden im folgenden Jahrhundert bildet die Stadt mehrfach das Streitobjekt und erlebt eine kurze Zeit des Glanzes, als sie der erste Herrscher der Dynastie der Muzaffariden im Jahre 1356 zur Residenz erwählt. Wiederum sind es die Mongolen, die einen Rückschlag herbeiführen. Im Jahre 1387 ergab sich Isfahan ohne Schwertstreich dem Welteroberer; aber ein durch die Zügellosigkeit der tatarischen Truppen hervorgerufener Aufstand der Bevölkerung erregte den Zorn Timurs in dem Maße, daß er die Einwohnerschaft seinen Soldaten preisgab. 70 000 Menschen sollen getötet worden sein, deren Köpfe nach der Sitte zu einer Sieges-Pyramide aufgeschichtet wurden. Doch auch diese furchtbare Katastrophe hat die Stadt überstanden; sie wird in der Folge die Residenz des Uzun Hassan, des bedeutendsten Fürsten der turkmenischen Weißlammer (1466 bis 1478), der hier im Jahre 1474 die venetianischen Gesandten Barbaro und Contarini in feierlicher Audienz empfing.

Abb. 93. Isfahan, der Meidan, von der Nordseite aus gesehen (aufgen. von H. Burchardt)

Zu ungeahntem Glanz aber stieg Isfahan schließlich empor, als Schah Abbas der Große (1587—1629), der fünfte Herrscher der Safiden-Dynastie, seine Residenz von Tebriz und Kazwin hierher verlegte und die Stadt zum glänzenden Hauptort des unter seiner Dynastie geeinigten Perserreiches und zu einem der bedeutendsten Orte der damaligen Welt machte. Am Südufer des Zendeh Rud siedelte er im Jahre 1604 in dem Vororte Dschulfa die aus dem gleichnamigen armenischen Orte am Araxes stammenden Bewohner an, und schuf damit hier ein einflußreiches Handelszentrum und zugleich eine rein christliche Kolonie, in der auch die europäischen Handelsfaktoreien und die katholischen Missionen ihren Wohnsitz hatten und europäische Gesandte ihr Absteigequartier nahmen. Unter Schah Abbas dem Großen wurde auch der gegenüberliegende Teil der Altstadt zum Teil neu geschaffen und nach einem einheitlichen Plane als Residenz ausgebaut (Abb. 92).

Baubeschreibung

So gehen also die charakteristischen Bauten des heutigen Isfahan auf Schah Abbas und seine Nachfolger, auf das 17. und 18. Jahrhundert zurück. Wenn sich auch noch Reste von Bauten aus früheren Zeiten, aus den Tagen der Bujiden und Seldschuken erhalten haben, so hat die Stadt doch erst in den späteren Jahrhunderten ihr heutiges Gepräge erhalten. Was aber in diesen Zeiten entstand, gruppiert sich vor allem um den Meidan (Abb. 92A, 93), den rechteckigen, 386 m langen und 140 m breiten Hauptplatz der Stadt. Von ihm wird also auch am besten eine orientierende Beschreibung der Stadt ausgehen.

Eine fortlaufende Flucht zweigeschossiger Arkaden umschließt auf allen vier Seiten dieses riesige, von Bäumen eingefaßte Rechteck, das seine weite Erstreckung und die Prachtbauten an seinen Seiten zu einem der schönsten Plätze der Welt machen. Als Markt, Turnier- und Spielplatz dienend, ist er das Herz der Stadt. Die Untergeschosse der umlaufenden Arkaden dienten meist Geschäftszwecken, die Obergeschosse als Aufenthaltsort für die Menge und als Tribüne bei den Spielen und Festen.

In der Mitte jeder Seite unterbricht ein hohes Portal die Reihe der Kaufgewölbe und Arkaden. Im Süden die große Moschee von Schah Abbas (10), ihr gegenüber das Portal Nagareh Chaneh (12), das zum Bazar führt, im Osten die Moschee Lutf Allah (11), im Westen Ali Kapu (13), der Eingang zum großen, mauerumgebenen Palastbezirk.

Jenseits dieses Palastbezirks, an seiner Westmauer hinlaufend, beginnt die große Prachtstraße, die sich, über den Zendeh Rud hinweg, bis in die Vorstadt Dschulfa hinzieht (5). Sie wird Tschehar bagh, d. h. die vier Gärten, genannt und hat eine Länge von über drei Kilometern. In der Mitte wird

Abb. 94. Isfahan, Brücke Hassan Beg (aufgen. von H. Burchardt)

sie von einem Kanal durchflossen, dessen Seiten zwei Reihen prachtvoller Platanen säumen; Wege für Reiter und Fußgänger schließen sich an. Rechts und links von der Avenue lagen die Gärten des Palastes und anderer Lustschlösser, in die kleine Pavillons, die sich zum Teil heute noch erhalten haben, die Eingänge bildeten. Ein größerer Pavillon, quer über die Straße gestellt, schloß im Süden und im Norden die Avenue gegen die dahinter liegenden Gebäude ab (20).

Die Brücke über den Zendeh Rud im Zuge des Tschehar bagh, die nach einem General Schah Abbas des Großen Allah Verdi Chan heißt, ist 295 Meter lang und ruht auf 24 Pfeilern. Sie hat zu beiden Seiten des Fahrdamms gedeckte Galerien, so daß sie den Eindruck einer zweigeschossigen Anlage macht (2). Diese gedeckten Galerien aber sind nicht bloß für den Verkehr, sondern auch zu verweilendem Aufenthalt an heißen Tagen bestimmt. Den gleichen Ausbau als Platz geselliger Zusammenkunft zeigt die zweite große Brücke, Hassan beg (3, Abb. 94), die von Abbas II. erbaut wurde. Sie liegt weiter abseits im Laufe des Zendeh Rud nach Osten zu, setzt sich ebenso wie die Brücke Allah Verdi Chan nach Norden und Süden in einer kilometerlangen Prachtstraße fort, und zeigt in ihren kreuzgangartigen Wölbungen und pavillonartigen Mittelbauten eine noch reichere Ausbildung als jene Hauptbrücke.

Von kleineren Palästen aus der Safidenzeit, die außerhalb des eigentlichen Palastbezirkes erbaut wurden, werden zwei Anlagen näher beschrieben werden, die sich am Südufer des Flusses befinden. Der Pavillon Aineh Chaneh (18), der mit dem von uns weiter unten näher beschriebenen Tschihil Sutun im wesentlichen übereinstimmt, und dann die Ruine des Palastes Haft Dest (19). Von den großartigen, ehemals im Süden des Tschehar bagh gelegenen Anlagen des Palastes Hazar dscherib, ist fast nichts mehr erhalten, und ebensowenig von dem weiter westlich gelegenen Palast Fara Abad, der im Jahre 1729 von den Afghanen vollständig zerstört wurde.

Im Folgenden sollen einige Bauten ohne Anstreben irgendeiner Vollständigkeit einige Bauten Isfahans näher besprochen werden, besonders solche, von denen wir Aufnahmen machen konnten, die irgend etwas Neues bringen. Genauere Beschreibungen mit mannigfachen Abbildungen der meisten Bauten findet man bei Coste, Monuments modernes de la Perse, S. 5—36, Taf. 1 bis 54; J. Dieulafoy, La Perse, la Chaldée et la Susiane, S. 215—334; Curzon, Persia, S. 20—59.

Masdschid Dschuma (Abb. 92 Nr. 7)

Der älteste Bau Isfahans, den wir erwähnen, ist die Masdschid Dschuma, die im Norden der Stadt gelegene „Freitags-Moschee". Sie soll vom Chalifen Mansur im Jahre 755 n. Chr. gegründet worden sein, wurde aber in der Folge mehrfach, so unter dem Seldschuken Malek Schah am Ende des 11. Jahrhunderts, dann von Schah Tahmasp und von Abbas II. restauriert. In einer quadratischen Hofanlage öffnen sich nach dem bei Coste publizierten Plane in der Mitten der Seiten vier hohe Liwane, die mit einem Fayencemosaik, das allerdings nicht der Zeit der Gründung, sondern den späteren Restaurationen angehört, geschmückt sind. Das Wasserbecken in der Mitte des Hofes ist von einem auf vier Pfeilern ruhenden Baldachin überbaut. Für die nähere Beschreibung ver-

weisen wir auf die kürzlich von H. Saladin gegebenen Bemerkungen und Abbildungen dieses bemerkenswerten Bauwerks.[*] Interessant ist nach einer Abbildung bei Dieulafoy S. 305 der Mihrab, der in geschnittenem Stuck ausgeführt ist und nach der, allerdings nicht sehr genauen Zeichnung große Ähnlichkeit mit den von uns publizierten Stuck-Mihrabs aus dem 14. Jahrhundert in Marand und Veramin aufweist. Den Zutritt zum Inneren dieser Moschee, die eine der größten Persiens, zu erlangen, ist, wie bei allen Moscheen in Isfahan, für Ungläubige sehr schwierig.

Von besonderem Interesse ist in Isfahan eine Reihe hoher, noch aus alter Zeit stammender Minarets. Das Minar i Ali im nordwestlichen Teile der Stadt (Abb. 92 Nr. 8) ist vor allem ein bedeutendes Beispiel (abgeb. bei J. Dieulafoy, p. 273; hier fälschlich als Signalturm bezeichnet). Nach Houtum-Schindler (a. a. O. S. 123) soll auch dieses Minaret von Malek Schah (am Ende des XI. Jahrhunderts) erbaut worden sein; auf die zugehörige Moschee werden wir später zurückkommen. Das Minaret zeigt eine für manche Gebetstürme in Isfahan charakteristische Form. Man versuchte, das Bauwerk in seiner Höhenerstreckung dadurch architektonisch zu gliedern, daß man es aus mehreren aufeinandergesetzten Teilen bildete. Daß man sich dabei von der antiken Säulenform anregen ließ und gleichsam mehrere, immer kleiner werdende Säulen aufeinanderstellte, beweist die häufige Gliederung der Stücke in Basis, Schaft und Kapital. In diesem Falle endet das unterste, längste Stück des Minarets in ein Stalaktitenkapital, auf dem sich ein zweites kürzeres Stück mit einer Art Lotoskapital erhebt, das seinerseits wieder ein letztes, in seiner oberen Endigung nicht erhaltenes Kopfstück trägt. Jedenfalls besaßen alle diese ausladenden Absätze kleine, heute verschwundene Holzgalerien, die durch Türen von der Turmtreppe im Inneren aus zugänglich waren. Der Schaft des Minarets war mit einem Rautenmuster in Ziegelmosaik geschmückt, während unter den Kapitälen umlaufende Bänder mit Resten kufischer Inschriften zu erkennen sind.

Imamzadeh Jassary

Aus dem 13. Jahrhundert, der Mongolenzeit, hat sich in Isfahan ein Grabturm, das Imamzadeh Jassary, erhalten (abgeb. bei J. Dieulafoy, S. 315). Der achteckige Turm, der früher ein Spitzdach trug, erinnert in seiner Form an uns bekannte Denkmäler des nördlichen Persiens, z. B. an die Bauten von Nachtschewan (S. 8—15). Über den Flächnischen der Seiten zieht sich eine kufische Inschrift in blauen Fayencebuchstaben hin, darüber wölbt sich ein Stalaktitengesims nach außen. Mit seinen weißen Ziegeln, den hohlen, vertieften Fugen, der türkisblauen Inschrift und den schimmernden Blumenranken ist dieser kleine Bau einer der reizvollsten in Isfahan.

Minaret Hodscha Alam (Taf. LXII)

Ein besonders bemerkenswertes Denkmal ist das Minaret Hodscha Alam, das nordöstlich vom Meidan im Stadtteil Gulbar gelegen ist. Es ist eines der höchsten in Isfahan und gehört zu einer verfallenen Moschee- und Palastanlage, die schon zu Chardins Zeit (1711) vollständig in Ruinen lag

---

[*] H. Saladin: Manuel p. 331—335. Fig. 253, 254, 256—258.

Abb. 95. Die Türme von Gazna nach Fergusson

(Chardin a. a. O. VIII, S. 146). In vier Teilen erhebt sich der Turm. Zu unterst ein quadratischer, hoher Sockel, auf dem innerhalb flacher Blendnischen in hellblauem Ziegelmosaik der Name Allah ornamental verwendet ist. Auf einen etwas undurchgebildeten, schrägen Übergang folgt ein zwölffach gezackter Schaft, der in seiner sternförmigen Ausbildung an sehr alte Turmformen erinnert, wie sie sich etwa in den Ruinen von Gazna erhalten haben; auch dort findet sich ein gezackter Schaft, über dem eine runde oder polygonale Säule emporsteigt[1]). Hier ist das sternförmige Schaftstück mit dem bekannten komplizierten Vielecksmuster bedeckt, dessen Linien dabei durch halbrunde, im Relief vortretende Stäbe erhöht sind. Diese erhöhten Leisten bewirken nun leicht ein Zerfallen des Musters in die einzelnen Durchdringungsfiguren, wie Sterne, Doppelschaufeln, Dreilappen und dgl. Durch ein Nachziehen der erhabenen Kontur mit hellen Fayencestreifen an der Innenseite wird dieses Zerfallen des Musters in die beliebten geometrischen Teilfiguren noch deutlicher. Einzelne

[1]) Von einem der ältesten Denkmäler islamischer Zeit stammen die Reste, die sich in Gazna von einer Anlage Machmuds von Gazna erhalten haben. Es sind zwei Türme, die durch Inschriften genau datiert sind (Abb. 95).
Bei dem einen Turme fällt ein hohes Sockelgeschoß auf, das sternförmig mit sechs Zacken weit über das untere Drittel des Turmes emporreicht. In sich und die einspringenden Seitenflächen der Sterne durch Horizontalbänder in Felder geteilt, die ornamentalen Flächenschmuck tragen. Leider existiert von dem Bauwerke noch keine genügende Aufnahme, so daß wir auf den Stich bei Fergusson angewiesen sind. Der obere Teil, der in seinem Umfange dem dem Sterne eingeschriebenen Kreise entspricht, also über die einspringenden Ecken des Sternes nicht vorragt, ist auch wieder gegliedert. Auf einige runde Wülste folgt ein polygonal (rechteckig) geformtes Stück, das dann unter das (nicht erhaltene) Galerie wieder in runden Querschnitt übergeht. Nach Fergusson (Eastern and Indian Architecture p. 494 ff.) soll der Wandbelag aus Terrakottaplatten bestehen; bestimmtes ist aus der Abbildung nicht zu ersehen. Glasierter Ton scheint ausgeschlossen, Stuck möglich.
Der nebenstehende Turm zeigt eine hohe, polygonale untere Hälfte, auf der sich das runde Oberteil erhebt. Fergusson nennt die Türme Siegestürme; es ist viel wahrscheinlicher, daß es Minarete aus gebrannten Ziegeln sind, die neben Moscheen aus Lehmziegeln errichtet waren. Im Laufe der Zeit verschwanden die Moscheegebäude, die Türme blieben.

dieser Flächenstücke sind dann noch mit Innenschmuck in hellblauer Fayence gefüllt. Den oberen Abschluß des sternförmigen Schaftstückes bildet ein Stalaktiten-Kapital, unter dem sich zwischen zwei verschlungenen hellen und dunkeln Wellenbändern auf hellem Grund eine Inschrift hinzieht; erkennbar sind rechts die Worte: „und alles in euerem (Herzen?)".

Der über dem gezackten Stück hoch aufragende dritte Teil des Minarets erhebt sich in schwacher Verjüngung bis zu einem lotusartigen Kapital, unter dem wieder ein Schriftfries gesessen zu haben scheint. Dieses Schaftstück ist in Ziegelmosaik mit einem Rankenmuster geschmückt, als dessen Füllung wieder der stilisierte Name Allah in kufischen Lettern erscheint. Darüber nun, als letztes Stück, ragt die, heute abgebrochene Spitze auf, um die ehemals die Holzgalerie herumlief.

Die am unteren Zackenteil des Schaftes vorkommende Dekoration mit den halbrund erhöhten Stäben findet sich auch bei anderen Bauten des 15. Jahrhunderts; so ist sie uns, mit dem gleichen Sternmuster, schon in Ardebil bei dem Grabmal des Schech Safi begegnet, wo Tür- und Fensterumrahmung diese Technik aufwiesen (Taf. XLVIII). Und wir gehen daher wohl nicht fehl, wenn wir das Minaret Hodscha Alam dem Ende des 14. oder dem Anfang des 15. Jahrhunderts zuweisen.

Dem Ende des 15. Jahrhunderts gehört dann ein Minaret an, das Coste auf Taf. 54 abgebildet hat. Der Turm, der zur Zeit des Schah Rustem (1491—1496), eines Fürsten der turkmenischen Weißlämmer, errichtet sein soll, ist südöstlich von Isfahan, am Südufer des Zendeh Rud gelegen. Er steigt über einem Sockel von Hausteinen 39 m hoch auf und ist nicht durch verschiedene Absätze, sondern nur durch seine ornamentale Musterung gegliedert. Über einem leeren unteren Teile trägt der Schaft ein Vielecksmuster in Ziegelmosaik und geht oben nach einem kufischen Schriftband und anderen Querbändern mit geometrischer Musterung in eine Hohlkehle nach Art eines ägyptischen Lotoskapitals über. Auch von der Spitze hat sich noch ein mit Ziegelmosaik geschmücktes Stück erhalten.

Masdschid Ali (Abb. 92 Nr. 8, 96)

Vielleicht noch etwas älter als dieses Minaret, nämlich aus der Mitte des 15. Jahrhunderts, ist die prachtvolle Dekoration an der Fassade des Masdschid Ali, deren aus noch früherer Zeit, aus dem 11. Jahrhundert, stammenden Gebetsturm wir oben erwähnt haben. Die Fassade öffnet sich nach der Straße in fünf flachen Nischen, deren mittlere den Eingang bildet. Eine der Seitennischen gibt Abb. 96 wieder. In einer veränderten Übertragung des Musters der Kreuz-Sternfliesen in das Fayencemosaik sind hier die Kreuze und Sterne, die sich sonst lückenlos aneinanderlegten (Abb. 76), in abwechselnder Folge so nebeneinander angeordnet, daß sie sich bloß mit einer Spitze berühren. Es bleiben dabei eigentümliche Restflächen, Achtecke mit je zwei einspringenden Ecken, stehen, die in Stuck nach Art eines Ziegelmusters verziert sind. Doch sind hier nicht wie anderwärts, etwa in Tebriz, die Fugen dieses nachgeahmten Ziegelverbandes in den Stuck vertieft, sondern durch eingelegte schmale, hellblaue

Streifen ersetzt, die beinahe schon den Eindruck einer rein ornamentalen, linearen Flächenornamentik hervorrufen. In die Restflächen sind dann noch dunkle Quadrate eingestellt, die in heller, kufischer Schrift Sprüche tragen. Das Innenfeld der Kreuze und Sterne ist mit einem zarten Ranken- und Palmettenmuster in gelb und weiß belegt, das ganze Nischenfeld von einem Bande mit verschlungener heller Blütenranke und dunkler Arabeskenranke eingefaßt. In den Zwickeln über der Nische hebt sich eine ähnliche Kombination einer hellen und dunklen Blütenranke von hellblauem Grunde ab.

Am interessantesten ist das Muster des rechten Pilasterstreifens. Es gleicht einer Reihe übereinandergelegter Schuppen und erinnert an die in ähnlicher Weise ineinandergesteckten „Standpalmetten" an den beiden Ecksäulchen des Außentores vom Gur Emir in Samarkand (vgl. Abb. unten). Die eigentümlich dachartige Form, die die Musterelemente hier bei der Masdschid Ali haben, ist vielleicht auf Anregungen aus den Stalaktitenbildungen zurückzuführen. Hebt man in einer Nischenwölbung, wie etwa beim äußeren Portal der Moschee des Schech Safi in Ardebil (Taf. XXXI) oder dem von Lutf Allah (Taf. LXIV) oder der Moschee Mader i Schah (Abb. unten) die mittlere Stalaktitengruppe heraus, so erkennt man eckig-kleeblattartige Gebilde, die ineinandergeschoben sich in die Wölbung einlegen; als Einzelform ohne die Ineinanderschiebung findet man den Linienzug als Bekrönung von Gebetnischen, wie etwa an der unteren Nische von Marand (Taf. XVII). Derartige dachartige Linienzüge scheinen auch anderwärts Anregungen für Bandmuster gegeben zu haben. Man vergleiche z. B. das breite Muster des Seitenstreifens an der rechten Schmalseite im großen Vorhof der Moschee Schech Safi in Ardebil (Taf. L). Verbindet man die dort getrennten dunkeln Linien zu einem Zuge, so erkennt man ein helles und ein dunkles derartiges Schuppenmuster mit verbindenden Querbalken, die bei der Durchdringung der beiden Muster zu diesem Bande die Einzelform in zwei Teile zersprengt haben. Bei der Masdschid Ali in Isfahan fehlt der verbindende Horizontalstrich, und die in einfachen dunkelblauen Linien gezogenen Grundformen nehmen feine Ranken und Blütensterne zwischen sich. Zur Datierung dieses Baues sei darauf hingewiesen, daß die blaue Moschee in Tebriz, die das weiter oben schon besprochene Stern-Kreuzmuster in Fayencemosaik mit Stuckzwischenflächen in ähnlicher Ausbildung zeigt, der Mitte des 15. Jahrhunderts angehört. Immerhin aber scheint die Technik bei der Masdschid Ali im Ersetzen der vertieften Fugenlinien durch blaue Musterstreifen eine verfeinerte zu sein, und der Bau mag daher einer etwas späteren Zeit, etwa dem Beginn des 16. Jahrhunderts, angehören.

Derwaze Der i Kuschk (Taf. LXIII; Abb. 92 Nr. 9, 97)

Die Tafel gibt ein dem Einsturz nahes Portal wieder, das an der Grenze der beiden nordwestlichen Stadtteile Der i no und Der i kuschk liegt; durch dieses Tor, das in der Literatur bisher noch nicht erwähnt oder abgebildet wurde, führt die vom Kazwintor kommende Straße vom Innern der Stadt, zum Palast und Meidan. Das Portal ist, wie die Bauinschrift aussagt, im Jahre 1496—1497 errichtet worden, als Nord- und

Abb. 96. Isfahan, Masdschid Ali, Flächniscne in der Fassade

Mittelpersien unter der Herrschaft der Turkmenenfürsten Kara-Kujunli standen. Im Vergleich zu vorhergehenden seldschukischen und der nachfolgenden safidischen Epoche hat die Zeit der Turkmenenfürsten wenig bemerkenswerte Denkmäler in Mittelpersien hinterlassen.

In der allgemeinen Anlage stimmt das Tor mit den sonstigen persischen Portalbauten des 14. und 15. Jahrhunderts, wie wir sie z. B. in Veramin und Tebriz kennen gelernt haben, völlig überein. Die tiefe Rechtecksnische ist oben durch Ausgleichung der Ecken in ein Stalaktitengewölbe übergeführt und auf allen Seiten von einem breiten Rahmenband umgeben. Die untere Halfte der Nische, die mit einem breiten Schriftbande absetzt, sowie die begleitenden Seitenstreifen sind in Fayencemosaik geschmückt, die obere Hälfte der Nische aber nur mit einem das Ziegelwerk nachahmenden Stucküberzug bekleidet. Wenige Farben beherrschen die Muster: schwarz, weiß, hell- und dunkelblau, wozu bei den Seitenstreifen noch das Rot des Stuckgrundes kommt.

Die Muster sind teils geometrischer, teils pflanzlicher Natur. Die breiten Seitenstreifen zeigen, von schmalen Ziegelstreifen mit hellblauen Fugen eingefaßt, das bekannte Vieleicksmuster; einige Besonderheiten sind dabei erwähnenswert. Auf dem unglasierten Ziegelgrund legen sich die schwarzen Ziegel zu Oblongen von stark gedrückter Gestalt zusammen, die ohne jenes innige Ineinandergreifen der älteren Muster auseinandertreten, dazwischen hält ein Rosettenband die Mitte. Einzelne von den Durchdringungsfiguren sind in Hellblau und Gelb mit Fayencemosaik ausgefüllt; die ebenso gefüllten Mittelrosetten sind das auf eine weiß grundierte Sternrosette in der Mitte des linken Streifens als Wirbelrosetten ausgebildet, während die halben Randformen alle die Sternform zeigen. In die Übergangskehle vom Rahmenband zur Türwange, in der sonst meist ein gedrehter Wulst hochläuft, legt sich eine Schräge, auf der eine dunkelblaue Arabeskenranke mit einer hellblauen und gelben Blütenranke durcheinandergeflochten ist. Zu unterst bemerkt man die Reste eines grünen, vasenförmigen Gebildes. Der sich langsam immer mehr durchsetzende Realismus brachte es dazu, daß um 1700, unter Hervorhebung der geometrischen Arabesken, in derartigen Hochfeldern Blütenranken aus Vasen herauswuchsen. Hier scheint diese Umbildung noch nicht ganz vollendet: die Vase scheint mit einem Deckel geschlossen; wenigstens ist das Aufwachsen noch nicht in konsequent naturalistischem Sinne durchgeführt und, ähnlich wie bei den Vasen-Rechtecksfeldern der Zeit, mehr ein Arrangement von Ranken um und über der Vase gebildet.

Auf die Schräge der Kehle folgen größere Rechtecksfelder der Seitenwangen (Abb. 97). Jenes in Putz übernommene Kreuz-Sternmuster mit zwischengelegten Ziegelflächen, wie wir es in Tebriz gefunden haben, ist hier durch Ausfüllen aller Zwischenräume mit einem großblättrigen und kurzstieligen Arabeskenwerk bereichert; die kleinen quadratischen Mittelfelder sind durch kufische Schriftzüge gefüllt. Die gebetsteppichartigen Langfelder neben dem Tordurchgang geben dann wieder jenes fast schon in seine Einzelkompartimente zerfallende Sternmuster, das wir in ganz ähnlicher Ausbildung schon im Vorhofe der Moschee Schech Safi in Ardebil (Taf. I., linker Seitenstreifen) gefunden haben. Die Zwickelfelder enthielten zwei prächtige Arabesken in Blütenrankenkomposition auf dunkelblauem Grund; bloß das linke Feld ist noch erhalten. Über dieser ganzen unteren Hälfte umläuft ein breiter Schriftfries die Nische. Von einem reich geschmückten Kettenbande eingefaßt, schwingen sich reiche Blumenranken über dunkelblauem Grund; eine helle Inschrift, zum größten Teil in zwei Zeilen übereinander geführt, enthält noch lesbar die Titel des Erbauers und das Datum 902 (1496—1497). Auffallend ist, daß die Längsglieder des Randkettenbandes eine Arabeskenfüllung tragen, die weder symmetrisch noch in sich zurücklaufend ist; in freiem Schwunge legt sich von einer kleinen Mittelblume aus rechts und links ein Schößling über den dunkelen Fond.

Dr. Eugen Mittwoch hat von der Bauinschrift folgende Teile zu lesen vermocht: „Der Sultane und Chakane . . . . die Kerze (Flamme) . . . der Siegreiche . . . . (Gott lasse gewähren) sein Chalifat und seine Regierung und sein Sultanat . . . ." Am Schluß ist das Datum erkennbar „im Jahre 902" d. h. 1496/97. In dem kleinen Felde, links vom Portal, liest man: „Es hat erbaut diesen erhabenen Bau der Geringste der Diener Gottes und der Diener Muhammeds, des . . . ."

Die große Moschee (Abb. 92 Nr. 10, 98—103)

Weitere hundert Jahre etwa bringen uns in die Zeit, in der Isfahan unter Schah Abbas dem Großen seine höchste Blüte erlebte. Dieser Herrscher war es auch, der im Jahre 1590 zu dem heutigen Hauptbau der ganzen Stadt, der Großen Moschee, den Grundstein legte.

Als der Plan zu diesem Bau gefaßt wurde, da hatte der Hauptplatz Isfahans, der Meidan, an dem die Moschee er-

richtet werden sollte, bereits seine Gestalt und Lage (Abb. 98). Er erstreckte sich von Norden nach Süden; die Moschee aber, die sich an seiner Südseite erheben sollte, mußte so orientiert werden, daß die Gebetnische nach Mekka wies, das in südwestlicher Richtung von Isfahan liegt. Um dem Platze nun seinen regelmäßigen Abschluß zu lassen, half man sich damit, vom Hauptportal der Moschee zu ihrem Hof einen geknickten Gang zu führen, der um etwa 45 Grad von der Südrichtung in die Westrichtung umbiegt. So war für den Hof und damit für die Hauptanlage die Freiheit der Disposition gewonnen; und Schah Abbas ließ einen Bau erstehen, der, soweit es der streng konservative Charakter der muhammedanischen Sakralbaukunst zuließ, einen ungewöhnlichen Reichtum der Gruppierung zeigt (Abb. 99).

Über einen kleinen Vorplatz (Abb. 100) mit einem Wasserbassin, der die Tiefe für den Platz umziehenden Doppelarkaden hat, gelangt man als Nische von 3 m Tiefe, 10 m Breite und über 20 m Höhe zwischen zwei über 40 m hohen Minarets öffnet (Abb. 101). Von hier aus kommt man durch einen überkuppelten querrechteckigen Vorraum in einen breiten Durchgang, der jene oben erwähnte Knickung aufweist. Damit in die Richtung nach SW. umbiegend, tritt man in den großen Binnenhof, der in der Mitte das große Wasserbassin enthält. Rings um den Hof sind nun in reicher und interessanter Kombination verschiedene Bauten angeordnet. Die Mittelpunkte der drei Seiten des Hofes sind durch tiefe Nischen bezeichnet, die in dahinterliegende, überkuppelte Räume führen, von denen der südwestliche, in der Hauptachse gelegene, der größte ist; alle drei Kuppelräume aber sind zu Gebeträumen ausgebildet und haben in der Süd-

Abb. 97. Isfahan, Derwaze Dar i Kuschk, linke Seite der Portalnische

westwand die Gebetsnische, den Mihrab. Zwischen diese drei Hauptteile, die zusammen mit der Eingangsnische ein Kreuz formieren, legen sich nun verschiedene Baukomplexe, die aber alle wieder Gebetszwecken dienen. Von den Seitenliwanen erstrecken sich bis zur Hintermauer zwei lang-rechteckige Höfe, an allen vier Seiten von Nischen umgeben, in der Mitte durch Fontänen und Bassins geschmückt. Diese beiden Anlagen, die auch kleinere selbständige Eingänge von außen her besitzen, werden nur am Freitage und an den Feiertagen der an diesen Tagen größeren Menge der Beter geöffnet. Für den täglichen Gottesdienst aber ziehen sich neben dem südwestlichen Kuppelraum je zwei Reihen von vier ineinandergehenden quadratischen, überkuppelten Räumen hin. So zeigt dieser Bau nicht die sonst meist so einförmige Aneinanderreihung gleichartiger Bauteile, sondern bei klarer Übersicht über die Gesamtdisposition eine Unterordnung des Nebensächlichen unter das Wichtigere.

Die Moschee ist am Äußeren und im Inneren aufs reichste geschmückt. Die Wände sind mit Fayencemosaik, Plattenfayence und Ziegelmosaik, stellenweise selbst mit Freskomalereien bedeckt. Die Eingangsnische (Abb. 101) und die hohe Kuppel heben sich in grüner und blauer Farbe vom Himmel ab. Gemäß der Entstehung der Moschee um 1600 und wohl auch infolge der vielfachen späteren Renovationen, besonders unter Nadir Schah (1736—47) und Ali Murad Chan (1779), weist das Ornament die verschiedenartigsten Motive auf. Ohne eine bestimmte chronologische Ordnung dieser Motive zu versuchen, seien an der Hand einiger Abbildungen aus dem unzugänglichen Innern, die ich einem Isfahaner Photographen verdanke, die Beschreibungen bei Coste, Curzon und Dieulafoy ergänzt (Abb. 102, 103).

Am augenfälligsten machen sich zwei Tendenzen im Ornament bemerkbar: vorerst der fortschreitende Naturalismus der Formen, und dann das Bestreben, die langwierige und mühsame musivische Technik durch eine flottere und freiere zu ersetzen. Diese beiden Bestrebungen gehen Hand in Hand; denn das Bemühen, die einzelnen Formen den Naturvorbildern möglichst anzunähern, mußte sich durch die immerhin stark gebundene Linienführung des Mosaiks vielfach behindert fühlen.

Der fortschreitende Naturalismus verändert nach und nach die geometrisch-leeren Rankenstiele der Arabesken, sei es durch Häufung der sie durchsetzenden Knospen und Blüten, sei es durch die Verlängerung der Zweiblätter und Palmetten, die immer mehr vom Rankenstiel verschlucken, sei es durch Verdoppelung der Konturen und Füllen der Zwischenräume mit Blütenformen. Gleichzeitig wird die schon vielfach beobachtete Vorliebe, in sich geschlossene Einzelformen aus dem überspinnenden Ornament herauszuheben, immer deutlicher. Die Sammelpalmetten sind zu fest abgegrenzten Schildern und Tafeln geworden, die hell auf dunklem oder dunkel auf hellem Grunde eine abgepaßte Füllung tragen. Das Kettenband wird ganz zu geometrisch gefaßten Mehrpassen und Oblongen zertrennt, die als in sich geschlossene Schrifttafeln wirken. Wo das Stern-Vielecksmuster vorkommt, sind die drei- und zweiflügeligen Durchdringungsfiguren (Doppelschaufeln) zu klarer Selbständigkeit herausgearbeitet. Das mehr „bildhafte" Ausdeuten der Flächen, das schon in der Verselbständigung der einzelnen großen Palmetten, die die Flächeneinheiten halten, sich deutlich aussprach, kommt immer häufiger auch für die Gesamtfläche vor. Eine Schildpalmette bezeichnet gern den Mittelpunkt, bei längerer Erstreckung eine lose Aneinanderreihung selbständiger Palmetten die Mittelachse. Wo Kleinformen im unendlichen Rapport die Flächen füllen, ist die Musterung oft nüchtern und bröckelig, nicht von jenem innig überspinnenden Charakter der Frühzeiten. Ja, das tektonische Ausdeuten der Flächen, das im Keim schon in den Gebetsteppich-Flächen mit ihrer Nischenbildung aufkam, später dann mit der Herübernahme der chinesischen Vase noch betont wurde, bemächtigt sich jetzt selbst ganz schmaler Hochflächen. Aus einer ganz unten stehenden Vase entwickeln sich naturalistische Ranken, nicht mehr in bloßem Nebeneinander um die Vase schwingend, sondern mit dem Scheine, aus ihr heraus und nach oben zu wachsen. Ja, ein Mittelfeld über einer Tür bringt eine breite, fast italienisierend anmutende Marmorschale auf festem Untersatz, die mit Blumen gefüllt ist und aus der ein Strauß schwertlilienartiger Blüten wächst. So wird in abendländisch-italienischem Sinne die Grundfläche immer mehr zur neutralen Folie, von der sich das Muster abhebt; und damit ändert sich das Verhältnis von Rahmen und Füllung. Der unendliche Rapport wird seltener, die um einen Schild oder eine Palmette als Mittelpunkt schwingenden Ranken halten sich vom Rand fern, und die kleinen Blumenarrangements innerhalb der Schilder und Palmetten wirken vollends als kleine, selbständige Bildchen in einem festen Rahmen.

Moschee Lutf Allah (Taf. LXIV; Abb. 92 Nr. 11, 104)

Rechts von der großen Moschee, an der Ostseite des Meidan, erheben sich Portal und Kuppel der Moschee Lutf Allah. Auch

Abb. 98. Isfahan, Meidan und Große Moschee, von Ali Kapu aus gesehen (aufgen. von H. Burchardt)

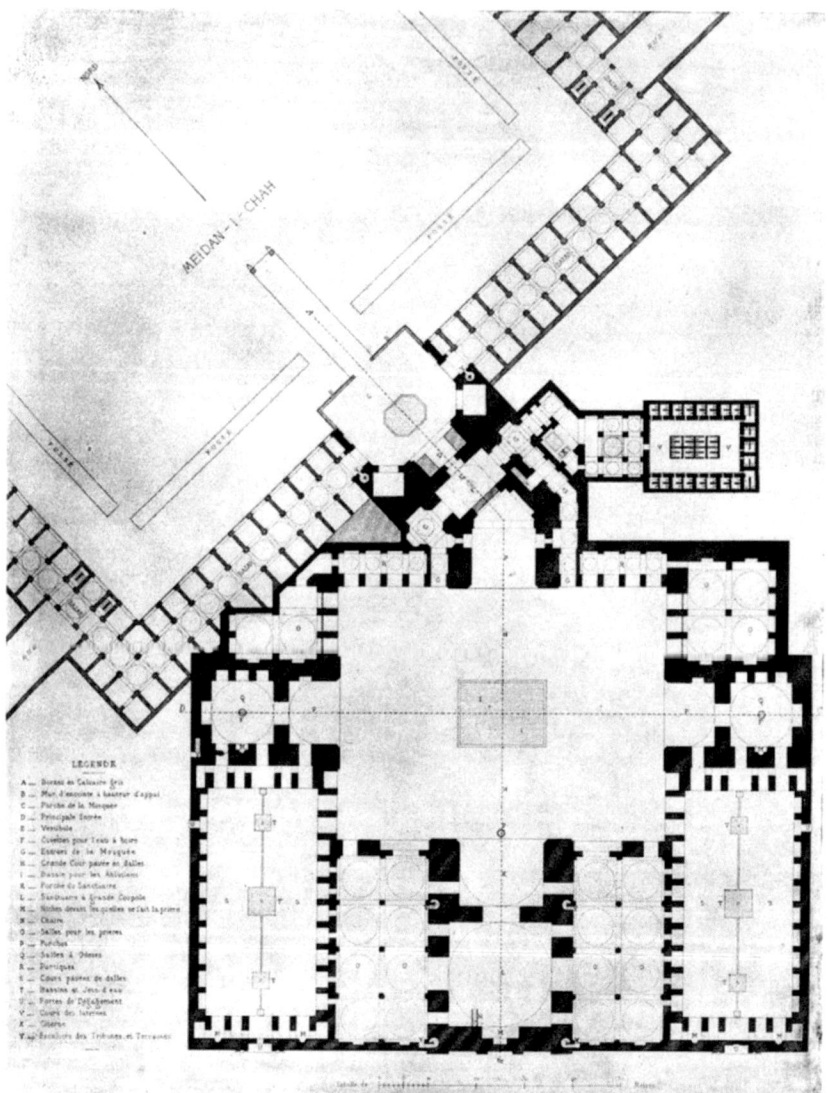

Abb. 99. Isfahan, Grundriß der Großen Moschee, nach P. Coste

diese Moschee wurde von Schah Abbas im Beginne des 17. Jahrhunderts erbaut; und auch sie macht mit ihrer geschmückten flachen Spitzkuppel, deren Kontur über niedrigem Tambur in gedrungener Linie nach der Spitze zieht, sowie mit ihrem farbenprächtigen Portal einen bedeutenden Eindruck.

Die Anlage der Eingangstore ist originell. Die Fassade springt mit ihrer Flucht so weit hinter die Linie der den Platz säumenden Arkaden zurück, daß ein tiefer, dreiseitig geschlossener Straßenhof entsteht, dessen Mitte von einem Wasserbassin eingenommen wird. In der Rückwand dieses Hofes öffnet sich dann die vertiefte, mit reichem Stalaktitengewölbe geschlossene Eingangsnische der eigentlichen Moschee,

während die Seitenwände rechts und links kleinere Durch-
gänge enthalten, durch die der kleine Platz mit den Verkaufs-
räumen zu beiden Seiten und dem dahinter gelegenen Bezirk
in Verbindung steht. So kommt es, daß selbst in den Stunden,
in denen der Meidan sonst leer ist, quer durch diesen Straßenhof ein reges Leben flutet, indem der Verkehr von Bazar zu
Bazar, der sonst hinter den Arkaden vor sich geht, hier vor
dem Eingangstor der Moschee vorbeiführt.

Dieser Straßenhof, seiner Anlage nach ungewöhnlich, trägt
auch einen ungewöhnlichen Schmuck. Die Wände sind in
ihrer ganzen Ausdehnung mit Marmorplatten bekleidet, die
ganz einfache, fast primitive geometrische Muster tragen, die
in ihrer Kahlheit vielleicht modernen Ursprungs sind. Lose
Kettenbandmaschen, Ovale mit gestielten Mandelformen an
den Enden, lose Verschlingungen in den Nischenzwickeln sind
in ganz dünnen, leicht aufgesetzten Stegen in abgepaßte Quadrat-
und Rechtecksfelder eingezeichnet.

Die eigentliche Portalnische (Taf. LXIV) ist von einem
prächtigen, hellblauen gedrehten Wulst eingefaßt und trägt, mit
Ausnahme des glatten Sockelstreifens, reichsten Schmuck. Der
obere Teil der Nische mit dem Stalaktitengewölbe und dem
Inschriftbande ist dabei mit Fayencemosaik geziert, während
man sich in der unteren Hälfte mit dem leichter herstellbaren
Fliesenschmuck begnügte. So kommt es, daß die obere Hälfte
der Nische in leuchtenden Farben strahlt, zu denen die
stumpfen Emailfarben der über der Glasur gemalten Fliesen
des unteren Teiles einen scharfen Kontrast bilden. Doch steht
die Zeichnung der Fliesenpanneaus der des Fayencemosaiks
nicht nach; man hat sich anscheinend bemüht, in der freieren
Technik die strengeren Konturen des älteren Verfahrens möglichst genau zu kopieren.

Die Felder und Seiten der Türe ahmen Gebetsteppiche
nach, auf denen aus einer grünen chinesischen Vase weiße
Blütenranken wachsen. Diese heben sich hier von einem hellblauen Fond ab, während in späteren über der Glasur gemalten Fliesen die weiße Farbe als Grund vorherrscht. Das
darüber hinlaufende Schriftband bringt die Bauinschrift:
„Nenne ihn Vater der Reinen und goldene Wiese der wohl-
bewahrten Imame, Vater des Sieges Abbas al
Husaini al Musawi al Safawi Behadur Chan,
Gott der Höchste lasse seine Regierung währen
und sein Himmel (Sphäre) möge kreisen über
den Meeren (Gegenden) der Ewigkeit und
Muhammed . . .‟ (Dr. Mittwoch). In den
darüber sich aufbauenden Stalaktitennischen
legen sich in üblicher Weise Blumenranken um
Mittelpalmetten. Besonders erwähnenswert ist
hier bloß die Veränderung, die, scheinbar unter
dem Einfluß chinesischen Formgefühls, in der
Linienführung der Palmettenkonturen einzutreten beginnt, und die auch an den anderen
Bauten dieser Zeit deutlich zu beobachten ist.
Es ist das immer stärker werdende Zersetzen
der geometrischen Ränder der Sammelpalmetten,
die sich zu den schon bei der großen Moschee
erwähnten Schild- und Tafelformen umgestaltet
haben. Kleine Knospen und Knoten setzen

Abb. 100. Isfahan, Große Moschee, Vorplatz beim Hauptportal

sich an die Ränder, die Konturen schwingen in kleinen Zacken
nach innen und außen und nehmen jene bewegt-lebendige
Gestaltung an, die von den chinesischen Porzellanen her zur
Genüge bekannt ist. Vielleicht liegt diesem Vorgange letzten
Endes dasselbe Streben nach Verlebendigung zugrunde, das
auch die geometrischen Formen der reinen Arabeske immer
mehr rankenähnlichen Naturformen angenähert hat. Auch am
Fliesenschmuck der Kuppel ist dieser Vorgang zu beobachten,
wo sich von einem Grund in hellbraunem Ziegelton große
weiße Zwei- und Dreiblätter abheben, deren schwarz ge-
ränderter Kontur lebhaft gezackt die geometrische Grundform

Abb. 101. Isfahan, Große Moschee, Hauptportal (aufgen. von H. Burchardt)

Abb. 102. Isfahan, Große Moschee, Kuppelraum mit Gebetsnische

Abb. 103. Isfahan, Große Moschee, Deckenwölbung

für den Eindruck fast völlig zum Pflanzen-
blatt verlebendigt.

Nach der Beschreibung von Chardin
soll das Innere, das wir nicht gesehen haben,
sehr prächtig sein, der Mihrab aus Jaspis
bestehen und grüne Säulen aus Email
(Fayence) besitzen.

Nagareh Chane (Taf. LXV, Abb. 92 Nr. 12, 105)

Weniger Bemerkenswertes bieten die
beiden letzten Prachtbauten des Meidan, das
Bazartor mit dem danebenliegenden Pavillon
Nagareh Chane im Norden und der Pavillon
Ali Kapu im Westen. Das Tor im Norden
führt in den Bazar der Schneider, einen
der größten und prächtigsten in Isfahan. Die
Tornische selbst liegt in einer fünfseitig
polygonalen Einbuchtung des Platzes und
erhebt sich ein Stück über die den Platz
umziehenden zweigeschossigen Arkaden.
Offene Loggien, die die Höhenlinie des Tor-
baues einhalten, ziehen sich links und rechts
als drittes Geschoß noch über vier Arkadenöffnungen des Platzes hin und bilden luftig
geöffnete Pavillons, von denen aus durch
Paukenschlag der Aufgang und Untergang
der Sonne angezeigt wird.

In den in Fayencemosaik geschmückten
Zwickeln der Tornische erkennt man beiderseits auf dunkelblauem Grunde je einen nach
außen schreitenden Centaur, dessen Leib in
hellblauer Farbe mit weißen Arabeskenranken
belegt ist, und der mit umgewandtem Oberkörper den Bogen abschießt. Das Innere
der Nische ist mit Wandgemälden bedeckt;
in der Mitte unten sieht man die wiederum
in Fayencemosaik ausgeführten rankenge-
schmückten Zwickel des eigentlichen Tür-
durchganges. Die ganze, durch mehrere
Fenster unterbrochene Hinterwand der Nische
ist mit einem figurenreichen Gemälde bedeckt,
das den Sieg Schah Abbas' über die Uzbeken
bei Herat im Jahre 1597 darstellt. Die linke
Seitenwand wird von einem Jagdbilde eingenommen, während auf der rechten Seite
(Abb. 105) ein Gelage von Europäern wiedergegeben ist, das in einer Gartenhalle statt-
findet.[1] Die interessanten Malereien scheinen
von Persern ausgeführt zu sein, was Chardin
und le Brun (I. S. 198) bestätigen, und zwar
in Anlehnung an europäische Kunst. Vielleicht sind es Werke von denjenigen Künstlern,
die Abbas zu ihrer Ausbildung nach Rom

[1] Nach Chardin (VIII, S. 60): „Représentations
d'Européans qui sont à table le verre à la main, hommes
et femmes, en postures de débauches".

Abb. 104. Isfahan, Moschee Lutf Allah

gesandt, und die sich dort mit europäischer Malerei vertraut gemacht hatten. Die steinerne Säule, die auf der Tafel rechts sichtbar wird, ist einer der beiden Pflöcke, die am Nord- und Südende des Platzes aufgerichtet sind und beim nationalen Polospiel Verwendung fanden. In den niedrigen Vorbauten links und rechts vom Portal waren, wie Chardin erzählt, die Verkaufslokale der Juweliere, Goldschmiede und Waffenschmiede.

Ali Kapu (Abb. 92 Nr. 13, 93)

Noch weniger ist über das Tor an der Westseite des Meidans, Ali Kapu genannt, zu sagen. Die doppelgeschossigen Arkaden des Platzes springen zu einem rechteckigen Sockel vor, auf dem sich eine von 18 Holzsäulen gestützte, große Terrasse erhebt. Säulen und Decke sind reich bemalt und vergoldet. Hier hielten die Safidenherrscher die Rechtsversammlungen ab, und von hier aus sahen sie den festlichen Umzügen und Spielen auf dem Platze zu. Hinter diesem hohen und luftigen Pavillon erhebt sich ein großer viereckiger Turm, der mit einem Geschosse noch über den an ihn angelehnten Pavillon emporragt.[1] Seine oberste Terrasse beherrscht nicht nur den Platz, sondern in prachtvoller Fernsicht die ganze Stadt (Abb. 98).

Medresse Mader i Schah (Taf. LXVI, LXVII; Abb. 92 Nr. 14, 106—110)

Südlich vom Palastbezirk liegt an der Ostseite der Prachtstraße die Medresse Mader i Schah. Sie wurde im Jahre 1710 von Schah Husain zum Andenken an seine Mutter errichtet. Schah Husain selber fügte dann zur Medresse auch noch ein nicht minder großes Karawanserail hinzu, das sich, vom Tschehar bagh aus gesehen, hinter den ersten Bau legt (Abb. 92 Nr. 15).

Die aus dem Beginne des 18. Jahrhunderts stammende Medresse zeigt trotz der späten Entstehung im Grundriß keine

[1] Vgl. Coste pl. VI—VII.

wesentliche Veränderung gegen die seit Jahrhunderten übliche Anordnung (vgl. den Plan bei Coste a. a. O.). Von jenem fortgeschrittenen gliedernden Durchbilden des Grundrisses in Haupt- und Nebenkomplexe, das wir bei der großen Moschee beobachten konnten, ist hier nur sehr wenig zu bemerken. Der große viereckige Hof wird von den üblichen zweigeschossigen Arkaden der Schülerzellen ringsum eingefaßt, und nur in der konsequenten Durchbildung der Ecken und Seitenmitten durch einigermaßen bezeichnete Raumgruppen spricht sich die Beherrschung der Anordnung aus. Die 88 m lange Front des Gebäudes zeigt eine Reihe zweigeschossiger Arkaden und öffnet sich in einer 6 m breiten und 3 m tiefen Portalnische, die bei 12,5 m Höhe ein Stück über die übrige Fassadenmauer emporragt (Abb. 106, 107). Hinter diesem Portal liegt das eigentliche Vestibül, in einer Form ausgestaltet, die sich an den drei übrigen Seiten des Hofes wiederfindet. Eine Mittelkuppel ist rechts und links von je einer Halbkuppel begleitet, und der so entstehende Langraum in die Zellenreihe der Hofseite nach seiner Längserstreckung eingebettet. Die Ecken des Gebäudes aber sind durch diagonal orientierte achteckige Binnenhöfe eingenommen, so daß die Flucht der gleichen Zellen durch diese Mitten- und Ecken-Betonung zu einem zentral

Abb. 105. Isfahan, Bazartor am Meidan, rechte Seite der Portalnische

orientierten Ganzen etwas fester zusammengeschlossen wird
(Abb. 108). Die vier Raumgruppen der Seitenmitten dienen verschiedener Bestimmung. An der Westseite hinter der Eingangstür
als Vestibül für den ganzen Bau gedacht (Abb. 109), im Norden
Durchgangsraum zu einer Bazaranlage, im Osten als Gebetsraum benutzt, dient er im Süden wieder bloß als Vorraum
für die Hauptmoschee des Gebäudes. Alle vier Seiten öffnen
sich in großen Nischen gegen den Hof, den der Länge nach
ein Wasserbecken durchzieht, als Hauptseite jedoch ist wieder
die Südseite ausgebildet. An eine 14,6 m hohe Nische schließt
sich die 9 m breite und ebenso tiefe, in einer Halbkuppel
nach hinten zu gewölbte Vorhalle, die zum Moscheeraum
leitet. Aus dem Quadrat durch Überschrägung der Ecken
achteckig aufgebaut, erhebt sich hier auf einem Tambur von
12 m Durchmesser die Kuppel zu einer inneren Höhe von
27, einer äußeren von 34 m. Ihre Eingangsnische ist von
zwei 35 m hohen Minarets flankiert. Links von dem großen
Kuppelraum liegt ein quadratischer Gebetsraum, der von
sechzehn, durch Mauerpfeiler unterstützten kleinen Kuppeln
überdeckt ist. Die übrigen Räume, die sich alle nach dem
Gartenhof hin öffnen, bilden die Zellen der Lehrer und Schüler.
Den Zugang von der Moschee zum oben erwähnten Karawanserail vermittelt dann ein an der Nordseite der ganzen Doppel-
anlage entlanggeführter Gang, der durch die mittlere Raum-
gruppe der nördlichen Hofseite zugänglich ist.

Der ornamentale Schmuck des Gebäudes ist sehr prächtig,
bringt aber nur in einer Beziehung, bei der Technik der
Kuppelverkleidung, etwas Neues. Einen Teil des äußeren
besonders reichen und gut erhaltenen Hauptportals, das beiderseits von einem gedrehten blauen Wulst eingefaßt wird, gibt
Abb. 106. In reichstem Fayencemosaik, das trotz der späten
Entstehungszeit technisch ausgezeichnet gemacht ist, sind zu
beiden Seiten der Tür über marmornem Sockel Gebetsteppichfelder mit Vasen und Ranken angeordnet, über die sich ein
breites Schriftband hinzieht (Abb. 107). Doch ist gerade der
wichtigste Teil, in dem der Name des Erbauers der Moschee
stand, abgefallen oder wahrscheinlicher von einem Nachfolger
des Schah Husain entfernt worden; der Name des Erbauers
der Medresse ist aber aus anderen Quellen bekannt. Die
erhaltenen Teile bringen die Worte: „Im Namen Allahs des
Barmherzigen, des Erbarmers. Das ist die erhabene Moschee
des Herrn der Sultane . . . . . Sultans, Sohnes des Sultans usw.
Chakans, Sohnes des Chakans“. Ein Medaillon darüber enthält
den Satz; „Ich bin die Stätte der Wissenschaft und Ali ist ihr
Tor“ (Dr. Mittwoch). Über dem Schriftbande reiht sich eine Reihe
hoher Schmalfelder aneinander, die verschiedene ornamentale
Füllungen in Fayencemosaik zeigen. Das Mittelfeld aber bringt
neben den Pflanzenranken einen en face gestellten Pfau mit
prächtig ausgeführtem Rad, der an die Pfauen des Außenportals
der Moschee zu Ardebil (Taf. XXXIII—XXXIV) erinnert. Und auch
die ganze Portalanlage stimmt hier wie dort im Grundgedanken
überein (Taf. XXXI). In beiden Fällen stehen neben dem Tordurchgang Gebetsteppichfelder mit Vasen, an die sich längere
Rechtecksfelder an den Seitenwangen der Tornische anschließen;
und über dem Schriftband wiederholen sich hier wie dort die
langen schmalen Schmuckflächen, die beim Übergang in die Stalaktitenwölbung niedrige breite Übergangsflächen entstehen lassen.

Abb. 106. Isfahan, Medresse Mader i Schah, Hauptportal

Eine der Ecken des Hofes zeigt Abb. 108. In reichstem
Ausmaße ist an den Pfeilern und Friesbändern das Ziegelmosaik verwendet; größere und kleinere Ranken sind zu
Bändern ohne Ende verbunden, wobei sich in regelmäßigem
Wechsel zwei größere mit einer kleineren Mittelranke zu
einer engeren Dreigruppe zusammenschließen, deren Grundform aus den späteren geometrischen Mustern und aus Fliesen-
formen (Doppelschaufel) bekannt ist. Interessanter sind die
Füllungen der Bogenzwickel des Erdgeschosses. Während in
den Zwickeln des Außenportals Fayencemosaik neben Fliesen
vorkommt, sind hier im Hof zum Schmuck der Flächen nur
Fliesen verwendet. Zu äußerst rechts und links geben größere
und kleinere Rosetten, hell auf dunklem Grund, ein Muster,
das durch die eigentümlich Verschiebbare seiner Zeichnung
auffällt. Die einzelnen Rosetten sind nicht in strengem Verbande
aneinander geordnet, sondern scheinbar in freier Anordnung
auf die Folie gebracht. Das Muster der nächsten Bogenzwickel
nach innen bringt den gleichen Charakter, bloß mit Vertauschung
der Farben: hier dunkel auf hell. Wieder hell auf dunkel
aber, und in ganz ausgeprägtem Grade zeigt diese Freiheit
und Lebendigkeit der geometrischen Formen die Ecknische.
Es ist, als hätte das Streben nach naturalistischer Lebendigkeit die Strahlen der Sterne zu beweglichen Fühlern gemacht,
die sich in reizvoller Windung hell vom dunklen Grunde abheben. Auch die überaus feinen und zierlich durchbrochenen
Fensterverschlüsse über den Türen beweisen, daß die Künstler
dieses Baues Erfindung und Technik vollständig beherrschten.

Die übrigen Teile des Baues bestätigen nur diesen Eindruck des mühelosen Könnens. Der nördliche Liwan des
Hofes (Taf. LXVII) bringt ein schönes, flüssig erfundenes Rosetten-

Abb. 107. Isfahan, Medresse Mader i Schah, oberer Teil der Portalnische

band in der äußeren Nischenschräge, und feine, aus verschieden polygonal geformten und gelb, grün, braun und weiß gefärbten Fliesen zusammengesetzte geometrische Muster in den Zwickeln der seitlichen Nischen, von deren geschmackvoller und sicherer Durchbildung die Farbentafel bei Coste (pl. 24—25) eine gute Vorstellung gibt. In der Rückwand der Nische öffnet sich über dem Schriftband ein Fenster, das ein aus Formziegeln zusammengesetztes Gitterwerk mit eingelegten Glasuren zeigt. Um die ganze Nische läuft außen im Rechtecksrahmen ein breites Schriftband herum, das in den unteren Teilen in Fayencemosaik ausgeführt, nach oben zu die gemalte Fliese verwendet. Diese Vorliebe für die Fliese an Stelle der älteren, mühsameren Techniken gibt trotz aller Pracht und allem Reichtum diesem Bau gegenüber früheren Werken, wie der erwähnten Moschee in Ardebil, doch ein

minder vollkommenes Gepräge. Denn bei der keramischen Dekoration erfüllt die Fliese im Gesamteindruck ja denselben Zweck wie etwa das Fayencemosaik; bei der Betrachtung des einzelnen Musters aber erwecken die, wenn auch nach Schablonen, aus größeren Tafeln geschnittenen kleinen Stückchen durch die leisen Unregelmäßigkeiten ihres Umrisses einen herberen und persönlicheren Eindruck, der den Fliesen und Formziegeln fehlt. Dies zeigt sich auch bei der großen und prächtigen Kuppel der Moschee in der Südfront des Hofes (Taf. LXVI). In großen, freien Rankenzügen ist die jetzt zum Teil abgefallene Dekoration gehalten. Es ist Fayencemosaik, das die Kuppel völlig bekleidet hatte; aber man wendete hier eine neue Technik an. Die Ranken- und Blattelemente sind nicht mehr aus großen, fertig glasierten Tafeln sorgsam ausgeschnitten, sondern sie sind in festen Leeren geformte, dann gebrannte und glasierte Stücke, die zu den Mustern zusammengesetzt wurden. So scheint das Verfahren der Technik des Ziegelmosaiks genähert. Die größere Allgemeinheit aber, die beim Ziegelmosaik, wo die Einzelelemente völlig gleich sind und für sich nichts bedeuten, dem fertigen Muster als einem geometrischen völlig entspricht, muß bei Ranken- und Blütenmustern, wo schon das einzelne Element in seiner Form etwas bestimmtes vorstellen soll, unbedingt zu dem etwas schablonenhafteren Charakter der heutigen Schmuckfläche führen. Dennoch macht die Kuppel mit ihrem hohen Tambur einen prächtigen Eindruck. Den Tambur umzieht zu unterst über einem schmalen Ornamentstreifen ein Kettenband in Ziegelmosaik. Darüber legt sich ein breiteres Band ebenfalls in Ziegelmosaik, mit kufischen Buchstaben dunkel auf hell und hell auf dunkel, bis ein letztes Fliesenschriftband mit weißen Buchstaben auf blauem Grunde den Schmuck der Trommel abschließt. Alle diese Bänder sind bis auf geringe Reste abgefallen. Die Kuppel, die sich in leiser Ausbuchtung darüber erhebt, trägt noch den größeren Teil ihres Schmucks. Auf türkisblauem Grund schlingen sich dünnere dunkle und breitere weiße, schwarz konturierte Ranken und gelbe Zweiblätter ganz lose durcheinander; gelbe und dunkle Palmetten und Blüten fügen sich ein. Schließlich ist der Tambur auch noch durch reich gearbeitete, durchbrochene Fenster belebt, die wie jene des Hofes aus Formziegeln mit eingelegten farbigen Glasuren zusammengebaut sind.

Abb. 108. Isfahan, Medresse Mader i Schah, südwestliche Hofecke

Abb. 110 gibt einen Teil der mit prächtigen und reich verzierten Schilden beschlagenen silbernen Türe. Unten eine Schrifttafel, darüber ein Palmettenoval abwechselnd mit Fächerpalmetten, deren Hälften man rechts und links noch sieht, sind im Charakter jener späten Isfahaner Ornamentborten geschmückt, wie wir sie schon beim umlaufenden Band am nördlichen Liwan des Hofes gefunden haben. Bis zu einem gewissen Grade erscheint die stehengelassene Form des Grundes ornamental empfunden, und zwar in einer lebendigeren Strömung, von der sich die aufgelegten Musterplatten als feste unbewegtere Formen abheben. Diese Schmuckplatten selber zeigen den üblichen bewegten Kontur, der von den Arabesken her sich in ein- und ausschwingenden Kurvenstücken gefällt und in seinen auslaufenden Spitzen an den unteren oder seitlichen Enden immer noch die ununterbrochen lineare Verbindung von Form zu Form, das „Weiterschießen" der ursprünglichen Arabeskenranken rudimentär empfinden läßt. Das Abrunden des Konturs an einer derartigen Auslaufstelle, wie wir es in Samarkand verschiedentlich bei der Umwandlung der Zweispitzpalmette als Granatapfelform beobachten können, ist an dieser Türe, trotz ihrer späten Erfindung, nicht geübt worden. Dagegen zeigen die Füllungen der Schilde einen Charakter, der für unser Gefühl wenig als fremd zu empfindendes Orientalisches mehr hat. Das üppige und naturalistische Pflanzen- und Blumenwerk ähnelt abendländischen barocken Pflanzenfüllungen, und nur in dem bei allem Naturalismus doch einigermaßen Ungeordneten der Gesamtanlage spricht sich noch das auf tektonische Fassung einer Flächenströmung wenig Wert legende, morgenländische Empfinden aus. In dichtem und doch nicht gehäuftem Verbande legen sich Blütenbüschel, Ranken, Zweige, Blumen, Früchte über die Flächen. Man kann deutlich Schwertlilien, Rosen, Mohnblumen und kleine Traubendolden unterscheiden, alles mit jenen naturalistischen Zufälligkeiten gebildet, die den Weg über die gefüllten Palmetten und Rosetten zurück zum abstrakten Zwei- und Dreiblatt der ersten Jahrhunderte des Islams kaum erkennen lassen.

Tschihil sutun (Taf. LXVIII, LXIX; Abb. 111—116)

Westlich vom Meidan, zwischen ihm und der Prachtstraße Tschehar bagh gelegen, dehnt sich der weite, von Mauern umgebene, quadratische Palastbezirk aus. Er umfaßt verschiedene, von Gärten umfriedete Pavillons, unter denen der „vierzig Säulen", Tschihil sutun, der bemerkenswerteste ist (Abb. 111). Die ursprüngliche, von Schah Abbas dem Großen im Beginne des 17. Jahrhunderts errichtete Anlage brannte während Schah Husains Regierungszeit (1694—1722) ab; ein Neubau wurde noch von diesem Fürsten ausgeführt. Innerhalb eines etwa 280 zu 180 Meter großen Mauerrechteckes erhebt sich inmitten eines Parterres von Beeten, Alleen und Wasserbassins ein einstöckiges Gebäude von 56 Metern Länge und 30,6 Metern Breite (Abb. 112). Die eine Schmalseite öffnet sich in einer Säulenhalle, in der achtzehn über fünfzehn Meter hohe Holzsäulen, sechs in der Front und zu je dreien der Tiefe nach geordnet, das schwere, weit vorspringende Holzdach tragen. Der vieleckige Schaft der Säulen ruht auf Steinbasen, von denen die vier mittelsten aus je vier sitzenden Löwenfiguren bestehen. Die Kapitelle sind in

Abb. 109. Isfahan, Medresse Mader i Schah, Hof mit Hauptportal

Stalaktitenform gearbeitet, die kassettierte Decke in blau und gold gemalt. Das in der zeitgenössischen Architektur übliche Spiegelglasmosaik ist auch hier zur Verwendung gekommen. Bei dieser Dekorationsart wird hinter ein Gitterwerk aus den üblichen Ornamentformen Spiegelglas gelegt, im übrigen aber die übliche Wandeinteilung in Nischen und Rechtecksfelder beibehalten. Abb. 113 gibt ein derartig geschmücktes Wandstück, bei dem außerdem in die Rahmenstreifen zwei jener Bilder eingelassen sind, die von persischen Malern nach der abendländischen Schulung in Rom für Schah Abbas gemalt wurden. Hinter der Vorhalle öffnet sich ein von zwei Säulen getragener, beiderseits von zwei kleineren Gelassen flankierter quadratischer Raum, an dessen hinterer Wand in einer Nische der Thronsessel stand. Von hier aus hat man heute noch einen prachtvollen Blick in den Garten und auf das ständig bis zum Rand gefüllte, rechteckige Wasserbassin, in dessen klarem Wasser sich die marmornen Fackelhalter spiegeln (Taf. LXIX). Diese stillen und unbewegten, rechteckigen Wasserflächen waren in Persien seit jeher beliebt, und man zog sie durchaus den runden Bassins vor, die den Blick nicht so ungehemmt hingleiten lassen. Auf den Thronsaal folgt dann der große rechteckige Festsaal, der sich an den Seiten wiederum in schmalen Loggien öffnet. Der von drei flachen Kuppeln bedeckte Raum ist reich geschmückt. Die Dekoration zeigt hier wieder jene Lackmalerei auf Papier, die wir in Ardebil (Tschini Hane) und Samarkand kennen gelernt haben. Der Grund ist abwechselnd blau und grün gehalten, zarte Ornamente und Tiere sind in Gold, weiß und braun aufgemalt. In der Dekoration der Flachkuppeln finden sich die erst spät aufkommenden Farben Grün und Braun nicht

Abb. 110. Isfahan, Medresse Mader i Schah, Detail von der silbernen Tür des Hauptportals

verwendet; die mittlere zeigt schwarzen Fond mit goldenem Muster, die seitlichen blauen Grund mit goldenen Ornamenten. Die Gurtbogen zeigen große goldene Blumenranken auf hellblauem Fond.

Doch trägt dieser Kuppelsaal nicht nur ornamentalen Schmuck; er enthält auch sechs große Wandgemälde aus der Geschichte der bedeutendsten Safidenfürsten. Auf diese Bilder, die Texier in Umrißzeichnungen gibt, und die bei Curzon (II. S. 34 ff.) ausführlich beschrieben werden, sei hier nicht näher eingegangen, da wir in größerem Zusammenhange gelegentlich einer Betrachtung der persischen Malerei auf sie zurückkommen werden. Ihre Titel sind: Schah Ismail im Kampfe mit den Truppen Sultan Sulaimans; Schah Tahmasp bewirtet den flüchtigen indischen Prinzen Humajun im Jahre 1543; Abbas der Große und Abdul Muhammed, der Chan der Uzbeken; Schah Ismail im Kampfe mit den Uzbeken; Schah Abbas II. bewirtet den Gesandten des Groß-Moguls; der Kampf zwischen Nadir Schah und Sultan Mahmud von Delhi. Der größere Teil dieser Bilder stimmt mit der Beschreibung überein, die Chardin im Jahre 1670 von ihnen gegeben hat; nur das letzte Bild mit Nadir Schah und dem Sultan von Delhi ist eine spätere Hinzufügung.

Zwei Detailaufnahmen der Kassettendecke des vorderen Säulensaales (Abb. 114 und 115) zeigen das geometrische Vielecknuster in seiner reichsten Ausbildung, bei der sich die einzelnen Durchdringungsfiguren mit breitem Randkontur und Palmetten-Innenfüllung wie nebeneinanderliegende Zellen in lockerer Berührung zusammenschließen. Interessanter aber sind späte Paneel- und Nischenfüllungen, von denen Abb. 116

ein Beispiel gibt. Der Naturalismus ist so weit vorgeschritten, daß eine völlig naturgemäße Ausdeutung der Pflanzenformen stattgefunden hat. Schon in der Großen Moschee fanden sich Füllungen, bei denen die Ranken aus Vasen wuchsen, also als abgeschnittene lebendige Pflanzen gedacht waren. Immerhin aber behielten sie in der Führung ihrer Stiele, die das Wellenschema bewahrte, einen unnaturalistischen, ornamentalen Einschlag. In der vorliegenden Füllung hat der Naturalismus die Ranke völlig zum Blumenstengel gemacht. Rechts und links von der Mittelvase, im Lünettenfeld sowie in der Palmette über der Vase, findet man die früheren Rankenstiele jetzt in leichten Schwingungen als Blütenstengel gleichsam aus dem Boden wachsend; und die bekannten gefüllten Rosetten und Kelchpalmetten sitzen jetzt als wirkliche Blüten an den schwanken Stielen, auch nicht mehr rein ornamental verteilt, sondern ihrer Größe nach gegen die Enden der Zweige hin abgestuft. Längs der ganzen unteren Kante wachsen Blumen auf, und nach Art der gleichzeitigen Teppiche finden sich zwischen den Pflanzen laufende Tiere (Steinböcke und Gazellen). Auch diese aber sind, wenn auch symmetrisch zu beiden Seiten der Mittelachse verteilt, nicht mehr in den ideellen ornamentalen Raum gestellt, wie das bei den gelegentlichen früheren Tierdarstellungen noch der Fall war; sondern über das ganze Ornamentfeld zieht sich eine ansteigende Bodenfläche, die durch festwurzelnde Bäume, an denen Blätter und Blütenrosetten sitzen, festgelegt wird. In den Zweigen der Bäume sitzen buntschillernde, phantastische Vögel.

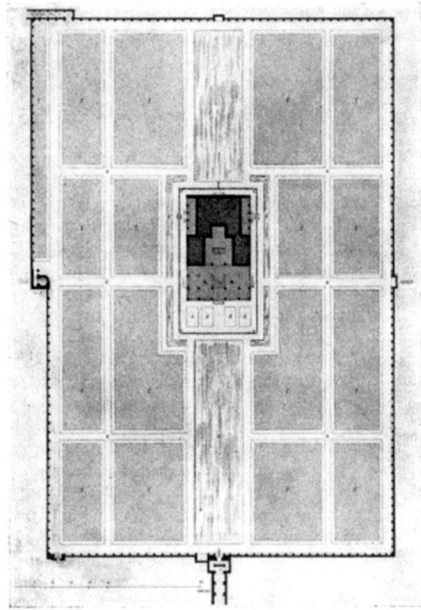

Abb. 111. Gartenanlage mit dem Pavillon Tschihil sutun, Grundriß nach P. Coste

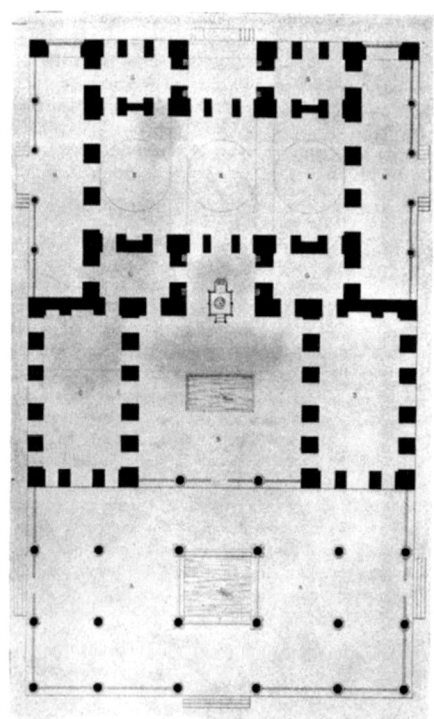

Der chinesische Einfluß hat sich in den Einzelmotiven wie im Gesamtcharakter immer deutlicher durchgesetzt. Neben dem Wolkenband findet sich hier als neu übernommene Einzelform das Tschi, der heilige Schwamm (an den Seitenrändern des Tympanons); im Gesamtcharakter hat die unruhig und zackig geführte Linie, wie oben schon einmal erwähnt, selbst die glatten Ränder der ursprünglich geometrisch gedachten Palmetten und Zweiblätter zersetzt. Eine leichte Tönung der Innenränder bei den großen Zweiblättern, auf denen die Vase des Lünettenfeldes steht, verleiht dann vollends der ehemals abstrakten Form einen bestimmten Materialcharakter, etwa den eines muschelartigen Stoffes. Auch die große Palmette über der Vase zeigt in ihrem gezackten, in kleinen Kurven geführten Kontur die Abneigung gegen die geometrisch ausgeglichene Linie in Kompositionen, die nicht (wie die oben besprochenen Deckenkassetten) rein geometrischer Erfindung sind, sondern der Hauptsache nach Blütenranken zeigen. Die Naturalisierung der Formen führt so wieder zu jener ursprünglichen Trennung der geometrischen von den vegetabilen Kompositionen, die den frühesten Stand der orientalischen Ornamententwicklung kennzeichnet. Allerdings ist in den vorliegenden Kompositionen auch die ältere Gegentendenz der Geometrisierung der Natur-

formen, die ja zur Erfindung der Arabeske überhaupt geführt hat, noch immer deutlich zu beobachten. Sie zeigt sich sowohl im Festhalten der Gepflogenheit, auch die negative Form ornamental zu verwerten, und gestaltet so etwa die großen Seiteneinbuchtungen der dreiteiligen Palmette über der Vase in einer Form aus, die an jene „Palmwipfel" erinnert, deren Ursprung vielleicht bis auf die Flügelpalmette oder wenigstens auf ähnliche Arabeskenformen zurückgeht. Andererseits aber kann man auch im leisen Umbilden des übernommenen Wolkenbandes zu gewohnteren geometrischen Kompositionen erkennen, daß ein Rest jener geometrisierenden Kraft sogar noch zur aktiven Wirksamkeit lebendig ist. Im Seitenfelde rechts muß sich das ursprünglich nur als Streuform vorkommende Wolkenband zu, wenn auch noch so leicht gefügten Schildformen zusammenschließen, und von den Wolkenbändern des Friesstreifens sind bei den umgekehrt gestellten die flatternden Enden abgelöst und die übrig bleibende Rundschlinge durch ein leises Eindrehen der Enden zum Palmettenschilde umgestaltet. So kann man an vielen Kleinigkeiten einen leisen letzten Widerstand des ursprünglichen, so stark geometrisch orientierten Formgefühles des früh-muhammedanischen Persiens gegen den andauernd erstarkenden Naturalismus beobachten. Die jetzige Schwäche jener geometrisierenden Tendenzen kann man aber neben allem anderen vielleicht am deutlichsten daran erkennen, daß es die Aufnahme des „Tschi", dieser so auffallend axial unsymmetrischen Form, nicht verhindern konnte. Auch die alte Arabeske kennt unsymmetrische Gebilde, aber nur als Teilgebilde. Das unsymmetrische Zweiblatt sitzt an einem beweglichen Rankenstiel und ist eine Teilform, die durch

Abb. 114. Isfahan, Tschihil sutun, Kassettendecke in der Vorhalle

Abb. 115. Isfahan, Tschihil sutun, Kassettendecke in der Vorhalle

Gegenüberstellung einer zweiten zum symmetrischen Ganzen gebunden wird. Das chinesische Tschi aber schwebt als losgelöste Form irgendwo im Rahmen und beweist die Notwendigkeit, es als selbständiges Einzelstück aufzufassen, erst recht dort, wo es sich durch eine spiegel-ungleiche Wiederholung zu jener Doppelform ergänzt, deren zuweilen sogar verschieden gefärbte Hälften niemals durch Umklappen um die Vertikalachse, sondern nur durch Drehung zur Deckung gebracht werden können (rechts und links am Rande des Lünettenfeldes). Daß ein derartig individualisierendes Bestreben mit der Naturalisierung der Gesamtanlage ohne weiteres zusammengeht, ist klar.

Kleinere Pavillons und ihre Ausschmückung mit Fliesengemälden (Taf. LXX—LXXV; Abb. 117—123)

Auch außerhalb dieses geschlossenen Palastbezirkes westlich vom Meidan finden sich einzelne Palastanlagen. In allen Fällen ist die persische Gepflogenheit des Pavillon-Baues gewahrt. Auch wo sich, wie beim Palast Haft Dest, die Gebäude eines bestimmten Zweckes wegen, zu größeren Komplexen zusammenschließen, steht meist ein Pavillon neben dem anderen, ohne daß es zu einer geschlossenen Ineinanderarbeitung der einzelnen Teile kommt.

Wir erwähnten schon, daß mitten im Tschehar bagh ein schmaler Kanal fließt; der Perser kann sich irgendeine Prachtanlage ohne Wasserbassins oder Kanäle nicht denken. An den beiden Enden der Avenue bilden nun quer über die Straße gebaute Pavillons die Köpfe und Endpunkte der Anlage und waren zu gleicher Zeit wohl auch als Quellhäuser für den Wasserlauf gedacht. Einen dieser Blickpunkte, auf den die

Straße zuläuft, den nördlichen, geben wir in Taf. LXX. In seinem Grundriß den einfachen, quadratischen Typus festhaltend, erhebt er sich gleichsam als viereckiger Turm durch drei Stockwerke. Nach oben schließt ein knapp vorspringendes Ziegelband in zahnschnittartigem Gesims den Bau trocken und unzureichend ab. Zwischen das Gerippe der vier Eckpfeiler spannen sich dann die mehr als doppelt so breiten Mittelteile, wobei Flachnischen mit Spitzbogenschluß die Wandflächen beleben. Den Mittelteil des Baues nimmt ein von unten aus offener Raum ein, der sich über dem ringsum geschlossenen Untergeschoß in großen Arkaden öffnet, die die beiden oberen Geschosse in eins zusammenfassen. Auf der dem Tschehar bagh zugewendeten Seite ist dann in die große Bogenöffnung eine kleinere Schmuckwand mit Arkadenöffnungen und Kreisfenstern eingebaut. Ob dieser Einbau, der auch die jetzt offene Lünette des Bogens verschlossen hatte, ursprünglich ist, wissen wir nicht. Eine Stelle in der Reisebeschreibung von Della Valle, wo er auf diesen Bau zu sprechen kommt (II. p. 18), läßt allerdings vermuten, daß diese Nischen damals schon bestanden haben: „. . . . ein kleines viereckigt gebautes Häußlein, mit vielen gemalten und gezierten Erkern und Fenstern, welches allein zu diesem Ende gemacht worden, daß man von dannen ihre (der Straße) gantze Länge von oben herab sehen könne". Mit dem Erkern meint er wohl nicht Anbauten nach nordischer Art, die den Raum der Zimmer nach außen hin erweitern, sondern jene in die Mauerflucht hinein vertieften Sitzplätze für die Frauen, die, nach einem anderen Autor, gegen die Blicke der Unberufenen durch jene kunstvollen Gitter aus Holz geschlossen waren, die vielfach noch erhalten sind. Daulier berichtet aus dem Jahre 1668 (p. 43) von demselben

Pavillon: „ . . . . et percé tant en haut qu'en bas de plusieurs grandes fenêtres fermées de fort jolis treillis de bois". Es sind das dieselben netzartigen Gitter, die in Ägypten Muschrabijen heißen.

Der Schmuck des Äußeren beschränkt sich auf die Füllung der Bogenzwickel, die mit viereckigen Fliesen ausgelegt sind (Abb. 117). Orna-

Abb. 116. Istahan, Tschil sutun, Nischendekoration

mentale und figürliche Muster weisen auf das hohe 17. Jahrhundert. Die pflanzlichen Motive zeigen jene lebendig kriechende Führung der Ranken, die wir schon des öfteren beobachtet haben; die figürlichen Szenen zeigen eine über das Schmuckfeld des Palais Tschihil sutun noch hinausgehende bildhafte Ausgestaltung der Szenerie (Abb. 116). Die (in dem mittleren Teile und in den unteren Eckpartien nicht sinngemäß ausgebesserte) Komposition läßt in völlig naturalistischer Ausführung Gartenszenen erkennen, in denen langgewandete Frauen und Männer sich auf festem Boden bewegen, der bei den lagernden Gestalten und zu Füßen der größeren Bäume leicht angedeutet ist. Wie bei den Gemälden im Negareh Chaneh sind auch hier neben den persischen Figuren auch Europäer zu erkennen. Die Farbenskala nähert sich schon sehr der natürlichen; doch scheinen gelb und dunkelblau für die Darstellung der Gewänder stark bevorzugt.

Vielfach sind zu beiden Seiten des Tschehar bagh derartige kleinere Pavillons, die ehemals zu Privatpalästen gehörten, stehen geblieben. In ihrer Anlage gleichen sie dem oben ausführlich beschriebenen Pavillon am Nordende des Tschehar bagh; und auch ihre Bestimmung scheint dieselbe gewesen zu sein. Es waren kleine, würfelförmige Backsteinbauten, nicht besonders reich geschmückt, aber alle mit großer, offener Nische im Obergeschosse, von der aus die Damen des Hofes zu ihrem Zeitvertreib das Leben und Treiben auf der Straße überblicken konnten.

Neben und hinter dem mittleren Hauptraume befanden sich nur wenige, ganz kleine, geschlossene Gelasse. Abb. 118 gibt den Eingang in einen dieser Pavillons. Unten modern verputzt, hat sich im oberen Teile der Tornische noch das netzartige, in den Flächenteilen reich variierte Gewölbe erhalten. Die Muster zeigen eine weitgehende Auflösung des rein orientalischen Charakters durch abendländischen und chinesischen Einfluß. Schon Schah Abbas der Große hatte ja zu Beginn des 17. Jahrhunderts persische Maler nach Rom geschickt, damit sie sich hier in der Malerei vervollkommneten. Und der abendländische Einfluß äußerte sich bald nicht nur in der Herübernahme europäischer Kostümstücke, wo man Europäer darstellen wollte, sondern weiter auch im Ornamentgefühle. Es konnte das um so leichter dort geschehen, wo vorher ein Abströmen orientalischer Gepflogenheiten ins Abendland stattgefunden hatte und jetzt eine Rücknahme manchem Verwandten begegnete. Gerade das war im Ornament der Fall, wo schon seit dem 16. Jahrhundert die Arabeske Aufnahme in den Motivenschatz des Abendlandes fand. So braucht der so stark an Rokoko-Muster gemahnende Charakter der Flächenfüllungen der vorliegenden Nischenwölbung keine bloß zufällige Übereinstimmung zu sein. Das halbrunde Feld zu oberst, mit seinem blumengefüllten Netzwerk, die leichten Streumuster der hellen Zwickelfelder, die leicht um ein Mittelstück schwingenden Ranken geben diesen Eindruck, der um so weniger den Charakter des Werkes fälscht, als sich auch andere Berührungspunkte finden, wie etwa der in eigener Entwickelung erreichte Naturalismus der Formen, oder auch die Vorliebe für das Helle, Glitzernde, wie sich in der reichen Verwendung des Spiegelmosaiks äußert.

Einer der bemerkenswertesten dieser kleinen Palastbauten ist der noch zum

Abb. 117. Isfahan, Pavillon am Nordende des Tschehar bagh, Fassadenschmuck mit Fliesengemälden

Abb. 118. Isfahan, Eingang zu einem der Pavillons am Tschehar bagh

eigentlichen Palastbezirk gehörende Pavillon Hescht beherscht, d. h. die acht Tore des Paradieses, der nördlich von der Medresse Mader i Schah an der Ostseite des Tschehar bagh innerhalb großer Gartenanlagen noch völlig erhalten aufrecht steht. Da dieser Teil der Palastanlage bei meiner Anwesenheit in Isfahan zum Harem des Gouverneurs, des Prinzen Zil es Sultan gehörte, wurde mir eine Besichtigung nicht gestattet. Doch ist der Palast von Coste (S. 30 f., Taf. 36—40) und Curzon (II. 36 ff.) ausführlich aufgenommen und beschrieben worden. Deshalb sei hier nur einer interessanten Dekorationsart gedacht, die uns bei diesem Bau allerdings nicht zum erstenmale begegnet. Wir fanden die Übung, den Sockelteil eines Gemaches paneelartig mit Fliesen zu bekleiden,

Abb. 119. Aus Isfahan stammendes Fliesengemälde im Kunstgewerbe-Museum, Berlin

schon in Ardebil, in dem gleichfalls von Schah Abbas erbauten Porzellanpavillon (Abb. 43). Hier in Isfahan wurde dieses Verfahren ebenfalls vielfach angewendet. Während sich aber in Ardebil die Muster hauptsächlich auf ornamentale Kompositionen

beschränkten, setzte man in Isfahan ganze Fliesengemälde zusammen. Meist sind es Darstellungen aus dem Haremsleben; auf dem blumigen Rasenteppich eines Gartens sitzen vornehme Frauen und lassen sich durch junge Mädchen bedienen; den Hintergrund bilden Bäume und aufsteigendes Gelände, das mit Blumen und Sträuchern bewachsen ist. Vollständige Darstellungen dieser Art sind nach London in das India-Museum, in den Louvre nach Paris und nach New York in das Metropolitan-Museum gekommen; das Kunstgewerbe-Museum in Berlin besitzt ein aus mehreren Teilen zusammengesetztes Panneau, in dem zwei Reiter im Wappenstil einander gegenüberstehen, und das aus Isfahan stammt (Abb. 119). Auch mir gelang es in Persien, nachweislich aus Isfahan kommende Bruchstücke eines solchen Fliesengemäldes zu erwerben, aus denen fast lückenlos zwei weibliche Figuren zusammengesetzt werden konnten (Taf. LXXI—LXXII). Es sind zwei Dienerinnen, von denen die eine eine Weinflasche, die andere eine Schale trägt. Die schlanken Gestalten in ihrem graziösen, weichen Linienschwung erinnern nicht nur durch die Musterung der Gewänder und das Ornament der Borte, sondern auch in ihren geschlitzten Augen und dem kleinen Mund an ostasiatische Kunst. Der Einfluß Chinas, im Ornament schon des öfteren konstatiert, macht sich nicht minder in den Fayencegefäßen, die chinesisches Porzellan imitieren, in den Teppichen mit ihren Fabeltieren und Wolkenbändern, in der Miniaturmalerei der Buchillustration und hier in der Figurenbildung der Fliesengemälde geltend. Mit geschlossenen, zusammenhängenden Konturlinien sind die Figuren über der Glasur gemalt. Den weißen Grundton der Kacheln hat man für den Hintergrund wie für die Fleischfarbe im Gesicht und an den Händen verwendet; daneben sind blau und gelb die Farben, die man, am liebsten in großen zusammenhängenden Flächen, allen übrigen vorzieht.

Zwei weitere derartige quadratische Fliesen, einem figürlichen Fliesengemälde entnommen, sind auf Taf. LXXIII—LXXIV wiedergegeben. Auf dem oberen Stück ist ein Jüngling dargestellt, der sich anschickt, ein vor ihm stehendes Lasttier zu bepacken; auf der unteren Fliese sehen wir ein junges Mädchen vor einem Spinnrade am Boden sitzen. Den Hintergrund bildet ein Zeltlager. Abgesehen von dem weißen Hintergrunde und der weißen Fleischfarbe, ist alles übrige ohne Rücksicht auf die Naturwahrheit koloriert. Gelb, dunkelblau und grün herrschen vor. Chinesischer Einfluß zeigt sich in dem als Raumfüllung verwandten Wolkenbande.

Außer dem eigentlichen Palastbezirk, der mit seinen Garten- und Pavillonanlagen inmitten der Stadt lag, befanden sich auch außerhalb der Stadtmauern, am Südufer des Zendeh Rud, einige ausgedehnte Paläste, die heute zum größten Teil verfallen, seinerzeit hinter den Prachtbauten im Innern der Stadt nicht zurückstanden. Eines dieser Lustschlösser, das im besonderen dem Palast Tschihil sutun ähnelt und wohl aus derselben Zeit stammt, ist Aineh Chaneh, der Spiegel-Pavillon, dessen Ruinen in der Nähe der Brücke Hassan Beg liegen (Abb. 120). Coste hat diesen Palast noch wohlerhalten vorgefunden und gibt eine Beschreibung und fünf Aufnahmen des Gebäudes (S. 29 f., Taf. 33—35). Die Säulenhalle, die sich wie in Tschihil sutun vor den Hauptsaal legte, ist in jüngster

Zeit abgebrochen worden; die steinernen
Löwenbasen der Mittelsäulen stehen noch an
Ort und Stelle. Da die Säulenhalle auf den
Fluß hinaus ging, fehlt hier das große, viereckige Wasserbassin vor dem Gebäude, das
sonst keiner dieser Pavillons entbehrte. Dagegen sind hier in gleicher Weise wie in
Tschihil sutun die Sockelwände der hinteren
Gemächer mit Fliesengemälden bekleidet, die
auf gelbem Grunde Blumen- und Tierdarstellungen zeigen. Sie sind ebenso wie
die Wandmalereien, die auch figürliche Motive,
und zwar meist Liebesszenen enthalten, bereits
so stark zerstört, daß auf ihre Wiedergabe verzichtet werden muß.

Westlich von dem Pavillon Aineh Chaneh
und unmittelbar an den Fluß herangerückt,
liegt ein großer Gebäudekomplex, den schon
Le Brun abbildet und als Harem bezeichnet,

Abb. 120. Isfahan, Pavillon Aineh Chaneh, vor der Zerstörung aufgenommen

der aber in den späteren Werken, wie z. B. bei Coste,
nicht behandelt worden ist. Er führt den Namen Haft Dest,
und macht durch den Namen und in seiner Abgeschlossenheit
wahrscheinlich, dass Le Bruns Vermutung das Richtige traf,
und das Haus wohl auch einen Harem enthielt. Denn
„haft" heißt „sieben", „dest" aber, dessen ursprüngliche Bedeutung „Hand", dann auch „Macht" ist, drückt etwa aus,
„was vollkommen in allen seinen Teilen" ist. So bezeichnet
„dest i chaneh" ein Gebäude, dem kein nötiger Raum mangelt.[1]
Die Siebenzahl weiterhin bedeutet für den Orientalen die
Summe alles Erstrebenswerten. Das Wort „Haft kuhane",
das sind „die alten Siebensachen", meint damit: den Freund,
den Gesellschafter, das Buch, den Trank, das Bad, das Schwert,
die Fayence[2]. So bedeutet dann „Haft Dest" in seiner Zusammenstellung wohl das räumlich vollkommene und mit allem
Nötigen gut versehene Heim.

Taf. LXXV gibt die östliche Hoffassade des in vollständig
geschlossenem Viereck, nach Art einer
Medresse, erbauten Palastes. Eine
Reihe von Pavillons schließt sich zu
kleineren Gruppen und diese wieder
zu fortlaufender Fassade zusammen.
Während aber das Gebäude zu Beginn
des 19. Jahrhunderts noch bewohnt
war (hier starb im Jahre 1834 Feth
Ali Schah), ist die, wohl auf das 17.
Jahrhundert zurückgehende Anlage
heute stark verwahrlost und bereits sehr
verfallen. Aus unserer Tafel ist ersichtlich, daß z. B. Decke und Vorderwand
der großen Halle, die den Mittelpavillon
der Hofseite (links) mit einer anderen
Bautengruppe (rechts) verband, eingestürzt sind. Von besonderem Interesse
ist von diesen Bauten die linke

[1] Vgl. Ouseley a. a. O. III. p. 19.
[2] Vgl. Karabacek: Zur muslimischen Keramik. S. 2.

Gruppe mit ihren weit vorspringenden Holzgesimsen
(Abb. 121). Ein großer Mittelsaal, dessen Hofwand fast völlig
in Fensteröffnungen aufgelöst ist, wird von zwei Seitenflügeln
flankiert. Die Mauern sind heute schmucklos in ihrem glatten
Verputz, und nur die kunstvollen Fenstergitter, deren bunte
Verglasung herausgefallen ist, haben sich zum Teil noch
erhalten.

Interessanter und reicher als das Äußere sind die Innenräume des Gebäudes, wenn auch die ursprüngliche Dekoration
des 17. Jahrhunderts vielfach durch spätere Zutaten entstellt
ist. Zur Belebung der Wände verwandte man das übliche
Mittel der Gliederung durch Flachnischen, die, in mehrere
Geschosse verteilt, durch horizontale Schmuckfriese getrennt
sind. Über dem verzierten Sockelgeschoß wechseln häufig
tiefere kleine Nischen, die zum Wegstellen der Gebrauchs-
geräte in den möbellosen Gemächern dienen, mit Panneaux,
von denen eins auf Abb. 122 eine schon in abendländischer

Abb. 121. Isfahan, Pavillon Haft dest, Ruine des Hauptgebäudes

Perspektive gezeichnete Vedute zeigt — ein Beweis, daß die Maler Schah Abbas des Großen ihren Aufenthalt in Rom zu nutzen verstanden. In diesem Mittelsaal, der jedenfalls als Thronsaal diente, findet sich an der hinteren Schmalseite eine erhöhte Tribüne, auf der wohl der Thron seinen Platz hatte. Die tiefe Nische, die diese Estrade gleichsam im Raume bildet, ist mit einem ganz besonders reichen Stalaktitengewölbe überdeckt (Abb. 123). Die Form der einzelnen Stalaktitenzellen weicht dabei durch ihre geringe Höhe bei großer Tiefe von der üblichen steileren und flachen Ausgestaltung erheblich ab. Die farbige Ausstattung des Raumes ist in den oberen Partien wieder in der uns von späteren Bauten her schon bekannten Technik der Malerei auf Papier mit blauer und Goldfarbe ausgeführt. Auch jenes Einarbeiten von komplizierten Nischen zur Aufnahme von Porzellangefäßen, das wir im Tschini Hane in Ardebil gefunden hatten, kommt in diesen Räumen vereinzelt vor.

Schließlich aber haben ganz späte und rohe Zutaten, wie die Ornamente der Nischenzwickel oder das aufdringliche Ziegelmosaik, die Harmonie der Räume doch erheblich gestört. Denn gerade bei lange bewohnten oder heute noch benutzten Privatbauten haben die neueren Restaurationen mit ihrer billigen Bazarkunst oder der Aufnahme abendländischer Formen viel verdorben. Besonders das Europäisieren der Motive ist dabei der persischen Ornamentik zum Unheile ausgeschlagen. Wo aber Restaurationen alter Bauten im nationalen Stile versucht werden, da beweisen sie, daß dem Volke, wenn es sich auf die landesübliche Kunstweise einstellt, weder der hohe Geschmack noch die reife Technik der älteren Werke verloren gegangen sind. Und man kann erwarten, daß eine Hebung des Volkes in nationaler und wirtschaftlicher Hinsicht auch jene Kräfte wieder frei machen wird, die bis in das 18. Jahrhundert hinein Werke von so hoher Kultur und so reifem Geschmack geschaffen haben.

Abb. 122. Isfahan, Pavillon Haft dest, Innendekoration

SCHIRAZ

Medresse i Chan (Taf. LXXVI, LXXVII)

Die Denkmäler von Schiraz sollen hier nicht im Zusammenhange besprochen werden, und wir beschränken uns darauf, ein Bauwerk aus der modernen Blütezeit der Stadt, unter Kerim Chan (1750—1779), durch zwei Tafeln zu illustrieren. Wie Isfahan durch die Bautätigkeit der Safiden-Fürsten des 16. und 17. Jahrhunderts seinen noch heut erkennbaren Charakter erhalten hat, so Schiraz durch diesen Herrscher, unter dem es eine Zeitlang die Hauptstadt des ganzen Landes war.

Neben der von Kerim Chan errichteten Moschee (Masdschid i Wekil) beansprucht eine von ihm erbaute Medresse (M. i Chan) besonderes Interesse. Das in bedeutenden Abmessungen, nach dem für diese religiösen Schulen üblichen Plan ausgeführte Gebäude bietet in seinem noch teilweis erhaltenen Fayenceschmuck ein besonders charakteristisches Beispiel für die im 18. Jahrhundert übliche persische Fliesenbemalung über der Glasur. Die Portalwand zeigt zu beiden Seiten der Eingangsnische je vier aus quadratischen Fliesen zusammengesetzte

Abb. 123. Isfahan, Pavillon Haft dest, Nischendekoration

Felder, die von Pilastern und Inschriftborten umrahmt werden. Taf. LXXVI zeigt die linke Seite der Portalumrahmung.

Taf. LXXVII gibt in größerem Maßstabe eins der Spitzbogenfelder wieder. Die Vase, die die Mitte einnimmt, erinnert in ihrer Form an ähnliche Gefäße, die uns in den Fayencedekorationen früherer Zeit begegnet sind; aber der Stilcharakter der sie umgebenden Blumen ist ein völlig anderer. An die Stelle der stilisierten Ranken und Blumen sind naturalistische Pflanzen getreten, die aus dem angedeuteten Erdboden emporwachsen, und in deren Zweigen naturgetreu gezeichnete Vögel, wie sie auch in der gleichzeitigen Miniaturmalerei vorkommen, angebracht sind. In scharfem Kontrast hebt sich das vielfarbige Muster vom dunkelblauen Grunde ab. Trotz der lebhaften Farbengebung sind diese späteren persischen Flächendekorationen nicht nur zeichnerisch, sondern auch koloristisch von nicht geringer künstlerischer Wirkung.

III. KAPITEL

DIE BAUWERKE DER LANDSCHAFT TABARISTAN

VORWORT

Die heutigen Landschaften Gilan und Mazenderan umfassen das Küstengebiet im Norden des persischen Hochlandes, von der Gebirgskette des Elburs bis zum Ufer des Kaspischen Meeres. Das östlich gelegene Mazenderan begrenzt das südliche Ufer, vom Flüßchen Mian Rud bis zur Provinz Astrabad und zur turkmenischen Steppe. Der mittelalterliche Name für Mazenderan ist Tabaristan, während ersterer erst im 13. Jahrhundert aufkommt. Zu Tabaristan wurde zeitweilig auch der südlich vom Gebirge sich bis zur Salzsteppe erstreckende schmale Landstreifen gerechnet, der auch den Sondernamen Kumis führte und heut teils zur westlichen Provinz Rai resp. Teheran, teils zur östlichen Chorasan gehört. Die Hauptstädte von Kumis, dieses fruchtbaren Landstriches, den die große von Rai nach Chorasan, nach Nischapur und Meschhed führende Heer- und Pilgerstraße durchläuft, sind Damgan, Semnan und Bostam, und so lauten zusammen mit Firuskuh und Kharkan auch die fünf Provinzen des alten Tabaristan. So reicht Tabaristan oder Mazenderan im weiteren Sinne südlich bis zur zentral-persischen Salzsteppe, und wir können demnach die erwähnten Städte des ehemaligen Kumis im Zusammenhang mit dieser Landschaft besprechen.[1] Das Gebirge, aus dem der mächtige Kegel des Demawend ungefähr in der Mitte hervorragt, fällt steil zur Ebene ab, die von zahllosen Bächen und kleineren Flußläufen durchschnitten wird. Diese ist außerordentlich fruchtbar, im Gegensatz zu dem vegetationslosen Hochlande ursprünglich mit undurchdringlichen Wäldern bedeckt und infolge des milden, feuchten Klimas für den Anbau von aller Art Nutzpflanzen geeignet. Reis, Zuckerrohr, Obst, Wein, Orangen, Granaten und Maulbeerbäume für die Seidenzucht kommen hier fort; die von Schah Abbas aus Indien eingeführten Zypressen gedeihen hier in außerordentlicher Größe und Schönheit, ja sogar Dattelpalmen[2] haben sich aus dieser Zeit bis in die Gegenwart in einigen wenigen Exemplaren erhalten. Die Fauna ist sehr mannigfaltig. Hier ist die Heimat des Fasans; das zweihöckerige indische Rind ist erst im 17. Jahrhundert hierher verpflanzt worden.

Von jeher hat die Landschaft infolge ihrer Üppigkeit die Phantasie der Bewohner des vegetationslosen Hochlandes erregt. Dies kommt in Firdusis Schahname zum prägnanten Ausdruck, wo vor dem iranischen König Kai Kaus einer der im Randgebirge hausenden Diwe (Dämonen) in Gestalt eines Sängers erscheint und ihn durch die Schilderung der Schönheiten Mazenderans zur Eroberung zu reizen sucht: „Wo immer rein die Luft und grün das Land, Den ew'gen Lenz nicht Frost noch Hitze bannt".[1]

Von den Alten Hyrkania genannt, kam die Landschaft durch Alexanders Siegeszug in den Besitz des Welteroberers, der kurz vor seinem Tode den Herakleides hierher sandte, um Bauholz zu fällen und eine Flotte auf dem Kaspischen Meere zu errichten. Nahm doch der König an, daß ebenso wie der Persische Golf auch dieses Meer ein Teil des Okeanos sei. Die Expedition kam infolge des baldigen Todes Alexanders nicht zur Ausführung und wurde später unter dem Diadochen Seleukos wieder aufgenommen. Da man nicht bis zum Nordende vordrang, wurde die richtige Ansicht des Herodot verdrängt, und das Kaspische Meer für lange Zeit nicht für ein Binnenmeer, sondern für einen Teil des Okeanos gehalten.

Tabaristan nahm nach der arabischen Eroberung unter Omar zuletzt von allen sassanidischen Provinzen den muhammedanischen Glauben an; bis in die Mitte des 9. Jahrhunderts hielt sich hier noch teilweis der Feuerkultus, und die Münzen trugen noch lange Pehlewi-Charaktere. Ab und zu sandten die Chalifen ihre Heere ab, um unter der dann in Sari und Amol residierenden Gouverneuren eine zeitweilige Oberherrschaft zur Geltung zu bringen. Innere Unruhen brachten einheimische Dynastien ans Ruder, unter denen im 9. und 10. Jahrhundert die Aliden oder Hassaniden (861—912) und die Husainiden (913—930) zu nennen sind. Erstere galten als Nachkommen Alis, die von den Chalifen verfolgt, in Tabaristan Zuflucht gefunden hatten. Daneben kommen in der Folge auch die im sonstigen Persien zeitweilig herrschenden Dynastien der Saffariden, Tahiriden, Gaznawiden, Bujiden, Samaniden, Seldschuken vorübergehend zur Herrschaft und verdrängen die einheimischen Herrscherfamilien. So kommt Masud, der Sohn Machmuds von Gazna, im Jahre 1020 nach Tabaristan; dann 1047 der Seldschuke Togrul Bey. Nach der durch Sultan Muhammed von Khwarizm im Jahre 1210 begründeten Oberherrschaft erfolgt 1253 der furchtbare Einfall der Mongolen. Spätere Empörungen gegen die mongolische Herrschaft werden durch Gazan Chan, der 1291 Bostam, Damgan und Astrabad erobert, und im Jahre 1306 durch den Ilchan Muhammed Chodabende Chan niedergeschlagen. Und wiederum ein halbes

---

[1] G. Melgunof: Das südliche Ufer des Kaspischen Meeres. Leipzig 1868. S. 47.
[2] K. v. Baer: Dattelpalmen am Ufer des Kaspischen Meeres sonst und jetzt. Mélanges biolog. III. Der Grund für das Aussterben der Palme wird in der Veränderung des Klimas infolge des Erlöschens der vulkanischen Tätigkeit gefunden.

[1] Gr. Ad. Fr. v. Schack: Heldensagen von Firdusi. 1851. S. 209.

Jahrhundert später (1358) gründet der Sajjid (Nachkomme des Propheten) Mir Buzurg Kawam-ad-din in Amol die Dynastie der Sajjiden, die über zwei Jahrhunderte lang ganz Mazenderan beherrscht. Eine zeitweilige Unterbrechung findet durch Timur statt, der 1382 zum ersten Male, dann 1393 wiederum in das Küstenland vordringt, die Sajjiden besiegt und die Fürstenfamilie in die Verbannung nach Buchara schickt, von wo sie im Jahre 1404 zurückkehrt.

Mittlerweile sind in dem benachbarten Adarbaidschan die Safiden aufgekommen und Schah Ismail, der von hier aus das ganze übrige Persien unter seinem Zepter vereinigt hat, versucht es in den Jahren 1494—99 mehrfach, auch in den unzugänglichen Küstengebieten von Gilan und Mazenderan festen Fuß zu fassen. Ihm sowohl wie seinem Nachfolger, dem Schah Tahmasp (1524—76), gelingt dies hier nur zeitweilig, während 1567 das westliche Nachbarland schaft Gilan definitiv erobert wird. Die Anstrengungen der Safiden wiederholen sich unter Schah Abbas dem Großen, dessen Mutter aus Mazenderan gebürtig war. Im Jahre 1596 wird endlich das Land definitiv erobert und zwei Jahre später durch die Einnahme von Astrabad ein Bollwerk gegen die räuberischen Turkmenen geschaffen.[1] Seitdem blieb die Provinz mit Persien vereinigt, abgesehen von einer zeitweiligen Besitzergreifung durch die Russen unter Peter dem Großen im Jahre 1722, als sich der Zar als Dank für seine Hilfe im Feldzuge gegen die Afghanen das ganze Südufer des Kaspischen Meeres vom jungen Schah Tahmasp II. zedieren ließ. Nach kurzer Zeit zogen sich die Russen

freiwillig zurück, besetzten dann aber endgültig im Jahre 1840 die im Golf von Astrabad gelegene kleine Insel Aschurade, um von hier aus die turkmenischen Seepiraten in Schach zu halten.

Unter Schah Abbas nimmt Mazenderan einen hohen Aufschwung, besonders durch die Anlage einer aus Feldsteinen errichteten dammartigen Straße, die quer durch das Land und die im Winter unwegsamen Sümpfe führend, die Hauptorte des Landes mit einander verbindet. Diese Chiaban oder Sang farsch (Steinteppich) genannte Chaussee, von Abflußkanälen eingefaßt, ist noch heute teilweis erhalten.[1] Abgesehen von diesen und ähnlichen Nützlichkeitsbauten (Karawanserails, Brücken usw.), die die Produktionsfähigkeit und den Handel der Provinz hoben, siedelte der Schah hier gewerbetreibende Armenier[2] an und erbaute sich an mehreren Stellen, z. B. in Aschraf (1613) und Ferah Abad (1612) großartige Paläste, um einen Teil des Jahres in der reizvollen Natur und am nahen Ufer des Meeres zu verleben.

Mit dem allmählichen Niedergang der Safidenherrschaft ging auch die Bedeutung Mazenderans zurück. Von Osten mehrten sich die Einfälle der Turkmenen, von der See aus erfolgten Überfälle der Piraten turkmenischer und kasakischer Herkunft. Unter den letzteren ist der russische Abenteurer Stenka Razin zu nennen, der im 17. Jahrhundert mehrfach das Küstengebiet brandschatzte und auch die königlichen Palastanlagen in den Jahren 1668/69 nicht verschonte.

---

[1] Auf der Grenze zwischen den Provinzen Mazenderan und Astrabad legt Abbas zwischen dem Gebirge und dem Meere als Schutzwehr gegen die Turkmenen einen niedrigen Erdwall mit einem Graben an, der heut noch in der Steppe von uns erkannt wurde.

[1] Der Weg führt von Rescht in Gilan über Amol, Barferusch, Sari, Aschraf nach Astrabad; auf ihn münden mehrere über die Gebirgspässe des Elburs von Süden kommende Wege.

[2] Der König versetzte 30 000 armenische und georgische Familien nach Mazenderan, um „mit ihren Brüdern, den Moskowitern", Handel zu treiben (vgl. Dorn a. a. O. II, 18). Zu Chardins Zeiten waren davon nur noch 400 Familien vorhanden, eine Folge des ungesunden, fieberischen Klimas.

GRABTÜRME UND MOSCHEEN VON MAZENDERAN

AMOL

Geschichtliches

Amol ist noch heute eine der bedeutendsten Städte von Mazenderan. Ihre Einwohnerzahl wird jetzt auf 6000 angegeben, betrug noch in der ersten Hälfte des 19. Jahrhunderts, aus welcher Zeit eine prächtige Brücke über den Haraz stammt, 6—7 mal soviel. Schon bei Firdusi oft erwähnt, entwickelt sich nach Jakut Amol zur größten Handelsstadt von Tabaristan, zum Stapelplatz russischer, innerasiatischer, indischer Waren und vor allem der im Lande gewonnenen Seide. Ouseley (a. a. O. III, 294—317) hat nach arabischen Quellen eine Geschichte der Stadt gegeben. Auch auf geistigem Gebiete spielt Amol, der Sitz von 70 verschiedenen Medressen, eine Rolle; es ist der Geburtsort des berühmten Geschichtsschreibers Abu Dschafar Muhammed, genannt el Tabari, und ferner des Mir Buzurg Kawam-ad-din († 1379), des Stammvaters der in Tabaristan von 1358 an regierenden Sajjiden. Unter ihnen ist Amol die Hauptstadt des Landes. Timur erobert auf seinem Eroberungszuge auch Tabaristan, besiegt die Sajjiden und führt eine vorübergehende Okkupation herbei. Die während des ganzen 16. Jahrhunderts dauernden Kämpfe der Safiden-Dynastie mit den Sajjiden werden erst im Jahre

1596 durch Schah Abbas I. beendigt, der das Land dauernd seinem Herrschergebiet einverleibt. Er macht ein Recht auf den Besitz von Tabaristan geltend, indem er seine Herkunft auf den Gründer der Sajjiden-Dynastie, auf Kawam-ad-din zurückführt. Er errichtet über dem Grabe des Heiligen in Amol eine prächtige Moschee, auf die wir später zurückkommen werden. Schah Abbas verdankt das fruchtbare Land, dessen Verkehr und Entwicklung durch seine Lage, durch Wälder und Sümpfe gehemmt wurden, auch die Anlage einer Fahrstraße, eines aus Steinen aufgeschütteten Dammes, der in westöstlicher Richtung parallel mit dem Meere das Land durchquert und noch heute an einzelnen Stellen benutzbar ist.

Allgemeine Anlage der Grabtürme

De Morgan hat die Denkmäler von Amol (Et. Géogr. I. 170 ff.) untersucht und vor allem über die interessanten im Osten der Stadt gelegenen Ruinenfelder einer früheren Stadtanlage berichtet. Für uns sind vor allem die Grabtürme von Interesse, die innerhalb der jetzigen Stadt und im Norden von ihr, in der sich zum Meere erstreckenden Steppe liegen.

Es sind aus Backstein errichtete zylinderförmige, quadratische oder achteckige Anlagen, die ein hohes Spitzdach bedeckt. Im Gegensatz zu den auf dem persischen Hochland vorkommenden Grabtürmen sind hier die Außenflächen meist mit Putz verkleidet; nur das Dach und das Stalaktitengesims unter ihm bleiben unverputzt und empfangen durch sparsame Verwendung von glasierten Fliesen eine Belebung. Meist hat man dabei das Dach nicht unmittelbar dem Unterbau aufgesetzt, sondern erst ein niedriges Zwischengeschoß eingeschoben, das bei viereckigen Türmen achteckig, bei achteckigen Türmen sechzehneckig gestaltet ist und häufig durch Fensteranlagen die Beleuchtung des Turminnern vermittelt. Die einzelnen Wände sind symmetrisch durch im Kielbogen geschlossene Blendnischen belebt, die sich oft in doppelten Rezessen vertiefen. Auch die Ecken der Türme sind meist durch schmale Nischen abgestumpft. Zum weiteren Schmuck der Gebäude tragen friesartig angebrachte rechteckige und quadratische Vertiefungen bei und ferner das schon erwähnte typische vorkragende Stalaktitengesims, das meist nur aus einer Reihe von hohen und schmalen Nischen besteht, über der dann noch eine zweite Reihe von kleinen halbkreisförmigen Nischen angebracht ist. Die letzteren sind meist durch eine Einlage von blauen Fliesen belebt. Ein Zahnschnitt begrenzt dann das geradflächig ansteigende Dach nach unten.

Das Innere der Türme ist meist vollständig zerstört. Der mit EckübErführungen aus Stalaktiten in einer Kuppel gewölbte Raum ist auch durch Flachnischen belebt; die Wände zeigen vereinzelt Fliesenschmuck. Charakteristisch für den Holzreichtum des Landes ist das häufige Vorkommen von kunstvollen Schnitzereien. Die Eingangstüren und vor allem die Schreine über den Gräbern sind mit prächtigen Schmuckflächen versehen.

Diese Grabtürme stammen aus dem Mittelalter; sie dürften durchschnittlich dem 13.—14. Jahrhundert angehören, der Zeit der größten Blüte Tabaristans. Die älteste Form ist wohl die zylindrische, und das früheste Beispiel dieser Art dürfte sich in dem Turm von Vahneh in Larthal erhalten haben (Abb. bei de Morgan a. a. O. S. 191). Auf den frühen Ursprung dieses Grabmonumentes deutet auch der moderne Name, „Turm der Feueranbeter", hin. Hier ist die Wandung, sich nach oben verjüngend, mit leichter Anschwellung in der Mitte gebildet. Den einzigen Schmuck bildet ein vertieftes Band, das unter dem Kegeldach den Zylinder umgibt. Dieselbe Form, aber mit gerader Wandung findet sich bei den Mausoleen Hassan bei Issando und Molla Madschd-ad-din in Sari (vgl. unten). Eine weitere Entwickelung des Typus zeigen die achteckigen und dann die quadratischen Türme, über denen auf einem achteckigen Obergeschoß das Spitzdach emporsteigt.

Das Grab der drei Sajjids (Taf. LXXVIII l)

Einer der besterhaltenen Grabtürme außerhalb von Amol ist das „Kuppel über den Körpern der drei Sajjiden" genannte Monument. Hier sollen nach dem Volksmund die drei Söhne des Mir Buzurg Kawam-ad-din beigesetzt sein. Das Mausoleum ist achteckig und zeigt die charakteristischen Eigentümlichkeiten, die wir im obigen angeführt haben. Auch hier tragen die halbkreisförmigen Nischen im Gesims Einlagen von blauen Fayencen. Eine in ornamentalen und Schriftfeldern geschnitzte Holztür, deren eine Füllung verschwunden ist, führt in das Innere, in dem ein Trümmerhaufen das Grab bezeichnet. Ein Stein mit kufischer Schrift und der rohen Abbildung der drei Moscheen von Mekka, Medina und Jerusalem ist durch Melgunof (a. a. O. S. 205) nach Petersburg gebracht worden. Er lehrt, daß es sich um das Grab des 514 d. H. — 1120/21 n. Chr. verstorbenen Imam Abul-Kazim handelt.

Das Grab des Nasir-ul-Hakk (Taf. LXXVIII r)

Dieses inmitten einer Farrenprärie gelegene Grabmonument ist zwar im Innern vollständig zerstört, zeigt aber in dem äußeren Aufbau klar den Typus des quadratischen Mausoleums mit achteckigem Obergeschoß. Auch hier sind die Wände, die durch breite, im Spitzbogen geschlossene Nischen belebt sind, zum Schmuck mit rechteckigen und quadratischen Vertiefungen versehen. Zwischen der zweiten, wiederum mit blauen Fliesen versehenen Stalaktitenreihe, sind an den Gebäudeecken einfache Konsole angebracht, unter denen schmale Nischen die Ecken abschrägen. Im Obergeschoß öffnen sich quadratische Fenster.

Das Grab des Schemse-Tebrizi (Abb. 124)

Das Monument stimmt im Äußeren vollständig mit dem Grab des Nasir-ul-Hakk überein. Das Obergeschoß ist jedoch eingestürzt (wie Melgunof erzählt, bei einem Erdbeben, wobei man einen Kasten mit Gold gefunden habe); das Innere ist auch hier vollständig zerstört und leer. Was dieses Gebäude besonders bemerkenswert macht, sind die Spuren einer Fliesenbekleidung an den inneren Wänden. Das Muster setzt sich

Abb. 124. Amol, Grabturm des Schemse-Tebrizi

aus achteckigen Fliesen zusammen, die auf weißem Grunde blaue Ornamente zeigen, während dazwischen quadratische dunkelblau glasierte, kleine Fliesen als Füllung angebracht sind. Die Bemalung ist unter der Glasur ausgeführt. De Morgan veröffentlicht Plan, Aufsicht und Durchschnitt des Gebäudes (Fig. 83, 84), wobei zu bemerken ist, daß die Ansätze des Obergeschosses auf dem Dach nicht ganz richtig wiedergegeben sind.

Imamzadeh Ibrahim (Abb. 125, 126)

Im Süden der Stadt umschließt eine Steinmauer einen Garten mit prachtvollen Tschinar-Bäumen, unter deren Schatten das Grab des Ibrahim, eines Nachkommen des 7. Imams liegt (Abb. 125). Auch hier handelt es sich um einen Grabturm auf quadratischem Unterbau und um ein Spitzdach über achteckigem Obergeschoß. An eine der vier Seiten schließt sich hier ein rechteckiger, mit niedrigem Ziegelsatteldach bedeckter Bau an, der als Vorhalle für die Grabkammer unter dem Turm dient. Die ganze Anlage hat die größte Ähnlichkeit mit einer norddeutschen Backsteinkirche. Die Außenwände des Vorbaues sind durch rundbogig geschlossene Flachnischen gegliedert, über der Tür sind moderne Stuckornamente angebracht (Vögel, Tiere und Blumen) und das Innere schmückt eine Wandbekleidung aus farbigen Fliesen des 18. Jahrhunderts. Aus dieser Zeit dürfte auch der Anbau stammen. Zu dem Innern des mittelalterlichen Turmes führt aus der Vorhalle eine reichgeschnitzte Tür, und mit prachtvoller Schnitzarbeit ist auch der Holzschrein über dem Grabe versehen. Zu erwähnen ist noch eine Lüsterfliese, die man als etwas Kostbares

Abb. 126. Amol, Grabturm, gen. Aschpaz-chaneh

über der Tür im Innern angebracht hat, und ferner eine Tafelmalerei, die Ali mit zwei weiblichen Figuren darstellt und den Eindruck eines christlichen Altarbildes hervorruft.

Innerhalb der Umfassungsmauer, nicht weit von der Eingangspforte in den Bezirk des Imamzadehs entfernt, befindet sich die Ruine eines zweiten, kleineren Grabturmes, Aschpazchaneh, d. h. Küche, genannt (Abb. 126). Der quadratische Unterbau zeigt die übliche Dekoration: Spitzbogen, Flachnischen, abgeschrägte Ecken, Stalaktitengesims (hier ohne die sonst übliche zweite Reihe) und endlich zur Belebung der Wandfläche quadratische Füllungen, in denen durch Ziegelstellung ein Gitter nachgeahmt ist.

Moschee des Mir Buzurg Kawam-ad-din (Taf. LXXIX; Abb. 127—129)

Im Osten des heutigen Bazars liegt die halb verfallene große Moschee Mir Buzurg, jene oben erwähnte Grabstätte des Ahnherrn der Sajjiden-Dynastie, die von Schah Abbas dem Großen um 1600 errichtet wurde. Sie ist wohl das interessanteste Gebäude Amols. Wir geben ihren merkwürdigen Grundriß, den de Morgan unvollständig in Fig. 78 publiziert hat, durch unsere eigenen Aufnahmen ergänzt in Abb. 127 wieder. Das Gebäude ist auf quadratischem Grundriß von etwa 25 Metern Seitenlänge in einer Höhe von etwa 7 Metern errichtet; die vier Seiten sind durch tiefere und flachere Spitzbogennischen gegliedert. Auf dem sehr massig wirkenden, niedrigen Unterbau steigt gleich hinter dem Haupteingang eine Kuppel auf, die den Schwerpunkt des ganzen Gebäudes nach vorn verlegt. Dementsprechend ist auch der Grundriß durchgebildet. Durch die mittlere tiefste Eingangsnische gelangt man sofort in den

Abb. 125. Amol, Imamzadeh Ibrahim

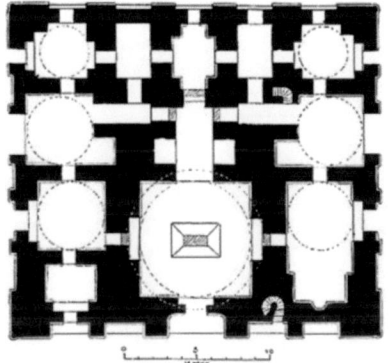

Abb. 127. Amol. Moschee des Mir Buzurg Kawam-ad-din, Grundriß

Hauptraum der ganzen Moschee, in den großen Kuppelsaal. Auf einem quadratischen Sockelgeschoß steht ein durch geringe Abschrägung der Ecken gewonnener, mithin unregelmäßig achteckiger Tambur, der auf Pendentifs, die sich aus den Ecken zum Kreise wölben, einen zweiten kreisrunden, dem Grundviereck eingeschriebenen Tambur trägt, über dem sich erst die von außen flache Kuppelschale wölbt. Durch diesen Kuppelsaal, der als Grab des Heiligen einen reich geschnitzten Sarkophag enthält, gelangt man gradeaus in kleinere Räume, die mehr den Eindruck von Kammern machen, jedenfalls aber keine Steigerung des Raumeindruckes mehr geben. Da die Moschee eine Grabmoschee ist, ordnen sich alle übrigen Räume dem Grabraum unter. Durch die Nischen der beiden Seiten führen Gänge in kleinere Kuppelräume, von denen der rechte zum länglichen Gebetsraum ausgestaltet wurde; an seiner Südwand findet sich auch eine Gebetnische, die als heiligster Platz des ganzen Gebäudes allein mit dem kostbaren Fayencemosaik geschmückt ist. Die hinter diesen beiden Seitenräumen liegenden gleichgroßen, sowie die darauf folgenden kleineren Kuppelräume waren wahrscheinlich auch für Grabzwecke gedacht. Denn alle diese Kuppelräume und Kammern sind von außen zugänglich und weisen dadurch auf ihre Sonderbedeutung als kleinere aber selbständige Bauteile hin.[1]

Die Fassade der Grabmoschee macht einen geschlossenen Eindruck. Hinter dem Spiegel eines viereckigen Wasserbassins, das ursprünglich vielleicht auf allen vier Seiten von Gebäuden umgeben, die Mitte eines Hofes einnahm, erhebt sich der kurze und niedere Mauerblock, über dessen etwas erhöhtem Portal unmittelbar Tambur und Kuppel aufsteigen. Der Schmuck

[1] Th. Herbert (Some Yeares Travels etc. London 1638, S. 182.) erzählt, daß in der Moschee 440 Fürsten und Propheten begraben wären.

des Äußeren, der durchaus in Ziegelmosaik bestand, das in Platten vor das Kernmauerwerk vorgeblendet war, ist zum größten Teil abgefallen (Abb. 128). Mit Ausnahme des Schmuckes der tiefen Portalnische, der noch ziemlich vollständig vorhanden ist, haben sich nur an den Ecken und stellenweise in den Nischen Reste der Bekleidung erhalten, die übrigens des feuchten Klimas wegen auch technisch notwendig war. Weiß und farbig glasierte Ziegel, in quadratischen Kopfstücken und in längeren Formaten kamen zur Verwendung (Abb. 129). An den durch eingestellte dünne Kantensäulchen gegliederten Eckpfeilern (Taf. LXXIX) findet sich rechts noch ein Stück des äußersten Bandes, in dem eine Aneinanderreihung größerer und kleinerer Rauten ein Muster entstehen läßt, das einer ziegelgemäßen Umstilisierung jener ineinandergesteckten Standpalmetten ähnelt, die wir in reicher Ausbildung in Samarkand (z. B. an den Ecksäulchen des Hauptportals zur Gräberstraße, Taf. CXVIII) finden werden. Es folgt nach innen zu ein Band mit dunkeln Kreuzen in hellem Felde, das in der ersten Nische in reicherer Ausbildung wiederkehrt. In der Seitennische links vom Portal scheint sich unter dem Randstreifen ein geschlossenes Rechteck befunden zu haben, das eine Viereckskombination, ein in der Quinkunx gestelltes Mittelfeld mit anschließenden Seitenquadraten, noch erkennen läßt.

Am besten hat sich die Schmuckanlage des Hauptportals erhalten (Abb. 130). Eine niedrige, mit geradem Sturze geschlossene Türöffnung ist rechts und links von Rechtecksfeldern eingefaßt, die stilisierte Worte in kufischen Lettern tragen. Über der Tür läuft horizontal ein Inschriftband hin, das ebenfalls in Ziegelmosaik gebildet ist. Über einem Saumstreifen ist dann der obere Teil der Wand in hochgestellte Rechtecksfelder geteilt, die mit Rautenmustern gefüllt sind. Darauf folgen breite und niedrige Stalaktiten, die in die Nischenwölbung übergeführt haben. Von ihnen läuft nur die unterste Reihe erhalten; auch sie zeigt geometrische Füllung. Über dem Kielbogenfenster aber, das über der Türe die Mauer durchbricht, er-

Abb. 128. Amol, Moschee des Mir Buzurg, Ostseite

29*

Abb. 129. Amol, Moschee des Mir Buzurg, Fayencedekoration

kennt man in den Zwickeln Reste eines Rosettenmusters, das wohl in Fliesen-Technik ausgeführt war. Von dem mehrstreifig durcheinandergeflochtenen Stufenmäander, der als Rahmenband die ganze Nische außen umzog, hat sich ein Stück der rechten Seite erhalten.

Im Innern des Baues sind die Wände bis auf die erwähnte, mit Fayencemosaik bekleidete Gebetsnische des rechten Seitenraumes, teilweis mit quadratischen Fliesen bedeckt. Den Hauptraum umgibt ein Sockel von ungefähr zwei Metern Höhe, der in einem blauen Rahmenband Arabeskenranken mit Blumen zeigt, die sich in großen Windungen über den gelben Fond hinziehen; hell- und dunkelblau, grün und weiß herrschen in ihrer Färbung vor. Um den Tambur der Hauptkuppel zieht sich ein breites Schriftband in Fayencemosaik, das, wenn auch zum größten Teil abgefallen, weiße Schrift auf blauem Grunde erkennen läßt. Die Sockel der Nebenräume sind ebenfalls mit viereckigen Fliesen bekleidet, über die sich aber hier nicht wie im Hauptraume ein großes vegetabiles Muster fortspinnt, sondern die durch ihre Form selbst die Musterung geben. In schiefen Lagen angeordnet, nehmen sie überall dort, wo vier Fliesen in einem Punkte zusammenstoßen, kleinere, um 45 Grad gedrehte Viereckstafeln auf, so daß eine Art kleineren Rautenbandes im größeren Fliesenmuster entsteht.

Imamzadeh Muhammed Tahir bei Barferusch
(Abb. 131)

Zwei Stunden östlich von Barferusch, an dem nach Sari führenden Wege, liegt das Grabmal des Muhammed Tahir, eines Bruders vom Imam Riza. Die Abbildung 131 zeigt, daß

Abb. 131. Imamzadeh Muhammed Tahir bei Barferusch

es sich wiederum um einen achteckigen Turm mit Spitzdach und gleichgestaltetem Zwischengeschoß handelt. Rechteckige Felder sind über den Blendnischen des Erdgeschosses angebracht und durch Ziegelmusterung belebt. Auch hier ist, wie bei dem Imamzadeh Ibrahim in Amol, ein niedriger Gebetsraum angebaut; dann ist noch eine schöne geschnitzte Tür bemerkenswert.

Abb. 130. Amol, Moschee des Mir Buzurg, Hauptportal

SARI

(Taf. LXXX, Abb. 132)

Sari, die jetzige Hauptstadt von Mazenderan und Sitz des Gouverneurs, war ehemals von größerer Bedeutung als heute. Es wird mit dem alten Zadracarta identifiziert, und man muß annehmen, daß es zur Zeit der Sajjiden eine hohe Blüte erlebte. Aus der Zeit, als der Gründer der Kadscharen-Dynastie, Aga Muhammed Schah (1779—1797), hier residierte, stammt der jetzige Gouverneurspalast mit Fliesengemälden, die dem 18. Jahrhundert angehören.

Fraser (Travels p. 44) hat in Sari noch einen hohen zylinderförmigen Turm, „Selmi - Tur", gesehen, der ihn an die Denkmäler von Damgan und Dschordschuan erinnerte. Kufische, aus blauen Fliesen gebildete Inschriften sollen besagt haben, daß der Turm das Grabmal des deilemitischen Königs Chusam ed-Daula war, der im Beginn des 5. Jahrhunderts d. H. (= 12. Jahrh. nach Chr.) lebte. Der Turm wurde, nachdem ihn Aga Muhammed Chan vergeblich durch Kanonen hatte zum Umsturz bringen wollen, von einem Gouverneur abgetragen.

Noch heute haben sich, wenn auch in ruinenhaftem Zustande, westlich von der Stadt zwei Denkmäler erhalten. Es sind dies die Mausoleen des Schahzadeh Muhammed Sultan Riza und des Mullah Madschd-ad-din (Taf. LXXX). Der erstere Grabturm ist mit einer jetzt in Trümmern liegenden Vorhalle oder Moschee verbunden. Der quadratische, mit Doppelgeschoß und Spitzdach erhaltene Turm zeigt die gleiche Anlage wie wir sie bei einigen Türmen in Amol kennengelernt haben. Ein Verputz ist hier nicht vorgenommen worden, sondern man hat sich auf die Belebung der Mauerflächen durch das Weiß des Mörtels in den breiten Vertikalfugen beschränkt. Dazu kommen zwei teilweise abgefallene horizontale Schriftbänder, die aus Mosaikfayence bestehen und in vertieften Feldern angebracht sind. Auf dunkelblauem Grunde zeigen sie weiße Schrift; die obere Inschrift gibt nach der Lesung von Dr. Mittwoch Koran-Sure 48 v. 1—4 wieder; von der unteren Inschrift sind nur wenige Worte erhalten. Das Dach war mit hellblauen Fliesen bedeckt, von denen einige wenige noch an Ort und Stelle sind.

Die Vorhalle ist mit einem Tonnengewölbe bedeckt. Der von hier in den Turm führende Torweg liegt innerhalb einer von blauen Fliesen rechteckig umrahmten Spitzbogennische und zeigt über der modernen Holztür eine quadratische, reichgeschnitzte Holzvertäfelung (Abb. 132). Das Innere war mir verschlossen. Wie Melgunof (a. a. O. S. 164) erzählt, ist das Grabmal „im Innern mit einer hölzernen Kuppel von künstlicher durchbrochener Arbeit bedeckt; an den Ecken hängen hölzerne Tafeln mit Sprüchen aus dem Koran. Zur rechten Seite des Grabmals ist eine an zwei Stellen zerbrochene und wieder zusammengefügte Marmortafel eingemauert, auf der ein Fußstapfen des Imam eingegraben ist."[1]

---

[1] Vgl. den Abdruck der Hand des Ali im Mausoleum des Schah Safi in Ardebil (S. 41).

Abb. 133. Issando, Imamzadeh Hassan

Abb. 132. Sari, Mausoleum des Muhammed Sultan Riza, Portal in der Vorhalle

Abb. 134. Issando, Imamzadeh Hassan, geschnitzte Eingangstür

Ein nur wenige Schritte entfernt stehender Turm mit Spitzdach gilt als Mausoleum des Mullah Madschd-ad-din und zeigt die einfachste Form der Grabtürme Mazenderans. Als einziger Schmuck des zylinderförmigen Körpers dient ein einfaches Stalaktitengesims unter dem Spitzdach.

Imamzadeh Hassan von Issando
(Abb. 133, 134)

An dem nach Barferusch führenden Wege, eine Stunde westlich von Sari, liegt bei dem Dorfe Issando (oder Isendich) im Walde das Imamzadeh des Hassan, eines Bruders des Imam Riza. Die Bauform dieses Grabmals schließt sich dem kleineren Mausoleum von Sari an und besteht aus einem zylinderförmigen Turm (de Morgan a. a. O. Fig. 91), der durch horizontal vertiefte Streifen belebt ist; in ihnen sind blaue, viereckige Fliesen eingelassen, die wie bei dem Turm von Amol auch in den oberen Stalaktitenreihen in halbrunder Form wiederkehren. Den Zugang vermittelt auch hier eine vorgelegte Halle. Das prächtig geschnitzte Eingangstor sah de Morgan (a. a. O. Fig. 92) noch an Ort und Stelle, jetzt liegen die beiden schön geschnitzten Torflügel in der Vorhalle und sind durch moderne ersetzt (Abb 134). Die prächtige viereckige Platte, die sie nach de Morgan bekrönte, ist verschwunden. Im Innern hat sich ein reich geschnitzter Schrein über dem Grabe des Heiligen erhalten.

DIE PALASTANLAGE VON ASCHRAF

Abb. 135. Aschraf und Sefi Abad, von Osten gesehen

(Taf. LXXXI, LXXXII; Abb. 135—151)

Geschichtliches

Einige Kilometer südlich der Bucht von Astrabad, dort, wo das Gebirge in leichten Höhen sich zur Küste hinabsenkt, liegt das kleine und unscheinbare Dorf Aschraf, das nur mehr durch die Ruinen einer bedeutenden Palastanlage Interesse besitzt. (Abb. 135.) Schah Abbas der Große soll hier im Jahre 1612 Stadt und Schloß gegründet haben; Pietro della Valle fand im Jahre 1616 die Anlage noch im Entstehen. Doch berichtet der englische Gesandte Sir Thomas Herbert aus dem Jahre 1627, daß bei seinem Empfange der Palast vollendet war. Nicht lange sollte dieser Zustand andauern. Im Jahre 1668/69 wurde der Bau zum erstenmal von dem russischen Kasaken Stenka Razin zerstört, und in den folgenden Jahrzehnten mehrfach von Turkmenenhorden verwüstet. Inzwischen war die Anlage durch die Nachfolger von Schah Abbas ständig erweitert worden; Schah Sefi hatte zunächst auf einem der westlichen Hügel einen Neubau aufgeführt, der vorerst den Namen Sefi Abad führte, unter Abbas II. dann aber Humajun Tepe genannt wurde. Doch blieb es nicht bei diesem einen Erweiterungsbau. Auch Nadir Schah (1736—47), der zeitweilig hier residierte, erbaute sich in den verfallenden Gärten von Aschraf ein Lusthaus, über das J. Henvey, der im Jahre 1743 in Aschraf weilte, zuerst berichtet hat. In späterer Zeit haben dann noch Husley, Haenzsche, Melgunof und schließlich noch de Morgan die Ruinenstätte besucht, aber nur kurze Beschreibungen veröffentlicht. Wir wollen eine genauere Erörterung der noch vorhandenen Bauwerke geben, umsomehr, da der Komplex, der bald gänzlich verfallen sein dürfte, den reifen und reichen Typus einer persischen Lustschloß-Anlage darstellt.

Baubeschreibung

Sieben völlig regelmäßige, einfach rechteckige Gärten sind, ohne nach einem Hauptplane einheitlich ineinander gearbeitet zu sein, einfach so aneinander und nebeneinander gelegt, wie sie in der Reihenfolge ihrer Entstehung sich am besten dem Gelände anpassen ließen. Auf dem flachen Südabhang einer Hügelkette senken sich in Terrassen nach dem Norden zu, von schmalen,

Abb. 137. Aschraf, Brunnenhaus im Vorhof der Palastanlage

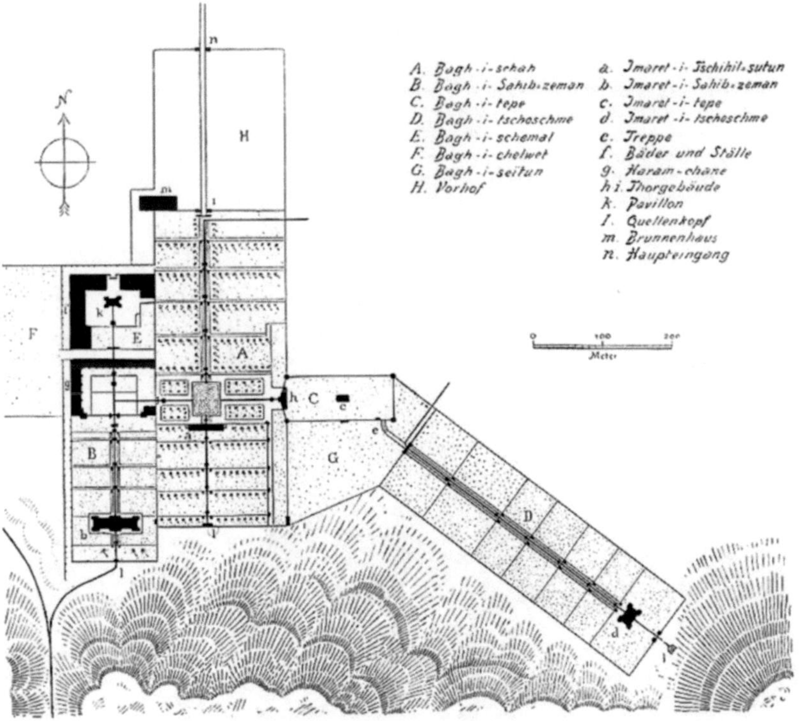

bachartigen Wasserläufen der Länge nach in schnurgeradem Laufe durchströmt. Wie in der Hauptsache auch bei den

A. Bagh·i·schah
B. Bagh·i·Sahib·zeman
C. Bagh·i·tepe
D. Bagh·i·tschoschme
E. Bagh·i·schemal
F. Bagh·i·chelwet
G. Bagh·i·seitun
H. Vorhof

a. Imaret·i·Tschihil·sutun
b. Imaret·i·Sahib·zeman
c. Imaret·i·tepe
d. Imaret·i·tschoschme
e. Treppe
f. Bäder und Ställe
g. Haram·chane
h i. Thorgebäude
k. Pavillon
l. Quellenkopf
m. Brunnenhaus
n. Haupteingang

Abb. 136. Aschraf, Palastanlage von Schah Abbas dem Großen, Grundriß, nach J. de Morgan

Abb. 138. Aschraf, Teich im Bagh-i-schah (Schahgarten)

Dieser größte der sieben Gärten mißt etwa 450 Meter in der Länge und 200 Meter in die Breite. Der Plan läßt die Reihe seiner fünf Terrassen vor und hinter dem Teichplateau klar erkennen. Am Südende entspringt aus einem, die Hügelbäche sammelnden Quellenkopfe (J) ein Kanal, der der Länge nach den Garten durchströmt, in Kaskaden von Terrasse zu Terrasse fallend; er durchfließt auch das Gebäude auf der fünften Terrasse, weitet sich auf der sechsten zu einem quadratischen Teiche von etwa fünfzig Schritten Seitenlänge (Abb. 138), und schickt hier im rechten Winkel kleine Nebenarme quer durch den Garten; vier rechteckige Beete umschließen den Teich. Der schmale Wasserarm fließt in einem offenen, von breiten Quadern eingefaßten Rinnsal, und wird zu beiden Seiten von Reihen hochstämmiger und prächtig gedeihender Zypressen begleitet; erst Schah Abbas hat ja diesen Baum aus Indien hierher nach Mazenderan verpflanzt, wo er bald heimisch wurde. Doch sollte sich das Schloß, das Schah Abbas in diesem ersten Garten erbaute, nicht erhalten; es wurde von den Afghanen zerstört. Der jetzt an derselben Stelle sich erhebende Pavillon, wie üblich, Tschihil sutun genannt (a), stammt von Nadir Schah, der ihn im Jahre 1731 errichtete (Abb. 139); zwei turmartige Gebäudeteile sind durch eine auf 16 Säulen ruhende Halle miteinander verbunden.

größeren Architektur-Anlagen, ist auch bei dieser großen Parkanlage die gerade Linie die allein herrschende. Die Terrassen, die Beete, die Baumreihen, Teiche und Pavillons orientieren sich nach Geraden, und alle Wege und Wasserläufe kreuzen sich in rechten Winkeln.

Bei der Beschreibung im einzelnen halten wir uns an den von de Morgan zuerst aufgenommenen, von uns vervollständigten Plan, den Abb. 136 wiedergibt. Durch das Hauptportal im Norden der ganzen Anlage gelangt man in einen jetzt wüst liegenden Hof (H), der heute bloß ein Brunnenhaus Ab-ambar (m) enthält, in dem man fünfzig Stufen tief zu der Zisterne hinabsteigt (Abb. 137). Durch ein zweites Torgebäude (i) kommt man in den eigentlichen Palastbezirk, zuerst in die Bagh-i-schah (A).

An dem östlichen Ende des Teich-Plateaus führt ein Treppen- und Torgebäude (h) in den höher gelegenen Bagh-i-tepe (C) hinauf. Der Bagh-i-tepe ist eine künstliche Aufschüttung, die von hohen Stütz- und Futtermauern, deren Ecken Türme sichern, umgeben ist (Abb. 140). Ihre ebene Oberfläche trägt einen kleinen Pavillon, das Imaret-i-tepe, und gewährt den prachtvollsten Blick, nach Süden auf die Abhänge des Elburs, nach Norden auf den Spiegel des Kaspischen Meeres. Dieser klein abgemessene Hügelgarten (150 : 60 m) soll nach della Valle ehemals den Harem des Herrschers umschlossen gehalten haben.

Mehr ein Verbindungsstück zwischen dem eben beschriebenen Hochgarten und dem weiter östlich gelegenen Bagh-i-tscheschme als ein eigener Garten ist der unregelmäßige Bagh-i-seitun (G). Er gibt die Ergänzung des Terrains und füllt

Abb. 139. Aschraf, Pavillon im Bagh-i-schah (Schahgarten)

den Zwickel zwischen dem Bagh-i-
schah (A), dem Bagh-i-tepe (C) und
dem Bagh-i-tscheschme (D), indem
er wiederum mit den in Persien so
beliebten schnurgeraden Linien die
Ecken dieser drei Rechtecksgärten
verbindet. Dieser „Oliven-Garten"
enthält kein Gebäude und ist heute,
wie alle anderen Parkteile, mit einer
Wildnis von allerhand Bäumen und
Sträuchern bestanden. Die che-
maligen Luxusbäume sind in der
üppigen Vegetation längst verwildert,
und Zypressen, Zedern, Orangen-
bäume, Pappeln, Feigenbäume, Nuß-
bäume und Ulmen bilden stellenweise mit dem Unterholz der Zitronen-
und Granatbüsche ein Dickicht von
eigenem Reiz. Die hohen, längs der
Wasserläufe in parallelen Reihen
gepflanzten Zypressen ziehen dabei

Abb. 140.   Aschraf, Umfassungsmauer des Bagh-i-tepe (Hügelgarten)

die festen Richtungslinien durch die Wirrnis. Die Vegetation
ist eine so üppige, daß alle Gebäude durch die bloße Über-
wucherung mit Pflanzen zugrunde gehen müssen, sofern nicht
ständige Aufsicht jegliches Einwurzeln verhindert.

Über eine Treppenanlage gelangt man aus dem Olivengarten
in den Bagh-i-tscheschme (D), den Brunnengarten (Abb. 141).
Über sieben Terrassen zieht er sich in einer Länge von 450
und einer Breite von 130 Metern den Hügel hinauf. Auch hier hält
wieder ein schmaler Wasserlauf die Mitte, von Terrasse zu
Terrasse in kleinen Kaskaden herabfallend.[1] Auf der obersten
Terrasse, am Fuße des dahinter steil ansteigenden Hügels liegt ein
Pavillon, das Imaret-i-tscheschme, das Brunnen-Haus, dessen
Anordnung der von uns schon öfters beschriebenen entspricht.
Wie alle diese Pavillons auf Stein gegründet und in Ziegeln
erbaut, wölbt sich zwischen vier großen Eckpfeilern, die in
sich kleine Gemächer enthalten, ein großer überkuppelter Saal,
dessen Boden von einem Bassin völlig eingenommen wird
(Abb. 142). Die Wände, die sich zwischen den
Pfeiler spannen, öffnen sich in großen Nischen
mit eingebauten Öffnungen, deren mittlere
als Wasserdurchlaß dient (Taf. LXXXI). So
ist diese Zentralanlage mit ihrer Kuppel eigentlich bloß ein mächtiger Überbau über einem
großen Bassin-Saal. Interessant ist in diesem
Kuppelsaal die Ecküberführung des Grund-
vierecks in den Kuppelkreis durch Rauten-
pendentifs, die sich zwischen die vier mächtigen
Widerlagsbogen der Mittelnischen einspannen.

Ebenso wie die Kuppel eingestürzt ist, so
sind auch die in mehreren Geschossen übereinander angeordneten kleinen Gemächer in
den vier Eckpfeilern sehr zerstört. Reste des
ehemals überreichen Schmuckes sind hier wie
dort noch zu erkennen. Das ganze Innere des

Mittelsaales war, wie die Fugenspuren im Mörtelbewurf dort
deutlich erkennen lassen, wo nicht dieser auch von den Mauern
abgefallen ist, mit quadratischen Fliesen bekleidet, die anscheinend
zum großen Teile bei dem späteren Baue des Lustschlosses Sefi
Abad dorthin übertragen wurden. Doch haben sich einzelne Reste
dieser Bekleidung an geschützten Stellen noch erhalten (Abb. 143).
Das Muster zeigt hauptsächlich gelbe Blumen auf dunkelblauem und dunkelblaue auf gelbem Grunde. Meist scheinen
sich große Ranken mit eingestreuten Blumen über die Flächen
gelegt zu haben, wie man in den Gurtbogen und den Zwickeln
der Nische noch erkennen kann. In das breitere Band des
mittleren Nischenbogens legt sich ein großes Medaillon dunklerer
Tönung ein; auch hier waren gelb und blau die bevorzugten
Farben. Die Führung der Rankenstiele ist nicht ohne Interesse.
Ohne eigentlich eine geschlossene, ohne aber auch eine
ausgesprochen gesprengte Folge zu bilden, legen sich die
Rankenstiele, sich abwechselnd nach oben und unten ein-

Abb. 141.   Aschraf, Bagh-i-tscheschme (Quellengarten)

---

[1] Eine Detail-Darstellung dieser kleinen und einfachen
Kaskadenanlagen gibt de Morgan, a. a. O. Fig. 89 (S. 184).

Abb. 142. Aschraf, Palastruine im Bagh-i-tscheschme, Innenansicht

rollend, zu ellipsenförmigen Konfigurationen zusammen. Aber auch diese Ellipsenform ist nicht durch ineinanderlaufende Stiele gebildet, sondern ein Ende legt sich in leichter Führung über den Stamm zurück und schließt so die Kurve. Für den Eindruck kommt damit ein äußerst leichtes und freies Gefühl zustande, das mit dem undichten Gefüge und dem feinen Naturalismus des Details aufs harmonischste zusammengeht. Und so gehören diese Ellipsenranken, in so spärlichen Resten sie auch nur mehr erhalten sind, zu den schönsten persischen Kompositionen dieser Zeiten. Das große Palmetten-schild in dem breiteren Felde neben den Gurtbogen zeigt jene neue Form ganz deutlich, die in ihrer länglich-schmiegsamen Gestalt auch den Ellipsenranken sich so flüssig ein-ordnete. Es sind „palmwipfel"-ähn-liche Gebilde, die in ihrer lockeren und beweglichen Form Fuchsschwänzen gleichen und auch in der Dekoration der übrigen Bauten und in den persi-schen Teppichen des 17. Jahrhunderts wiederkehren. Sie werden meist als leicht geschwungene Büschel aus-gebildet, die bei schuppig gezacktem Umriß in eine leicht sich umbiegende Spitze auslaufen, und zuweilen inner-halb ihres Kontur noch mit kleineren Pflanzenformen, Rosetten und Blüten gefüllt werden können.

Die kleinen Gemächer der Eck-pfeiler, die man durch ein enges, mit roten Blumen auf weißem Grunde bemaltes Treppen-haus erreicht, sind äußerst reizvoll geschmückt. Doch ver-wendete man hier keine Fliesenverschalung, sondern man bewarf die Mauer mit Stuck, kratzte den Grund aus, und skulpierte und bemalte das stehen gelassene Blumenmuster; den Grund färbte man rot (Abb. 144). Dabei hielt man sich an eine bestimmte Disposition, indem man über einem herum-laufenden Sockelgeschoß kleine Nischen oder abgepaßte Felder anordnete und als oberen Abschluß ein Karnies um den Raum herumführte. Die Dekoration der Felder zeigt jene schon in Isfahan beobachtete freie Anordnung einzelner Blumen-stauden ohne ornamentale Verbindung über die Fläche hinweg, wobei man auch hier zwischen den Blütenstauden den chinesischen Wolkenballen findet. Ganz unten zeigt die Ab-bildung übrigens ein Stück der Dekorierung des Sockels, die aufgehängte, herabhängende Tücher erkennen läßt. Es ist das ein uns aus der antiken wie aus der mittelalterlichen europäischen Kunst bekanntes Motiv, das aber auch schon früh im Orient vorkommt und sich z. B. in den Wand-malereien des Schlosses Kusair Amra (1. Hälfte des 8. Jahr-hunderts) findet.

Über die Wirksamkeit der abendländischen Maler am Hofe von Schah Abbas sind wir für diesen Pavillon (Abb. 145) durch Reiseberichte einigermaßen unterrichtet. William Ouseley sah noch im Jahre 1823 in drei oder vier Zimmern Reste von Malereien, die er einem europäischen Maler zuschreibt. „Diana mit Nymphen an einer Fontäne; in ihrer Nähe ein großer Krug und Hunde; und einige Portraits, meist in natürlicher Größe." Weiter nennt dann Th. Herbert, der mit zwei Brüdern Charley im Jahre 1627 den Gesandten Karls I. an Schah Abbas, Sir Dodmore Cotton, begleitete, sogar den Namen eines dieser abendländischen Maler: „John a Dutch-man", John einen Holländer; woraus dann im Laufe der Jahre bei Ouseley (1823; Ill. 571) „John the Dutchman", schließ-lich bei Melgunof (S. 156) „John Duckmann" geworden ist. Jedenfalls ist es von Interesse, daß sich neben den wiederholt

Abb. 143. Aschraf, Palastruine im Bagh-i-tscheschme, Fayencedekoration

bezeugten zeitgenössischen europäischen Schilderungen (Figuren von Engländern u. dgl.) auch antik-mythologische Szenen dargestellt fanden.

Schließlich tritt zu dem Komplex der bisherigen Gärten noch eine Anlagengruppe hinzu, die sich flach an die Westgrenze des Bagh-i-schah anlegt. Den europäischen Reisenden ist seit jeher dieses bloße Aneinanderreihen der einzelnen Teile aufgefallen, und sie haben es, vom abendländischen Standpunkte aus, auch nicht an Tadel fehlen lassen. Der bereits erwähnte Th. Herbert (1627) nennt die Anlage „verworren", und sagt ausdrücklich, daß der Palastgarten das Auge weit mehr entzücken würde, wenn die Gebäude nach einheitlichem Plane ineinandergearbeitet wären; er meint, daß ein derartiges Vorgehen auch den Architekten besser empfohlen hätte.[1] Nun ist der Typus des Herrscherpalastes als eines weiten Bezirkes mit Gärten und Höhen, in die kleine pavillonartige Wohnhäuser verteilt sind, dem ganzen Orient und zwar zu allen Zeiten eigentümlich gewesen. Wir erinnern nur an die verbotene Stadt in Peking, den Wohnsitz des chinesischen Kaisers, und an Jildiz-Kiosk am Bosporus, den Aufenthaltsort des regierenden Sultans. Es ist diese Eigentümlichkeit, ein und denselben Grundrißtypus in ständiger Wiederholung immer wieder anzuwenden, offenbar ein wesentlicher Zug auch des ganzen architektonischen Denkens der neuzeitlichen Perser, womit ja allerdings bei aller reichen Variation im kleinen und einzelnen eine gewisse Einförmigkeit der gesamten persischen Architekturgeschichte notwendig zusammenhängt.

Auch der fünfte Garten, der Bagh-i-Sahib-Zeman, zeigt dieselbe Anlage wie alle übrigen. Wieder bauen sich eine Anzahl Terrassen auf dem Abhange des Hügels übereinander, und auch hier fließt durch die Mitte des Gartens der schmale Wasserlauf (Abb. 146). Auf der vorletzten Terrasse erhebt sich

---

[1] Herbert a. a. O. S. 168: „. . . . the building it selfe is confusedly divided into three or foure Mohols or banquetting houses . . . which, were they united might better delight the eye, and cause the Architect to be commended."

Abb. 144. Aschraf, Palastruine im Bagh-i-tscheschme, Wanddekoration

hier aber ein Pavillon, der an Größe alle übrigen übertrifft und eigentlich schon mehr einem Schlosse gleicht (Taf. LXXXII, Abb. 147). Seine Grundrißdisposition gibt eine Vervielfältigung des kleineren Pavillon-Grundrisses. An das Mittelstück, das die übliche Ausbildung eines Mittelsaales mit vier turmartigen Eckpfeilern zeigt, schließt sich rechts und links noch ein derartiger Komplex an. So ergibt sich ein Gerüst von jederseits vier, im ganzen acht mächtigen, viereckigen Turmstützen, die, durch Fenster zum Teil durchbrochen und mit Ecklisenen gegliedert, in vier Geschossen kleine Wohnkammern enthielten. Der Mittelbau bildete wieder den Wassersaal, wo auch wieder durch die mittleren Bogenöffnungen das Wasser ein- und auslief. Wozu die großen Oberräume zwischen den Türmen der Seitenflügel gedient haben, ist kaum mehr festzustellen. Wahrscheinlich als Fest- oder Aussichtssäle gedacht, sind sie jetzt vollständig mit Vegetation bestanden; eine Gartenwildnis hat sich hier eingenistet, die das Gebäude einem baldigen Untergange entgegentreibt. Im Erdgeschosse der Seitenteile erkennt man noch vertieft ausgebaute Nischen, die mit Gittern und Vorhängen versehen waren und ihren Zweck als schattige Sitzplätze um so eher erfüllen mochten, als man, nach della Valles Zeugnis, Lauben oder andere

Abb. 145. Aschraf, Palastruine im Bagh-i-tscheschme, Rückseite

27*

Abb. 146. Aschraf, der Garten Sahib-Zeman (Herr der Zeit)

leichtere Gartenbauten nicht gekannt zu haben scheint.[1]
Heute haben nomadisierende Zigeuner im Untergeschoß ihren
Wohnsitz aufgeschlagen und ihre Laubzelte in die Nischen
eingebaut.

Aber nicht nur durch seine Größe ist der Gartenpalast
Sahib-Zeman, d. h. Herr der Zeit,[2] bemerkenswert. In den
kleinen Pfeilergemächern haben sich manche der Wandgemälde
noch erhalten, die Schah Abbas ausführen ließ. Sie haben
durch Rauch und Feuchtigkeit zwar sehr gelitten, doch sind

---

[1] S. 132: „Im übrigen habe ich weder einige Laubhütten, noch Spring-
brunnen, noch dergleichen Lustbarkeiten, wie bei uns gebräuchlich, darinnen
gesehen, wie dann im ganzen Orient nichts solches zu finden, weil sie es entweder
nicht machen können oder nicht achten."

[2] Der Name des Palastes wird auf den zwölften Imam Muhammed Mechti
zurückgeführt, der jenen Beinamen des „Herren der Zeit" geführt hatte. Jonas
Hanway (A historical Account of the British Trade over the Caspian Sea usw.
London 1753) erzählt, daß ihm ein Speisesaal des Palastes geweiht gewesen sei.

sie aus der Nähe immerhin noch erkennbar. Dargestellt sind fast stets
stark erotische Szenen, so daß die
älteren Reiseberichte leider mit
wenigen verdammenden Worten über
diese Fresken hinweggehen.[1] Die
Themen der Bilder haben zu der
Sage Veranlassung gegeben, daß Schah
Abbas diesen Palast einem seiner
Söhne, der schüchternen Tempera-
mentes war, als Hochzeitspavillon errichten ließ.[2] Es gelang mir, wenigstens
zwei der Wandgemälde zu photo-
graphieren, sowie den Kopf einer
Figur aus der abbröckelnden Mauer
zu lösen und mitzunehmen. Dieser
Frauenkopf (Abb. 148)[3] mit den
weichen, knochenlosen Linien, wie
wir sie aus den persischen Miniaturen kennen, vermag ein Beispiel der
feinen Grazie und Delikatesse jener
Wandgemälde zu geben. So wenig Wert auf das körper-
liche, auf das Aufsitzen der Mütze auf dem Kopfe, auf das
organische Herausarbeiten der Gesichtsteile, auf das richtige
Fallen der Haare gelegt scheint, so sehr finden wir in der
Linienbewegung jene Leichtigkeit und Freiheit, die auch dem
gleichzeitigen Ornamente eigen ist.

Die Wandgemälde sind meist nach einem bestimmten
Schema in den Räumen verteilt. Zu unterst zieht sich ein
Sockel um die Kammer, über dem auf den schmalen Wänden
zuerst ein Langbild, dann eine trennende Borte und dann zwei
Querbilder angeordnet sind. Doch finden sich auch andere Ver-
teilungen, etwa zwei schmale Hochbilder neben einem Breitbild,
wie es die eine unserer Aufnahmen zeigt (Abb. 149). Die
Hauptbilder jeder Wand sind auf die Grundfläche von kasten-
artig vertieften Nischen gemalt, die oben hohlkehlenförmig nach
vorne ausgevoutet sind; dieses Hinein-
rücken in die Wand gibt den Darstellungen eine Art bühnenmäßiger
Wirkung. Es sollen in den Bildern
im ganzen 3o verschiedene Liebes-
attitüden dargestellt gewesen sein.
Der so seltene Versuch großfiguriger,

---

[1] Erotische Szenen als Schmuck für die
Privatgemächer der Herrscher waren auch am
türkischen Hofe beliebt. Gentile Bellini arbeitete
im Jahre 1479.80 in dieser Weise für Muhammed II.
im Serail zu Konstantinopel (L. Tnuasne: Gentile
Bellini et Sultan Muhammed II. Paris 1888, S. 39). —
Della Valle kommt einmal, bei der Beschreibung
von Isfahan (II. p. 20), auf diese Sujets zu sprechen.
Es gäbe auf diesen Nischenbildern nicht, wie in
Italien, „bekannte Geschichten und Fabeln" zu
sehen, sondern „Venus- und Bacchus-Szenen".

[2] J. C. Haentzsche: Paläste Schah Abbas I.
von Persien in Mazenderan. ZDMG 1864, S. 669 ff.

[3] Die Konturen und die Innenzeichnung
des Kopfes (mit Ausnahme der Augenbrauen, die,
wie die Haare, schwarz sind) hat man in roter
Farbe gezeichnet; die modernen Ergänzungen an
den Augen, der Nase und dem unteren Wangen-
kontur aber zur leichteren Kenntlichkeit grau nach-
gezogen.

Abb. 147. Aschraf, Palastruine im Garten Sahib-Zeman, Nordfront

geschlossener Kompositionen, ist wohl auch auf die Anregung
durch die schon öfters erwähnten abendländischen und die in
Rom geschulten persischen Maler zurückzuführen.

Die Bilder selbst (Abb. 149 u. 150) zeigen einen bemerkenswerten Grad räumlicher Ausgestaltung. Nicht hart am Rande
im Vordergrunde, sondern etwa in den Mittelgrund des Bildes
zurückgeschoben (man erkennt Schalen und Kannen, die vor
den Figuren auf dem Boden stehen), spielen sich die Szenen
vor einem reichen landschaftlichen Gelände ab. Bäume
und Sträucher in angenähert naturalistischer Darstellung sind
zu unterscheiden, auf dem einen Bilde rechts im Vordergrunde
ein kugeliges Orangenbäumchen deutlich zu erkennen. In der
Figurendarstellung scheinen verschiedene Einflüsse durcheinander zu laufen; selbst die beiden vorliegenden Abbildungen
unterscheiden sich wesentlich in der Darstellung des Körperlichen. In dem kleineren Bilde (in dem eine männliche Figur
mit dem Kopfe im Schoße einer Frau zu liegen scheint, die
bei entblößtem Oberkörper vielleicht mit der rechten Hand
eine Frucht oder eine Weinkanne über dem Kopfe des Lagernden
in die Höhe hält), sind die Proportionen der Figuren wohl-
gelungen, ja die ganze Komposition macht mehr einen abendländischen Eindruck; als gelte es eine fast noch mit antikem
Kostüm in orientalische Umgebung übersetzte antike Gelage-
szene. Man erinnert sich vor diesem Bilde an die oben
angeführte Nachricht Ouseleys, daß er noch im Jahre 1823
im Imarat-i-tscheschme eine Darstellung der Diana und ihrer
Nymphen an einer Fontäne erkennen konnte. Das andere
größere Bild dagegen, das einen Mann zwischen zwei
Frauen darstellt, macht schon in der außerordentlichen
Verzeichnung des Rumpfes, der gegen Kopf und Gliedmaßen
etwa um das Doppelte zu lang ist, einen ganz anderen, mehr
orientalisch-bodenständigen Eindruck. Wir versagen es uns
im übrigen, hier die näheren auf diese Bilder einzugehen, indem
wir ihre Erörterung einer zusammenhängenden Darstellung
der persischen Malerei vorbehalten. Hier sei nur noch erwähnt, daß zu beiden Seiten des kleineren Bildes in rechteckigen

Abb. 148. Bruchstück eines Wandgemäldes aus der Palastruine Sahib-Zeman (Sammlung F. Sarre, Berlin)

Hochfeldern Einzelfiguren stehen; die rechte Figur ist als Falken-
träger erkennbar, die linke scheint mit beiden gesenkten Händen
die Enden eines rückwärts um den Körper gelegten Tuches
zu halten. Die rahmenden Borten bringen in Stuck leicht
aufgehöhte und dann bemalte Muster, unter deren Motiven
beim kleinen Bilde wieder die lange, wedelartige Fruchtdolde
auffällt. Um die größere Darstellung zieht sich ein Band mit
jenen durch chinesischen Einfluß veränderten Zweiblättern,
deren Kontur die bewegte Führung des Wolkenballens angenommen hat.

An den Bagh-i-Sahib-Zeman schließt sich nach Norden,
nur durch eine Mauer von ihm getrennt, ein größerer, im
rechten Winkel an zwei Seiten um einen Gartenhof geführter
Gebäudekomplex an, in dem der Harem der Fürsten wohnte.
Auch hier haben sich in den verfallenen Sälen und Kammern
Reste von Malereien erhalten. Als Haremsgarten diente dann
auch der im Westen unmittelbar anstoßende Bagh-i-chelwet,
der Garten der Heimlichkeiten, der
von einer hohen Mauer umgeben war.

Als letztes Stück der Palastanlage
bleibt schließlich noch der kleine, nur
etwa 125 Meter im Geviert messende
Bagh-i-schemal, der Nordgarten, übrig.
Er schließt die Ecke zwischen den zwei
letztgenannten Gärten, und nahm die
um einen Mittelpavillon gruppierten
Bäder und Stallgebäude auf. In den
ehemaligen Badanlagen haben sich
Reste der Fliesen erhalten; sie gleichen
in Muster und Farbe völlig denen
der Moschee in Amol und lassen somit
darauf schließen, daß diese Badhäuser
auch im Beginne des 17. Jahrhunderts
errichtet wurden.

Um eine Vorstellung davon zu vermitteln, wie die Anlage vor ihrem Verfall mitsamt der prächtigen Hofhaltung
des Schah Abbas auf einen Europäer

Abb. 149. Aschraf, Wanddekoration in der Palastruine Sahib-Zeman

Abb. 150. Aschraf, Wandgemälde in der Palastruine Salib-Zeman

gewirkt hat, geben wir einen Auszug aus dem Bericht des bereits öfter erwähnten Sir Th. Herbert, der beim Empfange des Gesandten Sir Dodmore Cotton zugegen war. Es war am 25. Mai des Jahres 1627, als die Gesandtschaft Karls I. vor Schah Abbas geführt wurde [1] Herbert erzählt, daß man sie zuerst in einen kleinen Raum geleitete, der inmitten eines großen Hofes lag; in dem Zimmer, in dem einige Garden auf sie warteten, befand sich nichts als fünf persische Teppiche, die rings um ein marmornes Wasserbassin hingebreitet waren. Hier verweilten sie zwei Stunden und wurden bewirtet, tranken Wein aus wunderbaren goldenen Trinkgefäßen. Dann führte man sie durch einen großen und herrlichen Garten in einen andern Pavillon, der prächtiger als der erste, reich bemalt und vergoldet war; was sie hier aber vor allem entzückte, war die prachtvolle Aussicht auf Meer und Gebirge. Das Zimmer war gewölbt, der Boden mit Teppichen aus Gold und Seide [wohl Seidenteppiche mit Goldfäden] belegt; in der Mitte war wieder ein Wasserbassin angeordnet. Um das Bassin standen

[1] Wir geben den folgenden Auszug nach der französischen Ausgabe des Buches vom Jahre 1663. S. 274.

Gefäße aus massivem Golde, Vasen mit Blumen und Früchten, Weinkannen, Flaschen mit Parfüm. Von hier aus weiter geführt, kamen sie in einen andern Raum, dessen Decke den Himmel darstellte, auf dem sich von dunkelblauem Grunde in vergoldetem Relief alle Planeten und Sterne abhoben. Auch hier standen Goldgefäße, deren Wert Sir Herbert auf 20 Millionen Pfund Sterling schätzte. Im nächsten Raume, dem eigentlichen Audienzsaale, wiederholte sich die Anordnung des Wasserbassins, der Teppiche und der Goldgefäße, nur daß diese hier auch noch mit Edelsteinen besetzt waren; der Raum selber hatte die Form einer Galerie, deren Decke mit phantasievollen Ornamentmustern in Gold und anderen Farben geschmückt war (garnisht with Poetique fancies, gold, and choisest colours; all which seem'd to strive whether Art or Nature should be to a judicious eye more valuable). Es war das Werk von John, einem Holländer, der lange in Diensten des Königs gestanden hatte, zum Staunen der Perser und zu seinem eigenen Vorteil. Die Pracht des Raumes entsprach der Majestät des Monarchen. An den Wänden saßen auf der Erde ungefähr 60 Hofleute, unbeweglich und stumm, da sie in Gegenwart des Herrschers sich kaum zu bewegen, noch viel weniger zu sprechen wagten. Schöne Pagen in prächtigen Brokat-Gewändern gingen mit goldenen Flaschen und Tassen herum und kredenzten Wein. Am Ende des Saales saß mit untergeschlagenen Beinen auf zwei oder drei Kissen von weißem Satin Schah Abbas. Er trug ein ganz einfaches rotes Gewand, das durch einen Ledergurt zusammengehalten wurde, hatte einen sehr großen weißen Turban auf dem Kopfe, und das Schwert um die Hüften. Auch die Hofleute waren nach dem Beispiele des Königs sehr einfach gekleidet. Der Gesandte wurde freundlich aufgenommen, es wurden Ansprachen gewechselt, und schließlich ließ der Schah den Gesandten neben sich niedersitzen und trank auf das Wohl des Königs von England.

SEFI ABAD

Auf dem Gipfel eines Berges, nordwestlich von Aschraf, liegt ein von hohen Zypressen umgebener Bau, der mit seinem vierseitig abgewalmten Dach und den weißen Wänden von weitem einer italienischen Villa gleicht (Abb. 135). Es ist ein von Schah Sefi, dem Nachfolger des Schah Abbas, erbautes Lustschloß, das noch heute bewohnbar ist. Die ursprüngliche Anlage dieses Pavillons geht übrigens wahrscheinlich auch auf Schah Abbas zurück. Wenigstens hat die Vermutung von Dorn (Caspia S. 66) viel Wahrscheinlichkeit für sich, daß das in der Literatur erwähnte Lustschloß Abbas Abad, von dem sonst keine Spur zu finden ist, an der Stelle des heutigen Sefi Abad gestanden habe. Mit dem Umbau unter Schah Sefi hätte dann der Pavillon auch seinen Namen gewechselt.

Dieser Neubau wurde im Jahre 1800 durch Feth Ali-Schah neuerlich restauriert und blieb in so gutem Zustande, daß im Jahre 1859 der damalige Herrscher Persiens, Nasir eddin, hier einige Zeit Wohnung nehmen konnte. Nasir eddin war von der Schönheit des Schlosses und seiner Lage so erfreut, daß er seinerseits es wieder völlig instand zu setzen und andauernd auch instand zu halten beschloß. Er warf eine jährliche Summe zu diesem Zwecke aus, die aber leider nie bestimmungsgemäß verwendet wurde. Und da man, um diese jahrelange Veruntreuung zu verbergen, eine Reise Nasir eddins nach Sefi Abad, ja nach Mazenderan überhaupt mit Erfolg zu hintertreiben wußte, so geht schließlich auch dieses Schloß dem Verfall entgegen.

Um einen Mittelhof von etwa 30 Metern im Quadrat

legt sich, mit der üblichen Anordnung von Eckpfeilern zu seiten eines Mittelsaales, ein etwa 80 Meter im Geviert messendes Mauerviereck, das in drei Stockwerken aufsteigt. Die Mitte nimmt wieder der gewölbte Bassin-Saal ein, dessen Dach über dem steinernen Becken aber heute eingestürzt ist. Dieser gewaltige Mittelsaal öffnete sich in einem großen Portal nach der Seeseite, mit einem wundervollen Blicke auf das Kaspische Meer. In den vier Ecktürmen liegen wieder die kleineren eigentlichen Wohn- und Schlafräume. Für die Innendekoration sind zum größten Teile jene Fliesen verwendet worden, die aus dem Imaret-i-tscheschme übertragen wurden, und die wir dort beschrieben haben: Blumenmuster, mit Gelb und Blau als Hauptfarben. Doch finden sich auch figürliche Darstellungen eingestreut.

FERAH ABAD

Der Vollständigkeit zuliebe sei noch eines Lustschlosses des Schah Abbas Erwähnung getan, das ich aber nicht selber besucht habe. Schah Abbas gründete im Jahre 1611/12, nordwestlich von Aschraf, in der Nähe der Meeresküste, ein Schloß und eine Stadt; den Schloßbezirk umgab er mit einer hohen Mauer und Türmen, und nannte ihn Dschehan numa, Panorama der Welt; er soll sich viel und gerne hier aufgehalten haben, während Hunderte von Schiffen vor der Bucht vor Anker lagen, und starb auch in diesem Schlosse im Jahre 1629. Im Stadtbezirk siedelte er Grusinier und Armenier an, und wenn sie auch vorläufig nur in Hütten aus Lehm und Stroh wohnten, waren ihrer doch so viele, daß sich della Valle beim Anblick der Ortschaft an Konstantinopel oder Rom erinnert fühlte. Jetzt ist ein kleines, elendes Dorf der Rest der ehemals so stolzen Anlage; Ouseley zählte etwa nur 300, Melgunof bloß mehr 100 Häuser.[1] Auch der Palast blieb

[1] Zu dieser Ansiedlung georgischer Bewohner in Mazenderan sei ein Fund de Morgans erwähnt, der an Quadersteinen grusinische Buchstaben gesehen und sie aufgenommen hat. Er bringt sie a. a. O. S. 186 in Abb. 90, bei der Besprechung der Palastanlage von Aschraf, ohne ihren Ursprung näher anzugeben.

verfallen, seitdem er im Jahre 1668 von dem Kasakenführer Stenka Razin zerstört worden war. So weit die kleine Abbildung bei Ouseley (a. a. O. III. Pl. 71) ein Urteil zuläßt, hat es sich hier wiederum um die übliche Anlage eines großen Mittelsaales zwischen Eckpfeilern gehandelt, wie überhaupt der Bau nach den alten Schilderungen den Schlössern zu Aschraf sehr ähnlich gewesen sein muß. Eine solche zeitgenössische Beschreibung gab Herbert in seinem Reisebericht (S. 178). Er erwähnt auch in diesem Palaste eine Reihe von „Ölgemälden", die erotische Darstellungen enthielten. Auch Haentzsche (a. a. O. S. 671) spricht von den Ruinen eines Palastes und erzählt, daß er dreistöckig gewesen sei und eine Kuppel enthalten habe.

Schließlich nennt Dorn (Caspia S. 100 u. S. 16) noch zwei weitere Paläste des Schah Abbas. Der eine soll in der Nähe Ferah Abads gestanden haben, beim Dorfe Kara Tepe. Es ist keine Spur mehr von ihm erhalten. Der zweite soll sich auf der Halbinsel Mian Kaleh befunden haben, die dem Busen von Asterabad vorgelagert ist.

DAMGAN

Geschichtliches

Die Pilgerstraße von Teheran nach Meschhed läuft in ihrem ersten Teile bis nach Schahrud in einem nach Norden offenen Bogen am Südfuße des Elburs-Gebirges entlang. Nur selten wird das ebene Hochland und seine Straße, die schon Alexander auf der Verfolgung des Darius und des Bessus zog, durch die Ausläufer und Vorhöhen des Gebirges unterbrochen, wo dann strategisch wichtige Defilees entstehen, unter denen der Sirdara-Paß, die Pylae Caspiae, in der Vergangenheit von der größten Bedeutung gewesen ist. Der neunte Tagemarsch von Teheran führt den Reisenden nach Damgan, einem heute unbedeutenden, nur als Rastplatz der Pilger und Handelskarawanen wichtigen Ort. Schon von weitem sind zwei gewaltige Türme sichtbar; sie ragen aus dem weiten Ruinenfelde empor, das die moderne Stadt durchdringt und umgibt. Damgan wird für Hekatompylos,[1] die Hauptstadt des Partherreichs, gehalten. Schon zur Zeit Antiochus des Großen (Polyb. X. 28) eine der blühendsten Städte Persiens, erhielt sie sich bis zur Mitte des 18. Jahrhunderts auf einer gewissen Höhe. Die Perser schreiben die Gründung der Stadt Hoschang, dem zweiten Fürsten der ältesten Dynastie, zu. Zur Chalifenzeit war Damgan die Hauptstadt der Provinz Kumis und hieß als solche

[1] Darüber Dorn, Caspia S. 60 und 93.

Madinah Kumis, d. h. die Stadt von Kumis. Während nun Ibn Haukal hier die Fabrikation von weithin exportierten Stoffen erwähnt, fand Mukadassi am Ende des 10. Jahrhunderts den Ort teilweise in verfallenem Zustande. Jakut (1216/17) spricht von einer schönen Moschee und der auf einen Sassaniden Chosro zurückgehenden Wasseranlage, die das Gebirgswasser in 120 Kanäle verteilte. Über der Stadt, im Gebirge, lag der befestigte Platz, Gird-kuh, ein Sitz der Assassinen.[1] Beide großen mongolischen Eroberungen führten eine Zerstörung des Ortes herbei: Dschingiz Chan verheerte Damgan im Jahre 1221, und dasselbe Schicksal erfuhr es fast 2 Jahrhunderte später von Timur, der hier vier Türme mit eingemauerten Köpfen als Siegeszeichen errichten ließ. Clavijo (p. 34) hat im Jahre 1404 noch zwei dieser Türme aufrecht gesehen und erzählt, daß es sich um die Vernichtung eines ganzen Volksstammes von 30 000 Menschen, der „weißen Tataren", gehandelt hätte, die Timur von ihren früheren Wohnsitzen in Nordsyrien hierhergeführt, und die sich dann einer Ansiedlung bei Damgan widersetzt hätten. Schah Abbas der Große befestigte die Stadt, die als Bollwerk gegen die Turkmenen, an der Grenze von Chorasan, von besonderer militärischer Bedeutung war, bis die Afghanen sie im 18. Jahr-

[1] Le Strange, Eastern Caliphate S. 365.

hundert von Grund aus zerstörten. J. P. Ferrier[1]) fand im Jahre 1840 hier nur 326 Einwohner, Morier im Jahre 1816 noch 300 bewohnte Häuser; jetzt soll die Bevölkerung einige Tausend Menschen betragen. Die sehr ausgedehnte Stadtmauer ist meist verfallen; sie umschließt heute teilweise auch Felder und Gärten. Nach Matla el schems (vgl. oben S. 67) soll sie 166 Türme und 5 Tore gehabt haben. Im Innern und an der Westseite der Stadt bemerkt man die Ruinen vieler größerer Gebäude, deren Verfall um so rascher vor sich ging, als die Bauten nicht aus gebrannten, sondern aus Lehmziegeln errichtet waren, die, einmal ohne Schutz, dem Einfluß des Klimas in keiner Weise standzuhalten vermochten. Die Bauten von Damgan sind bisher nirgends publiziert worden. Das Ehepaar Dieulafoy wurde im Juni 1881 durch die Pest, die in Meschhed ausgebrochen war, daran verhindert, von Teheran aus den Ort mit seinen „monuments guiznévides" zu besuchen". Erwähnt sind die Denkmäler, abgesehen von den genannten Notizen bei Ferrier und Morier, vor allem von J. Fraser[2]) und Nicolas de Khanikoff,[3]) dem gelehrten russischen Forscher, der auch hier die Bauten eingehend untersucht und ihre Inschriften zu lesen unternommen hat. Auch Curzon (a. a. O. I. p. 287) hat Damgan gesehen; aber vor allem verdanken wir dem Verfasser des Matla el schems bemerkenswerte Notizen, die besonders auch deshalb wichtig sind, weil sie sich auch auf das für den Ungläubigen im Innern nicht sichtbare Imamzadeh Dchafar erstrecken.

Zwei Minarets (Taf. LXXXIII, Abb. 151—152)

Die heutige Hauptmoschee von Damgan ist neueren Datums; neben ihr liegen die Backstein-Ruinen des alten Gotteshauses, das den Namen des Imam Husain trug. Der bemerkenswerteste Rest dieser Moschee ist eins der hohen Minarets (Taf. LXXIII), das Wahrzeichen von Damgan. Es soll 31 Ellen hoch und in 105 Stufen zu ersteigen sein (Matla el schems). Das Minaret erhebt sich auf einem Sockel von 5 Ellen im Quadrat, über dem in leichter Verjüngung die runde Säule emporsteigt, gleichsam aus verschieden großen und verschieden ornamentierten Trommeln zusammengesetzt. Die Dekoration der einzelnen, durch schmale Borten voneinander getrennten Zonen oder Gürtel, wird durch geometrisch angeordnete, vorgekragte Ziegel gebildet, die durch ihren Schlagschatten das Muster wirkungsvoll zum Ausdruck bringen[4]. Fraser (a. a. O. S. 314) beschreibt es folgendermaßen: „Built of excellent burnt brick, ornamented with a sort of fillagree-work of the same, and beautifully constructed". Im unteren Drittel umgibt den Turm ein Schriftband, gleichfalls aus hervortretenden Ziegeln gebildet, nach Khanikoff „une invocation pieuse composée d'expressions employées dans le Koran, et qu'on peut facilement prendre pour un verset de ce livre". Am Halse des Turmes befindet sich ein aus grün-blauen Fayenceplatten gebildetes Band, das gleichfalls eine kufische Inschrift enthält. Die hölzerne

Galerie an der Spitze ist zerstört und nur noch ihr Kern, eine achteckige Säule, erhalten.

Das zweite bemerkenswerte Minaret von Damgan (Taf. LXXXIIIr) gehört zu der ehemaligen Moschee Tschihil sutun, einem Komplex von verfallenen und verwaschenen Lehmmauern. Wir finden hier dieselben Dimensionen und fast gleiche Dekoration. Auch hier umgibt die Mitte ein Schriftband (Abb. 151). Die Spitze ist zerstört, und dadurch, daß die Bewohner begonnen haben, die Ziegelsteine am Fuß auszubrechen, droht dem Bauwerk baldiger vollständiger Zusammensturz.

Abb. 151. Damgan, Detail vom Minaret der Moschee Tschihil sutun

Beide Bauten dürften noch dem 11.—12. Jahrhundert angehören. Gleich hohe und ähnlich dekorierte Minarets finden sich noch in zwei anderen Orten an der Pilgerstraße zwischen Teheran und Meschhed. Die Stadt Semnan,[1]) deren ältere Baudenkmäler von mir nicht genauer untersucht werden konnten, hat ein ähnliches Minaret, das deshalb von besonderem Interesse ist, weil sich hier die hölzerne Galerie oben noch erhalten hat (Abb. 152).

Noch bedeutender ist das Minaret von Chosragird in der Nähe von Sebzewar, zwei Tagereisen westlich von Meschhed. Abgeb. bei Curzon (I. p. 270). O'Donovan[2]) und Curzon haben das Bauwerk, das mir nicht bekannt ist, eingehend beschrieben. Es erhebt sich, wie das eine Minaret von Damgan auf einer Platform. „It is built of flat ruddish brown brick on a concrete foundation, not ever eleven feet in diameter at the base, but it rises to the height of a 120 feet, beeing as slender in appearence as a factory chimney in Europe. The shaft has the entasis which the ancient Greeks deemed essential to the beauty of their columns, and is ornamented at intervals by bands of rosepattern tiles, disposed among rows obliquely set bricks. The style of decoration is peculiar to this tower and there is an absence of coloured enamels ... Only at Semnan, at Damgan and Sabzawar have J met with the true slender minaret and all three were of very considerable antiquity (O'Donovan)". Wie Curzon angibt, trägt eine kufische Inschrift das Datum 505 d. H. — 1111 bis 1112 n. Chr. Zu dieser Zeit war der spätere seldschukische Groß-Sultan Sindschar (1117—1157) Gouverneur von Chorasan (seit 1097). Durch

Abb. 152. Semnan, Minaret

---

[1]) Voyages en Perse. Paris 1860. S. 143.

[2]) Narrative of a Journey into Khorassan. London 1825. S. 313.

[3]) Mémoire sur la Partie méridionale de l'Asie Centrale. Paris 1861. S. 73 ff.

[4]) W. Freih. von Tettau (Deutsche Bauhütte 1900. S. 252 ff) gibt eine auf meine Aufnahmen zurückgehende Zeichnung des Minarets und stellt die hier angewandte Technik der Ziegel-Verblendung als vorbildlich für die moderne Backsteinarchitektur hin.

[1]) Eine schöne Ansicht der malerischen Stadt mit ihren Kuppeln und Minareten findet sich bei Hommaire de Hell a. a. O. Taf. 88.

[2]) E. O'Donovan: The Merv Oasis. I. p. 428.

dieses Datum ist auch die Entstehungszeit der drei anderen ähnlichen Monumente von Semnan und Damgan gegeben.

Mausoleum Pir-i-Alamdar (Taf. LXXXIVI, Abb. 153 155)

Im Osten der Stadt befindet sich das Grabmal des Imam Mehemed, auch Pir-i-Alamdar genannt. Es besteht aus einem runden, mit einer Kuppel überdeckten Turm, neben dem sich die Reste eines zweiten, ursprünglich wohl dazugehörigen Gebäudes erhalten haben. In den unteren zwei Dritteilen glatt mit breiten Fugen aufgemauert, trägt der Turm im oberen Drittel reichere Ziegeldekoration. Zwei breite Mäanderstreifen zwischen schmäleren Saumborten nehmen ein Schriftband zwischen sich, das in kufischen Lettern eine schwer lesbare Inschrift enthält. Die Muster sind durch Vorkragen der Ziegelsteine, kräftig werkmäßig und ohne Verwendung von Glasuren ausgeführt. Das Kranzgesims, das über dem letzten Rautenbande durch Vorkragen mehrerer Steinschichten den Mauerzylinder von der Kuppel trennte, ist nur mehr in Resten erhalten.

Das Portal des Grabbaues (Abb. 153) liegt in einem leicht rechteckig vertieften Felde und zeigt eine ziemlich rohe, in Stuck ausgeführte Dekoration. Kantige Ecksäulchen, durch senkrechte und wagrechte kurze Riefelungen geschmückt, tragen einen gestelzten Kielbogen, dessen Zwickel mit einem flechtwerkartigen Sternmuster bedeckt sind. Die Lünette des Bogens ist durch breitere und schmalere horizontale Streifen gefüllt, die primitive geometrische Muster und eine Inschrift zeigen. Kleine Rautenbänder, Sternnetze, Bogen- und Zickzack-Friese legen sich nebeneinander, und auch die vordere Bogenlaibung trug

Abb. 153. Damgan, Mausoleum Pir-i Alamdar, Portal

ein in Resten noch vorhandenes größeres Rautenband. Die gute Erhaltung des Portales, die Fraser (a a. O. p. 315) richtig „a proof of the wonderful equability and dreyness of the climate" nennt, macht es möglich, den größten Teil der Inschrift noch zu lesen: „Gott der Erbarmer, der Barmherzige . . ."

Auch Matla el schems macht einige Angaben über den Bau (II. S. 279), der hier für die Grabstätte eines Gelehrten erklärt und mit dem Turm in Radgan verglichen wird. „Seine Höhe beträgt bis zum Ende der Kuppel ungefähr 15 Ellen. Unten an der Kuppel befindet sich ein Band. Es gehört zu den übermäßigen Aufwand dieses Gebäudes, daß man die Kuppel mit solchen Verzierungen versehen hat." So scheint dem modernen Orientalen dieser gerade in seiner herben Einfachheit so imposante Bau schon überreich geschmückt zu sein.

Von jenem oben erwähnten Gebäude, das ursprünglich wohl zum Turm-Mausoleum gehört hat, haben sich nur mehr spärliche Reste erhalten. Es war eine in Lehmziegeln errichtete Moschee, wie gegen den Verfasser des Matla el schems, der hier „die Ruine eines stufenförmigen Palastes" erkennen will, aus der Inschrift unzweideutig hervorgeht. Die rechte Seitenwand und etwa zwei Dritteile der Hinterwand eines heute bis in die Hälfte der Türöffnung verschütteten Liwans stehen noch aufrecht, und in dem Mauerwinkel hat sich noch ein Teil der Stalaktitenwölbung erhalten, mit der die Nische geschlossen war (Abb. 154, 155). Die Stalaktiten haben breite, niedrige Formen, die gerändert und leicht erhöht sind; nur in der untersten Reihe wechseln leicht vertiefte mit den erhöhten Feldern. Das Bemerkenswerteste an dieser Ruine sind aber Reste einer schönen Stuckverzierung, die sich an einem Teile der Bogenlaibung, in einer Schmucktafel der untersten Stalaktitenreihe und in einem Inschriftbande erhalten haben. Der Gurtbogen steht auf einer schmalen Konsole und war, in seiner Hauptfläche glatt, nach hinten zu mit einem Zackenkranz aus aneinandergereihten Bogensegmenten gesäumt. Seine Laibung trug anscheinend eine Folge von Rechtecksfeldern, die in Stuck geschnittene Arabeskenmuster zeigten; zwei dieser Tafeln haben sich, die zweite nicht mehr ganz intakt, noch erhalten. Aus einer Grundpalmette entspringen zwei Halbblätter, die sich palmettenförmig aneinanderlegen und eine weitere Palmettenkombination zwischen sich nehmen. Die oberen Zwickel des Feldes sind durch bereicherte Dreiblätter gefüllt. Im Stuck scharf ausgestochen, heben sich die glatten Formen mit heller Oberfläche klar aus dem Schatten des Grundes, in sich stellenweise noch durch kleine Ausstiche und Kreispunkte bereichert. In der Schmucktafel der untersten Stalaktitenreihe, die sich gerade in der Mittelachse des Eingangswand befindet, ist eine Inschrift angebracht. Hier wie im Friesband heben sich in üblicher Weise die Schriftformen von einem Rankengrunde ab, der fein ausgebildete Fächerpalmetten und Dreiblätter zeigt.

Die von Prof. Hartmann und Dr. Mittwoch besorgte Lesung der Inschriften ergab den Namen des aus Damgan gebürtigen Baumeisters, während sich der Name des Bauherrn nicht erhalten hat. Auch bei Matla el schems (III, S. 279) findet sich eine noch etwas vollständigere Lesung; wir setzen die hier hinzukommenden Worte in Klammern. Auf dem Friesbande: „Im Namen Gottes, des Allbarmherzigen. Es hat befohlen den Bau dieser edlen Moschee der geehrte Herr, der Chalif der

Abb. 154. Damgan, Ruine neben dem Mausoleum Pir-i-Alamdar

Abb. 155. Damgan, Stuckdekoration in der Ruine neben dem Mausoleum
Pir-i-Alamdar

Araber und Perser, der Sultan (der Richter des Orients, der Bürge für die Angelegenheiten der Geschöpfe), die Säule des Rechts und der Religion." Auf der Mitteltafel über dem Friesbande stehen die Worte: „Es hat es gemacht Hadschi ibn el Husain, der Baumeister aus Damgan, Gott verzeihe ihm." Schließlich gibt Khanikoff (pag. 73) an, in der Friesinschrift das Jahr 417 d. H. (1026/27) gefunden zu haben. Dieses Datum, das möglicherweise auf einem zu seiner Zeit noch erhaltenen Teile des Bandes stand, würde zu der von mir vermuteten Bauzeit stimmen.

Mausoleum Tschihil Duchteran (Taf. LXXXIV r, Abb. 156, 157)

Das vom Volk Imamzadeh Tschihil Duchteran (Mausoleum der vierzig Mädchen) genannte Heiligengrab liegt westlich außerhalb der Stadt neben dem für den Ungläubigen nicht zugänglichen, als besonders heilig verehrten Imamzadeh Dschafar. In der Technik und Ziegeldekoration zeigt das Bauwerk große Ähnlichkeit mit dem vorher erwähnten. Die Bekrönung bildet hier eine überhöhte Spitzbogenkuppel, die gleichfalls mit einem Verblendmauerwerk bedacht ist, dessen große Fugen zwischen den einzelnen Ziegeln auffallen. Die Fugen sind dabei durch eine Linie in dem verbindenden Kalk geschmückt, ein Verfahren, das später reicher ausgebildet worden ist. Wir haben eine reichere Musterung der Fugen durch den Grabstichel bei Bauten des 12. und 13. Jahrhunderts kennen gelernt. Beachtung verdient noch die heute vermauerte Portalnische (Abb. 156, 157). Im Aufbau gleicht sie der des vorher besprochenen Monumentes. Auch hier sind die den gestelzten Kielbogen tragenden Säulen sehr primitiv behandelt. Im übrigen bestreitet die erwähnte Fugenausbildung in der Hauptsache den Schmuck des Portales, und nur über dem Bogenscheitel ist ein großes, lilienartiges Dreiblatt angebracht, das teils in vorkragend gemauerten Ziegeln, teils in Stuck ausgeführt ist. In der Hohlkehle des Bogens hat sich eine teilweise zerstörte Inschrift erhalten,[1]) von der Prof. Hartmann die Worte entziffert hat: „... der erhabene Emir Abu ... Isfahan, die Herrschaft gebührt Gott." Khanikoff (a. a. O.) schreibt über diese Inschrift, daß sie das Datum 446 d. H. (1054) enthalte.

Der Verfasser des Matla el schems widmet auch diesem Bau einige Ausführungen. Er schreibt S. 278 f.: „Eine andere von den alten Ruinen der Stadt Damgan ist ein Kuppelbau in der Art der Burg Tugrul Bek, Mil-Radgân und ähnlichen ... Seine Höhe beträgt fünfzehn Ellen. Seine Vollendung liegt in der Kuppel, den Inschriften und dem sonstigen Schmuck der einzelnen Bauten dieses Bauwerkes. Trotz seines Alters ist dasselbe im alten Zustande erhalten geblieben. Doch seine Inschriften, die in kufischen Charakteren geschrieben sind, können nur mit großen Schwierigkeiten gelesen werden ....,Es hat befohlen den Bau dieser Kuppel der berühmte Emir Abû Sugâ'. Am Ende dieser Inschrift ist zu lesen: ,dreihundert ...' Dies lehrt uns, daß wir es mit einem der

[1]) Eine zweite, schwer lesbare Inschrift umzieht das Gebäude unterhalb des vollständig erhaltenen, aus mehreren vorkragenden, gezackten Ringen bestehenden Gesimses.

Bauten des vierten Jahrhunderts der Hedschra zu tun haben.
In diesem langen Zeitraum hat sich das Bauwerk gut erhalten,
und dies ist ein Beweis für die Festigkeit seines Baues. Das
Gebäude hat seine Front nach Osten. Man sagt, im Innern
befinde sich die Darstellung eines hohen Grabes, und es ist
im Innern einfach und weist keinen Schmuck auf. Manche
aus der Menge nennen diesen Ort zu Unrecht Tschihil Duchteran.
Der Umfang dieses Gebäudes beträgt außen dreißig Fuß. Um
den Eingang herum, in einem Bogen über ihm ist etwas mit
gezeichneten Buchstaben geschrieben und der Name des Erbauers angegeben." Zu diesen Ausführungen wäre nur zu
bemerken, daß die Zahl 300 nach Hartmann „kaum richtig
gelesen" ist. Eine Nachprüfung dürfte unmöglich sein, da
auch bei diesem Tor der Inschriftteil mit der Jahreszahl heute
wohl nicht mehr vorhanden ist. Das von Khanikoff gelesene
Datum, das den Bau in die Mitte des 11. Jahrhunderts setzt,
hat größere Wahrscheinlichkeit für sich.

Imamzadeh Dschafar

Östlich vom Imamzadeh Tschihil Duchteran liegt in dessen
Nähe das bedeutendste Heiligtum des Ortes, der Grabbau des
Imamzadeh Dschafar, eines Nachkommen Alis im sechsten
Grade. Der Eintritt in das Gebäude wurde mir leider nicht
gestattet, doch sind wir über ihn durch Khanikoff und den
Verfasser des Matla el schems einigermaßen unterrichtet. Ein
quadratischer, mit einer Kuppel überdeckter Raum enthält
einen reich geschnitzten Holzschrein mit den Resten des
Heiligen. Daneben steht ein schmuckloser Stuck - Sarkophag,
der die Jahreszahl 764 (1362/63) tragen soll. Auch andere
Inschriften werden von den erwähnten beiden Autoren angeführt, darunter von Khanikoff eine, derzufolge das Gebäude auf
Befehl des Timuriden Schah Ruch (1404—1447) errichtet wurde.

Der Verfasser des Matla el schems gibt eine ausführliche
Beschreibung und eine weitläufige Lesung der Inschriften,
woraus wir das Wichtigere im folgenden mitteilen (S. 272 f.):
„.... Das Mausoleum ist quadratisch und auf jeder Seite
dreizehn Fuß lang. An den vier Mittelfassaden der Mauer
des Mausoleums sind Rundnischen, von denen eine jede eine
Tür aufweist. Über diesen vier Rundnischen, deren Höhe ungefähr zehn Ellen beträgt, sind acht stufenartige (stalaktiten-
förmige) Bogen (Gewölbe) und über diesen die Kuppel. Die
gesamte Höhe des Mausoleums mit seinen vier Mittelfassaden
und acht Gewölben und der Kuppel beträgt ungefähr siebzehn
Ellen. Das Innere des Mausoleums ist weiß und die Kuppel
aus Ziegeln. Das Mausoleum hat die Front nach Osten. Im
Innern befindet sich ein Kasten (Sarkophag) mit einem sehr
alten schönen Grabe und hervorragender Verzierung und vielen
Inschriften. Die Länge des Kastens (Sarkophages) beträgt
drei Meter zwanzig Zentimeter, und seine Breite zwei Meter
weniger zweiundzwanzig Zentimeter, seine Höhe einen Meter
und sechzig Zentimeter. Die Inschrift auf dem Sarkophage
enthält Sprüche aus dem gesegneten Koran ... Auf der
gegenüberliegenden Seite steht folgende Inschrift: ‚Arbeit des
armen, niedrigen, schuldbeladenen Dieners ... des Meisters
Nizâm ed-Dîn, Sohnes des Meisters Alî ibn Alî Naǧǧâr'. Unten
ist folgender Satz geschrieben: ‚Der Herr und Veranstalter

Abb. 156. Damgan, Mausoleum Tschihil Duchteran, vermauertes Portal

Abb. 157. Damgan, Mausoleum Tschihil Duchteran, Detail vom vermauerten Portal

dieser guten Dinge ist der Meister Muhammed ibn . . . Saffär aus Damgân, geschrieben im Monat . . . des Jahres . . . und vierundsechzig' (offenbar stand: siebenhundert). Das Grab in diesem Sarkophage ist aus Stuck (Gips) und ringsherum Stuck und schwarze Steine und darüber ein Oberbau, welcher keine Eleganz und Schönheit aufweist". — Des weiteren findet sich die Abstammung des Imamzadeh mehrfach angegeben, sowie lange Inschriften, die sich auf mehreren Steinen finden. Sie bieten nichts besonders Nennenswertes. Dagegen ist die ausführliche Beschreibung der Fliesen, die der Verfasser des Matla el schems gibt, von Wichtigkeit und Interesse; wir haben sie an anderem Orte gebracht und dort besprochen.

BOSTAM

Geschichtliches

Nicht unmittelbar an der von Teheran nach Meschhed führenden Pilgerstraße gelegen, aber von dem bedeutenden Handelspunkte Schahrud, bei dem die Gebirgsstraße nach Astrabad und zum Kaspischen Meere abzweigt, nur wenige Kilometer in nordöstlicher Richtung entfernt, beansprucht Bostam vom archäologischen Standpunkte aus größere Beachtung als der Nachbarort. Eine mit Rundtürmen besetzte, jetzt verfallende Stadtmauer umgibt die jetzt nur wenige Hundert Einwohner zählende Stadt, und eine befestigte Burg gemahnt, daß wir uns in der Nähe der Turkmenen befinden. Weite Strecken innerhalb des Stadtgebietes liegen unbebaut oder sind von Ruinen bedeckt. Die Ansiedlung soll uralten Ursprunges und zwar wiederum von Hoschang gegründet sein; sie wurde später die Hauptstadt einer der fünf Provinzen Tabaristans und die Heimat vieler berühmter muhammedanischer Gelehrter und Religionslehrer. Als bedeutendste Namen werden der Sufi Schech Bajezid († 874 n. Chr.) und der Philosoph Schech Abu Jazid (lebte im 12. Jahrh.) genannt. Neben Damgan die bedeutendste Stadt der mittelalterlichen Provinz Kumis, wird Bostam von Nasiri Chosro (1046) sogar die Hauptstadt der Landschaft genannt. Ihre prachtvolle Freitags-Moschee, die „wie eine Festung" am Marktplatze stehe, erwähnt Mukadassi (Ende des 10. Jahrh.); Jakut (Anfang des 13. Jahrh.) spricht von den Märkten der Stadt und einer in der Nähe liegenden Festung sassanidischen Ursprungs. Auch die Grabmoschee des heiligen Schechs wird von den meisten Reisenden und Geographen erwähnt.

In der ersten Hälfte des 13. Jahrhunderts wird Bostam dem Mongolenreiche einverleibt. Die Provinz Chorasan, zu der es zeitweilig gehört, wird meist von dem Thronfolger verwaltet. So wissen wir von dem Zuge Gazans (1295—1304) nach Bostam und Astrabad im Jahre 1291 (Melgunof), und wir wissen auch, daß dessen Bruder Chodabende (1304—1316) vor seiner Thronbesteigung Statthalter in Chorasan war. Beide Herrscher haben in Bostam Spuren ihrer Bautätigkeit hinterlassen.

Notizen über die Baudenkmäler von Bostam verdanken wir vor allem Fraser und Khanikoff. Eine Abbildung der Moschee Schech Bajezid findet sich nur bei de Morgan (I. Fig. 19), aber unter der falschen Bezeichnung „Chäh-roud. Mosquée".

Turm neben der Masdschid Dschuma (Taf. LXXXV)

Neben der unbedeutenden, noch heut benutzten Hauptmoschee von Bostam steht ein zylinderförmiger Turm, dessen Außenseite 28 vorspringende Ecken hat. Wir haben derartige Türme schon mehrfach kennen gelernt (vgl. S. 56, 57).

Das vorzüglich erhaltene Mauerwerk ist in breiten Fugen geschichtet, die wiederum eine mit dem Stichel hervorgebrachte einfache Musterung aufweisen. Oben sind in zwei Reihen aus Stuck geformte quadratische Platten mit kufischen Schriftzügen eingelegt. Khanikoff (a. a. O. p. 79) hat diese Inschriften genau untersucht und „die Gewißheit erlangt, daß es sich nicht um ein Datum, sondern nur um einen frommen Spruch handelt, der aus soviel Worten zusammengesetzt ist, wie Medaillons vorhanden sind". Über dieser Schriftborte kragt ein aus Stalaktitennischen gebildetes Gesims vor, das jetzt zerstört ist, doch noch erkennen läßt, daß neben den unglasierten hellblau glasierte Ziegel verwendet worden sind. Die Kuppel, deren Form die Tafel wiedergibt, war ursprünglich jedenfalls noch mit farbigen Ziegeln bekleidet. Mir wurde der Eintritt in das Gebäude nicht gestattet. Fraser (a. a. O. S. 340) fand an dem Mihrab das Datum 700 d. H. (1300/1 n. Chr.) und die Nachricht, daß der Bau von „Mahomed ibn Hoossain, ibn Abou Talib ul Mohundis" auf Befehl Gazan Chans errichtet worden sei.

Moschee Schech Bajezid (Taf. LXXXVI—LXXXVIII, Abb. 158—165)

Die bedeutendsten Baudenkmäler von Bostam gruppieren sich um das Grab des Schech Bajezid. Es sind eine Moschee und eine Medrese sowie eine Reihe von Heiligengräbern, die aus verschiedenen Zeiten stammen, deren Zusammenfassung zu einer geschlossenen Anlage aber und deren am meisten in die Augen fallenden Dekorationen der Zeit des Chodabende-Chan, dem Beginn des 14. Jahrhunderts angehören (Abb. 158). Die ganze Anlage teilt sich in zwei Hofbezirke (Abb. 159). Der Eingang (a) führt vorerst in einen rechteckigen Hof, dessen jetzt in Trümmern liegende und nichts Bemerkenswertes aufweisende Bauten zu einer von dem Timuriden Schah Ruch (1404—1447) gegründeten Medrese gehören. Ein gewölbter Gang (d) führt von hier in den eigentlichen Moschee-Hof (e). Der Eingang zu dem niedrigen Verbindungs-Korridor liegt innerhalb einer hohen rechteckig umschlossenen Portalnische. Dieses Hauptportal (c, Abb. 160; Taf. LXXXVII) zeigt reiche Dekoration in Stuck und Fayencemustern und stammt, ebenso wie der Schmuck des Korridors, aus der Zeit Chodabende-Chans her. Im fast quadratisch gestalteten Moscheehof (e) öffnet sich dem Ausgang des Korridors gegenüber ein hoher Liwan (n), dessen Aufbau und Dekoration mit dem Hauptportal (c) übereinstimmen (Taf. LXXXVI). Eine Portalnische (f) vermittelt den Zugang zu der niedrigen Moschee (g), die die eine Seite des Hofes begrenzt und von mehreren flachen Kuppeln bedeckt ist. Die Umfassungsmauern mit ihren Flachnischen machen

Abb. 158. Bostam, Moschee Schech Bajezid

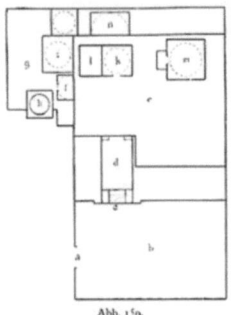

Abb. 159.
Bostam, Moschee Schech Bajezid,
Planskizze

einen altertümlichen Eindruck; ebenso das zierliche Minaret (h; Taf. LXXXVIII), das unbedingt einer weit früheren Zeit, als die erwähnten Portalnischen, wahrscheinlich noch dem 11. bis 12. Jahrhundert angehört.

Innerhalb der Moschee liegt ein Mausoleum (i; Abb. 158), das Imamzadeh Muhammed Bostam Mirza. Auf quadratischem Sockel erhebt sich der zylindrische Turm, der von einem Spitzdach gekrönt ist. Ähnlich gestaltet ist ein anderes, frei im Hof liegendes Mausoleum (m; Taf. LXXXVI), das Imamzadeh Kazim-Chan; eine rechteckig vorgebaute Portalnische vermittelt den Eingang zu dem Grabmal dieses Freundes und Genossen Schech Bajezids. Dieser selbst ist in einem niedrigen quadratischen Mausoleum (l) neben einem gleichgroßen Kuppelgrabe beigesetzt.

Die von mir im Innern nicht besuchte Moschee und das Minaret sind wohl die ältesten Teile der Anlage. Fraser (a. a. O. p. 336) hat auch an dieser Moschee den Namen des Chodabende-Chan gefunden, und zwar in den Stuckdekorationen des Innern und an der Türe; doch nehmen diese Bezeichnungen wohl jedenfalls auf eine spätere Restaurierung des Bauwerkes Bezug. Khanikoff erwähnt dann auch, daß die aus Stuck gefertigte Gebetsnische innerhalb reichen Arabeskenwerks eine Kartouche enthält, die die Inschrift trägt: „Arbeit des Muhammed Sohnes des Achmed . . . 660 . . .". Diese Innendekoration der Moschee rührt also vom Jahre 1261/62 n. Chr. her. Die geschnitzten Türen tragen in Medaillons kufische Inschriften mit einem Lobspruche Gottes.

Das Minaret (Taf. LXXXVIII) ruht auf einer quadratischen Basis, die jetzt zum Teil von der Moscheewand umschlossen

wird. Es unterscheidet sich durch seine geringe Höhe von den meisten persischen Minarets dieser frühen und auch der späteren Zeit; aber gerade dadurch, daß die Säule, deren Form hier zum Ausdruck kommen soll, nicht allzu hoch und schlank emporsteigt, ist der Gesamteindruck ein glücklicher. Er wird gegenwärtig dadurch beeinträchtigt, daß der Abschluß, der die Säule krönende hölzerne Baldachin, fehlt, und so der unschöne kegelförmige Kern, der den Zugang zu der Wendeltreppe im Innern vermittelt, sichtbar wird. Breitere und schmalere Zonen mit geometrischen Mustern, Inschriftbändern und ornamentalen Borten umgeben den sich nach oben verjüngenden Schaft, bei dem der Übergang zu der ausladenden Galerie durch Stalaktitenwerk hergestellt ist. Die breiten Streifen sind in Ziegelmosaik, die schmäleren Borten in geschnittenem Stuck gearbeitet, wobei es verwunderlich ist, daß die Schärfe der Formen in der freien Luft nicht mehr gelitten hat. Glasierte Ziegel fehlen vollständig. Das Minaret gehört zu den mehrfach in Persien vorkommenden Moschee-Türmen, die durch Rütteln an der konischen Spitze in schwankende Bewegung versetzt werden können. Diese vom Volk für ein Wunder gehaltene Erscheinung findet darin ihre Erklärung, daß sich durch die Mitte des Minarets ein Holzstamm zieht, der, oben angestoßen, seine Bewegung dem ganzen Turme mitteilt. Schon Fraser hat die nahe Verwandtschaft hervorgehoben, die dieses Minaret mit jenen von Semnan und Damgan verbindet. Auch dieses Minaret dürfte also wohl aus dem 11.–12. Jahrhundert stammen.

Die beiden Mausoleen, das des Bostam Mirza (i), das sich innerhalb der Moschee befindet und aus ihr hervorragt, sowie das des Kazim Chan (m), das ein besonderes Gebäude im Hof bildet, sind sehr ähnlich gestaltet. Über einem würfelförmigen Sockel erhebt sich ein zylindrischer Tambour, der wieder ein kegelförmiges Dach trägt. Das erstgenannte Mausoleum zeigt auf dem Tambour innerhalb des Mauerwerks Bänder aus glasierten Ziegeln, abwechselnd aus hell- und dunkelblauen Steinen zusammengesetzt. Auch das Spitzdach ist mit hellblau glasierten Ziegeln bekleidet. Das Innere soll nach Fraser nichts Bemerkenswertes enthalten. Das freistehende Mausoleum des Kazim Chan (Taf. LXXXVI) zeigt je drei Flachnischen auf jeder Seite des würfelförmigen Sockels. Die Ziegel sind in der Art geschichtet, das stets je zwei Steine horizontal mit engem Fugenschluß übereinander liegen und von den zwei seitlichen durch breiten Fugenschnitt getrennt sind. Auch hier war das Spitzdach ursprünglich mit blauen Fliesen bekleidet. Einen reichen Schmuck des Tambours bildet ein Fries, der sich aus rechteckigen Fliesen zusammensetzt. Diese zeigen in Relief weiße Ornamente und Blumen auf dunkelblauem Grunde. Das Innere fand Fraser in guter Ordnung, mit Teppichen geschmückt und mit einem Holzschrein, dessen

Abb. 160. Bostam, Moschee Schech Bajezid, Portal im Vorhof

Abb. 161.
Bostam, Moschee Schech Bajezid, Detail vom Portal im Vorhof

Ecken silberne Kugeln trugen. Eine reichere Ausstattung mit Silbergeräten war von Turkmenen geraubt worden. Die beiden Mausoleen dürften dem 13. Jahrhundert angehören.

Das Mausoleum des Schech Bajezid selbst (I) ist ein niedrig rechteckiger und im Äußeren schmuckloser Bau, dessen rechte Hälfte durch eine Halbkugel-Kuppel bekrönt ist. Im linken Teile liegt der Heilige und unter der Kuppel (k) ein gewisser Serdar Azem Chan begraben. Die Pilger werfen zur Erinnerung, daß Bajezid durch Steinigung den Märtyrertod erlitten hat, Steine auf und an das aus Feldsteinen errichtete Gebäude. Im Innern fand ich einen skulptierten Grabstein aus Alabaster und reiche Stuckverzierung an den Wänden. Als etwas Kostbares war das Bruchstück einer Lüsterfliese in die Wand eingemauert; vielleicht der letzte Rest einer umfangreichen Innendekoration aus lüstrierten Fliesen. Das Bruchstück weist in seinen Formen auf die zweite Hälfte des 13. Jahrhunderts hin.

Drei bemerkenswerte Teile der Bauanlage, das Portal (c), der Korridor (d) und der Liwan (n) stammen alle aus derselben Zeit, etwa dem Beginn des 14. Jahrhunderts.

Der Eingang von der Medresse zur Moschee (Abb. 160, Taf. LXXXVII) zeigt die typische Anlage: in hoher rechteckiger Umrahmung eine im gestelzten Kielbogen sich öffnende Nische, deren Wölbung durch Stalaktiten ausgefüllt ist; in der Hinterwand ein niedriges Portal, zu dem innerhalb der Nische Stufen hinabführen. Der Flächenschmuck der Portalumrahmung besteht aus breiten und schmalen geometrischen Borten (Abb. 161). Das Muster der breiten Borten wird durch reliefartig vorspringende, hellblau glasierte Ziegel gebildet, deren Hintergrund aus reich gemustertem Stuck besteht. Eine Weiterbildung der schon im 12. Jahrhundert geübten Technik (Nachischewan) findet sich darin, daß die glasierten Ziegelstäbchen, aus denen sich das geometrische Muster zusammensetzt, nicht glatt gelassen, sondern durch eine Kerbung in der Mitte dekoriert sind.

Die Oberfläche der den Kielbogen tragenden Ecksäulen, deren Kapitelle eine einfache Platte bildet, ist mit einem Mosaik bedeckt, das sich aus unglasierten oder hellblau glasierten kleinen rechteckigen Steinchen zusammensetzt. Auch diese Steinchen haben ein Reliefmuster.

Die Nischenwangen zeigen einen niedrigen Sockel mit einem Mosaik aus hervortretenden glasierten und geriefelten Stückchen auf gemustertem Stuckgrund, und darüber ein anders gestaltetes geometrisches Muster derselben Technik (Abb. 162). Das aus geschnittenem Stuck bestehende Stalaktitenwerk setzt sich aus acht Reihen kleiner Nischen zusammen, deren Musterung in tiefem Reliefschnitt verschiedene Motive aufweist: Palmettenranken, die sich symmetrisch entwickeln und oft noch von einem Bandmuster in Form einer Nische eingefaßt werden (Taf. LXXXVII).

Der große Liwan im Moscheehof (Taf. LXXXVI), der weit mehr als das Hauptportal der Zerstörung

Abb. 162. Bostam, Moschee Schech Bajezid, Fliesenmuster, vgl. Taf. LXXXVII

anheimgefallen ist, stimmt im Aufbau und in den Größenverhältnissen vollständig mit diesem überein. Das die rechteckige Nischenumrahmung bildende Muster ist einfach und besteht aus einer mittleren breiten und zwei einfassenden schmaleren geometrischen Borten (Abb. 163). Während diese eckig stilisierte Bandverschlingungen in blau glasierten Fliesen auf Stuckgrund geben, ist in der

Abb. 163. Bostam, Moschee Schech Bajezid, Detail vom großen Liwan

muster aus unglasierten Ziegeln gefüllt sind.

Der im Tonnengewölbe geschlossene Korridor ist vollständig mit einem Stucküberzug bekleidet. Die Musterung dieser Bekleidung ahmt einen Ziegelverband nach, in dessen breite Fugen ein Band eingeschnitten ist, das in den Vertikalfugen doppelt und verknotet erscheint (Abb. 164). Flachnischen beleben und gliedern die Seiten-

Mittelborte der Grund aus glasierten Ziegeln gebildet, von dem sich das Muster in erhaben vorstehenden unglasierten Ziegelbandern abhebt. Halbsäulen flankieren die Nische, aus unglasierten Stücken aufgebaut, die ein reiches Kerbschnittmuster tragen, das vor dem Brande in den noch feuchten Ziegel geschnitten wurde. Die Stalaktitennischen sind bei diesem Liwan von einem Mosaik aus glasierten und unglasierten Ziegeln bedeckt, während die Zwickel durch ein reiches Stern-

flächen. Ein tief eingeschnittenes Schriftband, in dem sich die Buchstaben von einem mit Volutenranken und Palmettenblüten geschmückten Grund abheben, und das oben von einer kleinen Borte mit Palmettenranken begleitet wird, betont den Ansatz des Tonnengewölbes. Und diese Schriftborte ist es auch, die den Namen des Bauherrn, des Chodabende-Chan, und als Zeit der Erbauung das Jahr 713 d. H. (1313/14 n. Chr.) enthält.

Abb. 164. Bostam, Moschee Schech Bajezid, Stuckdekoration im Verbindungsgang

IV. KAPITEL

DIE SELDSCHUKISCHEN BAUDENKMÄLER VON KONIA

VORWORT

Die seldschukischen Baudenkmäler Kleinasiens, speziell Konias, sind, wie schon in den einleitenden Worten hervorgehoben worden ist, deshalb in den Bereich dieser Darstellungen gezogen worden, weil sie zur persischen Architektur gehören und teilweise sogar persischen Baumeistern ihre Entstehung verdanken. Aber es darf dabei doch nicht übersehen werden, daß diese persische Baukunst auf kleinasiatischem Boden ein geschlossenes Ganzes bildet, das sich von den Monumenten des eigentlichen Persiens nicht unwesentlich unterscheidet und sich selbständig entwickelt hat. An anderer Stelle[1]) habe ich mich mit den bemerkenswertesten Monumenten dieses persisch-kleinasiatischen Baustiles schon eingehend beschäftigt, und so sollen die folgenden Ausführungen nur eine Ergänzung und teilweise eine Verbesserung des an jenem Orte bereits Gesagten geben. Inschriften und Abbildungen, die dort bereits publiziert sind, werden im allgemeinen hier nicht wiederholt, Ausführungen größeren Umfanges meist nur im Auszuge nochmals gebracht werden. Das Bestreben geht allein dahin, nach Maßgabe der vorliegenden Materiales, das sich zum Teil aus Ergebnissen jener Reise, zum Teil aus später hinzugekommenen Untersuchungen und Aufnahmen zusammensetzt, eine kurze Übersicht über die hauptsächlichsten Denkmäler der seldschukischen Baukunst im Sultanat Konia und ihre kunsthistorische Bedeutung zu geben, ohne dabei in ausführlichen Untersuchungen, in kunsthistorischen und historischen Erörterungen, sowie in der Wiedergabe der Inschriften etwas Erschöpfendes und Abschließendes bringen zu wollen.

Während die übrige Darstellung in dieser Publikation den Schwerpunkt auf die Backsteinarchitektur legt, mußte für dieses Kapitel davon einigermaßen abgegangen werden. Den Seldschuken stand in Kleinasien ein vorzügliches Steinmaterial zu Gebote, und sie machten reichen Gebrauch davon. Ihre Bauwerke sind Kombinationsbauten aus Stein und Ziegel, indem fast alle Schmuckteile an den Fassaden, Portale, Triumphbogen, Säulen und Kapitelle in Stein errichtet oder mit Marmorplatten verkleidet wurden, während man sich vor allem bei den Minarets und bei der Innendekoration, bei den Mauern und Wölbungen des handlicheren und beweglicheren Ziegels bediente. Das Steinmaterial wurde dabei außerordentlich reich mit Ornamenten geschmückt, die sich ver-

haltnismäßig gut erhalten haben. So kommt es, daß sich die Entwicklungsgeschichte der seldschukischen Ornamentik am besten an den Steinfassaden ablesen läßt. Wenn diese auch im folgenden nicht übergangen werden sollen, so kam es uns in der vorliegenden Darstellung doch hauptsächlich auf die Backsteinarchitektur an, auf alles das, was sich vom Ziegelmosaik oder Fayencemosaik in den seldschukischen Denkmälern erhalten hat. Diese Dekoration findet in den fünf nach G. Krecker's Aufnahmen hergestellten Farbentafeln eine möglichst naturgetreue Wiedergabe (Taf. LXXXIX—CVI).

Der Einfachheit wegen seien folgende Abkürzungen für die die seldschukischen Denkmäler behandelnden Werke angewandt: H K für Cl. Huart, Konia, la Ville des Derviches Tourneurs, 1897; H R für Cl. Huart, Revue Sémitique, 1895, Epigraphie arabe d'Asie Mineure; L für J. H. Löytved, Konia, Inschriften der seldschukischen Bauten, 1907; S K für F. Sarre, Seldschukische Kleinkunst, 1909; SR für F. Sarre, Reise in Kleinasien, Forschungen zur seldschukischen Kunst, 1906; T für Ch. Texier, Description de l'Asie Mineure II. 1849.

Akschehir. Tasch Medresse (Abb. 165; vgl. HK p. 109 ff.; SR p. 20 ff. Taf. XI—XIII).

In gleicher Front sind nebeneinander Moschee und Medresse errichtet. An der Ecke steigt das Minaret empor, das neben Resten eines blauen Fayence-Schmuckes Ziegelmosaik in rautenförmigem Muster zeigt (Abb. 165). Wir erinnern an die oben behandelten Minarets von Damgan (Taf. LXXXIII), die ein ähnliches Ziegelmuster zeigen. Sie sind ungefähr ein Jahrhundert früher entstanden. Neben dem viereckigen, in der unteren Hälfte mit Marmor bekleideten Sockel öffnet sich in zwei überhöhten leichten Spitzbogen die Vorhalle zu dem Gebetsraum, der mit einer flachen Kuppel überdeckt ist. Die Marmorfront setzt sich nach rechts über ein vermauertes weites Tor zum verzierten hohen Portal der Medresse fort, das nach der üblichen Form den mit einem flachen Segmentbogen überwölbten Tordurchgang im Hintergrunde einer mit Stalaktitengewölbe geschlossenen Nische sehen läßt (SR Taf. XII). Rechts und links ist dann in die Seitenfläche der Hauptnische wieder eine kleinere Nische eingelassen. An Schmuck zeigt das Portal außer den beiden Durchgangssäulen ein rings umlaufendes Dreiblatt-Kantenband, und einige Flachrosetten, die rechts und links den Nischenbogen begleiten und oben dann die Eckzwickel der Fassade füllen.

---

[1]) Reise in Kleinasien. Forschungen zur seldschukischen Kunst usw. Berlin 1896.

Abb. 163. Akschehir, Minaret der Tasch-Medresse

Das Ganze ist aus weißem und rotgeädertem, phrygischem Mamor errichtet. Der innere Hof der Medresse (SR Taf. XIII) zeigt die übliche Anlage solcher Schulen: Säulenhallen an den beiden Längsseiten, die den Zugang zu den dahinterliegenden Wohnungen vermitteln, und eine große, im Kielbogen geschlossene Nische an der Hinterwand. Diese Nische ist bis auf den aus mächtigen Marmorquadern errichteten Triumphbogen eingestürzt, wie überhaupt das ganze Gebäude heute unbenutzt ist und so seinem Untergange entgegengeht. Auch der Triumphbogen zeigt verhältnismäßig wenig Schmuck; ein Dreiblatt-Kantenband mit Sternen über den Spitzen der Mittelblätter umläuft als Teil des kräftig profilierten Rahmens die Fläche, und dünne Ecksäulchen gliedern die beiden Pfeiler, die den Triumphbogen tragen. Die kleinen Säulen zeigen eine Art Rautenkapitell, durch ein auf die Spitze gestelltes Quadrat zwischen zwei Platten gebildet, das sich auch an anderen frühseldschukischen Bauten (Sultan Han) wiederfindet.

Zur Datierung der Medresse stehen zwei Inschriften zur Verfügung. Die eine, über dem Hauptportal der Medresse, weist den Bau in das Jahr 613 d. H. (1216/17), unter die Regierung des Sultans Kai Kaus I. (HK p. 109). Die andere (SR p. 22) fand sich auf einem vor dem Gebäude liegenden Stein und nennt als Zeit der „Errichtung dieses Klosters" das Jahr 659 d. H. (1260/61). Ob sich diese zweite Inschrift auf die Wiederherstellung der Medresse unter Kai Kaus II. bezieht, oder ob sie zu einem im übrigen heute verschwundenen Bau gehörte, ist nicht festzustellen. Sollte es sich um eine Wiederherstellung der Medresse handeln, so wird man annehmen dürfen, daß nur die Backsteinteile und nicht auch die Marmorteile des Baues neu errichtet wurden. Denn erstens ist kaum anzunehmen, daß schon in den 45 Jahren von 1216 bis 1260 die Marmorteile verfallen sein sollten, da sie sich doch bis zum heutigen Tage ziemlich gut erhalten haben; und dann weisen auch die Ornamente auf das frühere Datum. Sowohl die klaren Rosettenfüllungen des Portals, als auch das noch einfache und herbe Dreiblatt-Kantenband um Portal und Triumphbogen zeigen dabei eine so klare Übereinstimmung mit dem in viel reicheren Beispielen vorliegenden Ornamentenschatz des Sultan Han, daß ihre Besprechung bis dorthin verschoben sei.

Konia. Moschee Sultan Ala eddin (Abb. 166—171; vgl. H K p. 133 ff.; H R Nr. 24—33; L p. 21—37; S K Taf. VI—VIII, X, XXII—XXIV; SR p. 47—48, Taf. XVI bis XVIII; T pl. 100)

Einen noch nicht publizierten Grundriß gibt Abb. 166. Die Gesamtanlage bildet in unregelmäßigem Viereck ungefähr die Gestalt eines umgekehrten Trapezes, dessen größere südliche Hälfte von der Moschee mit ihren Nebengebäuden eingenommen wird, während der Rest einen Hof bildet. In diesen Hof führen an der Nordseite zwei Tore, von denen das linke (heute vermauert) das Hauptportal gewesen zu sein scheint (L p. 34; SR Taf. XVIII). Die Moschee selbst besteht aus mehreren Teilen, die nach und nach zu einem Ganzen zusammengezogen wurden. Das Hauptgebäude ist ein großer Saal in der Südostecke, dessen flache Decke von 44 Säulen getragen wird (Abb. 167). An seiner Ostseite führt ein (heute renoviertes) Portal vom Berg hinunter, in seiner Nordostecke ragt ein Minaret empor (Abb. 168). Die Säulen selber tragen teils antiken teils byzantinischen Charakter, und zeigen als interessanteste Form einige Knotensäulen, wie sie aus der byzantinischen Architektur bekannt sind. Nach Westen schließt sich an diesen ersten Säulensaal ein zweiter, der in der Südwand einen quadratischen überkuppelten Raum mit der Gebetnische enthält. Dies ist wohl der älteste Teil der Moschee, d. h. der Kuppelbau, dem dann wiederum nach W. eine Säulenhalle vorgelegt ist. An die Nordwand des Mittelbaues lehnen sich die zehneckige Turbe und die achteckige Masdschid an. Die Gebetnische im Kuppelraum (L p. 25) selber ist nicht in allen Teilen alt: das marmorne Mittelstück ist modern, und das Fayencemosaik der äußeren Seitenstreifen ist durch eine ihm täuschend ähnliche Bemalung ersetzt worden. Doch hat sich über dem mittleren Aufbau ein breiter Fries des ursprünglichen Schmuckes erhalten und ebenso sind die Dreiecksflächen, die aus dem Quadrat zum Grundkreis der Kuppel überleiten, unversehrt geblieben (Abb. 169). Dieses Fayencemosaik wird weiter unten noch berührt werden. Hier sei nur noch erwähnt, daß bereits in diesem frühen Beispiel (1220/21) die Rankenstreifen zweierlei Farben durcheinanderflechten, und daß sich schon hier die Inschriftfriese über einen mit Rankenkreisen leicht geschmückten Grund hinziehen, der in seiner zurückgehaltenen Musterung verhindert, daß

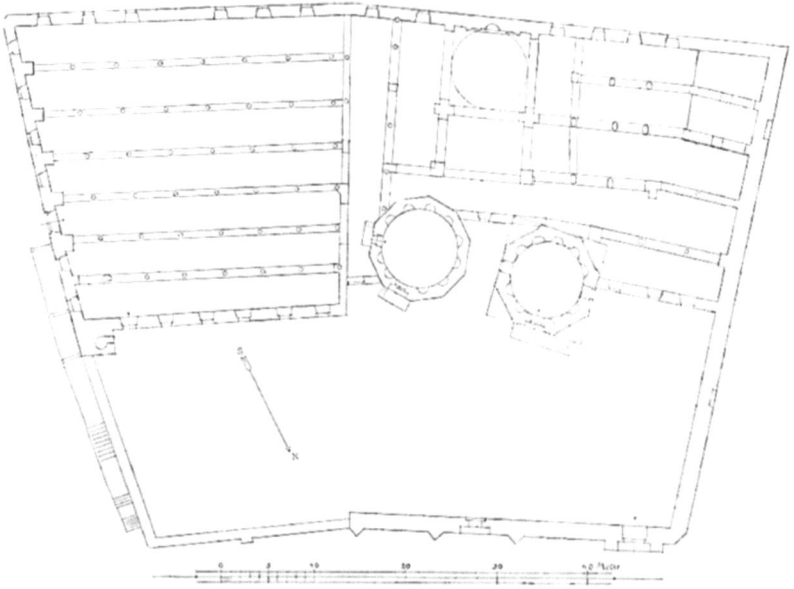

Abb. 166. Konia, Moschee Sultan Ala-eddin, Grundriß (aufgen. von G. Krecker)

diese Buchstabenzeilen als leere Schriftbänder den Zusammenhang der ornamentalen Decke zerreißen. Die Reife dieser diskreten Kombinationen und ihre völlig harmonische Einordnung in die Gesamtkomposition beweisen, daß sie Resultate einer langen vorhergegangenen Entwickelung sind. Inschriften haben auch die Herkunft dieses ganzen Kunstzweiges und seiner Meister aus Persien gesichert (SR p. 54; HK p. 113).

Zur Baubeschreibung seien noch einige Bemerkungen nachgetragen, die sich hauptsächlich auf Grund des seither hinzugekommenen Materials und aus den Loytved'schen Untersuchungen ergeben haben.

Als Erbauer der Moschee werden Kai Kaus I (1210—1219) und Ala edddin Kai Kobad I. (1219—1236), als Bauleiter Ajaz il Atabeki, als Baumeister Muhammed Ibn Chaulan aus Damaskus und als Fayencekünstler Kerim eddin angegeben (L. p. 36).

Der verschränkte Rundbogenfries über dem vermauerten ehemaligen Hauptportale findet sich häufig in Syrien.[1] Aus Damaskus ist der leitende Baumeister gebürtig.[2] Die vier Säulchen, die hier paarig rechts und links aus dem Gewände der Tornische horizontal herauswachsen, um, hart an der Wand im

rechten Winkel nach oben geknickt, den Spitzbogen der Nische zu tragen, scheinen den Archytypus einer reicheren Formung zu bilden, die sich dann am Portal der 1219/20 erbauten Masdschid verwendet findet. Von diesem Gebäude, das auf quadratischem Sockel, außen achteckig und innen zwölfeckig gebildet ist, hat sich bloß der Unterbau erhalten;

Abb. 167. Konia, Moschee Sultan Ala-eddin, östliche Säulenhalle

---

[1] Vgl. Vogué, La Syrie centrale, Taf. 137.
[2] S R p. 64 wird bei der Besprechung der Kapitellformen auf diesen syrischen Einfluß hingewiesen.

Abb. 168. Konia, Moschee Sultan Ala-eddin, Ostfassade vor der Restaurierung

das Dach ist eingestürzt. Die Portalwand zeigt nun (Abb. 170) in der gewöhnlichen Anordnung eine flache Nische mit Ecksäulchen, die etwas flaue und in der Proportionierung unsichere Kompositkapitelle tragen. Der Türdurchgang ist bei kunstvollem Quaderschnitt in zwei übereinanderliegenden scheitrechten Bögen geschlossen, die zwischen sich eine Entlastungs-Luftschicht haben. Die Nische selbst ist in leichtem Spitzbogen eingewölbt, dessen Laibung entlang kleine Knicksäulchen, hart aneinandergerückt, angeordnet sind. So eng drängt sich dabei Säulchen an Säulchen, daß sie in ihrer Gesamtheit bereits wie ein Quaderschnitt des Bogens wirken, trotzdem ihr ursprünglicher funktioneller Sinn, die umschließende Mauermasse nach außen zu pressen, durch die Ausbildung von Basis und Kapitell noch deutlich erkennbar ist. In der Folge aber degeneriert dann diese Form wirklich zu einem Quaderband, das sich längs der Nischenlaibung entlang zieht (vgl. Hatunie Medresse in Karaman und

Eschref Rum Dschami in Beischehir, Abbildungen 195 u. 200)[1]. Und schließlich entsteht ein kleingeteiltes Schmuckband aus ihr, das völlig ohne tektonische Auswertung nach Art der Pfeifenbänder als Saumstreifen verwendet wird.

Die östlich hiervon liegende Turbe, inschriftlich als ein Werk des Jusuf, des Sohnes des Abd el Ghaffar bezeichnet, ist besser erhalten, als die Masdschid und stammt inschriftlich aus demselben Jahre (HR 31, L p. 30). Sie trägt noch ihr hohes Kegeldach, das einen außen zehneckigen, innen einfach rund gestalteten Bau überdeckt. Das Fenster der Nordseite (Abb. 171), das, wie die abgetretene untere Rahmenseite lehrt, zeitweise wohl auch als Eingang benutzt wurde, zeigt eine Bortenumrahmung mit Arabesken, deren Fiederblätter auf eine jüngere Zeit zu weisen scheinen. Die über dem Fenster eingemauerte Zierplatte scheint dagegen nicht seldschukischen, sondern byzantinischen Ursprungs zu sein, und weist in dem Lotosbaume rechts und links vom Mittelfelde ein interessantes und seltenes Motiv auf. In dem sonst schmucklosen Innern stehen noch acht Sarkophage, deren Fayence-Bekleidung blaue Reliefschrift auf weißem Grunde zeigt. Über diese Gräber hat Loytved (p. 27) eingehend berichtet.

Der prachtvolle holzgeschnitzte Mimbar (dat. 1155), der schon erwähnte Mihrab und mehrere sehr interessante, wahrscheinlich bis in das 14. Jahrhundert zurückgehende Teppiche sind an anderer Stelle von Loytved und Herr veröffentlicht worden (L p. 22—26; S K Taf. VI — VIII, XXII bis XXIV). Zu bemerken sind ferner, „ein Koran, der in kufischer Schrift im Jahre 381 (= 991) und ein anderer, der von Mehemed, Sohn des Ahmed Jussuf aus Samarkand, im Jahre 612 (= 1215) geschrieben worden ist". Endlich sei ein silbertauschierter, schöner Messingleuchter erwähnt, eine ägyptische Arbeit des 14. Jahrhunderts. Ein zierlicher, reich geschnitzter Koranständer ist in das K. Ottomanische Museum nach Konstantinopel gekommen (S K Taf. X).

Der Sultan Han bei Konia (Abb. 172—175; vgl. SR p. 71—98. Taf. XXXI—XXXVIII)

Zur Datierung des Baues stehen drei Inschriften zur Verfügung. In zweien von ihnen, die über den Durchgängen des Hauptportales und des Hofportales angebracht sind, wird der Bau in das Jahr 626 — 1229 unter Kai Kobad I. (1219—1236) gesetzt. Die dritte Inschrift aber, die in den horizontalen Deckbalken knapp über dem Bogen des Hauptlores eingemeißelt ist, berichtet von einer „Erneuerung des Hans wegen Verfalls und Brandes" unter Kai Chosro III. im

Abb. 169. Konia, Moschee Sultan Ala eddin, oberer Teil des Mihrab

[1] Vgl. auch Bab el-Furuch in Kairo, abgeb. bei Franz Pascha, Kairo 1903, Abb. S. 18.

— 124 —

Abb. 170. Konia, Moschee Sultan Ala-eddin, Portal der Masdschid

Abb. 171. Konia, Moschee Sultan Ala-eddin, Fenster in der Turbe

Jahre 677–1278.[1] Eine Entscheidung, ob die erhaltenen und mit Ornamenten geschmückten Teile, also das Hauptportal, sowie die Moschee und das Portal des Hofes, demgemäß in das erste oder in das letzte Drittel des 13. Jahrhunderts gehören, erscheint aber wegen der vielen verwandten und undatierten Bauten wünschenswert. Nun wurde schon bei der Besprechung des Doppeldatums für die Tasch Medrese in Akschehir erwähnt, daß bei diesen Kombinationsbauten aus Stein und Ziegel stets mehr der Innenausbau und die Backsteinteile durch Verfall oder Brand gelitten haben dürften, als die Marmorteile. Und diese Ansicht wird durch eine Betrachtung der spärlichen Ornamente, die sich neben den Buchstabenformen auf dem Steinbalken mit der jüngeren Inschrift finden, gestützt (Abb. 172). Wir sehen am rechten und linken Ende des Balkens und auch sonst, spärlich zwischen den Buchstaben verstreut, Teile eines aus Zwei- und Dreiblättern und Fiederpalmetten kombinierten Bandes, das sich in seinem Charakter völlig von allen übrigen Ornamentformen der Portale und der Hofmoschee unterscheidet, während seine derbere Gestaltung und besonders die Fiederung der Palmetten es ohne weiteres mit Ornamentformen aus seldschukischen Bauten aus dem letzten Drittel des 13. Jahrhunderts zusammengehen lassen. Doch nicht nur dieser Inschriftbalken, sondern auch der ihm aufliegende, gleiche Länge zeigende Steinbalken zeigt diese bezeichnende Abweichung von den übrigen Ornamentformen. Sein Sternmuster ahmt offenbar das Muster der Torwangen (Abb. 173) nach, aber der hier feine und untiefe Charakter ist dort ins Derbere und Plastischere umgestaltet. Und während an den Torwangen das Muster ohne Grundfüllung den Stein überspinnt, legt sich hier rundlich plastisches, vegetabiles Arabeskenornament in alle Zwickel und Sterne und füllt den vertieften Grund. Und auch diese Grundfüllung mit ihrer Vermischung des vegetabilen und geometrischen Ornamentes weist, an Hand datierter Beispiele, bei seldschukischen Bauten des Sultanats Konia auf das letzte Drittel des 13. Jahrhunderts.

Eine technische Erwägung gibt ferner die Sicherheit, daß das Portal zum weitaus größten Teile dem ursprünglichen Gründungsbau angehört. Vergleicht man den wieder in kunstvollem Quaderschnitt ausgeführten scheitrechten Bogen über dem Portal des Sultan Han (Abb. 172) mit dem oberen der beiden scheitrechten Bögen vom Portal der Masdschid bei der Moschee Ala eddin (Abb. 170), so erkennt man nicht nur die Ähnlichkeit der technischen Anlage der beiden Portale, sondern man erkennt auch in dem etwas eingetreppten unteren Kontur des scheitrechten Bogens beim Sultan Han die ehemals offenstehende Entlastungs-Luftschicht, die jetzt durch den hineinragenden und eingepaßten Balken mit dem bereicherten Sternmuster ausgefüllt ist. Man wird sich also die ursprüngliche Anlage des Portals des Sultan Han ganz entsprechend der des Portals der Masdschid bei der Moschee Ala eddin zu rekonstruieren haben: unter dem noch heute erhaltenen scheitrechten Bogen aus sieben, abwechselnd hellen und dunklen Steinen blieb eine Luftschicht frei, deren Höhe ohne weiteres erkennbar ist, deren Länge aber etwas verkürzt werden muß.

[1] Dr. Fr. Giese ergänzt in der ZDMG. Bd. 57, S. 202, eine offen gebliebene Lücke dieser Inschrift; in den bisher fehlenden Worten wird der Erneuerer des Bauwerkes Achmed, Sohn des Hassan, als „der damalige Präfekt der Provinzen" bezeichnet.

Schon der rechts und links ungleiche Abstand der eingetreppten Ecke von dem letzten Wölbungsstein zeigt nämlich, daß die Luftschicht zum Einpassen des Steinbalkens weiter ausgemeißelt wurde; und damit kommen auch die jetzt fehlenden Fußstücke, mit denen der obere Bogen auf den Eck- oder Kämpfersteinen aufstehen mußte, wieder zum Vorschein. Und betrachtet man weiterhin das ganze, unter dem Inschriftenbalken noch erhaltene Bogen-Zwickelstück, das mit dem ineinandergreifenden Z-Muster geschmückt ist, so erkennt man, daß auch dieser ganze Zwickel bis zum Ansatz des Rundbogens und auch das noch erhaltene Stück der Rundbogen-Laibung selber (vgl. S R Taf. XXXIII) dem Renovierungsbau angehören muß. Und damit wird es schließlich wahrscheinlich, besonders wenn man die vertikalen Sockelstücke und die Türwangen

Abb. 172. Sultan-Han, Türsturz am Hauptportal

mit dem flachen Sternmuster rechts und links bis zum anderen scheitrechten Bogen verfolgt, daß das Hauptportal des Sultan Han in seiner ursprünglichen Anlage denselben scheitrechten Tordurchgang zeigte, den die Masdschid der Moschee Ala eddin (Abb. 170) aufweist. Jedenfalls aber können wir es als gesichert betrachten, daß die Bauinschrift mit dem jüngeren Datum bei der Renovation in das alte Tor eingemauert wurde, daß wir also ein Recht haben, die Ornamentformen des Sultan Han als typisch für das erste Drittel des 13. Jahrhunderts anzusehen.

In seinem Gesamtcharakter wird das Ornament des Sultan Han noch weiter unten besprochen werden. „In der Dekoration der beiden Portale hat die Kunst der Seldschuken das Vollendetste geleistet, dessen sie fähig war." Zu einigen Einzelheiten seien noch ein paar Bemerkungen hinzugefügt.

Die Tornische hat rechts und links kleine Seitennischen (S R Taf. XXXII, XXXIII), über deren Stalaktitenwölbung jenes große flachige Flechtbandmotiv erscheint, daß den oberen Teil des Hauptportals an der Fassade der Moschee Ala eddin überzieht (L p. 34). Von gleicher Annäherung zeugt der die Vorderfläche der Moschee des Hofes (Abb. 174) sowie die Bogen an der Nordseite (S R Taf. XXXIV) rings umziehende verschränkte Bogenfries.

Um die Fassade des Hofportales (Abb. 175) läuft jenes Dreiblatt-Kantenband, das, vielleicht aus einem zersprengten antiken Kyma entstanden, am Triumphbogen der Tasch Medresse noch in unverbundener Form einzelne Dreiblätter nebeneinanderreiht (S R Taf. XIII). Das Außenportal der Tasch Medresse gab bereits die orientalischem Ornamentgefühl entsprechendere, verbundene Form des Kantenbandes (S R Taf. XII), indem fein eingemeißelte Rillen die Blätter umlaufen und den Blick von einem zum anderen ohne Absetzen hinüberleiten. Beim Hofportal des Sultan-Han sind diese Rillen auf fünf an-

gewachsen, die Zwischenräume zwischen den einzelnen Blättern haben sich erheblich verkleinert. Die Bogen der Moschee des Hofes bringen dann eine Vertiefung der Dreiblätter, die das Umschlagen des Grundes zur positiven Form, das als letztes Stadium zu beobachten sein wird, vorbereitet. Als äußerster Schmuckstreifen findet sich rechts und links am Hofportal ein in seinem derberen Charakter von der Feinheit der übrigen abstechendes Kettenband.[1]

Konia. Sirtscheli Medresse (Taf. LXXXIX — XCIV, Abb. 176—181; vgl. H R 53, L p. 43/44; S R p. 51—54, Taf. XXXII—XXXV; T p. 146, Pl. 98, 99)

Dieses, aus dem Jahre 1242/43 stammende, schönste Baudenkmal der seldschukischen Kunst in Konia ist in meinem Reisewerk eingehend behandelt worden.

[1] In dem soeben erschienenen Werke von H. Thiersch (Pharos, Leipzig 1909. S. 241) wird mit Unrecht moniert, daß mein Grundriß des Sultan-Han (S R p. 77) die äußeren Verstärkungstürme viereckig statt achteckig wiedergebe. Taf. XXXI des R W läßt deutlich erkennen, daß die Türme an ihrer Basis viereckig gestaltet sind.

Abb. 173. Sultan-Han, Dekoration der Seitenwangen am Hauptportal

Abb. 174. Sultan-Han, Hof mit dem Moscheebau

Der hier zum ersten Mal veröffentlichte Grundriß (Abb. 176), der von dem bei Texier gegebenen erheblich abweicht, zeigt die übliche Anlage dieser Gelehrtenschulen: einen Mittelhof, an dessen beiden Längsseiten Hallen den Zugang zu den dahinterliegenden doppelgeschossigen Wohnräumen vermitteln und dabei auf die offene Hauptnische zuführen, die die Mitte der Rückwand einnimmt. Rechts und links von dieser Hauptnische liegen zwei überkuppelte Grabräume, deren einer ein wahrscheinlich das Grab des Stifters enthält (Abb. 177). Auch zu beiden Seiten des Einganges scheinen Grabräume zu liegen.

Die beiden farbigen Tafeln (Taf. LXXXIX—XCIV) geben Musterbeispiele des Fayencemosaiks. Sie zeigen namentlich,

wie im wesentlichen mit zwei Farbentönen, einem hellen und einem dunklen, als gleichwertigen Faktoren gearbeitet wird, und daß besonders das Auflegen heller Schrift auf dunklem oder dunkler auf hellem Grund, sowie das Durcheinanderflechten heller und dunkler Ranken den Reichtum der Musterung bedingen. Die Nische des Hofes ist besonders reich geschmückt (Abb. 178). Die farbige Doppeltafel zeigt einen Teil der linken Vorderseite des Liwans mit der Ecksäule und dem Bogenansatz. Die glasierten Flächen sind, wie der Querschnitt veranschaulicht, mit starker Mörtelschicht auf den in Ziegel vorgemauerten Architekturformen angebracht. Bei den Ecksäulen ist dies jedoch nicht der Fall; sie sind aus Mörtel mit Ziegelbrocken hergestellt und deshalb, wenig widerstandsfähig, nur noch in geringen Resten erhalten. Größere Flächen zeigen geometrische Mosaikmuster aus hellblauen und manganvioletten Fliesen, während bei den Inschrift-Friesen hellblaue Buchstaben verschlungen sind; diese farbige Schrift ist in den weißlichen Stuckgrund eingebettet.

Die zweite Farbentafel XCIII—XCIV schließt sich räumlich direkt an die Doppeltafel an und zeigt ein Eckstück der inneren Wandfläche mit dem abschließenden Gurtbogen. In der Höhe der dort wiedergegebenen kleinen flankierenden Ecksäule ist hier die innere Wandfläche sockelartig mit sechseckigen türkisblauen Fliesen bekleidet. Dann kommt als oberer Abschluß ein kleiner Profil, über dem der etwas

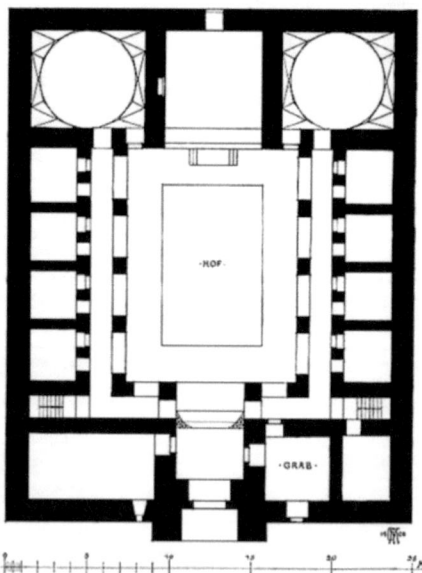

Abb. 175. Sultan-Han, Portal im Hof

Abb. 176. Konia, Sirtscheli-Medresse, Grundriß (aufgen. von G. Krecker)

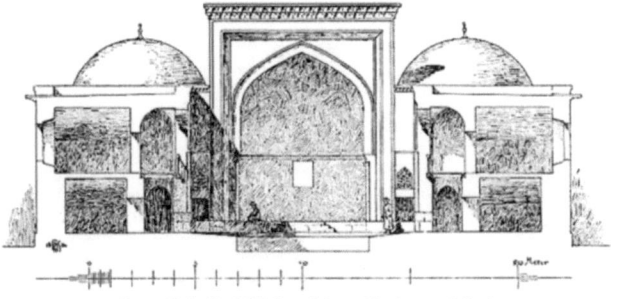

Abb. 177. Konia, Sirtscheli Medresse, Rekonstruktion (gez. von G. Krecker)

vortretende Gurtbogen und die Wandfläche emporsteigen. Letztere bedeckt ein von einer ornamentalen Borte eingefaßtes Ziegelmosaik. Von einem aus hellblau glasierten rechteckigen Ziegeln zusammengesetzten Grunde heben sich quadratische, manganviolette Steine ab und bilden Formen, die an das Wort „Allah" in kufischen Charakteren erinnern. Bei dem Gurtbogen bilden hervortretende rote Ziegelschichten einen festen Rahmen für das eingefügte Mosaikmuster. Letzteres setzt sich aus einer Reihe von abwechselnd regulären und länglichen Sechsecken zusammen, die von einem sich durchschneidenden Bande eingefaßt werden. Dieses Band bildet jenes große, etwas ungefüge Kettenmuster, das uns schon an der Moschee Ala eddin begegnet ist. Die Maschenflächen bedeckt ein geometrisches Netzwerk, hellblau auf manganviolett, während in den Borten die in den weißen Stuck gebetteten Verschlingungen von zwei ebenso verschiedenfarbigen, aus persischen Halbpalmetten bestehenden Ranken das Muster hervorbringen. Links und rechts ist je eines der sechseckigen Kettenfelder durch eine Inschrifttafel ausgefüllt, von denen das linke hier (um eine Kettenmasche nach unten verschoben) abgebildet ist. Er enthält jene Inschrift, die den persischen Ursprung dieses Bauwerkes und seiner prächtigen Fayencedekoration bezeugt, und lautet in der Übersetzung: „Gemacht von Muhammed, dem Sohn des Muhammed, dem Sohn des Osman, dem Baumeister von Tus" (Tus liegt in Chorasan). Das Pendant der rechten Seite

zeigt in einem persischen Distichon die Worte: „Ich habe diese Zeichnung (?) (Ausschmückung) gemacht, welche in der Welt nicht (wieder vor-)kommt. Ich bleibe nicht, aber sie bleibt zum Andenken."

Abb. 180 gibt die eine Seite des jetzt zusammengestürzten, inneren Eingangsportals wieder. Hier ist das sich aus glasierten und unglasierten, rechteckigen Ziegeln zusammengesetzte Rautenmuster als charakteristisches Beispiel für das Ziegelmosaik bemerkenswert. Das aus Steinquadern errichtete, reich gemusterte äußere Eingangsportal der Medrese (Abb. 181) zeigt große Verwandtschaft mit dem Portal des Sultan Han; es ist als datierte Schmuckfassade aus der Mitte des 13. Jahrhunderts von besonderer Wichtigkeit.

In Abb. 179 sind Grundrißdetails von den Eingangsportalen wiedergegeben, die die hier zutage tretende reiche Gliederung und Profilierung erkennen lassen.

Abb. 178. Konia, Sirtscheli-Medresse, Liwan im Hof

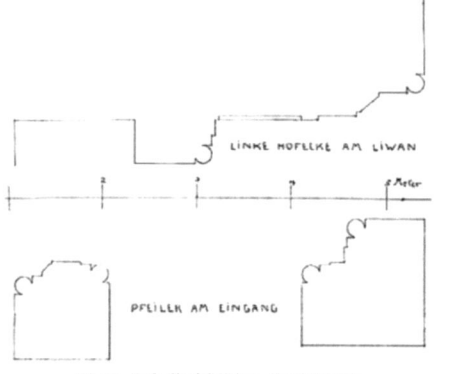

LINKE HOFECKE AM LIWAN

PFEILER AM EINGANG

Abb. 179. Konia, Sirtscheli-Medresse, Grundriß-Details
(aufgen. von G. Krecker)

Abb. 180. Konia, Sirtscheli-Medresse, rechte Ecke des Eingangsportals im Hof

Konia. Medresse des Kara Tai (Taf. XCV — CIII;
Abb. 182, 183; vgl. HK p. 156—160; HR 35; L p. 45
bis 51; SK Abb. 21; SR p. 48 — 51, Taf. XIX — XXI;
T p. 105)

Die Medresse des Kara Tai ist neben der Sirtscheli
Medresse das künstlerisch bedeutendste Bauwerk, das Konia
aus der Zeit der Seldschukenherrschaft aufzuweisen hat. Es
ist im Jahre 1251/2 von dem Emir Djelal-eddin Kara Tai, der
unter dem seldschukischen Sultan Kai Kaus II. das Amt eines
Stellvertreters des Großwesirs bekleidete, erbaut worden.

Die Eingangsfassade (Abb. 182) gleicht in ihren Formen
auffallend dem Hauptportal der Moschee Ala eddin (SR
Taf. XVIII). Das gleiche Flechtband und die gleichen ver-
schränkten Bogenreihen lassen auf ein bewußtes Nachbilden
schließen. Dies prachtvolle Marmorportal vermittelt den Zugang
zu der in Backstein errichteten Medresse, deren Anlage insofern
von der sonst üblichen abweicht, als hier der Hof durch
einen quadratischen, kuppelüberdeckten, oben mit einer kreisrunden Öffnung versehenen Raum ersetzt ist (Abb. 183). Eine
Seite öffnet sich zu dem jetzt vermauerten typischen,
für den Unterricht bestimmten Liwan, und an ihn
schließen sich rechts und links zwei kleinere
Kuppelräume an, von denen einer die Grabstätte
des Gründers dieser religiösen Schule birgt. Die
reiche Fayencedekoration, die die Kuppelwölbung
und die Wände überzieht, ist bis zu einer Höhe
von drei Metern über dem Fußboden nicht mehr
vorhanden (Taf. XCV). Die Farbentafel XCVI—XCVII
stellt die rechte Seite der von dem Liwan durchbrochenen Wand dar. Von dem großen, die Bogenöffnung umziehenden Schriftband ist der untere
Teil sichtbar, ebenso wie ein Stück des hohen, aus
sechseckigen, türkisblauen Kacheln zusammengesetzten Sockels, der hier durch eine jetzt geschlossene,
in das Mausoleum führende Tür durchbrochen wird.
Der Torsturz aus blaugrauem Marmor kommt auf
der Tafel noch zum Vorschein, und darüber ein in
Fayencemosaik ausgeführtes, rechteckiges Feld, das
eine Spitzbogennische, ein ehemaliges Fenster, umrahmt. Diese von geometrischen Borten eingefaßten Felder beleben, aufgehängten Gebetsteppichen
vergleichbar, die Wände; über ihnen zieht sich ein
großer Fries mit verschlungenen kufischen Buchstaben und einer zierlichen abschließenden Borte
hin. Die Ecken des Raumes sind nach der Kuppel-
öffnung hin durch Zwickel abgeschlossen, die durch
je fünf aus einer Spitze emporsteigende, dreieckige
Flächen gebildet werden (Taf. XCV). Den gleichfalls von zierlichen Borten eingefaßten Fond dieser
einzelnen Dreiecke nimmt ein scheinbar geometrisches Muster ein, das jedesmal aus den Namens-
zügen der fünf ersten Chalifen (Muhammed, Abubekr,
Omar, Osman, Ali) zusammengesetzt ist[1]. Um den

[1] So bei Loytved (p. 49). — B. Moritz hat nach meinen
Aufnahmen (SR p. 50) die Namen Muhammed, Ali, Muhammed,
Omar, Osman gelesen.

Abb. 18a. Konia, Medresse des Kara Tai, Eingangsportal

Abb. 18b. Konia, Sirtscheli-Medresse, Eingangsportal

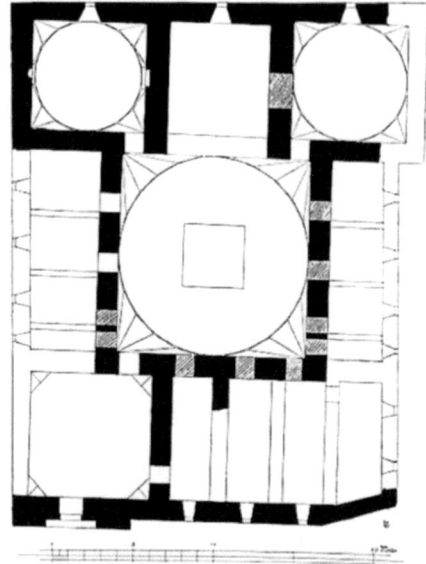

Abb. 183. Konia, Medresse des Kara Tai, Grundriß (aufgen. von G. Krecker)

Tambur der Kuppel schlingt sich wiederum ein kufisches Inschriftband; und an dieses schließt sich dann die Kuppelwölbung an. Sie ist gleichsam mit einem aus Spitzen gebildeten Muster überzogen. Von dunkelblauem Grunde heben sich hellblaue Sterne ab, die wiederum durch ein Flechtwerk von weißumsäumten, hellblauen Bändern mit einander verbunden sind. Auch die Öffnung in der Mitte umschließt eine Inschrift.

Die Farbentafel C — CI gibt in einem Eckausschnitt die mit Fayencemosaik bekleidete Rückwand des Liwans wieder. Über dem aus sechseckigen, blauen Fliesen bestehenden Sockel, der das ganze Innere des Gebäudes umgibt und mit zierlichem Muster, das auf jede Kachel in Blattgold aufgetragen ist, geschmückt ist (Taf. CII—CIII), wird die Wand von einem geometrischen Flächenmuster überspannen, das sich aus hellblauen, dunkelblauen und manganvioletten Streifen zusammensetzt. Die umgebende Borte besteht aus zwei gleichen, sich durchschlingenden Palmettenranken, die, aus violetten und hellblauen Fliesen zusammengestellt, in den weißen Stuck gebettet sind. Dabei finden sich im Fayencemosaik die gleichen Muster verwendet, die an der Fassade in den Marmor gemeißelt sind.

Die allgemeinen Kompositionsprinzipien haben sich gegen die Sirtscheli Medresse nicht geändert. Auch über die Technik und den künstlerischen Wert dieser Fayencedekoration ist nichts Neues zu sagen; das Bauwerk steht hierin der fast gleichzeitigen Sirtscheli Medresse sicher nicht nach, ja vielleicht ist das Fayencemosaik nirgends reicher, nirgends harmonischer in den Farben und Formen zur Anwendung gekommen, als eben hier. Und die Vermutung liegt nahe, daß hier derselbe

persische Künstler tätig gewesen ist, der sich in der Sirtscheli Medresse genannt hat.

Taf. IIC—IC gibt ein Originalbruchstück wieder, das zu einer violetten geometrischen Bandverschlingung auf türkisblauem Grunde gehört. Es dürfte einer Bortendekoration entnommen sein, wie wir sie auf Taf. XCV dargestellt sehen. Die Wirkung des Materials kommt hier vortrefflich zum Ausdruck und ergänzt die sonstigen, nach Zeichnung hergestellten Farbentafeln.

Konia. Turbe des Fachr eddin Ali (Taf. CIV, Abb. 184 bis 186; vgl. HR 50; L p. 63—68; SR p. 55, Taf. XXIX)

Die hinter der Laranda-Moschee gelegene Grabstätte ist im Jahre 1269/70[1]) unter der Regierung des Sultans Kai Chosro III. (1267—1283) von seinem Minister Fachr eddin Ali gegründet, und ist eines von jenen prächtigen, während des 13. Jahrhunderts in der Hauptstadt des kleinasiatischen Seldschukenreiches errichteten Bauwerken, die z. T. nachweislich von persischen Architekten hergestellt sind, und deren Hauptschmuck in einer kunstvollen Fayencedekoration besteht. Die Taf. CIV u. Abb. 184 geben einen Blick in den Kuppelraum, den ein aus sechseckigen, türkisfarbenen Fliesen zusammengesetzter Sockel umgibt. Die Laibung eines hohen Gurtbogens, der den Raum von einem vorbeiführenden Korridore trennt, bedeckt ein geometrisches Muster mit hellblauem Grund und dunkelvioletter Zeichnung. Das Sockelfeld dieses Bogenschmuckes zeigt Abb. 185. Die Mitte der Vielecksfiguren ist durch kleine Arabesken-Rosetten hervorgehoben. Die Zwickel des Triumphbogens

[1]) So bei Huart (II R Nr. 50). Loytved (Nr. 57) liest das Gründungsjahr 678 d. H. = 1279/80 n. Chr.

Abb. 186. Konia, Turbe des Fachr eddin Ali, Fenster aus Fayencemosaik

Abb. 184. Konia, Turbe des Fachr eddin Ali, Innenansicht

Abb. 185. Konia, Turbe des Fachr eddin Ali,
Fayencedekoration (aufgen. von G. Krecker)

innerhalb des Gebetsraumes, die gleichfalls in Fayencemosaik ausgeführt sind, zeigen in Relief gearbeitete Bandverschlingungen, deren Mitte eine Halbkugel bezeichnet (Abb. 184). In dem gleichen Raum ist ein durchbrochen gearbeitetes Fenster von besonderem Interesse (Abb. 186). Neben der Technik des Fayencemosaiks finden sich hier auch Fliesen mit ausgekratzter Glasur. In ersterer Technik ist nur teilweise auch die Bekleidung der Sarkophage gearbeitet, da die Oberfläche meist aus großen blauen Relieffliesen mit vergoldeter Inschrift besteht. Eine der letzteren nennt das Sterbejahr (684 — 1285) des Gründers dieses Gebäudes.

Konia. Moschee Bey Hakim. Mihrab (Taf. CV—CVIII, Abb. 187; vgl. L p. 87, 88; SK Taf. XI, Abb. 28, 35)

Nicht weit von der Medresse des Kara Tai liegt eine äußerlich unscheinbare, kleine Moschee, die dem Volksmunde nach das Grab des Leibarztes des seldschukischen Sultans Ala eddin Kai Kobad I. (1219—1236) enthält und deshalb Moschee Bey Hakim genannt wird (Hakim = Arzt).

Das Gebäude besteht aus einer überwölbten Vorhalle, zwei sich rechts und links anschließenden Räumen, von denen der eine die Reste eines Lehmsarkophags enthält, und einem dahinterliegenden quadratischen Moscheeraum, den eine Kuppel überwölbt. Abgesehen von den reich geschnitzten Türen der Vorhalle (SK Taf. XI, Abb. 28) ist vor allem die prachtvolle Gebetnische im Kuppelsaal bemerkenswert.

Muster und Farbengebung des in Fayencemosaik hergestellten Mihrab (Taf. CV—CVIII) weichen vom Charakter der übrigen dieser Werke persischen Gewerbfleißes in Konia nicht ab; nur mag hervorgehoben werden, daß die reiche Verwendung der gelben Farbe für die Arabeskenranken sich dort nicht findet. Wahrscheinlich waren die gelben Fayenceteile ursprünglich mit einem jetzt nicht mehr vorhandenen Überzug von Blattgold versehen. Die horizontal laufende Inschrift über der Nische sowie die Inschriften innerhalb der Stalaktiten geben fromme Sprüche wieder; die große kufische Inschrift, die den Rand umgibt, ist der Thronvers (Koran 2, 256). Anfang und Ende dieses Schriftbandes, die nicht mehr erhalten waren, sind im Interesse des Gesamteindrucks frei ergänzt worden.

Abb. 187 dient zur Ergänzung der Farbentafel und zeigt den Grundriß der Gebetnische mit dem komplizierten Aufbau der Stalaktitenwölbung.

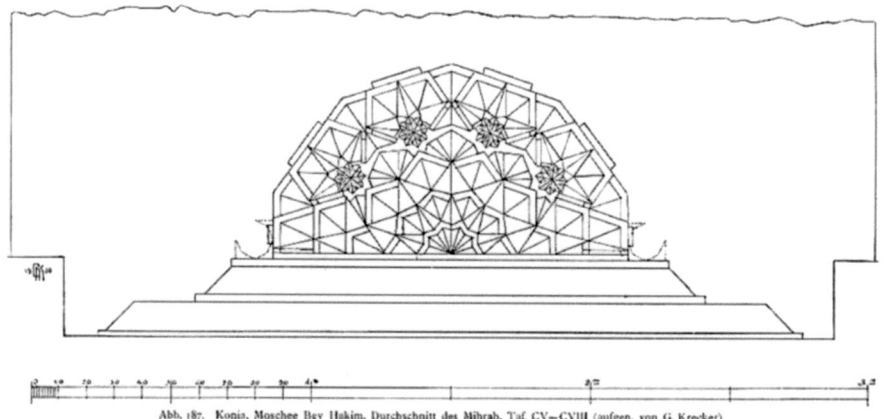

Abb. 187. Konia, Moschee Bey Hakim, Durchschnitt des Mihrab, Taf. CV—CVIII (aufgen. von G. Krecker)

Konia. Laranda-Moschee oder Moschee des Sahib Ata

(Taf. CIX, Abb. 188; vgl. HK p. 154; HR 49; SK Taf. II a b, XI; SR p. 54—56, Taf. XXVI — XXVIII; L p. 50—55; T pl. 104

Diese Moschee, zu der die bereits oben besprochene Turbe Fachr eddin Ali gehört, steht hart an der Grenze zu jenen Bauten, die ein Vergröbern der Motive zeigen. Das Gebäude ist im Jahre 656 d. H. (= 1258) von dem Großwesir (Sahib) Ali durch den Architekten Kelul bin Abdallah (L p. 51) errichtet worden. (Bernhard Moritz (SR p. 56) liest den Namen Mamluk (? oder Malluk) Ibn Abdallah). Er hat außerdem die Indsche Minaret-Moschee (vgl. unten) und die Nalindschi Turbe gebaut.

Das monumentale, aus Sandstein errichtete Portalgebäude liegt vom eigentlichen Betsaale getrennt. Es zeigt eine hohe Eingangsnische mit Stalaktitengewölbe, zu deren beiden Seiten schlanke Minarets emporstiegen; nur das rechte ist heute noch erhalten. Beim Schmuck der Fassade nehmen einen breiten Raum große Schriftbänder ein, die nicht nur das Rechteck des Portals, sondern auch die beiden Fensteröffnungen im Erdgeschoß unter den Minarets umziehen. Eine weitere Eigentümlichkeit dieses Bauwerkes sind die derb plastisch aufgesetzten bandartige Verzierungen, die in mannigfachen Verschlingungen die Portalnische und die kleineren Fensteröffnungen umgeben. Auch Ziegelmosaik ist an der Fassade zur Anwendung gekommen. Unter den Minarets sind auf drei quadratischen Feldern gelbe Ziegel mit blau glasierten zu einem geometrischen Muster vereinigt, das wohl Schriftzeichen darstellen soll. Über diesem Felde erhebt sich das Minaret, dessen Rundung sich aus der Aneinanderreihung von 16 Halbsäulen zusammensetzt und bis in ein Drittel der Höhe mit einem Reliefmuster von gelben Ziegeln auf dunkelblauem Grunde bedeckt ist. Auf halber Höhe sind noch Spuren von zierlichen Borten erhalten.

Die oben erwähnte Turbe Fachr eddin Ali ist auf das Jahr 1269 festgelegt. Dafür nun, daß Portalbau und Grabbau nicht weit auseinanderliegen, spricht vorerst, daß wir mit dem Portalbau nicht zu weit nach rückwärts in die Nähe des Sultan Han zurückgehen dürfen, der noch nichts von dem robusten Charakter der vorliegenden Fassade zeigt; zweitens aber weisen Turbe und Portalbau gemeinsame Muster auf, wie etwa die Zwickelfüllungen dort neben dem Triumphbogen, hier neben dem Tordurchgang. So zeigt denn dieser Bau, der im Jahre 1258 entstanden ist, infolge irgendwelcher vorerst noch unkontrollierbarer Verhältnisse ganz ausgeprägt und im Übermaße deutlich, wohin die ganze Entwicklung führen sollte. Sein derber und robuster Charakter ist es, den wir als spezifisch seldschukisches Element anzusprechen geneigt sind, und der sich an dieser und ihrer Schwesterfassade, der der Indje Minareli-Moschee (Abb. 191), so ohne Zurückhaltung offenbart.

Gleichwohl fehlt es nicht an Elementen, die den Zusammenhang mit den vorhergehenden seldschukischen Bauten erkennen lassen. Dort, wo sich zwischen und in das robustere Ornament der Bänder und Streifen kleinere, füllende Formen einlegen, finden wir sie von den früheren Bauten her bekannten feinen Stern- und Vielecksmuster, wenn auch vielleicht in etwas gröberer und härterer Bildung. Und auch von den großen Bandformen findet sich z. B. der Komplex um die oberen Seitenfenster über den Portalen der Moschee Ala eddin und der Kara Tai Medresse (Abb. 182) fast identisch wieder — nur in ganz flachem Charakter, was hier voll plastisch auf die Wand aufgelegt ist. Auch das große, fast ungeschlachte Kettenband, das hier aufsteigend sich im Knick um die Ecke am Portalgewände legt, ist in einer Vorform und in ganz gleicher Funktion schon an der Masdschid bei der Moschee Ala eddin (Abb. 170) zu finden.

Von Einzelheiten seien dann noch die antikisierenden Füllungen des Sockelstreifens sowie die auf Syrien weisenden Einrollungen der derben Profilwulste an den inneren Seiten der Sockelfenster erwähnt.[1]) Und als Beispiel, wie das untektonische Gefühl des Orients selbst die Technik einer Säule zunichte machen kann, sei auf die flankierenden Säulchen

---

[1]) Bei SR S. 67 wird als entsprechendes syrisches Beispiel angeführt: Vogüé, La Syrie centrale, pl. 110.

Abb. 188. Konia, Moschee Sahib Ata, Gebetnische aus Fayencemosaik

der Sockelfenster hingewiesen, bei denen Basis und Kapitell in völlig gleicher Form gebildet sind, so daß die Säule nicht mehr als tragendes Glied, sondern als zweiseitig eingepaßter Stab erscheint.

Der Portalbau führt zu einem getrennt liegenden einfachen, von Holzsäulen getragenen Betsaal, der, im übrigen leer, eine schöne mit Fayencemosaik geschmückte Gebetnische enthält (Abb. 188). Inmitten der Stalaktiten-Zellen, die die Nischenwölbung bilden, nimmt den Hintergrund ein besonders feines Muster ein: dunkelblaues, frei und leicht geschwungenes Arabesken-Rankenwerk auf hellblauem Grunde. Die Dekoration der Zwickelflächen und der umrahmenden Borten ist in der üblichen Ornamentationsweise gehalten.

Konia. Moschee Indje Minareli
(Abb. 189—193; vgl. HK p. 160 ff.; HR Nr. 36; L p. 69—73; SR p. 56, Taf. XXX)

Das Gebäude vereinigt Moschee, Medresse und Mausoleum. Durch das hohe Hauptportal gelangt man in einen quadratischen Vorraum, der in den Hof der Medresse führt (Abb. 190). Dieser Hof ist von einer hohen Kuppel überspannt, und rechts und links von den üblichen Nebenräumen begleitet. Im Hintergrunde erhebt sich der Liwan, beiderseits von überkuppelten Grabräumen eingeschlossen. Die eigentliche Moschee liegt rechts vom ganzen Komplex dieser Medresse, und ist von außen durch eine Tür, die erst in einen rechteckigen Vorraum führt, zugänglich. Sie trägt eine niedrigere Kuppel als die Medresse. Zwischen diesen beiden Hauptgebäuden erhebt sich ein hohes, mit Fayencen geschmücktes Minaret, das aus acht zusammen-

gestellten Halbsäulen gebildet, über dem Sockelgeschoß durch zwei Galerien in drei Etagen geteilt wird. Es ist im Jahre 1901 durch einen Blitzstrahl zerstört worden.

Die Fassade (Abb. 191) ist ihrem eigentümlichen Charakter entsprechend von Anfang an mit der Fassade der Moschee Sahib Ata (Laranda Djami) zusammengestellt worden (Taf. CIX). Wie Loytved berichtet (S. 69), soll auch dieses Bauwerk von Fachr eddin Ali errichtet worden sein; der Architekt ist, wie eine Inschrift meldet, jedenfalls der gleiche wie dort: Kaluk (?) ibn Abdallah.[1] Dem Schriftornament ist hier ein noch größerer Platz wie dort eingeräumt. Ein breites Schriftband umzieht den Rand der ganzen Fassade, zwei weitere fallen von oben über die Mitte der Fassade herab, indem sie sich zu einem großen Kettengliede verschlingen und rechts und links den Kielbogen des Tordurchganges begleiten. Ein plastisches Flechtband eckigen Charakters, wie es dort die kleinen Seitenfenster zeigten, findet sich auch hier rechts und links über der flachen, halbbogig geschlossenen Nische. Die Verknotungen der Taue sind komplizierter geworden. Und jener neue Geist, das gegen früher ganz veränderte Grundgefühl, das die Fassade der Moschee Sahib Ata in robusten, plastischen Formen, in Licht und Schlagschatten gliederte, dringt immer mehr in die Einzelformen ein, um bei den späteren Bauten stellenweise die fortspinnenden Muster der Bandstreifen ganz zu ersetzen.

Am auffallendsten zeigt sich diese Vergröberung des Gefühles an den großen, persisch anmutenden, vegetabilen Verzierungen, die sich in die Nischenwölbung und an das Portalgewände legen. Ihr robuster Charakter, der sie nicht als Abbilder größerer Pflanzenformen erscheinen läßt, sondern als Blattformen, die zu Metergröße aufgetrieben sind, geht mit dem quellend Hängenden der oberen Gesimsbildung völlig zusammen. Immerhin ist zwar noch, zum Unterschied gegen Späteres, der vegetabile Charakter so weit gewahrt, daß man diese Wedel aus Dreiblättern, Halbblättern und Pinienzapfen aus den runden tauartigen Wülsten herauswachsen läßt, und nicht einfach mit abgeschnittenen Stielen an das Gewände klebt, wie wir es bei der Hatunie-Medresse von Karaman

[1] So liest den Namen der gelehrte 2. Direktor des K. Ottomanischen Museums in Konstantinopel, Dr. Halil Bey (vgl. G. Mendel: Les Monuments seldjoukides en Asie Mineure. La Revue de l'Art 1908 p. 113).

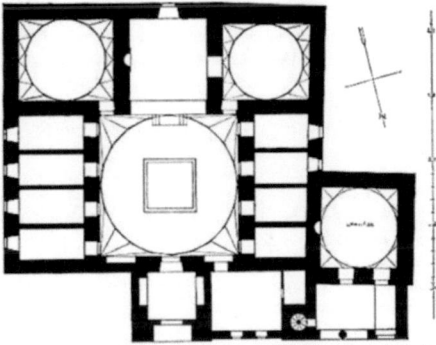

Abb. 190. Konia, Moschee Indje Minareli, Grundriß (aufgen. von G. Krecker)

Abb. 189. Konia, Moschee Indje Minareli (aufgen. vor dem Einsturz des Minarets)

plastisch aufgesetzten Formen. Nur erscheint bei der Hatunie Medresse trotz ihrer jüngeren Entstehung das ältere Gefühl als das den ganzen Bau beherrschende: hier spannt sich wie ein zusammenhängender Teppich der Schmuck über die Fassade, und nur die allzustarke Streifenteilung läßt das Zerfallen des Gesamtkörpers ahnen (Abb. 195). Bei der Moschee Indje Minaret aber versucht jenes derb plastische und reparierende Gefühl im ersten Vorstoße gleich die ganze Fassade zu gliedern, und gibt auch wirklich im Eindrucke den Hauptakzent: bloß in die übrig bleibenden toten Flächen zwischen dem großen Kettenglied des mittleren Spruchbandpaares und den Blattwedeln und Seitensträhnen legt sich das füllende feine Muster. Und die ganze Bautengruppe nun, die sich diesen beiden Beispielen angliedern läßt, neigt bald mehr zu diesem, bald mehr zu jenem Typus. Sicherlich hat dabei auch die geographische Verteilung eine Rolle gespielt, die wir heute noch nicht recht überblicken, und auf die wir hier nicht eingehen können.

Als Backsteinbau ist das hohe, jetzt auf ein Drittel verkürzte Minaret von besonderem Interesse (Abb. 193). Es baute sich über einem würfelförmigen Sockel in drei, durch Balkone getrennten Etagen auf; in jedem dieser verschieden hohen Teile ist der aus acht Halbsäulen gebildete Schaft anders gestaltet, ist sein gelbes Ziegelmauerwerk durch stets neue Muster belebt, die aus türkisblau oder schwarz glasierten Ziegeln gebildet werden.

Konia. Moschee Aja Sofia (Abb. 194; vgl. I. p. 81, 82)

Dieser reich geschmückte, aber im Eindruck dennoch trockene Kuppelbau muß in der Entwicklungsreihe der seldschukischen Marmorfassaden sicher weit an das Ende geschoben werden. Er ist nach Loytved erst im Jahre 1421 entstanden. Wie sich nach dem Tode Ala eddin III. (1307) und der Auflösung des bisher so geschlossenen Kulturgebietes die Führungs- und Abhängigkeitsverhältnisse in der Baukunst gestalteten, läßt sich nach dem vorliegenden Materiale noch nicht feststellen. „Das einst so gewaltige Reich der Sultane von Ikonium zerfällt in eine Anzahl unabhängiger Teilstaaten, die von ehemaligen Emiren und Großen des Seldschukenhofes beherrscht werden. In den römischen Provinzen Galatien und Bithynien bereitet sich der Stamm der Osmanen für die große Aufgabe vor, die er im nächsten Jahrhundert vollbringen sollte. Auf ihn gingen die Macht und die Bedeutung

sehen werden. Andererseits trägt aber gerade in diesem Stadium, wo feine Ornamentfelder den robusten Wedeln als Folie und Untergrund dienen müssen, die Fassade völlig den Charakter eines Übergangbaues.

Bewegt uns dieser allgemeine Charakter dazu, den Bau in die zweite Hälfte des 13. Jahrhunderts zu setzen, so bestätigt ein Eingehen auf die Einzelformen diese Vermutung. Schon an den großen Blattwedeln der Portalnische kann man bemerken, daß in die glatten Umrisse der Halb- und Dreiblätter durch Kerbung und Bohren eine Fiederung eingearbeitet ist. Und die Detailaufnahme des blinden Doppelfensters am Sockel des Minaret (Abb. 192) zeigt deutlich das langsame Eindringen der plastischen und der naturalistischen Tendenzen. Einzelne größere Palmetten sind aus dem überspinnenden Geflechte vorgebogen, und sie sowie auch alle größeren Palmetten und Halbpalmetten des flachen Gespinnstes sind durch Fiederung und Innenzeichnung dem naturalistischen Blatte angenähert.

Die Moschee Indje Minaret wird damit zu dem Bau, der gleichsam als Gegenstück zu der ein Jahrhundert jüngeren Hatunie Medresse in Karaman beide Prinzipien der Entwicklung beobachten läßt: das alte feine Gefühl des überspinnenden Flächenornamentes, und das neue derbere Gefühl der

über, die seine Stammverwandten, die Seldschuken von Ikonium, im 12. und 13. Jahrhundert besessen hatten."

Die harten, durch vertiefte Mittelrillen scharf herauskommenden geometrischen Muster, das auf die Knicksäulchen der Masdschid Ala eddin zurückgehende Stäbchenband um die Toröffnung, das Dreiblatt, das an Stelle der Schlußsteine aus dem obersten Teil des Türbogens wächst, sowie auch das frei unterarbeitete Stern-Vieleckmuster mit Rosetten-Mittelfüllung in den Seitenbändern, das an den Fayenceschmuck der Kuppel in der Kara Tai Medresse erinnert, verbinden das Monument zur Genüge mit älteren seldschukischen Bauten. Und von bisher nicht angetroffenen Motiven ist im erhaltenen Teile eigentlich nur das Pfeifenband zu nennen, das links neben dem massigen Torprofil in einem Ansatze zu sehen ist. Es ist nicht etwa mit dem Stäbchenbande um die Türe identisch, das, wie man am Schlagschatten deutlich erkennen kann, aus konvexen Halbrunden besteht, sondern gibt dessen — viel ältere — plastisch-reziproke Form.

Karaman. Hatunie Medresse
(Abb. 195—199)

Zur Ergänzung veröffentlichen wir ein Bauwerk aus dem südöstlich von Konia gelegenen Orte Karaman. Der Allgemeincharakter der Ornamentik dieser

Abb. 191. Konia, Fassade der Moschee Indje Minareli

mit einer Marmorfassade geschmückten Moschee wird im systematischen Teile noch näher erläutert werden. Hier bleiben Einzelheiten zu erwähnen, soweit sie aus den vorliegenden Abbildungen zu ersehen sind.

Durch das verhältnismäßig niedrige Portal (Abb. 195) gelangt man in einen Hof, der zu beiden Seiten von Säulenhallen begleitet wird. Der große, die ganze Hofbreite einnehmende Liwan an der Hinterwand ist mit einem mächtigen, leicht spitzbogigen Gewölbe aus Quadersteinen überdeckt, und öffnet sich in der Mitte der Rückwand in einem Spitzbogenfenster nach außen (Abb. 196). Die Stirnseite des Triumphbogens ist von einem Ornamentstreifen eingefaßt, der Boden des Liwans scheint um zwei Stufen über den Boden des Mittelhofes erhöht gewesen zu sein. Heute ist die Nische durch ein einfaches Gitter abgeschlossen. Sie war ursprünglich in Sockelhöhe mit hellblauen, sechseckigen Fliesen bedeckt, von denen sich Reste erhalten haben. Der prachtvolle, aus farbigen Emailziegeln zusammengesetzte Mihrab, der sich an der linken Seite des Liwans befand, ist in das K. Ottomanische Museum nach Konstantinopel überführt und von mir an anderer Stelle veröffentlicht worden (SK Taf. XVIII). Unter der linken Säulenhalle führt eine reich ornamentierte Steintüre

in einen neben dem Liwan gelegenen Grabraum. Das eine auf Abb. 196 sichtbare Kapitell des Säulenganges zeigt schmucklose, einfache Kelchform. An der reich geschmückten Marmorfassade überdeckt eine hohe Stalaktitennische das unter seinem Segmentbogen etwas gedrückt erscheinende Portal. Die Nische selber wird wieder von einem hohen, leicht geschweiften Spitzbogen umschlossen, der bis an das oberste Gesims des ganzen Baues stößt. Das Portalgewände ist wieder in eine Anzahl nebeneinanderlaufender vertikaler Schmuckstreifen zerlegt (Abb. 197). Dabei ist für die späte Stellung dieses seldschukischen Baues (er ist im Jahre 1381/82 von der Gemahlin des Karamanen-Fürsten Ala eddin errichtet worden) bezeichnend, daß sich diese Bänder gerade über die Ecken der Abtreppungen legen. Man kann von den früheren seldschukischen Bauten an verfolgen, wie dieses Wegfressen der scharf laufenden Kanten durch ein Ornamentband, das einen mehr kontinuierlichen Übergang der einzelnen Gewändestreifen vermittelt, immer ausgesprochener angewendet wird.

Von Einzelmotiven fallen vor allem die großen Einzelblätter auf, die an den Schlußstein und die beiden Kämpfersteine des Torbogens angeklebt sind. Sie geben ein Motiv, das sehr beliebt wurde und sich an verschiedenen anderen

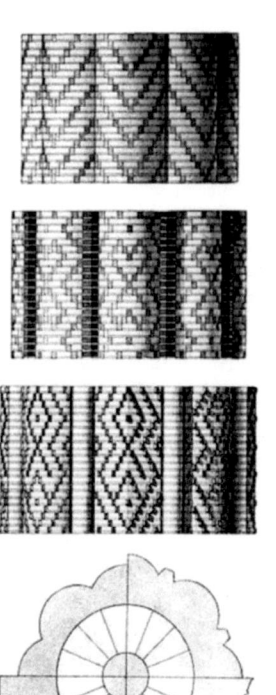

Abb. 193. Konia, Moschee Indje Minareli,
Durchschnitte und Details vom Minaret (aufgen. von G. Krecker)

Abb. 192.
Konia, Moschee Indje Minareli, Dekoration am Minaret-Sockel

Portalen der Zeit noch findet. Und sie erinnern in ihrem plastischen und wie nachträglich der Fläche angehefteten Charakter an die Wölbungspalmetten der Moschee Indje Minaret zu Konia, die ihrem Gesamtcharakter nach wieder mit der Moschee Sahib Ata in Zusammenhang gebracht werden muß. Was dort in klarer Deutlichkeit dem ganzen Bau seinen Charakter gibt, das beginnt hier in jenen anderen Typus der fein übersponnenen Marmorfassaden langsam einzudringen, um ihn schließlich völlig zu zersetzen.

Innen an der Laibung des großen Portalspitzbogens läuft ein plastisches, zahnschnittartiges Band entlang, das auf jene Reihe kleiner Knicksäulchen zurückweist, die sich am Portal der Masdschid von Ala eddin in Konia (Abb. 170), noch deutlich mit Basis und Kapitell versehen, an den Bogen legten. Hier schon zum Ornament degeneriert, sind sie ihrerseits an den Anfängen zu beiden Seiten durch kleine Konsole vor dem Abrutschen geschützt.

So läßt sich die Weiterbildung der schon bekannten Formen auch an den übrigen Mustern bemerken. Die Stern-rosetten rechts und links von der Stalaktiten-Nische sind gröber, plastischer und einfacher geworden; das früher so reich verschlungene und zum gleichmäßigen Überspinnen ineinandergearbeitete Muster nähert sich durch Betonen der Hauptlinien einer trockeneren geometrischen Musterung, die sich stellenweise, wie an den äußeren Säulenschäften (Abb. 198), fast schon zu jener Reziprozität des Musters entwickeln kann, wo immer dieselben Formen gegenseitig ineinander eingreifen. So wird, was früher reich und kompliziert war, immer ärmer und durchsichtiger.

Ein Motiv allerdings macht dabei eine Ausnahme. Das Dreiblatt-Kantenband, das als zweiter Streifen von außen links an der Fassade hochläuft, erscheint gegen die früheren Formen reicher gebildet (Abb. 197). Und bei näherem Zusehen bemerkt man hier einen jener Fälle, wo der Grund in das Muster umgeschlagen ist. Während das Kantenband ursprünglich aus einer Reihe kleiner, unzusammenhängend und weit von-einander entfernter Dreiblätter bestand, während die spätere Entwicklung das einzelne Dreiblatt vergrößerte und vertiefte, und es durch umlaufende Rillen mit dem nebenstehenden zu einem lückenlosen Bande zusammenschloß, hat hier die ständige Vervielfachung dieser Außenzeichnung, an Hand der Vergrößerung des vertieften Dreiblattes, zum Umspringen der Aufmerksamkeit vom eigentlichen Muster auf den übrigbleibenden Ornament-grund geführt. Dieser Vorgang läßt sich auch sonst in Degenerationsstadien einer reichen Ornamentik beobachten, wie z. B. an Randmustern an koptischen Stoffen, und wird am leichtesten dort auftreten, wo die Form des Musters die Auffassung des übrigbleibenden Grundes als reziprok ähnlicher oder gar gleicher Form nahelegt. Und wenn dieser Vorgang hier auch durch die reiche Füllung des Grundes stark verdeckt erscheint, so ist es in seiner Grundform als Dreiblatt doch noch deutlich erkennbar.

Die kleine Seitentür des Hofes gibt ein ähnliches Bild wie die Fassade (Abb. 199). Alle Muster sind zwar vervielfacht, plastischer herausgearbeitet, gefüllt, und wo früher ein Drei-blatt war, sind jetzt ganze Kelchpalmetten: aber dennoch ist der Charakter der Ornamentbänder in gewissem Sinne ein

Abb. 194. Konia, Fassade der Moschee Aja Sofia

ärmlicherer. Man durchschaut ohne jede Mühe und auf den ersten Blick die Zusammenhänge der Musterfläche, alles legt sich klar und deutlich auseinander, und damit ist der Eindruck jenes schimmernden und gleichsam undurchdringlichen Reichtums geschwunden, der früher alles überzog.

Schließlich kann man auch noch bei dieser kleinen Tür am Nebeneinanderstehen der seit jeher in der seldschukischen Architektur üblichen halbkugeligen, aus der Fassade hervorragenden Bossen und der angeklebten Kelchpalmetten jenes Gefühl nachprüfen, das sich auch an der Hauptfassade im Vergleich der plastischen Blüte der Torbogen mit den Sternrosetten zu seiten der Stalaktitennische beobachten ließ: wie ein feineres Ornamentgefühl wohl eine allseitig im Gleichgewicht befindliche geometrische Form aus der Fassade einfach heraussstehen lassen kann; wie aber ein roheres und derberes Gefühl dazu gehört, eine Blattform entgegen ihrer inneren Struktur bei einfach abgeschnittenem Stengel mit ihrer ganzen Rückfläche an den Bau anzukleben.

Beischehir. Eschref Rum Dschami (Abb. 200, vgl. S R p. 126, Taf. L, LI)

Die Moschee Eschref Rum in dem südwestlich von Konia gelegenen Beischehir zeigt in ihrem Grundriß, der dem der Moschee Ala eddin in Konia ähnelt, einen der ältesten Typen des muhammedanischen Gotteshauses. In einem einfachen Saal wird die flache Decke von 48 Holzsäulen getragen, die auf Steinbasen stehen und Kapitelle mit holzgeschnitzten Stalaktitenzellen besitzen. Das Abschneiden der nördlichen Ecke des Grundriß-Rechteckes erklärt sich daraus, daß die Moschee nach Mekka, nach SO., orientiert sein mußte, man aber dennoch den Haupteingang von der alten, ost-westwärts vorüberführenden Straße aus anlegen wollte. Doch verdeckt das an den Knick der Frontmauer rechts neben das Portal gestellte Minaret mit seinem breiten Unterbau dem Auge diese Unregelmäßigkeit. Das Portal ist sehr reich gebildet, mit einem Stalaktitengewölbe in der tiefen, sich im Spitzbogen öffnenden Nische. Leider ist der Sandstein, den man zum Bau verwendete, sehr weich und porös, so daß die Borten und Ornamente, die unten die Nischenöffnung umziehen, unkenntlich geworden sind. Dennoch erkennt man sofort die so weitgehende Ähnlichkeit dieses Portals mit der Hatunie Medresse und den um sie zu gruppierenden Bauten, daß man fast mit Bestimmtheit die Eschref Rum Dschami dem Meister der Hatunie Medresse zuschreiben kann. Der Säulen- und Streifenschmuck, das reziproke gefüllte Dreiblatt-Kantenband, die zum Zahnschnitt degenerierte Knicksäulenreihe mit den untergeschobenen Konsölchen, der Blatt- und Palmettenschmuck der drei Hauptsteine des Portalbogens machen die allerengste Verwandtschaft der Hatunie Medresse in Karaman und der Eschref Rum Dschami in Beischehir sicher.

Abb. 195. Karaman, Hatunie-Medresse, Portal

Abb. 196. Karaman, Hatunie-Medresse, Liwan im Hof

DAS SELDSCHUKISCHE ORNAMENT

(Beitrag von Max Deri)

Um das Jahr 1100 hatten die Seldschuken, ein aus Innerasien kommender türkischer Stamm, Kleinasien als westlichsten Teil ihres großen Ländergebietes endgültig unter ihre Herrschaft gebracht. Das gesamte Reich, das sich von den Grenzen Indiens bis zum Ägäischen Meere hin erstreckte, zerfiel in mehrere Teilreiche, die von den einzelnen Nachkommen des Gründers der seldschukischen Dynastie beherrscht wurden. Die kleinasiatische Halbinsel bildete dabei ungefähr das Fürstentum Sulaimans I., während dessen Regierung auch Ikonium erobert wurde. Sulaiman starb im Jahre 1086. Sein dritter Nachfolger, Kylydj Arslan II. (1156—1192), teilte das Reich unter seine zwölf Söhne, wobei, also rund um 1200, Konia Hauptstadt eines dieser Teilfürstentümer und Residenz des Fürsten Kai Chosro II. wurde. Hundert Jahre dauerte dann die Blüte der Stadt, bis im Jahre 1307 Ala eddin III., der letzte seldschukische Herrscher von Ikonium, von den Mongolen unter Gazan Chan besiegt und mit seinem Sohne von seinen Emiren erdrosselt wurde.[1])

In diesen hundert Jahren des Glanzes entstanden im Sultanat Konia eine Reihe reich ausgestatteter Bauten, von denen einige bemerkenswerte Beispiele in diesem Kapitel als Sondergruppe zusammengestellt sind.

Mehrere in der Stadt Konia selber erhaltenen Bauten können auf Grund von Inschriften fest datiert werden. Sie belegen einen Zeitraum von ungefähr 50 Jahren: von 1220 bis 1270. Der Entwicklung zuliebe wurden weiterhin zwei außerhalb Konias gelegene Bauwerke, der etwa 110 km nach Osten entfernte Sultan Han und die ein Jahrhundert später entstandene Hatunie Medresse in dem ebensoweit südöstlich gelegenen Karaman zur Betrachtung mit herangezogen.

In diesen und in den übrigen Bauten Konias und seines Gebietes finden sich nun bei der ornamentalen Schmückung drei Verfahrungsweisen verwendet: das Ziegelmosaik, das Fayencemosaik und das in Marmor eingemeißelte Ornament. Bei der Betrachtung der Eigenentwicklung der seldschukischen Ornamentik erweist sich jedoch eine Sonderung nach diesen drei Gruppen als unnötig, da in keiner der drei Techniken ein entwicklungsgeschichtlich wichtiges und dabei nur ihr eigentümliches Muster zu finden ist. Das Fayencemosaik und das Marmorornament verwenden von vornherein alle Formen, die zur Sprache kommen werden; und wenn für das reine

Ziegelmosaik die Rankengebilde ausgeschlossen bleiben, so ist das nur durch die Geradlinigkeit und Formengleichheit der Einzelsteine bedingt. Dennoch schafft sich die Entwicklung dort, wo sie geometrisches und vegetabiles Ornament vermischen will, auch für das Ziegelmosaik einen Ausweg, indem in die Zwischenfelder des geometrischen Musters und in die breit gehaltenen Fugen Stuck eingestrichen wird, in dem man dann die arabesken Blattformen ausschneidet. Die folgende Darstellung hält sich ohne Rücksicht auf eine dieser Techniken an jene Ornamentformen der oben angeführten datierten Bauwerke, die für die Einreihung der ohne Zeitbestimmung überlieferten übrigen Monumente jeweilig wichtig erscheinen.

Die seldschukische Ornamentik ist kein Eigenbesitz dieses türkischen Stammes, den er etwa aus seinen heimatlichen Sitzen nach Kleinasien mitgebracht hätte. „Daß in diesen Denkmälern keine originale Kunst vorliegt, daß sie vielmehr nur durch Beeinflussung älterer Kunstrichtungen entstanden sein können, ist wohl selbstverständlich, wenn man erwägt, daß sie die Erzeugnisse eines Stammes sind, der, aus dem Innern Asiens kommend, nach längerem Verweilen auf iranischem Boden hier in Kleinasien ein Reich gegründet hatte." Und welcher Abstammung der Hauptbestandteil ihrer Kunstweise ist, kann auch nicht zweifelhaft sein. „Es war die Zeit der Kreuzzüge, des Kampfes zwischen Orient und Okzident, als dieser innerasiatische Stamm im Siegeslaufe Persien, Mesopotamien und endlich auch Kleinasien in seinen Besitz brachte . . . Nun traten mit ihnen persisch-arabische Kultur und der Islam dem Christentum und dem Hellenismus gegenüber." Dieser enge Anschluß der seldschukischen Kultur an Persien, den man auf dem Gebiete der bildenden Kunst aus der Verwandtschaft der Monumente lesen

[1]) Nach Fr. Sarre, Reise in Kleinasien, S. 39 ff., wo die genauere Geschichte des Sultanats Konia unter der Seldschukenherrschaft gegeben ist.

Abb. 197. Karaman, Hatunie Medresse, Detail vom Portal

Abb. 198. Karaman, Hatunie Medresse, Detail vom Portal

Abb. 199. Karaman, Hatunie Medresse, Seitentür im Hof

muß, ist auf anderen Gebieten direkt überliefert. „Ungeachtet dieser Vorliebe für westliche Kultur (Turniere, Waffenspiele) fühlen sie sich aber stets als orientalische Fürsten, als die Abkömmlinge von Königen, die über Jran geherrscht, als die Bewahrer und Erhalter der nationalen persischen Kunst und Poesie. Als Namen wählen sie sich die der Fürsten aus dem Heldengeschlechte der Kajaniden, Kai Kobad, Kai Kaus und Kai Chosro, wie sie Firdusi zweihundert Jahre früher besungen." „Ein Liebhaber der Kalligraphie, ein Freund der Philosophie und Arithmetik, versammelt er (Kai Kobad I., 1219—1236 an seinem Hofe einen Kreis von Gelehrten und Dichtern, unter denen der bekannteste Djelal eddin Rumi ist. . . . . Meist stammen diese Gelehrten aus Persien, das zur Zeit von den Mongolen überflutet wurde." „Mit den Gelehrten und Philosophen, die, wie Djelal eddin, bei dem Einfall der Mongolen Buchara und andere Orte des heutigen Turkestan verließen, werden auch Künstler und Handwerker an den Hof von Konia gekommen sein und hierher ihr Können verpflanzt haben."[1]

Dazu kam, daß sich wohl auch bei dem Nomadenvolk der Seldschuken jener Vorgang abgespielt hatte, der fast immer eintritt, wenn sich ein noch nicht zu starker seßhafter Kultur und damit zu einem ausgeprägten Kunstbesitze gelangtes Volk als Eroberer in einem Lande festsetzt, das seit Jahrhunderten eine eigene Kultur gepflegt hat. Die Seldschuken als Sieger übernahmen an ihrem ersten Ruheplatze in Persien wohl auch selber mit der übrigen Kultur die ausgebildeten Kunstformen der Besiegten und die im Lande heimischen handwerklichen Techniken. Und so war, was sie nach Kleinasien mitbrachten, fremder, in Jran erworbener und dort erwachsener Besitz.

Bei der Betrachtung der Eigenentwicklung der seldschukischen Ornamentik an den Bauten des Sultanats Konia sind wir damit der Notwendigkeit enthoben, die einzelnen Elemente der bereits in hoher Ausbildung und Kompliziertheit einsetzenden Formen auf ihre Ursprungstypen nach rückwärts zu verfolgen. Es muß hier genügen, diese gesamte Ornamentik als zum größten Teile persisch zu kennzeichnen. Und dabei sei auch von vornherein festgestellt, daß sie nicht nur keine Form aufweist, die sich nicht andern Ortes schon an jüngeren Werken verwendet fände, sondern daß sich in ihr insofern sogar ein gewisser Rückschritt gegen den um 1200 bereits erreichten Stand der allgemeinen Entwicklung des orientalischen Ornamentes zeigt, als sie mit Formenausbildungen einsetzt, die anderwärts schon überholt sind. So stellt sich ein erster Teil der Eigenentwicklung der seldschukischen Ornamentik als ein bloßes Ausgleichen des vorerst zurückgebliebenen Standpunktes heraus; ein zweiter Teil gibt dann die im Zuge der fortschreitenden Allgemein-Entwicklung des orientalischen Ornamentes so in Konia wie anderwärts eintretenden Umbildungen. Aber es bleibt noch ein Rest, der, soweit das vorliegende Material ein Urteil erlaubt, der seldschukischen Ornamentik des letzten Drittels des 13. Jahrhunderts eigentümlich anzugehören scheint.

Der älteste datierte Bau Konias, die Moschee Ala eddin, trägt das Datum 616 : 1220/21. Sie enthält im Gebetsraum einen in Fayencemosaik ausgeführten Mihrab und eine in Dreiecke aufgelöste und in gleicher Technik geschmückte

[1] Die Zitate aus Sarre, Reise in Kleinasien, 1896, S. 37, 42, 43, 44, 60.

Überführung des quadratischen Raumes in den Grundkreis der Kuppel (Abb. 169). Man findet hier eine sehr reich ausgebildete Ornamentik mit geometrischen und vegetabilen Mustern. Die geometrischen Muster bilden bereits äußerst komplizierte zusammenlaufende Figuren, Sterne, Netzgebilde und Flechtbänder, vorwiegend in eckig gebrochener Linienführung, in absatzweiser, nicht verlaufend ineinander übergeführter Richtungsänderung. Die Rankenornamentik zeigt die ausgebildete Arabeske. Bezeichnend ist vorerst, daß die beiden Ornamentgruppen nur getrennt, nicht miteinander vermischt vorkommen: einzelne Streifen sind geometrisch, andere pflanzlich gefüllt. Diese Trennung der geometrischen von den vegetabilen Mustern ist die wichtigste der oben erwähnten Rückbildungen gegen den Stand der übrigen orientalischen Ornamentik jener Zeit; denn anderen Ortes waren vielfache Durchdringungen beider Systeme längst üblich.

In einem Zweifachen zeigt sich dabei, neben der Übernahme der Einzelformen, auch das vorerst widerstandslose Aufnehmen des ausgebildeten orientalischen Ornamentgefühls der Gesamtanlage. Einmal in der ausschließlichen Anwendung des unendlichen Rapportes. In die von der Antike her erhaltene absatzweise Profilierung der Wangen der Gebetnische sind ohne irgendein tektonisches Auswerten der Flächen die Muster eingelegt. Und ohne es irgendwie zur rechten Ausbildung von Rahmen und Füllung kommen zu lassen, laufen diese Muster an den Kanten einfach an. Selbst an der Decke, wo die Dreiecks-Überführung durch ein Rahmenband über Arabesken oder Palmettenranken noch betont wurde, legt sich das die Innenfelder überspinnende Sternmuster über die Fläche, ohne auf ein irgendwie regelmäßiges Abschneiden der Sterne am Rahmen zu achten.

Mit diesem Gefühl des teppichmäßigen Überspinnens der Bauglieder durch Musterflächen hängt dann als zweites auch das eigentümliche Verhältnis von Muster und Grund selber zusammen, das sich bereits an diesem ältesten seldschukischen Bau Konias beobachten läßt. Dort wo das statisch-tektonische Gefühl von Kraft und Last die Konzeption des Gesamtbauwerkes beherrscht, wird auch die einzelne Fläche vorerst in ihrer tektonischen Sonderexistenz gefaßt werden können; dann aber, wenn sie mit Ornament belegt wird, den die Tektonik meist noch betonenden Ornamentformen auch als neutraler Grund dienen und sich dabei nicht scheuen, als solcher über den einzelnen Teilen des Ornamentes auch nackt sichtbar zu werden. Hier jedoch, wo sich das Ornament als deckender Teppich über alle Flächen legen soll, wird der zwischen den Ornamentformen vorschauende Grund, um die völlige Deckung nicht zu durchbrechen, selber schon als mit einer Hülle überzogen empfunden. Was sonst neutraler Grund war, wird damit selber wirksam und spricht so als positive Form, nicht als negative Folie: der Ornamentgrund ist in der Mehrzahl dieser geometrischen Muster als komplementäres Ornament mitgesehen.[1] Hier in der Moschee Ala eddin drängt er sich durch die Maschen der geometrischen Motive

[1] Vgl. Riegl, Die spätrömische Kunstindustrie, 1901, S. 142 ff., wo der Begriff des „komplementären Motives" entwickelt wird. „So ward (im römischen Reich der späten Kaiserzeit) nun selbst der Grund zum Muster, während bei den Altorientalen umgekehrt selbst das Muster dem Grunde möglichst angenähert werden sollte, bei den Griechen beide in wechselseitiger Anerkennung und harmonischer Abwägung nebeneinander getreten waren."

Abb. 200. Beischehir, Portal der Eschref Rum Dschami

nach vorne und wird so, zum Teil durch einen hellen Rand noch mehr gehoben, für den Eindruck lebendig.

Im einzelnen ist für die Zeit bis um 1270 dann noch der unnaturalistische Charakter der Rankenfüllungen bezeichnend. Er spricht sich nicht so sehr in der geometrisch geschwungenen Führung der Rankenstiele aus, die auch späterhin beibehalten wird, wie im geometrisch glatten Kontur der Drei- und Zweiblätter, der kolben- und tropfenförmigen Endigungen und der kleinen Palmetten, die an den kurvig geführten Stielen sitzen.

Das nächste datierte Gebäude, der Sultan Han vom Jahre 626 : 1229, gibt das älteste datierte Beispiel einer reich ornamentierten seldschukischen Marmorfassade (Abb. 172 bis 175). Seine Ornamentformen zeigen die schon im Fayencemosaik der Moschee Ala eddin beobachteten Eigentümlichkeiten, ohne wesentlich Neues hinzuzubringen. Nur sind die Sternmuster, vielleicht bloß gemäß der überhaupt reicheren und prächtigeren Ausstattung dieses Baues, komplizierter geworden. Dabei überziehen sie wie eine leichte dünne Decke die Bauglieder und wirken in ihrer untiefen Einarbeitung und flachen Haltung wie ein Durchbruchmuster, das den Grund sehen läßt. Doch zeigen die Aufnahmen, daß bei einiger Entfernung von der Fassade das grelle Sonnenlicht nicht diesen Effekt des „komplementären Grundmusters" herauskommen ließ, sondern den anderen, ebenfalls zuerst von Riegl beobachteten und analysierten des Tiefenschattens hervorrief: die Zwischenräume zwischen den erhabenen Musterstreifen verlieren sich im Schatten, der neben dem hellen Muster als koloristischer Kontrast wirkt.[1]

[1] Vgl. Riegl a. a. O. S. 37 ff, 43, 71, 75 u. passim. Strzygowski schlägt in seinem Aufsatze über Mschatta im Preuß. Jahrb. 1904 (Bd. 25), S. 273 f. für das von Riegl „Tiefenschatten" genannte Phänomen den Ausdruck „Tiefendunkel" vor.

Die etwa zwölf Jahre jüngere Sirtscheli Medresse in Konia (640 : 1242/43) zeigt ebenfalls nur wenig neu hinzutretende ornamentale Besonderheiten, die zu Datierungszwecken verwendbar wären (Abb. 176—181). So haben etwa die Sternmuster der Fassadenstreifen, die im übrigen durchaus den Charakter der Muster vom Sultan Han bewahren, nicht nur in den Mittelpunkten der Sterne (wie schon beim Hofportal des Sultan Han), sondern auch in den äußeren Zwischenräumen, zwischen den Sternstrahlen kleine Rosettenfüllungen erhalten. Da nun die allgemeine Tendenz der Entwicklung auf eine Bereicherung der Muster ausging, kann diese reichere Füllung des leeren Grundes vielleicht als Zeichen der späteren Entstehung angesprochen werden. Weiter kann man wohl auch eine größere Vertiefung der Muster in den Grund als Entwicklungsmerkmal anführen. Bei den flächenspinnenden Mustern der Streifen nur leise sichtbar, wird diese Tendenz deutlicher, wenn man die beiden Dreiblatt-Kantenbänder betrachtet, von denen das eine um den Portalbogen, das andere um die ganze Fassadenfläche herumgeführt ist. Es kündigt sich hier eine gegen die Feinheit der übrigen Flächenornamentik stark abstechende Vergrößerung und Vergröberung der Formen an, die im letzten Viertel des Jahrhunderts stellenweise die ganze Fassadenornamentik beherrschen sollte.

Die Sirtscheli Medresse ist auch der erste dieser datierten seldschukischen Bauten, der Beispiele des Ziegelmosaiks bringt. Der Tordurchgang (Abb. 180) zeigt eine Wandmusterung durch abwechselnd helle und dunkle Rauten, sowie Rauten- und Zickzackbänder in der Wölbung, der Liwan des Hofes (Abb. 178) jenes komplizierte Sternmuster, das uns in einfacherer Form im Fayencemosaik der Moschee Ala eddin (Abb. 169), in reicher Ausführung an den Marmorportalen des Sultan Han (Abb. 173, 175) und der Sirtscheli Medresse selber (Abb. 181) schon begegnet ist. Dabei gibt das einseitige Glasieren der Ziegel sowie das Verwenden von Steinen verschiedener Formate bereits eine vorgeschrittene Stufe der Entwicklung des Ziegelmosaiks. Die ursprüngliche Technik, die sich vorher und nachher noch verwendet findet, benützt unglasierte, naturfarbene Backsteine, und erzielt die Musterung entweder durch einfache Richtungsverschiedenheiten im Vermauern der Steine als reine Flachenmusterung, oder durch ein Vor- und Zurückspringen der Ziegel als leichtes Relief im Licht und Schattenschlag (vgl. Taf. LXXXIV).

Der folgende Bau, die Kara Tai Medresse, vom Jahre 649 : 1251/52, bringt im Schmuck ihrer Kuppel den Höhepunkt des geometrischen Fayencemosaiks (Taf. XCV). Sie zeigt jenes Sternmuster, das sich von der Moschee Ala eddin ab bei allen Bauten, sei es in Fayencemosaik, als Marmorornament oder Ziegelmosaik fand. Es ist aufs höchste bereichert worden. Und in diesem Reichtume seiner Gestaltung kommt sein eigenartiger Charakter aufs stärkste zum Ausdruck. Ursprünglich bildeten Vielecke, die nebeneinander lagen und ineinander griffen, aus den ineinandergeschobenen Stücken ihres Umfanges Strahlen, die auf einen freibleibenden Mittelpunkt hinzielten und Sternfiguren gleichsam als sekundäres Produkt entstehen ließen. Die Sterne waren damit nicht aus einheitlich in sich geschlossenen Linienzügen erwachsen, waren ursprünglich gar nicht als solche von ihrem

Mittelpunkt aus empfunden worden, sondern gleichsam als Endergebnis einer allseitig um sie herum lebendigen Bewegung zustande gekommen. Und dieses Grundgefühl hat in der Kuppel der Kara Tai Medresse außerordentlich starken Ausdruck gefunden. Die einzelnen Vielecke, von denen die zu dem Zentrum zusammenschießenden Sternstrahlen ausgehen, sind derart bereichert worden, daß ihre ursprüngliche Form kaum mehr erkennbar ist. Und die Linien laufen so unentwirrbar durcheinander, daß die Grundfüllung zwischen den Sternen nicht als der dem Sternmuster untergeordnete neutrale Grund erscheint, sondern das Verhältnis sich fast ins Gegenteil verkehrt hat. Der im antiken Ornamente tote und ungeformte Grund ist hier das Lebendige und die eigentlich aktive Form geworden, gibt das Gefühl einer fortwährenden Spannung und Lösung, den Eindruck des reichsten wimmelnden Lebens, und hat die frühere Hauptform an die zweite Stelle zurückgedrängt.

Der nächste datierte Bau, die Turbe der Moschee Sahib Ata, trägt die Jahreszahl 668 : 1269/70 (Taf. CIV). Er bringt nur eine Neuerung, die als Datierungsmerkmal angesehen werden kann. Das etwas lockerer als in den vorhergehenden Beispielen gehaltene Vieleckmuster am Hauptbogen der Turbe zeigt an Stelle der sonst üblich gewesenen geometrischen Mittelrosetten kleine Rosetten mit Arabeskenblattwerk. Es ist das erste Beispiel einer Vermischung von geometrischem und Pflanzenornament, das sich im vorliegenden Ornamentbestande der datierten seldschukischen Bauten findet. In der Folge hat dieser Vorgang dann die reichste Ausbildung erfahren.

Es mag als letzter, fast ein Jahrhundert später datierter seldschukischer Bau des Gebietes von Konia die Hatunie Medresse in Karaman erwähnt werden, die einer Inschrift zufolge im Jahre 783 — 1381/82 gegründet sein soll. Die Marmorfassade der Medresse (Abb. 195) läßt hauptsächlich vier charakteristische Veränderungen des ornamentalen Schmuckes erkennen: das Vergrößern und Vergröbern der Motive, das Vermischen geometrischer und vegetabiler Ornamentik, das Naturalisieren der Blüten- und Blattformen und das „Füllen" der einzelnen ornamentalen Elemente.

Der feine und untiefe, überspinnende Charakter der Streifenbänder hat sich stark verloren. Klarer und gröber werden die Streifen voneinander geschieden, gröber und tiefer werden, in separierendem Sinne, die einzelnen Ornamentteile in den Stein eingehauen, derbere Kontraste von Licht und Schatten stellen sich damit ein. Vegetabile Füllungen, Blätter und Wedel, legen sich zwischen die geometrischen Muster und beleben den freibleibenden Grund. Im Vermischen der beiden Systeme wird dabei das geometrische Gebilde leicht zum Stengel, oder es wird der Ranke angenähert und gibt damit seine eckig gebrochene Führung auf. Der abstrakt geometrische Kontur der Palmetten und Dreiblätter wird langsam zugunsten einer wedelartigen oder naturblattähnlichen Zackung und Riefelung verlassen, und damit die Naturalisierung der Formen in die Wege geleitet. Schließlich werden die einzelnen größer und gröber gebildeten Blattformen in sich wieder mit Arabesken oder ornamentaler Zeichnung belegt, so daß ein Gebilde auf dem anderen sitzt und die früher leere Innenform gefüllt erscheint.

Während nun das Vermischen geometrischer mit pflanzlichen Motiven und das Füllen der einzelnen Ornamentformen anderwärts schon vor 1200 vorkommen, von der Entwicklung des seldschukischen Ornamentes also bloß nachgeholt wurden, während weiter das langsam einsetzende Naturalisieren der einzelnen Blüten- und Blattformen ein allgemein eintretender und sich in der Folge stetig verstärkender Zug der Entwicklung des orientalischen Ornamentes überhaupt ist, kann man vielleicht als Sondereigentümlichkeit dieser spätseldschukischen Ornamentik das Gefühl einer gewissen Robustizität aussondern, das in der Vergrößerung und Vergröberung der Einzelformen wie der Gesamtanlage zutage kommt. Man findet es in Elementen schon an zwei älteren, aus der Gruppe der anderen völlig herausfallenden seldschukischen Fassaden (Taf. CIX, Abb. 191), von denen die eine (Sahib Ata) schon im Jahre 1258 erbaut sein soll, während die andere, die den Indje Minaret, später entstanden ist, aber von demselben Architekten herrührt. Und es wird ganz deutlich und stellenweise das herrschende Moment an allen jenen Bauten, die auf Grund eines der übrigen oben angeführten Merkmale in die zweite Hälfte des 13. Jahrhunderts und später zu datieren sind. Aufs gröbste aus allem überspinnenden Ornament herausstechende dicke Bänder, an die glatte Wand angeklebte, plastisch ausgearbeitete, große Dreiblätter, lose nebeneinandergereihte grobe Palmetten, breite, über die ganze Fassade gezogene Schriftbänder, machen stellenweise ein eigentümliches rohes Formgefühl ganz deutlich, das anderwärts seine Freude an Gröberem und Derbem nur in jenen oben an der Hatunie Medresse dargelegten minder krassen Umbildungen des alten feinen und leichtgesponnenen Ornamentes kundgibt. Man kann diesen Geist und diese Formen als Ausstrahlung und Fassung des nach einundeinhalb Jahrhunderten politischer Herrschaft langsam durchdringenden seldschukischen Fühlens betrachten.

Einmal auf diese Besonderheiten aufmerksam geworden, findet man auch in früheren Bauten schon Spuren dieser Eigenart; und wenn es auch vielleicht etwas gewagt ist, derart rückschließend alles Gröbere in dem Ornamentenschatz auch der ersten Hälfte des 13. Jahrhunderts als seldschukischen Einschlag zu bezeichnen, so sei doch hervorgehoben, daß bei der Beschreibung der Bauwerke stets darauf hingewiesen worden ist. Und wenn sich dann andererseits in späteren Denkmälern lange nach dem 13. Jahrhundert noch ab und zu Anklänge an derart grobe und ungeschlachte Muster gezeigt haben, so mag es, so wenig gesichert auch noch die Entwicklungslinien der persischen Baukunst sein mögen, vorläufig doch erlaubt sein, bei diesen Formen an ein Fortwirken des Einschlages seldschukischen Blutes und damit gröberen und derberen Fühlens in dem Bestande alter und hoher iranischer Kultur zu denken.

V. KAPITEL

DIE BAUWERKE VON SAMARKAND

VORWORT

Geschichtliches

Samarkand, anscheinend das Maracanda der Griechen, liegt inmitten einer blühenden Landschaft an einem der Arme des Sarafschan, der, von Osten kommend, sich westlich in der Steppe verliert. Samarkand und Buchara sind die bedeutendsten Städte des zwischen Oxus und Jaxartes liegenden fruchtbaren Landes, des alten Sogdiana, der Provinz Sughd des Chalifenreiches. Beide haben in der Geschichte abwechselnd eine Rolle gespielt; aber während Buchara mehr auf religiösem Gebiete von Bedeutung war, galt Samarkand stets als die eigentliche politische Hauptstadt Transoxaniens. Ihre erste Blüte fällt in die Zeit der Samaniden (874—999); als Herren folgen die Seldschuken, und einer ihrer Gouverneure, der türkische Sklave Anuschtigin, macht sich in Transoxanien als erster Schah von Khwarizm (Kiwa) im Jahre 1077 selbständig. Sein Fürstentum bildet in der Folge ein Bollwerk gegen die andrängenden Mongolen, bis es endlich unter dem letzten Sultan Muhammed der Übermacht erliegt. Dschingiz Chan selbst leitet die Belagerung der Hauptstadt Samarkand, die sich nach tapferer Gegenwehr ergibt (1219). Es folgt eine vollständige Zerstörung; die Einwohnerschaft wird zum größten Teil getötet oder fortgeführt. Die berühmten Gartenkünstler Samarkands legen im fernen Osten in den chinesisch-mongolischen Residenzen des Großchans Lustgärten an[1]; Gelehrte, Philosophen und Künstler fliehen nach dem Westen, nach Persien, Mesopotamien, Kleinasien. Ein Dschelal-eddin Rumi findet am Hofe von Konia gastliche Aufnahme. Und noch als Ibn Batuta im Beginn des 14. Jahrhunderts Samarkand besuchte, fand er den größten Teil der Stadt mit den Moscheen und Medressen in Ruinen.[2] Das anderte sich, als Timur Samarkand zur Hauptstadt seines Weltreiches machte. Von der Pracht und der Größe des timuridischen Samarkand haben uns orientalische Geschichtsschreiber und europäische Reisende lebendige Schilderungen hinterlassen (siehe unten). Von den Baudenkmälern sind im Vergleich zu ihrer ehemaligen Anzahl zwar nur noch einige wenige in Ruinen erhalten, aber selbst diese wenigen vermögen uns schon einen Begriff zu geben von der hohen künstlerischen Bedeutung der Samarkander Architektur, die, auf persischer Grundlage beruhend, trotzdem eigentümlicher Züge nicht entbehrt. Während des 15. Jahr-

hunderts herrschen die Nachkommen des Welteroberers, die timuridischen Sultane von Transoxanien, über Samarkand; auch sie, vor allem der prachtliebende Ulug Beg (1447 bis 1449), haben in Samarkand Baudenkmäler errichtet. Es folgt der Einfall der Uzbeken unter Muhammed Schaibani, einem Nachkommen Dschingiz Chans, dessen Geschlecht während des 16. Jahrhunderts die Macht in Transoxanien behält, und vor allem in Samarkand residiert; sie werden von anderen Uzbeken-Dynastien abgelöst, bis endlich Rußland ihrer Herrschaft ein Ende macht. Am 14. November 1868 wird Samarkand durch General Kauffmann erobert und dem russischen Reiche einverleibt.

Technisches (Taf. CX—CXI, CXII—CXIII; Abb. 201—205)

Der Welteroberer Timur (1335—1404) ist in Kesch (Schehri Gebz) in Turkestan geboren. Von seinen Feldzügen, die ihm das weite Ländergebiet von Delhi bis nach Damaskus und vom Aral-See bis zum Persischen Golf unterworfen hatten, kehrte er stets zu längerem oder kürzerem Aufenthalt in seine Heimat zurück, wo er seinen Geburtsort zum Sommeraufenthalt, zur eigentlichen Residenz aber Samarkand erwählte. Hier wurden in der Zitadelle ungeheuere Schätze untergebracht, die Siegesbeute aus den eroberten Gebieten. Doch auch Buchara erfreute sich der Gunst des Herrschers. Bekannt ist das Wort eines Zeitgenossen Timurs, des Hafiz, der Schönheitsmal auf der Wange seiner Geliebten nicht für den Reichtum dieser beiden Städte hergeben wollte. Dieses Dichterwort beweist, wie die Pracht der Residenzen des Welteroberers die Phantasie seiner Zeitgenossen erregt hat.

Ähnlich vielen anderen kriegerischen Herrschern des muhammedanischen Orients war auch Timur bestrebt, den Glanz seiner Regierung durch die Errichtung von Baudenkmälern und durch die Pflege der Künste des Friedens zu erhöhen. Wir wissen, daß er „geübte Ingenieure und geschickte Baumeister aus allen Provinzen Persiens, des Iraks, Adarbaidschans, Bagdads und aus anderen Gegenden in die Stadt des Sultanats (Samarkand)"[1] berief, und daß er durch diese Kunsthandwerker, die zum größten Teil persischer Herkunft waren, seine Bauten ausführen ließ. Man kann die Architektur Timurs deshalb direkt als persisch bezeichnen, und persisch ist auch, wie wir sehen werden, und wie durch die Nennung aus Persien

---

[1] H. Vambéry: Geschichte Bucharas. Stuttgart 1872. S. 144.
[2] G. Le Strange: The Lands of the eastern Caliphate. Cambridge 1905. S. 463.

[1] Scheref eddin Ali: Geschichte des Timur-Beg. Pers. Ausgabe. I., S. 801 ff.

gebürtiger Künstler bezeugt ist, vor allem die Verwendung von farbigen Fayencen zur Bekleidung der Wandflächen. Diese reiche Fayencedekoration ist es, die den Bauten Turkestans aus der Zeit Timurs ihren Charakter verleiht, so daß deren Erwähnung in der Schilderung der Zeitgenossen als bemerkenswertes Moment immer wiederkehrt. Don Gonzales de Clavijo, der spanische Gesandte, erwähnt bei der Beschreibung der Paläste und Moscheen in den Städten Turkestans, die er berührte, und vor allem in der Hauptstadt Samarkand selbst, stets diesen farbenreichen Schmuck aus Fayencen, der ihn an die heimische Dekorationstechnik, an die spanischen Azulejos erinnert; er gibt aber jenen vor diesen den Vorzug.[1]) Der Herrscher selbst, so berichtet er, kümmerte sich um die Ausführung der Arbeiten persönlich, ließ sich täglich in einer Sänfte auf die Bauplätze tragen und öfters schon fertige Gebäudeteile wieder abreißen und von neuem errichten, wenn sie ihm nicht gefielen.

Dasselbe wird uns auch von dem Biographen des Fürsten, Scheref eddin Ali erzählt. Über die Errichtung des Lustschlosses

[1]) a. a. O. S. 41: „Una fermosa casa, e enella muchos lazos fechos e pinturas, et pinturas de azulejos e muchos colores." „Muy rica e bien obrada de oro e de azul e de azulejos." S. 42: „Arcos de ladrillo cubiertos de azulejos, hechos muchos lazos." „Sortada muy alta et muy ancha, e labrada de oro e de azul e de azulejos, hechos de una obra bien hermosa." „Capella con muchas pinturas de oro e de azul, e de labor de azulejos."

Bagh-i-Schemal (Nordgarten) bei Samarkand schreibt dieser Chronist (I. p. 801 ff.): „Die vier Ecken (Säulen) verteilte man unter vier Emire, und für jede bestimmte man königliche Meister des Reiches und die Kunstverständigen des Landes, und mit äußerstem Eifer und außerordentlicher Anstrengung war man Tag und Nacht mit dem Bau beschäftigt. . . . . . Man führte feste Ecken an dem Gebäude in äußerster Stärke und Festigkeit auf, und an jeder Ecke davon stellte man eine Säule aus Marmor, den man aus Tebriz gebracht hatte, auf. Die Flächen der Mauern verzierte man mit Lapis lazuli und Gold in so schöner Weise und bemalte sie so passend, daß es den Ortonk Mani beschämte und die Bildergalerie (Negarchaneh) Chinas hinter sich ließ. Den Hof pflasterte man mit Marmor- und Kohinoor-Steinen in so schöner Weise, daß davon[1]) der Sinn getrübt und der Verstand verwirrt wurde. Das Innere und das Äußere der Mauern wurde mit Kaschi (d. h. mit Fayence) geschmückt." (Übersetzung von Dr. Eugen Mittwoch).

Über den Bau einer großen Moschee in Samarkand erzählt uns derselbe Schriftsteller (III. Kap. 34), daß man 200 Steinmetzen anstellte, die aus Adarbaidschan, Persien und aus Indien gekommen waren. „Viele andere Handwerker und

[1]) Die folgenden Worte bilden ein misra, einen Halbvers.

Abb. 201. Errichtung von Ziegelbauten mit Fayenceschmuck, Miniaturmalereien aus einer Handschrift der Geschichte Timurs von Scheref eddin Ali (Sammlung Dr. W. Schulz, Berlin)

Künstler aus allen Teilen der Welt gaben hier den Beweis ihrer Geschicklichkeit. 95 Elefanten,[1] die man aus Indien nach Samarkand gebracht hatte, schleppten die Instrumente und die großen Steine herbei." Als Timur im Jahre 1404 zum letzten Male als Sieger in seine Hauptstadt zurückkehrte, gab er den Befehl zur Errichtung eines Palastes von ungewöhnlicher Pracht und Größe, der alle seine früheren Bauten übertreffen sollte. Syrische Architekten und Bildhauer wurden hier beschäftigt, legten Fontänen an und schmückten die Fußböden mit vielfarbigem Marmormosaik; „endlich", so schließt der Chronist seinen Bericht, „kamen die Handwerker aus Persien und dem Irak und belegten das Äußere der Mauern mit Fliesen-Arbeit in äußerster Feinheit, das vollendete die Schönheit des prächtigen Palastes."

In einem persischen Manuskript aus dem Jahre 1467/68, das die erwähnte Geschichte Timurs von Scherif eddin Ali Jezdi[2]) wiedergibt, findet sich eine doppelseitige Miniatur, die an dieser Stelle zu betrachten von besonderem Interesse ist.[2]) (Abb. 201.) Dargestellt ist die Errichtung eines Bauwerks aus Ziegelsteinen, das mit Marmor- und Fayencemosaik geschmückt wird. Im Vordergrunde der linken Hälfte sehen wir, wie die Marmorquadertafeln auf dem Rücken eines Elefanten und auf einem Wagen herbeigeschleppt werden, wie man auf jenen die Zeichnung anbringt, die dann daneben mit dem Meißel ausgehauen wird. Im Hintergrunde ist das Bauwerk selbst dargestellt; der Sockel ist mit den fertigen Marmorquadern geziert, und über dem von Säulen getragenen Portal ist die Bogenfüllung mit Fayence geschmückt. Im offenen Innenraum sieht man Zimmerleute an der Arbeit. Von besonderem Interesse ist in der Mitte des Bildes die an einer niedrige Mauer gelehnte große, rechteckige Fayenceplatte. Es sind auf ihr spitzovale farbige Medaillons zu sehen, deren Hintergrund Ziegelwerk imitiert. Auf dem rechten Blatte bildet eine Säulenarkade den Hintergrund, während vorn wiederum Marmorplatten herbeigeschleppt werden und Kalk zubereitet wird, den dann Arbeiter zu einem kleinen Ziegelbau im Vordergrunde schleppen. Hier ist man gerade dabei, eine niedrige Spitzbogenwölbung herzustellen, wobei die Schichtung der flachen quadratischen Ziegel besonders bemerkenswert ist.

Auch diese Illustrationen können dazu dienen, den persischen Charakter der Timur-Bauten zu beweisen. Wir sehen hier ein Gebäude dargestellt, wie wir es mit ähnlichen und fast gleichen Schmuckformen, in derselben Technik z. B. an der Blauen Moschee in Tebriz kennen gelernt haben (vgl. Abb. 24 bis 30, Taf. XX—XXVIII). Wie dort werden zur Bekleidung des Sockels skulptierte Platten aus Marmor verwendet, und die Wände sind oben mit dem mit einem Muster bedeckt, die Medaillons aus Fayencemosaik inmitten von einem gewürfelten Stuckgrunde zeigt, der das Ziegelmauerwerk imitieren soll.

Neben diesen rein persischen Dekorationsweisen finden sich aber auch andere, die Timur-Bauten eigentümliche Techniken und Ornamente, die sich nicht auf westlichen, spez. iranischen Einfluß und Import zurückführen lassen.

Es darf bei der Beurteilung dieser Kunst der ostasiatische, chinesische Einfluß nicht außer acht gelassen und unterschätzt werden. China brachte, abgesehen von seiner Seide, nach dem Berichte Clavijos, noch eine Menge anderer Waren auf den Markt von Samarkand und lieferte außerdem die geschicktesten Handwerker. Nach einem persischen Sprichworte der damaligen Zeit, daß der Spanier anführt, hätten die Chinesen zwei Augen, die Europäer eins und die Neger keins. Chinesen sind es gewesen, die z. B. eine Technik nach Turkestan brachten, die bei der Innendekoration der Bauten ausgiebige Verwendung fand und die später auch nach dem Westen, nach Persien übertragen wurde. Es ist das Verfahren, Papier auf die Wände, vor allem auf die gewölbte Decke und die Stalaktitenbildungen der Wölbung aufzunageln und dann durch Lackmalerei, meist in Blau und Gold, zu verzieren. Ein Mann aus Kaschgar soll diese Technik, die dann später auch in Persien allgemein verwandt wurde (vgl. Abb. 41, 42), nach Samarkand gebracht haben.[1])

Eigentümlich ist ferner den Timur-Bauten das Vorkommen einer Fliesentechnik, die sich in gleicher Art in Persien früher nicht findet und auch später dorthin nicht eingeführt zu sein scheint.[2]) Es handelt sich um die sogenannten Relieffliesen, d. h. um Fliesen, die vor dem Brande in noch weichem Zustande durch die Schnitttechnik reliefartig verziert und dann erst glasiert worden sind. Als Farben dieser Relieffliesen, die meist rechteckig, aber auch unregelmäßig gestaltet sind, und aus denen man die Bekleidung ganzer Architekturteile zusammensetzte, kommen hell- und dunkelblau, grün, weiß und manganviolett in Betracht (Taf. CX—CXI, CXII—CXIII).

Herr Prof. Justus Brinckmann, der für das Hamburgische Museum für Kunst und Gewerbe eine größere Anzahl von einem bestimmten Bauwerk in Buchara[3]) entnommenen Relieffliesen im Kunsthandel erwarb, hat die Güte gehabt, die farbige Wiedergabe einiger charakteristischer Stücke (Taf. CXII bis CXIII) zu gestatten und mir über die Technik der Fliesen folgende Ausführungen zur Verfügung zu stellen:

„Nachdem die Platten in der durch ihren künftigen Sitz am Gebäude vorgeschriebenen Breite und in beliebiger, mit Rücksicht bald auf das Ornament, bald auf die Schriftzüge angenommenen Länge aus Ton gewalzt worden waren — (etwa wie man einen Nudelteig zwischen zwei, die beabsichtigte Dicke der Teigplatte angebenden, auf einer festen Fläche befestigten Leisten auswalzt) —, wurden sie in lufttrocknem

---

[1]) Auch Clavijo weiß viel über diese Elefanten Timurs zu erzählen.

[2]) Übersetzt von Petis de la Croix. Paris 1722.

[3]) Das Buch befindet sich in der Sammlung von Herrn Dr. W. Schulz in Berlin. Nach alten Notizen soll der Maler dieses prachtvollen Manuskripts der berühmte persische Miniaturmaler Behzad sein.

[1]) Les Mosquées de Samarcande. Fascicule I. Gour Emir. St. Pétersbourg 1905. pag. V.

[2]) Meine letzte Reise im Orient (Winter 1907/08) hat mich nachträglich mit einem Bauwerk bekannt gemacht, das den Beweis liefert, daß eine ähnliche Technik schon in der Mitte des 14. Jahrhunderts in Mesopotamien bekannt war und auf Persien (Tebriz) zurückgeht. Es handelt sich um eine im Hof der Mirdschanija in Bagdad, der Moschee des Mirdschan, eines Beamten des Chodabende Chan, befindliche Inschrift, die sich aus geschnittenen Fayenceplatten zusammensetzt. Diese zeigen auf vertieftem, gemustertem Grunde angebrachte Schriftzüge und unterscheiden sich von den Relieffliesen der zentral-asiatischen Timur-Bauten dadurch, daß die gebrannten Ziegel nicht mit einer Glasur, sondern mit einer noch dem Brande angebrachten rothbraunen Bemalung versehen sind. Die Inschrift, von der sich zwei Bruchstücke in Berlin befinden (Abb. 202), trägt das Datum 758 d. H. = 1357 n. Chr. und den Namen des Verfertigers „Achmed Schah aus Tebriz". Durch diese bemalten Reliefziegel, die gleichsam eine Vorstufe der glasierten bilden, wird auch die Herkunft letzterer aus Persien nahegelegt.

[3]) Das Gebäude, eine Fassade mit Kielbogen-Portal (Abb. 203), konnte auf zwei verschiedenen Photographien nachgewiesen werden, die die fortschreitende Beraubung der Schmuckwand veranschaulichen.

Zustande geschnitzt. Dabei ist zu unterscheiden zwischen den Ornamenten aus gebrochenen geraden Linien, Bandverschlingungen, und den frei geschwungenen Arabesken, die ausschließlich aus Bogenlinien zusammengesetzt sind.

Für das Schnitzen der geradlinigen Ornamente bediente man sich meißelförmiger Werkzeuge mit gerader Schneide, deren Breite den Elementen entsprach, aus denen die Ornamente sich zusammensetzen sollten. Die Schneide wurde in schräger Richtung in den weichen Ton gedrückt, wodurch sich ein Tonstück in Gestalt einer umgekehrten Pyramide loslöste, die jedoch zunächst noch mit ihrer Spitze am Grunde haftete. Danach wurde diese Pyramide herausgehoben durch Abbrechen vom Grunde. Infolge dieses Verfahrens fielen je nach der Größe der herauszuhebenden Fläche und der Stärke des im Einzelfall angewendeten Druckes die verbleibenden Vertiefungen verschieden tief aus; auch blieb in der Mitte dieser ein mehr oder minder großer Ansatz stehen, dessen Unregelmäßigkeiten später nur zum Teil durch die in der Tiefe zusammenlaufende Glasur ausgeglichen wurden.

Feine Risse, die in der Masse der Platte die Richtung des lufttrockenen Ton spaltenden Schnittes fortsetzten, wurden später durch die Glasur oberflächlich ausgefüllt, zeigen sich aber an Bruchstellen der gebrannten Fliese. Höckerige kleine Zapfen in den Vertiefungen finden sich an vielen Stellen als Zeugen des beschriebenen Verfahrens.

Um bei sich überschneidenden Bändern, falls diese verschiedene Farbe erhalten sollten, das Ineinanderfließen der Glasuren zu verhindern, falls diese aber gleiche Farbe zeigen sollten, das überliegende Band von dem darunterliegenden klar abzuheben, wurden die Bänder noch durch einen einfachen, nicht sehr tiefgehenden Schnitt gegeneinander abgesetzt. Diese Schnitte sind kräftig genug, um noch zu wirken, auch wenn sie durch die nachträglich aufgetragene Glasur teilweise oder völlig ausgefüllt werden.

Ganz ähnlich war das Verfahren bei dem Schnitzen der Arabesken, nur daß man hierbei keine Werkzeuge mit gerader Schneide, sondern eine Art Hohlmeißel anwendete, deren Schneidenkrümmung einen Kreisbogen in den Ton schnitt, ähnlich wie der Buchbinder mit Fileten, deren Kreisbogen verschiedenen Radien entsprechen, die mannigfachsten, aber stets auf die Kreislinie zurückzuführende Ornamente auf das Leder drückt. Diese Hohlmeißel wurden ebenso wie die Gradmeißel schräge eingestoßen, so daß nachträglich alle Ornamente als mit verbreiterter Basis im Grunde haftend sich herausstellten. Auch hierbei mußten je nach der Größe des unregelmäßigen Tonkegels, den man nach Freilegung seiner Seitenflächen aushob, die Vertiefungen verschieden ausfallen.

Wenn Schriftzüge mit den Arabesken sich mischten, wurden für die geraden Linien die Gradmeißel, für die gekrümmten die Hohlmeißel angewendet, dabei unter Umständen wohl mit dem Messer nachgeholfen. Die Zerlegung der wahrscheinlich in längeren Abschnitten ge-

Abb. 202. Bemalte Relieffliese, Teil eines Schriftfrieses aus der Mirdschanija in Bagdad (Sammlung F. Sarre, Berlin)

schnitzten Friesplatten in einzelne Abschnitte, die nötig war, um das Verziehen im Brande zu verhindern, erfolgte so, daß man die Platten nicht einfach senkrecht zur Längsrichtung des Frieses durchschnitt, sondern den Schnitt an einem langgestreckten Buchstaben entlang führte oder mit ihm dem Zuge einer Ranke folgte. Infolge davon ließen sich die gebrannten Platten nachher am Bau auf das sauberste aneinanderfügen, ohne daß Furchen den Schwung der arabischen Schrift oder der Arabesken unterbrachen.

Nachdem die Platte geschnitzt worden, wurde sie einem ersten leichten Brande ausgesetzt[1]) und darauf wahrscheinlich

---

[1]) Die Abb. 204 und 205 geben zwei aus leichtgebranntem, sehr weichem, weißgelblichem Ton bestehende Plattenstücke wieder, die von Herrn Dr. Ferdinand

Abb. 205. Mit glasierten Relieffliesen bekleidete Fassade in Buchara

Abb. 204. Unglasierte Relieffliese aus den Ruinen von Samarkand
(Sammlung F. Sarre, Berlin)

durch Begießen mit dem dickflüssigen Glasurbrei der Grund-
farbe gedeckt. Wo einzelne Teile z. B. die weiße Schrift in
den blaugrünen Arabesken andere Glasurfarbe zeigen sollten,
mußten die entsprechenden Stellen entweder beim Begießen
ausgespart oder nachträglich — natürlich vor dem Brande —
durch Abschaben von der Grundfarbenglasur befreit werden,
um den Ton für die zweite Glasur wieder empfänglich zu
machen. In einem zweiten Feuer wurde der Ton gar gebrannt und gleichzeitig die opake Glasur geschmolzen. Diese
ist, wie die chemische Untersuchung zweifellos ergeben würde,
eine Zinnglasur, nicht nur für die weißen Stellen, sondern
auch für die farbigen, für die man dem opaken Zinnschmelz
noch färbende Metalloxyde beimischte. Keine unserer geschnitzten Fayencefliesen sind mit durchscheinenden farbigen,
leichtflüssigen Bleiglasuren überschmolzen, wie solche bei flachen
Fliesen anderer Herkunft, z. B. aus Damaskus, vorkommen."[1]

von Papen in Berlin in den Ruinen von Samarkand gefunden worden sind. Die
Stücke zeigen die Relieffliesen in dem der Glasur unmittelbar vorausgehenden,
oben beschriebenen Zustande.

[1] Als Ergänzung zu diesen Ausführungen vergleiche den Hamburger Museums-
bericht für das Jahr 1903, herausgegeben von Herrn Professor Brinckmann, Seite 49:
Zentralasiatisches. Hier wird eine der schönsten der in Hamburg befindlichen
Kompositionen aus Relieffliesen veröffentlicht, die ursprünglich an der erwähnten
Fassade in Buchara als Mittelfeld des rechten Seitenflügels angebracht war (Abb. 203).

Abb. 205. Unglasierte Relieffliese aus den Ruinen von Samarkand
(Sammlung F. Sarre, Berlin)

Gur-Emir (Taf. CXIV, CXV; Abb. 206—209)

Die Baubeschreibung der Samarkander Denkmäler soll
nur kurz gehalten werden, da sie einerseits schon von
anderer Seite ausführlich gegeben worden ist, andererseits
aber eine neue Publikation der Bauten in größtem Umfange
von der russischen Regierung eingeleitet ist. Die bereits
früher vorhandene Beschreibung rührt von Zdenko
Schubert von Soldern her, der die Grundrisse der
wichtigsten erhaltenen Bauten ausmaß und photographische
Aufnahmen machte. Er veröffentlichte dieses Material
in seinem Buche „Die Baudenkmale von Samarkand",
Wien 1898, 58 S., 19 Textbilder und 12 Tafeln.[1] — Die
neue russische Publikation steht unter der Leitung der
Kaiserlich Archäologischen Kommission und führt den Titel
„Les Mosquées de Samarcande". Im Jahre 1905 ist die
erste Abteilung erschienen, die in 18 sehr großen, zum
Teil farbigen Tafeln, das Grabmal Timurs, Gur-Emir, behandelt.
Aufs reichste ausgestattet, gibt dieses Werk, wenn man von
dem Anfang auf das Ganze schließen darf, die Bauten von
Samarkand in so vollständigen Aufnahmen, daß sie nach
Vollendung des Unternehmens auf breitester Basis der wissenschaftlichen Erörterung offen stehen werden. Deshalb sei hier
nur das von meiner Reise her vorliegende Material kurz
durchgesprochen und auf die kunstgeschichtliche Bedeutung
der Denkmäler innerhalb der persisch-islamischen Baukunst
hingewiesen.

Eines der bemerkenswertesten und auch heute noch
leidlich erhaltenen Baudenkmäler Samarkands ist das Mausoleum
Timurs, Gur-Emir d. h. das Grab des Herrschers genannt.
Vor dem eigentlichen Grabgebäude liegt ein geräumiger
Hof (30 : 34 m), zu dem ein noch aufrechtstehendes Prachtportal (Abb. 206) den Zugang bildet, dessen Umfassungsmauern aber jetzt zum Teil in Trümmern liegen. Wir geben
die Hofanlage nach der Rekonstruktion von Schubert v. Soldern,
der kleine Kuppelräume rings um den Hof anordnet (Abb. 207).
Das eigentliche Grabmal selber (Abb. 208) zeigt hinter einer
um einige Stufen erhöhten Eingangsnische einen zentralen
Kuppelraum von etwa 10 m Seitenlänge, der sich nach
vier Seiten in ungefähr $4^{1}/_{2}$ m breiten Nischen öffnet. Über
dem außen achteckigen Unterbau steigt auf dem durch
Überwölbung der Ecken hergestellten inneren Achteck ein
sehr hoher Tambour empor, der die gewaltige spitzbogige
Melonenkuppel trägt (Taf. CXIV). Konstruktiv ist diese
Kuppel deshalb bemerkenswert, weil die Wölbung des Innenraumes auf niedrigem Tambour nicht weit über den äußeren
Tambour hervorragt, die hochgetriebene äußere Kuppelhaube
aber von senkrechten dünnen Mauern getragen wird, die im
Innern auf dem Tambour und der Peripherie der unteren Kuppel
ansetzen und radial im Kranze angeordnet sind (vgl. Taf. VIII
der Russ. Publ.). Während sich aber die Kuppel erhalten hat,
sind die beiden seitlichen Minarets erst im Jahre 1903)
und die Wölbung der Eingangsnische eingestürzt.

Schubert v. Soldern datiert den Bau in das Jahr 1370,
34 Jahre vor den Tod Timurs.

[1] Eine ältere russische Publikation von N. Simakoff (L'Art de l'Asie Centrale, 1883) enthält auch ein paar Aufnahmen des Timur-Grabes (Taf. 46—50).

Abb. 206. Samarkand, Gur-Emir, Portal des Hofes

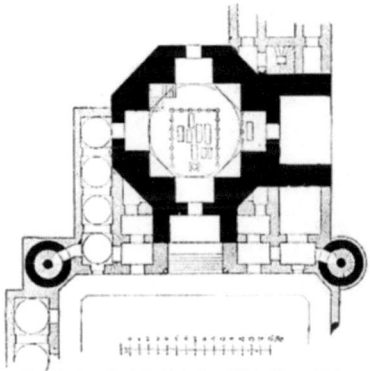

Abb. 208. Samarkand, Gur-Emir, Grundriß des Hauptgebäudes
nach Schubert v. Soldern

Nach den auf genauem Studium der historischen Quellen beruhenden Untersuchungen von E. Blochet[1]) ist das Grabgebäude von Muhammed Sultan, einem Enkel Timurs, errichtet worden, und zwar als Grabmal für seinen im Jahre 1375/76 gestorbenen Vater Dschehangir, den ältesten Sohn Timurs. In diesem fertigen Mausoleum wurde dann auch Timur beigesetzt, der eigentlich in seiner Vaterstadt Kesch hatte begraben werden wollen. Die Erbauungszeit des Denkmals fällt demnach zwischen die Jahre 1375/76 und 1404/5.

Die große russische Publikation schreibt, daß das Grabgebäude im Jahre 807 d. H. (= 1404/5 n. Chr.) gegründet worden ist, nimmt also, ohne übrigens diese Angabe näher zu begründen, an, daß das Gebäude nach dem Tode des Herrschers errichtet wurde. Sehr wahrscheinlich erscheinen die weiteren Bemerkungen, daß das Mausoleum ursprünglich nur aus dem achteckigen Kuppelbau und zwei Minarets, die sich in einiger Entfernung davor befanden, bestanden habe;[2]) dann wäre von Timurs Enkel Ulug Beg (regiert 1447—49) dieses Mausoleum bedeutend erweitert und ausgebaut worden. Er verband die beiden Minarets durch eine Fassade mit einer hohen Eingangsnische in der Mitte (Abb. 209) und fügte dem Ganzen eine geräumige Hofanlage hinzu, deren Zugang ein Prachtportal vermittelte. An diesem Portal befindet sich die Inschrift: „Gemacht von dem armen Sklaven Muhammed, dem Sohn des Muhammed, dem Baumeister aus Isfahan."

[1]) Les Inscriptions de Samarkand. I. Le Goûr-i-Mîr. Revue Archéologique. 1897. S. 67 ff. u. 202 ff.
[2]) In dieser Form würde die Anlage dem sogen. Grab der Amme Timurs auf der Gräberstraße von Schah Zinda ähnlich sein, das wir weiter unten erwähnen werden.

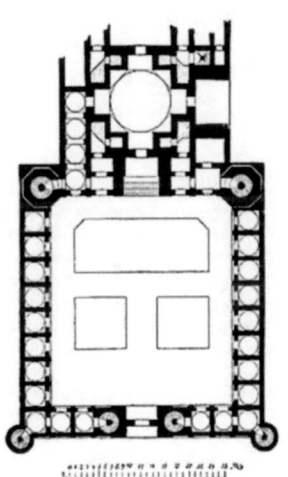

Abb. 207. Samarkand, Gur-Emir, Grundriß
nach Schubert v. Soldern

Die Tafel CXIV gibt die Ansicht des Mausoleums vom Hofe aus. Die hohe Melonenkuppel und der Tambour sind mit farbigem Ziegelmosaik bedeckt, das dunkel- und hellblaue sowie weiße Glasuren zeigt. Die üblichen Rautenmuster und geometrischen Bänder finden sich hier über die Oberfläche gezogen, auf dem Tambour durchsetzt mit einer großen hellen Inschrift, die die Worte „Gott ist die Ewigkeit" wiederholt. Der Stalaktitenkranz, auf dem die Wülste der Kuppel ansetzen, gliedert im Verein mit einigen Horizontalbändern den Tambour, der heute nach dem Einsturz der großen Eingangsnische, die bis unter das obere Mauerwerksfenster reichte, etwas zu leer erscheint. Im Innern (Taf. CXV) wird die Mitte des Raumes von Marmorschranken umgrenzt, die acht Grabsteine und einen kleinen, für die Aufnahme von Kerzen bestimmten

38

Abb. 209. Samarkand, Gur-Emir, rechte Seite der Hoffassade

Kuppelbau umfrieden. Der aus zwei gewaltigen dunkelgrünen Nephritblöcken gefertigte Grabstein Timurs, der von seinem Enkel Ulug Beg gesetzt wurde, bringt in seinen Inschriften die Genealogie des Fürsten. Es sind jedoch sämtlich nur Cehain grabsteine, da sich die eigentlichen Gräber, sowohl Timurs wie seiner sieben hier beigesetzten Verwandten und Freunde, in einem kreuzförmigen Kellergewölbe des Mausoleums befinden.

Den Raum umzieht ein aus sechseckiger Fliesen zusammengesetzter Sockel, über dem sich ein mehrfacher Stalaktitenfries und eine aus grünem Jaspis gefertigte Inschriftborte hinziehen. Auf der Wand darüber wurde jene oben erwähnte neuartige Technik der Malerei auf Papier angewendet. Geometrische und von Borte eingefaßte Muster der bekannten Art, zum Teil abgeblättert und unansehnlich geworden, decken die Pfeilerfelder und die Kuppelfläche.

Von den beiden Textbildern (Abb. 206, 209) zeigt das eine die rechte innere Ecke des Hofes, das andere das Außenportal. In den Bändern und Feldern finden sich größtenteils die üblichen Muster des Fayencemosaiks der Zeit; immerhin aber sind einige Besonderheiten bemerkenswert. Dazu gehört z. B. die Aufnahme des Kreuzsternmusters in die Flächenmotive des Fayencemosaiks. Ursprünglich bildeten diese Kreuze und Sterne einzelne Fliesen, die man in dieser Gestalt formte, mit Innenzeichnung versah und dann aneinanderlegte. Man hatte damit die Vorliebe für das Ineinandergreifen und Verschlingen von Linien auch auf die Konturen der Fliesen ausgedehnt; denn daraus, daß bei Überglasurmalereien die viereckige Fliesenform mit ihrem einfachen Fugennetz erscheint, kann man schließen, daß bei den zusammengesetzten Kreuz-Sternfliesen nicht nur die Zeichnung der Innenflächen sondern auch die ineinandergreifenden Konturen der Einzelstücke als ornamentale Muster gesehen wurden. An der Blauen Moschee in Tebriz kann man nun eine Art von Übergangsbildung dieser Kreuz-Sternfliesen im Fayencemosaik beobachten (Taf. XVI). Die Verschmelzung ist hier nicht ganz vollzogen, sondern Sternformen, die in Fayencemosaik gebildet sind, wechseln mit dem einfachen Putzgrund, der den Ergänzungsstern zwar der Form nach bringt, bis auf ein kleines viereckiges Mittelfeld aber ziegelartige Riefelung zeigt. Im Gur-Emir aber ist die Übernahme augenfälliger; das Kreuz-sternmuster ist bereits völlig in Fayencemosaik ausgeführt (Abb. 209, Schmuckstreifen über der großen Flachnische rechts).

Die nahe Verbindung der Timuridenbauten mit dem eigentlichen Persien wird auch durch ein eigentümliches ornamentales Gebilde erwiesen, das sich am Gur-Emir und dann auch an der Blauen Moschee in Tebriz findet. Auf Tafel XVII sieht man im schmalen Seitenfelde neben dem Durchgange ein hohes Gebilde, ein langgestrecktes, zweispitziges Oval, das man mit einem Zypressenwipfel oder einem langen Pinienzapfen vergleichen könnte. Dieselbe Form, nur von einem Blumenbüschel statt von einem Dreiblatte bekrönt, findet sich im Gur-Emir an der Nordseite des Portales (russ. Publ. Taf. IV.) und, anscheinend aus einer Vase aufwachsend, in einer der acht Grundnischen, auf die sich die innere Kuppel aufsetzt (russ. Publ. Taf. VIII).

Sucht man nach Eigenheiten der Timuridenbauten, so findet man schon im Gur-Emir einige auffallende Merkmale. Vor allem die Verwendung der einfachen Rosette. Die Rosette war zwar im Fayencemosaik stets verwendet worden; aber sie erschien meist in ein Rautengespinst eingelegt, das sie eng umgab. Hier aber trifft man sie in einer ganz unverbundenen Aneinanderreihung. Die schmalen Streifen zwischen den blinden Flachnischen des Hofes sind mit langen Reihen ziemlich weit voneinander entfernter, einzeln in den Ziegelgrund eingelassener Rosetten bedeckt (Abb. 209). Man erinnert sich hierbei an altassyrische Gepflogenheit. Und dieses Symptom scheint nicht vereinzelt zu sein. So ist das Sparren- oder Spatelmuster, jene kurzen Hakenstriche, mit denen die Assyrer Langformen zu bedecken pflegten, auch im Gur-Emir zu finden (vgl. Russische Publ. Taf. XIV, wo es die Leisten des Fensterrahmens bedeckt). Und selbst der altassyrische Granatapfel scheint in einigen Bildungen wieder aufzuleben: man erkennt eine ihm ähnliche Form in den Bogenzwickeln des Eingangstores (Abb. 206; vgl. Russ. Publ. I—III), wo das dunkle rosettenartige „Palmettenbouquet" mit dem krönenden Dreiblatt bereits in einer Weise verbunden ist, die die Erinnerung an jenes genannte Motiv nahelegt. Den Ausschlag gibt hierbei die langsam aufkommende Übung, bei der Sammelpalmette die untere Ausspitzung zu unterdrücken und den Kontur rund herumzuziehen. Doch sei eine nähere Besprechung der so entstehenden Form auf spätere Samarkander Bauten verschoben, von denen wir günstigere Detailaufnahmen machen konnten.

Schließlich sei noch darauf hingewiesen, daß sich im ornamentalen Schmuck der oben erwähnten Papierverkleidung der Wände und der Kuppel des Grabmals eine eigentümliche Veränderung der Arabeske beobachten läßt (Russ. Publ. Taf. XI).

Die dünnen Rankenstiele, an denen die Zwei- und Dreiblätter als seitliche Tropfen oder bekrönende Blüten saßen, und die sich in ununterbrochenem, feinem Kurvenschwunge über die Flächen spannten, sind verschwunden. Die Drei- und Zweiblätter sind zu selbständigen Gebilden geworden und legen sich zu Rosetten, dreipaßartigen Figuren oder Rauten zusammen. So bekommt die ganze Fläche dann den Charakter eines geometrisch gefüllten Feldes, da die Unterdrückung der Stiele den Arabesken das vegetabile Wesen nimmt. Doch auch bei allen diesen zuletzt angeführten Besonderheiten sei auf die nahe Verwandtschaft mit Mustern persischer Bauten, z. B. der Blauen Moschee in Tebriz hingewiesen. Zwar findet sich dort die Rosette nicht in der ganz gelösten, unverbundenen Richtung; aber das Spatelmuster ist hier (wie anderwärts, und wohl aus einer zersprengten Rautenmusterung entstanden) an den runden Eckwülsten zu finden, und auch die dem Granatapfel ähnliche Form kommt vor. Auf Tafel XIV ist in dem die Nische umrahmenden Streifen in dichten Blütenranken ein Band aus aneinandergereihten Zweispitz-Ovalen und Sternrosetten gelegt, wobei das unterste Oval rechts und links so nahe an den Rahmenstreifen stößt, daß die untere ausgeschweifte Spitze unterdrückt wird. Mit dieser Abrundung unten und der Beibehaltung des oberen Dreiblattes ist die granatapfelähnliche Grundform gegeben. Schließlich sieht man hier in der Füllung der Sternrosetten und Spitzovale jenes Aneinanderlegen rankenloser Zwei- und Dreiblätter angewendet, das oben bei Gur-Emir beschrieben wurde.

Medresse Bibi-Hanum (Taf. CXVI; Abb. 210—212)

Das räumlich bedeutendste Denkmal der Timuridenzeit in Samarkand ist die Medresse, die der Fürst im Jahre 1399 aus den Beuteschätzen eines indischen Feldzuges zu Ehren seiner ersten Gemahlin, Bibi-Hanum, einer chinesischen Prinzessin, erbaute. Aus allen Teilen des Weltreiches soll er Arbeiter herbeigerufen haben, um das größte Bauwerk der damaligen islamischen Welt zu errichten, das bestimmt war, alle Rechtgläubigen der Hauptstadt gleichzeitig in seinen Mauern aufzunehmen. Und es kam auch ein Werk zustande, das durch seine Größenabmessungen selbst noch im heutigen verfallenen Zustande Bewunderung erregt.

Von der gewaltigen Hofanlage (120 : 90 m) sind nur noch die Trümmer des Hauptportales und zweier kleinerer Kuppelbauten der Seitenteile vorhanden (Abb. 210). In bedeutenden Dimensionen öffnete sich bei einer Höhe von 30—40 Metern die Nische des Portales zwischen zwei eng angelehnten, runden Minarets, von denen eines noch zum Teil mit seinem Mosaikmuster aus ineinandergreifenden stilisierten Buchstabenformen erhalten ist. Die beiden nicht allzusehr verfallenen Kuppelbauten in den Mitten der Hofseiten waren ursprünglich wohl kleine Moscheen, die sich mit Bogenportalen nach dem Hof hin öffneten. Heute dienen die mit glasierten Fliesen geschmückten Bauten als Museen für die gesammelten Reste der Mosaik-Dekoration der verfallenden Teile. Die Zellen der Schüler aber, die die Langseiten des Baues einnahmen, sind im Laufe der Jahre völlig zerstört worden und selbst ihre Trümmer sind heute fast vollständig verschwunden.

Das Hauptgebäude, die eigentliche Moschee der Medresse Bibi-Hanum (Taf. CXVI u. Abb. 211), zeigt die übliche Anordnung eines quadratischen überkuppelten Hauptraumes mit vorgelegter tiefer Spitzbogennische zwischen zwei Minarets. Der Raum ist durch Überwölbung der Ecken und durch abermalige Überwölbung der Zwickeldreiecke mit Spitzbogen ins Sechzehneck überführt,

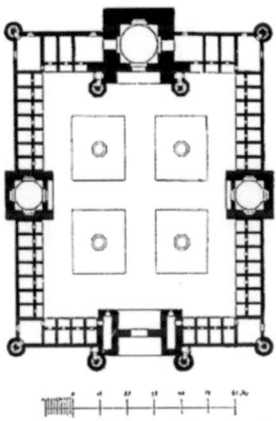

Abb. 210. Samarkand, Medresse Bibi-Hanum, Grundriß nach Schubert v. Soldern

auf dem sich über einem Schriftfries die Kuppel erhebt. Sie war durch zentral zusammenlaufende Streifen der Höhe nach gegliedert und mit vorwiegend hellblauem Mosaikmuster verziert. Im Grundquadrat öffnen sich an allen vier Seiten tiefe Nischen, von denen die der Rückwand eine Stalaktitenwölbung zeigt. Die beiden seitlichen dienten als Nebeneingänge, während der Haupteingang in den großen Fassaden-Liwan zwischen den beiden Minarets mündet. Mit den ganz außerordentlichen Maßen von 25 Meter Höhe und 16 Meter Breite ist diese Portalnische eine der mächtigsten, die in der persischen Architektur zu finden sind. Dünne Eck-

Abb. 211. Samarkand, Medresse Bibi-Hanum, das Hauptgebäude

Abb. 212. Samarkand, Medresse Bibi-Hanum, Portalnische des Hauptgebäudes

bour ist hoch und trägt in kufischen Lettern ein Inschriftband, das die Worte „Gottes ist die Ewigkeit" in ständiger Wiederholung aneinanderreiht. Der Tambour des Äußeren deckt die Zone der Überführung zum Sechzehneck im Inneren. Er ruht auf einem quadratischen Sockel, der auf allen vier Seiten von einem Spitzbogenfenster durchbrochen ist, und im übrigen eine Gliederung durch flache Blendnischen zeigt. Dann folgt abermals eine Verbreiterung des Baues zum ebenfalls kubischen Sockelteil, so daß sich das mächtige Gebäude in drei großen Absätzen erhebt. Der Sockelabsatz, von dem in der Abbildung nur die obere Hälfte sichtbar ist, trägt zu beiden Seiten Spitzbogenfenster in Rechtecksumrahmung, unter denen die erwähnten Nebeneingänge lagen.

säulchen, die sich längs des Bogens in einem reziproken Palmettenbande fortsetzen, gliedern die Vorderkanten der Nische, während eine glatte Mauer, im oberen Drittel heute eingestürzt, die Hinterwand bildete. Durch einen Schriftfries ist diese Wand in zwei Hälften geteilt, deren untere zwei große Flachnischen zu seiten des ungefähr gleich hohen Einganges enthält. Die obere Hälfte ist mit einem sehr weitmaschigen Kettenband-Muster belegt (Abb. 212).

Das gleiche weite Bandmuster findet sich auch als Füllung der Flachnischen des Seitengewändes (Abb. 211); in einfachster Weise sind hier drei Nischen mit Zwischenstreifen übereinandergestellt. Bei dem deckenden Ziegelmosaik heben sich von den Grund bildenden rötlichen, unglasierten Backsteinen dunkel- und hellblau glasierte Ziegel ab, die Inschriften und geometrische Muster bilden. Rechts und links lehnt sich dann zu äußerst je ein Minaret an, das nicht den üblichen runden, sondern einen achteckigen Grundriß zeigt (Taf. CXVI). Jede Seite ist wieder durch übereinander angeordnete Blendnischen gegliedert. Die Musterfüllungen sind teils in einer Kombination von Ziegelmosaik mit Fliesen gebildet, bei der vorstehende Ziegel sechseckige und sternförmige Zellen abstechen, in die dann Fliesen eingepaßt werden, — teils zeigen sie aber auch jenes verstreute Rosettenmuster, das wir auch beim Gur-Emir beobachtet haben. Endlich sind zur Füllung der rechteckigen Felder zwischen den Nischen auch quadratische Wandfliesen mit Überglasurmalerei verwendet worden, die meist Inschriften enthalten haben. Das Vorkommen dieser weniger schwierigen und billigeren Technik erklärt sich wohl aus den großen Anforderungen, die der Bau an die Fayencetechniker stellte.

Im übrigen bildet die Außenansicht der Moschee nur noch in ihren mächtigen Dimensionen Interessantes; der Verfall ist so weit vorgeschritten, daß eine geschlossene Wirkung der Silhouette nicht mehr zustande kommt. Die Kuppel, zum größeren Teile eingestürzt, zeigt eine ungegliederte, glatte Schale, die rundum auf einem kräftigen Stalaktitengesimse ruht. Der Tam-

Das Gewände ist zu beiden Seiten mit einem sehr großen Rautenmuster, in das sich stilisierte Schriftformen einlegen, bedeckt. Das Weite und locker Große der Bildung, das auch beim Sternmuster der Blendnischen zu beobachten war, scheint dabei — wie überhaupt das Großflächige — in gewissem Maße für Samarkander Bauten charakteristisch zu sein.

Der vor dem Portal sichtbare Aufbau (Abb. 211) auf der kleinen, zweistufigen Plattform ist ein großer, etwa 2,5 : 2 Meter messender Koranständer, der früher in der Moschee stand und vor den Trümmern der einstürzenden Kuppel ins Freie gerettet wurde; der Koran selber wird heute in der Moschee Schah-Zinda aufbewahrt. Auf roh behauenen Steinfüßen liegt eine Platte mit dreifachem Stalaktitengesims, auf der wieder, einander gegenübergestellt, zwei reich verzierte Keilsteine die Stützen der Korandeckel bildeten. Inschriftfriese umziehen rahmenförmig die Außenflächen, und Arabeskenmuster als Füllungen abgepaßter Formen sind in den Marmor aufs feinste eingemeißelt. Die erhabenen glatten Grundformen bilden dabei Glieder eines Kettenbandes, jenes so außerordentlich beliebten verzierten Motives, das man durch Jahrhunderte von der einfachen zweistreifigen Kette bis zu den reichsten Bildungen verfolgen kann, bei denen in zersprengter Folge die einzelnen Glieder nur mehr lose aneinander hängen.

Medresse Ulug Beg (Taf. CXVII; Abb. 213—215)

Der Registan ist der Haupt- und Festplatz Samarkands. Er ist ungefähr 70 Meter lang und 60 Meter breit, und an allen vier Seiten geschlossen. An der Nordseite liegt die Medresse Tilja Kari, den Osten schließt die Medresse Schir Dar, den Westen die des Ulug Beg; an der Südseite zieht sich eine Reihe von niedrigen Verkaufsbuden entlang, die den Blick nach außen frei lassen. Die drei mächtigen Prachtbauten, die den Platz an drei Seiten säumen, verdanken ihre Entstehung den Nachfolgern Timurs, die getreu der Gepflogenheit dieses

Herrschers, der die ersten hervorragenden Gebäude in Samarkand
hatte erstehen lassen, ihren Baueifer
auf diese Stadt vereinigten. So geben
die drei Registan-Medressen Beispiele des monumentalen Bausinnes
der Timuriden, wenn sie auch die
Größe und Macht des Eindruckes
der älteren Timurbauten, im besonderen der Moschee Bibi-Hanum,
nicht erreichen.

An der Westseite des Platzes
liegt die älteste der drei Medressen,
von Timurs Enkel Ulug Beg (reg.
1447—1449) angeblich im Jahre 1434
errichtet. Wie bei allen Denkmälern
der Timuridenzeit sind auch hier
die Abmessungen erstaunliche und
übertreffen die der reinpersischen
Bauten, ihrer Vorbilder, um ein be-
trächtliches. Ein niederes Mauer-

Abb. 214. Samarkand, Medresse Ulug Beg, Fliesendekoration in der Portalnische

quadrat bezeichnet den Grundriß der Anlage (Abb. 213), die vielleicht niemals ganz ausgebaut gewesen ist, heute aber zum größten
Teil in Trümmern liegt. Erhalten haben sich außer den Resten
der 28 Schülerzellen die Minarets und die beiden großen Nischenportale, von denen der eine den Haupteingang, der andere den
Eingang zur Hofmoschee bildet. Das Eingangsportal (Taf. CXVII)
erhebt sich hoch zwischen zwei niederen Mauerzungen, die zu
den Eckminarets hinüberführen. Diese, leicht nach außen geneigt,
sind in Ziegelmosaik mit einem gezackten Rautenmuster übersponnen, das mit stilisierten Schriftformen gefüllt ist. Darüber
legen sich Schriftfriese und ein auskragender Stalaktitenkranz.
Die Mauerzungen und das Seitengewände des Portals sind
wieder mit großen Blendnischen gegliedert, die in sich jenes
weite Maschen- und Sternmuster mit Schriftformen tragen, das
uns schon vom Gur-Emir und der Medresse Bibi-Hanum her
bekannt ist. Die schmalen erhöhten Zwischenleisten aber
zeigen ein Kettenmuster, das in regelmäßiger Abwechslung
Oblonge und
Sternformen in
jener reichen,
schon fast völlig
zersprengten
Form anein-
anderreiht, bei
der die Teile
bloß mehr mit
ihren Spitzen
lose zusam-
menhängen.

Ein breiter
Schriftfries um-
rahmt die hohe
Portalnische,
die von einem
gedrehten
Wulst eingefaßt

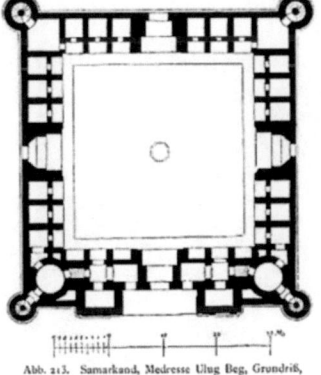

Abb. 213. Samarkand, Medresse Ulug Beg, Grundriß,
nach Schubert v. Soldern

ist. Die Zwickel sind durch ein Muster von Streurosetten gefüllt;
die Innenflächen aber bringen neben den üblichen Formen eine
neue Verbindung. In einem der Felder des Nischen-Rückwand
haben sich Reste eines kombinierten Marmor- und Fayencemosaiks
erhalten, die auf Abb. 214 deutlich zu erkennen sind. Das linke
Quadrat zeigt eine äußerst reiche, aus einem doppelten Kranze
von je 16 Palmetten gebildete Rosette in feinstem Fayencemosaik;
in den vier durch gerade Linien abgeschnittenen Ecken kann man
jene Form der Palmette mit krönendem Dreiblatt erkennen,
die durch allmähliches Abstoßen der unteren Ausschwingung
in eine granatapfelähnliche Form übergeht. Interessanter aber
ist das Muster des Nebenfeldes. Es bietet ein markantes
Beispiel für die Tendenz der Verselbständigung des Ornament-
grundes zum komplementären Muster. Das Hauptmuster ist
eine in Mosaikfayence hergestellte Mittelrosette mit drei umlaufenden Kreisen von Palmetten; die Zwickel-Grundstücke
aber sind verselbständigt, für sich ornamental, zum Teil sogar
sternförmig ausgebildet, als kleine Marmortafeln plastisch vor-
stehend in das Fayencemosaik eingesetzt und selber noch mit
Arabeskenwerk geschmückt. Das allzustarke Herausdrängen
des komplementären Musters auf der Photographie entspricht
dabei nicht ganz dem beabsichtigten Eindrucke; denn wenn
die kleinen Marmortafeln auch durch ihr plastisches Vortreten
gewannen, so ließ die Leuchtkraft der Farben des Fayencemosaiks wohl dennoch in Wirklichkeit dieses als das Hauptmuster erscheinen.

Der Liwan des Hofes (Abb. 215) bringt die übliche Gestaltung einer hohen und tiefen Spitzbogennische mit Eckwülsten.
Die äußeren Seitenstreifen zeigen ein fortlaufendes Palmettenband und einen Schriftfries, auf den Eckwülsten sind Reste
eines Rautenmusters sichtbar. Nach innen zu setzt sich zuerst
das Fayencemosaik fort. Ein breiter Saumstreifen mit einem
prachtvollen Schmuckband aus großen Rosetten und Palmetten,
durch spielende, leichte Rankenschwünge lose miteinander verbunden, führt über einen horizontalen Zwischenstreifen mit
kurzem Schriftfriese zu einem schmalen Rahmenband mit einem

Abb. 215. Samarkand, Medresse Ulug Beg, Hofanlage

Rosetten- und Palmettenstreifen feinster und flüssigster Zeichnung. Alle Kompositionen sind dabei in jener reichen Art und doch strengen Linienführung erhalten, die das Fayencemosaik des 15. Jahrhunderts auszeichnet. Die hinteren Teile der Hofnische zeigen wieder ein weitmaschiges Muster in Ziegelmosaik mit eingestreuten Fayenceplatten und stilisierter Schrift.

Schließlich sei noch erwähnt, daß ein verfallener Turm neben dem Hof der Medresse als ehemalige Sternwarte gilt. Mirza Ulug Beg, der Enkel Timurs, war als Astronom berühmt und soll hier sein Observatorium gehabt haben; nach Vambéry wäre diese neben der von Hulagu in Maraga errichteten die einzige Sternwarte im Osten gewesen.

Medresse Schir Dar (Taf. CXVIII; Abb. 216—219)

An der Ostseite des Registan, der Medresse Ulug Beg gegenüber, liegt die Medresse Schir Dar. Sie ist im Jahre 1610, also unter der Regierung des Imam Kuli, eines Fürsten der Dschaniden-Dynastie, errichtet worden. Aber trotz dieser verhältnismäßig späten Entstehung zeigt das Bauwerk, entsprechend dem stark konservativen Charakter der gesamten persischen Architektur, noch ganz die Weise der älteren Samarkander Denkmäler.

Die Vorderfront nach dem Registan (Abb. 216) zeigt die gleiche Anlage wie bei der Medresse Ulug Beg: ein hoher Mittelteil mit der Portalnische, an den Ecken je ein flankierendes Minaret, dazwischen niedere Mauerzungen. Und auch die Dekoration stimmt, oft bis ins Detail, mit der der Ulug Beg-Medresse über-

ein. Die Minarets, die flachen Wandnischen, die Blendnischen der Portalseiten zeigen im großen die gleichen Muster, und nur die Zwickel der Portalnische sind hier anders gefüllt. Sie zeigen in wappenähnlicher Zusammenstellung eine Komposition, die der Medresse den Namen Schir Dar, Löwenhaus, gegeben hat. Auf einem Grund von reichem Blumen- und Rankenmuster schreitet jederseits ein Löwe, dessen Fell gefleckte Zeichnung aufweist, der Mitte zu. Hinter dem eingebogenen Rücken des Tieres wird die volle Sonnenscheibe sichtbar, ein helles Kreisstück mit der Zeichnung eines Gesichtes in Vorderansicht, das, besonders im rechten Zwickel noch erkennbar, bis unter den Mund zu sehen ist. Dunkle Strahlen umgeben die helle Scheibe. Die Portalnische selbst (Abb. 217), die 18 m breit und 23 m hoch ist, wird wieder von einem gedrehten Wulst gesäumt, während die Außenkanten des ganzen Mittelbaues von einem glatten, aber in Mosaikfayence mit einer Spirallinie umzogenen dicken Rundstab eingefaßt sind. Die Hinterwand der Portalnische ist glatt aufgemauert und im oberen Teile mit einem weitmaschigen geometrischen Mosaikmuster geschmückt, während die untere Hälfte, zweigeschossig gestaltet, wiederum fünf Nischen zeigt. Die höhere Mittelnische, ursprünglich wohl der eigentliche Eingang, ist heute vermauert, so daß man durch die Seitennischen im Zickzack durch einige Räume in den Hof gelangt. Von hier aus gewahrt man, gegen die Eingangsnische gewendet, zwei Kuppeln rechts und links vom Mittelbau, die in der Außenansicht nicht recht zur Geltung kommen, da sie zu weit nach innen geschoben sind (Abb. 218). Sie decken zwei im Grundriß annähernd diagonal von den Eckminarets aus nach innen orientierte Räume, und zeigen die vom Gur-Emir her bekannte Melonenform mit plastischen Wülsten. Während aber dort die Rundwülste ohne Zwischenfelder eng aneinandergerückt waren, hat sich hier der Verband gelockert und damit auch zur Ausbildung von Einzelkonsolen im Stalaktitenkranze geführt, der sich dort als zusammenhängendes Gesims um den Tambour zog. Der hohe Tambour ist auch hier mit einem Schriftfries[1]) und mit schmäleren Rundbändern geschmückt.

---
[1]) An dem linken Tambour ist folgender Spruch aus der Sunna zu erkennen: „Es sagt der Prophet Gottes, Gott segne ihn uns, schenke ihm Heil: Wer Gott, dem Erhabenen, eine Moschee baut usw." (Dr. Mittwoch).

Abb. 216. Samarkand, Medresse Schir Dar, Fassade am Registan

Der Hof zeigt im Grundriß die gleiche Anlage wie bei der Medresse Ulug Beg. In allen vier Seitenmitten öffnen sich weite Liwane nach dem Inneren, zwischen denen, in zwei Geschossen übereinander, die Zellen der Schüler angeordnet sind. Alle Wandstreifen, Zwickel und Bogenlaibungen waren ursprünglich mit Fayencemosaik belegt, von dem sich noch reiche Reste erhalten haben. Im allgemeinen ähnelt dieses Mosaik nach Muster und Anlage ganz dem der älteren Medresse Ulug Beg, und auch die technische Fertigkeit hat nichts von ihrer hohen Ausbildung verloren. Doch vermag man im einzelnen bei den Musterflächen wohl eine gewisse Lockerung des innigen und strengen Verbandes, verbunden mit einer Neigung zum kräftigeren Herausarbeiten größerer Einzelmotive zu beobachten. Die hellen Blütensterne treten stärker, fast nach Art eines Streumusters, aus dem Rankenverbande; und die größeren Rosetten und Sammelpalmetten, die etwa im Seitenstreifen der Hofnische der Medresse Ulug Beg zwar deutlich sich dunkel aus dem Rankengeschlinge heraushoben, im übrigen aber dicht in die Gesamtmusterung verwoben waren, sind hier mit zusammenhängenden, hellen Saumstreifen umrändert und fallen so, scharf als Einzelformen in sich abgeschlossen, hart aus dem umgebenden Rankenmuster heraus. Fast wie unterschnitten wirken die einzelnen Sterne, Palmettengruppen und Langschilde, und es ist erklärlich, daß diesem Gefühl eine Technik sympathisch war, die zum wirklichen plastischen Herausschneiden und Auflegen der geometrischen Randformen die Hand bot.

Tafel CXVIII zeigt die mittlere Eingangsnische [1]) von der

[1]) Das Eingangsportal wird von einer Schriftborte umrahmt, die Koranverse enthält (rechts Sure 89, v. 1—7; nach Dr. Mittwoch).

Abb. 218. Samarkand, Medresse Schir Dar, Kuppel und Minaret der rechten Seite

Hofseite. Rechts und links erkennt man im Seitenstreifen jene Form des langgezogenen, fast zypressenartigen Pinienzapfens, die uns schon beim Gur-Emir und in der Blauen Moschee zu Tebriz begegnet ist. Sie wächst hier aus einer chinesischen Vase auf (Abb. 219).

Medresse Tilja Kari (Taf. CXIX; Abb. 220)

Die Medresse Tilja Kari, die „Vergoldete", soll ungefähr zu gleicher Zeit wie die Medresse Schir Dar, also im Beginn des 17. Jahrhunderts, gebaut worden sein. In der Grundanlage des viereckigen Zellenhofes an der üblichen Anordnung festhaltend, zeigt sie in einigen Einzelheiten bemerkenswerte Abweichungen. So vor allem in der Fassadenbildung (Abb. 220). Während die übrigen Moscheen mit Ausnahme der tiefen Eingangsnische nach außen die geschlossene Wand zeigen, öffnet sich die Medresse Tilja Kari gegen den Platz zu in einem zweigeschossigen Aufbau. Rechts und links vom Mittel-Liwan sind, von zwei niederen Minarets nach außen hin begrenzt, je acht Spitzbogennischen in Doppelreihen übereinander angeordnet; und diese zweigeschossige Anlage setzt sich im Inneren des Liwans fort. Dieser ist nicht, wie in den meisten Fällen, nach hinten glatt abgeschlossen, sondern polygonal im halben Zehneck ausgebildet. Das erste Zehnecksfeld ist rechts und links durch eine Blendnische gegliedert; die übrigen drei Felder öffnen sich abermals in einem Doppelgeschoß nach außen. Alle diese Nischen haben in der Rückwand eine Tür, die in die dahinter gelegene Zelle führt, und nur die beiden äußeren Öffnungen im Mittel-Liwan dienten als eigentliche Tor-Durchgänge.

Abb. 217. Samarkand, Medresse Schir Dar, Hauptportal (aufgen. von H. Burchardt)

Abb. 219. Samarkand, Medresse Schir Dar, Fayencemosaik im Hofportal

Der Hof der Medresse selber zeigt die übliche Anordnung der ringsumlaufenden Nischen, deren Reihe nur auf der linken (West-) Seite durch einen Kuppelbau unterbrochen wird (Tafel CXIX). Eine kleine überwölbte Moscheenanlage ist hier zum Teil noch erhalten. Die ehemals vielleicht reich vergoldete Kuppel, die der ganzen Moschee den Namen gegeben haben soll, ist allerdings eingestürzt oder nicht vollendet, aber der hohe Tambour ragt noch über die Portalwand hinaus. Diese erhebt sich über einem Marmorsockel in der üblichen Anordnung einer tiefen, glatt abgeschlossenen Spitzbogennische, die rechts und links von Seitenstreifen eingefaßt wird. Hier hat sich die Dekoration noch sehr gut erhalten, während die Hauptfassade ihres alten Mosaikschmuckes bis auf wenige Reste völlig beraubt ist. Als Muster finden wir in der Hofnische die bekannten weiten Sternbänder, Rankenkompositionen, eine Reihe reziproker „Standpalmetten" als Saumband der Nischenöffnung, und reich verzierte Kettenbänder. Daß die Anlage schon in das 17. Jahrhundert gehört, spricht sich in der Dreiviertelkreisführung der Ranken in den Hauptzwickeln aus. In den Zwickeln des eigentlichen Tordurchganges finden wir dann jenes Granatapfel-Motiv ganz deut-

lich ausgebildet, das wir in Zwischenstufen schon anderwärts und früher gefunden hatten. Weiß umrandet, hebt sich wie eine durchschnittene Frucht die dunkle Mandelform aus dem Rankengeschlinge, hier ohne Dreiblatt gestaltet, wie sie uns späterhin nochmals begegnen wird.

Die Bauten der Gräberstraße Schah Zinda
(Taf. CXX—CXXII; Abb. 221—228)

Vor den Toren des alten Samarkand, nicht weit entfernt von der Moschee Bibi-Hanum, liegt ein Hügel, der, in seiner ganzen Ausdehnung mit Gräbern übersät, die alte Nekropole der Stadt bildete. Der Hügel führte im Volksmunde den Namen Schah Zinda, d. h. der lebende König; nach einer morgenländischen Barbarossa-Sage soll Kasim, ein Vetter des Propheten, nachdem sein Heer im Glaubenskampfe unterlegen und vernichtet war, hierher geflüchtet sein und noch heute im Innern des Berges lebend verweilen.

Durch ein hohes Hauptportal gelangt man in den mauerumgebenen Bezirk des alten Friedhofes (Abb. 221). Über Stufen hinan zieht mitten durch das Gräberfeld ein Weg, der rechts und links mit prächtigen Grabdenkmälern besetzt ist, Kuppelbauten, die zum Teil verfallen, zum Teil noch erhalten, die ehemalige Pracht der Anlage beweisen. An einem hohen Bau vorbei führt der Weg über die Freitreppe durch ein zweites Portal in eine enge Straße, wo sich auf beiden Seiten Bau an Bau reiht.

Das äußere Hauptportal (Taf. CXX), eines jener üblichen großen Nischenportale, soll von Ulug Beg, dem Enkel Timurs, im Jahre 1434 errichtet worden sein; also in demselben Jahre, in dem der Fürst seine Medresse am Registan vollendete. Die Fassade ist fast ausschließlich mit Ziegelmosaik geschmückt. Rautenbänder und Schriftzüge, ineinandergeschachtelte Standpalmetten an den Ecksäulchen, ein weitmaschiges Sternmuster in der Lünette geben die Hauptmotive. In den Zwickeln des

Abb. 220. Samarkand, Medresse Tilja Kari, Fassade am Registan (aufgen. von H. Burchardt)

Tordurchganges bemerkt man Rosetten und Rankengeschlinge in Fayencemosaik.

Auf derselben Tafel sieht man links hinter dem Portale eine auffallend hohe Kuppel emporragen. Sie gehört zum Mausoleum der Amme Timurs, Oldscha Aïm. Auf dem sehr hohen Tambour, der eine umlaufende Inschrift trägt, setzt die übliche Spitzkuppel auf, deren Belag mit Schmuckplatten fehlt. Die hervorschauenden Sparrenköpfe lassen vermuten, daß die Kuppel nicht ganz vollendet worden ist, also niemals ihren farbigen Belag getragen hat. Die Ähnlichkeit dieser Grabanlage mit dem ursprünglichen Gur-Emir ist augenscheinlich: Hier wie dort der quadratische Sockel, die Überführung des Achtecks in den Tambour, und die Spitzkuppel. Von diesem Gebäude aus gewinnt die Annahme vermehrte Wahrscheinlichkeit, daß der Gur-Emir ursprünglich bloß aus der überkuppelten Grabanlage bestanden habe; und daß erst in späterer Zeit der große Hof mit den Zellen und dem Eingangstore hinzugebaut worden sei.

Über die erwähnte Treppenanlage gelangt man vom Grab der Oldscha Aïm aus durch eine zweite, kleinere Portalanlage in eine enge Straße, die von beiden Seiten mit Gräbern besetzt ist. Es sind stets quadratische Räume, die mit Spitzkuppeln, teils in Melonenform, teils mit glatter Oberfläche, überdacht sind. Nach der Straße öffnet sich eine im Spitzbogen geschlossene Nische, deren Wände reichen Schmuck tragen; Fayence- und Ziegelmosaik, aber auch jene neue, den Timuridenbauten in dieser reichen Verwendung eigentümliche Technik der Relieffliesen, der vor dem Brande geschnittenen und dann glasierten Fliesen, die wir oben eingehend behandelt haben, ist hier zur Anwendung gekommen.

Von den etwa achtzehn Grabbauten, die sich an dieser Mittelstraße bis heute erhalten haben, seien hier nur die wichtigsten hervorgehoben. So erwähnen wir nur kurz den nächsten Gebäude, den Schubert v. Soldern als das Grabdenkmal einer Schwester Timurs bezeichnet (Abb. 222). Die Eingangstür ist von rechteckigen Feldern eingefaßt, die in Ziegelmosaik mäanderartig stilisierte kufische Schriftzüge zeigen, um die sich ein Rahmenband mit rosettenartig ausgebildeten, unverbundenen Rauten herumzieht.

Abb. 222. Samarkand, Schah Zinda, Eingang zu einem Grabe

Weiter folgen an der Straße, einander gegenüberliegend, die Mausoleen zweier Brüder Timurs (?); von einem derselben, dem auf der linken Seite, gibt Taf. CXXI Details der Wandbekleidung: ein Mosaikmuster der reichsten Art und nicht ohne charakteristische Eigentümlichkeiten der Timuridenbauten. Schmale Streifen legen sich um ein Mittelband, das zwei in einander verschlungene Inschriften enthält. Die größere, hellfarbige gibt den Anfang eines Satzes aus der Sunna,[1] die kleinere, dunkle ebenfalls einen frommen Spruch. Beide Inschriften heben sich von leicht und frei geschwungenen Kreisranken ab. Das untere Ende des Schriftstreifens bildet ein kleines, teppichartiges Feld, in dem aus einer chinesischen Vase flächenfüllende Ranken wachsen. Schon hier fällt unter den kleinen Blütenformen eine Bildung auf, die, etwa herzförmig gestaltet, sich jenem granatapfelähnlichen Muster nähert, das wir bereits früher erwähnt haben. Der umlaufende schmalere Streifen gibt ein Palmettenblüten-Band und hierauf folgend eine jener reichen kettenartigen Kompositionen, die an den persischen Bauten so zahlreich sind. Die kürzeren Glieder sind als Achtpaßrosetten mit Blütensternfüllung, die längeren als Zierschilde ausgebildet. Und die Füllung dieser Langfelder zeigt, gegenständig zusammengelegt, wieder jene offenbar immer beliebter werdende Form des Granatapfels, die auch in den übrigen Mustern verstreut anzutreffen ist. Im senkrechten Streifen links vor der eigentlichen Portalöffnung ist bei der zweispitzigen, untersten dunklen Sammelpalmette die untere Spitze ausgebrochen, so daß der Kontur rund herumläuft und das Granatapfelmotiv ergibt. Man kann hier im Vergleich dieser Zufallsbildung mit den übrigen intakten Formen beobachten, wie durch das Abrunden der unteren Ausschwingung sofort etwas Tektonisches in die Bildung kommt, das beim zweispitzigen Oval durch die einseitige Ausbildung eines Dreiblattes, das dem unteren Ende fehlen kann, schon vorbereitet war. Auf dieses Gefühl einer leisen tektonischen Orientierung, das auch die Zwickelrosette links deutlich erkennen läßt, sei hier wenigstens kurz hingewiesen.

Abb. 221. Samarkand, Gräberstraße Schah Zinda

---

[1] „Im Namen Allahs, des Barmherzigen, des Erbarmers. O Gott, gib uns ein Licht in(unseren) H(erzen)." (Dr. Mittwoch).

In dekorativer Beziehung weitaus die bedeutendsten Bauten sind nun die folgenden, ebenfalls einander gegenüberliegenden Grabdenkmäler zweier Schwestern Timurs, von denen, an mehrere Aufnahmen (Taf. CXXII; Abb. 223—226) anschließend, das links liegende hier genauer besprochen werden soll. Nach Schubert v. Soldern und Dr. Albrecht[1]) ist der Bau das Grab der älteren der beiden Schwestern, der Tschodschuk Bika, und ihrer drei Kinder, und auf Grund einer Inschrift ist er in das Jahr 737 d. H. = 1371 n. Ch. zu datieren. Auch die Namen der Baumeister, Zain ed Din und Schems ed Din, finden sich genannt. Die Grundrißform ist die typische (Abb. 223); ein Quadrat von über 6 Meter Seitenlänge bildet den Grundplan des Inneren, dessen Wände durch 2 Meter breite, aber flache Nischen gegliedert sind. In die Ecken eingebaute Bogen mit Stalaktitenwölbungen vermitteln über das Acht- und Sechzehneck den Übergang in den Grundkreis der Melonenkuppel.

Fassade und Inneres dieses kleinen Baues sind aufs reichste ausgestattet; das Äußere vorwiegend in Schnittfayence, das Innere durch Kachelbelag, Fayence- und Ziegelmosaik. Die Ornamentformen des Äußeren zeigen im Detail keine für uns neuen Formen, die bekannten aber in schärfster Zeichnung und feinster Ausführung. Die über zwei Meter breite Tornische ist im Kielbogen durch ein Stalaktitengewölbe geschlossen. Das Türgewände ist der üblichen Streifen- und Felderteilung so reich mit geschnittenen Fayence-Kacheln geschmückt, daß diese kleine Grabfassade sich mit den prächtigsten Bauwerken Samarkands messen kann (Abb. 224; Taf. CXXII). Der Sockel trägt, wohl mit Rücksicht auf seine größere Gefährdung, überwiegend Ziegelmosaik; geschlossene und gesprengte Rankenbänder nehmen kreisförmige Rosetten in die Mitte. Über dem Sockel faßt auf jeder Türseite ein Ziegelmosaikstreifen mit aneinandergereihten Kreuzen ein hohes Wandfeld ein, das wieder durch drei schmale Streifen in zwei Teile zerlegt wird. Da in diesen Schmalfeldern wieder regelmäßige Ziegelbänder die Flächenspiegel einfassen, laufen elf verhältnismäßig schmale Streifen das Gewände entlang und geben der Gesamtfläche eine Kleinteilung, innerhalb der sich dann die Feinheit der Muster aufs reichste entfalten kann. An den äußeren und inneren Ecken des Gewändes steht dann noch je ein völlig mit Ornamenten übersponnenes Rundsäulchen, vor das sich an den inneren Ecken noch ein Schriftband legt. So werden es insgesamt vierzehn aufstrebende Hochfüllungen, die die verhältnismäßig schmale Seitenwand gliedern.

Und in diesen Füllungen zeigt sich die Technik der Relieffliesen auf der größten Höhe ihrer Ausbildung (vgl. Taf. CX bis CXIII). In reichster Variation wechseln die Künstler von Feld zu Feld mit den Motiven. Die äußeren Ecksäulchen haben reich verzierte, schlanke Basen, deren Formen denen der Holzarchitektur sich nähern, wie sie selbst heute noch in diesen Gegenden üblich sind. Der eigentliche Säulenstamm zeigt arabeskenförmige Kompositionen, in denen als Hauptmotiv die sogenannte „Flügelpalmette“ wiederkehrt. Nach innen zu folgt auf die Ziegelmosaikstreifen ein Feld, in dem einzelne Tafeln, die meist drei Sterne enthalten, so aneinandergelegt werden, daß ein Sternstreifen entsteht, den zu beiden Seiten die Hälften jener

[1]) Max Albrecht: Russisch Zentralasien. Hamburg 1896. S. 220 ff.

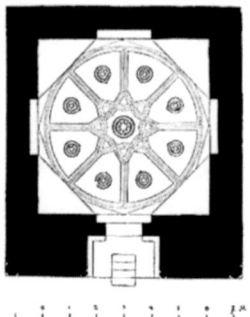

Abb. 223. Samarkand, Schah Zinda, Grab der Tschodschuk Bika, Grundriß, nach Schubert v. Soldern

Kreuze begleiten, die bei der Erfindung des Musters für den Belag breiter Flächen mit Kacheln die Zwischenräume zwischen je vier Sternen zu füllen hatten (vgl. Abb. 76). Das Muster der Kreuz-Stern-Fliesen, das etwa um dieselbe Zeit auch im Fayencemosaik aufgenommen wurde (vgl. Abb. 209), ist hier in die Technik der Relieffliesen übertragen. Es folgt ein Inschriftfries mit hohen hellen Lettern auf Rankengrund, der am unteren Ende ebenso wie der nächste breitere Streifen unter einem trennenden kurzen horizontalen Schriftbande eine Sockelplatte enthält, die in Anlehnung an die Nischen der Gebetsteppiche eine Dreipaßform mit Arabeskenfüllung zeigt. Der nächste breite Streifen reiht in fortlaufendem Bande Rosetten in Achtpaßform aneinander, deren Grund ebenso wie die Restzwickel mit dichtestem Rankengeschlinge gefüllt sind. In ähnlicher Weise zeigt der letzte Streifen vor dem Nischensäulchen verschlungene kufische Lettern auf dichtem Arabeskengrund. Das erwähnte Ecksäulchen endlich gibt in freierem Schwunge Arabeskenkombinationen, deren Grundform zweispitzige Ovale bilden, zwischen die sich „Kelchpalmetten“ reicher Bildung legen. Als interessantestes Motiv dieses Säulchens aber zeigt sich unter einem horizontalen Schriftgurt in dem Vorderfeld der Basis jenes dem Granatapfel ähnliche Motiv, von dem schon des öfteren die Rede war. Aus einem schmalen Bande gebogen, erscheint es hier als Hohlform, die ein kleines Arabeskenmotiv rahmenförmig umgibt.

Derselbe Bau zeigt aber diese letztere Form auch als Vollkomposition. Über dem Türeingang, der wieder von einer Schriftborte mit Rankenfüllung umzogen und rechts und links von Ornamentfeldern begleitet ist, ist die unterste Reihe der Stalaktitenfelder mit dichtem Rankengeflecht übersponnen, in dessen Mitte der „Granatapfel“ wiederkehrt (Abb. 224). Gleichsam auf dem Geflecht aufliegend und mit feinem Innenornament gefüllt, wird die Form so sehr als fest in sich abgeschlossene aufgefaßt, daß sie in den beiden Eckfeldern in der Mitte geteilt, als halbe Form, angebracht wird, trotzdem noch Platz für fast völliges Ausziehen des Konturs gewesen wäre. Diese Tendenz, eine Form als in sich abgeschlossene zu nehmen, die ja bei der Entstehung des Motivs aus dem richtungsloseren des zweispitzigen Ovals von vornherein mitsprach, läßt sich in der morgenländischen Ornamentik sonst nicht häufig beobachten.[1])

Auch das Innere des Baues ist aufs reichste ausgestattet (Abb. 225). Ein Sockel in Fayencemosaik mit geometrischen und

[1]) Ein kleines Täfelchen an der Basis der rechten flankierenden Säule in der Nische (vgl. Taf. CXXII) zeigt eine arabische Inschrift in sehr kleinen Charakteren, deren Anfang mit Sicherheit die Worte „Gemacht von Zain ed Din“ erkennen läßt (Dr. Mittwoch). Es ist also hier der ausführende Künstler verzeichnet.

Abb. 224. Samarkand, Schah Zinda, Portal vom Grabe der Tschodschuk Bika

Abb. 225. Samarkand, Schah Zinda, Grab der Tschodschuk Bika, Innenraum

Nischenmotiven mit Rankenfüllung geschmückt, wird nach oben zu durch ein Schriftband abgeschlossen. Die Wandfläche darüber zeigt bis zum Ansatz der Stalaktitennischen reichende große Vierecksfelder, in denen vielfache Rahmenstreifen aus Ziegel- und Fayencemosaik Mittelfelder umschließen, die aus sechseckigen Kacheln mit eingearbeiteten geometrischen Mustern gebildet werden. Nicht minder reichen Schmuck zeigt die Innenwölbung der Kuppel (Abb. 226). Zwei vierstrahlige Sterne legen sich in der Höhe der Wölbung ineinander und senden acht Rundwulste, die durch verschiedenfarbige Steine gemustert sind, zum Grundkreis der Kuppel. Den Mittelpunkt schmückt nach Art eines Schlußsteines eine Kreisrosette; die acht Langstreifen sind mit drei verschiedenen geometrischen Mustern gefüllt. Zwei dieser Muster zeigen die üblichen geometrischen Motive, das dritte aber eine Übertragung eines typischen Sternmusters des Ziegelmosaiks in Fayencemosaik, das wieder in viereckigen Tafeln die Wölbung bekleidet. In der Mitte aller acht Felder aber erscheint dann, mannigfach mit Kreisrosetten gefüllt, das granatapfelähnliche Motiv, hier aber ohne krönendes Dreiblatt, in mandelartiger Bildung. Die Ausbildung plastischer Rippen, die ganze Gewölbeteilung sowie die über dem unteren Drittel der Zwickelflächen schwebende, abgemessene Einstellung der Mandelform gibt dem ganzen Kuppel-Inneren einen gefaßten, wohl abgestimmten, fast tektonischen Charakter.

In aller Kürze sei noch das gegenüberliegende Grabmal der jüngeren Schwester Timurs, Schirin Bika Aka, erwähnt (nach Albrecht a. a. O. S. 220). Es zeigt im Äußeren (Abb. 227) große Ähnlichkeit mit dem eben beschriebenen, während das Innere bloß durch Freskomalerei geschmückt ist. Es soll einer Inschrift zufolge im Jahre 1385 errichtet worden sein.

Die übrigen Grabbauten, die noch an der bald in großem Bogen nach rechts hin umbiegenden Gräberstraße stehen (vgl. Abb. 221), bieten wenig Neues mehr. Die Moschee und das Grabmal des Schah Zinda selbst, die dem ganzen Baukomplex den Namen gegeben haben, stehen fast am Ende des Weges. Wir erwähnen von der bei Schubert v. Soldern abgebildeten Moschee hier nur die Tür (Abb. 228). Aufs reichste und zierlichste geschnitzt, zeigt sie ein längeres Mittelfeld, das oben und unten von kleineren Feldern eingeschlossen ist. Das untere und das mittlere Feld, die Rahmenleisten und die Schlagleiste sind mit dichtem Arabeskenwerk gefüllt, die beiden oberen Felder zeigen Schriftzüge auf Rankengrund. Schöne, durchbrochene Bronzegehänge haben sich an der Tür erhalten.

Nicht weit von dieser Moschee stößt man dann auf die Mauer, die ehemals das ganze Gräberfeld umgab.

Buchara, der Verbrecherturm (Taf. CXXIII; Abb. 229)

Die Tafel zeigt ein nicht in Samarkand, sondern in Buchara, der zweiten Hauptstadt Transkaspiens, befindliches Ziegelbauwerk, das seinen Zusammenhang mit persischen Denkmälern, wie wir sie oben mehrfach erwähnt haben, nicht verleugnen kann. Das Minaret Kaljan oder Mir Arab, der sogen. Verbrecherturm,[1] erinnert in der Dekoration seines säulenartigen Aufbaues an die von uns beschriebenen Türme von

[1] Es sollen in früherer Zeit von dem Turm die zum Tode verurteilten Verbrecher herabgestürzt worden sein.

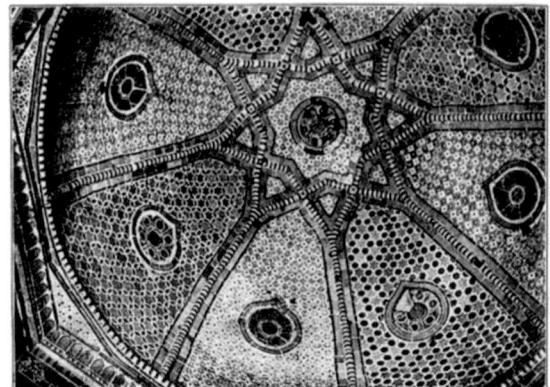

Abb. 226. Samarkand, Schah Zinda, Kuppeldekoration im Grabe der Tschodschuk Bika
(aufgen. von H. Burchardt)

Damgan, Semnan u. a. m. (vgl. Taf. LXXXIII; Abb. 151, 152).
Auch hier umgeben den in leichter Verjüngung aufsteigenden
Säulenschaft verschiedene in Ziegelverblendung ornamentierte
Bänder, die durch schmale Borten und Schriftbänder getrennt
werden. Bei jedem dieser geometrischen Bänder wird das
Muster durch den Schlagschatten der vorgekragten Ziegel
wirkungsvoll zum Ausdruck gebracht. Auch hier sind die

Schriftbänder aus einzelnen Tonplatten zusammengesetzt. Der 60 m hohe Turm verdiente eine eingehendere Untersuchung, die
jedenfalls ergeben würde, daß seine Bekrönung
einer späteren Zeit angehört. Über einem leicht
vorkragenden Stalaktitengebälk steigt eine von
gekuppelten Säulen getragene Bogengalerie
empor, die wiederum durch einen mächtigen
Stalaktitensims bekrönt wird; eine kleine
Rundpyramide bildet den äußersten Abschluß.

Eine ältere Form eines ähnlich dekorierten
Turmes auf turanischem Boden zeigt Abb. 229.
Hier ist der über einem achteckigen Sockel aufsteigende Säulenschaft mit einer gleichmäßigen
Ziegelschichtung verblendet und nur durch vier
kufische Schriftbänder in ungefähr gleichem Ab-
stande voneinander gegliedert. Das letztere Bauwerk dürfte dem 11. bis 12. Jahrhundert angehören, während das Minaret von Buchara
wohl schon dem 13.—14. Jahrhundert zugeschrieben werden muß. Diese beiden, hier wiedergegebenen
Türme aus transkaspischem Gebiet dürften für die noch zu
schreibende „Geschichte der Minarette", die von Hermann
Thiersch jüngst (Pharus, S. 96—174) berührt worden ist, von
Bedeutung sein. Wir stehen hier, dem Charakter des Werkes
entsprechend, von einem Versuch ab, auf die Entwicklungsgeschichte dieser Bauform näher einzugehen.

Abb. 227. Samarkand, Schah Zinda, Grab der Schirin Bika Aka, Detail vom Portal

Abb. 228. Samarkand, Tür in der Grabmoschee Schah Zinda

CHRONOLOGISCHES VERZEICHNIS DER BEHANDELTEN BAUDENKMÄLER*)

Abb. 229. Turm bei Termes am Amu Darja

VERZEICHNIS DER KÜNSTLERNAMEN

*) Dieses und die folgenden Register sind von Herrn Dr. Ernst Kühnel aufgestellt.

Muhammed ibn Ahmed, Stuckkünstler in Bostam, 117.
— — Chaulan, Baumeister aus Damaskus, 122.
— — Husain ibn Abi Talib al-Mohundi, Baumeister in Bostam, 116.
— — Muhammed, Baumeister aus Isfahan, 149.
— — Muhammed ibn Osman, Baumeister aus Tus, 127.
— — Saffar aus Damgan, Architekt (?), 116.

Nizam ed-din, Holzschnitzer in Damgan, 115.
Ortonk Mani, Maler, 145.
Sadik Bey, persischer Oberbaumeister, 50.
Scherns ed-din, Architekt in Samarkand, 158.
Tahir Bendege aus Tebriz, Stuckkünstler in Marand, 25.
Zain ed-din, Architekt in Samarkand, 158.

PERSONEN- UND ORTSREGISTER

(Für Künstler- und Schriftstellernamen siehe die besonderen Verzeichnisse)

SACHREGISTER

(Fremde Baudenkmäler, die nur zum Vergleich herbeigezogen wurden, sind hier in Klammern gesetzt. Fettgedruckte Seitenzitate beziehen sich auf ausführlichere Beschreibungen. Bei den Tafelhinweisen ist zu beachten, daß farbige Tafeln doppelt zählen, und daß im Tafelwerk römische Ziffern verwandt sind.)

LITERATUR-VERZEICHNIS

K. K. Akademie der Wissenschaften, Kuseir Amra. Wien 1907.
(C. H. Becker, Das Wiener Kuseir Amra-Werk. Zeitschrift für Assyriol. 1906.)
Max Albrecht, Russisch-Zentralasien. Hamburg 1896.

K. v. Baer, Dattelpalmen am Ufer des Kaspischen Meeres sonst und jetzt. Melanges biologiques. III.
Barbaro, Josafa, s. Hakluyt Society.
Jbn Batouta, Voyages. Ed. Defrémery et Sanguinetti. Paris. 1853—58.

C. H. Becker, Christentum und Islam. Tübingen 1907.
F. Blochet, Les inscriptions de Samarkand. I. Le Goûr-i-Mir. Revue archéologique 1897.
R. Borrmann, Die Keramik in der Baukunst. Stuttgart 1897.
J. Bourgoin, Les éléments de l'art arabe. Le trait des entrelacs. Paris 1879.
Corn. de Bruins Reizen. (Le Brun.) Amsterdam 1711.
A. J. Butler, Egypt and the ceramic art of the nearer east. (Burlington Magazine 1907, p. 48 ff.)
Chev. Chardin, Journal de voyage. Londres 1686.
Jean Chesneau, Le voyage de M. d'Aramon. publié par Ch. Schefer. Paris 1887.
R. González de Clavijo, Historia del Gran Tamorlan. Sevilla 1582.
Commission impér. archéolog., Les mosquées de Samarcande. Fasc. I. Gour-Emir. St. Pétersbourg 1905.
Contarini s. Hakluyt Society.
Pascal Coste, Les monuments modernes de la Perse. Paris 1867. (Siehe auch Flandin.)
George N. Curzon, Persia. London 1892.
G. Davillier, Histoire des fayences hispano-moresques à reflets metalliques. Paris 1861.
Jane Dieulafoy, La Perse, la Chaldée et la Susiane. Paris 1887.
Marcel Dieulafoy, Mausolée de Chah Khoda–Bendè. Revue gén. de l'architecture. 1883, p. 97, 145, 193 et 241.
B. Dorn, Caspia. Über die Einfälle der alten Russen in Tabaristan. Mémoires de l'Académie Impériale de St. Pétersbourg. Tome XXIII, St. Pétersbourg 1875.
J. Fergusson, History of Indian and eastern architecture. London 1891.
J. P. Ferrier, Voyages en Perse. Paris 1860.
Dr. Feuvrier, Trois ans à la cour de Perse. Paris 1906.
Flandin et Coste, Voyage en Perse. Perse moderne. Paris.
Fråhn, Chr. M. v. Varia Orientalia. 1836–1848. Journ. de St. Péters-bourg 1829, Nr. 138. Journal Asiatique, Nouv. série. II. 1836.
Franz Pascha, Kairo. („Berühmte Kunststätten.") Leipzig 1903.
J. Fraser, Narrative of a journey into Khorasan. London 1825.
James B. Fraser, Travels and adventures. London 1826.
M. Gayet, L'art arabe. Paris 1893.
Cte. A. de Gobineau, Trois ans en Asie. Paris 1859.
Goethe, West-Östlicher Diwan. 1819.
C. Gurlitt, Die Baukunst Konstantinopels. Berlin 1909.
J. C. Haentasche, Paläste Schah Abbas I. in Mazenderan. ZDMG 1864.
Hakluyt Society, Early voyages and travels to Russia and Persia by Anthony Jenkinson and other Englishmen. London 1886.
Hakluyt Society, Travels to Tana and Persia by Josafa Barbaro and Ambrogio Contarini. London 1873.
Hakluyt Society, The travels of a merchant in Persia. London 1873.
v. Hammer, Geschichte der Ilchane. Darmstadt 1842.
J. Hanevay, A historical account of the british trade over the Caspian Sea. London 1753.
Th. Herbert, Some years travels etc. London 1638.
Herodoti historiarum libri IX. ed. Henr. Rud. Dietsch. Lipsiae 1887.
E. Herzfeld, Samarra. Aufnahmen und Untersuchungen zur islamischen Archäologie. Berlin 1907.
W. Heyd, Geschichte des Levantehandels im Mittelalter. Stuttgart 1879.
W. R. Holmes, Sketches on the shores of the Caspian. London 1845.
Hommaire de Hell, Voyage en Turquie et en Perse. Texte I–IV. Paris 1854–1860. Atlas. Paris 1859.
Houtum-Schindler, Eastern Persian Irak. London 1789.
C. Huart, Epigraphie arabe d'Asie Mineure. Revue Sémitique. 1895.
C. Huart, Konia, la ville des derviches tourneurs. Paris 1897.
A. V. William Jackson, Persia past and present. New York 1906.
G. Jacob, Geschichte des Schattentheaters. Berlin 1907.
Ed. Jacobsthal, Mittelalterliche Backsteinbauten zu Nachtschewan im Araxes-thale. Mit ein. Bearbeitung d. Inschriften v. Mart. Hartmann. Berlin 1899.
Jacut, s. Jaut.
A. Jaubert, Voyage en Arménie et en Perse. Paris 1821.
J. Karabacek, Zur muslimischen Keramik. Österr. Monatsschr. f. d. Orient. Sep.-Abdr. id., Zur vorislamischen Keramik. ibd.
Sir R. Ker Porter, Travels in Georgia, Persia etc. London 1821.
Ibn Batoutah, Prolégomènes, trad. p. M. de Slanc. Paris 1865.
N. de Khanikoff, Mémoire sur la partie méridionale de l'Asie Centrale. Paris 1861.
id., Map of Aderbeijan, drawn of H. Kiepert. Berlin 1862.

J. H. Löytred, Konia. Inschriften der seldschukischen Bauten. Berlin 1907.
J. Malcolm, The history of Persia. London 1815.
Matla el-Schems, verfaßt von Muh. Hassan Chan. 1801 d. H. (1883/84).
G. Melgunof, Das südliche Ufer des Kaspischen Meeres. Leipzig 1868.
G. Mendel, Les monuments seldjoukides en Asie Mineure. Revue de l'Art 1908.
G. Migeon, Manuel d'art musulman. II. Paris 1907.
G. Migeon, Trois fayences orientales lustrees. Fondation E. Piot 1906.
Mirchond, Geschichte der Seldschuken, übers. v. J. A. Vollers, Gießen 1837.
Colon. Montheith, Geogr. Journal of the R. Geographical Society. III, 1832.
J. de Morgan, Mission scientifique en Perse. Etudes géographiques. I, II. Paris 1894–1895.
James Morier, Journey through Persia. London 1812. id., Second journey. London 1818.
H. Müller, Der Islam im Morgen- und Abendland. I. Berlin 1885.
Th. Nöldeke, Geschichte der Perser und Araber zur Zeit der Sassaniden. nach al-Tabari. Leyden 1879.
E. O'Donovan, The Merv Oasis. I.
Adam Olearius, Muskowitische und Persische Reyse. Schleswig 1654.
Orientalische Teppiche, 101 Tafeln. Herausg. vom k. k. Handels-Museum. Wien 1892–1896.
Altoriental. Teppiche, 25 Tafeln. Herausg. vom k. k. Österreichischen Museum für Kunst und Industrie. Text von Friedrich Sarre. Wien 1906/07.
W. Ouseley. Travels in Persia. London 1823 (s. ibd. Hamdallah).
Polybius, Historiae. Ed. Frid. Hultsch. Berol. 1888.
Quatremère, Notices et extraits de la Bibliothèque du Roi. XIV. 1853.
Ramusio, Secondo volume delle Navigationi et Viaggi. Venetia 1559. p. 78–91. Viaggio d'un mercante che fu nella Persia.
Riegl, Die altrömische Kunstindustrie usw. Wien 1901.
C. Ritter, Erdkunde. Band VI, 2. Berlin.
de Rubruquis, Voyage en Tartarie, éd. de Bergeron. La Haye 1735. (cf. Ouseley.)
H. Saladin, La mosquée de Sidi Oqba à Kairouan. Paris 1899.
H. Saladin, Manuel d'art musulman. I. Paris 1907.
F. Sarre, Reise in Kleinasien, Forschungen zur seldschukischen Kunst usw. Berlin 1896.
Sarre und Mittwoch, Die spanisch-maurischen Lüsterfayencen. Jahrb. d. Kgl. preuß. Kunstsamml. 1903.
F. Sarre, Erzeugnisse islamischer Kunst. Teil I: Metall. Berlin 1906. Teil II: Seldschukische Kleinkunst. Berlin 1909.
Sarre, Makam Ali am Euphrat. Jahrb. d. Kgl. preuß. Kunstsamml. 1908.
F. Sarre, Iranische Felsreliefs. Berlin 1909.
Graf A. F. v. Schack, Heldensagen von Firdusi. 1851.
Scheref ed-din Ali, Geschichte des Timur Beg. Persische Ausgabe, I. Französ. Übersetzung von Petis de la Croix. Paris 1722.
G. Schubert v. Soldern, Die Baudenkmale von Samarkand. Wien 1898.
N. Simakoff, L'art de l'Asie Centrale. St. Pétersbourg 1883.
E. Stebbing, The holy carpet of Ardebil. London 1893.
G. Le Strange, The lands of the eastern caliphate. Cambridge 1905.
J. Straygowski, Machatta. Jahrb. d. Kgl. preuß. Kunstsamml. 1904. (N. Rhodokanakis, Machatta. Wiener Zeitschr. f. d. Kunde d. Morgenland. Band 19.)
Schah Tahmasp I., Denkwürdigkeiten, übers. v. Paul Horn. Straßburg 1891.
W. Frhr. v. Tettau, Dr. F. Sarre's Sonderausstell. auf d. deutschen Bau-ausstellung. (Deutsche Bauhütte 1900. S. 252 ff.)
Ch. Texier, L'Arménie, la Perse et la Mésopotamie. Paris 1842. id., Description de l'Asie Mineure. II. Paris 1849.
Frhr. M. v. Thielmann, Streifzüge im Kaukasus usw. Leipzig 1875.
H. Thiersch, Pharos. Antike, Islam, Occident. Leipzig 1909.
L. Thuasne, Gentile Bellini und Sultan Muhammed II. Paris 1888.
Pietro della Valle, Viaggi. Brighton 1843.
H. Vambéry, Geschichte Bucharas. Stuttgart 1872.
Le Cte de Vogüé, Syrie Centrale. Architecture civile et religieuse du Ier au VIIe siècle. Tome I–III. Paris 1865–1877.
Wallis, Notes on some early persian lustre vases. I–III. London 1885–89. id., Persian ceramic art. The Godman Collection I. 1891. II. 1894. id., Typical examples of persian ceramic art. I. II. 1893. id., The oriental influence on the ceramic art of the italian renaissance. 1900.
J. Wellhausen, Das arabische Reich und sein Sturz. Berlin 1902.
Yacuts geograph. Wörterbuch I–V. ed. Wüstenfeld. Berlin 1866/73.
H. Yule, The book of Ser Marco Polo. London 1871.

Berlin, Druck von W. Büxenstein.

DENKMÄLER

PERSISCHER BAUKUNST

GESCHICHTLICHE UNTERSUCHUNG UND AUFNAHME

MUHAMMEDANISCHER BACKSTEINBAUTEN IN VORDERASIEN

UND PERSIEN

VON

FRIEDRICH SARRE

UNTER MITWIRKUNG

VON

BRUNO SCHULZ, REG.-BAUMEISTER UND GEORG KRECKER, REG.-BAUFÜHRER

BERLIN

VERLAG VON ERNST WASMUTH

ARCHITEKTUR-BUCHHANDLUNG

35 — MARKGRAFENSTRASSE — 35

1901

SEINER MAJESTÄT

DEM KAISER UND KÖNIGE

WILHELM II.

IN TIEFSTER EHRFURCHT

GEWIDMET

Vorwort

Das Hochland von Iran, das Land der Perser, ist seit der Niederwerfung der babylonischen Weltmacht durch Kyros auf den Gang der Weltgeschichte von bestimmendem Einfluss gewesen. Unter ihm und seinen Nachfolgern gelangten ganz Vorderasien bis zum ägäischen Meere und Aegypten unter die Oberherrschaft der persischen Monarchie, bis die Griechen einem weiteren Vordringen Einhalt geboten. Aber Alexanders Siegeszug, seine und der Diadochen Besitzergreifung des Landes selbst waren nur eine Episode. Weder die Legionen Roms, noch die Heere von Byzanz haben es vermocht, den durch die Parther und Sassaniden zur alten Einheit und Macht zurückgeführten Nationalstaat niederzuwerfen oder auch nur ernstlich zu erschüttern. Erst dem Ansturm der fanatischen Glaubensheere der Araber erlag das persische Weltreich, und die Einheit des Landes ging mit dem nationalen Kultus zu Grunde.

Auf den Trümmern entstanden Staaten unter teilweise selbständigen Statthaltern, und wenn auch Bagdad, der Sitz des Chalifats, als das Centrum der ostislamischen Welt angesehen wurde, so gelangten doch das nördliche Persien mit seinen Hauptstädten Nischapur, Ray (Rhages) und Tus, die Oxusländer mit Samarkand, ferner Balch und Herat zu selbständiger Blüte und eigener Kultur. Um die Wende des Jahrtausends errichtete Machmud von Gazna im heutigen Afganistan einen mächtigen Staat, der bald nach seinem Tode zusammenfiel, als der türkische Stamm der Seldschuken aus dem Innern Asiens hervorbrach und in ungezügeltem Siegeslauf ganz Iran, das Chalifenreich von Bagdad, Syrien und Kleinasien in seine Gewalt brachte. In dieser Jahrhunderte lang währenden Periode der Völkerwanderung, als den sesshaft gewordenen Seldschuken die Mongolen unter Dschingiz Chan und diesen die Scharen Timurs folgten, ist trotz der gewaltigen Umwälzungen und Verheerungen die Kultur Irans nie völlig zu Grunde gegangen. Oft wurden die Söhne und Enkel barbarischer Eroberer friedliche Förderer und Beschützer wissenschaftlicher und künstlerischer Bestrebungen. Ikonium, die Hauptstadt der seldschukischen Sultanats von Kleinasien, Tebriz und Sultanieh, die Residenzen der mächtigen mongolischen Ilchane, sind Beispiele dieser friedlichen Entwickelung. Jene Fürsten fühlen sich nicht als Fremde, sie betrachten sich als die Nachfolger der grossen Achämeniden und Sassanidenherrscher. Als solche nennen sich die seldschukischen Sultane von Ikonium nach dem Heldengeschlecht der Kajaniden: Kai-Kobad, Kai-Kaus und Kai-Chosro, wie sie Firdosi im Schahname, dem nationaliranischen Epos, besungen hat.

Als im XVI. Jahrhundert durch die Dynastie der Safiden das ganze iranische Hochland nach Jahrhunderte langer Zerrissenheit noch einmal wieder unter einem Scepter vereinigt wurde, erlebten die Perser, geführt von kraftvollen und klugen Herrschern und erfüllt von dem Bewusstsein, im Gegensatz zu allen anderen muhammedanischen Völkern als Schiiten die wahre Lehre des Propheten zu besitzen, eine kurze Zeit des Glanzes und nationaler Grösse.

Im Gegensatz zur Kenntnis der Geschichte und Litteratur des weiteren Orients ist die der Kunstdenkmäler eine geringe geblieben, eine Folge der Abgeschlossenheit des Landes, der Schwierigkeiten, die sich dem Reisenden entgegenstellen, und die sich seit drei Jahrhunderten, wo uns zuerst europäische Kaufleute und Missionare von den Denkmälern Persiens Kunde brachten, nur teilweise vermindert haben. Zwar kennt man das gewaltige Relief des Darius am Berge Bisutun, die Ruinen von Pasargadae und Persepolis, die dank dem festen Material der Zerstörung einigermassen widerstanden haben. Anders verhält es sich mit den fern vom Gebirge, aus Backstein errichteten Denkmälern. Hier können nur systematische Ausgrabungen Klarheit schaffen, wie sie Marcel Dieulafoy auf der Statte des alten Susa unternommen hat, und aus denen hervorgeht, dass die Perser auf keramischem Gebiete die Kunst der unterworfenen assyrischen und babylonischen Länder übernommen haben.

Aus der Epoche der Sassaniden hat sich von keramischen Leistungen nichts erhalten; aber in ihren grossartigen Palastanlagen haben sie Vorbilder geschaffen, die für die Entwickelung der muhammedanischen Baukunst, für die Anlage der Moscheen und religiösen Schulen von hoher Bedeutung gewesen sind.

Auf der durch die spätantike, byzantinische und sassanidische Kunst geschaffenen Grundlage hat sich die Architektur der ostislamischen Länder entwickelt, und sie ist als solche einen ganz anderen Weg gewandelt, als die der westlichen Länder des Islams. Der Backstein ist in der muhammedanischen Architektur des Ostens noch mehr wie im Altertum das fast ausschliessliche Baumaterial; entspricht doch auch die keramische Dekoration in ihrer farbig-malerischen Wirkung der orientalischen Geschmacksrichtung in besonderem Masse.

Die bisher auf dem Gebiete der orientalischen Keramik vorliegende Litteratur ist nicht reichhaltig. Die französischen Forschungsreisenden Charles Texier, Pascal Coste, Marcel und Jane Dieulafoy sind bei ihren den Denkmälern der antiken Kunst vorzugsweise gewidmeten Studien nicht achtlos an den muhammedanischen Bauten vorübergegangen; Henry Wallis hat durch seine Publikationen die Kenntnis der orientalischen Keramik bedeutend gefördert, und in Deutschland verdanken wir Richard Borrmann und Eduard Jacobsthal wertvolle Untersuchungen und zusammenfassende Darstellungen.

Die „Denkmäler Persischer Baukunst" werden in geschichtlicher Untersuchung und in Abbildungen die Ergebnisse der Forschungsreisen veröffentlichen, die mich z. T. in Begleitung meiner beiden Mitarbeiter während der Jahre 1895—1900 durch das ganze Gebiet der ostislamischen Kultur, zu wiederholten Malen nach Vorderasien und Persien geführt und mich mit den muhammedanischen Baudenkmälern dieser Länder vertraut gemacht haben. An der Hand von Lichtdrucktafeln und farbigen Blättern wird die Entwickelung der ostislamischen Architektur, die Mannigfaltigkeit der ornamentalen Flächendekoration, die verschiedenen Techniken, die in der Bemalung, in der mosaikartigen Zusammensetzung der farbig glasierten Ziegeln und Fliesen zur Anwendung gekommen ist, eingehend behandelt werden.

Von mittelalterlichen Bauten sollen vor allem die seldschukischen und mongolischen Denkmäler des nördlichen und mittleren Persiens untersucht werden, wie ich sie in Nachtschewan, Sultanieh, Tebriz, Veramin, Damgan, Semnan, Bostam, Kum, Kaschan und an anderen Orten mehr kennen gelernt habe. Konia, der glanzvollen Hauptstadt des kleinasiatischen Seldschukenreichs, wird besondere Aufmerksamkeit gewidmet werden, ebenso aus späterer Zeit der fast unbekannten, prächtigen Grabmoschee des Schech Safi in Ardebil, dem persischen Nationalheiligtum zur Zeit der Safiden-Dynastie. Dieses Monument bildet in seiner langen Bauperiode den Uebergang zu den architektonischen Schöpfungen Schah Abbas des Grossen. Seine Paläste in Isfahan, die im waldreichen Mazenderan am Ufer des Kaspischen Meeres gelegenen Ruinen seiner Lustschlösser bedeuten den letzten künstlerischen Aufschwung der persischen Architektur, wenn auch die keramische Dekoration bis in das XVIII. Jahrhundert hinein z. B. in Schiraz und Eriwan noch manchmal Tüchtiges geleistet hat.

Es empfahl sich, die „Denkmäler Persischer Baukunst" in Lieferungen herauszugeben, welche die farbigen und Lichtdrucktafeln mit kurzen Erläuterungen enthalten werden. Zum Schluss wird ein Textband folgen, der eine eingehende Beschreibung der einzelnen Monumente mit einer zusammenfassenden kunstgeschichtlichen Untersuchung der ostislamischen Architektur verbinden soll.

Die Lichtdrucktafeln sind nach meinen photographischen Aufnahmen, die farbigen Blätter nach den Originalaufnahmen hergestellt, die Reg.-Baumeister B. Schulz in Persien und Reg.-Bauführer G. Krecker in Konia in Kleinasien angefertigt haben. Beiden Herren möchte ich schon an dieser Stelle für ihre Mitarbeit meinen besten Dank aussprechen, desgleichen auch Herrn Professor Dr. M. Hartmann, der die Lesung der Bauinschriften freundlichst übernommen hat.

Berlin, im März 1901

Friedrich Sarre

ERLÄUTERUNGEN DER TAFELN

Nachtschewan, Mausoleum des Jusuf Ibn Kutaijir

Erbaut 1162 unter der Regierung des Atabek Ildeghis, eines seldschukischen Herrschers von Adarbaidschan. Achtseitiges Backsteingebäude mit Pyramidendach. Die von flach vorspringenden Rahmen aus Ziegelsteinen eingefassten Seitenwände zeigen geometrische Flächenmuster. Eine aus Ziegeln geformte kufische Inschrift bildet den umlaufenden Fries. Das Monument ist ein typisches Beispiel für die dem XII. und XIII. Jahrh. angehörenden Backsteinbauten der persischen Seldschuken. Aehnliche Grabtürme finden sich im nördlichen und mittleren Persien häufig. Die Wandflächen sind mit vorher geformten, rechteckigen Platten bekleidet und bilden ein netzartiges Mosaik, bei dem sich die Ziegeln in flachem Relief von dem in die Fugen gegossenen Stuck abheben. Eine Glasierung der Ziegel ist nicht angewandt.

Nachtschewan, Mausoleum der Mumine Chatun, der Gemahlin des Ildeghis

Vollendet 1186. Aehnliche, aber reicher gestaltete Anlage wie die erste Tafel. Das ganze Bauwerk ist mit Ziegelstuckmosaik bekleidet und zeigt in allen seinen zehn, von Säulen flankierten und durch Stalaktiten geschlossenen Nischen verschiedene Muster. Neue Momente sind die Verwendung von farbig glasierten Ziegeln, z. B. bei der aus türkisblauen Buchstaben gebildeten Widmungsschrift des Frieses, und ferner das technische Verfahren, dass in den Mosaikplatten zwischen schmalen Glasurstreifen Gipsfüllungen angebracht sind, in die mit dem Stichel ausgeführte, feine Ornamente eingegraben sind.

Nachtschewan, Mausoleum der Mumine Chatun, der Gemahlin des Ildeghis, Portal

Die beiden Säulchen, welche die Thüröffnung flankieren, sind fast vollständig verwittert. Die über dem Kielbogen befindlichen zwei Inschriften nennen das Jahr der Vollendung (1186) und den aus Nachtschewan gebürtigen Architekten Agemi Ibn Abi Bekr. Auf den breiten, portenähnlichen Umrahmungen der Nischen zeigt das Mosaik ein fortlaufendes Muster von verschlungenem Bandornament, neben dem Inschriften, die Koranverse wiedergeben, herlaufen.

(Vergl. für die beiden Monumente: F. Jacobsthal, Mittelalterliche Bauten von Nachtschewan. Berlin, 1899)

Sultanieh, Grabmoschee des Chodabende Chan

Die im nordwestlichen Persien gelegene Stadt war die Residenz der mächtigen mongolischen Ilchane. Chodabende Chan (1304—1316) schuf in seinem Mausoleum eins der bedeutendsten Bauwerke der muhammedanischen Zeit. Ueber dem achteckigen Innenraum erhebt sich in einer Höhe von 51 m bei 25,50 m Spannweite die gewaltige, doppelwandige Kuppel. Ein Anbau enthält das eigentliche Mausoleum. Eine Galerie von Spitzbogenarkaden umgiebt das erste Stockwerk; auf der Plattform erheben sich an den Ecken kleine, jetzt meist zerstörte Minarets. Die Kuppel war ursprünglich mit hellblau emaillierten Fliesen bekleidet, während sonst das Aeussere und Innere eine reiche und technisch fortgeschrittene Backsteindekoration aufweist.

(Vgl. J. Dieulafoy: Le mausolée de Chah Khoda-Bende Chan à Soultanieh. Revue gén. de l'arch. 1883. Ch. Texier: Description de l'Arménie, de la Perse etc. Paris 1842—52. Pl. 34—59. P. Coste: Monuments modernes de la Perse. Paris 1867. Pl. 63. Hommaire de Hell: Voyage en Turquie et en Perse. Paris 1856. IV. p. 400)

Sultanieh, Grabmoschee des Chodabende Chan

Ecksäule im Kuppelraum. Die Thüröffnungen im Innern werden von je zwei achteckigen Säulen mit Würfelkapitalen flankiert. Von dunkelblauem Grunde hebt sich ein Muster von in sich verschlungenen, weissen und hellblauen stilisierten Ranken ab. Die Dekoration ist in Schnittmosaik hergestellt, d. h. die aus grösseren Platten ausgeschnittenen Thonplättchen sind mosaikartig mit engschliessenden Fugen zusammengesetzt. Fayencemosaik mit Putzgrund. Die Borte ist von schmalen, hellblauen Glasurstreifen eingefasst und das in Schnittmosaik hergestellte Muster in den weissen Putzgrund eingelassen.

Bostam, Moschee des Schech Bajezid

Ueber dem Grabe des in Bostam in Chorasan beigesetzten Schech Bajezid, eines der bekanntesten Lehrer des Sufismus, errichtete Chodabende Chan im Jahre 1313 eine Moschee in Verbindung mit einer religiösen Schule. Die sehr zerstörte Anlage besteht aus zwei Höfen, die von offenen, für den Unterricht benutzten Portalnischen (Liwan) und den Gebetsräumen begrenzt werden. Die Dekoration der Liwane ist in Fayencemosaik hergestellt; die geometrischen Muster setzen sich aus unglasierten Ziegeln und hellblauen Fayencen zusammen, indem in mannigfachem Wechsel das eine oder das andere Material den Grund bildet. Auf einem der Höfe befindet sich ein Mausoleum, dessen Pyramidendach mit hellblauen Fliesen gedeckt ist, während den Tambur ein Fries aus prachtvollen Relieffliesen umgiebt; das Muster bilden hier weisse Ornamente und naturalistische Blumen auf dunklem Grunde.

Asbistan, Moscheeruine, Fayencemosaik mit ausgekratzter Glasur

Das in der Provinz Adarbaidschan zwischen Tebriz und Ardebil gelegene Dorf zeigt die Reste einer reichverzierten Moschee. Die Tafel giebt den Ausschnitt der Portalumrahmung wieder: Links eine achteckige Säule im Anschluss an schmale Borten und eine breitere. Die Dekoration ist in Fayencemosaik hergestellt, und in den schmalen, zweifarbigen Borten ist die Wirkung dadurch erhöht, dass die Stückchen einer Farbe vertieft angebracht sind. In den schwarzglasierten Stücken der breiten Borte hat man die Glasurschicht teilweis ausgekratzt und durch die Zusammenstellung der stumpfen und glänzenden Teile einen besonders wirkungsvollen Effekt erzielt. Das undatierte Bauwerk stammt wahrscheinlich aus dem Beginn des XIV. Jahrhunderts.

Marand, Gebetnische in der Moschee

Die Hauptmoschee des nördlich von Tebriz gelegenen kleinen Ortes Marand enthält in ihrer Gebetnische (Mihrab) ein bemerkenswertes Beispiel für die im XIV. Jahrhundert zu hoher Vollendung gelangte Technik, Innendekorationen in geschnittenem Stuck herzustellen. Der Mihrab zeigt die typische Form: Schmalere und breitere Borten mit Ornamenten und Inschriften umrahmen an drei Seiten eine Nische, die von Halbsäulen mit Kelchkapitalen getragen und in einem überhöhten Kielbogen geschlossen ist. Der Hintergrund der Nische wird von Ornamenten eingenommen und enthält meist noch eine zweite kleinere, halbkreisförmige Nische, in der die Darstellung einer an Ketten hängenden Moscheelampe angebracht ist. Der Mihrab ist inschriftlich auf Befehl des mongolischen Fürsten Abu Said Behadur Chan (1316—1337) von Tahir Bendege aus Tebriz gefertigt worden.

4

Inschriftenfriese mit Goldlüster von der Verkleidung einer Gebetnische

Die Fliesen mit Goldglanz, welche im XIII. bis XV. Jahrhundert in der Innenbekleidung der persischen Moscheen und Mausoleen verwandt wurden, zerfallen in Kreuz- und Sternfliesen und in rechteckige Platten. Während man mit ersteren, die ineinander greifend ein fortlaufendes Muster bilden, die Wände bekleidete, wurden aus den rechteckigen Platten, wie solche die Tafel zeigt, die Gebetnischen zusammengesetzt. Der Lüster wurde auf die mit einer weissen Zinnglasur überzogenen Fliese aufgetragen und in einem zweiten Brande fixiert; er besteht aus einer feinen Schicht von Kupferoxyd mit Beimischung von Silber und hat je nach der Zusammensetzung und der Schärfe des Brandes hellere oder dunklere, goldige oder rötliche Farbentöne. Die untere der beiden Fliesen zeigt im Schriftbande ein feines Rankenwerk, das durch Aussparen des lustrierten Grundes gewonnen ist, und von dem sich die blaugemalten Reliefbuchstaben abheben. Bei der oberen, blau glasierten Fliese sind die Schriftzeichen mit Blattgold vergoldet, während den Grund leichte weisse Ranken überziehen. Die Buchstaben gehören zu einem Koranverse.

Konia, Mausoleum des Fachr eddin Ali

Die im Jahre 1269/70 unter der Regierung des Sultans Kai-Chosro III. (1267—1283) von seinem Minister Fachr eddin Ali gegründete Grabmoschee ist eins von jenen prächtigen, während des XIII. Jahrhunderts in der Hauptstadt des kleinasiatischen Seldschukenreiches errichteten Bauwerken, die z. T. nachweislich von persischen Architekten hergestellt sind, und deren Hauptschmuck in einer kunstvollen Fayencedekoration besteht. Die Tafel veranschaulicht einen Blick in den Kuppelraum, den ein aus sechseckigen, türkisfarbenen Fliesen zusammengesetzter Sockel umgiebt. Die Laibung eines hohen Gurtbogens, der den Raum von einem vorbeiführenden Korridor trennt, bedeckt ein geometrisches Muster mit hellblauem Grund und dunkelvioletter Zeichnung. Neben der Technik des Fayencemosaiks finden sich Fliesen mit ausgekratzter Glasur. In ersterer Technik ist teilweis auch die Bekleidung der Sarkophage gearbeitet, während die Schmalseiten meist aus grossen blauen Relieffliesen mit vergoldeter Inschrift bestehen. Eine der letzteren nennt das Sterbejahr (1285) des Gründers dieses Gebäudes.

(Vgl. F. Sarre: Reise in Kleinasien. Forschungen zur seldjelischen Kunst etc. Berlin 1896)

Veramin, Hauptmoschee (Masdjed Djuma), Portal

Die in Trümmern liegende Moschee ist das hervorragendste Bauwerk inmitten umfangreicher Ruinen einer einst bedeutenden, südlich von Teheran gelegenen Stadt. Hinter einem grossen, von Arkaden umgebenen Hof erhebt sich der mit einer Kuppel bedeckte Gebetraum. Das Hofportal nennt den oben erwähnten mongolischen Fürsten Abu Said Behadur Chan als Erbauer und das Datum 1322, während am Hauptgebäude der Timuride Schah Ruch (1404—1447), das Datum 1412 und der mächtige Minister Jusufchage erwähnt werden. Wahrscheinlich handelt es sich bei letzterer Angabe nur um eine Restaurierung des Gebäudes, da die reiche Backsteindekoration vollständig den Charakter der ersten Hälfte des XIV. Jahrhunderts trägt. Der Kielbogen des Portals war ursprünglich von einer hohen, rechteckig abgeschlossenen Fassadenwand umgeben, die eingestürzt ist.

(Vgl. Hommaire de Hell a. a. O. II. 315)

Veramin, Hauptmoschee (Masdjed Djuma)

a) Detail vom Portal. Im Gegensatz zu dem oberen Teil der Portalnische, deren von dem Stalaktitengewölbe eingefasstes Mittelfeld ein geometrisches Muster aus unglasierten Ziegeln aufweist, ist der untere Teil der Nische mit Stuck bekleidet und zeigt in fein geschnittenen, ornamentalen Borten und Inschriftfriesen in Verbindung mit einzelnen in Fayencemosaik ausgeführten Flächenmusterungen eine reiche und wirkungsvolle Dekoration. Die glasierten Fliesen sind hell- und dunkelblau gefärbt.

b) Fayencemosaik und Stuckdekoration im Gebetraum. Im Innern der Moschee wird die eine Wand von dem in geschnittenem Stuck gearbeiteten Mihrab und den ihn umgebenden Friesen eingenommen. Diese breiten Umrahmungen bestehen aus Feldern, die von schmalen Inschriftborten eingefasst werden, und stellen in hohem Relief gearbeitetes, ornamentales Rankenwerk und Füllungen mit naturalistisch aufgefassten Blumenranken dar. An den Ecken befinden sich zwei weitere kleinere Nischen, über denen Felder emporsteigen, die aus achteckigen hellblauen Sternen auf dunkelblauem Grunde zusammengesetzt sind.

Tebriz, Blaue Moschee, Fayencemosaik im Kuppelraum

Einem Jahrhundert später wie die in den anderen Tafeln abgebildeten Bauten gehört die Blaue Moschee in Tebriz an, das im XV. Jahrhundert die Hauptstadt der Turkmanen-Fürsten der Schwarzlämmer war. Die Moschee ist vom Dschehan Schah (1437—68) erbaut worden und gehört zu den hervorragendsten Monumenten Persiens. In Folge von Erdbeben und als Bau eines sunnitischen Herrschers absichtlich vernachlässigt und zerstört, ist die Moschee nur noch in Ruinen erhalten. Auf die Anlage, die ursprünglich in einem Arkadenhof mit einem von Galerien umgebenen Kuppelraum bestand, an der sich ein kleinerer Kuppelraum anschloss, werden wir später zurückkommen. Die Tafel giebt ein Beispiel der Fayencedekoration wieder, die sich technisch und künstlerisch von der Arbeiten der früheren Zeit bedeutend unterscheidet. Während man bisher fast ausschliesslich geometrische Muster verwandte, besteht hier die Zeichnung aus Arabesken und Blütenranken, die grössere und kleinere geschweifte Sterne oder auch geradlinig begrenzte Felder füllen. Diese in Schnittmosaik hergestellten Kompositionen sind symmetrisch in das Verblendmauerwerk, das aus rötlichem Ziegelthon besteht, eingelassen. Meist sind die Felder von einer schmalen hellblauen Borte umsäumt, und von dem dunkelblauen Grund heben sich dann hellblaue Arabesken und Ranken mit weissen Blüten und grünen Einlagen ab. Die gelben Fliesenstücke waren ursprünglich mit Blattgold überzogen. Das Schneiden und Zusammensetzen der haarscharf aneinander passenden Fayencestückchen erforderte die äusserste Sorgfalt und Kunstfertigkeit. Während im Innern des Gebäudes, an den Pfeilern und Bogenlaibungen, die Fayencedekoration nur auf bestimmte Stellen beschränkt blieb, bedeckt sie aussen die ganze Oberfläche des Portals, ein Verfahren, das sonst erst später, im XVI. und XVII. Jahrhundert, zu allgemeiner Verwendung gekommen ist.

(Vgl. Ch. Texier a. a. O. I. pl. 42—52)

2. LIEFERUNG

ERLÄUTERUNGEN DER TAFELN

Kum, Grabtürme vor dem Kaschaner Thor

Die Stadt Kum, auf der grossen, vom Norden Persiens zum Süden führenden Heerstrasse zwischen Teheran und Isfahan gelegen, war schon seit frühmuhammedanischer Zeit der Sitz schiitischer Araber. 444 Imamzadehs, Nachkommen Alis und der Imame, sollen hier begraben sein. Das berühmteste Grabmal und eins der Haupthciligtümer des Landes ist die Grabmoschee der Fatmah, der Schwester des Imam Reza. Dieses bis in die Gegenwart hinein ausgebaute und erneuerte prächtige Bauwerk beansprucht jedoch geringeres Interesse als die Ruinen älterer Denkmäler, die aus den Schutthaufen des einst bedeutenden Ortes hervorragen, z. B. die vier vor dem Kaschaner Thore gelegenen Imamzadehs (so werden die Gräber schiitischer Heiliger nach ihnen selbst genannt). Sie haben alle vier die gleiche Form: Auf einem achteckigen, mit Nischen versehenen Unterbau erhebt sich ein sechszehneckiger, sich nach oben verjüngender Tambur, über dem das Spitzdach emporsteigt. Das mit breiten Fugen errichtete Verblendmauerwerk entbehrt jeder Dekoration und Glasierung; dagegen waren die Spitzdächer ursprünglich mit hellblau glasierten Ziegeln bedeckt, von denen sich noch einige Reste erhalten haben. Die Anlage der Grabtürme erinnert im Kleinen an das in der 1. Lieferung abgebildete Grabdenkmal des Chodabende Chan in Sultanieh.

Kum, Stuckdekoration in einem Grabturm vor dem Kaschaner Thor

Das Dach eines der Grabtürme ist eingestürzt, und so war es hier möglich, eine Aufnahme des Inneren herzustellen. Die acht, im Spitzbogen geschlossenen Flachnischen der Innenwand zeigen eine reiche Dekoration in geschnittenem Stuck; wir haben ähnliche, aus dem XIV. Jahrhundert stammende Beispiele bei den Moscheen von Marant und Veramin kennengelernt. Bemerkenswert sind die Schriftfriese und Medaillons, auf deren Grund sich blaue und grüne Farbspuren finden. Die grosse Inschrift, welche sich über den Nischen hinzicht, hat gerade dort sehr stark gelitten, wo der Name des Herrschers, von dem die Inschrift spricht, vermutet wird, so dass es Herrn Professor Dr. M. Hartmann bisher noch nicht möglich gewesen ist, das Bauwerk zu datieren.

Nachtschewan, Mausoleum der Mumine Chatun, der Gemahlin des Ildeghis, Detail des oberen Teiles

In der 1. Lieferung haben zwei Lichtdrucktafeln die Gesamtansicht und das Portal des Bauwerks wiedergegeben; das vorliegende farbige Blatt veranschaulicht den oberen Teil einer der Seiten des Zehnecks mit dem Abschluss der Nische, der Widmungsschrift des Frieses und mit dem in Stalaktiten konstruierten Hauptgesims. Hier ist besser, wie es dort möglich war, die Technik des in quadratischen Platten hergestellten Ziegelstuckmosaiks und die koloristische Wirkung zu erkennen, die durch die verschiedenen Töne der einzelnen roten Formsteine hervorgerufen wird. Die Verwendung türkisblau glasierter Fliesen ist nur eine beschränkte; sie treten in schmalen Streifen an den Stalaktiten des Nischen-Abschlusses und am Hauptgesims auf und machen sich augenfälliger in der Widmungsschrift und ihrer Einfassung geltend, die aus grösseren rechteckigen Fliesen zusammengesetzt ist. Der obere Abschluss des Gebäudes mit dem kräftigen Rot des Ziegelmauerwerks und dem Blau der Inschrift steht in wirkungsvollem Kontrast zu der durch die Farbe des Stuckes bedingten zarteren Farbengebung der Seitenwände.

Die Tafel ist mit gütiger Erlaubnis von Herrn Prof. E. Jacobsthal nach einer auf seinen Original-Aufnahmen beruhenden, von G. Krecker ausgeführten Darstellung angefertigt worden (vgl. Jacobsthal a. a. O. Abb. 6).

Bostam, Moschee des Schech Bajezid, Minaret

Das Minaret der Moschee von Bostam, welche in der 1. Lieferung durch eine Tafel vertreten und im allgemeinen behandelt worden ist, unterscheidet sich durch seine geringe Höhe von den meisten persischen Minarets dieser frühen und auch der späteren Zeit; aber gerade dadurch, dass die Säule, deren Form hier zum Ausdruck kommen soll, nicht allzu hoch und schlank emporsteigt, ist der Gesamteindruck ein glücklicher. Er wird gegenwärtig dadurch beeinträchtigt, dass der Abschluss, der die Säule krönende hölzerne Baldachin, fehlt, und der unschöne kegelförmige Kern, welcher den Zugang zu der Wendeltreppe im Innern vermittelt, sichtbar wird. Breite und schmälere Zonen mit geometrischen Mustern, Inschriftbändern und ornamentalen Borten umgeben den sich nach oben verjüngenden Schaft, bei dem der Uebergang zu der ausladenden Galerie durch Stalaktitenwerk hergestellt ist. Die breiten Streifen sind in Ziegelmosaik, die schmäleren Borten in geschnittenem Stuck gearbeitet, wobei zu bewundern ist, dass die Schärfe der Formen in der freien Luft nicht mehr gelitten hat. Glasierte Ziegel fehlen vollständig. Das Minaret gehört zu den mehrfach in Persien vorkommenden Moschee-Türmen, die durch Rütteln an der konischen Spitze in schwankende Bewegung versetzt werden können. Diese vom Volk für ein Wunder gehaltene Erscheinung findet darin ihre Erklärung, dass sich durch die Mitte des Minarets ein Holzstamm zieht, der oben angestossen, seine Bewegung dem ganzen Turme mitteilt.

4

Bostam, Moschee des Schech Bajezid, Portal im Vorhof

Das hier in seinem unteren und oberen Teile abgebildete Portal ist im Vorhof der Haupteingang zu der Moscheeanlage. In derselben Axe wie der grosse Liwan liegend, der auf der Gesamtansicht der ersten Lieferung sichtbar ist, bildet das Portal gleichsam das Gegenstück zu diesem und stimmt auch in der Grösse und teilweis auch in der Dekoration mit ihm überein. Es ist auch hier die typische, im Spitzbogen geschlossene Nische und die gleiche, in Stuckmosaik gearbeitete und aus geometrischen Borten bestehende Dekoration. Aber während dort der Grund aus türkisblauen Fliesen und die Musterung aus hervortretenden unglasierten Formsteinen gebildet wird, ist hier umgekehrt das geometrische Bandmuster aus hellblau-glasierten, in der Mitte gekerbten Ziegelstreifen zusammengesetzt, und den tiefer liegenden Grund nehmen Gipsfüllungen mit eingeschnittenen Ornamenten ein, wie wir sie am Mausoleum der Mumine Chatun in Nachtschewan kennen gelernt haben. Die Oberfläche der beiden Ecksäulen setzt sich aus einem Mosaik unglasierter und blau glasierter kleiner Ziegel zusammen; ähnlich ist die Dekoration der Nischenwände. Sehr reich wirkt die in Stuck ausgeführte Stalaktitenwölbung, bei der jede einzelne Zelle mit einem eingeschnittenen Muster versehen ist.

Konia, Moschee Sahib Ata, Portal

Die Moschee Sahib Ata ist ein einfacher, von Holzsäulen getragener Betsaal; um so interessanter ist das monumentale, aus Sandstein errichtete Portal. Die rechteckige Umrahmung der Eingangsnische und die beiden zur Seite befindlichen Fensteröffnungen werden von Schriftbändern und bandartigen Verzierungen umrahmt, eine Dekoration, die einer Gruppe der seldschukischen Bauwerke Konias eigentümlich ist, welche der zweiten Hälfte des XIII. Jahrhunderts angehört. Mamluk (oder Malluk) Ibn Abdallah ist der Baumeister dieser sowie der dortigen Indsche Minareli Moschee. Im Gegensatz zu dem sonstigen Bauwerke sind die imposanten Minarets, von denen das eine eingestürzt ist, aus Backstein mit reicher Verwendung glasierter Fliesen errichtet; sie steigen dicht neben der Portalumrahmung empor, bis zur Höhe der letzteren einen Sockel bildend, dessen Stirnseite ein geometrisches Flächenmuster in Ziegelmosaik (blau und gelb) bedeckt. Auf diesem Sockel erhebt sich die Säule des Minarets, dessen Rundung sich aus der Aneinanderreihung von 16 Halbsäulen zusammensetzt; sie ist bedeckt mit einem Reliefmuster von gelben Ziegeln auf dunkelblauem Grunde. Auf halber Höhe sind noch Spuren von zierlichen Borten erhalten; dann hört die Bekleidung des Minarets mit diesem reizvollen Reliefmuster auf.

(Vgl. F. Sarre a. a. O. pag. 55 u. 67. Die Moschee ist hier Esrefije Djami genannt.)

Konia, Sirtscheli-Medresse, Detail der Fayencedekoration am Liwan des Hofes

Die Sirtscheli-Medresse ist eins der prächtigsten und für die Geschichte der Keramik interessantesten mittelalterlichen Bauten Konias. Errichtet unter der Regierung des seldschukischen Sultans Kai Chosro II. im Jahre 1242/43, diente das Gebäude, wie die Inschriften melden, als Schule für Juristen. Ein reichverziertes Steinportal führt in den Hof, dessen Backstein-Architektur jetzt teilweise in Trümmern liegt. Drei Seiten werden von zweigeschossigen Arkaden begrenzt, hinter denen die Zellen der Studenten liegen, während sich die dritte Seite, dem Eingang gegenüber, in einem tiefen Nischen öffnet. Links und rechts befinden sich zwei quadratische, kuppelbedeckte Räume. Diese Nische ist in besonders reicher und kunstvoller Weise mit farbigen Fayencen geschmückt. Die farbige Tafel zeigt einen Teil der linken Vorderseite des Liwans mit der Ecksäule und dem Bogenansatz. Die glasierten Flächen sind, wie der Querschnitt veranschaulicht, mit starker Mörtelschicht auf den in Ziegel vorgemauerten Architektur-Formen angebracht. Bei den Ecksäulen ist dies jedoch nicht der Fall; sie sind aus Mörtel mit Ziegelbrocken hergestellt und deshalb, wenig widerstandsfähig, nur noch in geringen Resten erhalten. Grössere Flächen zeigen geometrische Mosaikmuster aus hellblau und manganvioletten Fliesen, während bei den Inschriften-Friesen hellblaue Buchstaben entweder mit dunkelblauen oder violetten Buchstaben verschlungen sind; diese farbige Schrift ist in den weisslichen Stuckgrund eingebettet. Von besonderem Interesse sind innerhalb der Dekoration des Gurtbogens zwei Inschriften-Medaillons, welche auf einer späteren Tafel zur Darstellung kommen werden. Sie besagen, dass die Fayencedekoration von „Muhammed, dem Baumeister aus Tus" gefertigt ist, der seine Arbeit als „eine in der Welt nicht wieder vorkommende" rühmt. Hierdurch (Tus lag in Chorasan) ist der Beweis erbracht, dass die Fayencedekoration der seldschukischen Bauwerke in Konia von persischen Künstlern herrührt.

(Vgl. Ch. Texier a. a. O. II. pl. 98, 99. F. Sarre a. a. O. pag. 53 ff u. 60.)

Tebriz, Blaue Moschee, Portal

In den Begleitworten zu dem letzten Blatte der 1. Lieferung ist das Wichtigste über die Anlage und die ornamentale Dekoration der Blauen Moschee in Tebriz gesagt worden. Die Mitte der ursprünglich von zwei Minarets flankierten Fassade bildet das hohe Portal, der bedeutendste und verhältnismässig am besten erhaltene Teil der ganzen Anlage. Dass für die hohen Thorbauten der ostislamischen Architektur die Paläste der Sassaniden mit ihren gewaltigen Eingangshallen vorbildlich gewesen sind, kann nicht bezweifelt werden. Das im Spitzbogen geschlossene Portal öffnet sich in einer rechteckigen Nische, in deren oberem Teil die Ueberleitung zur Wölbung durch Stalaktiten bewirkt wird. Zwei kleinere Rundnischen sind in den Seitenwänden angebracht, während die Rückwand die einst achteckig geschlossene, jetzt teilweise vermauerte Eingangsthür enthält. An dieser Wand des Portals ist leider der grösste Teil der Mosaikbekleidung verschwunden; letztere bedeckte hier die ganze Oberfläche, im Gegensatz zu den übrigen Teilen der Moschee, wo das Fayencemosaik nur fullungsartig zur Verwendung gekommen ist. Teppichen vergleichbar bilden breite Friesstreifen mit Inschriften oder ornamentalen Feldern, von Borten eingefasst, die rechteckige Umrahmung, während ein Spitzbogen ein tauartig gedrehter Wulst umzieht, der aus Würfelbasen emporsteigt. Die von Ch. Texier (a. a. O. I. pl. 47) publizierte Wiedergabe eines Ornamentfeldes stimmt weder in der Zeichnung noch in den Farben mit dem Originale überein und vermag nur einen falschen Begriff von der koloristischen und zeichnerischen Wirkung des Originals zu geben. Die vorherrschende Farbe, die auch stets den Grund bildet, ist ein tiefes Kobaltblau, von dem sich türkisblaue oder gelbe, ursprünglich vergoldete Arabesken und Ranken mit weissen Blumen und grünen Einlagen abheben.

Tebriz, Blaue Moschee, linke Seitennische im Portal

Charakteristische Beispiele für die Ornamentik, welche die in Fayencemosaik hergestellte Dekoration der persischen Bauten des XV. Jahrhunderts beherrscht, bieten die kleinen Seitennischen im Portal. In der ausseren Anordnung wiederholt sich hier die grosse Portalnische: von schmalen Borten eingefasste Friesstreifen als Umrahmung, unten gleichsam als Sockel ein abgeschlossenes Feld, über dem die umfassende Borte emporsteigt. Aus Arabesken und Sternen gebildete, runde und spitzovale Rosetten nehmen, aneinander gereiht, die Mitte der Borte ein, deren Grund stilisierte Blütenranken bedecken. Die Nische selbst ist von diesen Blütenranken netzartig übersponnen, deren Verschlingungen durch symmetrisch angebrachte Inschrifttafeln unterbrochen werden. In kleineren Borten tritt die Arabeske neben der Blütenranke gleichbedeutend auf. Die Inschriften, zum Teil in kufischen Charakteren geschrieben, nehmen auch hier einen bedeutenden Raum ein; sie geben Koranverse und fromme Sprüche wieder.

(Vgl. Ch. Texier a. a. O. I. pl. 43.)

Tebriz, Blaue Moschee, Pfeiler im Kuppelraum und Portalbogen zur Eingangsgalerie

Wie schon gesagt, bildet die Mitte der Moschee ein grosser quadratischer Raum, dessen eingestürzte Kuppel von zwölf Pfeilern getragen wurde. Einer derselben, mit den Resten des Bogens, welcher den zur Vorhalle führenden Eingang überspannte, ist hier wiedergegeben. Die Dekoration des Hauptraumes und der vorliegenden Galerie, deren Kuppeln gleichfalls eingestürzt sind, ist deutlich zu erkennen. Wir sehen, dass nicht, wie am Portal, die gesamte Mauerfläche mit Fayencemosaik bedeckt ist, dass man vielmehr nur einzelne Rosetten symmetrisch in das Verblendmauerwerk eingelassen hat. Zwei derartig hergestellte Wandbekleidungen sind nach den in Originalgrösse angefertigten Nachbildungen auf einer farbigen Tafel der 1. Lieferung wiedergegeben und die 3. Lieferung wird noch ein drittes Muster aus der Blauen Moschee in farbiger Wiedergabe enthalten.

Tebriz, Blaue Moschee, Gurtbogen zwischen Kuppelraum und Eingangsgalerie

Auf dieser Tafel ist ein Teil des Pfeilers wiedergegeben, der mit dem auf der vorigen Tafel dargestellten Pfeiler und mit dem beide verbindenden Gurtbogen den mittelsten Eingang von der Vorhalle zum Kuppelraum bildete. Hier ist noch der Sockel sichtbar, der in Höhe von 2 Metern die Pfeiler umgiebt und sich aus sechseckigen grünen Fliesen, die von schwarzen Stegen eingefasst werden, zusammensetzt. Ein mit Blattgold aufgemaltes Muster ist hier nur noch in Resten erhalten. Nach oben hin wird der Sockel durch eine schmale Rankenborte und einen breiteren Inschriftenfries abgeschlossen, auf dem die weissen Buchstaben, von türkisblauen Ranken durchzogen, aus dem dunkelblauen Grund hervorleuchten. Die Fläche des Pfeilers und der Bogenlaibung zeigt wiederum die uns schon bekannten Einlagen in Sternform, während die des Gurtbogens, der auf einer Stalaktiten-Konsole aufsitzt, vollständig mit Fayencemosaik bedeckt ist; hier wechseln rechteckige ornamentale Flächen und Inschriftenfelder miteinander ab.

(Vgl. Ch. Texier, a. a. O. I. pl. 34.)

ERLÄUTERUNGEN DER TAFELN

Ardebil, Moschee des Schech Safi, Grundriss der Hauptgebäude

Ardebil, in Adharbaidschan östlich von Tebris gelegen, war in der ersten Hälfte des XIV. Jahrhunderts der Wohnsitz eines Sufi, des frommen Schechs Safi-eddin. Seine Nachkommen gelangten hier mit der Zeit auch zu weltlicher Machtstellung, die so an Bedeutung zunahm, dass im Beginn des XVI. Jahrhunderts Schech Ismail ganz Persien unter seine Botmässigkeit brachte und als erster Herrscher der safidischen Dynastie (1502—1736) den Titel Schah annahm. Das Mausoleum des Ahnherrn soll von dem Sohne Safi-eddins der Tradition nach auf eine göttliche Eingebung hin durch einen Baumeister aus Medina erbaut worden sein. Die Anlage wurde erweitert und diente den vier ersten safidischen Herrschern als Grabstätte. Seit Abbas dem Grossen (1587—1629) befinden sich die Gräber der Safiden-Könige in Kum; aber sowohl dieser Fürst wie auch seine Nachfolger haben stets die Grabmoschee in Ardebil als Nationalheiligtum betrachtet, weiter ausgebaut und mit reichen Geschenken bedacht. Einige Teile der umfangreichen Anlage liegen gegenwärtig in Trümmern; die auf der Tafel im Grundriss wiedergegebenen Hauptgebäude mit dem Mausoleum des Schechs Safi und des Schahs Ismail haben sich erhalten und gehören zu den prächtigsten Bauwerken auf persischem Boden. Die Bekleidung der Wände mit Fayencemosaik ist besonders bemerkenswert; sie ist im XVI. Jahrhundert begonnen und unter Abbas II. (1642—1667) vollendet worden.

Im Jahre 1828 wurde die Grabmoschee von den Russen geplündert und ihrer wertvollen Bibliothek beraubt. Eine letzte Restauration der Gebäude fand in neuester Zeit statt und ist im Jahre 1891 beendigt worden. Die Moschee von Ardebil gehört noch heute zu den besuchtesten Wallfahrtsorten der schiitischen Perser und dient als unantastbares Asyl. Genau aufgenommen und vermessen wurde das Heiligtum von uns zum ersten Male.

(Einige Abbildungen bei J. de Morgan: Mission scientifique en Perse. Paris 1894. I. Taf. XLI, LI—LIV)

Ardebil, Moschee des Schech Safi, Portal

Das ehemalige Eingangsportal, eine dem Einsturz nahe Ruine, liegt ausserhalb der heutigen Moschee-Anlage; es vermittelte den Zutritt zu dem ersten geräumigen Vorhofe, der jetzt als Marktplatz dient. Die allgemeine Anlage des Bauwerkes ist die typische, die wir bei der Blauen Moschee in Tebris besprochen haben (vgl. 2. Lieferung). Wie dort umgiebt den Spitzbogen ein hier einfarbig, hellblau glasierter Wulst, während den Seitenwänden der Eingangsnische die sonst üblichen kleinen Nischen fehlen. Farbiges Fayencemosaik überzieht die ganze Oberfläche, sich aus rechteckigen, teppichartigen Ornamentfeldern zusammensetzend, und bedeckt auch die Zellen des massigen Stalaktitenwerkes, das die Wölbung des Portals ausfüllt. Darunter enthält ein breites Inschriftband die Angabe, dass das Gebäude unter der Regierung Schah Abbas II. vollendet wurde, und zum Schluss heisst es, dass Ismail, Steinmetz aus Ardebil, im Jahre 1647/48 dies „geschrieben" habe. Ausserdem nennt sich in einer besonderen kleinen Schrifttafel Juh ibn Isfahani als Verfertiger, und es scheint nicht zweifelhaft, dass dem letzteren das Muster ähnelt hier dem der Blauen Moschee in Tebris. Ueber der Inschrift, die aus weissen Buchstaben auf dunkelblauem Grunde besteht und von zarten Spiralranken durchzogen ist, läuft ein Fries von rechteckigen, teppichartigen Feldern, über dem das Stalaktitenwerk beginnt. Die Arabeske verschwindet in diesen Feldern fast vollständig; an ihre Stelle tritt die Blütenranke, die meist aus Vasen emporwächst und mit ihren Verschlingungen das oben spitzbogig geschlossene Feld

(Mehrere Portalanlagen in Isfahan (z. B. der Eingang zu der am grossen Meidan gelegenen Moschee Lutf Ali) ähneln im Aufbau und in der Fayencedekoration dem Portal von Ardebil in besonderem Masse; vielleicht ergeben die noch nicht entzifferten Inschriften, dass auch diese Bauten derselben Zeit angehören und von Juh ibn Isfahani herrühren.)

Ardebil, Moschee des Schech Safi, linke Seite der Portalnische

Die Tafel ist ein charakteristisches Beispiel für die an diesem Portal und in dem Fayencemosaik in Ardebil im allgemeinen zu Tage tretende Ornamentik. In den unteren beiden Zwickeln finden sich auf dunkelem Grunde hellfarbige Blütenranken, von Arabesken durchzogen; das Muster ähnelt hier dem der Blauen Moschee in Tebris. Ueber der Inschrift, die aus weissen Buchstaben auf dunkelblauem Grunde besteht und von zarten Spiralranken durchzogen ist, läuft ein Fries von rechteckigen, teppichartigen Feldern, über dem das Stalaktitenwerk beginnt. Die Arabeske verschwindet in diesen Feldern fast vollständig; an ihre Stelle tritt die Blütenranke, die meist aus Vasen emporwächst und mit ihren Verschlingungen das oben spitzbogig geschlossene Feld übersieht. Diese bauchigen Henkelvasen sind gleichfalls stilisiert und haben als Fuss ein gezacktes, einer persischen Palmette gleichendes Blatt; sie gehen auf chinesische Vorbilder zurück und finden sich seit der Mitte des XVI. Jahrhunderts in der persischen Kunst, vor allem auch auf gleichzeitigen Teppichen, den sog. Vasenteppichen. Bisweilen kommen in dem Fayencemosaik von Ardebil auch figurliche Darstellungen vor, z. B. zwei Pfauen zu beiden Seiten der genannten Vase, ein Kranich u. a. m. Diese erst der Mitte des XVII. Jahrhunderts angehörende Dekoration steht zeichnerisch den älteren Arbeiten nicht nach; auch technisch, in der Feinheit des Fugenschnittes, ist kein Rückgang zu bemerken. Charakteristisch für diese spätere Zeit des Fayencemosaiks ist die gelbe Farbe, welche mehrfach als Hintergrund vorkommt.

Ardebil, Moschee des Schech Safi, Fassade vom Gebetsraum

Der vor dem Mausoleum des Schech Safi liegende und den Eingang zu ihm vermittelnde Gebetsraum ist ein rechteckiger Saal, dessen eine Langsseite sich in einem hohen Portal und einer zweigeschossigen Fassade nach dem grossen Vorhof hin öffnet. In dieser dem Orient sonst fremden Fenster-Architektur ist abendländischer Einfluss unverkennbar; aber die Art, wie die Wandfläche zurücktritt, und vom Sockel, von den Seitenpfeilern und vom Gesims eingeschlossen wird, ist wiederum für den Orient charakteristisch. Ueber dem Steinsockel wird das Ziegelmauerwerk durch zwei Reihen von je fünf hohen Fenstern unterbrochen. Die Umrahmung und das Masswerk dieser Fensteranlagen, die Stalaktiten des Gesimses und das hohe Portal sind in Fayencemosaik hergestellt; ursprünglich war auch der untere Teil der Fassadenwand in Höhe der Vergitterung der Fenster in gleicher Weise verziert. Die grosse Friesinschrift zeigt zwei Schriftreihen und enthält ebenso wie die Fensterbekrönungen Koranverse und fromme Sprüche. Auch das Portal war ursprünglich oben durch ein vorspringendes Stalaktitengesims abgeschlossen, das erst die letzte Restauration entfernt hat.

Ardebil, Moschee des Schech Safi, Fayencedekoration des ersten und zweiten unteren Fensters am Gebetsraum

Wie die vorhergehende Tafel zeigt, sind die unteren Fenster bedeutend höher wie die oberen. Das Rechteck dieser unteren, mit Fayencemosaik bekleideten Fenster wird jedesmal an den Seiten und oben von einer breiten ornamentalen Borte eingefasst. Den unteren Teil des Innenfeldes füllt ein Bronzegitter aus, und darüber befindet sich ein im Spitzbogen geschlossenes Masswerk, aus Stuck hergestellt und mit symmetrisch angeordneten runden Oeffnungen versehen. Ueber der ornamental dekorierten Zwickeln bildet den oberen Abschluss des Innenfeldes eine Inschrift, „einen frommen Spruch, z. T. aus dem Koran" enthaltend. Die beiden Farbentafeln geben ungefähr die Hälfte des Innenfeldes vom ersten und zweiten unteren Fenster rechts neben dem Portal wieder.

Ardebil, Moschee des Schech Safi, Eingang zum Gebetsraum

Das vollständige Portal ist auf einer der vorhergehenden Tafeln zu erkennen, während hier nur der untere Teil bis zum Anfang des Stalaktitenwerks dargestellt ist. Zwei kleine Nischen öffnen sich in den Seitenwänden der im Kielbogen geschlossenen Portalnische. Die mit Silberblech beschlagene, in ihrem oberen Teil ornamental verzierte Thür gilt für ein Geschenk von Abbas dem Grossen nach seinem Siege über Chorasan. Von dem Fayencemosaik, das in Inschriftfriesen und Feldern, Borten und Zwickelfüllungen die Fläche des Portals überzieht, hat sich der untere Teil nicht mehr erhalten, und bei der erwähnten letzten Restauration ist das Stalaktitengesims, welches den oberen Abschluss bildete, sowie der grösste Teil der oberen Fayencedekoration zu Grunde gegangen. „Der Inhalt der grossen Inschrift", welche nur teilweis erhalten, das Portalrechteck umzieht, „ist die Bezeichnung der Person, deren Mausoleum der Bau ist; der Name ist nicht sicher; es scheint nicht einer der Safiden-Sultane zu sein, vielmehr ein als Heiliger verehrter Sufi." Die anderen Inschriften am Portal beziehen sich teilweis wohl auf dieselbe Person, mit der wahrscheinlich der Schech Safi selbst gemeint ist. Der Name Musa wird erwähnt, was vielleicht damit zu erklären ist, dass der Schech Safi seinen Stammbaum auf den 5. Imam, Musa al-Kazim, zurückführte.

Ardebil, Moschee des Schech Safi, Mausoleum des Heiligen

Neben dem als Eintrittshalle dienenden Gebetsraum, durch eine fünfseitige, niedrige Apsis mit ihm verbunden, liegt das Grabgebäude des Schech Safi, das Hauptheiligtum der Moscheeanlage. Es ist ein kreisrunder Turm, den eine Spitzbogenkuppel bedeckt, und der ursprünglich frei gestanden hat. Das ehemalige, in einem hohen Rechteck vorspringende Portal ist zu einer gegenwärtig mit dem Gebetsraum, und die gegenüberliegende Fensteranlage schliesst sich jetzt an die erwähnte Apsis des Gebetsraums unmittelbar an und vermittelt den jetzigen Zugang. Ueber einem ca. 1 m hohem, wenig vorladendem Steinsockel erhebt sich der Backsteincylinder, der oben ohne ein vorspringendes Profil in die Kuppelwölbung übergeht, und bei dem die Gliederung nur durch einen reichen Fayenceschmuck hergestellt ist. In dem die Fläche bedeckenden Ziegelmosaik heben sich von den rötlichen Ziegeln, die den Grund bilden, aus hellblau glasierten Steinen zusammengesetzte, geradlinige Schriftzüge ab, die „das Wort Allah in sehr geschickter Weise stilisiert" darstellen. Dann kommt ein in Fayencemosaik ausgeführter, von Borten eingefasster Inschriftfries „ein Mixtum compositum aus verschiedenen Koransprüchen", über dem den obersten Teil des Cylinders sowohl wie die Kuppel ein geradliniges, ornamentales Muster bedeckt. Eine schmale Borte markiert die Stelle, wo die Verjüngung beginnt, ein wirkungsvolles Motiv; denn durch die Einschnürung dieses Bandes zieht sich gleichsam der Cylinder zu der Kuppel zusammen.

Ardebil. Moschee des Schech Safi, Fenster am Mausoleum des Heiligen

Wie schon gesagt, bildete dieses Fenster ursprünglich den Zugang zum Innern des Heiligtums; doch ist die Form der innerhalb der Nische liegenden Eingangsthür nicht mehr zu erkennen; sie wird von zwei durch einen Schriftfries getrennten Gitterfenstern eingenommen. Eine breite, abwechselnd aus regelmässigen und aus langgezogenen Sechsecken zusammengesetzte Borte umzieht den Sockel das Bauwerk und umgiebt auch die vorspringenden Rechtecke der Portal- und Fensternischen. Diese, ornamentales Rankenwerk in den grösseren, und rosettenartig geordnete Buchstaben in den kleineren Sechsecken zeigende Borte ist in Fayencemosaik hergestellt, ebenso wie der breite Inschriftfries, der die vertiefte Fläche der eigentlichen Nische umzieht. In dieser zweireihigen Inschrift heben sich weisse Buchstaben, „unten in Naschi, oben archaisierend geschrieben" von dunkelblauem Grunde ab. Sie enthält Koranverse, ebenso wie der Architrav über dem Kielbogen einen Koranvers wiedergiebt.

Ardebil. Moschee des Schech Safi, Eingangswand im grossen Vorhof

Die dem Gebetsraum gegenüberliegende Seite des Vorhofes wird von einer Wand mit acht im Spitzbogen geschlossenen, flachen Nischen und einem gleichartigen Portal in der Mitte begrenzt. Während an der Fassade des Gebetsraums nur die Fensterumrahmungen und das Gesims in Fayencemosaik ausgeführt sind, hat man hier die ganze, über einem ca. 2 m hohen Steinsockel aufsteigende Wandfläche damit bekleidet. Die Tafel giebt die rechts vom Mitteleingang liegende Hälfte der Wand wieder. Nur der obere Teil des Fayencemosaiks hat sich noch einigermassen erhalten und lässt die Anordnung das Muster der gesamten Dekoration erkennen. Die Fläche der vorspringenden Pfeiler nimmt ein aufsteigendes, oben durch eine Nischenbildung abgeschlossenes, ornamentales Rankenwerk ein; ähnliche, stets wechselnde Muster bedecken, von Borten eingefasst, die Zwickelfelder und die Wände der Nischen. Das verschieden gestaltete, durchbrochene Masswerk der Fenster ist wie an der Fassade des Gebetsraums gleichfalls in Fayencemosaik gearbeitet, aber nur noch in geringen Resten erhalten.

Konia, Sirtscheli-Medresse. Gurtbogen und Wandfläche im Liwan des Hofes

Ueber das Bauwerk als solches ist schon in der 2. Lieferung gehandelt worden. Die dort wiedergegebene farbige Tafel, welche einen Teil der linken Vorderseite des Liwans mit der Ecksäule und den Bogenansatz darstellte, schliesst sich direkt an die vorliegende an, die die Eckstück der inneren Wandfläche mit dem abschliessenden Gurtbogen zeigt. In der Höhe der dort wiedergegebenen, kleinen, flankierenden Ecksäule ist die innere Wandfläche sockelartig mit sechseckigen türkisblauen Fliesen bekleidet. Dann kommt als oberer Abschluss ein kleines Profil, über dem der etwas vortretende Gurtbogen und die Wandfläche emporsteigen. Letztere bedeckt ein aus einer ornamentalen Borte eingefasstes Ziegelmosaik. Von einem aus hellblau glasierten, rechteckigen Ziegeln zusammengesetzten Grunde heben sich quadratische, manganviolette Steine ab und bilden Formen, die an das Wort „Allah" in kufischen Charakteren erinnern. Bei dem Gurtbogen bilden hervortretende rote Ziegelschichten einen festen Rahmen für das eingefügte Mosaikmuster. Letzteres setzt sich aus einer Reihe von abwechselnd regulären und länglichen Sechsecken zusammen, die von einem sich durchschneidenden Bande eingefasst werden. Die Flächen bedeckt ein geometrisches Netzwerk, hellblau auf manganviolett, während in den Borten die in den weissen Stuck gebetteten Verschlingungen von zwei gleichfarbigen, aus persischen Halbpalmetten bestehenden Ranken das Muster bilden. Zu bemerken ist, dass das hier wiedergegebene Inschriftenmedaillon im Original weiter oben, erst im zweiten regulären Sechseck von unten befindet; es ist die Inschrift, welche den persischen Ursprung dieses Bauwerks und seiner prächtigen Fayencedekoration bezeugt und in der Uebersetzung lautet: „Gemacht von Muhammed, dem Sohn des Muhammed, dem Sohn des Osman, dem Baumeister aus Tus".

Konia, Medresse des Kara Tai, Wanddekoration im Kuppelraum

Das Bauwerk ist im Jahre 1251 von dem Emir Djelal-eddin Kara Tai, der unter dem seldschukischen Sultan Kai Kaüs II. das Amt eines Stellvertreters des Grosswesirs bekleidete, erbaut worden. Ein prachtvolles Marmorportal vermittelt den Zugang zu der in Backstein errichteten Medresse, deren Anlage insofern von der sonst üblichen abweicht, als hier der Hof durch einen quadratischen, kuppelüberdeckten, oben mit einer kreisrunden Oeffnung versehenen Raum ersetzt ist. Eine Seite öffnet sich zu dem typischen, für den Unterricht bestimmten Liwan, und ihm anschliessen sich rechts und links zwei kleinere Kuppelräume an, von denen einer die Grabstätte des Gründers der religiösen Schule birgt. Die reiche Fayencedekoration, welche die Kuppelwölbung und die Wände überzieht, ist bis zu einer Höhe von 3 m über dem Fussboden nicht mehr vorhanden. Die Tafel stellt die rechte Seite der von dem Liwan durchbrochenen Wand dar. Von dem grossen, die Bogenöffnung umziehenden Schriftband ist der untere Teil sichtbar, ebenso wie ein Stück des hohen, aus sechseckigen, türkisblauen Kacheln zusammengesetzten Sockels, der hier durch eine jetzt geschlossene, in das Mausoleum führende Thür durchbrochen wird. Der Thorsturz aus blaugrauem Marmor kommt auf der Tafel noch zum Vorschein und darüber ein in Fayencemosaik ausgeführtes, rechteckiges Feld, das eine Spitzbogennische, ein ehemaliges Fenster, umrahmt. Diese von geometrischen Borten eingefassten Felder beleben, aufgehängten Gebetsteppichen vergleichbar, die Wände; über ihnen zieht sich ein grosser Fries mit verschlungenen kufischen Buchstaben und einer zierlichen abschliessenden Borte hin. Ueber die Technik und den künstlerischen Wert dieser Fayencedekoration ist nichts Neues zu sagen; das Bauwerk steht der fast gleichzeitigen Sirtscheli-Medresse nicht nach, und die Vermutung liegt nahe, dass hier dieselben persischen Künstler thätig gewesen sind.

(Vgl. F. Sarre a. a. O. pag. 48 ff. und Taf. XIX—XXI)

4

Damgan, Minaret der alten Hauptmoschee und Minaret der Moschee Tschihil-Sutun

Damgan, auf der Stelle des alten Hekatompylos an der von Teheran nach Meschhed führenden Pilger-
strasse in Chorasan gelegen, war bis zum XVIII. Jahrhundert eine der bedeutendsten Städte des muhammedanischen Persiens. Die bemerkenswertesten Monumente sind zwei gewaltige Minarets, die als weithin sichtbare
Wahrzeichen früherer Grösse aus den Schutthaufen des modernen Ortes hervorragen. Beide Bauwerke —
wahrscheinlich noch dem XI. Jahrhundert angehörend — sind charakteristische Beispiele für die den Backsteinbauten der Gaznewiden und der ersten Seldschuken eigentümliche Verzierungsweise der Ziegelornamentik.
Das Minaret gleicht hier in beiden Fällen einer sich leicht verjüngenden Säule, die sich aus verschieden
grossen und verschieden ornamentierten Trommeln zusammensetzt. Die Dekoration der einzelnen, durch
schmale Borten von einander getrennten Zonen oder Gürtel wird durch das geometrisch angeordnete Vorkragen einzelner Ziegel gebildet, die durch ihren Schlagschatten das Muster wirkungsvoll zum Ausdruck
bringen. Das Minaret der alten Hauptmoschee erhebt sich auf einem quadratischen Sockel. Unterhalb der
Mitte des Turmes umgibt ihn ein schwer zu entzifferndes Schriftband, das, gleichfalls aus Ziegeln gebildet,
Koranverse in kufischen Buchstaben wiedergeben soll. Weiter oben befindet sich ein aus grün-blauen
Fayenceplatten gebildetes Band, das gleichfalls eine kufische Inschrift enthält. Die hölzerne Galerie an der
Spitze ist verschwunden. Das zu der in vollständigem Verfall befindlichen Moschee Tschihil-Sutun gehörende
Minaret zeigt dieselben Dimensionen. Die Spitze des Turmes ist zerstört, und dadurch, dass die Bewohner
begonnen haben, die Ziegeln am Fuss des Minarets auszubrechen, droht dem Bauwerk ein baldiger vollständiger Zusammensturz. In der Mitte wiederum eine schwer lesbare Inschrift. Einige andere frühmuham-
medanische Bauten von Damgan werden in der nächsten Lieferung abgebildet werden.

ERLÄUTERUNGEN DER TAFELN

Isfahan, Portalruine, genannt Derwaze Der-i-kuschk

Das dem Einsturz nahe Portal liegt an der Grenze der beiden nordwestlichen Stadtteile Der-i-no und Der-i-kuschk; durch dasselbe geht die vom Kiarun-Thore zum Centrum der Stadt, dem Palast und Meidan, führende Strasse. Das Portal ist, wie die Bauinschrift lehrt, im Jahre 1496/97 errichtet worden, als Nord- und Mittelpersien unter der Herrschaft der Turkmanen-Fürsten Kara-Kujunli standen; eine Zeit, die hier im Gegensatz zu der früheren seldschukischen und der späteren safidischen Epoche wenig bemerkenswerte Denkmäler hinterlassen hat.

In der allgemeinen Anlage stimmt das Thor mit den sonstigen persischen Portalbauten des XIV. und XV. Jahrhunderts, wie wir sie z. B. aus Veramin und Tebriz kennen gelernt haben, überein. Die Verwendung des schmuckenden Fayencemosaiks ist noch eine massvolle; so ist der obere Teil der Portalnische und das Stalaktitengewölbe nur mit einem Ziegelwerk imitierenden Stuck bekleidet. Die Muster des Mosaikschmuckes sind meist geometrischer Art und beschränken sich auf wenige Farben: schwarz, weiss, hell- und dunkelblau; bei dem breiten, die Portalnische umrahmenden Bande tritt die rötliche Farbe des den Fond für das geo- metrische Muster bildenden Stucks noch hinzu.

Vor dem Portal links steht die roh gemeisselte Steinfigur eines Löwen, wie man sie häufig auf persischen und armenischen Gräbern findet.

Isfahan, Moschee des Scheich Lutf Allah

Den Mittelpunkt Isfahans, das Schah Abbas der Grosse Ende des XVI. Jahrhunderts zur Hauptstadt seines Reiches machte, bildet der Meidan, ein nordsüdlich orientiertes Rechteck, dessen Seiten 386 m und 140 m betragen. Den Platz umgeben zweigeschossige Arkaden, deren Monotonie auf jeder Seite durch ein bemerkenswertes Gebäude unterbrochen wird: Das Portal der Hauptmoschee (Masdjid-i-Schah) im Süden, der Pavillon Ali-Kapu, der den Eingang zum Palast bildet, im Westen, das Bazar-Thor im Norden und die Moschee des Schech Lutf-Allah im Osten. Die Moschee wurde unter Schah Abbas im Beginn des XVII. Jahr- hunderts erbaut. Die Anlage des Portals gleicht in hohem Masse dem Haupteingang der heiligen Moschee von Ardebil (vgl. 3. Lieferung), der 1647/48 von einem aus Isfahan gebürtigen Künstler hergestellt ist. Aber während dort die Dekoration vollständig aus Fayencemosaik besteht, hat man sich hier teilweis mit der leichter herstellbaren Fliesentechnik begnügt. Nur der obere Teil der Nische mit dem Stalaktitengewölbe und dem Inschriftbande strahlt in den leuchtenden Farben des Fayencemosaiks, zu dem die stumpfen Emailfarben der über der Glasur gemalten Fliesen im unteren Teil der Portalnische einen scharfen Kontrast bilden.

Die Zeichnung in diesen Fliesenpanneaus steht der in Fayencemosaik ausgeführten Dekoration des Bauwerks nicht nach; man hat sich anscheinend bemüht, hier eine genaue Kopie des Fayencemosaiks zu geben. Bei den späteren über der Glasur gemalten Fliesen ist die weisse Farbe als Grund vorherrschend, während hier die von einer ornamentalen Borte umrahmten Felder einen hellblauen Fond haben, von dem sich weisse Blütenranken abheben, die aus einer grünen Vase in der Mitte emporwachsen und sich über die Fläche verbreiten.

Isfahan, Medresse Mader-i-Schah, vom Tschehar-bagh aus gesehen

Eine der bemerkenswertesten, von Schah Abbas dem Grossen in seiner Residenz errichteten Anlagen ist der Tschehar-bagh, eine 3 km lange, 33 m breite, mit 4 Reihen Platanen bepflanzte Avenue, die aus der Mitte der Stadt zum Fluss führt und sich jenseits einer imposanten Brückenanlage in dem Armenier-Vororte Dschulfa fortsetzt. An der östlichen Seite dieser Prachtstrasse erbaute Schah Hussein im Jahre 1710 zum Andenken an seine Mutter eine religiöse Schule, die Medresse Mader-i-Schah, und fügte diesem Bauwerk in östlicher Richtung noch ein grossartiges Karawanserail hinzu.

Der Grundriss der Medresse ist rechteckig (96 : 88 m); die nach dem Tschehar-bagh zu liegende Seite öffnet sich, wie die Tafel zeigt, in zweigeschossigen Arkaden. Die südliche Seite des Hofes enthält den Gebetssaal, über dem sich eine von zwei Minarets flankierte, gewaltige Zwiebelkuppel wölbt.

In reichem Masse ist auch an diesem, schon dem beginnenden XVIII. Jahrhundert angehörenden Bauwerk die keramische Dekoration zur Anwendung gekommen; sie besteht hauptsächlich aus Fliesen, daneben hat man aber auch noch vielfach Fayencemosaik verwandt. So ist die Kuppel in dieser Technik dekoriert worden, doch setzt sich hier das Fayencemosaik aus geformten und dann glasierten Stücken zusammen, während beim älteren Fayencemosaik die Teile aus fertigglasierten Platten ausgeschnitten wurden. Das sehr wirkungsvolle Muster auf der Kuppel zeigt auf türkisfarbigem Grunde weisse Blumenranken und gelbe Arabesken mit schwarzen Konturen. Leider ist der grössere Teil des Mosaikschmucks der Kuppel abgefallen.

Besonders häufig kommt auch das sogen. Ziegelmosaik zur Verwendung, bei dem ein geometrisches Muster aus der Zusammensetzung von kleinen, quadratischen und doppelt so grossen rechteckigen Glasurziegeln hergestellt ist. Auf diese Weise ist z. B. der Kuppeltambur und der Schaft der beiden Minarets dekoriert. Kompliziertere geometrische Muster mit kleinen Sternfliesen zeigen die Zwickel der nach dem Tschehar-bagh zu liegenden Arkadenreihen.

(Vgl. P. Coste a. a. O. pl. 18—31. Ch. Texier a. a. O. I. pl. 76—78)

Isfahan, Medresse Mader-i-Schah, Liwan an der Nordseite des Hofes

Der rechteckige Hof der Medresse wird von zweigeschossigen Arkaden begrenzt, deren Mitte auf jeder Seite der typische hohe Liwan bildet. Auf der Nordseite vermittelt der Liwan einen Ausgang in den Bazar.

Die Tafel veranschaulicht die reiche Fayencedekoration des Bauwerks. Die ältere Mosaik-Technik findet sich hier an dem breiten, das Rechteck des Liwans umgebenden Inschriftbande, aber nur im unteren Teile, um weiter oben den gemalten Fliese Platz zu machen. Das im Hintergrunde der Nische befindliche Fenster ist ein aus Formziegeln zusammengesetztes Gitterwerk mit Einlagen von farbigen Glasuren.

Isfahan, Teile eines Fliesengemäldes aus einem Palast Schah Abbas' des Grossen

Zu beiden Seiten des Tschehar-bagh lagen königliche Garten, und hier errichtete Abbas der Grosse kleine, pavillonartige Paläste, von denen aus die Damen des Hofes das Leben und Treiben auf der Strasse überblicken konnten. Fast sämtliche dieser Pavillons liegen jetzt in Trümmern oder sind vollständig verschwunden. Bis auf die beiden grösseren Gebaude an den Endpunkten des Tschehar-bagh waren es kleine, äusserlich schmucklose, würfelformige Backsteinhäuser mit einer grossen, offenen Nische im oberen Stockwerk und winzigen Raumen daneben und dahinter. Diese Gemächer waren sockelartig mit Breitbildern geschmückt, die sich aus über der Glasur gemalten Fliesen zusammensetzten. Der Herausgeber hat in Persien nachweislich aus Isfahan stammende Bruchstücke eines solchen Fliesengemäldes erworben, aus denen die beiden weiblichen Figuren fast luckenlos zusammengesetzt werden konnten: Dienerinnen mit einer Weinflasche und einer Schale in den Händen.

Ähnliche, figurenreiche Darstellungen aus dem Haremsleben sind intakt nach London in das India-Museum und in den Louvre nach Paris gekommen. Auf dem blumigen Rasenteppich eines Gartens sitzen einige Damen und lassen sich durch jugendliche Frauen bedienen. Den Hintergrund bilden Baume und aufsteigendes Gelände, das mit Blumen und Sträuchern besetzt ist.

Die Gestalten in ihrer graziösen Stellung, mit der geneigten Kopfhaltung, dem geschlitzten Auge und kleinen Mund erinnern an ostasiatische Kunst. Der Einfluss Chinas macht sich in den gesamten persischen Kunsterzeugnissen seit dem XVI. Jahrhundert mehr und mehr geltend; in den Fayencegefässen, die chinesisches Porzellan kopieren, in den Teppichen mit ihren Wolkenbändern und Fabeltieren und in der Miniaturmalerei der Buchillustration. Dasselbe gilt von diesen Fliesengemälden. Sie sind mit starken Konturen über der Glasur gemalt. Das Weiss der Kacheln hat man, abgesehen von dem Hintergrund, auch für den Fleischton von Gesicht und Händen benutzt. Hellblau, dunkelblau und gelb sind die hauptsächlich verwandten Farben.

Isfahan, Bruchstücke von Fliesengemälden aus der Zeit Schah Abbas' des Grossen

Auch diese beiden Fliesen sind Bruchstücke von grösseren Kompositionen. Auf dem oberen Stück ist ein Jüngling dargestellt, der sich anschickt, ein vor ihm stehendes Lasttier zu bepacken; auf der unteren Fliese sehen wir ein junges Mädchen vor einem Spinnrade am Boden sitzen. Den Hintergrund bildet ein Zeltlager.

Die Gesichter und bei der einen Fliese auch der Hintergrund zeigen den weissen Kachelton, während alles übrige ohne Rücksicht auf die Naturwahrheit koloriert ist. Gelb, dunkelblau und grün herrschen vor. Chinesischer Einfluss zeigt sich in dem Wolkenband, das auf der oberen Fliese als Raumfüllung angebracht ist; doch erinnert der Gesichtstypus der Figuren nicht an Ostasien und möchte eher auf Europa hinweisen. Wir wissen, dass europäische Malweise seit der Mitte des XVII. Jahrhunderts bewusst nachgeahmt wurde und die eigene persische Kunstübung auf dem Gebiete der Miniaturmalerei bald vollständig verdrängte.

Kaschan, Liwan in der Meidan-Moschee

Kaschan war im Mittelalter und bis zum XVIII. Jahrhundert eine der bedeutendsten Städte Persiens, vor allem bekannt als Fabrikationsort von Töpferwaren, Thongefässen und Fliesen, nach denen alle persischen Fliesen „Kaschani" oder „Kaschi" genannt wurden.

Aus der früheren Blütezeit haben sich in dem modernen Kaschan nur wenige Reste erhalten, unter denen die Hauptmoschee, Masdjid-i-Meidan (oder -i-Amadi, zu nennen ist, eine aus dem XIII.—XIV. Jahrhundert stammende Anlage. Die Mitte nimmt ein quadratischer Hof ein, auf der Nordseite von einem Liwan, auf der Südseite von dem offenen, von Pfeilern getragenen Gebetsraum begrenzt. Hier befand sich bis vor wenigen Jahren eine prachtvolle, aus Lüster-Fliesen zusammengesetzte Gebetsnische; einige Reste sehr schöner, in Fayencemosaik ausgeführter Inschriftenfriese haben sich an den Wänden der Moschee noch erhalten. Die Tafel zeigt den hohen, in edlen Raumverhältnissen errichteten Liwan. Von der ursprünglichen Dekoration, die zum grössten Teil ein moderner Putz bedeckt, sind hier ein breiter Inschriftenfries aus Stuck und ein Fliesen-Sockel zu nennen. Das einfache Sternmuster setzt sich aus dunkelblauen, hellblauen und weissen Fliesen zusammen und ist koloristisch von besonders schöner Wirkung, ein bemerkenswertes Denkmal der heimischen Kunstindustrie.

Tebriz, Blaue Moschee, Eingang vom Hauptsaal zum kleinen Kuppelraum

In der 1. und 2. Lieferung sind mehrere Detailaufnahmen aus der Blauen Moschee publiziert und das Wichtigste über die Geschichte und Anlage dieses bemerkenswerten Gebäudes gesagt worden. Die Tafel zeigt die Reste einer der Seiten des quadratischen Hauptraumes; sie giebt ein anschauliches Bild von der Konstruktion des Baues, ebenso wie von der Anordnung der die Wände bedeckenden keramischen Dekoration. Die Mitte jeder der Wände nimmt eine hohe, im Spitzbogen geschlossene Nische ein, die von zwei kleineren, halb so grossen Nischen flankiert wird. Den Dimensionen der Mittelnische entsprechend, spannt sich zu beiden Seiten je ein Spitzbogen über die Ecken, sodass nunmehr statt eines Quadrats ein Achteck entsteht, über dem sich die Kuppel wölbt. — Durch das Portal sieht man in die Trümmer des kleineren Kuppelraumes, von dem sich nur noch der aus Alabasterplatten bestehende Sockel erhalten hat.

Tebriz, Blaue Moschee, Fayencemosaik im grossen Kuppelraum

Einer Tafel der 1. Lieferung entsprechend, wird hier ein Mosaikmuster aus dem Hauptraum der Moschee wiedergegeben. Es ist ein Teil eines der quadratischen Felder, die über dem Sockel die Wände der acht Pfeiler bedecken, und ähnliche Muster finden sich, wie eine Tafel der 2. Lieferung zeigt, auf den Schildbogenflächen.

Das Muster besteht aus grossen und kleinen, sechszackigen Rosetten mit dazwischen liegenden, diagonal gestellten Inschriftenfeldern. Den Hintergrund für diese in Fayencemosaik hergestellten Medaillons bildet auch hier eine rötlich gefärbte Mörtelfläche, die Ziegelmauerwerk, auch im Fugenschnitt, genau kopiert. Die Anordnung des Musters, die Zeichnung des Arabeskenwerks innerhalb der Medaillons, die Farbenzusammenstellung und die Technik des Mosaiks, die Leuchtkraft der Glasuren und die Feinheit ihres Fugenschnitts haben in der Blauen Moschee von Tebriz eine sonst nicht erreichte Vollendung erlangt.

Ardebil, Moschee des Schech Safi, Fayencedekoration in der Portalnische

In den Erläuterungen zur vorigen Lieferung haben wir bei der Besprechung des Hauptportals die Ornamentik der Fayencedekoration kurz charakterisiert. Hier ist eins von jenen beiden Feldern dargestellt, die sich auf der Nischenwand zwischen den aufsteigenden Stalaktitenkonsolen finden. Die nach einer genauen Pause und mit möglichst getreuer Wiedergabe der Farben ausgeführte Tafel überhebt uns einer eingehenden Beschreibung. Die aus der Mitte des XVII. Jahrhunderts stammende Arbeit steht zeichnerisch, koloristisch und technisch den gleichartigen Erzeugnissen der beiden vorhergehenden Jahrhunderte kaum nach. Die Linienführung der Blütenranken, die aus der Henkelvase emporsteigen, ist von tadelloser Sicherheit, ebenso wie die Zeichnung der beiden Vögel. Wir finden hier das alte, in der byzantinischen Kunst so häufig vorkommende Motiv, zu Seiten einer Vase stehende Pfauen, wieder. Bemerkenswert ist der Umstand, dass sich diese Wiedergabe von lebenden Wesen, die ja der Islam in der Profankunst niemals ganz aufgegeben hat, an einem religiösen Bauwerk, dem Eingangsportal zu einem der Hauptheiligtümer des Landes findet. Vielleicht hat der Künstler dadurch einer Beschädigung durch religiöse Fanatiker vorbeugen wollen, dass er den beiden Vögeln eine Farbung gegeben hat, die mit der der sie umgebenden Blütenranken übereinstimmt.

Aschraf, Palastruine im Garten Sahib-zeman

Mazenderan, die am östlichen Südufer des Kaspischen Meeres gelegene fruchtbare Küstenlandschaft, wurde von Schah Abbas dem Grossen im Jahre 1598 nach harten Kämpfen erobert und dem persischen Reiche endgiltig angegliedert. Im Jahre 1613 gründete der Fürst im östlichen Teile der Provinz, nahe am Meeresufer, die Stadt Aschraf und schlug hier für einen Teil des Jahres seine Residenz auf. Jetzt liegen die Bauten, deren Glanz und Pracht von mehreren europäischen Gesandten geschildert wurden, in Trümmern, nachdem der Ort von räuberischen Kosaken- und Turkmanenhorden zerstört worden und dann vollständiger Verwahrlosung anheimgefallen war.

Die sechs verschiedenen, in den Jahren 1613—1627 erbauten Paläste liegen, von Gärten umgeben und durch hohe Mauern von einander getrennt, am Bergabhange. Unter ihnen ist das südwestliche, zu Ehren des zwölften Imams errichtete Schloss das bemerkenswerteste. Es ist ein vierstöckiges Backsteingebäude, dessen Trümmer die ehemalige Anlage schwer erkennen lassen. Die Vorderfront zeigt vier wenig vorspringende,

4

turmähnliche Pavillons, zwischen denen im Spitzbogen geschlossene, je zwei Stockwerke umfassende Nischen angebracht sind. Die Mitte des Gebäudes nahm ursprünglich ein grosser, bis zum Dach reichender Saal mit einem Wasserbassin in der Mitte ein, während sich in den Turmbauten eine Menge kleiner, quadratischer Räume befinden, die deshalb von besonderem Interesse sind, weil sich in ihnen Reste von Wandmalereien erhalten haben.

Amol, Grab der drei Sajjids und des Nasir-ul-Hakk

Amol ist einer der Hauptorte von Mazenderan. Zu den bemerkenswertesten Denkmälern aus älterer Zeit gehört hier eine Anzahl von Imamzadehs (Grabmäler von Heiligen), die nördlich von der Stadt, in der sich dem Meere zu erstreckenden Ebene liegen. Diese Mausoleen, die in der Anlage mit vielen anderen der Küstenlandschaft übereinstimmen, sind quadratische oder vieleckige Backsteintürme mit hohen Spitzdächern. Im Gegensatz zu den Grabtürmen des Hochlandes, von denen wir Beispiele aus Nachtschewan und Kum gegeben haben, sind hier die Wandflächen mit Putz verkleidet; bei geringer Verwendung von farbig glasierten Fliesen wird hauptsächlich durch Nischen und durch die Schattenbildung derselben eine Belebung des Bauwerks erzielt.

Das Grab der drei Sajjids ist sechseckig; über den Wänden springt ein Stalaktitengesims vor, dessen obere Nischenreihe mit blauglasierten Fliesen geschmückt ist. Eine reich geschnitzte Thür führt in das Innere, das im Gegensatz zu den meisten anderen Grabtürmen von Amol einen gleichfalls geschnitzten Holzsarkophag enthält. Ein Stein, der durch G. Melgunof*) nach Petersburg gebracht ist, bezeichnet das Gebäude als die Grabstätte des Imams Abu-'l-kazem († 1120/21), während das Volk glaubt, dass hier die Söhne des Sajjid Mir Buzurg Kevam-ed-din († 1379) beigesetzt sind.

Das Grab des Nasir-ul-Hakk heisst nach einem Herrscher der in Amol von 864—912 regierenden Dynastie der Hasaniden; aber auch dieses Gebäude gehört jedenfalls einer anderen Zeit an, als die Tradition meldet, und muss auch dem XII. Jahrhundert zugeschrieben werden. Dafür spricht die Aehnlichkeit mit dem datierten Mausoleum des Abu-el-kazem. Das Gebäude, dessen quadratischer Unterbau von einem achteckigen Zwischengeschoss und einem Spitzdach gekrönt wird, ist dem Einsturz nahe und im Innern vollständig zerstört.

Damgan, die Mausoleen Pir-i-Alamdar (oder Mehemed) und Tschihil Duchteran

Wie die Ziegeldekoration der Bauwerke vermuten lässt, gehören sie, gleich den beiden in der 3. Lieferung abgebildeten Minarets von Damgan, noch dem XI. Jahrhundert an.

Das erstere Imamzadeh, das Grabmal des Imam Mehemed oder des Pir-i-Alamdar, liegt innerhalb der Stadt, nicht weit von der Hauptmoschee entfernt. Es ist ein runder Turm mit Kuppeldach und den Ruinen eines dazu gehörenden Portals. Der obere Teil des Turmes zeigt eine reiche Ziegeldekoration ohne Verwendung von Glasuren. Abgesehen von schmaleren Borten, besteht sie aus zwei breiten Bändern mit geometrischen Mustern und einer nicht lesbaren kufischen Inschrift in der Mitte. Borten und Inschrift werden aus Ziegeln gebildet, die über dem vertieften Grunde vorragen. Ein Kranzgesims ist nur noch in wenigen Resten erhalten. Die in geschnittenem Stuck ausgeführte Bauinschrift an der Portalruine ist nicht mehr vollständig erhalten. Die von Professor M. Hartmann und Dr. E. Mittwoch besorgte Lesung ergiebt den Namen des aus Damgan gebürtigen Baumeisters, des Hadschi Ibn-el-Hussein, während sich von dem Bauherrn, einem „Sultan, Chalifen der Araber und Perser" der Name nicht erhalten hat. Khanikoff**) giebt an, dass in der Inschrift 417 d. H. (1026/27) als Baujahr genannt sei, was möglicherweise auf einem zu seiner Zeit noch erhaltenen Teil der Inschrift gestanden hat. Dies würde zu der von mir vermuteten Bauzeit stimmen.

Das vom Volk Imamzadeh Tschihil Duchteran (Mausoleum der 40 Mädchen) genannte Heiligengrab liegt westlich ausserhalb der Stadt neben dem für den Ungläubigen nicht zugänglichen, als besonders heilig verehrten Imamzadeh Dschafar. In der Technik und Ziegeldekoration zeigt das Bauwerk grosse Aehnlichkeit mit dem vorher erwähnten. Die Bekrönung ist hier eine überhöhte Spitzbogenkuppel, die gleichfalls mit einem Verblendmauerwerk, dessen grosse Fugen zwischen den einzelnen Ziegeln auffallen, bedeckt ist. Das Gesims, aus mehreren vorkragenden, gezackten Ringen bestehend, ist hier vollständig erhalten. Abgesehen von der nicht lesbaren kufischen Inschrift, die das Gebäude umzieht, findet sich über einem jetzt vermauerten Eingangsthor eine teilweise zerstörte zweite Inschrift, von der Professor Hartmann die Worte: „. . . der erhabene Emir Abu . . . . Isfahan, die Herrschaft gebührt Gott" entziffert hat. Khanikoff (a. a. O.) schreibt über diese Inschrift, dass sie das Datum 446 d. H. (1054) enthalte. und der Verfasser des Matla el-schems, eines modernen persischen Reisewerkes, will die Zahl 300 hier sehen, was „kaum richtig gelesen sei (Hartmann)." Wahrscheinlich ist auch hier der Inschriftteil mit der von Khanikoff gefundenen Jahreszahl, die die Erbauung in die Mitte des XI. Jahrhunderts setzt, jetzt nicht mehr vorhanden.

---

*) G. Melgunof: Das südliche Ufer des Kaspischen Meeres. Leipzig 1868. pag. 205.
**) Nicolas de Khanikoff: Memoire sur la partie méridionale de l'Asie Centrale. Paris. 1861. pag. 75.

ERLÄUTERUNGEN DER TAFELN

Bostam, Turm neben der Masjed Djuma

Von der aus dem Beginn des XIV. Jahrhunderts stammenden Moschee des Schech Bajezid haben die früheren Lieferungen (1., 2., 3.) mehrere Abbildungen gebracht. Ein zweites, nicht minder interessantes Baudenkmal von Bostam, der hier wiedergegebene Turm, das jetzt im Innern nicht zugängliche Grabmal eines Heiligen, gehört zu einer Architekturgruppe des nördlichen Persiens, von der die Türme von Rhages, Demawend, Radekan und Djordschuan weitere Beispiele sind. Besonders charakteristisch ist bei diesen runden Turmbauten die kannelierte Außenfläche, welche von zahlreichen, in diesem Falle 28, im rechten Winkel vorspringenden Kanten begrenzt wird.

Das vorzüglich erhaltene, mit breiten Fugen geschichtete Ziegelmauerwerk wird oben von zwei aus geschnittenen Tonplatten zusammengesetzten Inschriftbändern abgeschlossen, darüber springt ein jetzt zerfallenes Stalaktitengesims vor, bei dem blauglasierte Kacheln zur Verwendung gekommen sind. Auch die Spitzbogenkuppel besaß ursprünglich einen Überzug von Glasurziegeln.

Die kufischen Inschriftbänder enthalten nach Khanikoff (a. a. O. p. 79) einen frommen Spruch. James B. Fraser (Journey into Khorasan, London 1825, p. 340) berichtet, daß die Gebetsnische in dem jetzt nicht mehr zugänglichen Innern das Datum 700 d. H. (1300/01 n. Chr.) und die Nachricht enthält, daß das Gebäude auf Befehl des Mongolen Ghasan Chan (1295—1304) errichtet worden sei. Letzterer ist der Bruder und Vorgänger des Sultans Mohammed Chodabenda Chan (1304—1316), des Erbauers der Moschee Schech Bajezid in Bostam und seines eigenen prächtigen Mausoleums in Sultanieh, das wir in der 1. Lieferung abgebildet haben.

Nachtschewan, Mausoleum der Mumine Chatun, Ziegel-Stuck-Mosaik in einer der Seitenflächen

In Lichtdrucktafeln und farbigen Blättern der 1. und 2. Lieferung sind die Gesamtansicht und Details dieses 1186 vollendeten Bauwerks wiedergegeben worden. Die zehn Seitenflächen bilden von Ornamentborten eingefaßte und von kleinen Rundsäulen flankierte Flachnischen, die jedesmal verschiedene, in Ziegel-Stuck-Mosaik hergestellten Muster zeigen; die vorliegende Tafel veranschaulicht den Ausschnitt einer dieser Seitenflächen.

Das Flächenmuster zeigt eine geometrische, flechtwerkartige Komposition, die aus der Zusammensetzung von Gebilden des 6-, 8- und 10-Ecks entstanden ist, und die konstruktiv aus der Aneinanderreihung von 9 cm tiefen, dem Kernmauerwerk vorgelegten Mosaikplatten besteht. Ziegelstege bilden die Wandungen, die mit Stuck ausgegossen sind. Nach dem Guß hat man über der Stuckschicht noch eine 1 cm dicke Gipsmasse aufgetragen und in dieselbe, solange sie noch bildsam war, mit dem Stichel Muster, Linien, dreieckige Punkte und Ornamente modelliert. Die dreieckig geformten, hellblauen Glasurstreifen sitzen in der Gipsmasse bündig fest.

Die Tafel ist mit gütiger Erlaubnis des nunmehr verstorbenen Herrn Prof. E. Jacobsthal nach einer auf seinen Original-Aufnahmen beruhenden, von G. Krecker ausgeführten Darstellung angefertigt worden.

Isfahan, Minaret Hodja Alam

Zu den bemerkenswertesten Denkmälern Isfahans gehören mehrere gewaltige, mittelalterliche Minarets, die auch die späteren Gebetstürme der Prachtmoscheen aus der Safidenzeit an Größe und kunstvollem Aufbau übertreffen. Es ist beachtenswert, daß man sich bei diesen älteren Minarets bemüht hat, die an und für sich unschöne, unverhältnismäßig hohe Säulenform künstlerisch auszugestalten. Bei dem Minaret Hodja Alam bildet ein hoher viereckiger Sockel den Unterbau, dann folgt ein ungefähr ein Viertel des Säulenschaftes ausmachender Teil, der analog den mittelalterlichen Grabtürmen von Bostam, Rhages u. a. m. zwölf achteckige Kannelierungen aufweist, und zum Schluß der sich leicht verjüngende Säulenschaft, den ursprünglich ein hölzerner Baldachin krönte. Diese drei Teile des Minarets sind verschiedenartig gestaltet und mit reichem Fayenceschmuck versehen. Die Seiten des Sockels zeigen Flächenmuster mit in Ziegelmosaik ausgeführter kufischer Schrift (der Name Allah). Den unteren gezackten Säulenteil bedeckt ein kunstvolles Sternmuster, bei dem hellblaue Fayenceeinlagen von hervortretenden Rändern eingefaßt werden; darüber leitet ein Inschriftenfries (ein frommer Spruch) zu einem vorladenden Stalaktitengesims über. Auch der Säulenschaft selbst ist durch geometrisches Ziegelmosaikmuster belebt, bei dem wiederum die Buchstaben des Namens „Allah" zu erkennen sind. Das Ganze wird durch ein an das ägyptische Lotuskapitell erinnerndes, leicht ausladendes Gesims bekrönt, bei dem neben den hellblauen auch dunkelblaue Fliesen Verwendung gefunden haben.

Die mittelalterlichen Gebetstürme Isfahans sind, abgesehen von dem aus der Mitte des XII. Jahrhunderts stammenden Minar i Saraban, nicht datiert. Das Minaret Hodja Alam dürfte seinem Stilcharakter nach dem Ende des XIII. oder dem beginnenden XIV. Jahrhundert angehören.

Blauglasierte Fliesen mit Goldmalerei

Oberer Teil des Sockels im Kuppelraume der Medresse des Kara Tai in Konia. Von dieser im Jahre 1251 erbauten Moschee hat die 3. Lieferung eine farbige Wiedergabe der reichen Wanddekoration im Kuppelraum gebracht. Der Maßstab ließ es bei jener Tafel nicht zu, die in Goldmalerei ausgeführte Dekoration der sechseckigen Sockelfliesen zu berücksichtigen, was hier nachgeholt wird. Jede Fliese zeigt, wie der Ausschnitt aus dem oberen Teil des Sockels veranschaulicht, ein von den übrigen abweichendes, symmetrisch komponiertes Arabesken-Muster, das über der Glasur in Goldfarbe aufgetragen und deshalb vielfach verblaßt und abgefallen ist. Das im Museum von Konstantinopel befindliche halbkugelförmige Schmuckstück hat eine gleiche Dekoration. Die Übereinstimmung in dem Stilcharakter mit den darunter abgebildeten Sockelfliesen aus der Moschee Kara Tai in Konia macht es wahrscheinlich, daß diese Halbkugel der gleichen Zeit angehört und von einem seldschukischen Gebäude aus der Mitte des XIII. Jahrhunderts stammt, möglicherweise aus Konia selbst.

Samarkand, Mausoleum des Timur, Vorhof und Kuppel

Die Hauptstadt des gewaltigen, von Timur eroberten Ländergebietes war Samarkand. Hierher verpflanzte der Fürst Handwerker und Künstler, um den bisher unbedeutenden Ort zur Residenz eines Weltherrschers umzugestalten. Persien, vor allem Isfahan, lieferte die Architekten und Ziegelbrenner, welche die Samarkander Prachtbauten errichteten und mit kunstvollem Fayenceschmuck versahen. Eins der bemerkenswertesten und auch heute noch leidlich erhaltenen Denkmäler ist das Mausoleum des Fürsten, „das Grab des Herrschers (Gur Emir)" genannt, das im Jahre 1370 erbaut sein soll.

Vor dem eigentlichen Grabbau liegt ein geräumiger Hof (30×34 m), dessen Umfassungsmauern jetzt zum Teil in Trümmern liegen, und zu dem ein Prachtportal den Zugang bildet. Die Tafel zeigt den Blick, der sich von diesem Portal aus auf das Mausoleum selbst eröffnet. In einer jetzt eingefallenen Nische führen hier mehrere Stufen zu der ehemaligen Eingangstür des Mausoleums empor. Über dem achteckigen Unterbau steigt ein hoher Tambur empor, der eine gewaltige Spitzenbogenkuppel trägt, die durch vertikale Wülste gegliedert, den Typus der sog. Melonenkuppeln veranschaulicht. Konstruktiv ist dieser Kuppelbau deshalb bemerkenswert, weil die Wölbung des Innenraumes nicht weit über den Tambur emporragt, und die hohe äußere Körperschale von sternförmig angebrachten, senkrechten, dünnen Mauern getragen wird. Tambur und Kuppel sind mit farbigem Ziegelmosaik bedeckt, das dunkel- und hellblaue und weiße Glasuren zeigt. Ersteren umgibt in großen Buchstaben die wiederholte Inschrift: „Gott ist die Ewigkeit".

Die Arkadenflächen des Vorhofes zeigen reicheren, in Fayencemosaik ausgeführten Glasurschmuck, der mit dem der persischen Bauten aus dem Beginne des XV. Jahrhunderts übereinstimmt. Wahrscheinlich ist die Hofanlage erst in dieser Zeit dem eigentlichen Mausoleum zugefügt worden. Das Hauptportal nennt in einer Inschrift Namen und Herkunft des Architekten: „Mohammed Ibn Mahmud, der Baumeister aus Isfahan" (Hartmann).

Samarkand, Mausoleum des Timur, Innenansicht

Der Grundriß des Innenraumes bildet ein Quadrat. In jeder der 10 m langen Seiten öffnet sich eine mit Stalaktitenwerk geschlossene, 2,75 m tiefe Nische. Überwölbungen der Ecken leiten vom Quadrat zum Achteck über, von dem aus über einem niedrigen Tambur die innere Kuppelschale emporsteigt. Die Mitte des Innenraumes wird von Marmorschranken umgrenzt und enthält acht Grabsteine und einen kleinen, für die Aufnahme von Kerzen bestimmten Kuppelbau. Der aus einem gewaltigen dunkelgrünen Nephritblock gefertigte Grabstein Timurs enthält in seinen Inschriften die Genealogie des Fürsten. Es sind sämtlich nur Scheingrabsteine, da sich die eigentlichen Gräber, sowohl Timurs wie seiner sieben hier beigesetzten Verwandten und Freunde, in einem kreuzförmigen Kellergewölbe des Mausoleums befinden.

Den Raum umgibt ein aus sechseckigen Alabasterplatten zusammengesetzter Sockel, über dem sich ein Stalaktitenfries und eine aus grünem Jaspis gefertigte Inschriftborte hinziehen. Die darüber befindliche Wand ist gemalt und zeigt, soweit sich die Zeichnung erhalten hat, geometrische, von Borten eingefaßte Muster.

Samarkand, Medresse der Bibi-Hanum, Außenansicht des Gebetsraumes

Das bedeutendste Denkmal der Timuridenzeit in Samarkand ist die Medresse, welche der Fürst im Jahre 1399 zu Ehren seiner ersten Gemahlin, einer chinesischen Prinzessin, erbaute. Aus allen Teilen des Weltreiches soll er Arbeiter herbeigerufen haben, um das größte Bauwerk der damaligen islamischen Welt zu errichten, dessen Größenabmessungen auch im heutigen Verfall noch Bewunderung erregen.

Von der gewaltigen Hofanlage (120 × 90 m) sind nur noch die Trümmer des Hauptportals vorhanden, während sich verhältnismäßig am besten das Moscheegebäude selbst, das die Tafel veranschaulicht, erhalten hat. Zwischen zwei achteckigen, in ihrem oberen Teil zerstörten Minarets öffnet sich der 16 m breite und 56 m hohe Kielbogen des Portals. Dahinter liegt der quadratische Gebetsraum, den eine auf hohem Tambur sitzende, heute teilweis zusammengestürzte Kuppel bekrönt. Die Ähnlichkeit dieser Kuppel mit der von Gur-Emir ist in die Augen fallend, wenn auch die Form hier gedrungener erscheint.

Bei dem die Außenflächen bedeckenden Ziegelmosaik heben sich von den den Grund bildenden rötlichen unglasierten Backsteinen dunkel- und hellblau glasierte Ziegel ab und bilden Inschriften und geometrische Muster. Sehr reich und originell ist die Dekoration der Minarets. Die acht schmalen Seitenflächen derselben sind durch eine Reihe von im Kielbogen geschlossenen Flachnischen bedeckt, deren geometrische Musterung aus Sternfliesen gebildet wird. Dazwischen sind rechteckige Felder mit Inschriften angebracht, wobei statt des Fayencemosaiks auch quadratische Wandfliesen mit Überglasurmalerei zur Verwendung gekommen sind. Das Vorkommen dieser weniger schwierigen und billigeren Technik erklärt sich aus den großen Anforderungen, die an die bei diesem Bauwerk beschäftigten Töpfer gestellt wurden.

Ardebil, Moschee des Schech Safi, Innenansicht des Gebetsraumes

In den vorhergehenden Lieferungen sind neben dem Grundriß die verschiedensten Teile der Moschee wiedergegeben worden; mehrere Lichtdrucke und farbige Tafeln haben auch das Äußere des vor dem eigentlichen Mausoleum liegenden Gebetsraums veranschaulicht. Die nach einer Zeichnung hergestellte Tafel zeigt das Innere, das nicht mit Unrecht von dem französischen Reisenden Tavernier (1778) mit einem Kirchenschiff verglichen worden ist. Der von einem flachen Muldengewölbe überdachte Raum (Grundriß I) öffnet sich an den Langsseiten in zwei Stockwerken in je drei quadratischen Nischen (g) und an den Schmalseiten in je zwei größeren rechteckigen, im Spitzbogen geschlossenen Nischen. Von letzteren vermittelt die eine den Eingang, während die andere, wie die Tafel zeigt, durch ein silbernes Gitter abgeschlossen ist und sich in einer zweiten kleineren, apsisartigen, fünfeckigen Nische öffnet. Von hier aus führt eine Tür in das eigentliche Mausoleum (h), während links davon eine Pforte den Zugang zur Grabkammer des Schah Ismaël I. (1502—24) vermittelt.

Die Dekoration des ganzen Raumes ist in blau und goldener Lackmalerei gehalten und zeigt in den meist rechteckig geschlossenen Mustern Blumenrankenwerk, wie wir es in den gleichzeitigen Fayencedekorationen am Außenschmuck kennen gelernt haben.

Aus dieser Halle, die früher reicher wie heute mit goldenen und silbernen Lampen und Leuchtern geschmückt war, und wo sich auch zwölf Koranständer befanden, stammt der kostbare große, vom Jahre 1537 datierte Teppich, den jetzt das India-Museum in London beherbergt.

Ardebil, Moschee des Schech Safi, Mausoleum des Heiligen, Innenansicht

Wie wir schon eben erwähnten, gelangt man aus der hinter dem Gebetsraum liegenden Apsis in das Allerheiligste, in das turmartige Mausoleum des Schech Safi. Ein mit Goldblech beschlagenes Gitter, aus sich durchdringenden Rundstäben mit Würfeln an den Schnittpunkten gebildet, gestattet den Einblick in den Raum, der jedem Ungläubigen unzugänglich ist. Doch ist so viel zu erkennen, daß den achteckigen Raum ein hohes Holzpaneel umgibt, und die Mitte von einem würfelförmigen Holzsarkophag eingenommen wird. Dieser ist reich geschnitzt, mit Elfenbeineinlagen versehen und trägt auf den vier Ecken je einen goldenen, mit Edelsteinen besetzten Knauf. Eine prachtvolle Goldbrokatdecke verhüllt gewöhnlich den Schrein, vor dem auf einem niedrigen Gestell in Metalleuchtern Kerzen brennen.

Ardebil, Moschee des Schech Safi, Tschini-Chane (Porzellanhaus), Innenansicht

Unter den verschiedenen Baulichkeiten der Moscheeanlage ist das Porzellanhaus (Grundriß a) von besonderem Interesse. Es ist ein in bedeutenden Abmessungen gehaltener Kuppelraum, der vier im halben Achteck gebildete Nischen umgibt. Nach außen wird der starke Seitenschub von massivem Mauerwerk und durch die vier Seiten vorgelegte, halbkreisförmige Türme aufgefangen.

Das den Innenraum umziehende, 2,5 m hohe Paneel wird aus quadratischen Fliesen gebildet und zeigt rechteckige Felder mit Vasen und Blumenrankenwerk in lebhaften Farben. Über einer Auskragung mit flacher Hohlkehle steigt dann ein stalaktitenartiges Holzwerk bis zur Kuppel empor, das sich in verschieden gestalteten kleinen Nischen öffnet und zur Aufnahme von Porzellangefäßen diente. Dekoriert ist dieses Holzwerk in blaugoldener Lackmalerei.

Von den chinesischen Porzellanen, die früher in den Nischen ihren Platz hatten, steht jetzt eine große Anzahl (ca. 500 Stück) auf dem Fußboden. Es sind meist Arbeiten in Blaumalerei und als authentische, vor dem Beginn des XVII. Jahrhunderts gefertigte Stücke von besonderem Wert. Schah Abbas I, der mutmaßliche Erbauer dieses Moscheegebäudes, benutzte ebenso wie seine Nachfolger diese Porzellangefäße als Speisegeschirr, da in der Nähe des Heiligen-Grabes die sonst vom Hof gebrauchten goldenen und silbernen Geräte verpönt waren.

4

Das Porzellanhaus diente außerdem als Bibliothek, die innerhalb der Nischen in Wandschränken untergebracht war. Der größte Teil dieser kostbaren Büchersammlung befindet sich seit dem letzten russisch-persischen Kriege (1828) in St. Petersburg.

Ardebil, Moschee des Schech Safi, Dekoration der rechten Schmalseite im großen Vorhof

Die Tafel veranschaulicht in einem besonders gut erhaltenen Beispiele die reiche in Fayencemosaik ausgeführte Dekoration, die an den Außenwänden der Moschee allenthalben zur Anwendung gekommen ist, und von der wir in Lichtdruck- und Farbentafeln schon verschiedene Beispiele in früheren Lieferungen gebracht haben.

Bruchstück von Fayencemosaik, angeblich aus der Moschee des Imam Riza in Meschhed

Das Fayencemosaik, dessen frühestes Vorkommen an den seldschukischen Bauten Kleinasiens in der 2. Hälfte des XIII. Jahrhunderts beobachtet worden ist, bildet bis zum XVII. Jahrhundert die vornehmste Flachendekoration des persischen Backsteinbaus. Wir haben in Lichtdruck- und Farbentafeln Beispiele von den verschiedensten, auf diese Art dekorierten Denkmälern wiedergegeben und bringen hier ein Original-Bruchstück, das in Teheran erworben, aus der heiligen Moschee des Imam Riza in Meschhed stammen soll. Jedenfalls gehört es zu einem der Blauen Moschee in Tebriz etwa gleichzeitigen, persischen Bauwerk und veranschaulicht, trotz mangelhafter Erhaltung, die Blütezeit der Technik des Fayencemosaiks, die in die erste Hälfte des XV. Jahrhunderts fällt.

Bei dieser kostspieligen und zeitraubenden Technik sind die einzelnen Stückchen aus fertig glasierten Platten ausgeschnitten oder ausgesägt und dann mosaikartig im Stuckgrund zusammengesetzt worden. Dieses Verfahren ermöglicht einen genauen Fugenschnitt, der bei einer zweiten, weniger mühevollen Technik des Mosaiks aus glasiertem Ton nicht erzielt werden kann; hier besteht das Mosaik aus vorher geformten und dann glasierten Tonplättchen.

Aschral, Palastruine in Bagh-i-Tscheschme (Quellengarten), Eingangsnische

Über die von Schah Abbas I. in den Jahren 1613—27 errichteten Gärten und Paläste von Aschraf ist in der vorhergehenden Lieferung eingehend gehandelt worden. Das im Quellengarten gelegene, vollständig verfallene Lustschloß stimmt in seiner Anlage mit dem schon publizierten Gartenpalast fast vollständig überein. Auch hier durchfließt das Gebäude ein von den Bergen kommender Bach und bildet im Hauptraum ein Bassin. Die in Spitzbogen geschlossene Eingangsnische, deren Anlage aus der Tafel hervorgeht, war ursprünglich vollständig mit einem aus quadratischen Fliesen zusammengesetzten Fayenceschmuck bedeckt. Die gelbe und dunkelblaue Farbe herrscht in diesem Flächenmustern vor. Von den in Miniaturmalerei ausgeführten Wandgemälden hat sich in diesem Palaste nichts mehr erhalten; dagegen sind, abgesehen von der Fliesendekoration, die in geschnittenem und bemaltem Stuck gearbeitete Ausschmückung der Räume mit ihren geschmackvollen Pflanzenmustern von Interesse.

Schiraz, Medresse-i-Chan, Fayencedekoration am Hauptportal

Wie Isfahan durch die Bautätigkeit der Safiden-Fürsten des XVI. und XVII. Jahrhunderts seinen noch heut erkennbaren Charakter erhalten hat, so ist für Schiraz, den Vorort der Provinz Fars, die Regierungszeit Kerim-Chans (1750—1779) maßgebend gewesen. Unter ihm war Schiraz eine Zeitlang die Hauptstadt des ganzen Landes.

Neben der von diesem Fürsten errichteten Moschee (Masjed-i-Vekil) beansprucht eine von ihm erbaute Medresse (M.-i-Chan) besonderes Interesse. Das in bedeutenden Abmessungen, nach dem für diese religiösen Schulen üblichen Plan ausgeführte Gebäude bietet in seinem noch teilweis erhaltenen Fayenceschmuck ein besonders charakteristisches Beispiel für die im XVIII. Jahrhundert übliche Fliesenbemalung über der Glasur. Die Portalwand zeigt zu beiden Seiten der Eingangsnische je vier aus quadratischen Fliesen zusammengesetzte Panneaus, die von Pilastern und Inschriftborten umrahmt werden, und von denen eins auf der Tafel wiedergegeben ist.

Die Vase, welche die Mitte des Spitzbogenfeldes einnimmt, erinnert in ihrer Form an ähnliche Gefäße, die uns in den Fayencedekorationen der früheren Zeit begegnet sind; aber der Stilcharakter der sie umgebenden Blumen ist ein vollständig anderer. An die Stelle der stilisierten Ranken und Blumen sind naturalistische Pflanzen getreten, die aus dem angedeuteten Erdboden emporwachsen, und in deren Zweigen naturgetreu gezeichnete Vögel angebracht sind. In scharfem Kontrast hebt sich das vielfarbige Muster vom dunkelblauen Grunde ab. Trotz der lebhaften Farbengebung sind diese späten persischen Flächendekorationen nicht nur zeichnerisch, sondern auch koloristisch von nicht geringer künstlerischer Wirkung.

ERLÄUTERUNGEN DER TAFELN

Samarkand, Medresse Ulug Beg

In der vorigen Lieferung, die das Grabmal Timurs und die Moschee Bibi-Hanum brachte, haben wir bemerkt, daß dem Weltherrscher seine Hauptstadt Samarkand die hervorragendsten Bauwerke verdankt, und daß zu ihrer Errichtung persische Architekten herangezogen wurden. Seine Nachkommen eiferten ihm in der Bautätigkeit nach; von ihnen rühren die drei großen religiösen Schulen (Medressen) her, die an drei Seiten den quadratischen Marktplatz Registan begrenzen. Die westliche Seite dieses imposanten Platzes wird von einer Medresse gebildet, die Timurs Enkel Ulug Beg (1447—1449 n. Chr.) errichtet hat. Wie bei allen Denkmälern der Timuridenzeit, sind auch hier die gewaltigen Abmessungen bemerkenswert, die die der rein-persischen Bauten, ihrer Vorbilder, bei weitem übertreffen. Der Grundriß zeigt ein Quadrat, an dessen Ecken sich Minarets erheben. Diese sind, eine Eigentümlichkeit aller Samarkander Gebetstürme, in einem bestimmten Winkel nach außen geneigt. In der Mitte der Hauptfront erhebt sich das hohe Eingangsportal, und ihm entsprechen drei sich nach dem Hof zu öffnende große Nischen. Der größte Teil des Gebäudes liegt in Ruinen und ist vielleicht niemals ganz vollendet worden. Bemerkenswert ist auch hier der Schmuck farbig glasierter Fliesen. Der architektonische Aufbau des Portals, seine Fliesendekoration, sowie die der Minarets sind aus der Abbildung deutlich zu erkennen.

Samarkand, Medresse Schir-dar. Hof

Die der Medresse Ulug Beg gegenüberliegende Seite des Registan wird von der Medresse Schir-dar (Löwen-Haus) eingenommen. Sie ist im Jahre 1610 n. Chr., also unter der Regierung des Imam Kuli, eines Fürsten der Dschaniden-Dynastie, errichtet worden. Trotz dieser verhältnismäßig späten Entstehung zeigt das Bauwerk noch ganz den Charakter der früheren Samarkander Denkmäler. Auch der Grundriß ist derselbe, wie z. B. der der Medresse Ulug Beg; ebensowenig stehen die glasierten Fliesen, die die Wände bedecken, technisch und künstlerisch den älteren nach. Die Erhaltung ist eine bessere.

Der Name Schir-dar (Löwen-Haus) stammt daher, weil in den Zwickeln des Eingangsportals zwei gelbe Löwenfiguren in Fayencemosaik dargestellt sind.

Die Abbildung zeigt einen Blick in den Hof. Links oben ist die Rückwand des hohen Portals, darunter der dahinterliegende eine Liwan des Hofes, umgeben von je drei zweigeschossigen Nischen, sichtbar. Alle vier Seiten des quadratischen Hofes sind gleich gestaltet.

Neben den vier Eckminarets besitzt das Gebäude in zwei Kuppeln, die die Portalnische flankieren, einen ganz besonderen Schmuck. Die Form der auf hohem Tambur sitzenden Melonen-Kuppeln ähnelt der des Timur-Grabes; aber die Wülste, die dort eng aneinander liegen, sind hier getrennt und von selbständigen kleinen Konsolen getragen.

Samarkand, Gräberhügel Schah Zinda. Hauptportal und Mausoleum der Amme Timurs

Nicht weit entfernt von der Moschee Bibi-Hanum liegt vor den Toren von Samarkand ein Hügel, auf dem in z. T. prächtigen Grabmälern einige der nächsten Verwandten Timurs beigesetzt sind. Dieser Hügel heißt im Volksmunde Schah Zinda, d. h. der lebende König, da die Sage geht, daß der gleichfalls hier beigesetzte Vetter des Propheten Kassim im Innern des Berges lebe.

Die Abbildung zeigt im Vordergrunde das Hauptportal, durch das man zu der den Berg hinauf-führenden Gräberstraße gelangt. Es soll nach einer Inschrift im Jahre 1434 von Ulug Beg, dem Enkel Timurs, errichtet sein; also in demselben Jahre, in dem der Fürst seine Medresse am Registan vollendete. Eine Übereinstimmung zwischen den beiden Bauwerken ist unverkennbar; sie zeigt sich vor allem in den drei übereinander gesetzten Flachnischen zu seiten des Eingangsportals. Auch hier ist wiederum ein Mosaik aus

2

farbig glasierten Fliesen zur Verwendung gekommen, z. B. bei der aus blauen Ziegeln zusammengesetzten kufischen Inschrift, die die äußere Umrahmung des Portalrechtecks bildet.

Im Hintergrunde links fällt ein hoher Kuppelbau, das Grabmal der Oldscha Aim, der Amme Timurs, auf. Über einem hohen quadratischen Unterbau, der in ein niedriges Achteck übergeht, erhebt sich die auf hohem Tambur ruhende Kuppel. Letztere ist nicht vollendet und sollte jedenfalls die den Timuridenbauten charakteristische Melonenform erhalten.

Samarkand, Gräberhügel Schah Zinda. Mausoleum einer Schwester Timurs. Detail der Eingangsnische

Zu den bemerkenswertesten Denkmälern gehören zwei Mausoleen von Schah Zinda, die für zwei Schwestern Timurs gefertigt worden sind. Das der Dschuschuk Bika, angeblich 1371 n. Chr. errichtet, zeigt einen quadratischen Grundriß und ist mit einer Melonenkuppel bedeckt. Der reiche, in Fayencemosaik ausgeführte Schmuck des Inneren wird durch die sich in einer Portalnische öffnende Frontseite übertroffen. Als Schmuck der Wandfläche hat man hier Fliesen verwandt, die vor dem Brande durch die Schnitttechnik reliefartig verziert und dann erst glasiert sind. Als Farben dieser Relieffliesen, die mannigfaltige ornamentale Muster und Inschriften zeigen, kommen hell- und dunkelblau, grau, weiß und manganviolett in Betracht.

Die Tafel gibt einen Teil der rechten Frontseite des Grabmals wieder, und zwar bis zur Höhe des Stalaktitengewölbes der Nische, deren rechte Seite auf der Tafel verkürzt sichtbar ist. Verwendung und Muster der Relieffliesen ist aus der Abbildung ersichtlich. Bemerkenswert sind die die Ecken flankierenden Säulchen, auf deren eigentümliche, der Holzarchitektur entlehnte Bildung der Basen wir kurz hinweisen möchten. Ein kleines Täfelchen an der Basis der linken Säule zeigt eine arabische Inschrift in sehr kleinen Charakteren, deren Anfang mit Sicherheit die Worte „Gemacht von Zain-ed-din" erkennen läßt.

Samarkand, Bruchstücke von Relieffliesen aus der Zeit des Timur

Die farbige Tafel zeigt ein paar Bruchstücke von Relieffliesen, die in Samarkand erworben, wahrscheinlich von einem dortigen Denkmal stammen, das dem erwähnten Mausoleum der Schwester Timurs gleichzeitig und ähnlich ist.

Ein Blick auf die vorhergehende Tafel, die Wiedergabe dieses Monuments, läßt die Verwendung der Bruchstücke innerhalb einer aus Relieffliesen zusammengesetzten Fassadendekoration erkennen. Die linke, hellblau, grün und violett gemalte Relieffliese gehört zu einer ornamentalen Borte, die rechts unten abgebildete, hellblaue Kachel zu einer Inschriftborte. Für beide finden sich am Denkmal der Dschuschuk Bika Analoga; für letzteres Stück in dem neben der linken Ecksäule aufsteigenden Inschriftband, das Verschlingungen von rein ornamental behandelten kufischen Buchstaben zeigt, deren Fond aus Rankenwerk besteht.

Samarkand. Gräberhügel Schah Zinda. Fayencemosaik von einem Grabmal

Zwischen dem prachtvollen Mausoleum der Schwester Timurs und dem Hauptheiligtum des Friedhofs, der Moschee Schah Zinda selbst, liegen mehrere Denkmäler, deren Portalseiten gleichfalls reichen Fayenceschmuck aufweisen. Der Abbildung vom Mausoleum der Schwester Timurs entsprechend, gibt auch die vorliegende Tafel nur einen Teil: die rechte Seite der Vorderfront, wieder. Statt der Relieffliesen ist aber hier Fayencemosaik als Wandschmuck zur Verwendung gekommen, das die ganze Fläche bedeckt und dessen Muster und Anordnung die größte Ähnlichkeit mit ersterem Denkmal zeigen. Auch hier wird der Pfeiler von Säulen flankiert; dazwischen steigt eine Schriftborte empor, die ihrerseits wiederum von größeren und kleineren Ornamentborten eingefaßt wird. Den unteren Abschluß des Schriftbandes bildet die Wiedergabe einer Nische, in der eine Vase mit emporsteigenden Ranken dargestellt ist. Dasselbe Motiv: eine im Hufeisenbogen geschlossene Nische, findet sich an der gleichen Stelle, unter der aufsteigenden Schriftborte, am Grabmal der Schwester Timurs. Auch in der Bildung der Basen und Kapitäle zeigt sich zwischen beiden Denkmälern eine große Verwandtschaft. Unter den Farben des Fayencemosaiks spielen hell- und dunkelblau die Hauptrolle.

Konia, Medresse des Kara Tai. Fayencedekoration an der Rückwand des Liwan

Über dieses, im Jahre 1251 errichtete, bemerkenswerte Denkmal der seldschukischen Baukunst von Ikonium haben wir in der 3. Lieferung schon eingehend berichtet und dort in einer farbigen Tafel einen Teil der Wanddekoration des Kuppelraumes publiziert. Von diesem Saal aus öffnet sich eine Seite in der typischen tiefen Nische, dem für den Unterricht bestimmten Liwan.

 Die vorliegende Tafel gibt in einem Eckausschnitt die mit Fayencemosaik bekleidete Rückwand dieses Liwans wieder. Wir sehen hier den aus sechseckigen, blauen Fliesen bestehenden Sockel, der das ganze Innere des Gebäudes umgibt, darüber das geometrische Flächenmuster, das sich aus hellblauen, dunkelblauen und manganvioletten Streifen zusammensetzt. Die umgebende Borte besteht aus zwei gleichen, sich durchschlingenden Palmettenranken, die, aus violetten und hellblauen Fliesen zusammengesetzt, in den weißen Stuck gebettet sind.

Wir erwähnten schon früher, daß die Moschee Kara Tai wahrscheinlich von demselben, aus Tus in Persien gebürtigen Architekten errichtet worden ist, der nachweislich die Sirtscheli-Medresse in Konia hergestellt hat.

Konia, Mihrab in der Moschee Bey Hakim

Nicht weit von der Medresse des Kara Tai liegt eine äußerlich unscheinbare, kleine Moschee, die dem Volksmunde nach das Grab des Leibarztes des seldschukischen Sultans Ala eddin Kai Kobad I. (1219—1236 n. Chr.) enthält und deshalb Moschee Bey Hakim genannt wird (Hakim = Arzt).

Das Gebäude besteht aus einer überwölbten Vorhalle, zwei sich rechts und links anschließenden Räumen, von denen der eine die Reste eines Lehmsarkophags enthält, und einem dahinterliegenden, quadratischen Moscheeraum, den eine Kuppel überwölbt. Abgesehen von den reichgeschnitzten Türen der Vorhalle, ist vor allem die prachtvolle Gebetsnische im Kuppelsaal bemerkenswert.

Muster und Farbengebung des in Fayencemosaik hergestellten Mihrab sind aus der Tafel ersichtlich. Es mag hervorgehoben werden, daß die gelbe Farbe an der sonstigen Fayencedekoration seldschukischer Bauten in Konia nicht vorkommt. Die horizontal laufende Inschrift über der Nische, sowie die Inschriften innerhalb der Stalaktiten geben fromme Sprüche wieder. Die große kufische Inschrift, die den Rand umgibt, ist der Thronvers (Koran 2, 256). Es bleibt zu bemerken, daß Anfang und Schluß dieser letzteren Inschrift im Original nicht erhalten sind. Man hat diese Lücken des Gesamteindrucks wegen durch vorhandene Inschriftenteile ergänzt. Die fehlenden Teile der horizontalen Inschrift sind freigelassen.

Sari, Mausoleen des Schah zade Muhammed Sultan Riza und des Mullah Madschd-ad-din

Einer der ältesten Orte der Landschaft Mazenderan, dessen Gründung in vorhistorische Zeit verlegt wird, ist Sari, die Gouvernements-Hauptstadt der heutigen persischen Provinz. Die beiden Mausoleen der Tafel, von denen das linke das bedeutendere ist, gehören zu jenen schon öfter erwähnten, dem 12. bis 13. Jahrhundert angehörenden Grabtürmen, die auf rundem oder viereckigem Unterbau ein kegelförmiges Dach tragen. Das linke Grabmal ist dadurch bemerkenswert, daß ein reicher Fayenceschmuck die Ziegelflächen belebt, deren breite Fugen besonders auffallend sind. Zwei Koranverse enthaltende Inschriftbänder, die in Fayencemosaik weiße Buchstaben auf blauem Grunde zeigen, ziehen sich um den quadratischen Unterbau; die blaue Fliesenbekleidung der sechseckigen Spitzdächer ist bis auf geringe Reste verschwunden. An den Turm schloß sich ein jetzt eingestürzter, im Tonnengewölbe geschlossener Moscheeraum an. Die von hier zum Mausoleum führende Tür zeigt reiche Schnitzarbeit.

Das zweite, auf der Tafel rechts sichtbare Mausoleum: das Grab des Mullah Madschd-ad-din, ist ein mit Putz versehener Rundturm, über dessen einfachem Stalaktitenfries sich ein Spitzdach erhebt.

Amol, Moschee des Mir Buzurg Kawam-ad-din

Der Stammvater der in Mazenderan seit 1388 n Chr. regierenden Dynastie der Sajjids, der Emir Buzurg Kawam-ad-din († 1379 n. Chr.), ist in Amol in einer nach ihm benannten Moschee beigesetzt. Schah Abbas der Große, der das Land im Jahre 1596 n. Chr. endgültig seinem Reich einverleibte, gab sich aus politischen Gründen mütterlicherseits als Nachkomme des Kawam-ad-din aus und ließ die Grabmoschee von Grund aus restaurieren. Die heutige, in Ruinen liegende Moscheeanlage muß durchaus als ein Bau aus dem Beginn des 17. Jahrhunderts gelten.

Das ungefähr 45 m breite und 40 m tiefe Bauwerk zeigt die den gleichzeitigen Architekturen eigentümliche Durchbrechung der Mauerwerks durch im Kielbogen geschlossene Flachnischen. Die mittelste der fünf Nischen der Vorderfront bildet das Hauptportal, und es ist durch seine rechteckige, hohe Umrahmung als solches besonders kenntlich gemacht.

Im Inneren ist, abgesehen von einer Anzahl kleinerer Räume, ein cca 15 m Seitenlänge messender, quadratischer Saal bemerkenswert, über dem sich eine jetzt teilweise eingestürzte Kuppel wölbt. Hier befindet sich der mit schönen Schnitzereien versehene Holzkatafalk des Heiligen. Der rechts hiervon liegende Raum mit einer Gebetsnische in der nach SW., nach Mekka orientierten Fassadenwand, diente als Moschee.

Der reiche Fayenceschmuck des Gebäudes ist teilweise abgefallen. Wie die Abbildung zeigt, sind außen meist geometrische Muster zur Anwendung gekommen in gelben, blauen, grünen, schwarzen und weißen Farben; gelb ist vorherrschend. Im Inneren ist der Sockel des Kuppelraumes mit seinem prächtigen Muster von grünen und blauen Arabesken auf gelbem Grunde besonders bemerkenswert. Den Tambour der Kuppel umgibt ein Schriftband von weißen Buchstaben auf blauem Grunde. Während alle diese Fayencedekorationen aus glasierten Ziegeln oder quadratischen Fliesen bestehen, ist die erwähnte Gebetsnische im Moscheeraum in Mosaiktechnik hergestellt.

Isfahan, Pavillon Tschihil sutun. Außenansicht

Die Mitte der Stadt Isfahan nimmt der Palast-Bezirk ein, ein weites, von Mauern umgebenes Quadrat, das im Westen von der Prachtstraße Tschehar-bagh und im Osten vom Meidan, dem gewaltigen Markt- und

4

Festplatze begrenzt wird. Innerhalb dieses Palast-Bezirkes liegen verschiedene, von Gärten umfriedete Pavillons, unter denen der der 40 Säulen (Tschihil sutun) der bemerkenswerteste ist.

Das ursprünglich von Schah Abbas d. Gr. im Beginn des 17. Jahrhunderts errichtete Gebäude verbrannte unter Schah Hussein (1694—1722 n. Chr.) und wurde von diesem Fürsten erneuert. Es ist ein einstöckiges Gebäude, dessen östliche, 30,5 m breite Schmalseite sich in einer Säulenhalle öffnet. Achtzehn, 13,4 m hohe, schlanke Holzsäulen, zu je dreien der Tiefe nach geordnet, tragen das schwere, weit vorspringende Holzdach. Der vieleckige Schaft der Säulen ruht auf Steinbasen, von denen die vier mittelsten aus je vier sitzenden Löwenfiguren bestehen. Die Kapitelle sind in Stalaktitenform gearbeitet. Die kassettierte Decke ist in blau und gold gemalt. Das in der zeitgenössischen persischen Architektur übliche Spiegelglas-Mosaik ist auch hier zur Verwendung gekommen.

Hinter der Vorhalle öffnet sich ein von zwei Säulen getragener, quadratischer Raum, in dessen hinterer Wand, in einer Nische, der Thronsessel stand. Links und rechts schließen sich zwei kleine Räume an, und dann folgt der große, rechteckige Festsaal, der sich an seinen beiden Schmalseiten wiederum in Säulenhallen öffnet. Dieser von Kuppeln bedeckte Raum enthält bemerkenswerte Wandgemälde aus der Geschichte der großen Safidenfürsten.

Isfahan, Ruinen des Palastes Haft dest

Am rechten Ufer des Zende-rud, der Isfahan von der südlich gelegenen Vorstadt Dschulfa trennt, liegen östlich von diesem Orte am Flußufer zwei aus der Safidenzeit stammende, jetzt in Ruinen liegende Lustschlösser: Aine Chane, das Spiegel-Palais, und das Schloß Haft dest (die sieben Hände). Ersteres Gebäude stimmt im Grundriß mit dem Pavillon Tschihil sutun fast vollständig überein. Wir geben hier eine Abbildung des zweiten Palastes, und zwar die Hoffassade des östlichen Flügels. Bemerkenswerter wie die Außenarchitektur, die die für die Safidenzeit charakteristische Nischenbildung zeigt, ist die Dekoration der Innenräume, auf die wir noch zu sprechen kommen werden.

———

ERLÄUTERUNGEN DER TAFELN

Samarkand. Medresse Tilja Kari, Moscheegebaude an der Westseite des Hofes

Die Medresse Tilja Kari, die „Vergoldete", soll ungefähr zur gleichen Zeit wie die Medresse Schir dar, also im Beginn des 17. Jahrhunderts, erbaut sein. Sie begrenzt den Registan, den Hauptplatz der Stadt, im Norden und zeigt, in der Grundanlage des viereckigen Zellenhofes an der üblichen Anordnung festhaltend, in Einzelheiten bemerkenswerte Abweichungen, vor allem in der Fassadenbildung. Die Westseite des Hofes wird durch eine geschlossene Anlage, ein Moscheegebaude, unterbrochen, deren Kuppel nicht mehr vorhanden ist. Der Tambour ragt über die Portalwand hinaus, deren straffer Aufbau und reiche keramische Dekoration aus der Abbildung kenntlich ist. Diese Dekoration hat sich hier besser wie an der Hauptfassade erhalten und zeigt in den Nischenflächen geometrische Muster aus Ziegelmosaik, während die Zwickel und umrahmenden Borten einen komplizierteren, in Fayencemosaik ausgeführten Schmuck aufweisen.

Buchara. Minaret Kaljan, der sogen. Verbrecherturm

Dieser gewaltige, ca. 60 m hohe Turm ist das einzige Denkmal, das wir aus Buchara abbilden, dessen Architektur eng mit der Samarkands verknüpft ist. Im Gegensatz zu Samarkand haben sich in Buchara verhältnismäßig wenig ältere Bauwerke erhalten; und an ihnen ist die keramische Schmuckdekoration der Zerstörung mehr wie dort zum Opfer gefallen. Das Minaret, der sogen. Verbrecherturm — von seiner Spitze sollen die zum Tode verurteilten Verbrecher hinabgestürzt worden sein —, erinnert in seinem säulenartigen Aufbau an ähnliche Türme, die wir auf rein persischem Boden, z. B. in Damgan, kennengelernt haben. Auch hier umgeben den in leichter Verjüngung aufsteigenden Bauleibschaft verschiedene, in Ziegelverblendung ornamentierte Bänder, die durch schmale Borten und Schriftbänder voneinander getrennt sind. Bei jeder dieser geometrischen Zonen wird das Muster durch den Schlagschatten der vorgekragten Ziegel wirkungsvoll zum Ausdruck gebracht. Der Bau dürfte dem 13.—14. Jahrhundert angehören, während seine Bekrönung, deren Gestaltung aus der Tafel ersichtlich ist, wohl einer späteren Zeit zugeschrieben werden muß.

Buchara. Bruchstücke von geschnittenen und glasierten Fliesen

Die hier wiedergegebenen Original-Relieffliesen schließen sich den in der vorhergehenden Lieferung publizierten eng an, die wahrscheinlich aus Samarkand stammen und auch dort erworben wurden. Die beiden hier dargestellten Fliesen gehören zu einer größeren Anzahl von Relieffliesen, die aus dem Pariser Kunsthandel in das Victoria- und Albert-Museum in London und in das Hamburgische Museum für Kunst und Gewerbe gelangt sind. Einige der hier befindlichen Fliesen konnten mit Hilfe einer Photographie an dem Fassadenschmuck eines Gebäudes in Buchara von uns nachgewiesen werden; und es ist kein Zweifel, daß auch die beiden Fliesenstücke der Tafel von demselben Bau, vielleicht aus der inneren Ausstattung der Portalnische, stammen. Die oben dargestellte rechteckige Fliese ist ein Teil eines Schriftfrieses mit kufischen Buchstaben. Das größere, unten wiedergegebene Stück gehört zu einer quadratischen Platte, von der mehrere gleichartige in Hamburg zusammengesetzt werden konnten. Im Text wird näher auf diese den Bauten der Timurzeit eigentümliche keramische Dekoration eingegangen und auch das bei der Herstellung dieser mit Reliefornamenten verzierten Fliesen angewandte Verfahren beschrieben werden.

Nachtschewan. Mausoleum der Mumine Chatun, Ziegel-Stuck-Mosaik in einer der Seitenflächen

In zwei Lichtdruck- und zwei farbigen Tafeln sind in den früheren Lieferungen die Gesamtansicht und Details dieses 1186 vollendeten Bauwerks wiedergegeben worden. Die zehn Seitenflächen bilden von Ornamentborten eingefaßte und von kleinen Rundsäulen flankierte Flachnischen, die jedesmal verschiedene, in Ziegel-Stuck-Mosaik hergestellte Muster zeigen; die vorliegende Tafel veranschaulicht ebenso wie eine Tafel der 5. Lieferung den Ausschnitt einer dieser Seitenflächen. Auch hier zeigt das Flächenmuster eine geometrische, flechtwerkartige Komposition, die konstruktiv aus der Aneinanderreihung von 9 cm tiefen, dem Kernmauerwerk vorgelegten Mosaikplatten besteht. Abgesehen von den in Relief gemusterten Gipsfüllungen ist durch hellblaue Glasurstreifen, die Achtecke bildend, symmetrisch verteilt sind, eine weitere Belebung des Flächenmusters hervorgerufen worden.

Veramin. Hauptmoschee (Masdjed Djuma), Oberer Teil der Gebetsnische

In der ersten Lieferung haben wir in zwei Tafeln das Hauptportal und Details von der reichen und originellen Fayencedekoration dieses hervorragenden Bauwerkes gebracht, das im Jahre 1322 von dem mongolischen Herrscher Abu Said Behadur Chan erbaut und später unter dem Timuriden Schah Ruch im Jahre 1412 wiederhergestellt worden ist. Wie wir schon sagten, trägt die Dekoration ganz den Charakter der ersten Hälfte des 14. Jahrhunderts, der ersten Erbauungszeit der Moschee. Innerhalb des gewölbten, quadratischen Gebetssaales liegt die Gebetsnische, von der die Tafel den oberen Teil wiedergibt. Hier sind in geschnitztem Stuck die mannigfaltigsten und reichsten Dekorationsformen vereinigt: kufische Inschriften in den Borten und phantastisches Arabeskenrankenwerk in den Flächen. Diese Palmettenranken, deren Mittelglieder an Pinienzapfen erinnern, haben wir schon am gleichzeitigen Mihrab von Marand kennengelernt. Über das naturalistische Blumenmuster und die aus blauen Fayencesternen zusammengesetzte Flächenfüllung, links vom Mihrab, haben wir schon oben gesprochen und wird bei der folgenden Tafel noch zu reden sein.

Bruchstücke der Fayencedekoration

a, b) von der Moschee des Gazan Chan in Tebriz

Südwestlich von Tebriz bezeichnet ein Ruinenhügel die Stelle, wo eins der bedeutendsten Denkmäler Persiens, die Grabmoschee des Gazan Chan (1295 – 1304) gestanden hat. Die beiden hier wiedergegebenen, von uns im Schutt gefundenen Fliesenfragmente zeigen die Technik der ausgekratzten Glasur. Sie gehören zu geradlinig konturierten Platten und zeigen schwarze resp. blaue Flechtbänder, die, vom Rande ausgehend, auf dem durch Fortkratzen der Glasur zum Vorschein gekommenen rötlichen Ziegelgrunde, Stege und Schleifen bilden. Durch eingeritzte Linien sind die Verflechtungen der Bänder klar zum Ausdruck gebracht.

c) von einer Moscheeruine in Asbistan

Die erste Lieferung hat nach einer farbigen Aufnahme eine größere Flächendekoration von dem zwischen Tebriz und Ardebil gelegenen und wohl aus dem Beginn des XIV. Jahrhunderts stammenden Bauwerk gebracht. Hier ist ein Originalbruchstück einer umrahmenden Borte wiedergegeben, das einem anderen Teil des Portalschmucks angehört und zeigt, wie mit zwei Farben und in ganz einfacher Zusammenstellung eine künstlerische Wirkung erreicht werden kann.

d, e) von der Hauptmoschee (Masdjed Djuma) in Veramin

Über das Gebäude ist in der ersten Lieferung und zu der vorhergehenden Tafel das Nötigste gesagt worden. Der sechsseitige Stern (d) ist der spitzbogig geschlossenen Nische links vom Mihrab entnommen, wo das Muster aus der Aneinanderreihung dieser Sterne auf dunkelblauem, vertieftem Fayencegrunde besteht. Der sechsseitige Stern ist aus Gips geschnitten, mit Einlagen von blauen Fliesen an den Seiten; der in der Mitte eingefügte runde Pfropfen, aus einem feinergekörnten Gips bestehend, trug ursprünglich eine Bemalung mit Blattgold. Die Fayencedekoration (e) ist einer vertikalen Schriftborte entnommen, die eine Flächendekoration auf einer der Seitenwände des Gebetsraumes umrahmt. Die kufischen Buchstaben bestehen aus rötlichen unglasierten Ziegeln; der tieferliegende Grund zeigt hellblaue sechsseitige Sterne auf dunkelblauem Grund. Bei letzteren ist das Muster teils durch Auskratzen der Glasur zum Ausdruck gebracht worden, teils hat man drei rhombenartige Glasurstücke so durch Gips aneinandergefügt, daß in der Mitte ein innerer dreistrahliger Stern entsteht.

Konia. Medrese des Kara Tai, Kuppelraum

Über dieses prächtige, im Jahre 1251 errichtete Denkmal der seldschukischen Architektur ist in den Erläuterungen zu farbigen Wiedergaben seiner Fayencedekoration in der 3. und 6. Lieferung schon berichtet worden. Die Tafel zeigt eine Ecke des Kuppelraumes mit einem Ausschnitt der Kuppelwölbung. Der aus Fayencemustern gebildete Sockel links unten ist jetzt teilweis verschwunden und auf der Tafel zu ergänzen; den Liwan rechts muß man sich ursprünglich offen denken. Den jetzigen Eindruck stört die weiße Wandfläche mit ihren modernen Türen und Fenstern. Die Ecken des Raumes sind durch fünfmal gefaltete Zwickel abgeschlossen, die in jedem Felde in kufischen Schriftzeichen einen der Namen der fünf ersten Chalifen wiederholen. Um den Tambour schließt sich ein sehr reiches kufisches Schriftband. Die Kuppelwölbung macht den Eindruck eines Spitzengewebes mit ihrem türkisblauen, weiß umsäumten Flechtmuster auf dunkelblauem Grunde, das sich in Strahlenrosetten öffnet. Die Dekoration des Kuppelraumes ist wohl das künstlerisch Bedeutendste und Prächtigste, was in persischer Fayencedekoration je geschaffen worden ist.

Konia. Medresse des Kara Tai, Kuppelraum, Bruchstück der Fayencedekoration

Über das Gebäude und seine Dekoration verweisen wir auf das soeben Gesagte. Hier ist ein Originalbruchstück wiedergegeben, das zu einer manganvioletten geometrischen Bandverschlingung auf türkisblauem Grunde gehört. Es dürfte einer ähnlichen Bortendekoration entnommen sein, wie wir sie auf der in der 3. Lieferung publizierten farbigen Tafel (Mitte) in umgekehrter Farbenzusammenstellung sehen. Die Wirkung des Materials kommt bei der Wiedergabe dieses Originalbruchstückes vortrefflich zum Ausdruck; die Tafel ergänzt demnach in glücklicher Weise die anderen, nach Zeichnungen hergestellten farbigen Reproduktionen des Werkes.

Ardebil. Moschee des Schech Safi, Fassade des Gebetsraumes

In den vorhergehenden Lieferungen haben eine Reihe von Tafeln das Mausoleum und den Gebetsraum veranschaulicht. Dieses Doppelblatt mit der Gesamtansicht der Fassade des Gebetsraumes geht auf eine farbige Darstellung von Herrn Professor Bruno Schulz zurück und vermag besser wie frühere Detailaufnahmen einen Begriff von der künstlerischen Wirkung dieses im ganzen Orient einzig dastehenden Architekturwerkes zu geben. Wir stehen an dieser Stelle von einer nochmaligen Beschreibung ab und verweisen auf das früher Gesagte; vor allem auf die 3. Lieferung.

Isfahan. Bazartor und Pavillon Nagareh-Chaneh am Meidan-i-Schah

Das im Norden des Hauptplatzes von Isfahan, des Meidan-i-Schah, über den früher schon gehandelt worden ist, gelegene und in den Bazar führende Tor zeigt eine fünfseitig polygonale Einbuchtung mit hoher Spitzbogennische in der Mitte. In den in Fayencemosaik ausgeführten Zwickeln dieser Nische erkennt man beiderseits auf dunkelblauem Grunde je einen nach außen schreitenden Kentaur, dessen hellblauer Leib mit weißen Ranken belebt ist, und der mit rückwärts gewandtem Oberkörper mit dem Bogen schießt. Die ganze Innennische ist mit figurenreichen Gemälden bedeckt, auf der Mittelwand den Sieg Schah Abbas über die Uzbeken, links eine Jagd, rechts ein Gelage darstellend. Rechts neben dem Tor ist über vier von den den Platz umziehenden zweigeschossigen Arkaden eine Säulen-Loggia (Nagareh-Chaneh) angebracht, in der die königliche Musikkapelle untergebracht war, die das Aufgehen und Verschwinden der Sonne zu begrüßen hatte.

Isfahan. Pavillon am Nordende des Tschehar-bagh

Gelegentlich einer Darstellung der Medresse Mader-i-Schah und der Wiedergabe von Fliesengemälden, die aus königlichen Palästen in Isfahan stammen, ist in der 4. Lieferung von der die Stadtanlage Abbas' des Großen durchziehenden Prachtstraße, von dem Tschehar-bagh und den ihn begrenzenden kleinen Pavillons die Rede gewesen. Das Nordende dieser Avenue bildet der hier wiedergegebene kleine Palast, der zugleich als Quellenhaus für den in der Mitte der Straße hinabfließenden Wasserlauf gedacht ist. Der quadratische Bau erhebt sich in drei Stockwerken und zeigt als Gerippe vier Eckpfeiler, zwischen die sich spitzbogig geschlossene tiefe Nischen öffnen, die ursprünglich mit Holzgitterwerk geschlossen waren, während gleichgestaltete Flachnischen diese Pfeiler beleben. Die kleine Schmuckwand mit Arkadenöffnungen und Kreisfenstern in der dem Tschehar-bagh zugewandten Nische des ersten Stockwerks scheint ein späterer Einbau zu sein, ebenso wie die mit dem modernen persischen Wappen geschmückte Vermauerung der darunter befindlichen Nische, die nach altorientalischem Vorbild als Quellenraum gedient hat. Der Schmuck beschränkt sich auf die mit buntem, z. T. figürlichem Fliesenmuster bedeckten Zwickel der verschiedenen Nischen. Das Gebäude dürfte noch unter Schah Abbas I. (1587—1629) errichtet sein; es wird, worauf wir im Textband zu sprechen kommen werden, von dem Reisenden Della Valle erwähnt.

Isfahan. Pavillon Tschihil-sutun, Vorhalle, von innen gesehen

Über diesen berühmtesten Palastbau im Bezirk der Königsburg von Isfahan haben wir in der vorhergehenden Lieferung gelegentlich einer Gesamtansicht des Gebäudes das Wichtigste mitgeteilt. Diese Tafel gibt einen wirkungsvollen Durchblick durch die säulengetragene Vorhalle auf den dem Palast vorgelagerten Garten mit den üblichen erhöhten Wasserbassin, auf dessen Rand steinerne Fackelträger in der Form von vier einen Pfeiler umgebenden Knabenfiguren, moderne Arbeiten, angebracht sind. Rechts im Hintergrunde ist das am Meidan gelegene, hohe Palasttor (Ali Kapu) mit seiner Säulenhalle sichtbar. Von besonderem Interesse ist die Form der schlanken Holzsäulen mit ihren auf altorientalische Vorbilder zurückgehenden Löwenbasen und ferner die reiche farbige Kassettendecke, worauf im Text näher eingegangen werden wird.

Eriwan. Moschee in der Festung, rechte Seite der mit farbigen Fliesen bekleideten Fassade

Eriwan gehört seit dem letzten russisch-persischen Kriege (1827) nicht mehr zu Persien. Die jetzt noch vorhandenen Denkmäler stammen aus einer verhältnismäßig späten Zeit, erst aus dem 18. Jahrhundert, welcher Epoche auch die auf dem Festungsberge neben dem ehemaligen königlichen Lustschlosse gelegene Moschee angehört. Zu beiden Seiten des rechteckig umrahmten, spitzbogigen Portals, hinter dem der kuppelüberdachte Gebetsraum liegt, ist die Fassadenwand dieser Moschee in gleicher Höhe durchgeführt und enthält auf jeder Seite in zwei Geschossen übereinander je zwei breite Nischen. Die ganze Front ist mit Fliesen bekleidet, während sich an der Kuppel und an den das Portal flankierenden halbrunden Pfeilern Ziegelmosaik, zu Rautenmustern angeordnet, vorfindet. Das reiche Fliesenmuster setzt sich aus umrahmenden Schriftborten und aneinandergereihten Schriftmedaillons zusammen, während in den Flächen Blumenmuster zur Darstellung kommen, die sich teilweis aus hohen Vasen entwickeln. Der Fond ist hier dunkelblau, die Blumenranken gelb, grün und rosa. Trotz dieser bunten Farben ist der Gesamteindruck der prächtigen Dekoration ein harmonischer.

Schiraz, Medresse-i-Chan, Fayencedekoration an der Fassade

 Wir verweisen auf das in der 5. Lieferung Gesagte, wo ein kleineres Detail von der Fliesendekoration dieses Gebäudes wiedergegeben war, das als ein besonders charakteristisches Beispiel für die in Schiraz im 18. Jahrhundert übliche Backsteinarchitektur und ihres farbigen Schmuckes betrachtet werden kann.

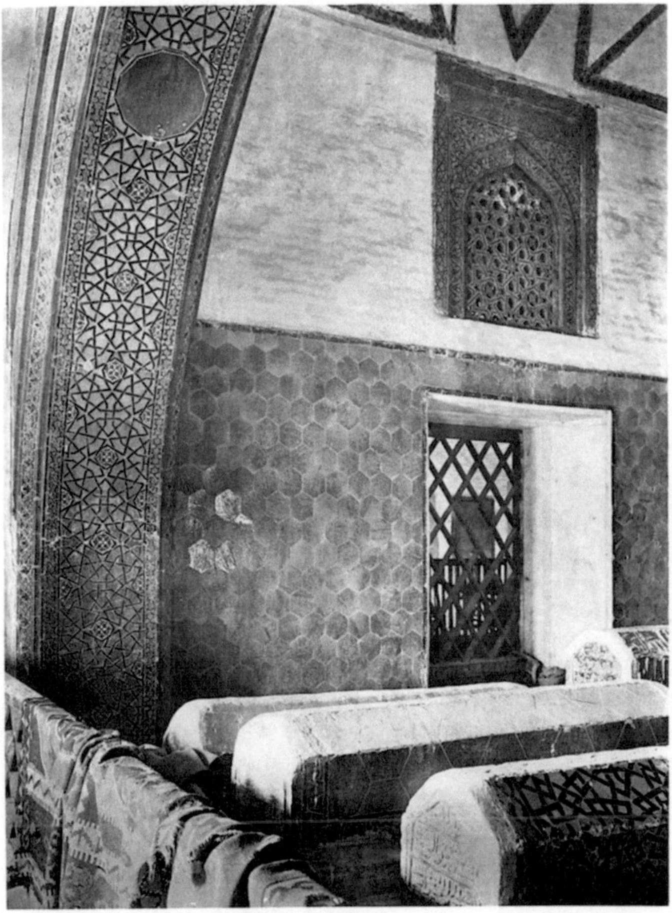

KONIA

MAUSOLEUM DES FACHR EDDIN ALI

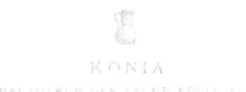

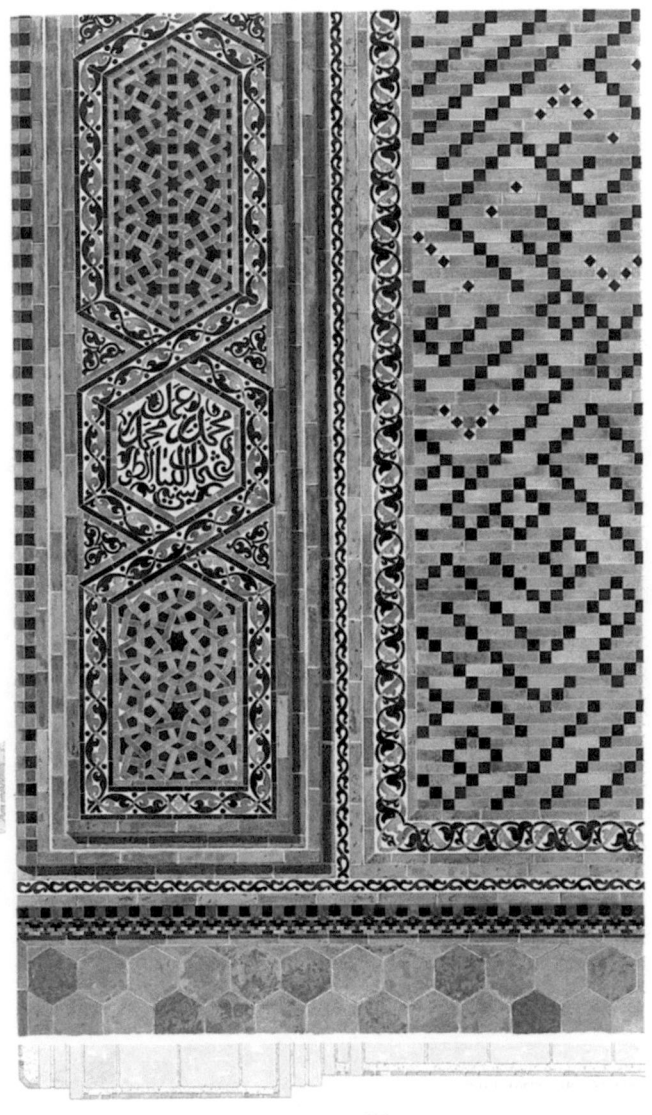

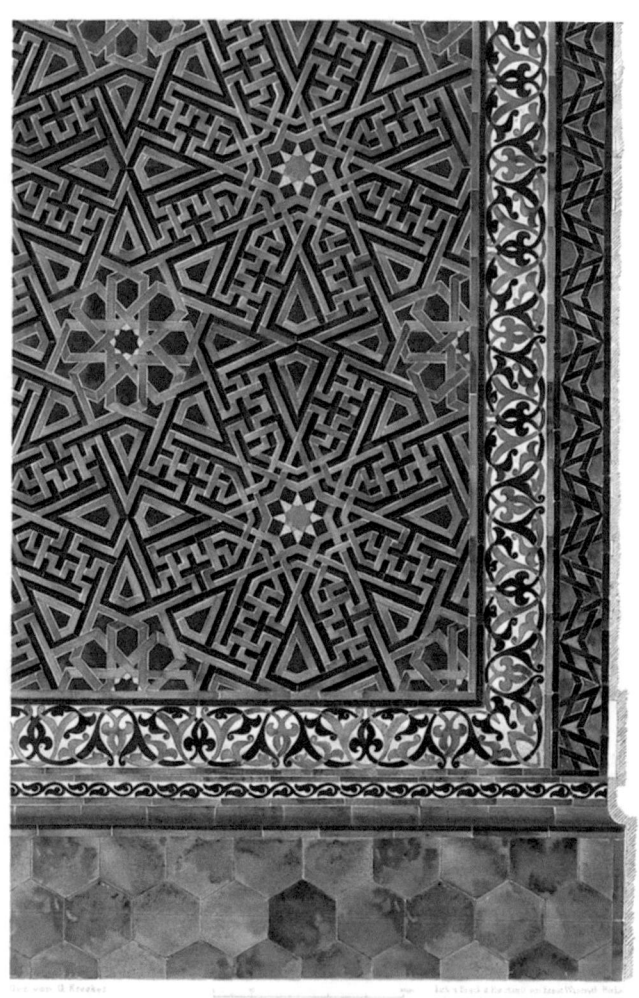

BLAUGLASIERTE FLIESEN MIT GOLDMALEREI
Halbkugelförmiges Schmuckstück im Kaiserl Museum, Konstantinopel
Oberer Teil des Zuckers im Kuppelraum der Medresse des Kara Tai, Konia
Aufgenommen von G. Krecker

Verlag von Ernst Wasmuth, Berlin W. Markgrafenstrasse 31

Phot. von F. Sarre   Lichtdruck der Kunstanstalt von Emil Wasmuth A.-G., Berlin

KONIA
MEDRESSE DES KARA TAI KUPPELRAUM

Verlag von Emil Wasmuth A.-G., Berlin W.

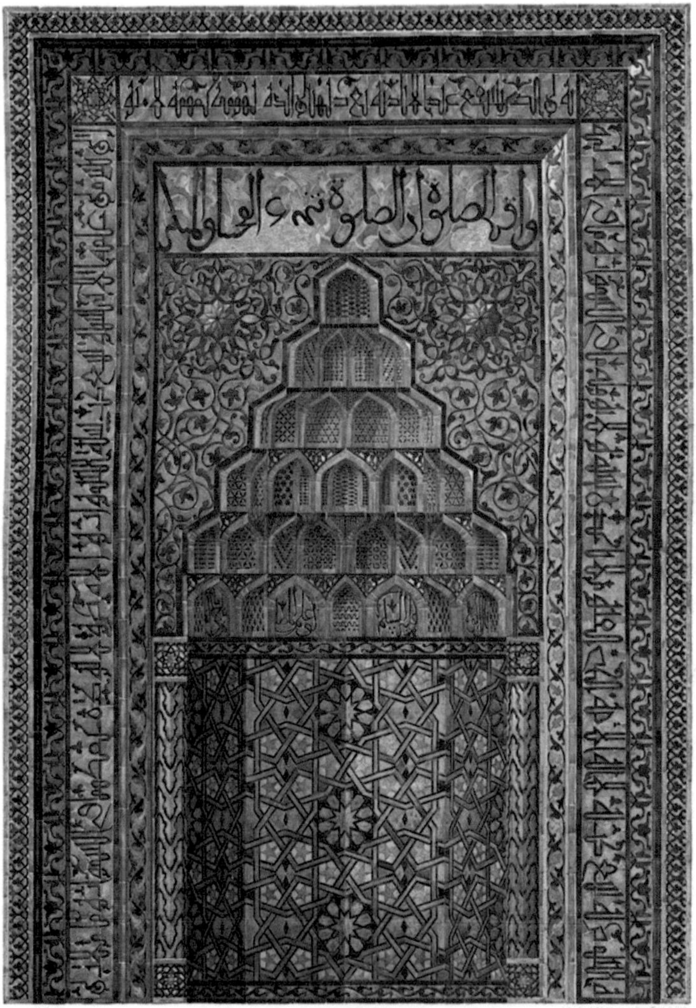

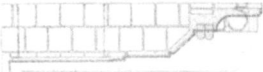

28 mm · 10 cm

Gez von R Heyn

Lith u Druck & Kunstanst von Ernst Wasmuth, Berlin

ARDEBIL
Moschee des Schech Safi Fayencedekoration vom ersten unteren Fenster am Gebetsraum.
Aufgenommen von B Schulz

Verlag von Ernst Wasmuth Berlin W 8 Markgrafenstrasse 35

J. P. Knotz lith.

Lich. u. Druck d. Kunstanst. von Ernst Wasmuth Berlin.

BRUCHSTÜCK VON FAYENCEMOSAIK

Angeblich aus der Moschee des Imam Riza in Meschhed

Verlag von Ernst Wasmuth Berlin W 8 Markgrafenstrasse 35

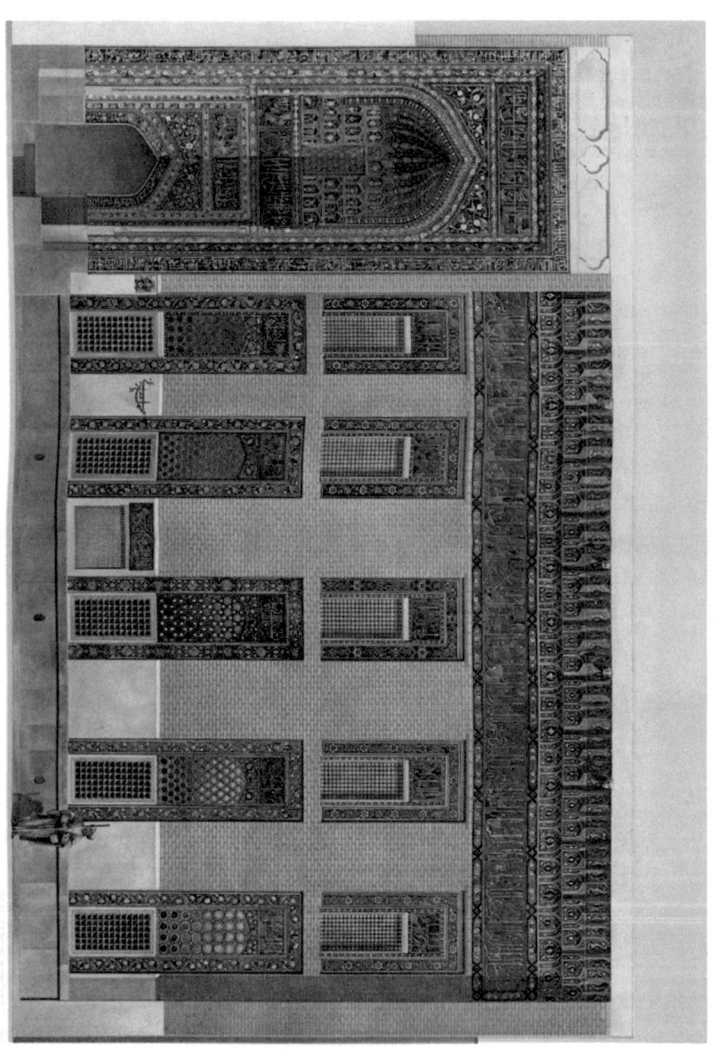

Verlag von Ernst Wasmuth, Berlin W. Markgrafenstrasse 35.　　　　　　　Lich. u. Druck d. Kunstanst. von Ernst Wasmuth, Berlin.

ISPAHAN
Bruchstücke von Fliesengemälden
aus der Zeit Schah Abbas des Grossen
in Besitz von J. Lietz

28 mm = 10 cm

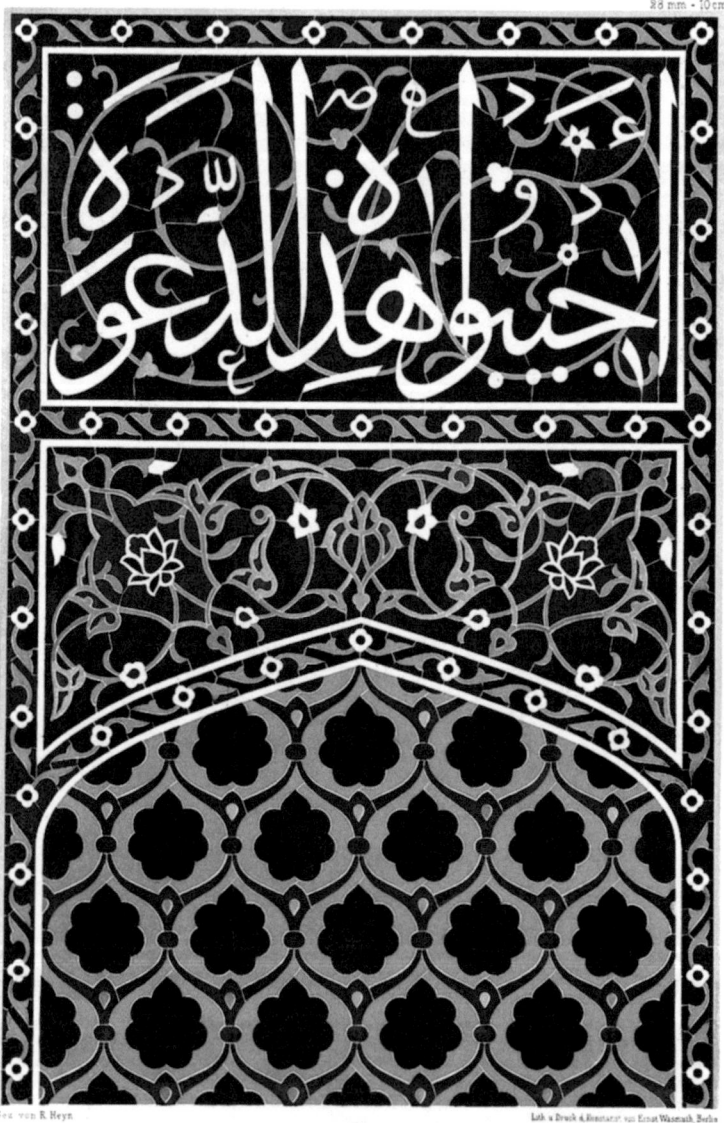

Gez. von R. Heyn.

Lith. u. Druck d. Kunstanst. von Ernst Wasmuth, Berlin.

ARDEBIL

Moschee des Schech Safi Fayencedekoration vom zweiten unteren Fenster am Gebetsraum

Aufgenommen von B. Schulz

Verlag von Ernst Wasmuth Berlin W. Markgrafenstrasse 35.

ASSISTAN
Moscheeruine
Fayencemosaik mit ausgezeichneter Glasur
Aufgenommen von E. Schulz

Gezeichnet Ernst Wasmuth Stein- u. Mosaikarbeiten

Lichtdruck u. Kunstdruck aus Ernst Wasmuth Berlin

Verlag von B. Schulz

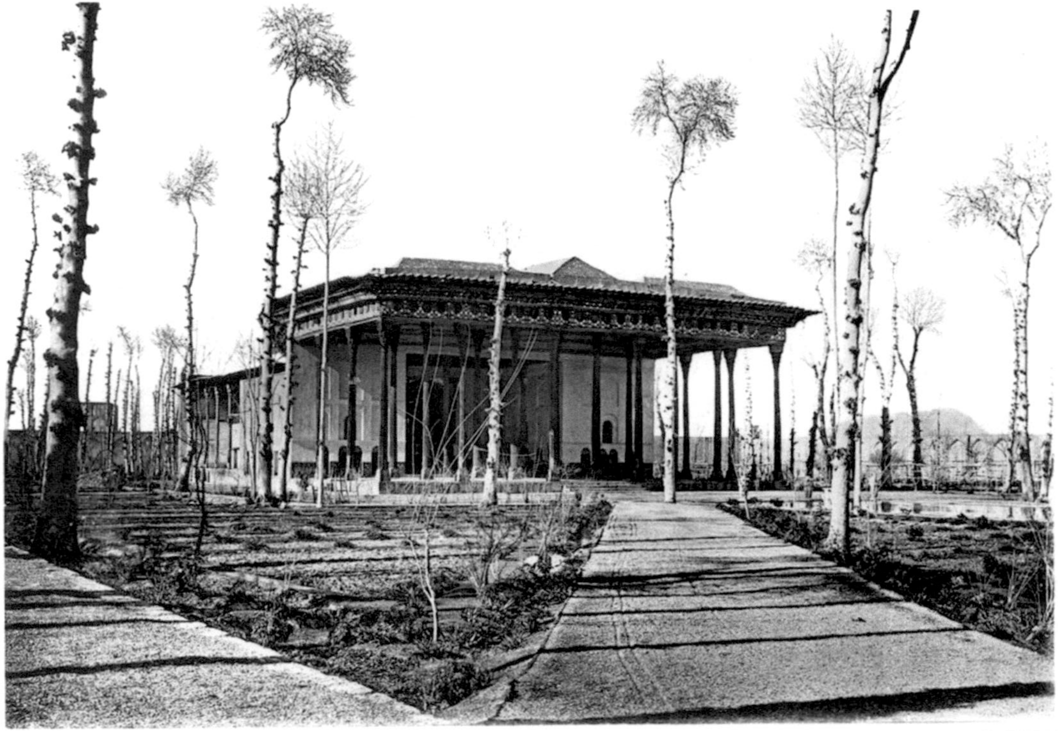

ISFAHAN
PAVILLON TSCHIHIL SUTUN   AUSSENANSICHT

Verlag von Ernst Wasmuth A.-G., Berlin

ISFAHAN

RUINEN DES PALASTES HAFT DEST

Inschriftenfriese mit Goldluster
von der Verkleidung einer Gebetnische
Im Besitze von F. Sarre

Verlag von Ernst Wasmuth Berlin W.8 Markgrafenstrasse 35

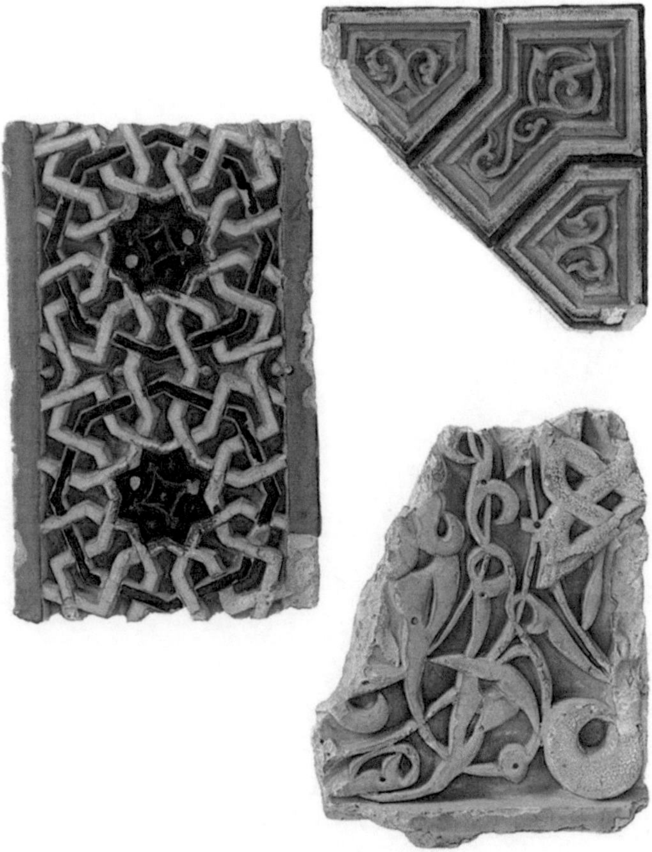

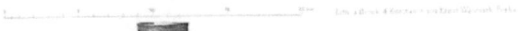

SAMARKAND

Bruchstücke von geschnittenen und glasierten Fliesen aus der Zeit des Timur

Im Besitze von F. Sarre

Verlag von Ernst Wasmuth, Berlin W. 8 Markgrafenstrasse 35.

Gez von A.Gayler nach R.Rayn.

TEBRIZ

Zum Masein Farwendezak in moschee Kugefaun

Aufgenommen von B.Rayn

Druck von Ernst Wasmuth Berlin. St K. Handelsdruckeres.

Lich u. Druck & Kunstanst. von Ernst Wasmuth, Berlin

10 cm = 17 mm

BAGHDÂDÎYA

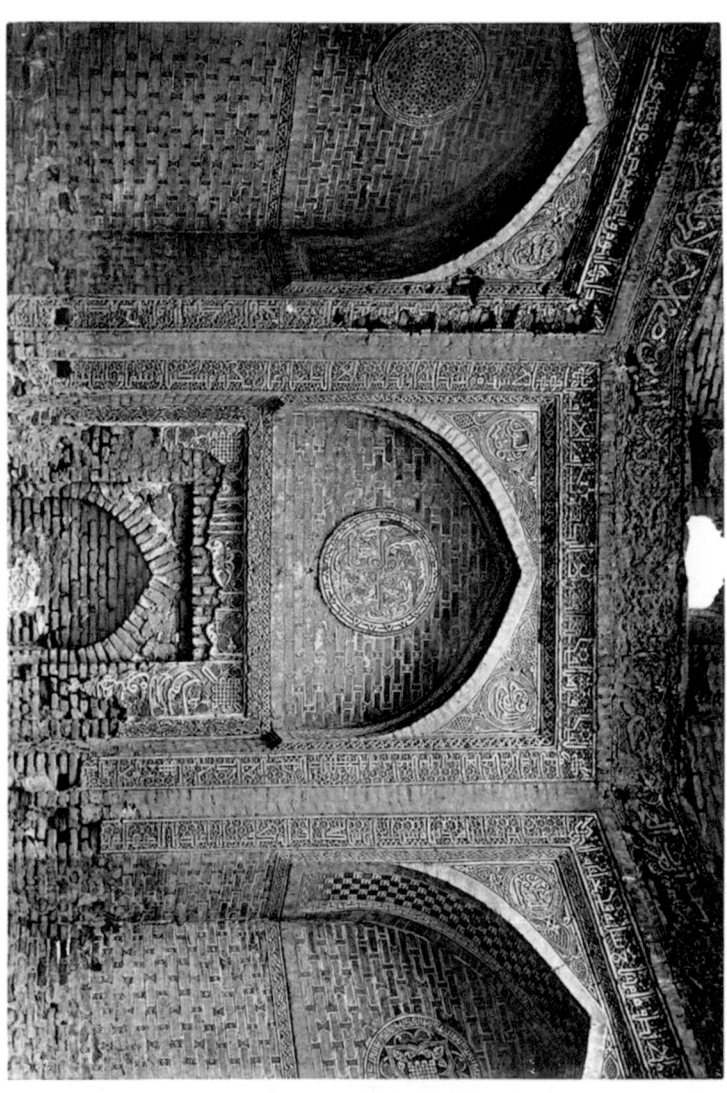

BRUCHSTÜCKE DER FAYENCEDEKORATION
a.b. von der Moschee des Gazan-Chan in Tebriz
c. von einer Moscheeruine in Astiabad
d.e. von der Hauptmoschee (Maadjed-Djuma) in Veramin
Im Besitze von F.Sarre.

Verlag von Ernst Wasmuth A.-G., Berlin W.8, Markgrafenstrasse 31

Ger. v.n A.Gipfel und R.Heyn.   Lith. u Druck d Kunstanst von Ernst Wasmuth, Berlin

TEBRIZ

Blaue Moschee Fayencemosaik im Kuppelraum

Aufgenommen von P Schulz

Verlag von Ernst Wasmuth Berlin. W 8 Markgrafenstrasse 35

ARDEBIL

Moschee des Schech Safi. Fayencedecoration in der Portainische

Aufgenommen von B. Schulz

Verlag von Ernst Wasmuth. Berlin W. 8. Markgrafenstrasse 35

NACHTSCHEWAN

MINARET DER MOSCHEE MOMINE-CHATUN. DETAIL DES FRIESES.

Verlag von Ernst Wasmuth, Berlin W 8, Markgrafenstraße 35   Lichtdruck & Kunstdruck von Ernst Wasmuth, Berlin

1

NACHTSCHEWAN

ARDEBIL
MOSCHEE DES SCHEICH SAFI
PORTAL

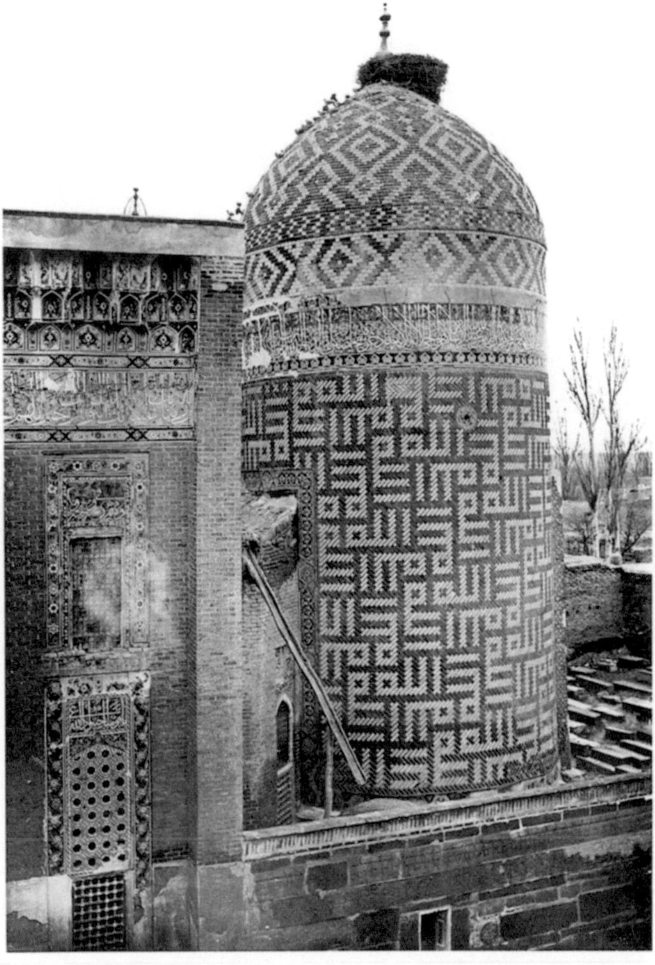

ARDEBIL

MOSCHEE DES SCHEICH SAFI

MAUSOLEUM DES HEILIGEN

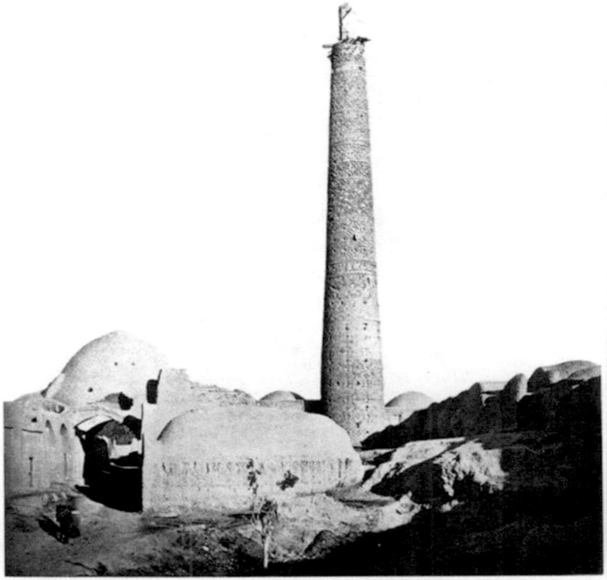

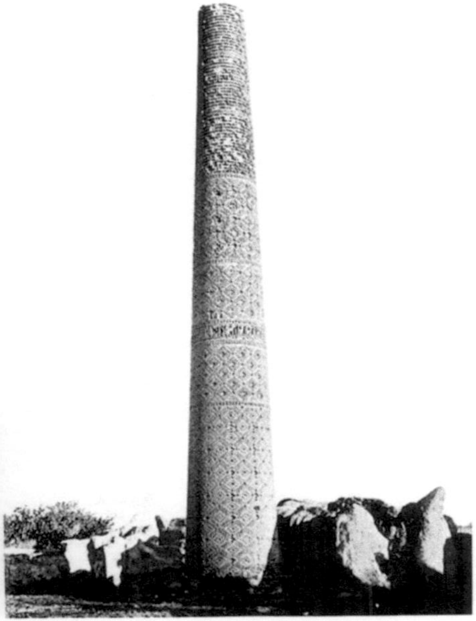

DAMGAN

MINARET DER ALTEN HAUPTMOSCHEE

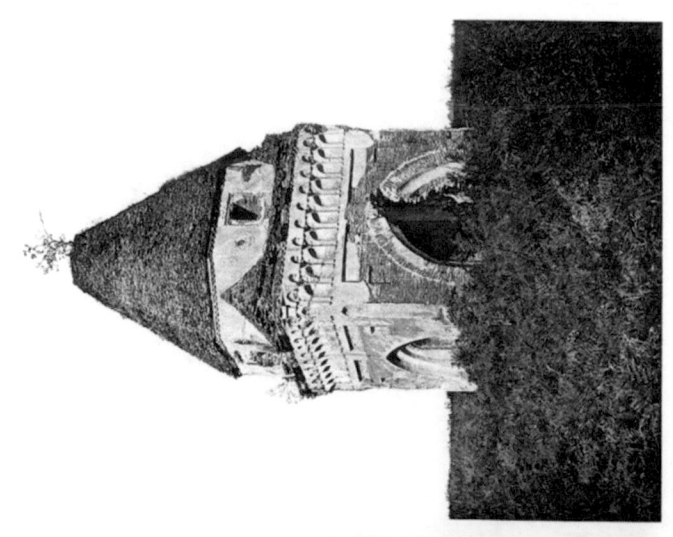

SAMARKAND

SAMARKAND

GRÄBERHÜGEL SCHAH ZINDA
MAUSOLEUM EINER SCHWESTER TIMURS. DETAIL DER EINGANGSNISCHE

Verlag von Ernst Wasmuth, Berlin W. 8. Markgrafenstrasse 35

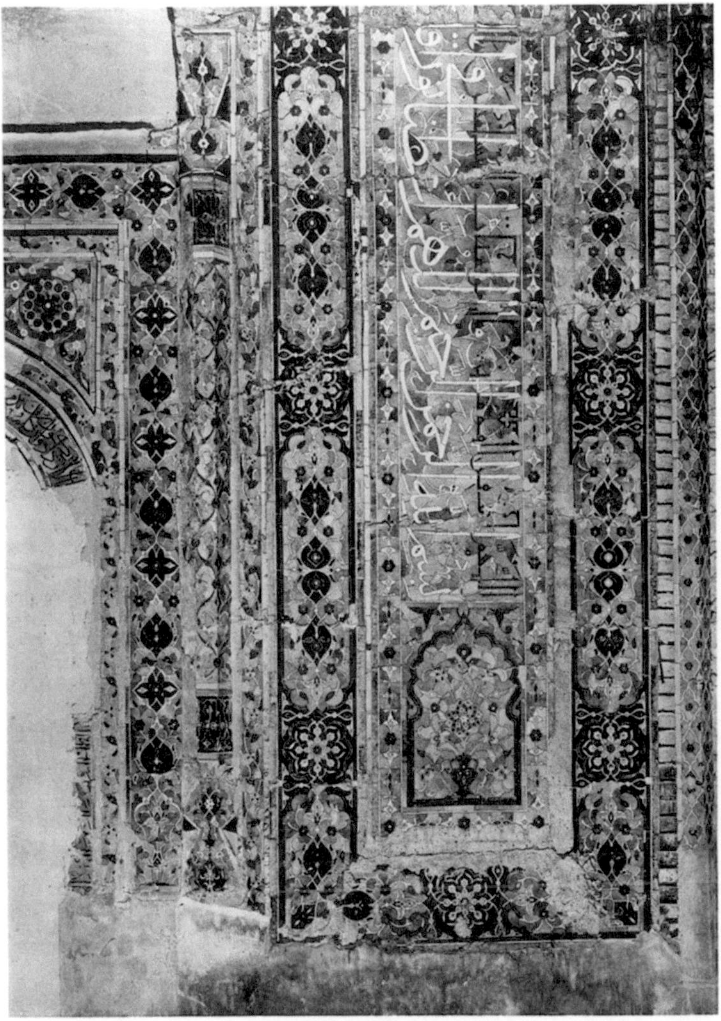

SAMARKAND

GRABERHÜGEL SCHAH ZINDA
FAYENCEMOSAIK VON EINEM GRABMAL

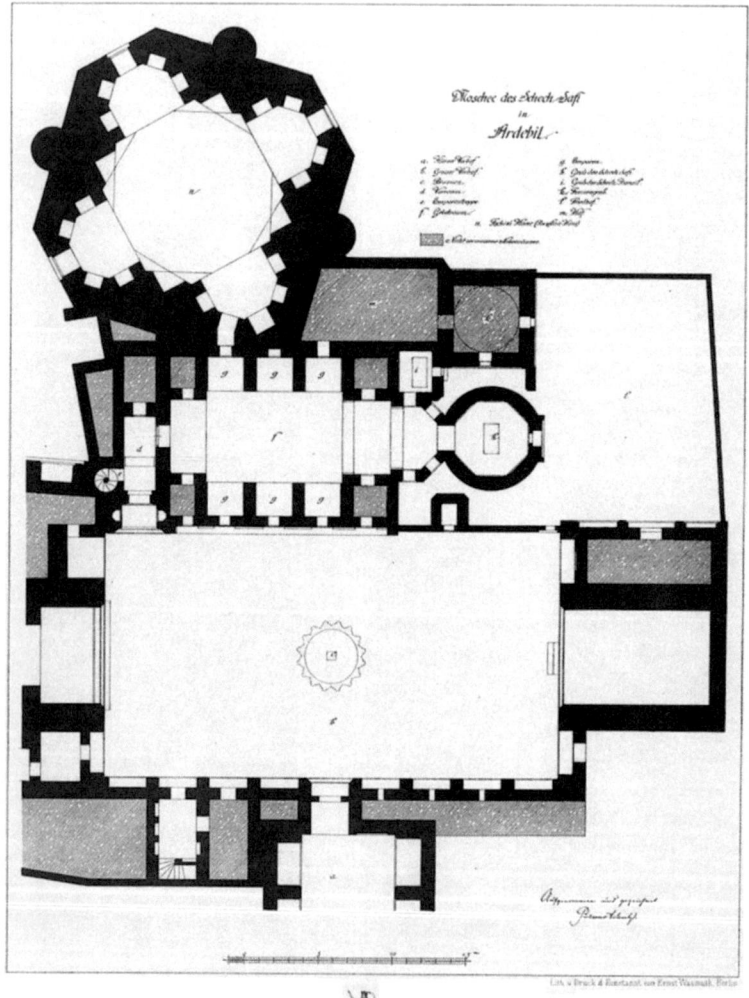

ARDEBIL
Moschee des Schech Safi. Grundriss der Hauptgebäude

Verlag von Ernst Wasmuth, Berlin W. 8, Markgrafenstrasse 35.

SARI

MAUSOLEEN DES SCHAH ZADE MUHAMMED SULTAN RIZA UND DES MULLAH MADSCHD-AD-DIN

Verlag von Ernst Wasmuth, Berlin W 8, Markgrafenstrasse 31

AMOL.

MOSCHEE DES MIR BUZURG KAWAM-AD-DIN.

Verlag von Ernst Wasmuth, Berlin W 8. Markgrafenstrasse 35.

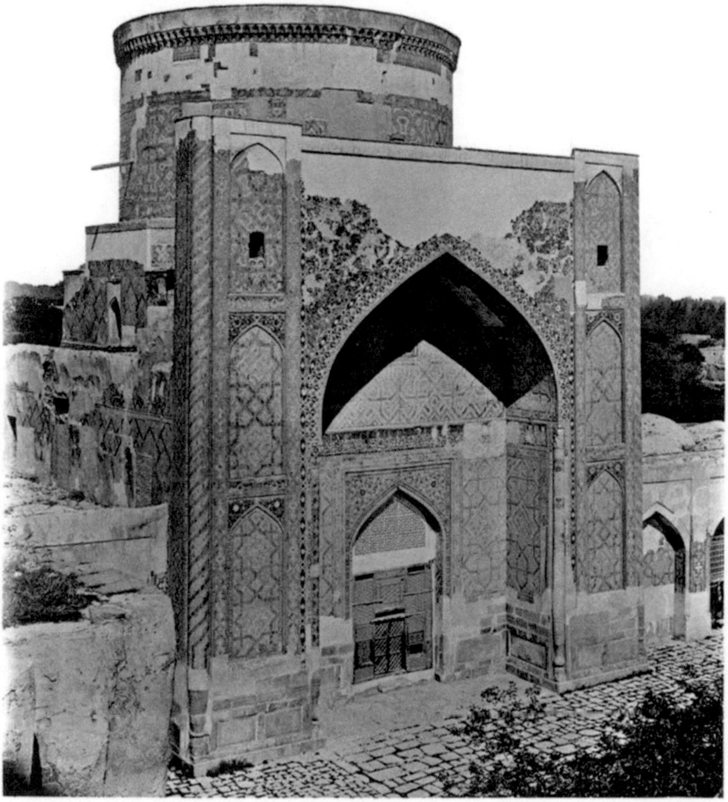

SAMARKAND

MEDRESSE TILLA-KARI, MOSCHEEGEBÄUDE AN DER WESTSEITE DES HOFES

Verlag von Ernst Wasmuth A.-G., Berlin

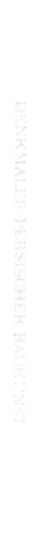

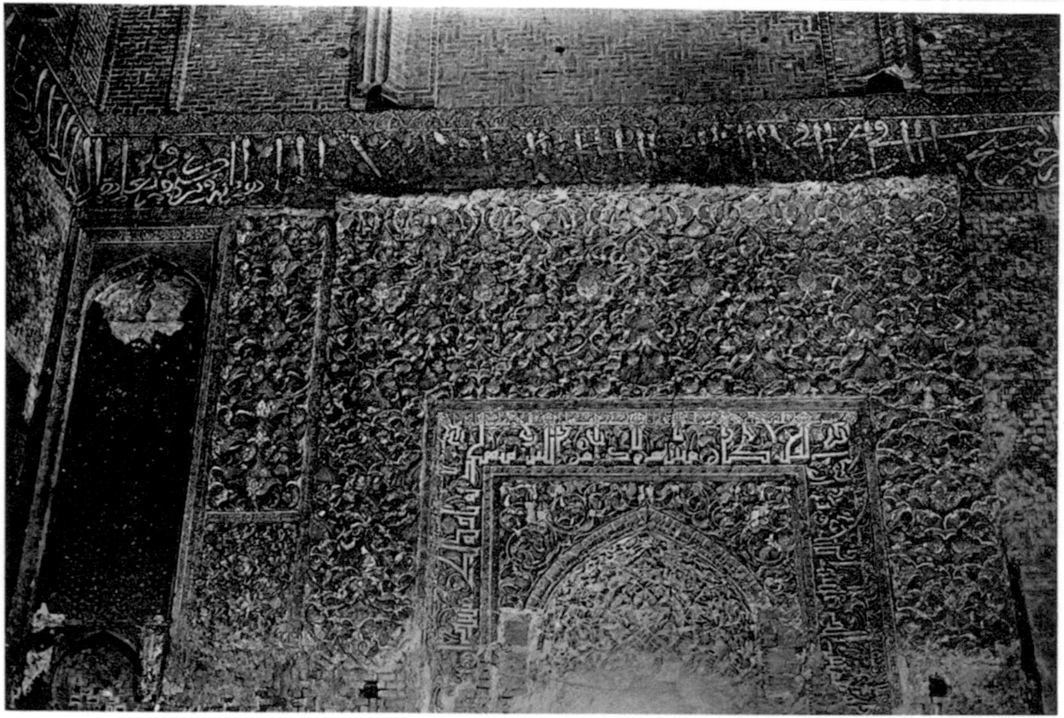

VERAMIN

HAUPTMOSCHEE (MASDJED DJUMA) OBERER TEIL DER GEBETSNISCHE

Verlag von Ernst Wasmuth A.-G., Berlin W.

BUCHARA
Bruchstücke von geschnittenen und glasierten Steinen
im Hamburgischen Museum für Kunst und Gewerbe

Verlag von Ernst Wasmuth A.-G., Berlin W. 8

TAFEL 95.

BAZARTOR UND PAVILLON NAGARISTAN (PALAIS DE MOHAMMED KHAN)

HEILUNG

der lange Weg zum Erfolg

Bericht aus meiner Praxis

Amin Ramadhan Karisa

Aufgeschrieben von Heidemarie Güpner

© tao.de in J. Kamphausen Mediengruppe GmbH, Bielefeld

1. Auflage Dezember 2016

Amin Ramadhan Karisa
Aufgeschrieben von Heidemarie Güpner
rastarama@gmx.de
hum.team.guepner@gmx.de

Fotos: private Aufnahmen
Grafiken & Layout: Sandrine Amendola
www.jingrafik.myportfolio.com

Printed in Germany
Verlag: tao.de in J. Kamphausen Mediengruppe GmbH, Bielefeld,
www.tao.de, eMail: info@tao.de

Bibliografische Information der Deutschen Nationalbibliothek:
Die Deutsche Nationalbibliothek verzeichnet diese Publikation
in der Deutschen Nationalbibliografie; detaillierte bibliografische
Daten sind im Internet über http://dnb.d-nb.de abrufbar.

ISBN Paperback: 978-3-96051-413-8
ISBN Hardcover: 978-3-96051-415-2
ISBN e-Book: 978-3-96051-414-5

INHALT

Haftungsausschluss

Dieses Buch dient der Information über Möglichkeiten der Selbsthilfe, der persönlichen Entwicklung und der Gesundheitsvorsorge. Wer die in diesem Buch beschriebenen Techniken und Mittel anwendet, tut dies in eigener Verantwortung. Die Autoren beabsichtigen keineswegs, Diagnosen zu stellen oder Therapieempfehlungen zu geben.

Die hier beschriebenen Behandlungen sind nicht als Ersatz für professionelle Behandlung bei gesundheitlichen Beschwerden - gleich welcher Art - zu verstehen. Dies betrifft ausdrücklich jede Form von körperlichen, psychischen oder sonstigen Leiden.

Ohne Rücksprache mit dem Arzt oder Therapeuten sollten Sie keine Behandlung abbrechen und insbesondere keine eigenmächtige Änderung an der Dosierung verschriebener Medikamente vornehmen.

„Wenn jemand ein Buch schreibt,
soll er nur das schreiben,
was er weiß."

J. W. von Goethe
(1749-1832)

 **Vorwort**

Im Sommer 2013, ich bin wieder einmal in Kenia, begleite ich Ramadhan bei einer seiner vielen „Vorortbehandlungen". Es ist der Patient, den er seit Januar 2012, seit mehr als anderthalb Jahren, behandelt hat. Wir sind dort, weil er mir zeigen möchte, dass der junge Mann geheilt ist und längst wieder arbeiten geht. Wieder einmal bewundere ich das Ergebnis seiner Behandlungen. Es basiert auf seinem Wissen, seinen Erfahrungen und vor allem auch seiner Geduld und Fürsorge für die Patienten.

Bis dahin waren es schon viele Kranke, Schwerkranke, denen er geholfen hat. Und man muss berücksichtigen, unter welchen Bedingungen das alles geschehen war. Die hygienischen Verhältnisse unter denen die Behandlungen durchgeführt wurden, erreichten nie, nicht einmal annähernd, die gewohnten Standards in westlichen Ländern. Ramadhan behandelte in dunklen Hütten, auf dem nackten Boden, meist Lehmboden, auf Pappunterlagen oder ähnlichem Material.

Die Mittel, die er einsetzte, waren Pflanzen, alternative Heil-Mittel und Verbandsmaterial, was in den seltensten Fällen keimfrei verpackt war. Das von uns mitgebrachte Material war immer nur ein Tropfen auf dem heißen Stein. Oft waren es Kangas (1), die in Streifen zerschnitten wurden. Selten konnte der Patient es sich leisten, selbst Verbandsmaterial zu kaufen. Und genauso selten wurden die langwährenden Behandlungen bezahlt. Die Patienten, die ihn suchten, hatten schon einen langen Weg mit erfolglosen Behandlungen und hohen Kosten hinter sich.

Er war für viele die letzte Chance. Und Ramadhan hatte den Ehrgeiz, ihnen zu helfen. Ich saß mit ihnen im Gespräch, Heiler und Patient, und hatte den irrwitzigen Gedanken, Ramadhan sollte ein Buch schreiben.

Kaum gedacht, schon ausgesprochen, waren auch er und der Patient von dem Gedanken begeistert. Nun, es konnte nur ein Bericht, ein praxisbezogener Bericht werden. Einige Bilder hatten Ramadhan und ich schon gemacht. Mir war klar, ohne Nachweise, schwarz auf weiß, besser vielleicht bunt, brauchte er das Buch nicht schreiben. So war die Idee geboren. Die Idee, Informationen mit vielen Menschen zu teilen, vor allem in den Regionen, wo Schulmedizin oft nicht erreichbar, aber ein wahrer Schatz der Natur vorhanden ist.

Jetzt hatte Ramadhan eine Idee und sagte: „Ich erzähle und Du schreibst auf. Am Besten in deutscher Sprache. Dann kannst Du einige Deiner Freunde bitten, es in andere Sprachen zu übersetzen - englisch, französisch, portugiesisch und spanisch. So erreichen wir vielleicht viele Menschen, die meine Erfahrungen umsetzen können." Bald schon begann Ramadhan zu erzählen, ich schrieb auf und in Deutschland folgte die weitere Bearbeitung; mehrfach war ich wieder in Kenia, um neben anderen Aufgaben das Buchprojekt zu beraten.

Ramadhan, der viel liest, seit Jahren auch einen Computer hat, entdeckte Zitate, mit denen ich das Buch abrunden sollte. Beim Erzählen und Aufschreiben konnten wir immer wieder auch feststellen, wie richtig es war, ihn dort zu unterstützen, wo er zu Hause war und ist. Welche Entwicklung hat dieser junge Mann genommen, weil man ihm geholfen und nicht bevormundet hat, seine Berufung, seinen Weg zu finden. Das schließt Erfahrungsaustausche mit Menschen, die es anders wissen, mit ein. Dazu gehören auch die Möglichkeiten, außerhalb des eigenen Lebensraums Informationen zu sammeln.

Endlich ist das Buch fertig. Wir wissen beide, wir sind keine „Schreiberlinge", sind aber der Überzeugung, den Menschen etwas mitteilen zu können. Wir hoffen auf eine interessierte und verstehende Leserschaft.

Heidemarie Güpner
Berlin, August 2015

„Wollte man warten,

bis man etwas so gut könnte,

dass niemand etwas daran

auszusetzen fände,

brächte man nie etwas zuwege."

(Volksweisheit)

 **1.**

Wie alles begonnen hat

Begonnen hat alles viel früher. Ich glaube nicht an Zufälle. Ich bin überzeugt, dass unser Weg schon vorher bestimmt ist. Warum sonst, habe ich mich seit frühester Kindheit für Pflanzen interessiert? Warum begleitete ich meinen zu früh verstorbenen Großvater bei der Arbeit auf dem Feld und hörte interessiert zu, was er mir über die Pflanzen erzählte? Er zeigte mir nicht nur, wie er Mais säte und pflegte, bis er von den Frauen der Familie geerntet und entkörnt wurde. Bei ihm wuchs der Maniok so groß und dicht, wie bei keinem unserer Nachbarn. Ich kann mich nicht erinnern, dass wir als Kinder, und davon gab es in unserer Familie schon immer viele, zu Lebzeiten meines Großvaters Hunger hatten.

Das kam alles erst später. Mein Großvater starb, als ich sieben, acht Jahre alt war. Damals wusste ich noch nicht, wann ich geboren wurde, an welchem Datum. Von da an übernahmen mein Onkel und mein Vater, neben meiner Großmutter,

Ramadhan während einer Behandlung beim Patienten

die Verantwortung für die Familien. Beide waren aber nicht mehr auf dem Feld beschäftigt, sondern verdienten den kargen Lebensunterhalt im Straßenbau und als Helfer im Krankenhaus.

Das dort verdiente Geld reichte weder für die Versorgung mit Nahrungsmitteln und Kleidung noch für das Schulgeld. Mein Vater hatte schon, als ich geboren wurde, zwei Frauen. Ich war das erste Kind meiner Mutter, dem noch vier weitere Geschwister folgten. Die zweite Frau brachte bereits ein Kind in die Familie mit. Ihr zweites Kind, meine Schwester, wurde fast zeitgleich mit mir geboren. Nach und nach wuchsen die Familien um immer mehr Kinder.

Als ich etwa sieben Jahre alt war, hatte meine Mutter bereits vier Kinder, die zweite Mutter ebenso vier und weitere ergänzten die Großfamilie von meinem Onkel. Immer war mein Großvater darauf bedacht, ausreichend Mais, unser Hauptnahrungsmittel, Maniok, Linsen und Bohnen anzupflanzen, dass alle Esser bis zur nächsten Ernte satt wurden. Mit meiner Großmutter, die ihren Mann um viele, viele Jahre überlebte, streifte ich ebenso durch die Felder und suchte gemeinsam mit ihr nach Gemüse, was unser tägliches Ugali (2) ergänzte und nach Pflanzen, mit denen sie so manche Krankheit behandelte.

Dennoch sollte es viele Jahre dauern, bis ich die Pflanzen und dann deren Heilkraft wiederentdeckte. Nachdem mein Großvater verstorben war, die Lebensumstände sich in unserer Familie immer mehr verschlechterten, oft kein Schulgeld für einen regelmäßigen Schulbesuch zur Verfügung stand, machte ich mich alleine, etwa mit acht Jahren, auf den Weg ins Leben.

Nicht weit entfernt von meinem Zuhause im Ort Mnarani begann ich, bei bessergestellten afrikanischen und indischen Familien zu arbeiten. Ich war als „Waschmann", als Gärtner, als Ziegenhirt und „Junge für alles" tätig. Ich musste u.a. zusehen, wie ich die Wäsche der Kinder meiner Arbeitgeber sauber bekam. Dazu benutzte ich, wie überall in Afrika, das bekannte „OMO". Oft waren meine Hände von dem aggressiven Waschmittel entzündet und ich hatte offene Wunden.

Nicht anders sahen meine Hände nach der, für einen acht bis neun jährigen Jungen, viel zu schweren Gartenarbeit aus: Vorbereitung des Bodens zur Gemüseanpflanzung und Ernten. Wenn ich dann nach Hause kam, was leider viel zu selten war, heilte meine Großmutter die Verletzungen mit ihren selbst gemachten Salben oder legte einfach nur Blätter als Verband auf die Wunden.

Trotz meiner mühsamen Tätigkeit reichte der Lohn gerade, um mein Schulgeld zu bezahlen. Oft musste ich den Arbeitgeber wechseln, weil sie mir nicht mehr als ein Dach über dem Kopf (außerhalb der Familienunterkunft) und etwas zum Essen für meine schwere Arbeit zahlten. Dennoch konnte ich wenigstens regelmäßiger die Schule besuchen. Ich bin gerne in die Schule gegangen. Ich träumte davon, ein Mediziner, ein Arzt, zu werden. Mein Vater war zeitweise als Pfleger und Laborant beschäftigt. Seine Erzählungen waren spannend und, er hat vielen Kranken in unserem Dorf geholfen. Das wollte ich auch mal tun, so mein Traum.

Meine Mutter hatte zwischenzeitlich Arbeit auf den umliegenden Sisalplantagen (3) gefunden und versuchte, mit diesen Einnahmen die ständig wachsende Familie zu ernähren. Ich hatte gute Noten in der Schule und auch die Empfehlung, nach der achten Klasse die Sekundarschule zu besuchen. Da ich sechs, fast sieben anstrengende duale Schuljahre – arbeiten, lernen – hinter mir hatte, sah ich keine Chance, das Geld für eine höhere Schule mit Internat-Unterbringung zu beschaffen.

Also begann ich, im kleinen Hafen von Mnarani/Kilifi zu arbeiten. Auch diese Arbeit – das Aufbereiten von Booten und Schiffen war anstrengend, schmutzig und schlecht bezahlt.

Zwischenzeitlich hatte sich in Kenia der Tourismus entwickelt. Anfang der neunziger Jahre kamen immer mehr Urlauber aus dem fernen Europa zu uns. In dieser Branche, so sprach es sich unter den Jugendlichen herum, ließ sich damals viel leichter und schneller Geld verdienen; also wechselte ich in die Tourismusbranche. Ich verkaufte anfangs am Strand Schnitzereien. Schnell erlernte ich die notwendigen Vokabeln, um mit den Touristen aus Deutschland, Österreich, der Schweiz und Italien ins Gespräch zu kommen. Die Touristen wollten sich nicht nur an unserer herrlichen Küste sonnen, sondern die ursprüngliche und sprichwörtlich wilde Tierwelt Afrikas kennenlernen.

Nun verkaufte ich Safaris, die mir mehr Geld einbrachten. Ich erarbeitete mir so viel Geld, dass ich selbst ein relativ sorgenfreies und abwechslungsreiches Teenagerleben führen und gleichzeitig meine Familie unterstützten konnte. Gemeinsam mit meinem jüngeren Bruder bewohnte ich später in Mnarani ein kleines

Zimmer mit Gemeinschaftsdusche und –toilette. Wir wohnten im Luxus – trocken, mit Sanitäranlagen und nahmen am sozialen Leben in unserer Nachbarschaft unmittelbar teil. Wir konnten uns täglich zwei Mahlzeiten kochen, ich bezahlte das Schulgeld für meinen Bruder und für die Familie blieb auch noch etwas übrig. Zu dieser Zeit dachte ich nicht mehr daran, eine Sekundarschule zu besuchen. Ich fühlte mich wohl in der Tourismusbranche.

Es entwickelten sich Kontakte, die mir über den Aufenthalt der Urlauber hinaus finanzielle Unterstützung gaben, u.a., eine Frau, die wesentlich älter war als ich, aber mit mir zusammen leben wollte. Für mich war das in Ordnung, versprach sie mir doch, mein Leben im fernen Deutschland und in materieller Sicherheit verbringen zu können. Im Gegensatz zu vielen anderen Touristen versprach sie, mir einen Pass und ein Flugticket zu besorgen. Leider musste ich schnell feststellen, dass diese Zukunftsversion auch auf Sand gebaut war. Ein neuer, gleichaltriger Partner in ihrem Leben beendete meinen Traum. Es war damals eine der vielen schmerzhaften Erfahrungen in meinem noch jungen Leben. Touristen kamen und gingen, Versprechungen und Hoffnungen mit ihnen.

Dann, im Jahr 1996, lernte ich wieder mal eine Familie aus Deutschland kennen. Eine junge Tochter, etwa in meinem Alter, war auch dabei. Nur leider stellte ich schnell fest, dass sie meine Annäherungsversuche und Flirtsignale total ignorierte. Stattdessen erhielt ich von ihren Eltern, Martin und Heidi Güpner, die bereits fünf eigene Kinder hatten, das Angebot, eine Unterstützung bei einer Ausbildung zu bekommen.

Nach ihren Anfragen im Hotel, welche Alternativen es für einen jungen Menschen in unserer Region gäbe, schickte man die Familie in das deutsche Konsulat nach Mombasa. Gemeinsam fuhren wir mit einem Taxi in die ca. 47 Kilometer gelegene Hafenstadt Mombasa. Dort angekommen mussten wir erfahren, dass die Mitarbeiter im Konsulat nur sehr wenig über Land und Leute Bescheid wussten.

Aufgrund der sich entwickelnden starken Tourismusbranche empfahl man einen Sprachkurs im German-Institut. Also fuhren wir mit dem Taxi weiter. Ich selbst sollte an diesem Tag das Institut nicht betreten. Bereits am Eingang des Hauses wurde ich trotz Widerspruchs des Familienvaters, in Deutschland selbst Polizist, mit Handschellen wie ein Schwerverbrecher von der kenianischen Polizei abgeführt.

Das Ehepaar begab sich ins German-Institut zur Leiterin, die ihnen bestätigte, dass die Polizei täglich junge Menschen mit Sponsoren am Eintreten sowohl des deutschen als auch französischen Sprachinstituts hindere.

Aber wie von „Zauberhand" war ein Vermittler zwischen Polizei und Sponsoren für einen entsprechenden Obolus bereit, mich aus der „Umarmung" der Polizei zu befreien. Die Verhandlungen zogen sich hin, weil meine Sponsoren nicht gewillt und Verständnis dafür zeigten. Es gab doch keinen erkennbaren Grund, uns gemeinsam das Betreten der Schule zu untersagen!

Schwer lassen sich meine Gefühle in diesen Stunden beschreiben. Endlich sollte ich eine Chance für eine Ausbildung, einen Sprachkurs, erhalten. Endlich die Hoffnung, mit besseren Sprachkenntnissen vielleicht als Reisebetreuer oder Mitarbeiter in einem Hotel ordentliche, anerkannte Arbeit zu finden.

Nach langen, zähen und kostspieligen Verhandlungen (4.200 KSh waren von Herrn Güpner bezahlt worden), dann meine Entlassung aus dem Gewahrsam der kenianischen Polizei.

Die Familie hatte zwischenzeitlich trotz dieser Widrigkeiten für mich einen Lehrgang in deutscher Sprache gebucht, so dass wir unmittelbar nach meiner Freilassung nach Mnarani zurückfahren konnten.

Mit großer Freude und Interesse besuchte ich nun für ein halbes Jahr täglich diesen Sprachkurs und lernte die deutsche Sprache; ich hörte von Land und Leuten und auch von Goethe. An den Nachmittagen arbeitete ich am Strand und verdiente den Lebensunterhalt für mich und meinen Bruder.

Ende des Jahres 1996 sollte ich dann erstmals für drei Monate nach Deutschland fliegen. Das war eine spannende und aufregende Reise, denn der Flieger, der mich nach Deutschland bringen sollte, musste nach zwei Stunden Flugzeit nach Nairobi zurückfliegen, weil er einen Schaden hatte. Viele Stunden warteten wir auf den nächsten Flieger, den ich nicht betreten wollte. So groß war meine Angst. Es siegte aber die Neugier, die Hoffnung auf einen neuen Lebensabschnitt.

In meinem Kopf hatte sich der Gedanke festgesetzt, doch in Deutschland zu bleiben. In Deutschland angekommen, lernte ich die große Familie meiner Sponsoren kennen. Schon zu Beginn sagten mir die Pflegeeltern, ich solle mir den Gedanken, nicht mehr nach Hause zu gehen, aus dem Kopf schlagen. Sie erklärten mir in vielen Gesprächen, dass meine Zukunft in Kenia, in meinem Geburtsland, liegt. Sie versprachen mir, mich auf meinem weiteren Weg zu begleiten. Gemeinsam wollten wir darüber nachdenken, was ich tun könnte. So geschah es dann auch. Als erstes stellten sie mir Geld zur Verfügung, um für mich und meine Familie, die ich nach meiner Rückkehr gründete, ein Haus zu bauen. Dann folgten viele gemeinsame Projekte. Die Unterstützung der Primarschule unseres Dorfes, der Bau eines Kommunikationszentrums und eines Ladens für Waren des täglichen Bedarfs.

Wir beschäftigten uns mit der Landwirtschaft, indem wir eine Arbeitsgruppe unterstützten, die lernte, die Selbstversorgung mit Nahrungsmitteln (Mais- und Gemüseanbau, Konservierung von Lebensmitteln usw.) umzusetzen. Wir züchteten Hühner für den Weiterverkauf.

Wir waren in Namibia und sahen uns dort ein Projekt an, welches sich mit Lehmbau beschäftigte. Lehm gibt es bei uns genug, nur das Interesse der Menschen, sich stabile Häuser aus vorgefertigten Lehmsteinen zu bauen, war und ist sehr gering. Keiner weiß, dass die Lehmbauweise eine der gesündesten Bauweisen ist; in Europa sogar eine der teuersten.

Neben dem Aufbau einer mobilen Disko, eines kleinen Bustransportunternehmens, der Ausbildung von Schneiderinnen u.v.m. war die Familie Güpner immer interessiert, solche Aktivitäten zu unterstützen und zu finanzieren, die Arbeitsplätze schaffen sollten. Ja, ich muss gestehen, dass das Ehepaar sehr, sehr viele Ideen mit mir gemeinsam begann und umsetzte. Leider gelang es mir nicht, die Projekte über einen längeren Zeitraum zu erhalten. Es fehlten mir vor Ort die Partner, mit denen ich vertrauensvoll und ehrlich arbeiten konnte. Es fehlten Kontrollen, so dass ich von vielen Mitarbeitern betrogen wurde und jede weitere Entwicklung sowie Investitionen nicht möglich waren.

Trotzdem gab es Erfolge. Im Jahr 2003 eröffneten wir unseren kleinen Medizinstützpunkt. Wir hatten festgestellt, dass ein ernstes, wichtiges Problem in unserem Dorf die medizinische Betreuung der Menschen war. Zu dieser Zeit gab es in den Nachtstunden keine Möglichkeit in das nächste Krankenhaus zu fahren, es gab keinen öffentlichen Verkehr. Viele Menschen hatten kein Geld, um das Fahrgeld, die Behandlung im Krankenhaus und die Medikamente zu bezahlen. So war unsere kleine Praxis gut besucht. Die Medikamente, die Frau Güpner aus Deutschland mitbrachte, reichten aber nur kurze Zeit. Da viele Patienten die Behandlung und die Medikamente nicht bezahlen konnten, musste Familie Güpner immer wieder Geld spenden bzw. uns mit Geräten, Material und Medikamenten unterstützen.

Ich begann im Jahr 2006 mit kleinen physiotherapeutichen Behandlungen, die recht erfolgreich waren. Zum Beispiel behandelte ich einen kleinen Jungen, der nicht gehen konnte; er rollte sich auf den Boden, um vorwärts zu kommen. Bereits nach wenigen Behandlungen, Massagen, war es ihm möglich, erste Schritte zu machen, seine Schmerzen ließen nach und er lachte wieder.

Als Frau Güpner bei einer dieser Behandlungen anwesend war, fragte sie, ob ich nicht Pfleger werden wolle. Ich bejahte, konnte mir aber nicht vorstellen, wie das gehen soll. Noch im gleichen Jahr war ich wieder in Deutschland und besuchte einige Seminare zur Alternativen Medizin, TCM, Reiki, Akkupunktur sowie zur Persönlichkeitsentwicklung, zum Finden der eigenen Berufung und zum erfolgreichen Arbeiten. Die Dozenten staunten nicht nur über meine Sprachkenntnisse, sondern lobten mein Wissen und mein schnelles Verstehen.

Zurück in Kenia folgte ein Seminar über „Natürliche Medizin in den Tropen", welches Frau Güpner bereits 2005 in Deutschland besucht hatte. Schon damals sagte sie, dass wir eigentlich in unserer Region alle notwendigen Grundlagen für den Einsatz natürlicher Medizin hätten. Sie zeigte mir die Bilder der heilenden Pflanzen und Bäume und ich zeigte ihr, wie sie in Natur auf unseren Feldern wuchsen. Wir sprachen von der Heilkraft der Pflanzen und bei welchen Krankheiten sie hilfreich sein könnten. Ich erinnerte mich, was ich von meinen Großeltern gehört und wie meine Großmutter meine Wunden geheilt hatte und auch an ihre Salben.

Eine davon hatten wir den Touristen als Sonnenschutz (was auch stimmte), aber für viel Geld verkauft. Ich hatte mir ja schon ein wenig theoretisches Wissen auf diesem Gebiet angeeignet, dennoch verging weitere Zeit, bis ich meine wahre Berufung erkennen sollte. Neben den Massagen und physischen Behandlungen wurden von mir Patienten mit offenen Wunden behandelt. Es gibt bei uns erstaunlich viele und schwere Verletzungen der Haut. Sehr oft kommen Patienten mit Schlangenbissen, Insekten- und Skorpionstichen.

Ramadhan prüft eine Aloe Vera - Pflanze

Meine Mutter war auch von einer Schlange gebissen worden und zu jener Zeit waren meine Kenntnisse noch sehr bescheiden. Wir Kinder saßen an ihrem Krankenhausbett und glaubten, dass sie nicht mehr lange unter uns weilen würde. Dank der Initiative von Frau Güpner, ihren Telefonaten aus Deutschland mit einem befreundeten, kenianischen Arzt eines staatlichen Krankenhauses in Malinidi wurde unsere Mutter besonders gut behandelt.

Heute ist sie zum Glück gesund und munter und hilft allen Kindern und Familienangehörigen, wo sie kann. Dieses Ereignis war mit entscheidend, dass ich mich intensiver mit verschiedenen Notbehandlungen beschäftigte. Ich konnte das tatsächlich bei meiner Schwester, die ebenso von einer Schlange gebissen wurde, bald und erfolgreich umsetzen. Hier ist schnelle erste Hilfe notwendig; heute habe ich immer einen Schlangenstein in der Nähe, mit dem man das Gift rausziehen kann. Das ist Notversorgung!

Bei uns gab es schon immer sehr viele Verbrennungen – am offenen Feuer, mit kochendem Wasser und Speisen und in den letzten Jahren am Auspuff der Motorräder. Das Moderne hält bei uns Einzug mit all seinen Nebenwirkungen! Oft kamen und kommen die Patienten mit Wunden, die im Laufe der Jahre trotz medizinischer Behandlung immer größer wurden. Es kamen und kommen Patienten, die schulmedizinisch austherapiert waren, denen Gliedmaße amputiert oder Haut transplantiert werden sollte. Über einige Beispiele, die wir auch dokumentiert haben, werde ich in den nächsten Kapiteln berichten. So praktiziere ich die Methode „Learning by doing!" und, das mit großer Entschlossenheit, Erfahrung und Erfolg.

Wie sagte schon
Hippokrates (460-370 v.Chr.)

„Wer heilt, hat Recht!"

„Alle entscheidenden Dinge,
die ich erreicht habe, waren Dinge,
die nach Ansicht der Experten
nicht gingen "

Henry Ford
(1863-1947)

 **2.**

Wundbehandlungen

2.1. Junge, der Ziegen hütete (ca. 8 Jahre)

Anfang 2008 wurde ein Junge aus unserem Dorf von seiner Mutter zu mir gebracht. Er war in der Familie verantwortlich für die Betreuung und Versorgung der Kühe und Ziegen. Die Tiere werden am Tag von einem futterreichen Fleck zum anderen geführt. Nur wenige Familien können sich einen stationären Platz und die Versorgung der Tiere mit Futter leisten. Die eigenen Kinder sind die billigere Alternative und günstigeren Arbeitskräfte, so wie ich als kleiner Junge.

Damit man die Tiere am Abend festbinden und am Tage besser unter Kontrolle halten kann, wird der Kuh ein Sisalstrick um den Hals gebunden, den Ziegen ums Bein. Dieser schleift den Tieren hinter her und, wenn man die Kühe und Ziegen zusammentreibt, um sie zum Schlafplatz zu führen, nimmt man das Seil auf. Manchmal muss man schon ganz schön flink sein, denn die Kühe und Ziegen sind nicht gerne angebunden und laufen schnell davon. Bei dem Jungen hatte sich das Seil um den eigenen Fuß gewickelt, ihn einige Meter mitgezogen und einen offenen Riss verursacht. Er war bereits einige Wochen im Krankenhaus behandelt worden, doch leider ohne Erfolg. Die Wunde hatte sich vergrößert und er hatte Schmerzen. Die Mutter fragte mich, ob ich helfen könne.

Ich reinigte die Wunde täglich mit Kolloidalem Silber und trug in der ersten Woche eine Paste aus Zucker und Papaya-Milch auf (a). Diese Materialien standen mir ausreichend zur Verfügung und ich hatte bereits andere Wunden damit erfolgreich behandelt. In der folgenden Zeit trug ich nach Reinigung der sich langsam schließenden Wunde Artemisinin-Neem-Salbe auf, die ich selbst hergestellt hatte. Gleichzeitig erhielt er Neem zum Einnehmen, den Entzündungsprozess von innen heilend. Der Junge kam insgesamt über einen Zeitraum von zwei Monaten zu mir. Dann war seine Wunde vollständig ausgeheilt.

2.2. Maulidi, die Hauttransplantation, Frühjahr 2008, etwa 38 Jahre alt

Ein ehemaliger Patient hatte dem Bruder von Maulidi über meine Wundheilerfolge berichtet. Sie suchten einige Tage nach mir. Nachdem sie meine Telefonnummer erhalten hatten, riefen sie mich an und ich besuchte Maulidi noch am gleichen Tag in Kilifi. Er lag in seiner Hütte und erzählte mir, dass er seit mehr als sieben Jahren mit dieser offenen, eiternden, schmerzenden Wunde am rechten Bein oberhalb des Fußes lebte. Lange schon konnte er seine Hütte nicht mehr verlassen und war auf die Unterstützung der Familie angewiesen.

Die Ärzte des Krankenhauses hatten ihm zu einer Hauttransplantation geraten. Da sein Gesundheitszustand nicht sehr stabil war, hatte man den Operationstermin noch nicht festgelegt. Er hatte sich aber bereits ein OP-Messer gekauft, welches die Ärzte dann benutzen sollten. Maulidi zeigte mir dieses noch verpackte, eingeschweißte Messer. Damit wollte er sicher gehen, sich während der Operation nicht mit ansteckenden Krankheiten wie AIDS zu infizieren. Dennoch hatte Maulidi

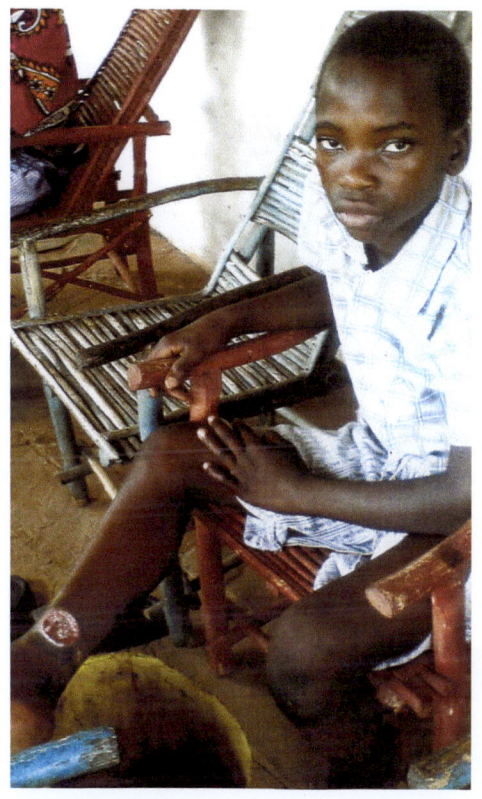

a)

c)

Der Junge kam insgesamt über einen Zeitraum von zwei Monaten zu mir. Dann war seine Wunde vollständig ausgeheilt (b).

Das Bild hat Frau Güpner fotografiert, als wir den Jungen im Juni 2014 zufällig auf dem Weg von der Schule nach Hause trafen (c).

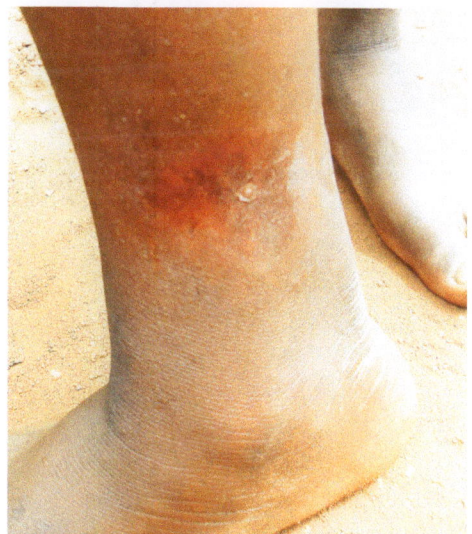

b)

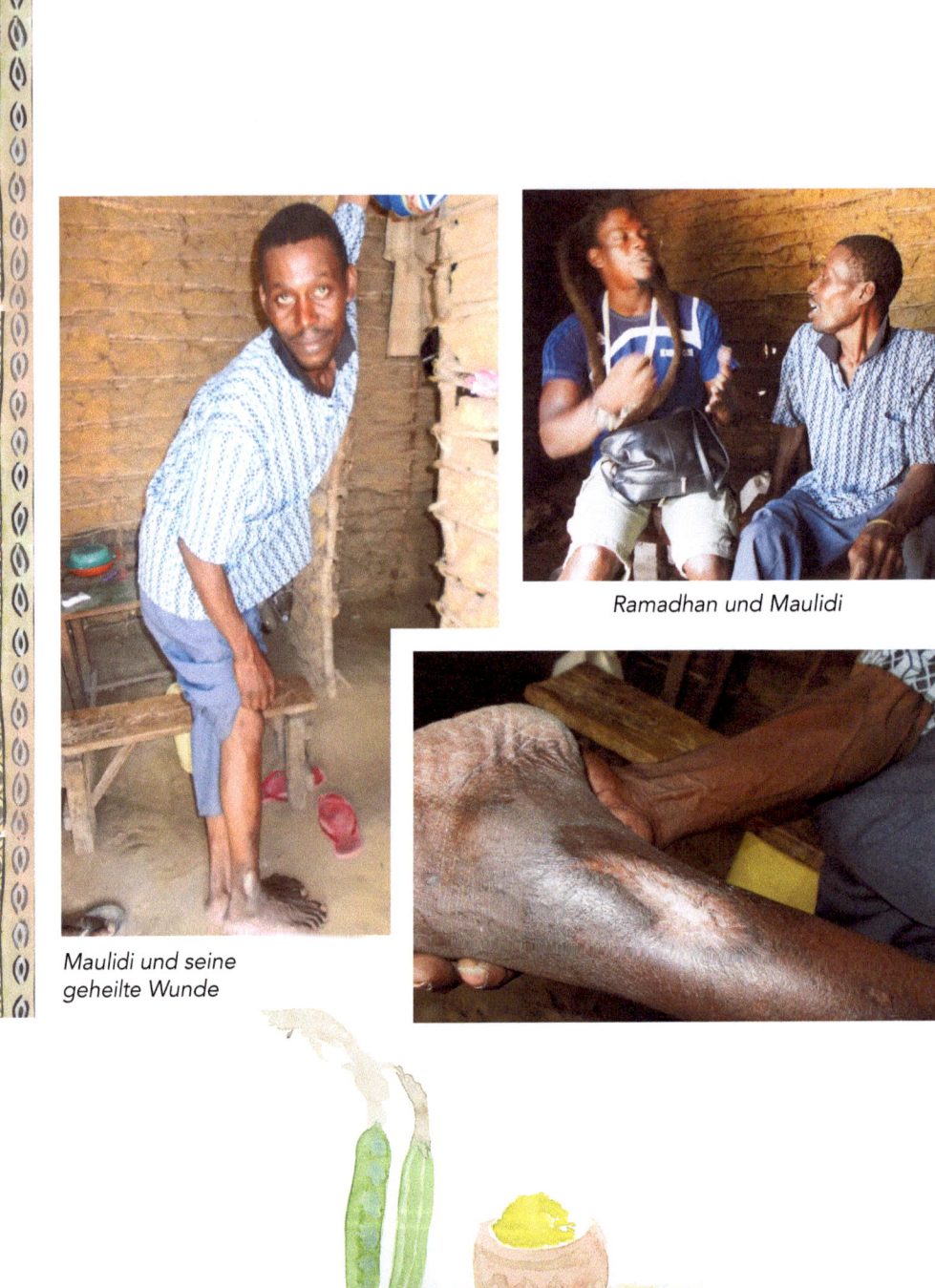

Ramadhan und Maulidi

Maulidi und seine
geheilte Wunde

Angst, dass eine Hauttransplantation ihm weitere Probleme an einer anderen Körperstelle (z. B. Oberschenkel, wo Haut entnommen werden sollte) bringen könnte. Er bat mich, ihm zu helfen. Bis zu dieser Zeit hatte ich schon viele Wunden behandelt; sie waren aber nicht so alt und auch längst nicht so tief. Auch wollte ich die ärztliche Diagnose nicht in Frage stellen.

Ich schlug vor, mit der Behandlung zu beginnen. Wir wollten sehen, wie weit wir bis zum Operationstermin kommen, der aber noch nicht bekannt war. Bereits nach wenigen Tagen der Behandlung mit Kolloidalem Silber, selbst gefertigter Salbe, die unter anderem Moringa-Öl enthielt und Neem-Kapseln, die er schluckte, ging es ihm besser.

Als ich in der zweiten Woche zur Behandlung kam, begrüßte er mich schon vor seiner Hütte auf einer Matte liegend. Er konnte sich ohne starke Schmerzen bewegen und nahm wieder am Familienleben teil. Maulidi war glücklich, denn er erlebte hautnah den Heilungserfolg und hatte für sich entschieden, dass er zum Operationstermin mit dem Messer antreten würde. Dann wollte er den Ärzten die geheilte Wunde zeigen. Als die Ärzte die noch nicht ganz verheilte Wunde sahen, waren sie überrascht und wollten den „Heiler" kennenlernen.

Maulidi ging nach sechs Monaten Behandlung wieder arbeiten. Noch heute begrüßt er mich lautstark, wenn wir uns begegnen und erzählt allen Leuten von seiner Heilung. Er benötigte keine Hauttransplantation und ich verhinderte weitere Eingriffe und eventuelle Komplikationen.

2.3. Amina, die Brustkranke, August 2008, ca. 62 Jahre

Im Juli oder August, so genau weiß ich den Monat und den Tag nicht mehr, hörte ich im Radio eine Nachricht. Der Moderator erzählte von einer Frau, die in Kilifi lebte, an einer Brustkrebserkrankung litt und für die es keine Heilung gäbe. Diese Nachricht hatte meine Neugier geweckt. Ich suchte in Kilifi nach dieser Frau. Nachdem ich von einer Familie zur nächsten geschickt wurde, fand ich sie endlich.

Auf der Suche nach ihr erfuhr ich, dass sie über die Großmuttergeneration mit meiner Frau verwandt war. Ich traf also Amina. Was ich dort erlebte, übertraf all meine bis dahin gemachten Erfahrungen. Amina lag in einem dunklen, schlecht durchlüfteten Zimmer und es roch furchtbar. Niemand aus der Familie wollte in der Nähe des Raumes sein. Man ekelte sich und dementsprechend war auch die Pflege und Fürsorge für diese alte Frau ungenügend.

Ebenso fürchterlich sahen ihre Brüste aus. Beide Brüste - eine vollständig, die zweite zur Hälfte – waren völlig vereitert. Sie hatte große Schmerzen und Fieber. Was ich später nach mehreren Behandlung erfuhr, war ebenso tragisch. Erst einmal sah ich mir die Brüste genauer an und begann, sie Quadratzentimeter für Quadratzentimeter mit Kolloidalem Silber zu reinigen. Danach trug ich eine Schicht Aloe-Vera-Gele auf und deckte die Wunde ab. Ich gab ihr meine Artemisinin-Neem-Kapseln und Neem-Tee zum Trinken.

Endlich, nach zehn Tagen, ließ der unerträgliche Geruch nach und bei Amina stellte sich eine leichte Verbesserung des Gesundheitszustandes ein. Nun konnte sie mir auch ausführlicher erzählen, wie alles vor ca. 30 Jahren, ja dreißig Jahren, begonnen hatte. Es begann im Jahr 1978 mit einem kleinen Pickel; sie erinnerte sich genau, denn es war das Jahr, als unser erster Ministerpräsident Kenyatta starb. Nach und nach wurde dieser Pickel immer größer und eine Wunde breitete sich auf der gesamten linken Brust aus und zog sich bis zur rechten Brust. Die Haut eiterte, verlor ihre Farbe und Amina hatte starke Schmerzen.

Behandelt wurde sie von vielen Ärzten, sie war in mehreren Krankenhäusern, u. a. im Aga Khan Hospital in Mombasa. Bereits dreimal hatte man über sie und ihre Erkrankung im kenianischen Fernsehen berichtet, ohne die Chance einer medizinischen Betreuung, die Heilung versprach.

Im ersten Halbjahr 2008 war sie in Tanzania, wo man ihr, wie so oft bereits in früheren Jahren, nach Gewebeentnahmen bescheinigte, dass sie keine Krebserkrankung hat. Aber niemand konnte ihr sagen, woran sie tatsächlich litt. Entlassen wurde sie dann wieder mit einer stark eiternden Wunde, weil die Medikamente keine Besserung brachten und geholfen hatte man ihr wieder nicht. Seit vielen, vielen Jahren nahm sie nicht mehr am normalen Leben teil und ihre Familie hatte Kosten in nun nicht mehr bezahlbarer Höhe.

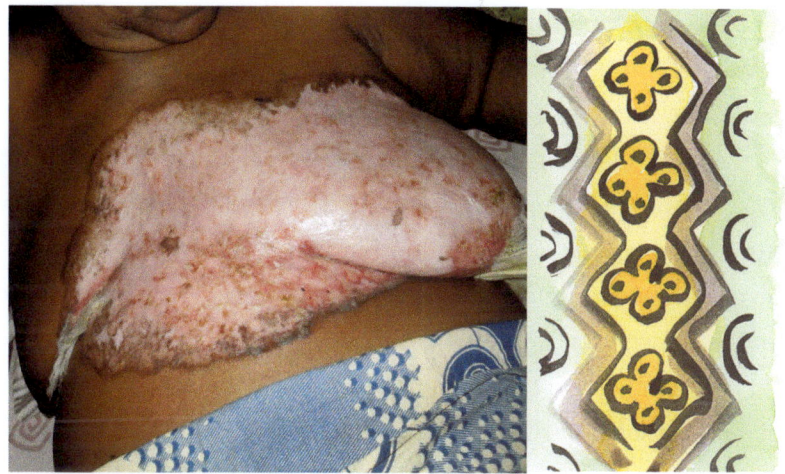

Amina, die Brustkranke

Neem Patch Vorbereitung

Von dem Tag an, als ich Amina erstmals sah, begannen tägliche Behandlungen. Es gelang mir, Amina ein erträgliches Leben wieder zu geben. Sie sagte oft zu mir, dass sie nun weiß, sie stirbt nicht an dieser Krankheit, sondern an irgendetwas Anderem. Ich habe ihr geholfen, wieder am Leben teilzunehmen, wenn auch eingeschränkt. Aber sie konnte wieder Besuche empfangen, ihre Kinder und Enkel hautnah erleben. Es war mir gelungen, die Brüste trocken, von Eiter befreit zu halten. Dennoch kam es in unregelmäßigen Abständen zu Fieberschüben. Die Brüste eiterten dann auch und erst nach mehreren Behandlungen ging es Amina wieder gut.

Auf Grund der langwierigen Behandlung schrieb Frau Güpner im Frühjahr 2010 viele (genau 12) Kliniken und Universitätskliniken für Dermatologie in Deutschland an. Sie schilderte mit Fotos den Sachverhalt und bat um Hinweise, Ratschläge und Unterstützung. Nur leider gab es wenige Reaktionen (konkret zwei). Man schlug vor, die Patientin nach Deutschland zu bringen, damit man sie dort untersuchen und behandeln könne. Aber wie das bezahlt werden soll, wer die Kosten übernehmen könnte, wurde nicht gesagt. Eine Ärztin aus der Schweiz, die in Benin tätig war, antwortete und empfahl uns, die Blätter des Neem-Baums zu zerreiben, bis sie eine geleeartige Masse bilden.

Diesen „Neem-Patch" sollten wir nach der Reinigung der Wunde auftragen. Ich sammelte eine große Menge Blätter. Es gelang mir in anstrengender, zeitaufwendiger Arbeit nur eine kleine Menge Gel aus den Blättern rauszuquetschen. Auch ein extra dafür gekauftes Mixgerät erhöhte die Ausbeute nicht. Da ich damals mehrere Patienten als „mobiler Heiler" besuchte, blieb mir keine Zeit für die aufwendige Herstellung.

Die Behandlung über mehr als zwei Jahre war für mich anstrengend und kostenaufwendig geworden. Die Familie hatte keine finanziellen Mittel, um die Verbrauchsmaterlallen und die Behandlung zu bezahlen. Nur dank der Sponsoren konnte ich wenigstens das Verbrauchsmaterial wie Binden, Kompressen, Kolloidales Silber und Artemisinin-Neem-Kapseln bereitstellen. Weitere Kosten entstanden durch die täglichen, später zweitägigen Fahrten nach Kilifi zur Behandlung. Zum Jahresende 2010 - der Gesundheitszustand von Amina war stabil, die Brust bildete bereits neue Haut, es gab kaum noch feuchte Stellen - stellte ich die Behandlung ein. Ich hatte Amina und der Familie gezeigt, wie sie mit Neem und Moringa die Pflege fortsetzten konnten.

Zwischenzeitlich habe ich erfahren, dass Amina verstorben ist, aber nicht an den Geschwüren, die ich nach fast 30-jährigem Leid über Tage, Monate, zweieinhalb Jahre behandelt hatte.

2.4. Omar, die Beinamputation, ca. 8 Jahre

Im September 2008 kam eine junge Frau zu mir nach Mawueni. Sie erzählte mir, dass ihr Sohn Omar sehr krank wäre und bat mich, mit nach Kilifi zu kommen. Omar war als Kleinkind von einem Tier ins Schienbein gestochen worden. Daraus wurde eine dicke Schwellung, die aufplatzte und sich entzündete. Bis zu unserer Begegnung war Omar bereits mehr als sechs Jahre im Krankenhaus behandelt worden.

Als wir nach Kilifi kamen und in die Hütte gingen, saß dort der ca. 8-jährige Junge. Er konnte schon lange nicht mehr laufen, bewegte sich entweder kriechend auf dem Hintern weiter oder wurde von Familienangehörigen getragen. Auf Grund dessen hatte er trotz seiner acht Jahre noch keine Schule besucht.

Seine Mutter zeigte mir den Brief des Krankenhauses, in dem eine Amputation des Beines vorgeschlagen wurde. Sie sollte nun ihre Unterschrift darauf setzen und damit die Amputation, das „nicht mehr laufen können auf eigenen Beinen" für ihren Sohn besiegeln. Sie hatte von anderen Leuten von meinen erstaunlichen Heilerfolgen erfahren und wollte nun mein „Urteil" und meine Hilfe.

Es war eine komplizierte Situation, ich überlegte und entschied mich nach einem ausführlichen Gespräch mit der Mutter, die Behandlung zu beginnen. Ich war überzeugt, Omar helfen zu können. Dennoch schlug ich vor, sollte der Behandlungserfolg innerhalb der nächsten vierzehn Tage ausbleiben bzw. eine Besserung nicht in Sicht sein, muss sie wieder Kontakt zu den Ärzten im Krankenhaus aufnehmen.

Wie bereits bei ähnlichen Verletzungen begann ich, die Wunde mit Kolloidalem Silber zu reinigen und setzte die selbst hergestellte Salbe aus Neem, Artemisinin ein. Um die körpereigenen Kräfte der Wundheilung zu unterstützen, gab ich Omar Neem-Tee und Kapseln. Schnell stellte er fest, die Kapseln sind ihm angenehmer. Der Neem-Tee, der überall bei uns an der Küste selbst gepflückt und verarbeitet werden kann, schmeckte ihm so gar nicht. Seine Mutter hatte nicht das Geld, den Tee mit Honig oder Zucker zu versüßen.

Täglich besuchte ich den kleinen Omar und reinigte seine Wunde und versorgte sie. Nun betreute ich schon mehrere Patienten in Kilifi und meine Tage vergingen mit den Hausbesuchen bei ihnen.

Einmal war ich verhindert, ihn zu besuchen und musste die Behandlung unterbrechen. Als ich nach zwei Tagen wiederkam, war ich erst erschrocken. Omar hatte sich den verschmutzten Verband abgemacht und statt seiner Asche auf die Wunde gegeben. Das tat er, damit die Leute der Nachbarschaft beim Anblick der Wunde keine Angst haben.

Als ich an dem Tag nach Hause kam, stöberte ich in meinen Aufzeichnungen und Büchern. Ich konnte mich davon überzeugen, dass er intuitiv so falsch nicht gehandelt hatte; Asche, die als Rückstand bei der Verbrennung von natürlichen Stoffen entsteht, schadet der Wunde nicht.

Nun, das Holz, mit dem die Frauen bei uns Feuer zum Kochen machen, ist unbehandelt, es ist frei von jeglichen Schadstoffen. Das bestätigte sich auch, diese Selbstbehandlung brachte keine Komplikation.

Die täglichen Besuche dauerten ca. drei Monate. Schon wenige Tage nach Beginn der Behandlung hielt er sich außerhalb der Hütte auf. Er hatte schnell keine Schmerzen mehr und konnte bald wieder laufen.

Die Betreuung wurde noch weitere sechs Monate in größeren Abständen fortgesetzt. Während dieser Zeit konnte er schon wieder mit seinen Geschwistern und Freunden unterwegs sein und Fußball spielen. Leider hat er auch nach seiner endgültigen Wundheilung die Schule nicht besucht. Er unterstützte seine Mutter und Geschwister mit Geld durch Hüten von Kühen und Ziegen anderer Familien.

Wichtig ist, Omar kann wieder laufen und ich konnte mit der Behandlung, basierend auf den Pflanzen unserer so reichen Natur und mit viel Geduld, ein Kinderbein retten.

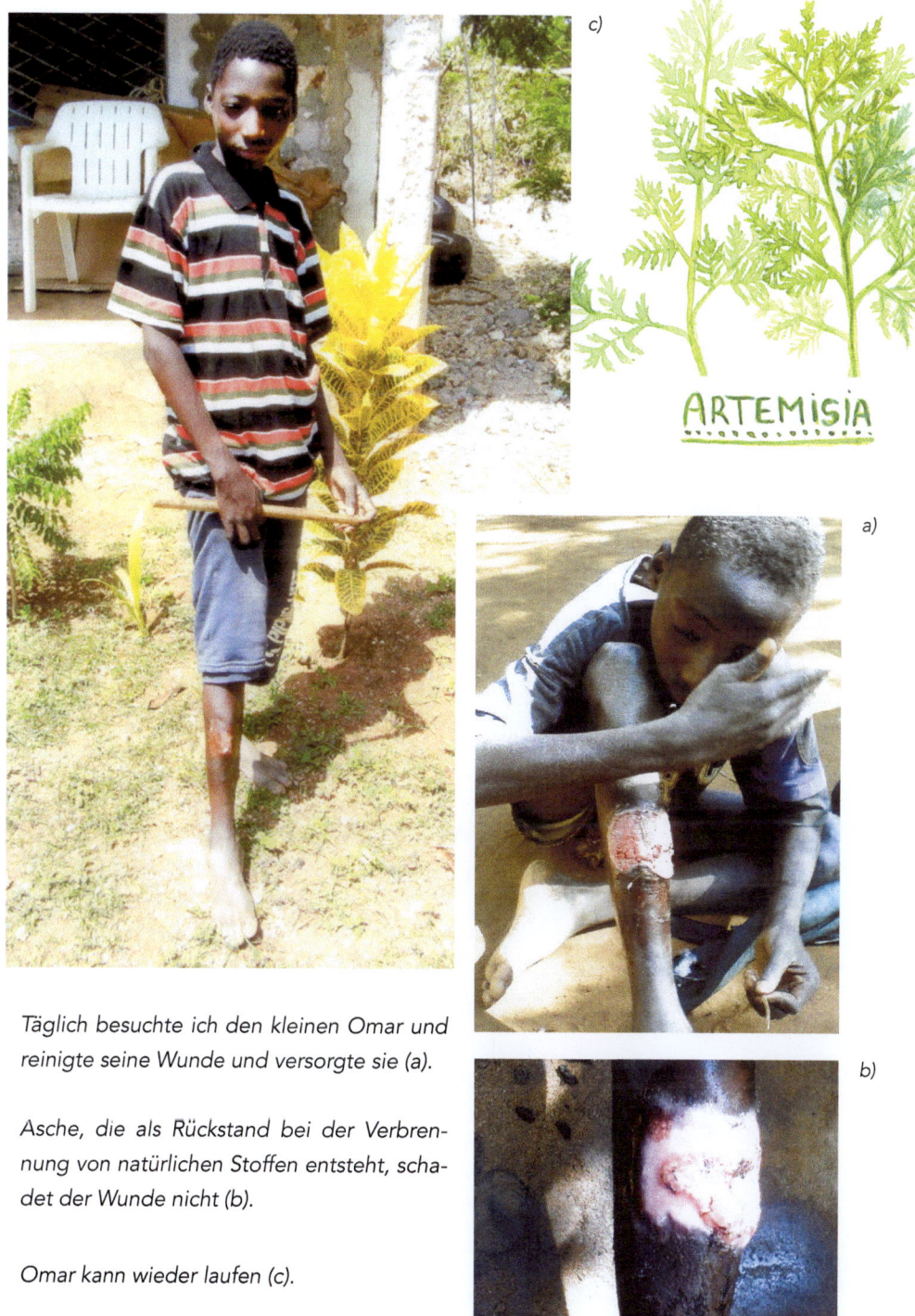

c)

ARTEMISIA

a)

b)

Täglich besuchte ich den kleinen Omar und reinigte seine Wunde und versorgte sie (a).

Asche, die als Rückstand bei der Verbrennung von natürlichen Stoffen entsteht, schadet der Wunde nicht (b).

Omar kann wieder laufen (c).

Malmesi während der Behandlung

2.5. Malmesi, der Fischer, 2009, 25 Jahre

Es war Weihnachten 2009, als zwei junge Männer zu mir nach Hause kamen. Sie erzählten mir folgendes: Ihr Bruder, 25 Jahre alt, ein Fischer, war wenige Tage zuvor nach Malindi gegangen, um seinen Fang dort auf dem Markt zu verkaufen. Die Einnahme war so groß und er so zufrieden, dass er mit Freunden die nächste „Mnazi-Tankstelle" (Palmschnapsrestaurant) aufsuchte. Er sagte diesem traditionellen Getränk so stark zu, dass er sich nicht mehr auf den Beinen halten konnte. Dennoch zog er auf unbeleuchteter Straße schwankend nach Hause. Er konnte sich später nicht mehr genau daran erinnern, was geschehen war, denn er war viele Stunden ohne Bewusstsein. Vermutlich war er von einem Auto angefahren und in einem Graben geschleudert worden.

Seine Familie und seine Freunde suchten ihn am nächsten Tag. Sie fanden ihn nicht. Erst Fußgänger, die die Straße entlang gingen, hörten am übernächsten Morgen seine Hilferufe. Einer erkannte ihn, und man brachte ihn sofort in das Krankenhaus Malindi. Dort wurde er behandelt – man stellte einen Bruch am linken Bein fest, welches eingegipst wurde. Eine offene Wunde am rechten Bein wurde nicht weiter behandelt.

Nun standen sie vor mir und baten mich, ihrem Bruder zu helfen. Auch sie hatten von meinen erfolgreichen Wundbehandlungen gehört. Ich besuchte also Malmesi und sah mir seine Verletzungen an. Die offene Wunde des rechten Beines behandelte ich mit Kolloidalem Silber und meiner Salbe. Das eingegipste Bein schmerzte ihn sehr. Die hohen Temperaturen, die Luftfeuchtigkeit und eine offene Wunde sorgten wohl für eine schwere Entzündung dieses Beines.

Ich traute mich nicht, den Gips zu öffnen, riet ihm aber am nächsten Tag, einen kleinen Schnitt in den Gips zu machen, damit die angestaute Wärme und Feuchtigkeit entweichen konnte.

Ich gab ihm Kapseln und unterstützte die Behandlung mit MMS-Tropfen und Moringa-Pulver. Aufgrund seiner großen Schmerzen reduzierten wir täglich Stück für Stück den Gipsverband, bis wir ihn wegen der nun sichtbaren Entzündung und offenen Wunde nach etwa zwei Wochen ganz abnahmen. Der Bruch machte ihm keine Probleme mehr, aber das Bein war entzündet und die Wunde eiterte und sah nicht gut aus. Nun behandelte ich beide Beine mit Kolloidalem Silber, meiner Salbe und gab ihm zusätzlich Neem-Tee sowie Moringa-Blatt-Pulver.

Nach etwa dreieinhalb Monaten konnte ich die Behandlung erfolgreich abschließen. Leider fand diese Betreuung kein gutes Ende. Malmesi wollte seine Behandlung – seine Wunden waren vollständig verheilt, er konnte wieder normal gehen – bezahlen. Um das zu tun, verkaufte er ein Stück seines Grundstücks und bezahlte mir 7.000 KSh (ca. 70 EUR).

Wenige Tage später fand man ihn tot auf seiner Toilette und des letzten Geldes, welches vom Verkauf des Grundstücks übrig war, beraubt. Die Täter oder den Täter hat man nie gefunden.

Leider finde ich keine weiteren Bilder von Malmesis Behandlung. So wie von vielen anderen Behandlungen auch keine vorliegen. Es ist nicht leicht, alles fotografisch festzuhalten. Einmal vergisst man den Fotoapparat, das nächste Mal sind die Umstände so, dass man nicht fotografieren möchte. Und zu dieser Zeit habe ich auch nicht darüber nachgedacht, meine Erfahrungen mal in einem Buch niederzuschreiben.

2.6. Watuma, der Motorradunfall, 2011, ca. 55 Jahre

Eine weitere Patientin wurde mir von meinen beiden Gartenhelfern gebracht. Auf dem Weg zu mir bemerkten sie eine alte Frau, die sich nur langsam fortbewegte. Sie sahen, dass sie eine große Wunde am rechten Fuß hatte.

Sie fragten, was geschehen sei. Frau Watuma erzählte ihnen, dass sie zwei Jahre zuvor bei einem Motorradunfall verletzt wurde. Keine Krankenhausbehandlung konnte diese große Wunde am Fuß schließen; sie lebte nun schon so lange mit diesen Schmerzen und der offenen Wunde.

Da sie nur wenige Meter von meinem Haus entfernt ihren Mann besuchte, schlugen meine Helfer ihr vor, sich doch mal bei mir vorzustellen. Was sie dann auch tat.

MORINGA

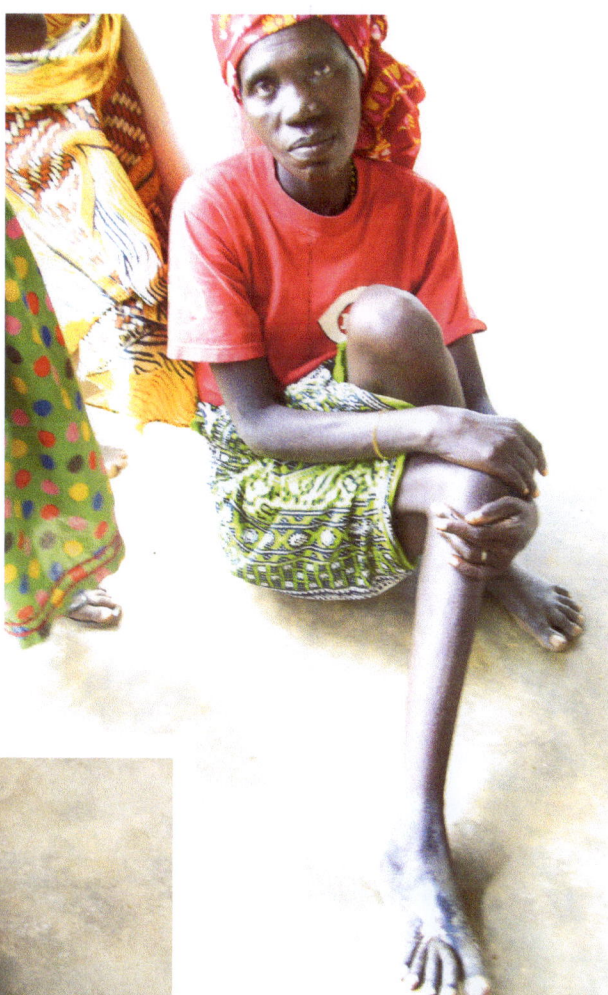

Watuma nach sechs Wochen
Behandlung

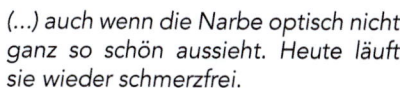

(...) auch wenn die Narbe optisch nicht
ganz so schön aussieht. Heute läuft
sie wieder schmerzfrei.

Ich behandelte die Wunde drei Tage mit einer MMS-Lösung als Wickel – das war mein erster Versuch. Schnell war die Wunde sauber und rein. Ich staunte nicht schlecht, als sich die Haut wieder neu bildete. Dann begann ich meine Salbe aufzutragen und nach nur ca. sechs Wochen war die Wunde fast verheilt. Frau Watuma kam nur noch, um sich eine kleine Dose Salbe zu holen und die Behandlung selbst durchzuführen. Begleitend gab ich ihr, wie in anderen Fällen auch, Artemisinin-Neem-Kapseln, um die inneren Selbstheilungskräfte zu unterstützen.

Sie ist mir sehr dankbar, auch wenn die Narbe optisch nicht ganz so schön aussieht. Heute läuft sie wieder schmerzfrei. Frau Watuma besucht mich ab und zu, um „Hey" zu sagen.

2.7. Juma Baya, der Steinbrucharbeiter, 2012, ca. 21 Jahre

Am 31.12.2011 arbeitete Juma im Steinbruch. Hier werden aus dem Korallen-Erdreich Steine geschnitten. Normalerweise feiern die Menschen auch bei uns den Jahreswechsel, aber er musste noch arbeiten, um für die Familie Lebensmittel kaufen zu können. Beim letzten zu beladenden Lkw fiel ein Stein runter und verletzte sein Bein. Er hatte keine Schuhe, schon gar keine Arbeitsschuhe, an.

Man brachte ihn ins Krankenhaus, wo er behandelt wurde – er erhielt eine schmerzlindernde Spritze und Kortisonsalbe wurde auf die Wunde aufgetragen. Er wurde dort über drei Wochen behandelt. Der Zustand des Beines verschlechterte sich akut. Das Ergebnis der Krankenhausbehandlung: Der Fuß eiterte, kleine Tiere hatten sich bereits auf dem Fuß niedergelassen.

Juma hatte starke Schmerzen, sein Bein war bis zum Knie angeschwollen und er konnte nicht mehr laufen. Als ihn die Ärzte, als letzte Möglichkeit vorschlugen, den Fuß zu amputieren, beriet er sich mit seiner Familie. Wieder hatte ein Familienmitglied bereits von mir und meinen Behandlungserfolgen gehört, Juma wohnte nicht weit von Malmesi. Sie beschlossen, mit mir Kontakt aufzunehmen. Sie kamen am 18. Januar 2012 zu mir und ich ging mit ihnen. Ich war über das Aussehen des Fußes geschockt, aber sagte zu, die Behandlung zu beginnen.

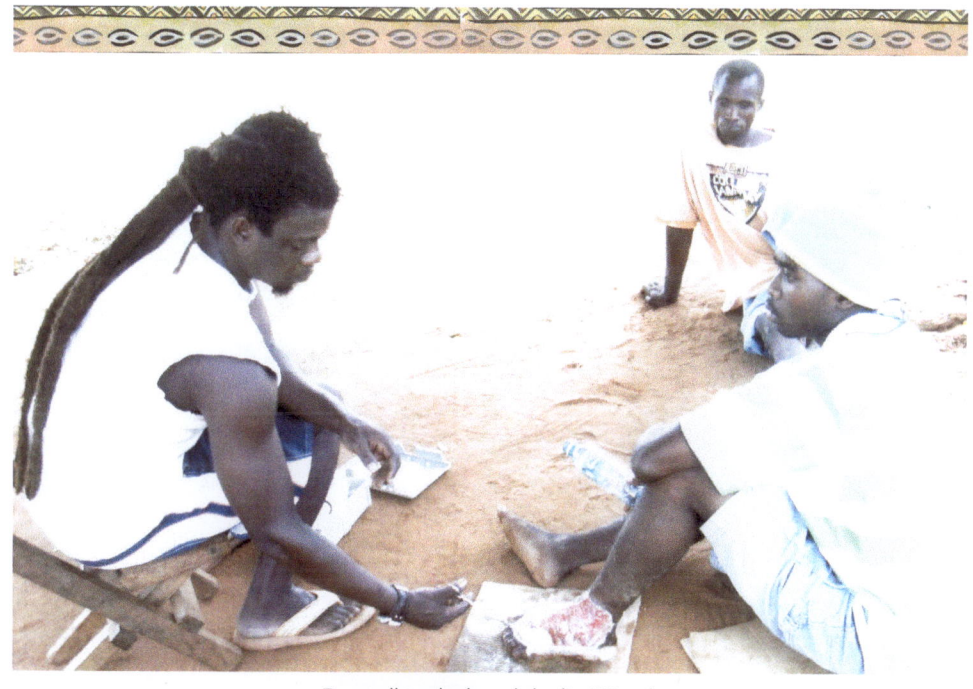

Ramadhan behandelt die Wunde

GUAVE

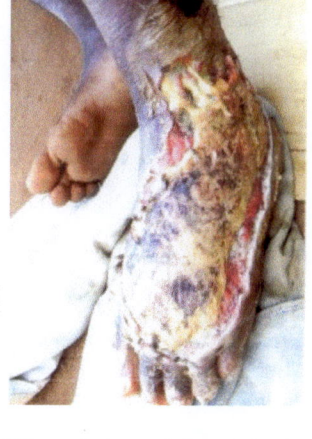

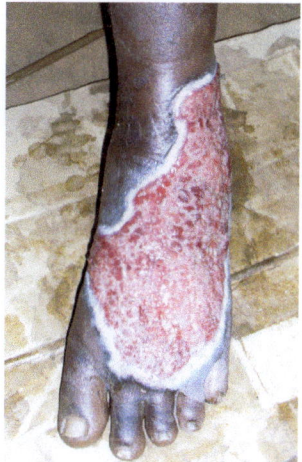

Wie gehabt, reinigte ich als erstes den Fuß mit Kolloidalem Silber, trug eine Salbe aus Neem, Moringa, Guave- und Kasialatta-Blättern auf (...)

(...) Bereits nach einer Woche Einreibung ließ die Schwellung nach, die Wunde war ebenso nach wenigen Tagen ansehnlicher.
Schmerzfrei war Juma nach ca. elf Tagen.

Wie gehabt, reinigte ich als erstes den Fuß mit Kolloidalem Silber, trug eine Salbe aus Neem, Moringa, Guave- und Kasialatta-Blättern auf. Das Bein wurde mit Mgafari eingerieben. Die Wurzeln dieses Baumes, der an der Küste wächst, werden zu Brei gerieben und dieser auf das geschwollene Bein gestrichen. Damit wird die Schwellung raus genommen.

Zur Behandlung erhielt er täglich ein Getränk mit MMS-Tropfen, Artemisinin-Neem-Kapseln sowie Moringa-Pulver. Die Reinigung der Wunde erfolgte mit Kolloidalem Silber, anschließend wurde sie mit den von mir gefertigten Salben bestrichen. Dabei setzte ich unterschiedliche Pflanzen ein.

Bereits nach einer Woche Einreibung ließ die Schwellung nach, die Wunde war ebenso nach wenigen Tagen ansehnlicher. Schmerzfrei war Juma nach ca. elf Tagen.

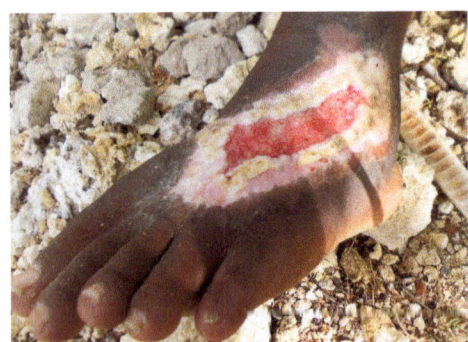

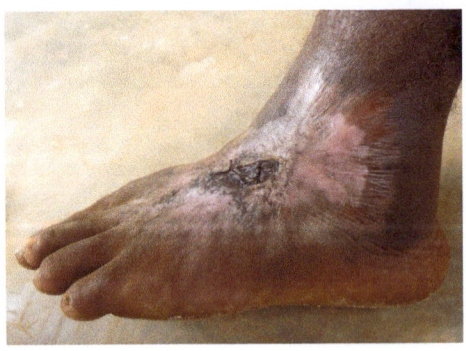

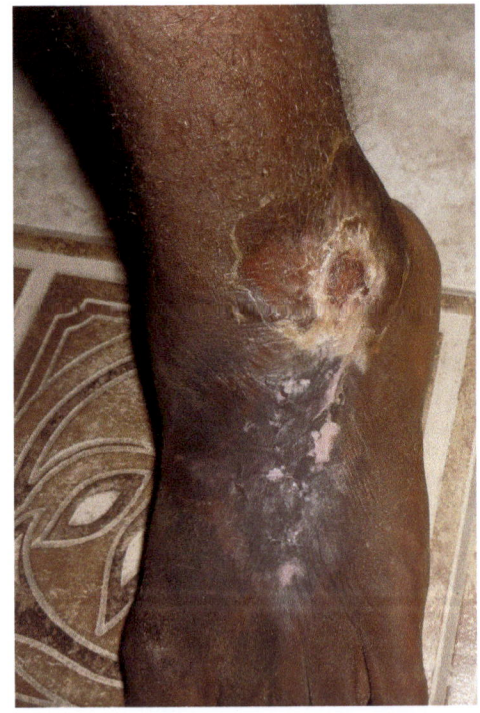

Langsam, sehr langsam, schloss sich die Wunde, die Narbenhaut rieben wir mit Moringa-Öl ein. (...)

Mit dieser intensiven, aber schlussendlich machbaren Behandlung wurde das Bein des jungen Mannes erhalten (...)

Juma Baya, seine Frau und sein Kind

Dabei fällt mir noch ein, dass ich ihm für drei Tage schmerzlindernde Tabletten gab, die Frau Güpner zufällig bei sich hatte, als sie am 24. Januar nach Kenia gekommen war. Ich hatte sie vom Flughafen abgeholt und wir fuhren direkt zur Behandlung von Juma.

Über einen Monat wechselte ich den Verband täglich, bis zum Juli alle zwei bis drei Tage, und später kam ich einmal wöchentlich und brachte Salben und Verbandsmaterial mit. Anfang Juli ging er schmerzfrei ohne Stock und kam dann oft selbst zur Behandlung.

Langsam, sehr langsam, schloss sich die Wunde, die Narbenhaut rieben wir mit Moringa-Öl ein. Zwischenzeitlich behandelte ich die Wunde, die nun nicht mehr verbunden war, auch mit einem Pulvermix aus Neem und Asche aus Blättern der Wassermelone. Das beeinflusste die Hautbildung positiv.

Mit dieser intensiven, aber schlussendlich machbaren Behandlung wurde das Bein des jungen Mannes erhalten. Und damit die Chance für ihn, auf eigenen Beinen zu stehen. In dieser Zeit wurde er auch Vater und längst schon arbeitet er wieder im Steinbruch.

2.8. Mädchen aus Vitengeni, 2014, ca. 28 Jahre

Früher waren es die Buschtrommeln, die Informationen jeder Art weitergaben. Der heutige Buschfunk geht über Handys.

So wurde ich eines Tages im Juli/August 2014 von einer Frau angerufen, die im Dorf Vitengeni, etwa 120 Kilometer von uns entfernt, wohnt. Sie hatte von einer Nachbarin gehört und gezeigt bekommen, dass ich eine Wunde bei ihr erfolgreich behandelt hatte.

Die Frau am anderen Ende des Telefons erzählte mir, ihre Tochter liegt seit vielen Monaten krank im Bett. Sie hatte eine Brustentzündung, die von den Ärzten leider nicht erfolgreich behandelt worden war. Nun hatte man ihr vorgeschlagen, wie bereits in vorhergehenden Fällen erzählt, eine Operation vorzunehmen. Die Behandlungen hatten die Familie sehr viel Geld gekostet, Schulden angehäuft und der Tochter jeden Lebensmut genommen, dass an eine Operation nicht mehr zu denken war. Ich war nun für die Mutter ein kleiner Hoffnungsschimmer.

So bat ich sie, mich in unserem Gesundheitszentrum aufzusuchen. Was die beiden Frauen dann am nächsten Tag auch taten. Die junge Frau, ca. 28 Jahre alt, kam mit ihrer Mutter in mein Behandlungszimmer. Sie setzten sich und die Mutter erzählte mir noch einmal, wie sich das Problem entwickelt hatte. Die Tochter saß abwesend auf ihrem Stuhl und ich konnte sehr deutlich erkennen, dass sie nach all den erlittenen Schmerzen und Behandlungen wenig Hoffnung hatte. Ich sagte ihnen, dass ich schon mehrfach erfolgreich schwere Wunden behandelt hätte, aber kein Versprechen geben könne, diese Behandlung, mit einem positiven Ergebnis zum Abschluss zu bringen.

So viele Ärzte hatten sich zuvor bereits vergeblich bemüht. Dennoch waren meine Gedanken darauf gerichtet, ihr so gut es mir möglich ist, zu helfen. Ihre Brust

NEEM

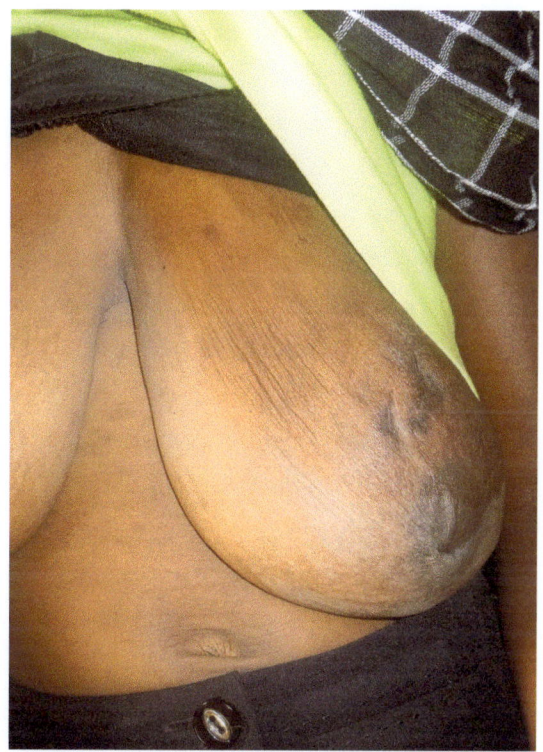

Die geheilte Wunde

war fest in eine Kanga eingewickelt. Als sich diese löste, fiel eine sehr große Brust raus und die Haut platzte an einer Stelle gleichzeitig auf. Aus dieser offenen Stelle lief sofort eitrige Flüssigkeit heraus. Ich nahm einen Eimer, den wir darunter hielten und es lief anfangs ohne Zutun weiterhin Eiter aus dieser Brust. Dann drückte ich, versucht ihr wenig Schmerzen zu machen, weiteren Eiter raus. Am Ende waren es bald drei Liter Flüssigkeit, die aus der Brust rauskamen.

Der Geruch war für alle nicht sehr angenehm. Ich selbst hatte einen ähnlichen Geruch bei anderen Patienten schon erlebt und war nicht so erschrocken wie die Frauen.

Ich kochte Neem-Blätter und reinigte damit die Brust. Danach trug ich meine Salbe aus Neem und Artemisinin auf und verpackte die Brust, die jetzt wesentlich kleiner war, in Verbandstoff ein. Der Druck, der auf dieser kranken Brust lag, war erst einmal beseitigt. Ich gab der jungen Frau Kapseln mit Atemisinin-Neem-Blättern sowie Neem-Tee zur weiteren Behandlung.

Ich bat sie, mich nach zwei Tagen wieder aufzusuchen. Da ihr Weg sehr weit war, sollten sie versuchen, bei Angehörigen oder Freunden unterzukommen. Sie sagten mir, dass sie sich nicht trauen, jemanden zu bitten, sie aufzunehmen. Die Menschen haben Sorge, sie könnten sich anstecken; auch wollten sie niemandem zur Last fallen. So machten sie sich auf den langen Heimweg, um zwei Tage später wieder zu mir zu kommen.

Als sie, wie vereinbart, vor mir standen, sah ich der jungen Frau schon an, dass es ihr besser gehen musste; sie lächelte und sie hatte keine Probleme beim Entfernen des Verbandes. Ich wiederholte die Behandlung des ersten Tages und wir vereinbarten einen nächsten Termin in fünf Tagen.

Die Brust war zwischenzeitlich trocken geworden, es roch nicht mehr unangenehm und die Schmerzen waren im Wesentlichen verschwunden. Dieses Mal reinigte ich die Brust mit Zitronensäure und legte einen Verband mit meiner Salbe an. Die Brust war jetzt so weit in Ordnung, dass ich der jungen Frau und ihrer Mutter erklären konnte, wie sie die Behandlung ohne Probleme weiterführen können. Ich gab ihnen das notwendige Material – Salbe, Zitronensäure, Verbandsmaterial – mit und wir vereinbarten einen nächsten Termin in drei Wochen.

Die Abstände ihrer Besuche wurden immer größer und dann kamen sie nur, um sich mit Artemisinin-Tee zu versorgen. Wir stellten fest, dass sich die Brust langsam wieder in ihre ursprüngliche Form zurückzog. Ansonsten hatte sie keine Probleme mehr, die Schmerzen waren längst weg, die Narbe verheilt.

Die Familie ist mir sehr dankbar, dass ich ihrer Tochter geholfen habe und die junge Frau selbst fühlt sich wieder wohl und kann auch ihre Verpflichtungen als Mutter eines kleinen Kindes erfüllen.

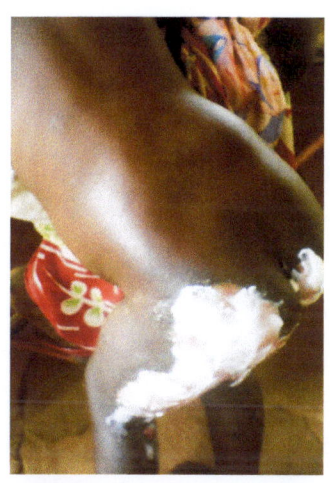

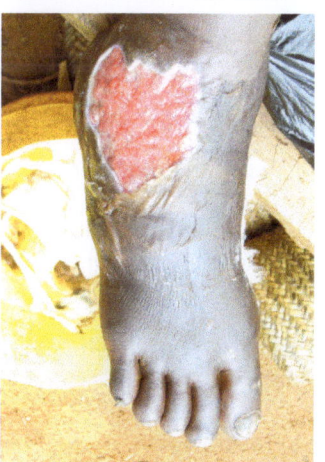

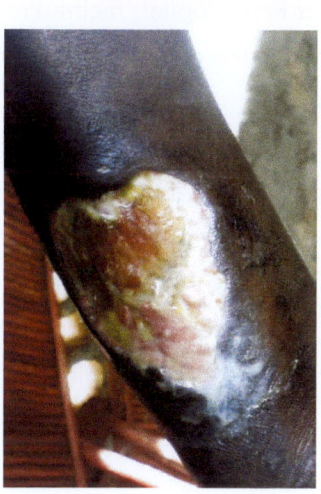

2. 9. Weitere Einzelfälle

Neben den dokumentierten Fällen gab es viele Verletzungen, die ich aufgrund der gesammelten Erfahrungen und Informationen bis zur Heilung behandelt habe.

Oftmals waren es ähnliche Wunden wie bereits in den vorhergehenden Fällen geschildert – offene, lange Zeit nicht heilende Verletzungen an Beinen, Armen und anderen Körperteilen. Des Weiteren zählen vor allem Verbrennungen zu den oft behandelten Verletzungen.

Ich erinnere mich, als der erste Patient zu uns kam mit Verbrennungen an Armen und Oberschenkel. Er hatte sich mit heißem Wasser verbrüht. Ich wusste in diesem Moment nicht, was ich als erste Maßnahme tun sollte und musste ihn auf den langen Fußmarsch ins Krankenhaus nach Kilifi schicken.

ALOE VERA

Damals wie heute fahren nach 20 Uhr keine Matatus (3) von unserem Dorf nach Kilifi. Das Krankhaus Kilifi liegt etwa 12 Kilometer entfernt. Dieser Straßenabschnitt ist die hügelreichste Strecke der Mombasa-Road Richtung Malindi. Man läuft bergauf und bergab am Straßenrand, der völlig unbeleuchtet und unwegsam ist. Ein gesunder, schnellfüßiger Mensch benötigt bestimmt zwei bis drei Stunden für diese Strecke.

Ich hatte noch kein eigenes Fahrzeug, um ihn dort hinzufahren. Vorbeifahrende Autos halten nicht an, weil die Fahrer Sorge haben, dass sie überfallen werden.

Heute gibt es in unserem Dorf viele junge Männer, die ein Motorrad-Taxi haben und oftmals Patienten transportieren. Dafür gibt es aber auch mehr Verbrennungen, denn viele Mitfahrer (oft bis zu vier Menschen) übersehen die Wirkung eines heißen Auspuffrohres.

Also, damals war ich sehr unglücklich, hier nicht helfen zu können. Noch am nächsten Tag suchte ich nach Informationen zum Thema „Verbrennung". Ich erfuhr aus dem mir vorhandenen Materialien und Gesprächen mit Frau Güpner, dass die Aloe Vera - Pflanze eines der besten Mittel gegen Verbrennungen und Wunden sei. Wir hatten in unserem Garten nur eine kleine, unauffällige Pflanze.

Auf meinen früheren Fahrten als Safari-Betreuer hatte ich beobachtet, dass es auf dem Weg nach Tsavo-Ost am Straßenrand viele Aloe Vera - Pflanzen gab. Ich kannte sie, wusste damals aber noch nichts über ihre Heilkraft.

Ich mietete wenige Tage später ein Matatu, lud Frau Güpner, meine Frau und unseren Sohn sowie zwei Freunde ein, um in Richtung Tsavo-Ost nach diesen Pflanzen zu suchen.

Wir wurden fündig, gruben mehr als fünfzig Pflanzen im Kampf gegen den trockenen Boden aus und beluden das Matatu damit. Es wurde eine lustige, stachlige Heimfahrt. Wir waren neben dem Fahrer sechs Personen, die zwischen den vielen Pflanzen saßen (einige waren knapp einen Meter hoch und hatten einen Durchmesser von bis zu 80 Zentimeter) und versuchten uns so recht und schlecht vor ihren Stacheln zu schützen. So manche kleine Wunde wurde nachträglich mit meiner Salbe behandelt.

Ein Motorrad-Taxi

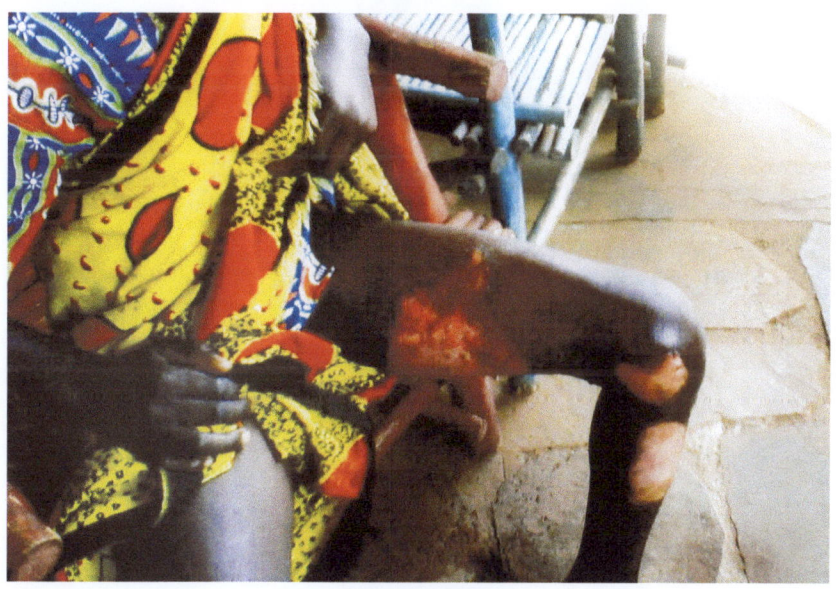

Verbrennungen

Am nächsten Tag setzten wir alle Pflanzen in unserem Garten ein. Seit dieser Zeit ist die Aloe Vera eines der wichtigsten Heilmittel, das ich bei der Behandlung von Verbrennungen und anderen Verletzungen verwende. Bei Brandwunden trage ich unter anderem aber auch mal eine Mischung aus Papaya Saft und Zucker auf.

Wie bereits erwähnt, gibt es oft Patienten, die mit Schlangenbissen und Insektenstichen kommen. Hier ist schnelles Reagieren notwendig. Schlangenbisse behandle ich, indem ich selbstgefertigte Schlangensteine auf den Biss lege. Damit wird das Gift raus gezogen, nachträglich werden sie mit Salbe behandelt. Ich empfehle ihnen, ins Krankenhaus zu gehen.

Skorpione, Insekten, Spinnen, Ameisen und noch viel mehr Kleingetier gibt es in Afrika mehr als genug. Nicht alle leben mit uns Menschen friedlich nebeneinander, so dass immer wieder geschwollene Gliedmaße von deren feindlichen Übergriffen zeugen. Insektenstiche lassen sich gut mit meiner Salbe aus Neem und Artemisinin behandeln.

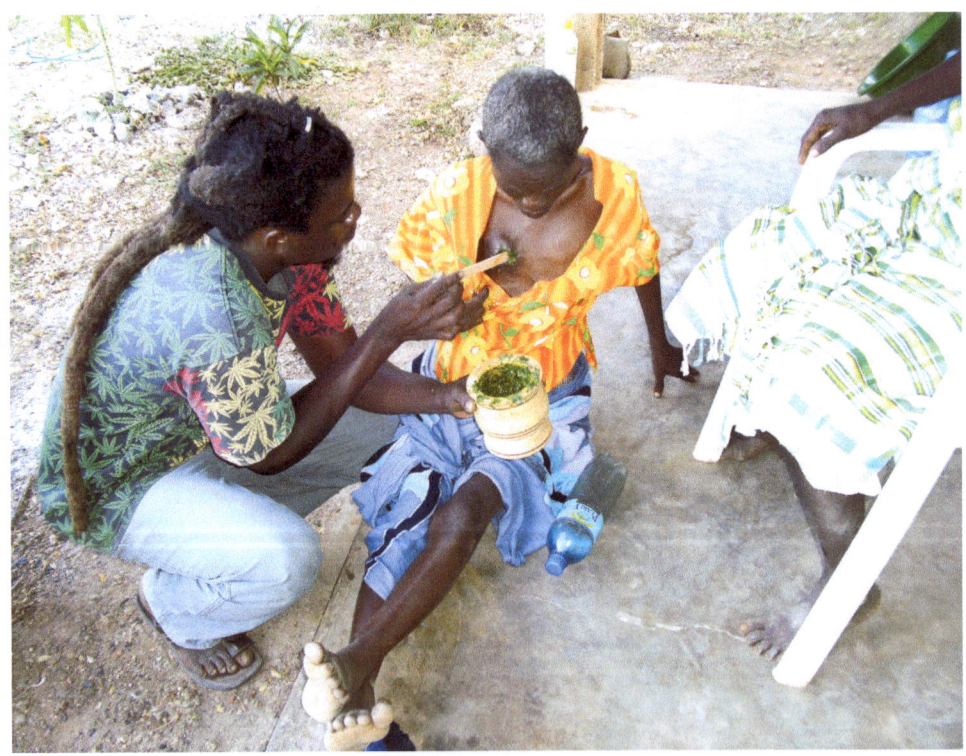

Die Behandlung einer Wunde mit einem pflanzlichen Patch

Nach den geschilderten Fällen werden sich viele Leser fragen, wie das möglich ist, unter solch einfachen, für Außenstehende „unhygienischen" Verhältnissen, mit Pflanzen und Kolloidalem Silber Patienten mit so schweren Verletzungen zu behandeln und gesund zu machen. Es ist machbar und die Beweise liegen vor.

Wir haben die Möglichkeit, mit dem, was die Natur für uns bereithält, Wunden zu heilen. Es liegt an uns, das Wissen unserer Vorfahren wiederzuentdecken und anzuwenden.

„Wunder stehen nicht
im Widerspruch zur Natur, sondern
im Widerspruch zu unserem
Wissen von der Natur."

Augustinus
(354-430)

3.

Malaria

Wer in Afrika lebt, kennt sie und hat sie meist selbst durchmachen müssen, oft nicht nur einmal – die Malaria.

Vor Malaria fürchten wir uns nicht nur, sie lässt uns handlungsunfähig werden und, wenn sie nicht behandelt wird, kann sie schwere Auswirkungen haben. Bei jeder schweren Erkältung mit hohem Fieber, Durchfall, Schmerzen im ganzen Körper denken wir an Malaria.

Frau Güpner hat in den ersten Jahren ihrer Aufenthalte drei Mal die schwere Malaria Tropika gehabt. Schon bevor sie selbst daran erkrankte, hatte sie gesehen, wie sehr die Menschen unter dieser Krankheit leiden. Frau Güpner hat immer wieder recherchiert, was man dagegen tun kann. Eine ihrer Empfehlungen war, wir sollten unsere Kinder nach dem abendlichen Bad ordentlich abtrocknen.

Sie hatte nicht Unrecht, denn meine Kinder sind an den Beinen mit vielen Mückenstichnarben übersät. Warum? Wir baden unsere Kinder, wie überall, am Abend, nach dem Spielen und vor dem Schlafen. Da werden die Moskitos mobil und, wenn dann noch ein kleiner See in der Nähe ist, sind sie besonders zahlreich.

In unserem Dorf benutzt niemand Handtücher. Nach dem Bad werden die Kleinen in die Kanga gewickelt und auf dem Rücken der Mama oder anderer Familienangehöriger festgebunden. Die Ärmchen und Beinchen schauen raus und sind mit ihrer Feuchtigkeit ein toller Landeplatz für die Moskitos. Das ist eine Brutstätte für Malaria und im weniger schlimmen Fall für entzündete Moskitostiche, die nicht immer ohne Narben ausheilen.

Wir ziehen am Abend auch nicht, wie die Urlauber, lange leichte Sachen an. Nur wenn die Temperaturen in den Bereich unter 25° Grad fallen. Also, weitere Stichmöglichkeiten für die gefräßigen Insekten.

Vor vielen Jahren war die Ausstattung mit Moskitonetzen noch nicht so flächendeckend wie heute. Damals, noch vor acht, zehn Jahren, schliefen viele Menschen bei uns eingehüllt in eine Kanga ohne Moskitonetz in ihrem Lehmhaus. Die meisten Häuser in unserem Dorf und den umliegenden Ortschaften bestehen aus einem Holzgeflecht verputzt mit Lehm; ebenso ist der Fußboden aus festgestampften Lehm. Es gibt zwar kaum Fenster, aber die Dacheindeckung aus Makuti (4) und die lockere Verarbeitung des Lehms gewähren den Moskitos freien Einflug.

Als nächstes schlug Frau Güpner nun vor, eine Schneidergruppe zu gründen und Moskitonetze zu nähen. Gesagt, getan – sie brachte aus Deutschland nicht nur unsere erste (ihre eigene) Nähmaschine mit, sondern säckeweise Stoffe, Kisten (mehr als 20 Kilo) mit Nähgarn und auch das Material für die Moskitonetze.

Sie erzählte, dass sie mit ihrem Mann viele, sehr viele Geschäfte mit Gardinen durchwühlt hatte, um kostengünstig dieses Material mitzubringen. Sie kaufte noch zwei Nähmaschinen in Mombasa und schickte eine junge Frau zum Schneiderkurs, die dann die anderen Frauen unterrichtet hat.

Es wurde geschneidert, es wurden Blusen und Röcke genäht. Nur das Interesse, Moskitonetze zu nähen, war sehr gering. Als Nähanfänger war es auch nicht ganz einfach, dieses Material zu verarbeiten. Es gelang uns also nicht, das Dorf flächendeckend mit Moskitonetzen auszustatten. Tatsächlich waren es höchstens vier bis fünf Betten. Billiger und zeitsparend war dann schon der Einkauf der Netze im Laden.

Eines Tages, Anfang 2005, berichtete uns Frau Güpner von einem Artikel in einer Zeitschrift. Demnach gibt es ein Kraut, das schon vor 3.000 Jahren Menschen in China vom Wechselfieber geheilt hat; heute nennt man dieses Fieber Malaria. Dieses Kraut heißt Artemisinin. Und da sich Frau Güpner an dem Thema festklammerte, hatte sie schon im Februar das erste Seminar bei der Organisation „anamed" in Deutschland besucht. Wenig später kam sie voll mit Wissen über die „Natürliche Medizin in den Tropen" nach Kenia und wollte u.a. Artemisinin anpflanzen.

Der mitgebrachte Samen wurde gleich nach ihrer Ankunft auf die Pflanzerde gesät. Im Flieger hatte sie sich gebrauchte Plastetrinkbecher von den Stewardessen geben lassen, die nun als Pflanztöpfchen dienten. Schon wenige Tage später sahen wir kleine Pflanzen. Nun, Frau Güpner war zu kurze Zeit da, um sich um die Pflege dieser sensiblen Pflanzen zu kümmern.

Ich selbst war noch nicht ausreichend motiviert und merkte schnell: oh, das kostet Zeit, Geduld und ein besonderes Gefühl für diese Pflanze. Also verlief der erste Versuch ergebnislos. Später erfuhren wir, auch nach Recherchen von Frau Güpner, dass Artemisinin in unserem Küstenbereich, bei der hohen salzhaltigen Luft nicht bzw. schwer wächst. Im Internet hatte sie von einem Projekt gelesen, das Artemisinin in unserer Region anbaute. Wir besuchten dieses Projekt. Es war nur wenige Kilometer von unserem Ort entfernt. Na ja, auch dort waren die Ergebnisse sehr, sehr bescheiden, wenn ich das so sagen kann. Das aus den Pflanzen Tee hergestellt werden sollte, war kaum vorstellbar. .

Frau Güpner wollte dennoch nicht aufgeben. Ein Jahr später versuchte sie, diese sehr empfindliche und pflegebedürftige Pflanze in ihrem Garten in Deutschland anzubauen – mit Erfolg. In einem langwierigen, zeitaufwendigen Prozess erntet sie mit Freunden jährlich mehrere Kilo Artemisinin. Seit dieser Zeit werde ich von ihr mit dem wertvollen Artemisinin-Tee versorgt.

Wir setzten in den folgenden zwei Jahren Artemisinin auch bei der Behandlung von Malaria ein. Der Einsatz von Artemisinin bei Malaria war gut. Nur konnten wir so viel getrocknetes Material gar nicht ranschaffen, um alle Patienten mit Malariadiagnose zu versorgen. Auch waren wir nicht sicher, dass die Patienten den Tee nach Vorschrift wirklich tranken. Immer wieder mussten wir feststellen, dass der Tee aufgrund seines bitteren Geschmacks nicht die vereinbarte Zeit getrunken wurde.

Die Produktion von Artemisinin ist zu aufwendig, der Tee zu kostbar, um am Ende nicht richtig benutzt oder sogar vernichtet zu werden. Also gab es weiterhin die Spritze und Tabletten gegen Malaria.

Im späten Frühjahr 2008 bekam Frau Güpner das Buch „MMS - Der Durchbruch" in die Hände. Darin beschrieb Jim Humble, ein amerikanischer Ingenieur, wie er durch Zufall im südamerikanischen Dschungel Menschen von Malaria mit einem einfachen Mittel (stabilisierter Sauerstoff) geheilt hatte, wie er weiter daran geforscht und die Zusammensetzung verbessert hatte. Er schrieb, dass man mit diesem Präparat innerhalb weniger Stunden Malaria behandeln und heilen kann.

Frau Güpner besorgte sich die benötigten Stoffe – Natriumchlorit und Zitronensäure gleich MMS und probierte es sechs Wochen an sich selbst aus. Sie stellte fest, dass es ihr sehr gut geht und es keine Probleme sowie Nebenwirkungen bei eingehaltener Dosierung gibt. Dann kam sie im Juli mit dem Mittel nach Kenia.

Schon am zweiten Tag ihres Aufenthaltes kam eine schwerkranke Frau mit Malariadiagnose in die Praxis. Sie kam nicht, sie wurde auf einem Fahrrad sitzend, sich auf zwei Personen stützend, in die Praxis getragen. Wir gaben ihr fünf Tropfen MMS und ließen sie zur Beobachtung im Wartebereich sitzen. Schon nach einer Stunde sahen wir, dass es ihr besser geht. Sie fühlte sich auch gut betreut, weil wir immer wieder nach ihr schauten und nach ihrem Befinden fragten. Nach zwei Stunden gaben wir ihr noch einmal zehn Tropfen. Sie strahlte uns an und ging nach etwa dreißig Minuten alleine, ohne Begleitung, nach Hause. Sie kam nicht zur Nachbehandlung. Es ging ihr tatsächlich danach gut, wie ich am nächsten Tag erfuhr.

Eines von vielen weiteren Beispielen ist die Behandlung des District Officers für Land von Kilifi. Wir hatten um neun Uhr einen Termin in seinem Büro. Nun wissen wir in Kenia: kaum ein Mitarbeiter der Behörde erscheint pünktlich zu einem Termin. Meist trifft man sie, wenn man gar nicht mehr mit ihnen rechnet. Ich wartete also gut eine Stunde auf ihn – wir haben ja viel Geduld und Zeit, so sagt man uns Afrikanern nach. Als er dann kam, konnte ich sehen, dass er sich nicht gut fühlte; sein Hemd war völlig durchnässt und er konnte kaum sicher gehen.

Während der Begrüßung erkundigte ich mich nach seinem Gesundheitszustand. Er sagte, er habe Malaria und packte zwei Packungen Medikamente auf seinen Schreibtisch. Ich konnte gleich sehen, es waren nicht die billigsten Malariamedikamente und mehrere Tabletten waren schon entnommen. Ich fragte ihn, ob ich ihm ein paar Tropfen geben könne. Aufgrund der Erfahrungen, immer wieder auf einen Malariakranken zu treffen, habe ich stets ein kleines Nothilfeset bei mir. Er bejahte und bat seine Sekretärin um ein sauberes Glas bzw. eine Tasse und Wasser. Nun, es dauerte eine Zeit, ehe sie eine Tasse brachte. Das Wasser kaufte ein Mitarbeiter bei einem Wasserverkäufer vor dem Bürogebäude. Dann bekam er von mir je acht Tropfen der MMS-Mischung mit Wasser. Zwischenzeitlich hatten wir über die zu klärende Landfrage gesprochen und er legte fest, dass am Nachmittag zwei Mitarbeiter zur Vermessung auf unser Grundstück kommen. Er selbst entschuldigte sich, aufgrund seines Zustandes nicht selbst am Termin teilnehmen zu können.

Drei Stunden später, auf unserem Grundstück, kam mir der District Officer entgegen. Er lachte und fragte, ob er noch einmal ein paar Tropfen von meinem „Zaubertrunk" haben könne. Er fühlte sich gut und wollte dieses Wohlfühlen mit einer weiteren Dosis stabilisieren. Nachdem ich ihm die gewünschte Dosis verabreicht hatte, begann er mit seinen Mitarbeitern bei sicher mehr als 35 Grad Nachmittagshitze mit der Vermessung unseres Grundstücks.

„Grundsatz bei der Behandlung des Kranken,
stets zweierlei im Auge haben:
helfen oder wenigstens nicht schaden."

Hippokrates von Kos
(460 bis etwa 377 v.Chr. Griechischer Arzt
„Vater der Heilkunde")

Es gibt genug Behandlungsbeispiele, die schnell zu einer Linderung und Gesundung von Malaria mit MMS führten. Diese Erfahrung konnten wir an uns selbst, meinen Familienmitgliedern, Kindern wie Erwachsenen, und vielen, vielen Patienten machen. Meines Erachtens gibt es kein anderes Mittel, das den Kranken so schnell und wirkungsvoll bei Malaria hilft. Und das ohne jede Nebenwirkung – bei der richtigen Dosierung.

Ich gebe den Patienten nie die von Jim Humble und anderen Anwendern empfohlene Dosis von mehr als zwölf Tropfen. Sie erhalten sechs bis acht Tropfen und nach einer Stunde die gleiche Dosis, maximal zehn Tropfen noch einmal. Bei Kindern und Jugendlichen natürlich weniger. Es ist wichtig, dass der Malariakranke sich nach einer Behandlung mit MMS nicht noch schlechter fühlt; bei uns glaubt man oft, man könnte vielleicht vergiftet werden. Ich weiß, dass der manchmal eintretende starke Durchfall und das Erbrechen auf den Körper wie eine Reinigung wirken und die Patienten danach gesund sind. Es gibt immer wieder ein großes Erstaunen darüber, dass ein „Glas Wasser" solch positive Wirkung hat.

Soviel zu unseren Erfahrungen bei der Behandlung von Malaria. Wir wünschen uns nichts mehr, als dass die leidige Auseinandersetzung zum Thema „MMS" endlich im Interesse der Menschen geführt wird, die an dieser und weiteren schweren Krankheiten erkranken und oft sterben.

Die Behandlung mit MMS ist mit geringstem Kostenaufwand überall – im tiefsten Busch – von jedermann und jederfrau schnell und heilend möglich. Es bedarf keines Arztes und keiner teuren Medikamente, um den Patienten von seinem Leiden erfolgreich zu befreien.

„Einer tausendfach wiederholten Lüge
glaubt man leichter, als einer zum ersten Mal
gehörten Wahrheit."

(Weisheit)

 **4.**

HIV/AIDS

Es sollte nicht lange dauern - meine Wundheilerfolge, die schnelle und schmerzfreie Malariabehandlung hatten sich rumgesprochen - da kamen Patienten mit der Diagnose AIDS.

Oh, das war für mich eine Herausforderung. Bis dahin kannte ich nur die offiziellen Informationen von dieser unheilbaren, todbringenden Krankheit. Längst schon wagten wir uns nicht mehr ins Krankenhaus, weil man dort ohne unser Einverständnis einen HIV/AIDS-Test machte. Wir hatten Angst vor dem eventuell verkündeten „Todesurteil". Wir fürchteten uns, Medikamente einzunehmen, die unseren Gesundheitszustand, in dem Fall besser Krankheitszustand, nur noch verschlechterten.

Mein Freund war an dieser Diagnose, Krankheit gestorben; nach der Information litten mit ihm seine Frau, die später auch verstarb, und seine Kinder.

Nun, der erste Fall war ein junger Mann, der eigentlich schon nicht mehr lebensfähig war. Ich besuchte ihn in seinem Zimmer, das sich im Haus der Familie befand. Er lag auf seinem Bett, war nur noch Haut und Knochen und konnte sich nicht mehr bewegen. Sein Körper hatte offene Wunden, der Rücken schmerzte ihn sehr – jede Bewegung schien ein schwerer Kraftakt zu sein oder nicht möglich. Als ich seinen Raum betrat, erschraken die anwesenden Familienmitglieder. Sie hatten sich schon lange nicht in sein Zimmer gewagt. Essen und Trinken zu bringen, kam wohl einer Mutprobe gleich. Ich unterhielt mich mit ihm und er erzählte mir seine Leidensgeschichte.

Dann begann ich, ihn zu behandeln – ich massierte ihn leicht, versorgte die Wunden und gab ihm von unseren Kapseln. Ich bat die Familie, ihm Neem-Tee zu kochen und mehrere Male am Tag trinken zu lassen. Bei einer der nächsten Behandlung war auch Frau Güpner dabei. Noch heute sagt sie, es war einer ihrer traurigsten, schwersten Momente.

Sie hat mich sehr oft bei den Behandlungen begleitet. Die Patienten waren und sind immer überrascht, dass sie keine Probleme hat, in ihre Hütten zu kommen und bei der Behandlung anwesend zu sein. Ich konnte verstehen, dass der Anblick eines so schwerkranken Patienten nicht für jeden Menschen ertragbar ist. Ich habe viele schwere Verletzungen und Krankheitszustände gesehen und erlebe immer wieder sehr großes Leid. Man fühlt nicht nur mit diesem Menschen und den Angehörigen, man fühlt auch eine große Ohnmacht. Man möchte helfen und ist doch oft sehr eingeschränkt in den Möglichkeiten.

Die Schulmedizin hatte diesen Mann schon einige Monate vorher aufgegeben, überließ ihn ohne weitere Behandlung seinem Schicksal. Was konnte ich erreichen? Es war mir gelungen, seine Schmerzen ein wenig zu lindern, die Wunden etwas abheilen zu lassen und ihm noch für einige Wochen etwas Lebensqualität zu geben. Er wartete schon immer auf meine Besuche. Ich behandelte ihn nicht wie einen Aussätzigen. Wir waren zusammen und sprachen über Gott und die Welt, die für ihn doch so klein geworden war.

Wieder war es Frau Güpner, die nach diesem Erlebnis nach Wegen für bessere Hilfe suchte. Eigentlich wussten wir nicht so genau, was zu tun ist. Na ja, dennoch oder gerade deswegen suchte sie nach Lösungen. Ihre Meinung ist, es gibt für jedes Problem eine Lösung, man muss sie nur suchen. Eine eventuelle Lösung - oder besser ein Ereignis - wurde für alle Beteiligten am Ende ein großer Spaß mit viel Lachen.

In Deutschland hatte sie wieder mal recherchiert. Kondome sollten unter anderem das „Allheilmittel" bei der HIV/AIDS- Vorsorge sein, so die Werbung groß und laut in unserem Land und überall.

Sie rief die Firma Kondomi an und erzählte von ihrer Idee, Kenia (sicher meinte sie nur unser Dorf) flächendeckend mit Kondomen zu versorgen. Auch wenn Kondome so oder so nicht der Wunschartikel eines afrikanischen Mannes sind.

Weder wollen wir Schwangerschaften verhindern, noch glauben die wenigsten Männer daran, sich mit irgendwelchen Krankheiten anzustecken (sicher ein Fehler!).

Das Unternehmen gab ihr zum Einkaufspreis eine „Kollektion" Kondome extra für Afrikaner. Für Sponsoring waren keine Reserven mehr da, aber Informationen hatten die Leute gesammelt. Dieses Unternehmen hatte ein Projekt in Südafrika und in Erfahrung gebracht, dass Afrikaner nicht die gleichen Kondome wie die Weißen benutzen. Frau Güpner brachte also mehrere Kartons mit nach Kenia; es waren Kondome in allen möglichen Farben (außer weiß) und sogar mit Geschmack dabei.

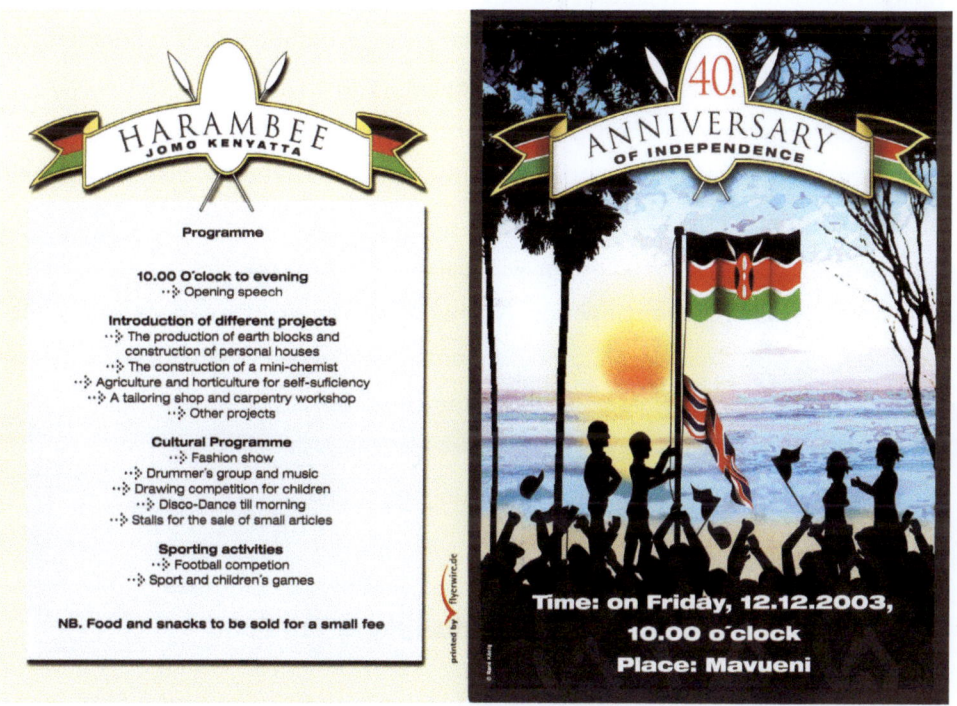

Im Zusammenhang mit der Eröffnung unseres ersten Medizinstützpunktes bereiteten wir mit vielen Kindern und Dorfbewohnern ein großes Fest vor. Während einige Kinder Wimpel für Ketten zuschnitten, entdeckte eines der Kinder, dass man aus diesen bunten Gummis doch wunderbare Ballons aufblasen kann.

Gesagt, getan. Jeder wollte das Spiel mitmachen. Wir hatten die schönste Dekoration: neben unseren selbstgefertigten Wimpeln eine wunderbare, meterlange

Luftballonkette, die sich allerdings nach und nach auf Grund der Sonneneinstrahlung lautstark verabschiedete.

Es war ein super Fest, wie es in unserem Dorf noch nicht stattgefunden hatte. Nun, nicht alle Kondome gingen für Dekoration drauf. Ein anderer Teil lag in der Praxis zur Selbstversorgung und war noch vor dem Ablaufdatum der Päckchen vergriffen. Vielleicht kann man es sich nicht vorstellen, aber wir haben in Krankenhäuser Kondome zur Selbstbedienung liegen sehen, die schon längst abgelaufen waren.

Normalerweise schauen wir nicht auf ein Verfallsdatum; wir kaufen zu wenige Produkte, die ein Datum aufweisen. Aber ich hatte noch im Ohr, dass der Gummi sich in den Tropen sehr viel schneller zersetzt und damit seine Funktion, zu schützen - vor welchen Krankheiten auch immer - verliert.

Viele unserer Menschen glaubten und waren davon überzeugt, ich gehörte auch dazu, dass die Kondome sowieso Ursache und Überträger dieser Krankheit (AIDS) und anderer Leiden sind.

Im Laufe der Jahre konnten wir feststellen, dass die Menschen mit HIV/AIDS-Diagnose krank waren oder sind. Nur haben sie immer auch andere Krankheitsdiagnosen wie TBC, Malaria, Magen- und Darmerkrankungen oder andere Begleiterscheinungen gehabt, die ihren Gesundheitszustand belasten.

Auch hier ein paar wenige Behandlungsbeispiele:

1. Mein Onkel, ca. 37 Jahre, Behandlung Juli 2008

Er hatte die Diagnose AIDS und tatsächlich fühlte er sich sehr schlecht, er war seit Tagen im Bett und konnte seiner Arbeit (Chef einer kleinen Autowerkstatt) nicht mehr nachkommen. Ihn plagten Durchfall, Appetitlosigkeit, auf der Haut waren dunkle Flecke, er nahm schon längere Zeit AIDS-Medikamente.

Wir gaben ihm am ersten Tag drei Tropfen MMS, am zweiten Tag dreimal vier Tropfen. Als er am dritten Tag kam, fühlt er sich insgesamt wohler, hatte keinen Durchfall mehr und keine negativen Begleiterscheinungen durch die Einnahme von

MMS. Bereits am vierten Tag ging er wieder in seine Werkstatt arbeiten; er ist der einzige Verdiener einer vielköpfigen Familie (ich habe den Überblick über die Anzahl seiner Kinder verloren) und musste wieder Geld verdienen.

Auch seine Haut erholte sich wieder – der Juckreiz ließ nach, es kamen keine neuen Flecken dazu, die vorhandenen wurden kleiner. Später empfahlen wir ihm das Trinken von Neem-Tee und die Verwendung von Moringa-Blatt-Pulver in seinem Essen.

Seit der Behandlung sind viele Jahre vergangen. Er nimmt längst keine Mittel mehr von mir, allerdings sind die Auswirkungen der Medikamente, die er zuvor eingenommen hatte, nie ganz verschwunden; ich meine, er sieht nicht gesund aus und ist doch relativ oft krank.

2. Ein wohlhabender, gut genährter Kenianer, ca. 35 Jahre
Behandlungsbeginn November 2008

Der zweite Fall, von dem ich berichten möchte, war für mich in seinem Verlauf und Ergebnis zu jener Zeit nicht erklärbar bzw. grenzte an ein Wunder (oder Zauberei!?).

Frau Güpner war wieder mal in Kenia und mit ihr eine Heilpraktikerin. Der Patient, ein strammer, wohlgenährter Landsmann, kam mit der Diagnose „HIV/AIDS". Er erzählte von seinem Schock und der großen Angst, bald sterben zu müssen; wobei er noch keine Medikamente eingenommen hatte.

Die Heilpraktikerin, eine ausgebildete Osteopathin, behandelte ihn. Wir gaben ihm im Anschluss an die erste Behandlung neben MMS und unseren Kapseln die Empfehlung, sich mit Moringa-Blatt-Pulver und Neem-Tee zu versorgen. Er kam in den ersten drei Wochen in Abständen von zwei, drei Tagen zu uns und wurde durch die Heilpraktikerin ostheopatisch behandelt. Die weitere Behandlung erfolgte durch mich bis zum Januar 2009.

Ende Januar kam er eines Tages vorgefahren und schwenkte freudestrahlend Papiere, genau drei Blatt, in seiner Hand.

Er erzählt mir lachend, dass er in drei Laboren in Mombasa war, um sich wieder auf HIV/AIDS testen zu lassen. Drei deshalb, weil er nach dem ersten negativen Befund nicht daran glauben wollte, dass er wieder gesund ist. Nun ja, gesund fühlte er sich ja bereits seit einigen Wochen. Aber die Angst war ja noch da, sie stand doch auf dem ersten Papier, welches er viele Wochen zuvor ausgehändigt bekommen hatte. Auch die nächsten beiden Labore bestätigten ihm den Befund: „HIV negativ". Er lud mich zur großen Party seiner Wiedergeburt ein.

Was war geschehen? Wir konnten es uns zu jener Zeit noch nicht erklären, warum er HIV frei wurde.

Heute wissen wir, dass er krank war – er hatte große Probleme mit dem Magen und Darm. Diese Erkrankung hatte vielleicht zu einem positiven HIV-Test geführt und ihm Todesängste beschert. Aber tatsächlich ließen sich seine Spannungen im Magen-Darm-Bereich mit einer Manualtherapie sowie mit einfachen natürlichen Mitteln behandeln und heilen.

Wie vielen Menschen wurden und werden falsche Diagnosen gegeben? Wie viele Menschen sich daraufhin auf einen nahen, qualvollen Tod eingestellt haben, lässt sich nur schwer sagen.

Ich habe aber einige von ihnen behandelt und konnte ihnen helfen.

3. Fernfahrer, ca. 47 Jahre, Behandlung
Oktober 2010 – Februar 2011

Ein weiterer Fall von vielen meldete sich im Oktober 2010. Wir waren gerade mit dem Bau unseres zweiten Gesundheitszentrums beschäftigt.

Frau Güpner war wieder für mehrere Wochen anwesend und mit ihr die Heilpraktikerin. Eines Abends, nach der Arbeit auf dem Bau, kam eine Familie mit dem Tuk-Tuk (5) zu uns gefahren.

Eine kräftige Frau und ihr Sohn trugen einen schwer kranken Mann herein. Sie legten ihn auf dem Sofa ab. Er war sehr dünn, hielt die Augen geschlossen und reagierte gar nicht.

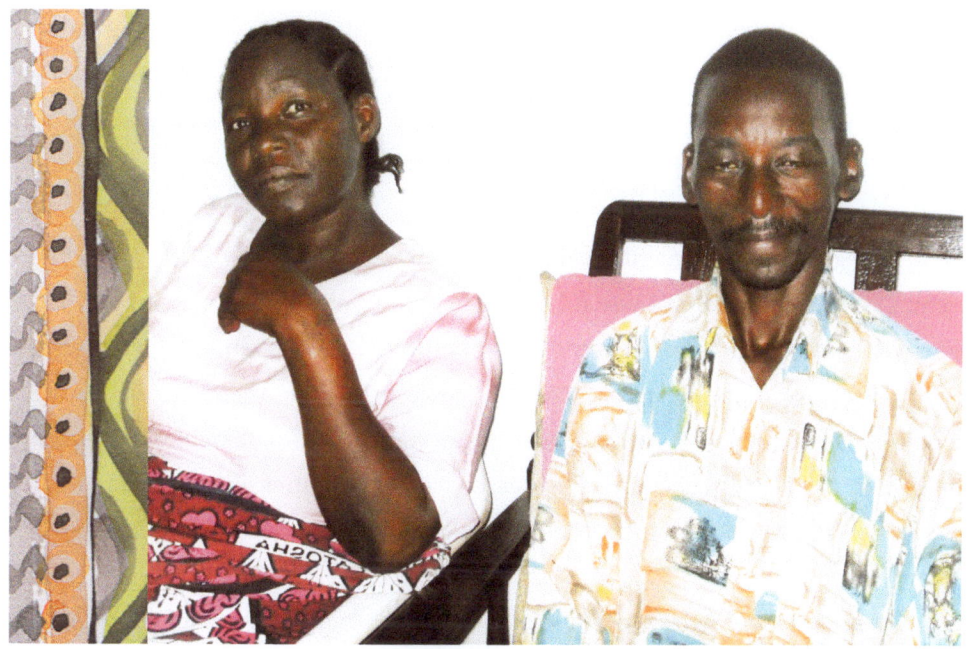

Der Fernfahrer und seine Frau

Wir erfuhren von der Ehe-
frau, dass er eine HIV/AIDS-Diagnose
hatte. Längere Zeit nahm er bereits
Medikamente dagegen, hatte große
Schmerzen am ganzen Körper, konnte
gar nicht mehr essen, es blieb kaum was
im Magen und am liebsten würde er Gift
nehmen.

Die Heilpraktikerin untersuchte
den Mann und fragte, ob er auch TBC
hat. Das bejahte er. Dagegen bekäme
er aber keine Medikamente, nur gegen
AIDS. Nachdem sie ihn über eine Stunde sanft behandelt hatte, gaben wir
ihm MMS-Tropfen. Allerdings nur eine

Der Fernfahrer im Jahr 2016

geringe Dosis, weil wir Sorge um seinen Zustand hatten. Wir wollten verhindern, dass er brechen musste oder durch die Tropfen Durchfall bekäme. Weiterhin erhielt er Kapseln und Moringa-Blatt-Pulver, welches ins Essen getan werden sollte. Wir baten die Ehefrau, in fünf bis sechs Tagen, wenn es keine weiteren Probleme gibt, wiederzukommen.

Sie kamen eine Woche später und wir trauten unseren Augen und Ohren nicht. Der Mann sprach alleine und erzählte, dass er endlich wieder Appetit hatte und das Essen auch drin behielt. Wir wiederholten die Behandlung vom ersten Mal. Wir erklärten der Frau, wie Moringa aussieht, wie sie es sowohl als Gemüse zubereiten, als auch zu Pulver verarbeiten können. Den Baum kannte sie, ab und zu werden die Blätter als Gemüse gegessen, sie wusste aber nichts von seiner positiven Wirkung auf den Körper. Ihrem Mann gaben wir wieder MMS-Tropfen sowie Kapseln für die nächsten Tage mit nach Hause.

Wieder eine Woche später - einen Tag bevor Frau Güpner und die Heilpraktikerin nach Deutschland zurück flogen - kam er mit seiner Frau zu uns gelaufen. Es ist ein Fußweg von mehr als 30 Minuten für einen gesunden Menschen; nun wollte er sich bei uns für alles bedanken und zeigen, wie gut es ihm bereits nach drei Wochen Behandlung ging.

Ich habe ihn dann weiter betreut und im Februar des folgenden Jahres trat er seine Arbeit als Fernfahrer auf einem Lkw wieder an.

Als Frau Güpner ihn bei späteren Besuchen treffen und fotografieren wollte, war er ständig auf Fahrt in und um Nairobi. Seine Frau erzählte, dass es ihm gut geht, er vor unserem Zusammentreffen nie geglaubt hätte, wieder gesund zu werden. Er hatte keinen weiteren HIV-Test machen lassen und hatte nie wieder die Medikamente eingenommen.

Seine Frau suchte mich mal auf, als sie an Malaria erkrankt war und nicht in ein Krankenhaus gehen wollte, um dort unerwünscht einen Test und dann eventuell die gleiche Diagnose wie ihr Mann zu bekommen.

Ich war auch lange der Überzeugung, dass es diese todbringende Krankheit gibt und, dass außer einer Medikamentenbehandlung nichts, aber gar nichts deren Verlauf aufhalten kann. Leider war es mir in einigen Fällen tatsächlich nicht möglich, den Gesundheitszustand der Menschen zu verbessern.

Sie hatten die Medikamente, die großzügig und meist kostenlos in Kenia verteilt wurden, weiter nehmen wollen. Ich konnte sie gut verstehen und habe nicht versucht, es ihnen auszureden. Ich konnte damals noch nicht nachvollziehen, warum es uns/mir gelungen war, dennoch so vielen Patienten helfen zu können, wieder gesund zu werden und ihrer Arbeit nachzugehen.

Als ich im Jahr 2009 wieder in Deutschland war und mehrere Seminare besuchte, nahm mich Frau Güpner u.a. zu einem Vortrag von Dr. Stefan Lanka mit. Dort konnten wir beide nicht fassen, was von Dr. Stefan Lanka vorgetragen wurde.

Es gibt keinen nachgewiesenen HIV-Virus. Die Menschen, die getestet werden und die Diagnose HIV/AIDS bekommen, sind ohne Zweifel krank. Sie haben aber Krankheiten, die mit diesem Test nicht zu belegen sind. Krankheiten, die es schon immer bei uns in Afrika aufgrund der schwierigen Lebensumstände gibt.

Die Menschen werden aber durch die Einnahme der Medikamente gegen AIDS erst richtig krank; sie bekommen die Symptome, die auf dem Beipackzettel beschrieben sind. Nur liest natürlich kein Afrikaner diesen Beipackzettel, um die Gefahr für sich zu erkennen.

Ja, das war schon etwas merkwürdig, normalerweise müssen unsere Patienten ihre Medikamente selbst bezahlen. Die HIV/AIDS-Medikamente bekamen sie kostenlos ausgehändigt.

Ich behandelte mal eine junge Frau, die im Krankenhaus angestellt, für die Verteilung der AIDS-Medikamente zuständig war. Sie kam zu mir und ließ sich von mir behandeln. Übrigens hatte sie auch neben der AIDS-Diagnose Asthma. Sie nahm meine Kapseln und mein Moringa-Pulver, welches sie aber bald selbst herstellte. Sie war auch davon überzeugt, dass mit der HIV/AIDS-Information etwas nicht stimmte. Nur ihren Arbeitsplatz wollte sie auch nicht verlieren.

Es bestätigte sich tatsächlich, dass viele der zu uns gekommenen Patienten TBC, Typhus, Malaria (sowieso) oder andere schwere Erkrankungen hatten. Es war und ist uns gelungen, diese Erkrankungen durch den Einsatz von Moringa, Artemisinin, Neem und MMS zu lindern oder sogar zu heilen. Bis auf den einen Patienten hatte keiner der von mir betreuten Menschen nach seiner Genesung diesen Test wieder machen lassen. Alleine die Diagnose hätte ausgereicht, sich krank, sterbenskrank zu fühlen. Der Kreislauf von unkorrekter, fataler Diagnose und Todesangst hätte wieder begonnen.

Selbst ich, der ich nun schon lange um die Problematik weiß, bin immer noch nicht frei von Angst. Ich konnte lange nicht glauben, dass man solche Information wider besseren Wissens verbreitet und sich nicht kritisch mit den Gegnern, die vielleicht auch im Recht sind, auseinandersetzt.

Längst hatte ich verstanden, warum Thabo Mbeki, Präsident von Südafrika im Jahr 2000, zur Zeit der 13. Welt-AIDS-Konferenz in Durban, folgende Worte sprach: „Manche betrachten die Fragen, die ich um das Thema HIV/Aids herum aufgeworfen habe, als sei ich in die Rolle eines Schwerverbrechers oder eines Völkermörders geschlüpft. Was ich ständig zu hören bekomme, ist: Stelle keine Fragen!"

Auch heute darf noch nicht offen über Behandlungserfolge gesprochen werden. Allerdings ist festzustellen, dass das Thema längst nicht mehr so reißerisch in der Öffentlichkeit dargestellt wird. Wie sagte Dr. Lanka, es wird langsam aus der Wahrnehmung verschwinden, weil immer mehr Menschen den Glauben an diese unheilbare Krankheit verloren haben und erkennen, was die Regierungen mit diesem Thema ihrer Bevölkerung angetan haben.

Bei meiner Frau, die 2014 zum dritten Mal schwanger war, wurde mit Zwangseinwilligung ein HIV-Test gemacht. Als das geschah, war sie tagelang in größer Sorge. Ich konnte sie nicht beruhigen, denn ich bin doch kein Arzt, der studiert hat, der es besser weiß. Erst als der Bescheid ein negatives Ergebnis brachte, war sie zufrieden. Aber dafür wollte sie dann zur Geburt nicht in ein Krankenhaus gehen. Sie glaubte, dort erst krank zu werden.

So konnte ich zusammen mit meiner Mutter unseren dritten Sohn selbst entbinden. Das war eines meiner tollsten Erlebnisse in meinem Leben und ich bin dankbar dafür, den Weg eines „Heilers" gegangen zu sein.

„Wer die Wahrheit nicht weiß,
der ist bloß ein Dummkopf.
Aber wer sie weiß und sie eine Lüge nennt,
der ist ein Verbrecher."

Bertold Brecht
(1898-1956)

5.

Andere behandelte Krankenheiten

Insbesondere im vorhergehenden Kapitel habe ich bereits darauf hingewiesen, dass von mir viele andere Erkrankungen, deren Namen ich vorher gar nicht kannte, geheilt bzw. der Gesundheitszustand der Patienten verbessert wurden. Sehr verbreitet sind bei uns Herpeserkrankungen. Den Namen dieser Erkrankung erfuhr ich durch die Heilpraktikerin.

Im Jahr 2008 kam eine Patientin, eine ältere Frau, zu mir. Sie hatte Lippen und Mund voller Blasen (a). Sie sagte, dass sie glaubt, diese Entzündung ginge bereits bis in den Magen, denn sie konnte kaum noch essen und trinken. Sie war schon von verschiedenen Ärzten sowohl in Privatkliniken als auch in der staatlichen Klinik von Kilifi behandelt worden. Das hatte ihr weder Besserung noch Linderung gebracht, sondern nur hohe Kosten für Behandlung und Medikamente verursacht.

Ich gab ihr Kolloidales Silber zum Trinken und Neem-Blätter mit nach Hause, damit sie sich daraus Tee kochen konnte. Bereits nach wenigen Tagen verringerten sich die Entzündungsherde im Mund. Wiederholt gab ich ihr ein Gläschen des von mir hergestellten Kolloidalen Silbers und empfahl, den Neem-Tee zu trinken und das Essen mit Moringa-Pulver zu ergänzen. Ich zeigte ihr den Baum und erklärte, wie sie sich daraus Pulver für die tägliche Einnahme herstellen kann. Die Behandlung dauerte keine zwei Monate; im Dezember war sie frei von allen sichtbaren Entzündungen und konnte wieder ohne Schmerzen essen und trinken. Sie war so glücklich über diese Behandlung. Ich gab ihr abschließend den Hinweis, dass sie sich den Neem selbst besorgen und damit schon bei Beginn einer Herpesentzündung eine

Behandlung vornehmen kann. Andere, weniger schwere Herpesentzündungen habe ich mit einer Salbe aus Neem und Asche von verbrannten Blättern der Wassermelone erfolgreich behandelt.

Auch Windpocken, die wohl eine Art Herpesvirus sein sollen, behandele ich mit Neem. Als ich einmal von einer Mutter aufgesucht wurde, deren kleine Tochter Windpocken hatte, die viel größer als Kronenkorken und stark entzündet waren, gab ich neben Salbe die Empfehlung, das Kind in Neem-Blättern zu baden. Interessant war für mich ihre Bemerkung, dass die alten Frauen der Familie ihr auch schon diesen Ratschlag gegeben hatten. Sie glaubte aber, wir hätten bessere Medikamente und war erstaunt über meine Behandlung.

Alle Patienten, und es waren nicht wenige, die mit diesen Problemen zu mir kamen, erzählten mir, dass sie lange Zeit im Krankenhaus oder von Ärzten behandelt wurden, oft schon verzweifelt waren, viel Geld bezahlt hatten, am Ende aber doch ohne Heilung blieben. Dabei wächst der Neem-Baum so häufig wie kein anderer Baum in der Kilifi-Region.

Weiterhin behandle ich viele ganz normale Erkältungskrankheiten. Natürlich wird immer erst geglaubt, dass es Malaria ist. Aber in diesen Fällen, bei Fieber und Husten, reicht oft schon der Neem-Tee. Auch das Trinken von Lemongras oder Eukalyptustee wirkt fiebersenkend und schmerzstillend. Ebenso hat der Baobab, der Afrikanische Affenbrotbaum, eine heilende Wirkung bei Grippe.

Diese „Baumapotheke" setzte ich auch sehr oft bei der Behandlung von Durchfallerkrankungen ein, die ein großes Problem bei uns sind. Ein anderes Mal gebe ich den Kranken frische Guave-und Mango-Blätter zur Behandlung mit. Zudem empfehle ich das Trinken von Kokusnussmilch, von der es in unserer Region reichlich gibt. Mit MMS und Artemisinin habe ich auch schon Durchfallerkrankungen geheilt.

Immer wieder kommen Patienten mit der Diagnose TBC in Verbindung mit HIV/AIDS zu mir. Da sie meist kein Geld mehr für eine medizinische Behandlung im Krankenhaus haben, ihr Gesundheitszustand aber sehr angegriffen ist, versuche ich, ihnen mit den mir zur Verfügung stehenden Mitteln zu helfen. Sie bekommen anfangs Artemisinin-, Neem- und Moringa-Kapseln. Ich rate ihnen, die uns zur Verfügung stehenden Pflanzen wie Neem und Moringa selbst aufzubereiten und einzunehmen.

Weiterhin verabreiche ich Kolloidales Silber und MMS.

Ich gebe keine Heilversprechen, jedoch ging es den meisten Patienten nach einer längeren Behandlungszeit gesundheitlich besser. Erinnert sei exemplarisch an den Berufskraftfahrer, der nach meiner Behandlung bald wieder arbeiten konnte.

Bei Asthma habe ich gute Ergebnisse mit der Einnahme von Moringa-Samen-Kapseln in Verbindung mit Artemisinin und Neem erzielt.

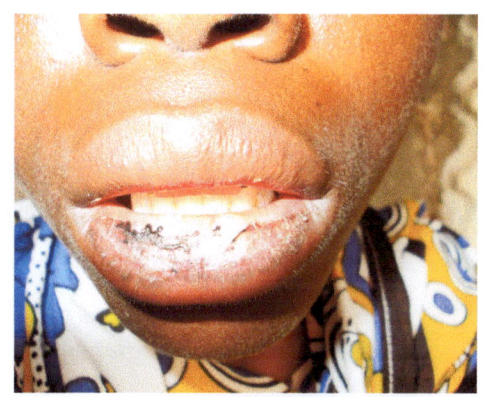

a)

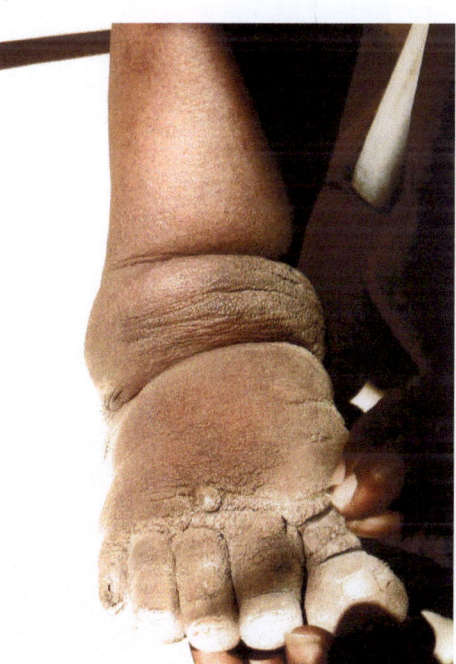

b)

(...) Sie hatte Lippen und Mund voller Blasen (a)

Auch andere Formen der Elefantenkrankheit habe ich danach mehrfach behandelt (...) (b)

Mitunter kommen auch Menschen mit ganz ausgefallenen Leiden zu mir. Ich behandelte mal einen Mann aus unserem Dorf, der einen Hodensack von ca. 15 cm Länge hatte. Ich war so erschrocken und wollte ihn erst gar nicht behandeln. Ich wusste nicht, was ich für ihn tun konnte. Er sagte mir, dass er für eine Operation im Krankenhaus kein Geld hat und bat mich, es doch zu versuchen.

Ich behandelte ihn dann mit MMS und siehe da, der Hoden bildete sich langsam zurück. Nun, bereits nach vier Wochen Behandlung kam er nicht mehr.

Aber wenn ich ihn treffe, freut er sich, dass ich ihn wieder gesünder gemacht habe. Na ja, ich kenne das Endergebnis - die Größe des Hodens - nicht, doch entscheidend ist, wie er sich fühlt.

Auch andere Formen der Elefantenkrankheit (b) habe ich danach mehrfach behandelt. Dabei konnte ich durch eine manuelle Therapie wenigstens Linderung herbeiführen.

Nun, meist kommen Menschen zu mir, wenn sie „austherapiert" sind. So heißt das in der Schulmedizin. Was mir dann bleibt, ist ihnen zu sagen, dass ich versuchen werde, ihnen zu helfen, aber kein Versprechen auf Heilung geben kann. In den meisten Fällen hat es tatsächlich funktioniert.

*„Du musst helfen wollen und
der Geist der Wahrheit wird dich
leiten und führen."*

*Paracelsus
(1493-1541)*

6.

Alternative Heilpflanzen und -mittel

6.1. Neem

Schon als kleiner Junge musste ich bei Husten Tee von Neem-Blättern trinken; oh war dieser Tee bitter. Aber mein Großvater bestand darauf, dass meine Mama mir diesen Tee gab. Schnell war das Fieber weg und ich fühlte mich wohler. Wenn ich zu sehr von Mücken zerstochen war, Wunden meine Beine übersäten, wurde ich von Mama im warmen Neem-Wasser gebadet. Das ließ nicht nur die Wunden besser heilen, es machte auch die Mücken weniger aggressiv. Selbst diese machten einen großen Bogen um diesen Baum und seinen unangenehmen Geschmack.

Als ich größer war, habe ich nicht mehr so viel an den Neem-Tee gedacht, konnte ich doch nun selbst entscheiden, ob ich bitteren Tee trinken wollte oder nicht. Das sollte sich aber ändern, denn irgendwann hatte ich wieder mal kein Geld für Medizin bei einer meinen vielen Malariaerkrankungen.

In meiner Not erinnerte ich mich an den Mwarubaini, den Baum gegen vierzig Krankheiten, wie er in Kenya genannt wird. Ich litt an wenigstens sechs: Fieber, Durchfall, Brechen, Bauchschmerzen, Appetitlosigkeit und Gelenkschmerzen. Ich ließ mir einen Ast bringen und von meinem Freund Rudi einen starken Tee kochen. Dieser half mir auch ohne Tabletten die schwerste Zeit zu überbrücken. Von nun an nutzte ich diese greifbare, kostensparende Medizin.

NEEM

Der Neem ist die „Baumapotheke des Dorfes", er hat seinen Ursprung in Indien. Ende des 19. Jahrhunderts wurden viele Inder von den Engländern zum Bau der Eisenbahnlinie vom Indischen Ozean zum Viktoriasee nach Ostafrika geholt. Es waren billige Arbeitskräfte, die unter schwersten Lebensverhältnissen in unserem Land angesiedelt wurden.

Ich kann mir gut vorstellen, dass sich die Inder ein Stück Heimat – den Neem-Baum, der zugleich ihre Apotheke bei vielen Krankheiten war - mitbrachten; dazu zählte unter anderen Malaria. Na ja, genau weiß ich nicht, ob der Baum so seinen Weg in unsere Region fand. Aber ich weiß, dass die alten Menschen, wie meine Großeltern, den Neem-Baum und seine medizinische Wirkung gut kannten. Nur leider war es zu Zeiten der Kolonialisierung von den Engländern verboten, natürliche Medizin einzusetzen.

Erst nach und nach beginnen wir wieder, mit den Schätzen unserer Natur zu arbeiten. Der Neem ist der Baum, der wohl mit am meisten in der Region um Kilifi verbreitet ist; darum heißt er bei uns auch der „Kilifi-Baum". Die Bäume sind sehr groß und werden gerne als Bau- und Brennholz verwendet. Bei uns werden aus den großen Stämmen kleine Boote gebaut und er dient als Grundlage für viele Schnitzereien, die wir an die Touristen verkaufen.

Da viele Kenianer wenig Geld haben, benutzen sie die Ästchen des Neem-Baumes als Zahnbürsten; heute eher die alten Leute. Wer ein wenig mehr Geld hat, kauft sich eine Zahnbürste, die er dann benutzt, bis alle Borsten verschwunden sind, und Zahnpasta. Beides ist teuer und hat mundhygienisch wenig Wirkung.

Zwischenzeitlich habe ich auch erfahren, dass in Europa und Asien eine wertvolle Zahnpasta aus Neem produziert wird. Die kleinen Ästchen sind eigentlich die beste Zahnpflege und ich versuche, sie in meiner Familie wieder einzusetzen. Es gelingt mir bei meinem fast 16-jährigen Sohn, der im Internat zur Ausbildung lebt, nur sehr schwer - das ist nicht zeitgemäß. Was immer das auch heißen mag.

Für die medizinische Behandlung setzten wir vor allem die Blätter ein. Anfangs haben wir auch mit der Rinde gearbeitet. Das tun wir nun wegen des Erhaltens der Bäume nicht mehr. Die Neem-Blätter werden von uns geerntet, ge-trocknet und als Tee, in Kapseln oder Salbe verarbeitet. Die Einsatzmöglichkeiten

des Neems sind sehr vielfältig, weil er Bakterien und Viren bekämpft, entzün-
dungs- und schmerzhemmend sowie fiebersenkend wirkt. Er hat eine stark positive
Wirkung bei Hauterkrankungen, Herz- sowie Magen- und Darmbeschwerden,
Asthma, Malaria und noch vielem mehr. Da der Geschmack außerordentlich bitter
ist, lehnen viele Menschen den Neem ab. Mit dem Trinken von Neem-Tee kann man
durchaus eine Malariaprophylaxe durchführen, damit die Erkrankungen reduzieren
und wie oben berichtet den Krankheitsverlauf erleichtern und verkürzen.

Wenn ich unseren Menschen sage, die Apotheke samt Medizin stehe vor
ihren Häusern, schauen sie mich ungläubig an. Da ich aber im Laufe der Behandlungen den Beweis liefere, greifen sie eher zu und sparen sich ebenso hohe Kosten für
Medikamente. Der Neem war das erste und vielleicht auch wichtigste Mittel, das
ich bei der Behandlung sowohl schwerer Wunden als auch anderer Erkrankungen
eingesetzt habe.

6.2. Moringa oleifera

Als Frau Güpner nach ihrem ersten Seminar (2005) über „Natürliche Medizin
in den Tropen" wieder nach Kenia kam, erzählte sie vom Moringa-Baum. Davon,
dass dieser Baum in Afrika unter anderem die Unterernährung und andere gesundheit-
liche Probleme beseitigen könnte. Sie hatte in diesem Seminar eine Hebamme kennengelernt, die in Ghana schon lange und sehr erfolgreich ein Projekt für werdende
und stillende Mütter begleitete. Sie konnten dort die Säuglingssterblichkeit verrin-
gern und die Frauen hatten gesunde, kräftige Babys.
Schnell fanden wir den Baum auch bei uns. Er wuchs verstreut vor vielen
Hütten und man erzählte uns, dass er als Frischgemüse genutzt wird, wenn andere
Blätter nicht mehr zur Verfügung stehen.
Tatsächlich ist der Moringa-Baum auch bei Trockenheit noch lange grün. Da
sein Geschmack bitterer als andere, von uns verwendete Grünpflanzen ist, möchten
die wenigstens Menschen die Blätter essen. Von der Heilwirkung wussten sie
ohnehin nichts. Frau Güpner hatte wieder mal vorgesorgt. Da sie keine Informationen

MORINGA

hatte, ob und wo der Baum bei uns zu finden ist, brachte sie vorausschauend eine große Anzahl Moringa-Samen mit.

Diesen pflanzten wir in kleine Tüten. In der Zeit ihres Aufenthaltes sorgte sie dafür, dass die Pflanzen auch täglich Wasser bekamen. Bereits nach drei Wochen waren die Pflanzen schon 20 bis 25 cm groß. Nun ja, die folgende Abwesenheit von Frau Güpner haben die Pflanzen dann leider nicht überlebt. Niemand, weder ich noch meine Frau, dachten an die Bäumchen und daran, dass sie als junge Pflanzen regelmäßig gegossen werden müssen.

Unsere Ausrede war, wir hätten kein Wasser. Das ließ Frau Güpner natürlich nicht gelten. Sie hatte die Samen absichtlich in kleine Tüten gepflanzt, um sie nur punktuell gießen zu müssen – das spart Wasser, man hat die Pflanzen unter Kontrolle und verhindert gleichzeitig einen frühzeitigen Zugriff von Ziegen und Kühen, denn diese wissen wohl, was schmeckt und für sie gesund ist. So fand Frau Güpner bei ihrer Rückkehr nur vertrocknete Stöckchen vor.

Ich konnte mir zu dieser Zeit auch noch nicht vorstellen, dass ein Baum – wildwachsend, ohne besondere Früchte – solch eine Wirkung auf die Gesundheit und das Wohlbefinden haben sollte.

Frau Güpner ließ aber nicht locker. Sie sagte: „Das ist mein, unser Baum. Ich weiß, er kann uns allen helfen." Zu jener Zeit gab es, so erzählte sie mir, äußerst wenige Informationen im Internet dazu. Lediglich über die wasserreinigende Wirkung der Samen wurde berichtet.

Als wir noch keine eigenen Bäume hatten, fuhren wir bei den Aufenthalten von Frau Güpner durch die Dörfer und sammelten Äste und Zweige, die wir zu Hause mit Helferinnen zupften, trockneten und zu Pulver verarbeiteten.

Ich setze das Pulver neben Neem und Artemisinin bei der Behandlung vieler Patienten bei den unterschiedlichsten Krankheitssymptomen ein. Ich fordere sie auf, sich selbst mit Pulver zu versorgen. Manche Patienten brachten mir als Ausgleich für ihre Behandlung gestampftes Pulver mit, welches ich dann weitergeben konnte.

Nach und nach brachte Frau Güpner neue Berichte über den Moringa und seine Wirkstoffe mit. Auf Grund dieser Informationen und den praktischen Erfahrungen unsererseits bin ich längst überzeugt davon, wie wertvoll der Baum für Mensch und Tier ist. Auch dieser Baum hat seine ursprüngliche Heimat in Indien. Der Moringa oleifera wird weltweit als der „Wunderbaum" oder „Baum des langen Lebens" bezeichnet.

Spricht man beim Neem bei uns davon, dass er mehr als vierzig Krankheiten positiv beeinflussen kann, sagt man dem Moringa oleifera nach, er könne rund 300 Krankheiten kurieren. Erfolge, Linderung erziele ich vor allem bei den schwerkranken Patienten, denen HIV/AIDS, TBC und Krebs diagnostiziert wurde und wird.

Mit dem Essen von Moringa-Pulver verbessert sich auffallend schnell ihr Appetit und mit ihrem Appetit verbessert sich ihr Wohlbefinden. Ebenso erfolgreich setze ich das Pulver bei schwangeren und stillenden Müttern ein.

Selbst Frau Güpner hat zwischenzeitlich drei Enkelkinder bekommen, deren Mütter während der Schwangerschaft und der Stillzeit ausreichend mit Moringa-Kapseln versorgt wurden und bewiesen haben, dass für beide – Mutter und Kind – der Moringa oleifera „Mutters bester Freund" ist.

Ramadhan am Papaya - und Moringa - Baum

Marie, die Frau von Ramadhan, mit ihrem Baby

MORINGA OLEIFERA
MZUNGU - MVUNGUÉ - ZAKALANDA

Plakat über den Moringa-Baum

Im Jahr 2011 fertigte Frau Güpner für uns und andere Länder Afrikas ein Plakat über den Moringa an. Das haben wir dann überall dort, wo es Flächen zum Kleben gab – an Häuserwänden, Bäumen und Mauern – angebracht.

Heute wird auch in unseren Medien über die Wirksamkeit des Moringa-Baumes informiert und immer mehr Menschen bei uns wissen, den Baum und sein Heilkräfte zu schätzen.

Irgendwann erfuhr ich, wie teuer Moringa-Blatt-Pulver auf dem Markt gehandelt wurde, was dann ein zusätzlicher Anreiz für mich war, endlich im eigenen Garten den Anbau des Moringa-Baumes neben anderen Heilpflanzen voranzutreiben. Mit dem Verkauf des Moringa-Blatt-Pulvers konnten wir den Bau unseres Gesundheitszentrums unterstützen und auch in Zukunft andere Projekte fördern.

6.3 Artemisia Annua Anamed

Über Artemisinin habe ich in den vorgehenden Kapiteln bereits berichtet. Es ist eine der wichtigsten Pflanzen, die wir bei der Behandlung vieler schwerer Krankheiten einsetzen.

Um mehr über diese und andere Pflanzen zu erfahren, besuchten wir, mein Pfleger und ich, Seminare in Tansania und Kenia. Frau Güpner nahm sowohl in Deutschland als auch in Kenia an den Schulungen teil und brachte weiteres Wissen mit.

Da wir feststellen mussten, dass es uns nicht gelingen wird, diese Pflanze in unserer Region aufzuziehen, hat Frau Güpner gemeinsam mit einer Heilpraktikerin, ihrer Familie und Freunden diese Aufgabe in Deutschland übernommen.

Bereits im europäischen Winter (Februar) beginnt die Aufzucht dieser sensiblen Pflanze. Nachdem sie im Frühjahr in die freie Natur umgesetzt wird, benötigt sie viel Feuchtigkeit und Pflege. Die Ernte beginnt im September und geht oft bis in den November.

Gezupft werden ausschließlich die Blättchen, was eine geringe Ausbeutung aber beste Qualität des Artemisinin-Tees gewährleistet.

Wir setzen Artemisinin weniger bei Malaria ein, sondern mehr bei anderen schweren Krankheiten in Form von Kapseln sowie zur Herstellung anderer Heilmittel.

Dabei konnten wir feststellen und später auch in wissenschaftlichen Artikeln nachlesen, dass Artemisinin bzw. daraus hergestellte Medikamente eine Krebsbehandlung erfolgreich unterstützen kann.

Wir nutzen Artemisinin auch in der letzten Phase der Entbindung. Daraus gekochter Tee wirkt krampflösend und beschleunigt den Entbindungsverlauf.

Ich glaube, die Wissenschaft ist noch nicht so weit, um all die Wirkstoffe und deren Wirksamkeit dieser wertvollen Pflanze nachzuweisen. Deshalb setzen wir Artemisinin als ganze Pflanze ein bzw. die Blättchen. Die Erfolge sprechen für sich.

ARTEMISIA

Artemisinin im Garten

6.4. Weitere Pflanzen

Aloe Vera

Über die Einsatzmöglichkeiten dieser bei uns verbreiteten Pflanze habe ich schon in vorhergehenden Kapiteln, insbesondere bei den Wundbehandlungen sowie bei Verbrennungen und Herpes, berichtet.

Da die meisten Menschen bei uns keinen Zahnarzt aufsuchen können, empfehle ich bei Entzündungen im Mundbereich das Einreiben mit dem weißen Gel der Aloe Vera.

Ebenso geben wir unseren Touristen die Empfehlung, bei Sonnenbrand und Insektenstichen ein Blatt der Aloe Vera aufzuschneiden und das Gel auf die entzündeten Flächen aufzutragen.

Bei Abführproblemen, also Verstopfungen, nutze ich den gelblichen Saft der Aloe Vera, aber nur in geringer Menge.

Baobab

Der Baum wird bei uns auch Affenbrotbaum genannt. Er hat ein auffallendes Aussehen, seine Äste stechen in den Himmel wie Wurzeln, er ist sehr groß, wird sehr alt und steht unübersehbar auf unseren Feldern. Dieser Baum ist einer der wenigen in unserer Region, wenn nicht sogar der Einzige, der in der Trockenzeit seine Blätter fallen läßt, die dann zur Regenzeit wieder üppig wachsen. Auch seine Früchte sind besonders groß.

Ich setze die gekochten Blätter bei Kopfschmerzen und Fieber sowie gegen Durchfall ein. Rinde sowie Wurzeln rasple und koche ich, wenn ich Elefantitis behandle, die ich damit einreibe.

Bei Appetitlosigkeit werden die Körner der Früchte gepresst und der Saft daraus getrunken; auch Zahnschmerzen können damit behandelt werden.

Gerne werden die Körner bei uns auch zu schmackhaften Suppen oder Soßen verarbeitet.

ALOE VERA

BAOBAB

PAPAYA

Amaranth

Papaya

Die Papaya trägt wie viele Bäume bei uns zweimal Früchte im Jahr. Bereits bei den Wundbehandlungen, wie erwähnt, kommt die Milch der noch grünen Frucht zum Einsatz. Als Heilverband nehme ich auch gerne die Schale der Papayafrucht.

Bei Würmern, die immer wieder bei Kindern auftreten, gebe ich Samenkörner, die gegessen werden.

Bei Durchfall oder Frauenbeschwerden stampfe ich die Körner und koche einen Tee daraus.

Auch Zahnschmerzen und Entzündungen habe ich erfolgreich mit zerstampften Körnern auf den entzündeten Stellen behandelt.

Amaranth

Der Amaranth ist eine das ganze Jahr über wachsende Pflanze, die gerne als Gemüse gegessen wird.

Ich empfehle das Essen von Amaranth bei Menschen, die unter Blutarmut leiden (sie kommen mit der Diagnose aus dem Krankenhaus) und auch zur Ernährung von Babys, die besonders klein geboren werden.

Frisch gepresste Samen (Gelee) habe ich gegen Hämorriden eingesetzt. Die Blätter und Stängel lasse ich kochen und als Tee bei Harnwegsentzündungen trinken.

Eukalyptus

Als ich erfuhr, dass man auch Eukalyptus als Medizin verwendet, habe ich umgehend in meinem Garten einen Baum gepflanzt. Inzwischen ist er mehr als fünfzehn Meter hoch. Mehr als einen Baum sollte man nicht pflanzen, denn er zieht viel Wasser aus dem Boden.

Auch hier nutze ich vorwiegend die Blätter als Tee verarbeitet gegen Erkältungserkrankungen, Fieber und Husten. Ich stelle aus getrockneten Blättern gemischt mit Öl ein Mittel für die Wundbehandlung her.

Guave

Guave wächst als Busch und für die Behandlung von Patienten verwende ich vorrangig die Blätter, frisch oder getrocknet.

Ich setze frische, junge Blätter bei immer wieder auftretenden Durchfallerkrankungen ein.

Getrocknete Blätter, verarbeitet mit Artemisinin- und Neem-Blättern finden Verwendung als Salbe bei Wundbehandlungen.

Sehr gerne werden die süßen Früchte gegessen.

Mango

Bei uns wachsen sehr viele Mangobäume. Abgesehen davon, dass wir die Früchte oft und gerne essen, nehme ich die noch jungen Blätter, um Tee daraus zu kochen. Er wird bei Durchfallerkrankungen, Regelschmerzen, Husten und Fieber getrunken.

Die Asche der Rinde benutze ich auch bei Wundbehandlungen erfolgreich. Das Holz des Mangobaums wird zum Kochen gesammelt.

6.5. Pflanzen und Früchte, unserer Ernährung

Seit dem ich mich mit den Heilpflanzen beschäftigt habe und bei meinen Besuchen in Deutschland eine etwas andere Ernährung erleben konnte, stellte ich fest, dass wir hier in Kenia, in unserer Region, eigentlich sehr gesund essen. Immer kam ich aus Deutschland leicht übergewichtig nach Kenia zurück und musste durch Strandläufe die Kilos wieder abbauen.

Unser Hauptnahrungsmittel ist Mais, verarbeitet als Ugali.

Dazu essen wir die unterschiedlichsten Grünpflanzen (Spinat, Sumawiki, Moringa), Okra, Weißkohl, Bohnen, Linsen und Tomaten. Gewürzt werden unsere Speisen mit Salz, Zwiebeln, Pili-Pili, Paprika, Knoblauch und Ingwer.

Zu besonderen Anlässen gibt es Reis oder Maniok mit Kokosnussraspeln. Manchmal verarbeiten wir Maniok auch zu Chips und würzen diese mit Paprikapulver, ein kleiner Snack.

GUAVE

MANGO

Die Kinder essen Maniok mit Kokosnuss und Gemüse

Die Kokosnuss, auch ein „Wunder der Natur", die uns an der Küste immer zur Verfügung steht, wird sowohl für die Ernährung, als auch als Medizin eingesetzt. Die Milch wird gerne durststillend getrunken; aber auch ein alkoholisches Getränk lässt sich daraus brauen, Mnazi - wird gerne und viel getrunken. Aus dem Fruchtfleisch wird Öl gewonnen und die Raspeln verfeinern Soßen oder andere Speisen. Das Öl wird sowohl pur oder verarbeitet als Salbe zur Körperpflege und Linderung von Hautproblemen eingesetzt. Die Stämme werden zum Bauen genutzt und aus den Palmenwedeln werden in der Küstenregion die Dacheindeckungen – Makuti – hergestellt.

Getrunken wird überwiegend Wasser; ich koche auch gerne mal Lemongras-Tee oder Schwarzen Tee mit Zitrone oder Orangen verfeinert.

In meinem Garten wachsen Bananen, Ananas, Guave, Papaya, Orangen, Zitronen, Melonen sowie Kokos- und Cashewnüsse. Auch all die oben genannten Gemüsepflanzen habe ich gelernt anzubauen und neben meinen vielen, hier nicht genannten Heilpflanzen, wachsen unsere täglichen Grundnahrungsmittel ganz dicht um uns herum.

Das wissen auch unsere „Festtagsbraten" (Ziegen, Kühe und Hühner) zu schätzen, denn oft lassen sie sich meinen jungen Mais, den Moringa und die anderen Pflanzen gut schmecken.

Als meine Söhne gerne Cola, Sprite und Fanta trinken wollten, auch Bonbons und andere Süßigkeiten aßen, habe ich anfangs kein Problem darin gesehen.

Wir hatten etwas mehr Geld und das will man dann auch zeigen; der Nachbar schaut doch neidisch auf einen, was einen im „Selbstwert" hebt. Bald musste ich aber feststellen, dass ihre Zähne nicht so gesund waren und nun gibt es Cola und Süßes nur als Ausnahme, z.B. zum Ramadan-Ende. Ja, auch einen Fastenmonat legen wir ein, um unseren Körper zu regenerieren.

So kann ich mich den Worten des Hippokrates nur anschließen.

„Unsere Nahrungsmittel sollten
Heilmittel, unsere Heilmittel
Nahrungsmittel sein."

Hippokrates von Kos
(460 bis etwa 377 v.Chr. Griechischer Arzt
„Vater der Heilkunde")

6.6. Kolloidales Silber

Bei den Wundbehandlungen stand schon zu Beginn die Frage: Wie reinige ich die Wunden am besten?

Frau Güpner gab mir den Hinweis, dass man mit Kolloidalem Silber, einem natürlichen Antibiotikum, Behandlungen sowohl äußerlich auch innerlich durchführen kann. Sie brachte mir aus Deutschland neben Büchern zum Thema, ein Destillationsgerät und auch ein Gerät, ein „Ionic Pulser Standard", mit. Dazu spezielle Gefäße (Blauglas) zur Herstellung und Aufbewahrung dieser Flüssigkeit.

Die Verwendung von Silber in der Heilmedizin ist, so in der Literatur nachzulesen, bereits vor vielen Jahrtausenden dokumentiert. Die Chinesen setzen Silber bei Akupunktur-Nadeln zur Behandlung vielfältiger Krankheiten ein. Ich selbst habe ein Seminar zur Akupunkturbehandlung in Deutschland besucht und diese bei unterschiedlichen Problemen erfolgreich durchgeführt.

Beim Einsatz von Kolloidalem Silber zur Wundbehandlung kann ich immer wieder feststellen, dass die Wunden schneller und ohne Komplikationen heilen. Auf einigen der beigefügten Fotos im Kapitel 2 ist zu sehen, dass die hygienischen Bedingungen nicht die besten sind, und trotzdem hat kein Patient weitere Probleme bekommen.

Im Internet kann man zu diesem Thema ausführliche Informationen erhalten. Ich denke, der Einsatz dieses Mittels zur Behandlung sollte eine größere Rolle spielen. Auch diese „Medizin" ist relativ kostengünstig und überall dort, wo man Zugang zu elektrischen Strom hat, herstellbar.

Meine Erfahrungen waren und sind sehr positiv.

6.7. MMS

Ich habe im Kapitel über „Malaria" bereits über meine persönlichen Erfahrungen geschrieben. Viel mehr, sowohl über die Zusammensetzung, Erfahrungsberichte bei Malaria und anderen Krankheiten, als auch das „Für und Wider" kann man im Internet nachlesen. Auch bei uns in Kenia ist nicht gewünscht, dass man mit MMS arbeitet. Dabei sollte doch als erstes dafür Sorge getragen werden, dass den Menschen sauberes, trinkbares Wasser zur Verfügung steht, was man mit MMS erreichen kann. Als zweites ist nachgewiesen, dass MMS niemandem Schaden zufügt, sondern eine schnelle und kostengünstige Alternative zu den oft nicht bezahlbaren und bei uns im Busch nicht erreichbaren Medikamenten darstellt.

Wenn jährlich viele hunderttausend Menschen, darunter viele Kinder an Malaria sterben, stellt sich mir die Frage, was wir noch tun müssen, damit sich die Wahrheit durchsetzt?

6.8. Okoubaka

Auf Seminaren in Berlin und Dresden hörte ich erstmals vom tropischen Urwaldbaum Okoubaka, der in Westafrika zu Hause ist. Aus dessen Rindenpulver wird in Deutschland eine spagyrische Essenz (6) hergestellt. Davon erhielt ich anfangs zwei Liter gesponsert, die jetzt von Frau Güpner im geringen Umfang immer wieder aufgefüllt werden. Ich setze dieses wertvolle Mittel - man braucht nur wenige Tropfen - vor allem bei Vergiftungen, Beschwerden der Verdauungsorgane, Kopfschmerzen, Migräne, Bewusstlosigkeit und epileptischen Anfällen ein.

Wir leben in Ostafrika, weit entfernt vom Lebensraum dieses Baumes.

Ich würde gerne mehr davon verwenden, denn ich bin überzeugt, es gäbe noch weitere Einsatzmöglichkeiten mit hoher Wirkung – nur sind die Kosten zu hoch.

6.9. Schlangenstein

Auch über die Benutzung des Schlangensteins habe ich schon gesprochen. Lange bevor ich mir diese selber herstellte und jetzt meist in meiner Hosentasche bei mir trage, bewunderte ich die „Zaubersteine" bei Heilern.

Ich wusste, dass man die Steine bei Schlangenbissen und giftigen Stichen anderer Tiere einsetzen konnte.

Man legt den Stein auf die Bisswunde, der Stein saugt sich fest und zieht das Gift aus der Wunde. Wenn er vollgesogen ist, fällt er von alleine ab. Man kann die Saugwirkung auch mal kurz, aber wirklich nur kurz, an der Zunge versuchen.

Die Herstellung, die ich im Seminar erlernte, geht folgendermaßen: Man nimmt von einem Kuh-Oberschenkelknochen das mittlere Teil. Jetzt teilt man es in kleine Stücke, etwa so groß wie ein Feuerzeug oder Computer-Stick. Diese Knochenstücke werden nun mehrfach im Wasser, welches immer wieder frisch sein muss, ausgekocht. Damit sich das Fett aus dem Knochen löst, gibt man beim letzten Mal Seife dazu. Wenn die Stücke richtig getrocknet sind, werden sie in Silberfolie gewickelt und mittig in ein Holzkohlefeuer gelegt. Nach ca. 30 Minuten sollte man prüfen, ob der Stein noch fest ist und eine schwarze Farbe angenommen hat. Wenn man nun den „Zungentest" macht und er kleben bleibt, ist der Stein fertig.

Nach der Benutzung eines Schlangensteins kann man seine Wirksamkeit auffrischen. Wieder kocht man ihn in Seifenwasser, dann in klarem Wasser jeweils 10 Minuten aus. Danach wird er mehrere Tage voll in die Sonne gelegt. Der „Zungentest" zeigt seine Einsatzbereitschaft.

SCHLANGENSTEIN

*„Die Unmöglichkeit wissenschaftlicher
Beweisführung rechtfertigt nicht die Ablehnung
einer Behandlungsweise, die sich seit Jahrhunderten
bewährt hat. Der Erfolg entscheidet über Wert
oder Unwert. Man soll nicht verachten,
was man nicht kennt."*

Manfred Köhnlechner
(1925-2002)
Deutscher Verlagsmanager und Heilpraktiker

 **7.**

Unser Gesundheitsprojekt

In meinen ersten Kapiteln habe ich schon begonnen, über die Entwicklung unseres „Gesundheitsprojektes" zu berichten.

Die erste Phase war die Bereitstellung von Medikamenten, die Bezahlung von Krankenhausbehandlungen für Menschen, die sich selbst keine hätten leisten können.

Dann folgte der Bau unseres kleinen Medizinstützpunktes. Wir bauten dieses Objekt aus Lehmziegeln, weil wir darin eine preiswerte Alternative des Bauens sahen. Wir hatten in Namibia über diese Bauweise theoretische und praktische Erfahrungen gesammelt und kamen mit viel Elan von dort zurück.

Nun ja, es wurde ein einfaches kleines Vierzimmer Haus, das ein gutes Raumklima bot, aber leider keine lange Lebensdauer hatte. Das Haus steht zwar heute noch, aber schnell waren die Türen von Termiten durchlöchert und konnten oft nicht mehr verschlossen werden. Nicht anders erging es den Schränken, die Familie Güpner per Container aus Deutschland, gespendet von ihrem Hausarzt, gesendet hatte. Wenigstens waren die Behandlungsliegen aus Metall und die Kunststoffbezüge nicht das richtige Futter für die vielen kleinen tierischen Bewohner unseres Medizinstützpunktes.

Dennoch war es für die Bevölkerung in unserem Dorf ein Fortschritt. Man bekam am Tag, später auch in der Nacht, erste Hilfe bei kleinen Unfällen, Malaria, den vielen Kinderkrankheiten und anderen Problemen. Wir eröffneten diesen Medizinstützpunkt am 12. Dezember 2003, zum 25. Jahrestag der Unabhängigkeit

Die alte Praxis

Das neue Gesundheitszentrum

Kenyas, verbunden mit einem großen, schönen Volksfest. Umrahmt wurde das Fest von Sportwettkämpfen, einer großen Tombola, einem Marktplatz der Arbeitsgruppe des Ortes Mavueni, die sich mit der Selbstversorgung durch den Anbau von Mais, Maniok, Moringa und Neem beschäftigt hatte, von Videofilmvorführungen zum Thema HIV/AIDS sowie Informationsgesprächen zum Selbstbau von Lehmhäusern.

Wir hatten eine junge Künstlergruppe eingeladen, die Vorführungen zum Thema „Partnerschaft und AIDS" machten.

Auch die kommunale Regierung von Vipingo verlegte ihre öffentliche Feier zu Ehren des nationalen Feiertages, nachdem sie unsere Flyer erhalten und gelesen hatten, auf unseren Platz.

Der Medizinstützpunkt war gut besucht und wir konnten immer wieder feststellen, dass trotz nicht verschlossener Türen niemals Materialien aus den Zimmern verschwunden waren. Die Menschen schätzten dieses kleine Haus.

Zu dieser Zeit wollten wir uns auch an einem Projekt der Stiftung Weltbevölkerung beteiligen. Sie hatten das Projekt „Miniapotheken" ins Leben gerufen. Das sollte einmal die Landbevölkerung mit Medikamenten versorgen, Arbeitsplätze schaffen und Aufklärung zum Thema „HIV/AIDS" geben.

Wir waren begeistert von diesem Projekt, war doch gerade unser kleiner Medizinstützpunkt übergeben worden. Wir hofften durch diese Organisation, wie versprochen, jungen Menschen (wir hatten drei ausgewählt) eine Fortbildung zu ermöglichen.

Aber weder konnten wir an den angekündigten Seminaren teilnehmen, noch gab es das zugesagte Informationsmaterial. Auch der uns genannte Stützpunkt der Stiftung in Kilifi war nicht auffindbar.

Also suchten wir unsere eigenen Wege.

Ich selbst war zu dieser Zeit noch nicht als Pfleger beschäftigt. Alleine das Thema „Pfleger" könnte ein neues Kapitel sein. Ich möchte hier nur ein paar wenige Erfahrungen beschreiben.

Der erste „Doktor" den wir hatten, war ein entfernter Verwandter. Er war mir früher als Arzt vorgestellt worden. Also fragte ich ihn, ob er nicht bei uns als Arzt arbeiten möchte. Er willigte ein und trat sehr bald seinen Dienst bei uns an. Er erzählte, dass er im Krankenhaus Kilifi vorrangig in der Nacht arbeitete und deshalb bei uns zusätzliche Dienste machen könnte. Ich zweifelte in keinster Weise an seinen Aussagen. War er doch immer, wie eine höher gestellte Persönlichkeit, ordentlich gekleidet – weißes Hemd, akkurate Hose, geputzte Schuhe.

Welcher Kenianer zweifelt die Glaubwürdigkeit solcher Personen an? Keiner, wir sind beeindruckt, kleiden wir uns doch selbst nur zu ganz besonderen Anlässen so; diese sind selten.

Wir merkten bald, der Selbsterhalt der Klinik funktionierte nicht. Die Einnahmen flossen in seine Tasche und die Ausgaben mussten von den Sponsoren getragen werden. Wir erfuhren, dass er nur Pfleger im Nachdienst war. Als er merkte, dass wir davon Kenntnis erhalten hatten, war es schon zu spät.

Alle beweglichen Materialien, also kleine medizinische Utensilien und Verbrauchsmaterialien der Praxis, waren schon verschwunden und er hatte in einem anderen Dorf eine neue „Tür" geöffnet.

Der nächste Pfleger, auch kein Arzt, aber ausgebildeter Pfleger, arbeitete einige Monate fleißig und zuverlässig. Dann aber verschwand er in einen „wohlverdienten" Urlaub, den er ohne unsere Kenntnis antrat und erst nach drei Monaten beendete. Sein Urlaubsgeld war alle und er hoffte, bei uns wieder neues zu verdienen.

Wir fragten viele Bekannte, ob sie nicht einen Arzt für unsere kleine bescheidene Praxis kennen.

Dann endlich erhielten wir die Information über einen „Armendoktor" aus Mombasa. Telefonisch hörte sich alles so an, wie wir uns das wünschten; selbst das vereinbarte Honorar entsprach unseren Vorstellungen. Als er aber dann persönlich da war und erfuhr, dass hinter uns Sponsoren stehen, stiegen seine Forderungen für die Übernahme der Lizenz (Genehmigung zur Führung einer Arztpraxis) um das Doppelte. Unsere Hinweise, dass viele Patienten die Behandlungen nicht bezahlen können, wir dennoch immer erste Hilfe leisten, Material kaufen müssen usw., zählten für ihn nicht.

Wieder auf der Suche wurden wir mit einer Krankenschwester bekannt gemacht. Sie konnte sich gut vorstellen, mit uns zusammenzuarbeiten.

Sie war schon seit vielen Jahren bei einem Arzt in Mombasa beschäftigt, wünschte sich aber eine Tätigkeit in einer kleinen Praxis. Allerdings benötigte sie noch eine Zusatzausbildung mit einem Zertifikat, welches ihr die Berechtigung zur Führung einer Praxis gegeben hätte. Wir waren begeistert, weil sie doch auch unser Engagement für die Bevölkerung unseres Dorfes anerkannte. Die Sponsoren gaben ihr 10.000 KSh für das Zertifikat. Dann folgten viele Versuche der Kontaktaufnahme zu ihr. Nach ungezählten, nicht erfolgreichen Telefonaten trafen wir sie zufällig in Mombasa und erfuhren, dass sie das Geld für andere wichtige persönliche Zwecke ausgegeben hatte. Zur Zertifizierung war sie nicht angetreten.

Dann hatten wir über viele Jahre einen Pfleger. Er war der „Doktor" der umliegenden Ortschaften geworden. Auch er, eine gut gekleidete Persönlichkeit, mit entsprechendem Auftreten, tat seine Tätigkeit für die Bevölkerung, aber noch mehr für sich. Er baute zwischenzeitlich, davon hatten wir zuvor keine Kenntnis, mit den Einnahmen der Praxis zwei eigene Häuser. Nur für die Erweiterung der Praxis und geplante Investitionen blieb kein Geld übrig.

Nachdem auch er sich in einen längeren Urlaub verabschiedet hatte, sich nun auch die Notwendigkeit der Zusammenarbeit mit einem zertifizierten Arzt ergab, suchten wir weiter.

Es meldete sich einer, dem wir wieder voller Vertrauen, Geld für die benötigte Lizenz (Papiere, Nachweise waren endlich alle da) und Aufwendungen für die Fahrt nach Nairobi mitgaben. Der „Arzt mit Lizenz" und das Geld mussten wieder mal abgeschrieben werden. Er kam dort nie an, sein Telefon ließ keinen Kontakt mehr zu.

Ich selbst hatte im Jahr 2006 mit kleinen Behandlungen, besser Massagen, begonnen. Dann wurde ich immer wieder durch die „Ärzte" unserer Praxis gebeten, die Wundbehandlungen zu machen.

Sie erkannten, dass meine Behandlungen erfolgreicher waren, ich mir langsam ein umfangreiches Wissen angelesen, in Seminaren und Schulungen erlernt und in die Praxis umgesetzt, hatte. Es machte mir sehr viel Spaß, entsprechende

Fachbücher zu lesen. Die folgenden Aufenthalte in Deutschland, 2007 und 2009, waren dann auch „Studienaufenthalte".

Ich besuchte Seminare zu den verschiedensten Themen einer heilpraktischen Ausbildung und lernte, mit dem Computer zu arbeiten. Das ermöglichte mir, mit Hilfe des Laptops, den mir Familie Güpner schenkte, weitere Informationen einzuholen.

Ich suchte nach Möglichkeiten, mein erlerntes Wissen, die Informationen und praktischen Erfahrungen weiterzugeben.

Auf einem jährlich stattfindenden Erfahrungsaustausch, dem „Farmers´ Day" in Malindi, nahm ich mehrere Jahre teil.

Ramadhan auf dem „Farmers´ Day" in Malindi

Ramadhan an seinem Stand in Malindi

Vortrag im German Institut

Eigentlich wurden dort die vielfältigsten Pflanzen für unsere tägliche Ernährung vorgestellt. Man hatte von mir gehört, dass ich einen Teil dieser Pflanzen für die Behandlung von kranken Menschen einsetzte und bat mich, schon 2010 an dieser Veranstaltung teilzunehmen. Dort zeigte und erklärte ich neben meinen selbstgemachten Tees sowie Kapseln und Salbe aus Neem und Artemisinin den Nutzen von Moringa und weiteren heimischen Pflanzen.

Mehrfach hielt ich auch Vorträge im German Institut in Mombasa zu den gleichen Themen.

Eine weitere Aktivität im Rahmen unseres „Gesundheitsprojektes" war eine Reise ins Hochland von Kenia.

Im Jahr 2012 wurden wir von einer in Deutschland lebenden kenianischen Familie gebeten, ihre Angehörigen in einem Dorf in der Nähe von Kisumu aufzusuchen. Dort sollte es bei allen Bewohnern die Diagnose AIDS geben.

Ich hatte zuvor meine Kapseln (Artemisinin/Neem/Moringa) an zwei Familienangehörige geschickt und es ging den beiden wesentlich besser. Sie fühlten sich gut und einer, ein Lehrer, konnte auch wieder arbeiten gehen.

Also beschlossen Frau Güpner und ich, gemeinsam im Januar 2013 mit einem erfahrenen Kraftfahrer nach Kisumu zu fahren.

Wir hatten gehört, wie anstrengend Reisen durchs Land sind; weder wollte ich das Frau Güpner zumuten, noch hatte ich den Mut, diese Reise mit meinem Auto alleine zu fahren. Trotz oder besser „Gott sei Dank" unseres Berufskraftfahrers beendeten wir die lange und beschwerliche Fahrt am Ende erfolgreich. Immer wieder kamen wir vom Weg ab. Wir mussten Straßen befahren, die diesen Namen nicht verdient hatten. Nicht nur einmal musste der Fahrer Ausweichmanöver einlegen und von der Straße runterfahren, um unser Leben zu retten. Die Straßen Kenias sind Orte mit einer sehr hohen Unfallzahl.

Wir kamen zum vereinbarten Termin bestimmt acht Stunden zu spät. Es war schon früher Abend und es saßen noch viele Menschen da und warteten auf uns. Neben Kapseln, Salbe und MMS hatten wir zwei Videos über das Thema „AIDS" dabei.

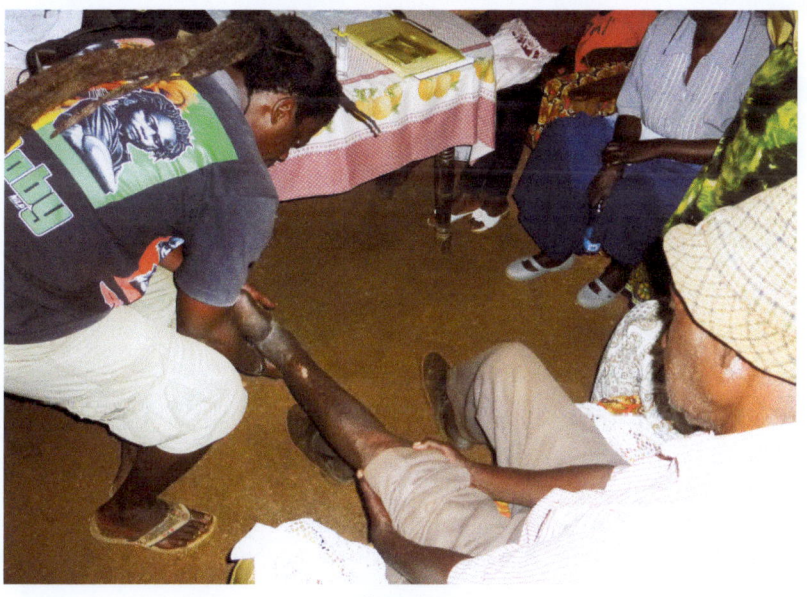

Filmabend in Kisumu

Behandlung

Nachdem wir sehr herzlich begrüßt und mit Essen vorsorgt waren, begannen wir mit der Filmvorführung. Der erste Film „House of numbers" war in englischer, der zweite Film „I won't go quietly" von Anne Blumental, in deutscher Sprache mit englischen Untertiteln.

Da wir uns untereinander nur schwer verständigen konnten, wir sprachen Suaheli, die Gastgeber die Sprache der Luo, konzentrierten wir uns auf die „Dolmetscherin". Sie hatte in der Schule Suaheli und auch englisch gelernt. Sie versuchte, den Inhalt der Filme wiederzugeben.

Das Erstaunen über die Informationen war sehr groß, erklärte aber gleichzeitig, warum es den AIDS diagnostizierten Familienangehörigen wieder besser ging. Auch sie hatten eine der vielen Krankheiten, die es bei uns schon immer gab, die nun aber einen anderen Namen hatten und mit den Kapseln recht gut behandelt werden konnten.

Am nächsten Morgen warteten bereits viele Menschen auf eine erneute Filmvorführung und Behandlungen von mir.

Den Menschen, die am Tag zuvor MMS bekommen hatten, ging es gut.

Sie brachten gleich noch mehr zu behandelnde Personen mit. Wir verteilten weiterhin die Tropfen und ich war zusätzlich damit beschäftigt, die physischen Probleme zu behandeln – Beine, Rücken, Köpfe und Arme.

Ich weiß nicht mehr genau, wieviel Menschen wir dort behandelt haben – es waren sehr, sehr viele.

Plötzlich gab es die Information, jemand wolle unsere medizinische Zulassung sehen. Weder hatten wir diese, noch waren wir mit der Absicht dorthin gefahren, ein halbes Dorf zu behandeln. Um jedem Ärger aus dem Weg zu gehen, packten wir unsere Sachen und fuhren mit einer der vielen Schwestern der Familie zu ihrem Wohnsitz und gleichzeitig zu einem Hilfsprojekt. Hier arbeitete eine Gruppe Frauen und Männer für Waisenkinder.

Wir hatten bereits seit 2012 Kontakt mit ihnen. Nun erklärten wir noch einmal persönlich unseren Ansatz für die Betreuung und Behandlung unserer Menschen – Ausnutzung der einheimischen Ressourcen, welch wichtige Rolle der Moringa

Hilfsprojekt „Waisenkinder"

(...) Als wir seinen Heilpflanzengarten besuchten, war er über
mein umfangreiches Wissen
zu seinen Pflanzen verwundert. Er machte sich Notizen
zu meinen Ausführungen.

in der täglichen Ernährung spielte und welche Pflanzen heilende Wirkung haben können. Sie hatten auf unseren Rat auch schon Moringa angepflanzt und die ersten zarten Bäumchen standen von Ziegen und Hühnern geschützt unter kleinen Gitterkörben.

Den Abend und den nächsten Tag verbrachten wir bis zu unserer Heimfahrt bei einem Professor der Universität in Kisumu. Er staunte nicht schlecht, als er erfuhr, dass wir uns so intensiv mit Artemisinin und den anderen Pflanzen beschäftigten und auch selbst Artemisinin-Kapseln herstellten. Auch er vertrat die Auffassung, dass alle notwendigen Heilmittel in unserem Umfeld wachsen, dass wir keine Importe aus Europa oder Amerika benötigten. Mit seinen Studenten arbeitete er auch an einem Extrakt aus Artemisinin zur Heilung verschiedenster Krankheiten.

Als wir seinen Heilpflanzengarten besuchten, war er über mein umfangreiches Wissen zu seinen Pflanzen verwundert.

Er machte sich Notizen zu meinen Ausführungen.

Ich wäre sehr gerne zu seinen Seminaren gefahren, aber der Weg ist zu weit und meine Aufgaben und Verpflichtungen für die Familie ließen das bisher nicht zu.

Diese Reise war eine interessante Erfahrung und ich konnte ebenso viele Informationen weiter geben.

Viele Jahre war ich als mobiler „Heiler" unterwegs. Ich besuchte Patienten zu Fuß, mit dem Boda-Boda (7), Motorrad, dem Matatu und später mit meinem eigenen Auto.

Vorrangig wurden die Wundbehandlungen vor Ort beim Patienten durchgeführt. Oft waren es aber auch Krankheiten wie Malaria, Typhus, Fieberkrämpfe und andere akute Probleme, die ich behandelte.

2010 – Baustelle des neuen Gesundheitszentrums

Im Oktober 2010 wurde unser langersehnter Traum, eine neue Praxis zu bauen, wahr. Frau Güpner hatte einen weiteren Sponsor gefunden, der uns bei der Finanzierung des Rohbaus unterstützte.

Erneut mussten wir erkennen, dass wir auch hier nicht mit fairen Partnern arbeiteten. Es verschwanden ca. 800 Mauersteine sowie 48 Sack Zement und sicher noch so manch anderes notwenige Baumaterial, welches wir bezahlt hatten. Sie landeten bei dem von uns beauftragte Bauleiter auf dessen eigene Baustelle.

Gelder für die Löhne flossen in seine eigene Tasche und nicht, wir verein-bart, an die schwer wassertragenden Frauen und Bauarbeiter.

Also begann ich im Jahr 2011, unter Anleitung von Frau Güpner aus der Ferne, den weiteren Ausbau ohne Bauleiter, mit selbst ausgesuchten Handwerkern und mit neuem Elan umzusetzen.

Frauen auf der Baustelle

Das Gesundheitszentrum leuchtet!

Die Eröffnung

Stück für Stück, Monat für Monat entwickelte sich unser „Gesundheitszentrum" und wurde endlich fertig und am 3. Februar 2012 eröffnet.

Das Gesundheitszentrum wurde von den Menschen unseres Dorfes und der Umgebung mit Freude angenommen.

Viele von ihnen waren selbst am Aufbau beteiligt.

Sprechstundenzimmer

Rezeption und Wartebereich

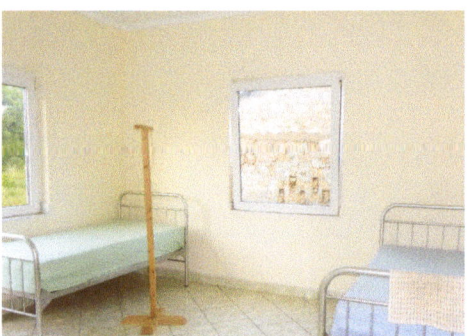

Bettenzimmer

Heute bieten wir Ihnen erste Hilfe bei all den gesundheitlichen Problemen, die unser tägliches Leben beeinflussen.

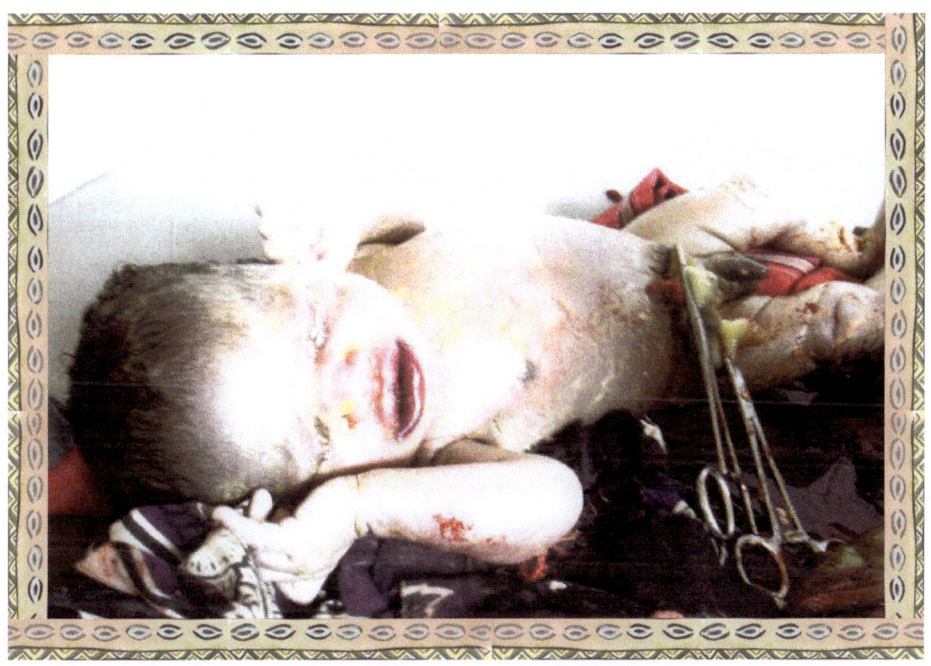

Das erste Baby im Gesundheitszentrum

Zwischenzeitlich haben auch eine große Anzahl Babys in unserem Gesundheitszentrum das Licht der Welt erblickt.

Das erste Baby wurde noch vor der offiziellen Veranstaltung zur Eröffnung am 30.01.2012 geboren.

Das Gesundheitszentrum

Unserem Bau und den Anstrengungen aller Beteiligten widmete Frau Güpner eine kleine Broschüre.

Health center

Together for *Africa*

...mbique - 3.Welt.e.V.

Suermondtstraße 17
D- 13053 Berlin

Amin Ramadhan Karisa

P. O. Box. 1108
Kilifi, Kenya

Fon   00254-720749119
E-Mail rastarama@gmx.de

Fon   +49 (0)30 - 98 31 53 58
Fax   +49 (0)30 - 98 31 53 59

E-Mail hum.team.guepner@gmx.de

Commerzbank
BLZ   160 800 00
Konto 4 583 069 201

„Nichts ist unmöglich; es gibt Wege,
die aus jeder Situation führen,
und wenn unser Wille stark genug ist,
werden wir immer die notwendige Mittel finden.
Es ist oft lediglich eine Ausrede,
wenn wir sagen, Dinge seien unmöglich."

François do La Rochefoucauld
(1613-1680)

8.

Worterklärungen

1. **Kanga** – Baumwolltuch, beliebtes Kleidungsstück der Frauen, Trage tasche für Baby´s

2. **Ugali** – Maisbrei, Hauptnahrung der Menschen an der Küste Kenias

3. **Sisal** – eine Pflanze, die viel an der Küste wächst, aus ihren Fasern werden Seile, Körbe, Teppiche und anderes hergestellt

4. **Matatu** – Kleinbusse in Kenia

5. **Makuti** – Aus Palmenwedel hergestellte „Dachziegeln", Dacheindeckung vorrangig in der Küstenregion

6. **Tuk-Tuk** – Dreirädiges Transportmittel für ca. drei Personen

7. **Spagyrische Essenzen** – werden nach einem bestimmten Prinzip (trennen und wieder zusammenführen) hergestellt, zählen zu den wirksamsten und verträglichen planzlichen Arzneimitteln

8. **Boda-Boda** – Fahrradtaxi

*„Wem eigene Schmerzen
erspart bleiben, der muss sich
aufgerufen fühlen,
die Schmerzen anderer zu lindern."*

Albert Schweitzer
(1875-1965)

Danke

„Ich danke allen

Ich danke allen, die meine Träume belächelt haben;
sie haben meine Phantasie beflügelt.

Ich danke allen, die mich in ihr Schema pressen wollten;
sie haben mich den Wert der Freiheit gelehrt.

Ich danke allen, die mich belogen haben;
sie haben mir die Kraft der Wahrheit gezeigt.

Ich danke allen, die nicht an mich geglaubt haben;
sie haben mir zugemutet, Berge zu versetzen.

Ich danke allen, die mich abgeschrieben haben;
sie haben meinen Mut geweckt.

Ich danke allen, die mich verlassen haben:
sie haben mir Raum gegeben für Neues.

Ich danke allen, die mich verraten und missbraucht haben;
Sie haben mich wachsen lassen.

Ich danke allen, die mich verletzt haben;
sie haben mich gelehrt, im Schmerz zu wachsen.

Ich danke allen, die meinen Frieden gestört haben;
sie haben mich stark gemacht, dafür einzutreten.

Vor allem aber danke ich all jenen,
die mich lieben, so wie ich bin;
Die geben mir die Kraft zum Leben!

Danke."

Ich danke herzlich Paulo Coelho für diese, seine Worte.

Ich danke allen, die mir auf meinem Weg geholfen haben
und weiterhin zu mir stehen.

Amin Ramadhan Karisa

„Wer heilt, ist auf den richtigen Weg."